Die Bonus-Seite

Ihr Vorteil als Käufer dieses Buches

Auf der Bonus-Webseite zu diesem Buch finden Sie zusätzliche Informationen und Services. Dazu gehört auch ein kostenloser **Testzugang** zur Online-Fassung Ihres Buches. Und der besondere Vorteil: Wenn Sie Ihr **Online-Buch** auch weiterhin nutzen wollen, erhalten Sie den vollen Zugang zum **Vorzugspreis**.

So nutzen Sie Ihren Vorteil

Halten Sie den unten abgedruckten Zugangscode bereit und gehen Sie auf **www.sap-press.de**. Dort finden Sie den Kasten **Die Bonus-Seite für Buchkäufer**. Klicken Sie auf **Ihr Buch registrieren**, und geben Sie Ihren **Zugangscode** ein. Schon stehen Ihnen die Bonus-Angebote zur Verfügung.

Ihr persönlicher **Zugangscode** mqyc-3b7g-6unz-pj89

SAP®-Berechtigungswesen

SAP PRESS

SAP PRESS ist eine gemeinschaftliche Initiative von SAP und Galileo Press. Ziel ist es, Anwendern qualifiziertes SAP-Wissen zur Verfügung zu stellen. SAP PRESS vereint das fachliche Know-how der SAP und die verlegerische Kompetenz von Galileo Press. Die Bücher bieten Expertenwissen zu technischen wie auch zu betriebswirtschaftlichen SAP-Themen.

Loren Heilig et al.
SAP NetWeaver Identity Management
634 S., 2009, geb.
ISBN 978-3-8362-1348-6

Alexander Barta, Barbara Giller, Aslan Milla
SAP GRC Access Control
413 S., 2008, geb.
ISBN 978-3-8362-1141-3

Peter John, Peter Kiener
Berechtigungen in SAP NetWeaver BW
ca. 700 S., 2010, geb.
ISBN 978-3-8362-1448-3

Martin Esch, Anja Junold
Berechtigungen in SAP ERP HCM
352 S., 2008, geb.
ISBN 978-3-8362-1081-2

Mario Linkies, Frank Off
Sicherheit und Berechtigungen in SAP-Systemen
542 S., 2006, geb., mit Poster
ISBN 978-3-89842-670-1

Aktuelle Angaben zum gesamten SAP PRESS-Programm finden Sie unter *www.sap-press.de*.

Volker Lehnert, Katharina Bonitz

SAP®-Berechtigungswesen

Galileo Press

Bonn • Boston

Liebe Leserin, lieber Leser,

vielen Dank, dass Sie sich für ein Buch von SAP PRESS entschieden haben.

Dass Berechtigungen nicht allein Sache der IT sind, werden Sie in diesem Buch häufiger lesen. Stattdessen gilt es, ein integriertes Berechtigungskonzept zu entwerfen, das auf der einen Seite im Einklang mit den Prozessen des Unternehmens steht, auf der anderen Seite aber auch allen rechtlichen Anforderungen Genüge tut. Dieses Konzept muss schließlich im SAP-System technisch umgesetzt werden.

Wie das geht, zeigen Ihnen Volker Lehnert und Katharina Bonitz in diesem Buch: Die beiden erfahrenen SAP-Berater beschreiben die betriebswirtschaftliche Konzeption ebenso wie die Tools für die Berechtigungspflege im SAP-System und die Berechtigungen in spezifischen SAP-Lösungen wie CRM, SRM oder BW. Sie erfahren, wie Berechtigungskonzepte »in freier Wildbahn« aussehen können und müssen. Ich bin mir sicher, dass dieses Buch für Sie ein unverzichtbarer Begleiter auf dem Weg zur Compliance sein wird!

Wir freuen uns stets über Lob, aber auch über kritische Anmerkungen, die uns helfen, unsere Bücher besser zu machen. Am Ende dieses Buches finden Sie daher eine Postkarte, mit der Sie uns Ihre Meinung mitteilen können. Als Dankeschön verlosen wir unter den Einsendern regelmäßig Gutscheine für SAP PRESS-Bücher.

Ihre Eva Tripp
Lektorat SAP PRESS

Galileo Press
Rheinwerkallee 4
53227 Bonn

eva.tripp@galileo-press.de
www.sap-press.de

Auf einen Blick

Der Name Galileo Press geht auf den italienischen Mathematiker und Philosophen Galileo Galilei (1564–1642) zurück. Er gilt als Gründungsfigur der neuzeitlichen Wissenschaft und wurde berühmt als Verfechter des modernen, heliozentrischen Weltbilds. Legendär ist sein Ausspruch *Eppur se muove* (Und sie bewegt sich doch). Das Emblem von Galileo Press ist der Jupiter, umkreist von den vier Galileischen Monden. Galilei entdeckte die nach ihm benannten Monde 1610.

Lektorat Eva Tripp
Korrektorat Alexandra Müller, Olfen
Einbandgestaltung Julia Bach
Titelbild fotolia/SyB
Typografie und Layout Vera Brauner
Herstellung Norbert Englert
Satz Typographie & Computer, Krefeld
Druck und Bindung Bercker Graphischer Betrieb, Kevelaer

Gerne stehen wir Ihnen mit Rat und Tat zur Seite:
eva.tripp@galileo-press.de bei Fragen und Anmerkungen zum Inhalt des Buches
service@galileo-press.de für versandkostenfreie Bestellungen und Reklamationen
thomas.losch@galileo-press.de für Rezensionsexemplare

Bibliografische Information der Deutschen Bibliothek
Die Deutsche Bibliothek verzeichnet diese Publikation in der Deutschen Nationalbibliografie; detaillierte bibliografische Daten sind im Internet über http://dnb.ddb.de abrufbar.

ISBN 978-3-8362-1349-3

1. Auflage 2010

Inhalt

Vorwort

In den vergangenen Jahren ist das Thema Compliance verstärkt in das Bewusstsein unserer Kunden gerückt. Ein wesentlicher Bestandteil von Compliance ist das Management von Zugriffsrechten im Unternehmen. Uns ist dabei deutlich geworden, dass hier ein Bewusstseinswandel stattfindet. Einerseits wird dem Thema deutlich mehr Aufmerksamkeit gewidmet, anderseits wird es auch viel stärker als eine originär betriebswirtschaftliche Aufgabe wahrgenommen.

Unsere Kunden wollen nicht mehr verschiedene technische Lösungen dargestellt bekommen, sie wollen einen integrierten Lösungsansatz, der die betriebswirtschaftlichen, rechtlichen und technischen Aspekte so zusammenfasst, dass ein umfassendes Management von Zugriffsrisiken an die Stelle von einzelnen technischen Umsetzungen tritt. Dieses Buch stellt genau diesen Lösungsansatz in den Mittelpunkt. Ausgehend von betriebswirtschaftlichen Betrachtungen zur Organisation und zu rechtlichen Rahmenbedingungen, werden die verschiedenen Berechtigungskonzepte der SAP-Lösungen basierend auf End-to-End-Prozessen entwickelt.

Der Nutzen dieses Buches ist für mich eindeutig: Vorgestellt werden die verschiedenen Berechtigungskonzepte in SAP ERP, SAP HCM, SAP SRM, SAP CRM, SAP BW und der SAP User Management Engine ebenso wie die Konzepte, die mit SAP NetWeaver Identity Management und mit SAP BusinessObjects Access Control verbunden sind. Der Rahmen des Buches selbst ist betriebswirtschaftlich und stellt organisatorische, legale und prozessbezogene Aspekte übersichtlich dar.

Ich freue mich nicht nur, dass das vorliegende Fachbuch unsere Kunden unterstützen wird, die komplexe Aufgabe des regelkonformen Managements von Zugriffsrechten effizient zu bewältigen, ich freue mich auch darüber, dass ein Schweizer SAP-Berater, Volker Lehnert, zu den beiden Autoren zählt.

Hakan Yuksel
Managing Director SAP (Schweiz) AG

Danksagung

Unser Buch entstand nicht aus einer abstrakten Auseinandersetzung mit dem Thema Berechtigungen an einem »sicheren«, kundenfernen Schreibtisch. Unser Buch, oder doch zumindest weite Teile davon, entstanden vielmehr aus unserer Auseinandersetzung mit den immer sehr speziellen Anforderungen und Vorstellungen unserer Kunden.

Aus diesem Grund dürfen, wollen und müssen wir zunächst unseren Kunden danken, die dieses Buch erst ermöglicht haben. Ermöglicht nicht nur in dem oben beschriebenen Sinne, sondern auch durch ihre Geduld und ihre Beiträge. Beraterin und Berater wurden wir erst beim und durch den Kunden.

Namentlich wollen wir Barbara Post-Argomand (Gebäudewirtschaft der Stadt Köln), Jürg Kasper (Kanton Zürich), Guido Volberg (StEB Köln), Marc Fischer (Siemens), Braam Pelser (BHP Billiton), Tanja Petz (seinerzeit Siemens, jetzt HSE24) und Jürgen Scherp (E.ON IS) danken.

Den konkreten Anstoß, das Buch »endlich« zu schreiben, gaben uns (in zeitlicher Reihung) Mario Linkies (seinerzeit SAP Consulting, jetzt LINKIES. Unternehmensberatung GmbH), Barbara Mayer (SAP Consulting) und Guido Volberg (StEB Köln). Als Beraterin oder Berater hofft man, etwas zu sagen zu haben. Es war für uns wichtig, dass die Genannten uns aufgefordert haben, es nicht nur zu sagen, sondern es auch in einem Buch zusammenzufassen.

Unser besonderer Dank für Korrekturen, Hinweise, Unterstützung und Geduld gilt:

Eva Tripp (SAP PRESS), Dr. Monika Dittrich, Michael Stelzner, Joachim Scheerer, Alexander Lingg (SAP AG), Frank Köhntopp (SAP Consulting), Stefan Eggler (SAP Consulting), Margit Eichhorn (SAP Consulting), Dr. Bernhard Escherich (SAP Consulting), Barbara Mayer (SAP Consulting), Dr. Cornelia Martin (SAP (Schweiz) AG), Rüdiger Engel (SAP Consulting), Anna Otto (SAP Consulting), Thomas Swiderski (SAP Consulting), Holger Steffens (SAP AG), Peter Vache (SAP Consulting), Marko Hamel (SAP Consulting) und Evelyne Salie (SAP (Schweiz) AG).

Volker Lehnert und **Katharina Bonitz**

Das Berechtigungswesen ist ein originär betriebswirtschaftliches Aufgabengebiet, das nicht allein der Systemadministration überlassen werden kann. In diesem Buch zeigen wir Ihnen, wie Sie Berechtigungen auf Basis von Geschäftsprozessen umsetzen können.

1 Einleitung

Was heißt Compliance?

Dem Thema Berechtigungen in SAP-Systemen wird erst seit einigen Jahren verstärkt Aufmerksamkeit geschenkt. Dieser Umstand ist dem Bemühen von Organisationen geschuldet, Compliance nachzuweisen. *Compliance* wird in diesem Buch mit dem Ziel *grundsätzlicher Regelkonformität* und dem Aufbau beziehungsweise der Nutzung geeigneter Strukturen und Instrumente, um dieses Ziel zu erreichen, gleichgesetzt.

Die faktisch übliche Fokussierung des Compliance-Begriffs auf die Rechnungslegung ist verständlich, da diese erst ein Bewusstsein für das Thema geschaffen hat. In weiten Teilen ist sie auch durch die relativ klare Normierung der Anforderungen und der etwaigen Konsequenzen fassbar. Trotzdem ist diese Fokussierung irreführend. Organisationen haben – abhängig von ihrer Rechtsform und von den Märkten, in denen sie tätig sind – eine manchmal unüberschaubare Vielzahl weiterer gesetzlicher Normen zu erfüllen. Ein Beispiel sind die umfassenden Regeln der US-amerikanischen Food and Drug Administration oder die europäischen Regeln des Datenschutzes. Dass z. B. dem Schutz von Kundendaten nicht immer angemessen Aufmerksamkeit geschenkt wird, ist durch den Verkauf von Liechtensteiner (Bank-)Kundendaten an deutsche Ermittlungsbehörden im Jahr 2007 oder deutscher Kreditkartendaten an kriminelle Dritte im Jahr 2008 öffentlichkeitswirksam dokumentiert worden. Neben dem wahrscheinlichen Verstoß gegen datenschutzrechtliche Regularien ist der Reputationsverlust für die Beteiligten erheblich.

Benutzerberechtigungen in ERP-Systemen

Der Übergang vom abstrakten und weitreichenden Begriff Compliance zu einem vergleichsweise konkreten Gegenstand wie Benutzerberechtigungen mag überraschend wirken. In ERP-Systemen werden zumeist erhebliche Teile der Geschäftsvorfälle einer Organisation abgebildet. In der Systemlandschaft findet die Erfassung, Buchung und Auswertung der relevanten Geschäftsvorfälle statt. Meistens stellt SAP ERP dabei das Herzstück dar, d. h., dass zumindest die buchhalterisch relevanten Daten in diesem System verarbeitet werden. Somit sind die Aktivitäten im System nichts anderes als Aufgaben bei der Bearbeitung eines Geschäftsvorfalls. Mithin ist jedes Risiko, das in der Bearbeitung eines einzelnen oder in der Summe der Bearbeitung aller Geschäftsvorfälle auftritt, ein Risiko im System. Die Aufgabenverteilung, die bei der Bearbeitung von Geschäftsvorfällen u. a. besteht, um kriminelles oder fehlerhaftes Handeln zu vermeiden, muss im System nachvollzogen werden. Die organisatorisch erforderliche Aufgabenverteilung muss über Berechtigungen, die erforderlichen detektivischen Kontrollen müssen durch eine sinnvolle Berichterstattung (Reporting) im System nachvollzogen werden.

Thema dieses Buches

Berechtigungen sind in diesem Sinne kein technisches Thema, sondern ein originär betriebswirtschaftliches. Dementsprechend erhalten Sie in diesem Buch auch Hinweise auf Inhalte der Organisationslehre, des Geschäftsprozessmanagements und weiterer betriebswirtschaftlicher Themen. Der Schwerpunkt dieses Buches liegt in der Abbildung von Berechtigungen entlang der betriebswirtschaftlichen Prozesse in der Organisation. Um Berechtigungen abbilden zu können, müssen Sie einerseits die Prozesse und die Organisation verstehen. Anderseits bedarf es selbstverständlich auch des technischen Wissens, wie Berechtigungen funktionieren, wie sie angelegt werden und wie sie durch komponentenbezogene Einstellungen differenziert werden können. Dieses Buch hat das Ziel, Berechtigungen im Rahmen durchgreifender Konzepte technischer Regelkonformität aus dem technischen in das betriebswirtschaftliche Blickfeld zu rücken.

Aufbau dieses Buches

Das Buch ist in drei Teile gegliedert. Es ist im Einzelnen folgendermaßen aufgebaut und folgt damit auch unserem Beratungsansatz:

Teil I: Betriebswirtschaftliche Konzeption

Kapitel 2 bietet eine allgemeine Einführung und klärt zentrale Begriffe. In **Kapitel 3** setzen wir uns dann mit der Organisation, ihrem Aufbau und ihren Abläufen auseinander. **Kapitel 4** wendet sich den legalen und internen Regeln zu. Schließlich stellen wir in

Kapitel 5 einen End-to-End-Prozess dar, der Ihnen an vielen Stellen im Buch wieder begegnen wird.

Teil II: Werkzeuge und Berechtigungspflege im SAP-System

In den **Kapiteln 6** und **7** stellen wir Ihnen die wesentlichen technischen Grundlagen der Berechtigungspflege vor. In **Kapitel 8** folgt eine Einführung in die Methode der indirekten Rollenvergabe, die auf der Organisationsstruktur beruht. **Kapitel 9** stellt den Rollenmanager vor, ein neues Werkzeug, das eine erhebliche Vereinfachung der organisatorischen Differenzierung im Berechtigungskonzept leistet. **Kapitel 10** widmet sich dann der zentralen Verwaltung von Benutzern mithilfe der Zentralen Benutzerverwaltung (ZBV), SAP NetWeaver Identity Management oder SAP BusinessObjects Access Control.

Kapitel 11 beschreibt notwendige technische Minimalstandards, die wir gerne in einer so komprimierten Form am Anfang unserer Laufbahn vermittelt bekommen hätten. **Kapitel 12** widmet sich dann ganz SAP BusinessObjects Access Control. **Kapitel 13** stellt die User Management Engine dar.

Teil III: Berechtigungen in spezifischen SAP-Lösungen

Die Kapitel 14 bis 18 gehen auf Berechtigungen in den einzelnen SAP-Lösungen ein: **Kapitel 14** behandelt die Berechtigungen in SAP ERP HCM. **Kapitel 15** widmet sich SAP CRM, **Kapitel 16** SAP SRM und **Kapitel 17** dem Thema SAP NetWeaver BW. **Kapitel 18** umfasst schließlich die Berechtigungen in Bezug auf Prozesse in SAP ERP.

Wir schließen dieses Buch mit einem Kapitel zum Vorgehen beim Erstellen eines betriebswirtschaftlichen Berechtigungskonzepts ab (**Kapitel 19**). Im **Anhang** finden Sie ein Glossar, Hinweise auf weiterführende und verwendete Literatur und ein Abkürzungsverzeichnis.

Aus dieser Inhaltsübersicht lässt sich bereits der Umfang unseres Buches erahnen: Wir bieten Ihnen eine umfassende Darstellung des SAP-Berechtigungswesens. Aber auch dieses Buch kann nicht alle Aspekte vollständig behandeln. Vielleicht werden Sie besondere oder spezifische Themen vermissen, auf die wir aus Platzgründen verzichten mussten. Dieses Buch ist zweierlei: ein Handbuch mit vielen konkreten Hinweisen, aber auch ein Buch, das Einsteigern Zugang zum Thema ermöglichen soll.

TEIL I
Betriebswirtschaftliche Konzeption

Unscharfe Begriffe und Definitionen sind häufig Kostentreiber in Berechtigungsprojekten. In diesem Kapitel möchten wir eine Verständnisgrundlage für die in diesem Buch behandelten Themen schaffen.

2 Einführung und Begriffsdefinition

Das Berechtigungswesen ist geprägt durch die Notwendigkeit, betriebswirtschaftliche, rechtliche und technische Anforderungen miteinander in Einklang zu bringen, um Benutzer und Berechtigungen regelkonform und effizient verwalten zu können. Um dies leisten zu können, brauchen Sie klare Begriffe. Während die technischen Begriffe weitestgehend scharf umrissen sind, werden insbesondere die betriebswirtschaftlichen Begriffe unpräzise oder gar widersprüchlich genutzt.

Interessanterweise haben wir bei unseren Recherchen keine Definition des Begriffs *Berechtigungskonzept* gefunden, die übliche Standards wie das Schriftformprinzip oder notwendige Inhalte beschreibt. Es gibt offensichtlich ein »technisches« Berechtigungskonzept und ein »betriebswirtschaftliches« Konzept, das die Umsetzung des technischen Berechtigungskonzepts in einer Organisation beschreibt. Während wir für das technische Berechtigungskonzept noch eine klare begriffliche Bestimmung fanden, trafen wir im Hinblick auf das betriebswirtschaftliche Konzept lediglich auf den Hinweis, dass es eines geben muss. Somit stellt sich die Frage, was der Begriff Berechtigungskonzept bedeutet und ob es sinnvoll ist, zwischen einem technischen und einem betriebswirtschaftlichen Konzept zu unterscheiden. Weitere Fragen sind: Was bedeutet *Compliance*, was ist ein *Internes Kontrollsystem* (IKS)? Die Relevanz dieser Fragen wird an einem Beispiel klar: Ein Unternehmen, das geltende Gesetze missachtet, um Korruptionsprävention unter Missachtung der Datenschutzgesetze zu praktizieren, ist eben nicht compliant.

In diesem Kapitel werden wir Sie zunächst in die Erstellung von Berechtigungskonzepten mit ihren Methoden und Begriffen einführen. Danach erklären wir zentrale Begriffe, die in diesem Buch verwendet werden. Dabei gehen wir auch auf die Verwendung und Definition dieser Begriffe in der theoretischen Diskussion ein. Weitere Begriffsdefinitionen finden Sie im Glossar im Anhang des Buches. Dort haben wir auch Hinweise auf weiterführende Literatur für Sie zusammengestellt.

2.1 Methodische Überlegungen

Das betriebswirtschaftliche Berechtigungskonzept einer Organisation basiert auf den Normen, die diese Organisation hat. Das Berechtigungskonzept für die Systemlandschaft des Unternehmens ist gleichzeitig Abbild seiner Organisation.

In unserer Beratungstätigkeit begegnen uns Kunden, die regelkonform arbeiten; Abweichungen der Realisierung von den Regeln bleiben die Ausnahme. Auf der anderen Seite treffen wir aber auch auf Kunden, deren Beschäftigung mit Berechtigungen rein auditgetrieben ist: Man hangelt sich von Prüfvermerk zu Prüfvermerk. In einigen Fällen fehlt sogar ein schriftliches Berechtigungskonzept. Dieser zweite Fall ist nicht nur mit erheblichen Risiken verbunden, sondern führt auch zu einem beständigen hohen Aufwand und somit zu hohen Kosten für die Pflege von Berechtigungen.

Berechtigungen und Corporate Governance

Die Erstellung und Überwachung der unternehmensweit notwendigen Regeln für die Benutzerberechtigungen in der Systemlandschaft sind Bestandteil der Corporate Governance und integraler Bestandteil der unternehmerischen Führungsaufgaben. Das Ziel in Bezug auf diese Regeln ist es, regelkonform, also compliant, zu werden. Wird dieses Ziel erreicht, sind bekannte Risiken ausgeschlossen oder minimiert. Um dieses Ziel zu erreichen, muss das Berechtigungskonzept den Ansprüchen der Funktionstrennung und der Überwachung kritischer Aktionen und Berechtigungen genügen. Die Definition dieser Aktionen und Berechtigungen ist logischer Bestandteil des Regelwerks.

Zunächst werden wir mögliche Ansätze für die Erstellung und Bewertung eines Konzepts darstellen.

2.1.1 Ansätze für das betriebswirtschaftliche Berechtigungskonzept

Es gibt verschiedene Ansätze für die Erstellung eines Berechtigungskonzepts. Unser Ansatz, den wir Ihnen in Kapitel 19, »Konzepte und Vorgehen im Projekt«, vorstellen werden, ist kein »Kochrezept«, sondern basiert auf Erfahrung und Abstraktion. Grundsätzlich müssen betriebswirtschaftliche Berechtigungskonzepte folgende Merkmale aufweisen:

- Sie können deduktiv (normbasiert) oder induktiv (ist-basiert) erstellt werden.
- Sie müssen die gesamte ERP-Systemlandschaft abdecken.
- Sie basieren auf schlüssigen Risikodefinitionen.
- Sie müssen bestimmten Prinzipien (siehe auch Kapitel 4, »Rechtlicher Rahmen – normativer Rahmen«) genügen.

Systematik statt Kochrezept

Wir möchten Ihnen mit diesem Buch anstelle einer allgemeingültigen Anleitung eine Systematik für die Verknüpfung von betriebswirtschaftlichen Anforderungen, rechtlichen Auflagen und technischen Möglichkeiten vermitteln.

Übliche Modelle

Bei der üblichen Vorgehensweise bei der Erstellung eines Berechtigungskonzepts wird in Workshops je Modul (MM, FI, CO etc.) der funktionale Umfang von betriebswirtschaftlichen Rollen ermittelt, dieser wird transaktional detailliert und schließlich technisch im ERP-System ausgeprägt. Diese Vorgehensweise fußt auf der *ASAP-Methode*.

Risiken

Diese durchaus angemessene Vorgehensweise kann fallweise zu erheblichen Problemen führen. Die Aufgaben, die ein Benutzer wahrzunehmen hat, ergeben sich aus der Position, die der Benutzer in der Organisation einnimmt. Eine komponentenbezogene Definition von Rollen sollte also immer auf Basis der formalen Funktionen innerhalb der Organisation und immer reflektiert gegen bekannte Funktionstrennungskonflikte erfolgen. Darüber hinaus ist eine isolierte, rein auf Komponenten bezogene Sichtweise in integrierten Systemen und Systemlandschaften riskant. Wir werden in Kapitel 5, »Berechtigungen in der Prozesssicht«, zeigen, dass z. B. im Beschaffungsprozess u. U. ein weiteres System, nämlich SAP CRM, zu betrachten sein kann. In diesem Fall würde eine komponentenbasierte Sicht – insbesondere im Hinblick auf die Prozessrisiken – unvollständig bleiben.

Die zu realisierenden Rollen und damit auch die Methode, die für die Erstellung des Konzepts gewählt wird, sind stark abhängig von Ihrem technischen Realisierungsansatz. Wenn Sie die indirekte Rollenzuweisung und somit eine Lösung auf Basis des Organisationsmanagements von SAP ERP HCM wählen, ergeben sich andere logische Gruppierungen von Funktionen und gegebenenfalls auch logisch andere Ansätze zur Definition von Rollen und zur Ermittlung von Rolleninhalten.

Tatsächlich prozessbasierte Ansätze – z. B. eine vollständige Abbildung der Prozesse in ARIS bis auf die Ebene der Transaktion oder im SAP Solution Manager – erfordern wiederum eine andere Methode. Die Einschränkung *tatsächlich prozessbasiert* fußt auf unserer Erfahrung, dass der Begriff *Prozess* in vielen Organisationen so unscharf definiert ist, dass ein Zusammenhang zwischen einem Prozessmodell und den ausgeprägten Berechtigungen nicht mehr nachvollziehbar ist. Wenn die Methode prozessbasiert ist, dann muss auch klar sein, wie Prozesse so analysiert werden, dass am Ende sinnvolle Berechtigungen dabei herauskommen.

Teilprojekt »Berechtigungen«

Methodenunabhängig gilt folgender Grundsatz: In jedem SAP-Projekt sind Berechtigungen ein wesentliches Teilprojekt. Aufgrund der Abhängigkeiten, die das applikations- und systemübergreifende betriebswirtschaftliche Berechtigungskonzept zwingend hat, muss dieses Teilprojekt von Anfang an an Entscheidungen über Stammdaten, Organisationsebenenstrukturen und fallweise auch an der Entscheidung über Customizing-Einstellungen beteiligt werden.

10 bis 15 % des Gesamprojektumfangs

Der Aufwand für das Teilprojekt Berechtigungen liegt in jedem Projekt zwischen 10 und 15 % des Gesamtumfangs. Die Kosten für nachträgliche Bereinigungen und die Wartungskosten liegen andernfalls erheblich über diesen Kosten. Ein schlecht aufgesetztes Berechtigungskonzept kann erhebliche zusätzliche Kosten in einem Upgrade-Projekt verursachen.

Eine sinnvolle Herangehensweise an die Erstellung eines betriebswirtschaftlichen Berechtigungskonzepts basiert auf Überlegungen zur Organisation (das ist die betriebswirtschaftliche Sicht), Anwendung des Regelungsrahmens (das ist die Sicht der Regelkonformität) und der Beachtung technischer Möglichkeiten und Standards.

Unsere Perspektive

Ein Benutzer führt eine Aufgabe, eine Teilaufgabe oder eine Verrichtung durch, wenn er eine Funktion im System nutzt. In Bezug auf diese

Begriffe müssen Konflikte definiert werden. Alle Funktionstrennungskonflikte und kritischen Aktionen ergeben sich einerseits aus dem funktionalen Umfang der Systemlandschaft und somit den Aufgaben, Teilaufgaben und Verrichtungen, die ein Benutzer ausführt, und andererseits aus dem Regelwerk der Organisation. Das Regelwerk der Organisation setzt sich immer aus externen und internen Regeln zusammen (siehe Kapitel 4, »Rechtlicher Rahmen – normativer Rahmen«). Die externen Regeln sind branchen- und länderspezifisch.

Definition erforderlich

Für ein betriebswirtschaftliches Berechtigungskonzept müssen also die folgenden Voraussetzungen erfüllt sein:

- Der funktionale Umfang der Systemlandschaft ist definiert.
- Die Funktionen sind so gegliedert, dass sie den Aufgaben, Teilaufgaben und Verrichtungen entsprechen.
- Funktionstrennungskonflikte und kritische Aktionen sind (werden) definiert.
- Funktionstrennungskonflikte und kritische Aktionen stehen so aufbereitet in einer Risikomatrix zur Verfügung, dass Rollen und Benutzer gegen diese Regeln überprüft werden können.

2.1.2 Beteiligte am Berechtigungskonzept

Eine methodische Frage, die sich vor dem Beginn des Projekts stellt, ist die Auswahl der Beteiligten an der Erstellung eines Berechtigungskonzepts.

Stakeholder-Ansatz

Normativ könnte ein Stakeholder-Ansatz definiert werden. In einem solchen Anspruchsgruppenansatz werden die Personenkreise beteiligt, die Einfluss auf die Entscheidungen der Organisation haben, Ansprüche an die Organisation stellen können oder von den Regelungen betroffen sind. Anspruchsgruppen sind in jedem Fall alle, die gesetzlich, vertraglich oder durch interne Regelung ein Mitsprache- oder Kontrollrecht in Bezug auf den Umgang mit den Daten im System haben.

Dieser Ansatz ist jedoch nicht für jede Organisation in jeder Situation zielführend. Die Erfahrung zeigt, dass z. B. die internen Auditoren es in einigen Unternehmen nicht als ihre Aufgabe betrachten, die Systemregeln zu definieren. Die Art der Beteiligung des Betriebsrats an der Konzepterstellung ist häufig umstritten.

Partizipation

Wir tendieren jedoch grundsätzlich zu einem möglichst partizipativen Modell, einerseits weil unterschiedliche Anspruchsgruppen durchaus relevante und unterschiedliche Regeln herleiten und darstellen können und Partizipation somit zu deutlich verlässlicheren Ergebnissen führen kann. Andererseits, weil Partizipation einen Austausch schafft, der dabei hilft, den Mitarbeitern Ängste zu nehmen und Widersprüche zu minimieren.

2.2 Compliance ist Regelkonformität

Definition von Compliance

Den Begriff *Compliance* kann mit dem Streben nach Regelkonformität gleichgesetzt werden. Dazu gehören auch der Aufbau und die Nutzung geeigneter Strukturen und Instrumente, um dieses Ziel zu erreichen. Zur weiteren Einordnung des Begriffs verweisen wir auf Menzies, 2006, S. 2. Daraus einleitend ein Zitat:

> *Compliance steht [...] für die Einhaltung von gesetzlichen Bestimmungen, regulatorischen Standards und die Erfüllung weiterer wesentlicher Standards der Stakeholder. Compliance trägt dazu bei, die Beständigkeit des Geschäftsmodells, das Ansehen in der Öffentlichkeit und die finanzielle Situation des Unternehmens zu verbessern. Compliance umfasst die Einrichtung geeigneter Organisationsstrukturen, Prozesse und Systeme im Unternehmen.*

Aspekte von Compliance

Compliance hat also erstens einen normativen Aspekt, eben den der Regelkonformität. Zweitens hat sie auch einen organisatorischen Aspekt, nämlich den Aufbau geeigneter Strukturen und Instrumente. Drittens hat Compliance einen operativen Aspekt, und zwar die angemessenen Kontrollen.

Bei der Betrachtung der Compliance muss vom grundsätzlichen Ziel der Regelkonformität ausgegangen werden. Eine Absolutsetzung im Sinne unbedingter Einhaltung aller gesetzlichen und organisationsspezifischen Normen entspricht weder unserer Erfahrung (unter anderem im Bereich des Datenschutzes), noch dürfte dieses Absolutsetzung mit angemessenen Mitteln technisch erreichbar sein. Deshalb verwenden wir in diesem Buch für den normativen Aspekt den Begriff *Regelkonformität*.

Regelkonformität ist kein Selbstzweck

Regelkonformität gilt es nicht nur zu erreichen, um externen Bedingungen gerecht zu werden. Sie hat vor allem das Ziel, einen Schaden von der Organisation abzuwenden. Regeln werden aufgestellt, um *Risiken* zu vermeiden. Um Compliance zu erreichen (oder sie nachzuweisen) sind interne Kontroll- und Risikomanagementsysteme erforderlich, die die Organisation in die Lage versetzen, diesen Risiken angemessen zu begegnen.

2.3 Risiko

Definition von Risiko

Ein Risiko ist ein mögliches und bestimmbares Ereignis, das das Erreichen der Organisationsziele teilweise oder vollständig behindert. Zu den Organisationszielen gehören monetäre Ziele (Erhalt des Organisationsvermögens, Liquidität), legale Ziele (Einhaltung der geltenden Rechtsnormen – Regelkonformität) und interne Ziele (Einhaltung eigener Normen, Organisationsleitbild, Betriebsvereinbarungen – Regelkonformität).

Aus dieser allgemeinen Risikodefinition lässt sich die Unterscheidung in strategische, prozessuale und verrichtungsbezogene Risiken ableiten. Gegenstand dieses Buches sind vor allem die verrichtungsbezogenen Risiken, soweit sie in SAP-Lösungen auftreten.

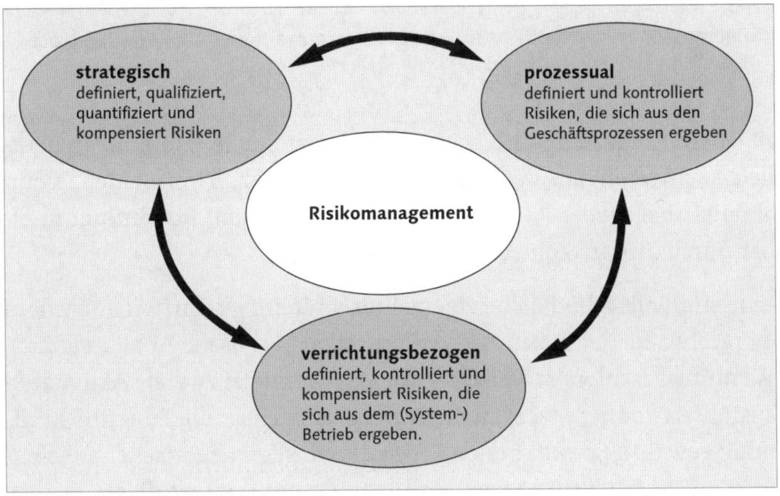

Abbildung 2.1 Übersicht über das Risikomanagement

Die in Abbildung 2.1 dargestellte Unterscheidung ist sehr abstrakt: Verrichtungsbezogene Risiken, also Risiken, die sich durch einzelne Aktionen ergeben, finden sich aggregiert im Prozess wieder, da ein

Prozess sich als eine Reihe von abhängigen Verrichtungen verstehen lässt. Die Verrichtung, z. B. das Anlegen einer Bestellung, ist zusammen mit der Verrichtung der Kreditorenpflege ein Risiko, das eine Funktionstrennung erfordert. Diese Verrichtungen sind Teil des Beschaffungsprozesses. Das Funktionstrennungsrisiko, das verrichtungsorientiert betrachtet wird, ist also auch ein Risiko im Prozess. Ebenso können Risiken im Prozess oder verrichtungsbezogene Risiken strategische Risiken sein. Zum Beispiel können Verstöße gegen Ausfuhrbestimmungen, die ja zunächst auf Verrichtungen beruhen, zu staatlichen Sanktionen oder Sanktionen durch den Markt führen. Uns sind in unserer Praxis diverse Fälle begegnet, in denen eine vorher sichergestellte Einschränkung von Benutzerberechtigungen – also ein angemessener Umgang mit verrichtungsbezogenen Risiken – Millionenverluste vermieden hätte. Die meisten Unternehmen werden einen Millionenverlust durchaus auch als Prozessrisiko und als strategisches Risiko darstellen.

Beispiel

Die Liefersperre eines Kunden, der bereits insolvent war, wurde manuell übergangen: Die Lieferung im Wert von mehreren Millionen Euro verschwand dadurch in der Insolvenzmasse dieses Unternehmens. Das potenzielle Risiko *Umgehen der Liefersperre* wurde zu einem Verlust, der bei angemessener verrichtungsorientierter Vermeidung nicht eingetreten wäre.

Verluste vermeiden

In jedem Fall lassen sich Verluste durch kriminelle Handlungen deutlich erschweren und Verluste durch Benutzerfehler vermeiden, wenn aktivitätsbezogenen (oder verrichtungsbezogenen) Risiken unmittelbar durch Zugriffskontrollen begegnet wird.

Eine sinnvolle aktivitätsbezogene Einschränkung reduziert außerdem den Aufwand, der in den Prozesskontrollen liegt (siehe Abbildung 2.2). Wenn ausgeschlossen werden kann, dass Benutzer zu viele Aktivitäten ausführen können, werden die Anforderungen an die Funktionstrennung gewahrt. Somit können Prozesskontrollen generischer angelegt werden. Aktivitätsbezogene Maßnahmen, im Kontext dieses Buches zuallererst die Einschränkung von Berechtigungen, gehören zu den präventiven Maßnahmen. Die Kosten für diese sind in den meisten Fällen um ein Vielfaches geringer als sämtliche kurativen (oder detektivischen) Maßnahmen. In plakativen Worten: Es ist einfacher und günstiger, das Kind vor dem Fall in den Brunnen zu bewahren, als später mühsam und aufwendig zu ermitteln, wie tief es im Brunnen steckt und wie man es wieder herausholen kann.

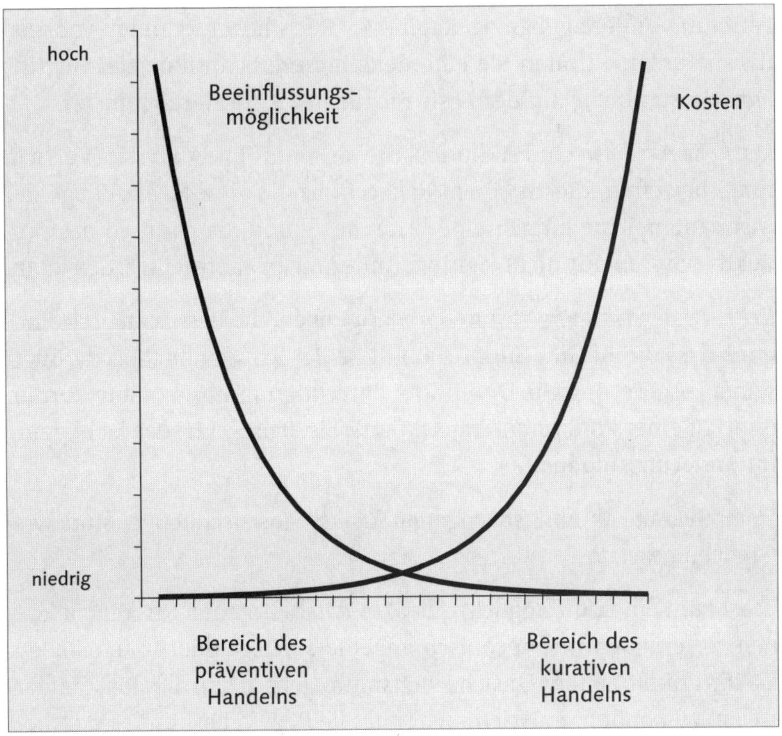

Abbildung 2.2 Präventive und kurative Maßnahmen

Definition von Risiko: Benutzerberechtigungen

Für dieses Buch möchten wir die Risikodefinition weiter präzisieren. Aus Sicht der Benutzerberechtigungen lassen sich aktivitätsbezogene Risiken in drei unterschiedlichen Arten von kritischen Zugriffen im System unterteilen:

- Funktionstrennungskonflikte
- kritische Aktionen
- kritische Berechtigungen

Funktionstrennung

Funktionstrennungskonflikte ergeben sich durch die Kombination von zwei Aktivitäten. So ist z. B. die Kombination von Lieferantenpflege und Bestellbearbeitung kritisch. Abhängig von Regeln, Verfahren und Customizing-Einstellungen kann ein Funktionstrennungskonflikt allerdings auch innerhalb einer Transaktion darstellbar sein, wenn das Regelwerk zwischen dem Erfassen und dem Freigeben einer Buchung eine Funktionstrennung vorsieht. Die technische Aussteuerung dieser unterschiedlichen Aktivitäten erlaubt eine Funktionstrennung, die verrichtungsorientiert ist: Das Erfassen wird getrennt vom Freigeben. In Kapitel 4, »Rechtlicher Rahmen – normativer Rahmen«, finden Sie eine detailliertere Definition des Begriffs *Funktionstrennung* auf der Basis rechtlicher Anforderungen.

Kritische Aktionen

Kritische Aktionen sind Aktionen, die eine einzelne Aktivität (Verrichtung) betreffen, die zu einem Risiko führt. So ist z. B. die Pflege der Mandanteneinstellungen eine kritische Aktion, da dadurch das produktive System für nicht legitime Änderungen geöffnet werden kann.

Kritische Berechtigungen

Kritische Berechtigungen sind Berechtigungen, die in sich kritisch sind, ohne dass die Art des Zugriffs auf diese Berechtigung schon definiert sein muss. (Technische Definition: Berechtigungsobjekt ohne Verbindung zu einer konkreten Transaktion). Ein Beispiel ist das Debugging im Änderungsmodus.

Dem Ziel, alle aktivitätsbezogenen Risiken auszuschließen, sind zwei Grenzen gesetzt:

Kenntnis als Grenze der Risikovermeidung

Es ist zum einen unmöglich, alle aktivitätsbezogenen Risiken zu kennen, zu erfassen und technisch angemessen detailliert darzustellen. Es wird immer einen Unsicherheitsraum geben. Um alle Risiken darstellen zu können, müssten nicht nur alle Regeln bekannt sein (schon das ist in Bezug auf das Berechtigungskonzept selten anzutreffen), es müsste darüber hinaus auch noch der Wille da sein, alle Regeln umzusetzen, und es müsste absolute Transparenz über Prozesse/Organisation und Technik geben. Die Schwierigkeit absoluter Transparenz von Prozessen und Organisation wird in Kapitel 3, »Organisation und Berechtigungen«, deutlich.

Fast jedes Unternehmen nutzt kundeneigene Programme, deren Programmabläufe und betriebswirtschaftliche Wirkung nicht detailliert beschrieben sind. In diesen Fällen ist unklar, was technisch und wirtschaftlich durch die Programmausführung erreicht wird: Initiiert das Programm eine gewollte Datenänderung von Kundestammdaten oder eine (durch die Organisation) ungewollte Zahlung sämtlicher Gehälter an den Programmierer? Doch selbst wenn es nicht an einer Dokumentation mangelt, fehlt meist die integrative Sicht, die für eine vollständige Risikobewertung erforderlich wäre. Diese integrative Sicht wäre überhaupt nur möglich, wenn die Verantwortlichen für

Prozesse, Compliance und Technik ständig eng zusammenarbeiteten und darüber hinaus auch noch eine einheitliche Begriffswelt teilten. Es gibt zahlreiche Unternehmen, die sehr integrativ genau diese Abstimmung leisten. Wir möchten jedoch auf die immer vorhandenen Grenzen hinweisen, um darzustellen, warum es immer nur um das Ziel grundsätzlicher Regelkonformität gehen kann.

Effizienz als Grenze der Risikovermeidung

Die zweite Grenze ist eine wirtschaftliche Grenze. Einerseits bedeutet der erforderliche Abstimmungsaufwand zwischen Technik/Prozess und Regelkonformität erhebliche Kosten, die bei immer komplexer werdenden Systemen und immer weiter wachsender notwendiger Detaillierung unangemessen wachsen. Andererseits bedeutet Funktionstrennung genau das: Funktionstrennung. Eine Aufgabe muss von mehreren wahrgenommen werden, auch wenn eine Person allein diese Aufgabe zügiger erfüllen könnte. Auch hier soll kein Missverständnis aufkommen: Das bedeutet nicht, dass auf Funktionstrennung verzichtet werden darf, allerdings muss diese insofern wirtschaftlich gestaltet werden, als dass nur die aus wirtschaftlicher oder gesetzlicher Sicht erforderlichen Maßgaben einzuhalten sind.

2.4 Corporate Governance

Wenn man sich dem Begriff *Governance* nähert, erkennt man seinen Ursprung im sozial- und politikwissenschaftlichen Umfeld. Im Kontext dieses Buches geht es um *Corporate Governance*:

> *Corporate Governance bezeichnet den rechtlichen und faktischen Orientierungsrahmen für die Leitung und Überwachung eines Unternehmens. Im Unterschied zur [...] Unternehmensverfassung, die primär die Binnenordnung des Unternehmens betrifft, werden unter dem Stichwort Corporate Governance auch Fragen der (rechtlichen und faktischen) Einbindung des Unternehmens in sein Umfeld (wie namentlich) den Kapitalmarkt adressiert. [...] Corporate Governance ist keineswegs eine neues Thema [...] In den letzten Jahren hat die Diskussion über zweckmäßige Formen der Überwachung und Leitung von Unternehmen ... einen bislang noch nicht da gewesenen Stellenwert erlangt. Treiber dieser Entwicklung sind [...][u.a. – die Verf.] die bekannten zahlreichen Fälle von Missmanagement und Unternehmensschieflagen im In- und Ausland. (von Werder, 2005, S. 624).*

Konkreter wird das »Gabler Lexikon Unternehmensberatung«:

> *Corporate Governance [ist][...] die Gesamtheit der Grundsätze zur Leitung und Überwachung eines Unternehmens. (Reineke/Bock, 2007, S. 78)*

Versteht man unter Leitung eines Unternehmens das Management einer Organisation, liegt der Schluss auf der Hand, dass Corporate Governance integraler Bestandteil der Unternehmensleitung oder des Managements einer Organisation ist. Steinmann/Schreyögg stellen fünf zentrale Managementfunktionen in den Mittelpunkt ihrer Betrachtung: Planung, Organisation, Personaleinsatz, Führung, Kontrolle (1997, S. 9). Die Begriffe Führung und Kontrolle stehen synonym für Leitung und Überwachung.

Für dieses Buch soll für Corporate Governance die folgende Definition gelten:

Definition von Corporate Governance

Corporate Governance im weiteren Sinn ist die Gesamtheit der Grundsätze und Strukturen zur Leitung und Überwachung einer Organisation. Corporate Governance wird durch die Definition des normativen Orientierungsrahmens der (institutionellen) Organisation, die Schaffung geeigneter Strukturen und Kontrollmechanismen, die Zuweisung geeigneter Ressourcen und regelmäßige Kontrollen erreicht. Corporate Governance ist integrierter Bestandteil des Managements von Organisationen.

Corporate Governance ist die Quelle von Regeln und Strukturen zum Erreichen von Regelkonformität. Hier wird der Rahmen gesteckt, dem das operative Geschäft zu folgen hat. Operativ ist es eine dauerhafte Herausforderung, technische Details und abstrakte Normen so zu kommunizieren, dass sowohl die für Regelkonformität Verantwortlichen als auch die Administratoren in der Berechtigungspflege den Zusammenhang der Regeln und ihrer konkreten Umsetzung nachvollziehen können.

Corporate Governance – Risikoprävention – Regelkonformität

Corporate Governance ist somit für dieses Buch die Gesamtheit der Grundsätze und Strukturen zur Leitung und Überwachung einer Organisation. Corporate Governance ist in diesem Sinne Risikoprävention und Unternehmensführung. Compliance ist dementsprechend das Ziel der grundsätzlichen Regelkonformität im Rahmen der Corporate Governance.

Die für unseren Zweck sinnvollste Einbindung der Corporate Governance in die Organisation und in die Unternehmensverfassung leistet Freese in seinem empfehlenswerten Werk »Grundlagen der Organisation« (2005). Wir verweisen explizit auf dieses Standardwerk, da Freese dort Corporate Governance als Bestandteil der Führungsaufgaben betrachtet.

2.5 Technische versus betriebswirtschaftliche Bedeutung des Berechtigungskonzepts

Ein zentraler Begriff dieses Buches ist naturgemäß der Begriff *Berechtigungskonzept*. Im Glossar der SAP-Onlinehilfe (*http://help.sap.com*) finden Sie folgende Definition:

> *Konzept, das den Aufbau und die Funktionsweise der Berechtigungsvergabe und der Berechtigungsprüfung in SAP-Systemen umfasst.*

Frick/Gadatsch/Schäffer-Külz (2008, S. 330) definieren ein Berechtigungskonzept folgendermaßen:

> *Das SAP-Berechtigungskonzept schützt Transaktionen, Programme und Services in SAP-Systemen vor unberechtigtem Zugriff. Auf der Grundlage des Berechtigungskonzepts vergibt der Administrator den Benutzern Berechtigungen (positives Berechtigungskonzept), die festlegen, welche Aktionen ein Benutzer im SAP-System ausführen darf, nachdem er sich am System angemeldet hat und authentifiziert wurde.*

Das sogenannte *positive Berechtigungskonzept* ist die Regel in SAP ECC. Es gibt aber Ausnahmen: So kann in SAP ERP HCM explizit die Pflege eigener Daten unterdrückt werden, eben durch die negative Berechtigungsdefinition »Darf nicht«.

Diese Definitionen betonen einen technischen Aspekt: Bevor Berechtigungen vergeben werden können, muss ihre Funktionsweise festgelegt werden. In Bezug auf das SAP-System ist sie die präziseste Definition, die wir kennen, deshalb werden wir in diesem Buch mit dieser Definition eines technischen Berechtigungskonzepts arbeiten.

Definition des technischen Berechtigungskonzepts

Das technische Berechtigungskonzept legt fest, wie in einem Programm eine Berechtigungsprüfung ausgeführt wird, wie zusätzlich die Prüfung auf Transaktionsebene erfolgt und welche Verfahren bei der Berechtigungsvergabe an den Benutzer zur Anwendung kommen können. Das technische Berechtigungskonzept ist die Summe aller möglichen Berechtigungsprüfungen und Verfahren zur Berechtigungsvergabe.

Das technische Berechtigungskonzept bedarf einer Konkretisierung im System. Rediger/Hohnhorst (2003, S. 62) schreiben dazu:

> *Daher ist es erforderlich, mithilfe des SAP-Berechtigungskonzepts eine minimale Aussteuerung pro Benutzer zu definieren. Die Sicherheit und Ordnungsmäßigkeit des SAP-Systems hängen u. a. wesentlich von den zugeordneten Berechtigungen ab.*

Bei Hornberger/Schneider (2000, S. 59) findet sich folgende Definition:

> *Mit den im SAP-System zur Verfügung stehenden Mitteln können Kunden ein Berechtigungskonzept aufbauen, das den individuellen Gegebenheiten im Unternehmen entspricht.*

Beide betonen den Ausprägungsaspekt. In diesem Buch werden wir zeigen, dass die technischen Möglichkeiten in Verbindung mit der gewählten organisatorischen und der vorzunehmenden funktionalen Differenzierung zu nahezu unendlich vielen möglichen Berechtigungszuordnungen führen. Es bedarf also eines Konzepts dafür, wie das technische Berechtigungskonzept so implementiert wird, dass es dem Bedarf an organisatorischer und funktionaler Differenzierung einer Organisation entspricht und die Einhaltung nachhaltig mit angemessenen Mitteln sicherstellen kann. Bei diesem Implementierungskonzept handelt es sich um ein primär betriebswirtschaftliches Konzept. In diesem Buch unterscheiden wir deshalb zwischen dem technischen und dem betriebswirtschaftlichen Berechtigungskonzept.

Definition: betriebswirtschaftliches Berechtigungskonzept

Das betriebswirtschaftliche Berechtigungskonzept definiert auf Basis des funktionalen und organisatorischen Differenzierungsbedarfs die Regeln, wie das technische Berechtigungskonzept im konkreten System (oder den konkreten Systemen) umgesetzt und kontrolliert wird. Das betriebswirtschaftliche Berechtigungskonzept folgt der formalen Organisation und ist faktisch Ausdruck einer Aufgabenanalyse (siehe Abschnitt 3.4.3, »Aufgabenanalyse«). Das betriebswirtschaftliche Berechtigungskonzept ist so ausformuliert, dass es dem sachkundigen Dritten in angemessener Zeit einen Überblick über die tatsächliche

Berechtigungslogik und -vergabe verschafft.[1] Da das Berechtigungskonzept u. a. die Richtigkeit der Bilanz gewährleistet, ist diese Übertragung notwendig. Wähner (2002, S. 506 ff.) stellt aus Sicht der DV-Revision Anforderungen an ein Berechtigungskonzept, die sich mit der von uns eingeführten Definition insoweit decken, dass die Schriftform erforderlich ist und sich das Konzept aus der »Ablauf- und Aufbauorganisation (Geschäftsverteilung)« ableitet. Weitere Informationen zu den Inhalten eines Berechtigungskonzepts finden Sie in Kapitel 19, »Vorgehen und Konzepte«.

Regelkonformität – Berechtigungskonzept

Das betriebswirtschaftliche Berechtigungskonzept ist die systembezogene Ausformulierung der Grundsätze der Corporate Governance. Berechtigungen müssen regelkonform definiert und ausgeprägt werden, um (aktivitätsbezogene) Risiken zu vermeiden oder zu reduzieren. Ist das Berechtigungskonzept nicht tatsächlich regelkonform, wird Risikoprävention erheblich teurer und der Nachweis der Regelkonformität (Compliance) problematisch.

2.6 Technische versus betriebswirtschaftliche Rolle

Der Begriff *Rolle* wird in unterschiedlichen Kontexten unterschiedlich verwendet. In Kapitel 3, »Organisation und Berechtigungen«, werden wir den Begriff der *Aufgabe* einführen. Ein Mitarbeiter hat eine Stelle, diese Stelle ist durch eine Aufgabe gekennzeichnet.

Wir gehen davon aus, dass betriebswirtschaftliche Rollen von einer Person in Prozessen oder Projekten, aber auch in der Linienorganisation wahrgenommen werden können. Die Summe der betriebswirtschaftlichen Rollen einer Person ist Ausdruck der Aufgabe, die eine Person in der Organisation hat. Eine Rolle könnte z. B. der Freigeber oder der Analyst sein (siehe Abbildung 2.3).

1 Die sprachliche Bezugnahme auf die Grundsätze ordnungsgemäßer Buchführung (Die Buchführung gilt als »ordnungsgemäß«, wenn sie einem sachkundigen Dritten in angemessener Zeit einen Überblick über die Geschäftsfälle und die Lage des Unternehmens vermittelt – oder auch *True-and-Fair-View-Prinzip.*) ist gewollt, denn das Berechtigungskonzept ist Prüfungsgegenstand der Wirtschaftsprüfung.

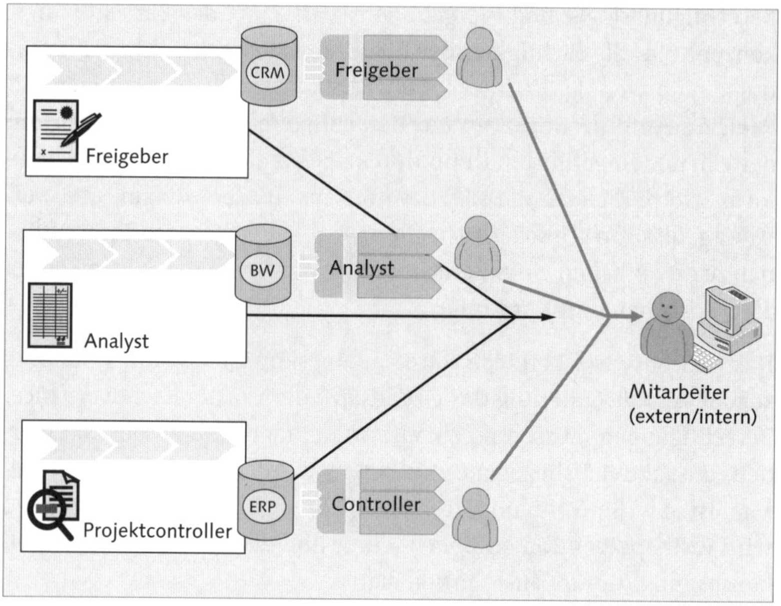

Abbildung 2.3 Betriebswirtschaftliche Rolle – Aufgabe – technische Rolle

Betriebswirtschaftliche Rollen sind einer Aufgabe zugeordnet, die durch eine Person in der Organisation wahrgenommen wird. Um betriebswirtschaftliche Rollen wahrnehmen zu können, sind technische Berechtigungen erforderlich, die (überwiegend) durch technische Rollen bereitgestellt werden. Auch die technische Rolle muss zunächst losgelöst von der Person betrachtet und einer Aufgabe zugeordnet werden.

Vorteile der Abstraktion

Diese Abstraktion hat zwei Vorteile:

- Jedes normative Berechtigungsdesign muss sich von der Person lösen. Nur ein normatives Berechtigungsdesign kann regelkonform sein.
- Bei der Prozessmodellierung werden meistens Prozessrollen und damit betriebswirtschaftliche Rollen definiert. Dabei ist eine Rolle meistens nicht gleich einer Stelle in einer Organisation. Die Aufgabe entspricht aber einer Stelle in der Organisation.
- Durch diese Abstraktion sind sowohl betriebswirtschaftliche Rollen als auch technische Rollen wiederverwendbar.

Das bedeutet Folgendes:

- Eine betriebswirtschaftliche Rolle kann mehreren Aufgaben zugeordnet werden.
- Jede technische Rolle kann mehreren betriebswirtschaftlichen Rollen zugeordnet werden.
- Jede technische Rolle kann mehreren Aufgaben zugeordnet werden.

Weitere betriebswirtschaftliche Begriffe werden wir in den beiden folgenden Kapiteln definieren, technische Begriffe und Konzepte hingegen in den Kapiteln, in denen es konkret um Systeme und die technische Umsetzung von Berechtigungen geht.

Berechtigungen sind immer Ausdruck der inneren Organisation einer Organisation. Sie folgen ablauf- und aufbauorganisatorischen Prinzipien. Diese sind im Unternehmen selten einheitlich beschrieben und ebenso selten einheitlich in SAP ERP definiert.

3 Organisation und Berechtigungen

Dieses Kapitel geht auf ein Grundproblem des betriebswirtschaftlichen Berechtigungskonzepts ein: die Organisation. Zwar wird in den einschlägigen normativen Vorgaben (siehe Abschnitt 4.2, »Internes Kontrollsystem«, und Abschnitt 4.3.1, »Rechtsquellen und Auswirkungen für den privaten Sektor«) für das Berechtigungskonzept und das interne Kontrollsystem auf die Aufbau- und Ablauforganisation verwiesen, allerdings ist dieser Verweis nicht hilfreich, solange nicht klar ist, was genau unter Aufbau- und Ablauforganisation verstanden wird. Die Organisationslehre bietet verschiedene Deutungsmuster an, wie Organisation verstanden werden kann. Dabei sind die jeweiligen Ansätze teilweise sehr unterschiedlich. Das geht so weit, dass March in einem Interview feststellt: »Ich würde sagen, eine Organisation ist immer das, wofür eine Organisationstheorie sie hält« (March in Freese, 2009, S. 21).

Wenn es nur die Organisationstheorie wäre, die sich vor einer eindeutigen Definition drückt, wäre dieses Problem in diesem Buch nicht erwähnenswert. Der Grund, warum wir uns mit Organisationsbegriffen auseinandersetzen müssen, ist der, dass in jedem Unternehmen unterschiedliche Begriffe nebeneinander existieren. Diese unterschiedlichen Begriffe führen in ein Kernproblem von Berechtigungen: Wie soll organisatorisch differenziert werden? Konkret haben wir viele Unternehmen kennengelernt, die behaupteten, einer Berechtigungsdifferenzierung, basierend auf der Stellung in der Organisation, zu folgen, tatsächlich wurden aber Aufbau- und Ablauforganisation, prozessbasierte und projektbasierte Berechtigungen unter diesem Begriff zusammengefasst. Erst die Transparenz der Begriffe sorgt in diesem Fall für Transparenz bei den Berechtigungen.

Um dies erfassen zu können, werden wir uns nach einem Beispiel und einer Einführung zunächst dem institutionellen Organisationsbegriff (Abschnitt 3.3, »Institutioneller Organisationsbegriff«) zuwenden. Wir gehen der Frage nach, inwieweit der Unternehmenszweck, die Rechtsform eines Unternehmens und seine Stellung in der Umwelt[1] Einfluss auf das betriebswirtschaftliche Berechtigungskonzept haben.

In Abschnitt 3.4, »Instrumenteller Organisationsbegriff«, werden wir im Rahmen des instrumentellen Organisationsbegriffs verschiedene organisatorische Konzepte und ihre Relevanz für das betriebswirtschaftliche Berechtigungskonzept betrachten. Abschnitt 3.5, »Folgerungen aus der Organisationsbetrachtung«, wird die Auswirkungen dieser Betrachtungen für das betriebswirtschaftliche Berechtigungskonzept zusammenfassend darstellen. Abschnitt 3.6, »Sichten der Aufbauorganisation in SAP-Systemen«, stellt unterschiedliche Sichten auf die Aufbauorganisation in SAP ERP dar. Abschnitt 3.7, »Organisationsebenen und -strukturen in SAP ERP«, liefert einen detaillierten Einblick in das Organisationsebenenkonzept und seine Zusammenhänge.

Schließlich stellen wir in Abschnitt 3.8, »Hinweise zur Methodik im Projekt«, dar, welche Folgerungen sich aus diesem Kapitel für das betriebswirtschaftliche Berechtigungskonzept ergeben.

3.1 Organisatorische Differenzierung am Beispiel

Die Herausforderung der organisatorischen Differenzierung soll zunächst anhand eines Beispiels vorgestellt werden.

Beispiel organisatorisch differenzierter Berechtigungen

Der Berater Viktor soll in dem ERP-System des Unternehmens, bei dem er angestellt ist, verschiedene Rechte eingeräumt bekommen. Bestimmte Berechtigungen ergeben sich aus seiner formalen Stellung in der Organisation (Hauptabteilung, Abteilung): Er ist Berater in der

1 Der Begriff *Umwelt* beschreibt die Stellung einer Organisation in ihrer unmittelbaren Umwelt (u. a. Lieferanten und Kunden) und ihrer mittelbaren Umwelt (u. a. Gesellschaft, andere Märkte).

GRC-Abteilung, die zur Hauptabteilung Beratung gehört. Deshalb braucht er Berechtigungen, um bestimmte Employee Self-Services wie Urlaubsbeantragung oder Kontendatenpflege nutzen zu können. Da er auf der Planstelle eines Beraters beschäftigt wird, muss er darüber hinaus Berechtigungen für die Erfassung seiner Arbeitszeiten haben.

Viktor wird beim Kunden nicht nur als Berater, sondern auch als Projektmanager eingesetzt. Für das Unternehmen, bei dem er angestellt ist, bedeutet das, dass er bestimmte Berechtigungen in Bezug auf das Kundenprojekt benötigt. So soll er z. B. das Angebot einsehen können, und er muss die Zeiterfassung seiner Projektmitarbeiter kontrollieren und freigeben. Diese Berechtigungen wären systematisch durchaus aus seiner formalen Stellung in der Organisation abzuleiten: Ein Kundenprojekt ist in diesem Sinne eine Auftragsabwicklung für ein Beratungshaus.

In Viktors Beratungshaus ist es üblich, dass die Projektmanager an der Erarbeitung eines Angebots mitwirken. Um die Angebotsbearbeitung so effizient wie möglich zu gestalten, ist dieser Prozess detailliert als Angebotsprozess erfasst worden. Dabei sind auch die erforderlichen Aktivitäten der Mitwirkenden für jeden Prozessschritt dargestellt worden. Entsprechend erhält Viktor für jedes Angebot Berechtigungen des Prozesses *Angebotserstellung*, um Inhalte und Schätzung in Bezug auf das Angebot pflegen zu können.

Viktor wird über seine Beratungstätigkeit hinaus in einem internen Projekt eingesetzt. Es handelt sich dabei um ein globales Projekt, in dem es u. a. um die Verarbeitung von HR-Daten geht. Fallweise muss er deshalb auf personenbezogene Daten anderer Organisationseinheiten zugreifen können, um deren Qualität zu prüfen. Diese Berechtigungen beziehen sich auf bestimmte Projektabschnitte (z. B. die Datenmigration). Diese Berechtigungen entsprechen nicht Viktors formaler Stellung in der Organisation, sondern seiner Stellung in einem Projekt. Trotzdem müssen sich diese Berechtigungen gleichzeitig an der formalen Organisation anderer Organisationseinheiten orientieren. So sollte Viktor zwar Massendaten stichprobenartig einsehen dürfen, allerdings nur in den Bereichen, die zum Projekt gehören: Die Daten des Vorstands bleiben somit außen vor.

Die Berechtigungen, die Viktor benötigt, lassen sich also folgendermaßen unterscheiden:

- **Aufbauorganisatorische Berechtigungen**
  Dies betrifft die Berechtigungen, die aus der formalen Stellung in der Organisation stammen.
- **Projektorganisatorische Berechtigungen**
  Dies bezieht sich auf die Berechtigungen, die sich aus einem internen Projekt ergeben.
- **Prozessorganisatorische Berechtigungen**
  Dies betrifft die Berechtigungen, die sich aus dem Angebotsprozess ergeben.

Die projektorganisatorischen und die prozessorganisatorischen Berechtigungen wiederum enthalten (immer) sowohl Bezüge zur Aufbau- als auch zur Ablauforganisation. Alle Berechtigungen, die Viktor erhält, ergeben seine Gesamtberechtigung.

Funktionstrennungskonflikte im Beispiel

Daraus können sich zum einen Funktionstrennungskonflikte und ungewollte Zugriffe ergeben, z. B. wenn Viktor in einem Teil seiner Berechtigungen Bestellungen anlegen und in einem anderen Teil Kreditoren pflegen darf.

Zum anderen können sich Schnittmengen ergeben, die in der Summe zu mehr Berechtigungen als gewollt führen. So kann die Bestellabwicklung zwar zu seinen Berechtigungen im Projekt gehören, vielleicht soll aber gleichzeitig ein Mitarbeiter, der seiner Kostenstelle angehört (Aufbauorganisation), keine Bestellungen anlegen dürfen.

Um Funktionstrennungskonflikte und Schnittmengen möglichst gering zu halten, müssen Berechtigungen technisch präzise ausgeprägt werden. Dies ist jedoch nur möglich, wenn die verschiedenen organisatorischen Modelle unternehmenseinheitlich konkret definiert sind. Zumindest muss bei der technischen Anlage klar sein, worin sich Projektorganisation, Linienorganisation und Prozessmodelle im Unternehmen unterscheiden und welche Schnittmengen sie haben.

Unser Beispiel dient dazu, zu verdeutlichen, welche unterschiedlichen organisatorischen Sichten zu Viktors Berechtigungen beitragen. Nachfolgend werden wir notwendige Sichten der Organisation in unserem Kontext darstellen.

3.2 Einführung

Der Begriff *Organisation* wird in der Betriebswirtschaftslehre institutionell und instrumentell verwendet (siehe Abbildung 3.1). Der institutionelle Organisationsbegriff kann übersetzt werden mit »etwas ist eine Organisation«. Der instrumentelle Organisationsbegriff kann übersetzt werden mit »etwas hat eine Organisation«.

Aufbau- und Ablauforganisation

Der instrumentelle Organisationsbegriff wird unterschieden in die konfigurative Sichtweise (vereinfacht *Aufbauorganisation*) und die funktionale Sichtweise (vereinfacht *Ablauforganisation*).

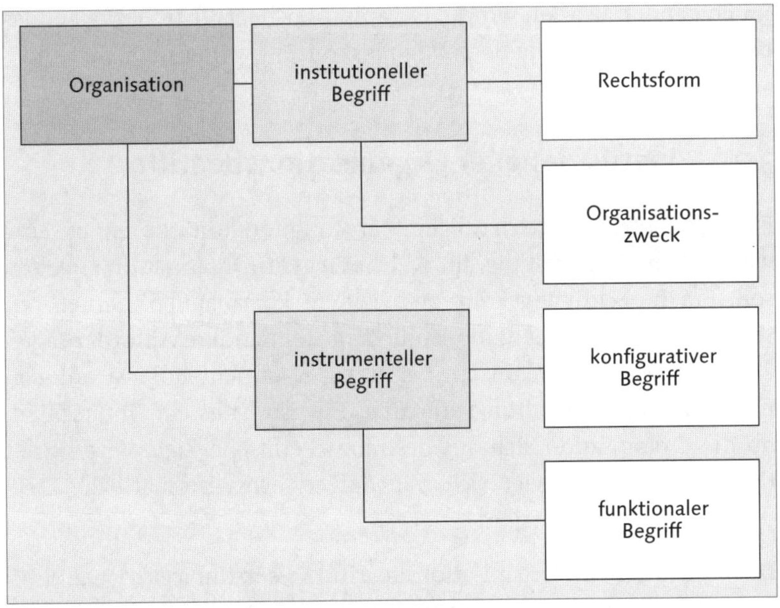

Abbildung 3.1 Organisationsbegriff

Einerseits ist ein bestimmtes soziales Gebilde – z. B. ein Unternehmen – eine Organisation, definiert durch Strukturen und Regeln (institutioneller Begriff). Andererseits hat etwas eine bestimmte Organisation bzw. Organisationsform (instrumenteller Begriff). Ein Unternehmen kann Organisationsformen wie die Linienorganisation oder die Projektorganisation in Bezug auf die Erfüllung bestimmter Aufgaben wählen. Die Linienorganisation ist aber in allen uns bekannten Unternehmen für die Darstellung der Unterstellungsverhältnisse die primäre Form. Darüber hinaus kann es eine Organisationsform auf Basis eines Prozessmodells nutzen. Beide Perspektiven, sowohl die institutionelle als auch die instrumentelle, sind für das Berechtigungskonzept relevant.

Relevanz des institutionellen Organisationsbegriffs

Der institutionelle Organisationsbegriff ist vor allem dann von Interesse, wenn es um die legalen Normen, aber auch um die internen Regeln und deren Abhängigkeiten von Erwartungen der Umwelt[2] geht. Der instrumentelle Organisationsbegriff blickt auf das – zumindest formale – Organisationsgeschehen. Dieser ist notwendig, um die in Kapitel 2, »Einführung und Begriffsdefinition«, angesprochene Differenzierung von Aufgaben, Teilaufgaben und Verrichtungen zur Entwicklung eines Berechtigungskonzepts vollziehen zu können.

Im Folgenden werden wir die Organisationsbegriffe in Bezug auf das betriebswirtschaftliche Berechtigungskonzept weiter untersuchen.

3.3 Institutioneller Organisationsbegriff

Für das betriebswirtschaftliche Berechtigungskonzept ist es eine wesentliche Fragestellung, für welche Art von Organisation es gelten soll. Ein Berechtigungskonzept in einem Pharmaunternehmen mit seinen vielen Dokumentationspflichten stellt andere Anforderungen als ein Berechtigungskonzept bei einem Nachrichtendienst, mit seinen vielen Geheimhaltungspflichten. Ebenso ist es ein Unterschied, ob die Organisation sich auf bestimmte ethische Ziele verpflichtet (Leitbild, Sachziel) oder sich rein auf erwerbswirtschaftliche Ziele (Formalziele) konzentriert.

Institutioneller Organisationsbegriff

Der institutionelle Organisationsbegriff (Kieser/Kubicek, 1992, S. 4) betrachtet eine Organisation als ein auf Dauer angelegtes soziales Gebilde mit:

- einem definierten Organisationszweck
- einer definierten Rechtsform
- mit definierten Grenzen zur Umwelt

2 Zu den Erwartungen der Umwelt gehören moralische Erwartungen wie z. B., dass in Produkte keine Kinderarbeit einfließt oder die natürliche Umwelt nicht über Gebühr belastet wird. Im Rahmen von Corporate-Identity-Maßnahmen werden oft soziale, gesellschaftliche oder ökologische Ziele selbst gesetzt – die Gesellschaft erwartet dann auch deren Umsetzung.

Die Relevanz des institutionellen Organisationsbegriffs für Berechtigungen ergibt sich aus folgenden Aspekten:

- **Organisationszweck**
  Während in klassischen Industriebetrieben die Risiken primär im Rechnungswesen gesehen werden, kann in nicht erwerbswirtschaftlich orientierten Organisationen (z. B. Nachrichtendienst) das Risiko stärker in anderen Bereichen, wie z. B. der Geheimhaltung, nachgewiesen werden.
- **Rechtsnormen für eine gegebene Organisationsform**
  Eine öffentliche Verwaltung folgt zwingend anderen Funktionstrennungsauflagen als ein Pharmakonzern und der wiederum anderen als ein Rüstungsbetrieb.
- **Definierte Organisationsgrenzen zur Umwelt**
  Die Mitglieder der Institution werden durch ihre Mitgliedschaft (Arbeitsvertrag, Inhaberschaft) von anderen Personen, die zeitweilig mit der Organisation zusammenarbeiten (Partner, Lieferanten, Kunden), unterschieden.

Diese drei Punkte werden wir im Einzelnen darstellen.

3.3.1 Organisationszweck

Der Organisationszweck, also die Aufgaben, die eine Organisation erfüllt, bestimmt auch den Umgang mit und die Wahrnehmung von Risiken. Meist wird zwischen Formalzielen (Gewinn, Rentabilität) und Sachzielen (z. B. soziale, humanitäre und viele weitere Ziele) unterschieden.

Formalzieldominanz

Die primären Ziele einer privatwirtschaftlichen Organisation sind immer Formalziele: Gewinn, Rentabilität, Organisationserhalt etc. Alle verbalisierten Sachziele sind in Bezug auf die Formalziele sekundär. Das heißt nicht, dass Sachziele privatwirtschaftlicher Unternehmen nicht ernst zu nehmen seien, im Gegenteil, ein Unternehmen, das diese kommuniziert, muss sich auch daran messen lassen.

Sachzieldominanz

Die Sachzieldominanz lässt sich an einem Beispiel für bestimmte Organisationen weiterentwickeln: Es sollte nicht überraschen, dass eine Armee partiell mehr Wert auf den Schutz vertraulicher Daten als auf den Schutz vor Risiken im Rechnungswesen legt. Auch ist vor diesem Hintergrund verständlich, warum formale Genehmigungsverfahren im öffentlichen Bereich stärker betont werden als in der privaten Wirtschaft: Die Ziele sind anders, und mit den Zielen ist auch die individuelle Verantwortung anders, die eigene Regelkonformität nachzuweisen.

3.3.2 Rechtsformen der Organisation

Aus der Rechtsform ergeben sich zwingende Ableitungen für die Konfiguration und das Funktionieren der Organisation. In Abbildung 3.2 sehen Sie eine Übersicht über Rechtsformen des privaten und des öffentlichen Rechts in der Bundesrepublik Deutschland.

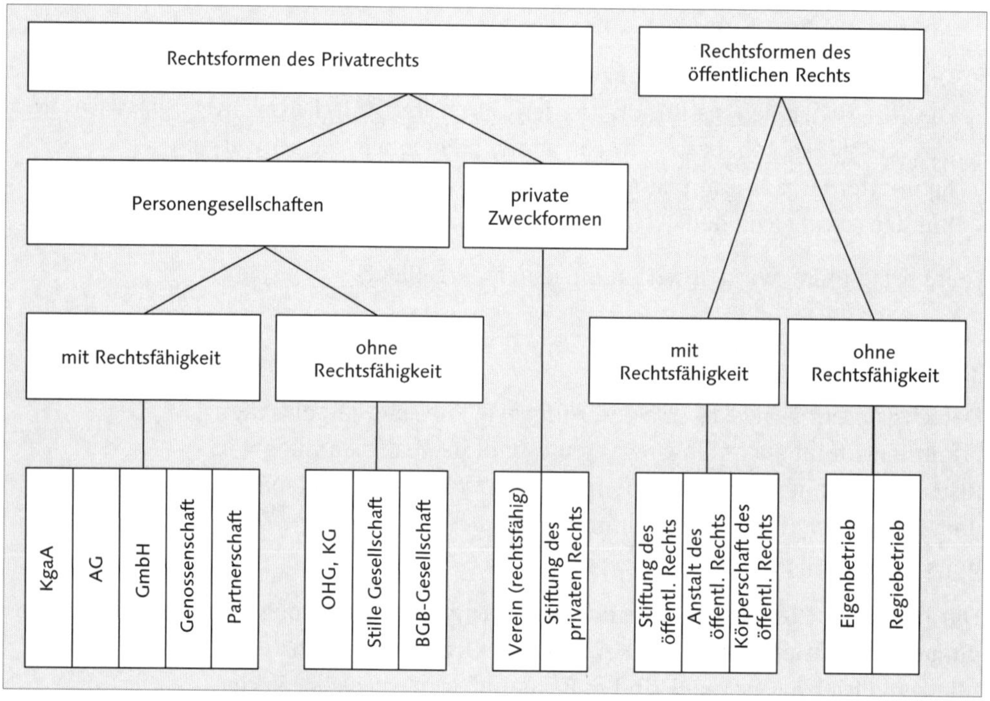

Abbildung 3.2 Übersicht über Rechtsformen des privaten und des öffentlichen Rechts (Deutschland)

Zu jeder Rechtsform gehört eine durch Gesetz oder in Ausführung von Gesetzen durch Satzung definierte Verfassung der Organisation. Dort sind minimal das Organ der Führung, die Rechnungslegungsgrundsätze und die Vertretung der Organisation nach außen geregelt. Häufig ist hier auch eine Konkretisierung der Zweckbestimmung der Organisation anzutreffen. Ein schönes Beispiel ist das Zweite Deutsche Fernsehen, das eine gemeinnützige Anstalt öffentlichen Rechts ist und seine Zweckbestimmung in §3 der Satzung erläutert, anfangend mit:

> *In den Sendungen der Anstalt soll den Fernsehteilnehmern in ganz Deutschland ein objektiver Überblick über das Weltgeschehen, insbesondere ein umfassendes Bild der deutschen Wirklichkeit, vermittelt werden. Die Sendungen sollen eine freie individuelle und öffentliche Meinungsbildung fördern. (ZDF-Satzung)*

Dieses Beispiel soll verdeutlichen, dass die durch Satzung festgesetzten Sachziele teilweise sehr allgemein gehalten sind und somit selten vergleichbar mit den »harten« Formalzielen.

Betriebsverfassung – Mitbestimmung

Von der Rechtsform der Organisation ist auch die *Betriebsverfassung* abhängig, also (ob und) welches Mitbestimmungsmodell in der Organisation gilt. Die Mitwirkungs- und Mitbestimmungsrechte des Betriebsrats oder Personalrats dürfen vor allem im Bereich des Mitarbeiterdatenschutzes nicht unterschätzt werden.

Beispiel

In einem Projekt haben wir erlebt, dass der Betriebsrat ein komplettes Redesign des Berechtigungskonzepts erzwang, bevor er dem Roll-out in weitere Unternehmensteile zustimmte. Die angeführten Gründe waren leider überzeugend: Es gab kein schriftliches Berechtigungskonzept. Regelungen zum Datenschutz waren nicht spezifiziert. Die Mitbestimmung war nicht eingehalten worden.

3.3.3 Organisation und Umwelt

Der institutionelle Begriff ermöglicht die Grenzziehung zwischen der Organisation und ihrer Umwelt. Die Umwelt einer Organisation ist für das betriebswirtschaftliche Berechtigungskonzept in zweifacher Hinsicht interessant.

Umwelt: Berechtigungen

Zunächst stellt sich die Frage, wie mit Geschäftspartnern umzugehen ist, die in den Systemen Zugriffsberechtigungen bekommen sollen. Klassische Beispiele, die für das Berechtigungskonzept relevant sind, sind der Hostingpartner, die Beratung sowie der Support. Es ist nicht selten, dass selbst Organisationen mit belastbaren Berechtigungskonzepten innerhalb der eigenen Organisation Funktionstrennungskonflikte und kritische Aktionen kontrollieren, aber eben diesen genannten Geschäftspartnern umfangreiche nicht kontrollierte Zugriffe ermöglichen. Konkret: Auch der teuerste Berater darf in keinem SAP-System ein unkontrolliertes SAP_ALL bekommen.

Durch die organisationsübergreifende Integration von Prozessen, die sich in der organisationsübergreifenden Systemarchitektur widerspiegelt, sind Zugriffe auf die Systemlandschaft der Organisation durch Mitarbeiter und/oder Systeme von Geschäftspartnern mittlerweile eher die Regel als die Ausnahme. Diese Integration wird weiter zunehmen.

Umwelt: Erwartungshaltung

Neben dem unmittelbaren Aspekt der Berechtigung von Geschäftspartnern ist die Umwelt auch relevant für Erwartungshaltungen der Stakeholder und die damit verbundenen Risikobewertungen, die nicht auf legalen Normen basieren. Ein Beispiel aus unserer Praxis soll das verdeutlichen:

Beispiel

Ein Automobilzulieferer muss im Rahmen seiner Lieferverträge in einem extrem engen Zeitrahmen kurzfristig bestellte Teile produzieren und liefern. Durch die hohe Differenzierung der Gestaltung eines einzigen Modells kann es hunderte von verschiedenen Türverkleidungen geben. Welche Türverkleidung zu welchem Zeitpunkt an welchem Platz in der Produktion des Automobilherstellers sein muss, wird genau spezifiziert. Die Abwicklung erfolgt dabei meist über integrierte Systeme zwischen Zulieferern und Automobilhersteller. Die Zugriffe auf das Zulieferersystem müssen einen absolut reibungslosen Ablauf ermöglichen. Liefert der Zulieferer nicht so wie bestellt, kann dies zu einer Statusänderung des Lieferanten führen, er kann herabqualifiziert werden. Dies hat weitreichende und mittelfristig dauerhafte ökonomische Auswirkungen. Entsprechend definierte der Automobilzulieferer als höchstes Berechtigungsrisiko das Fehlen von Berechtigungen für den Automobilhersteller.

3.3.4 Zusammenfassung

Aus den geltenden Rechtsnormen, dem Organisationszweck und der Stellung der Organisation in der Umwelt ergeben sich teilweise sehr unterschiedliche Rechenschaftspflichten gegenüber den Stakeholdern. Aus der Stellung in der Umwelt ergibt sich weiterhin die Notwendigkeit von konzeptionellen Festlegungen für die Berechtigungen von Geschäftspartnern. Entsprechend unterschiedlich sind die Schwerpunkte im betriebswirtschaftlichen Berechtigungskonzept.

Zweck der institutionellen Sicht der Organisation

Die institutionelle Sicht der Organisation ist somit relevant, um einerseits geltende Rechtsnormen und/oder Erwartungshaltungen erkennen und andererseits die Organisationsziele einordnen zu können. Beide stellen relevante Quellen für die Corporate Governance und somit für das Regelwerk dar, das es im betriebswirtschaftlichen Berechtigungskonzept umzusetzen gilt.

3.4 Instrumenteller Organisationsbegriff

Im *instrumentellen Organisationsbegriff* liegt der Schwerpunkt auf dem Festlegen des Aufbaus und der Abläufe in der Organisation. Berechtigungen legen fest, welche Zugriffe in Bezug auf Aufbau und Ablauf gestattet sind.

Aufgabe und Person

Die Berechtigungen einer natürlichen Person müssen ihrer Aufgabe in der Organisation entsprechen.

In diesem Abschnitt werden wir untersuchen, welche unterschiedlichen Möglichkeiten es gibt, den Ablauf und den Aufbau darzustellen. Dafür gibt es im Wesentlichen zwei Gründe:

- Die Festlegung der Organisation ist erstens zwar federführend für das betriebswirtschaftliche Berechtigungskonzept. Wir haben aber noch keinen Kunden getroffen, bei dem es eine wirklich einheitliche, allumfassende, transparente und kommunizierte Festlegung der Aufbauorganisation und der Ablauforganisation in einer für das betriebswirtschaftliche Berechtigungskonzept verwendbaren Form gab. Regelmäßig fanden wir gleichzeitig mehrere Sichten vor.
- Zweitens gibt es bereits innerhalb von SAP ERP vielfältige Möglichkeiten, eine Organisationsstruktur in jeder Applikation zu definieren, die nicht zwingend integriert oder zumindest nicht widerspruchsfrei sein müssen. Das soll in den Abschnitten 3.6, »Sichten der Aufbauorganisation in SAP-Systemen«, und 3.7, »Organisationsebenen und -strukturen in SAP ERP«, weiter erläutert werden.

Instrumenteller Organisationsbegriff

Der instrumentelle Organisationsbegriff bildet den Rahmen der organisatorischen und funktionalen Differenzierung im betriebswirtschaftlichen Berechtigungskonzept.

- **Konfigurative Sicht**
  Die konfigurative Sicht definiert die Aufbauorganisation (siehe »Einlinienorganisation« in Abschnitt 3.4.2): Hier werden Berechti-

gungen in Bezug auf die Teile der Aufbauorganisation unterschieden. Wie später gezeigt wird, kann die Aufbauorganisation unterschiedlich und mehrfach ausgeprägt sein (z. B. Matrixorganisation).

- **Funktionale Sicht**
  Die funktionale Sichtweise definiert u. a. standardisierte Abläufe und Ausnahmeregelungen, also wie über generelle und/oder fallweise Regelungen Führung ausgeübt wird. Vereinfacht kann diese Sichtweise auch als *Ablauforganisation* bezeichnet werden.

Im Rahmen des instrumentellen Begriffs müssen wir für das betriebswirtschaftliche Berechtigungskonzept darstellen, wie die Organisation aufgebaut ist – wie der Aufbau zu analysieren ist.

3.4.1 Spezialisierung (Arbeitsteilung)

Aus der Spezialisierung ergibt sich eine Stellenbildung, sodass eine gegebene Menge an Tätigkeiten dauerhaft einer Stelle zugeordnet wird. Diese Stellenbildung auf Grundlage der Spezialisierung zieht ein entsprechendes Qualifikationsprofil und gegebenenfalls eine entsprechende Stellenbeschreibung nach sich.

In Abbildung 3.3 ist eine einfache Spezialisierung dargestellt, die als stellenbezogene Spezialisierung zu sehen ist. Für das Berechtigungskonzept ergibt sich, dass die Berechtigungen je Stelle unterschiedlich sind.

Stellenbezogene Spezialisierung und Berechtigungen

Eine auf Spezialisierung beruhende Stellenbildung führt zu spezialisierten und somit unterschiedlichen Tätigkeiten und Verantwortlichkeiten. Unterschiedliche Tätigkeiten und Verantwortlichkeiten machen unterschiedliche Berechtigungen notwendig.

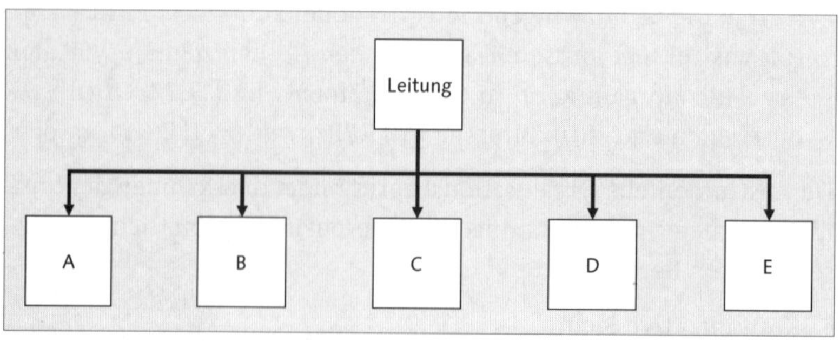

Abbildung 3.3 Spezialisierung

Es kann unterschieden werden zwischen *Spezialisierung auf Verrichtungen* (z. B. Kreditorenpflege) und *Spezialisierung auf Objekte* (z. B. Produktgruppen).

Objektsicht

Die Spezialisierung auf Objekte ist eine Spezialisierung auf Produktgruppen, Marktsegmente o. Ä. Im Sinne des Berechtigungskonzepts können darunter aber auch Kreditoren eines Buchungskreises, einer Gruppe etc. verstanden werden. Die objektorientierte Spezialisierung führt zu einer Differenzierung auf dem jeweiligen Objekt/Stammdatum (Ausdifferenzierung über Feldwerte im Berechtigungsobjekt).

Verrichtungssicht

Die verrichtungsorientierte Spezialisierung führt zu einer Berechtigungsdifferenzierung auf der Verrichtung (Transaktionen für die Kreditorenpflege, Aktivitäten im Berechtigungsobjekt).

In den meisten Fällen wird eine verrichtungs- und objektorientierte Spezialisierung genutzt. So gibt es Organisationen, die den Zahllauf zentral, aber organisatorisch differenziert abbilden. Die Verrichtungen werden also eingeschränkt auf bestimmte Objekte. In SAP ERP gibt es den Begriff der *Organisationsebene* (siehe Abschnitt 3.7, »Organisationsebenen und -strukturen in SAP ERP«), dieser wird zur organisatorischen Differenzierung verwendet. Über Organisationsebenen können Berechtigungen für die Pflege und Anzeige von Stammdaten ebenso eingeschränkt werden wie buchende oder ausführende Tätigkeiten. Entsprechend kann die objektbezogene Spezialisierung durch organisatorisch differenzierte Berechtigungen relativ einfach unterstützt werden. Die Analyse nach Verrichtung und Objekt ist Bestandteil der Aufgabenanalyse (siehe Abschnitt 3.4.3, »Aufgabenanalyse«).

Spezialisierung und Funktionstrennung

Spezialisierung ermöglicht erst eine sinnvolle Funktionstrennung. Eine komplexe Form von Spezialisierung ermöglicht dementsprechend eine komplexe Funktionstrennung.

Beispiel: Zahllauf

Um das am Beispiel des Zahllaufs zu betrachten: Es ist üblich, die vorbereitenden Tätigkeiten für den Zahllauf von der Durchführung im Sinne einer Funktionstrennung zu trennen. Die Berechtigungen folgen dieser Trennung. In größeren Organisationen, die den Zahllauf zentral durchführen, kann ergänzend ein System gegenseitiger Kontrolle aufgebaut werden, eine kreuzweise Funktionstrennung (siehe Abbildung 3.4). Die Berechtigungen für die Vorbereitung und Durchführung werden organisationsteilbezogen getrennt, sodass eine Stelle für Organisationsteil A den Zahllauf vorbereiten und für Organisationsteil B den Zahllauf durchführen kann, die zweite Stelle hätte die gleichen Berechtigungen an der Verrichtung, doch die entgegengesetzten am Objekt.

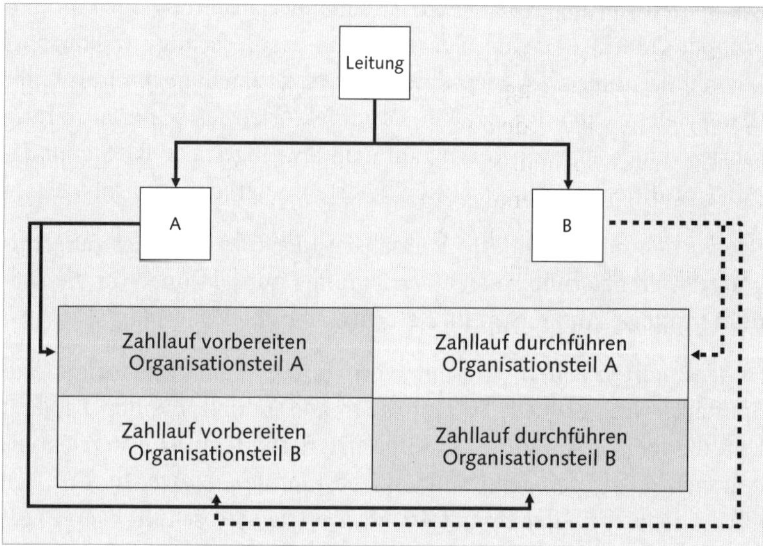

Abbildung 3.4 Objekt- und verrichtungsbezogene Spezialisierung im Zahllauf

Spezialisierung von Abteilungen

Die Spezialisierung kann sich aber nicht nur auf eine einzelne Stelle beziehen, sie kann mehrere Stellen umfassen. So kann Spezialisierung zur Abteilungsbildung führen/beitragen. Für das betriebswirtschaftliche Berechtigungskonzept bedeutet das, dass es Funktionstrennung zwischen Abteilungen gibt. Zugriffsrisiken können entsprechend auch so definiert werden, dass ein bestimmter Zugriff außerhalb der verantwortlichen Abteilung nicht statthaft ist.

Spezialisierung und Differenzierung von Berechtigungen

Ein effizientes Berechtigungskonzept folgt der verrichtungsorientierten Spezialisierung nur, solange es noch grundsätzlich Generalisierungen in Bezug auf die Verrichtungen (Transaktionen/Tätigkeiten) gibt. Die objektorientierte Spezialisierung hingegen ist einfacher und abhängig von den gewählten organisatorischen Unterscheidungsmerkmalen, häufig den Organisationsebenen in SAP ERP (siehe Abschnitt 3.7, »Organisationsebenen und -strukturen in SAP ERP«).

In Abbildung 3.4 wurde am Beispiel des Zahllaufs gezeigt, wie objekt- und verrichtungsbezogen differenziert werden kann. In Bezug auf die Generalisierung bedeutet dies: Verrichtungsbezogen sollten die Berechtigungen gleich sein. In Bezug auf die Spezialisierung bedeutet dies, dass die Berechtigungen organisatorisch differenziert werden müssen.

3.4.2 Aufbauorganisation

In Abschnitt 3.4.1, »Spezialisierung (Arbeitsteilung)«, wurde die durch Spezialisierung entstehende Abteilungsbildung bereits erwähnt. Ebenso wurde dort die Relevanz organisatorischer Differenzierung angesprochen. In Kapitel 2, »Einführung und Begriffsdefinition«, werden die Herausforderungen unterschiedlicher instrumenteller Sichten auf die Organisation in Bezug auf die Prozess- und Projektsicht behandelt.

Organisatorische Differenzierung in SAP ERP

Die organisatorische Differenzierung in SAP ERP, die auch als *objektbezogene Differenzierung* bezeichnet wurde, differenziert in großen Teilen entlang der formalen Organisation und damit der Aufbauorganisation.

Aus diesem Grund sollen einige – für diesen Kontext relevante – Typen kurz dargestellt werden. Diese Typen charakterisieren unterschiedliche Formen der *Aufbauorganisation*.

- Einlinienorganisation
- Mehrlinienorganisation
- Matrixorganisation

Zusätzlich zu den eindeutig aufbauorganisatorischen Typen sollen die *Projektorganisation* und die eindeutig ablauforganisatorische *Prozessorganisation* dargestellt werden.

Einlinienorganisation

Jede Stelle in der Einlinienorganisation hat unmittelbar nur eine vorgesetzte Stelle, die weisungsbefugt ist. Dadurch entsteht eine klare übersichtliche Hierarchie, die sich in den Organigrammen der Unternehmen wiederfindet. In Abbildung 3.5 ist eine Einlinienorganisation dargestellt.

Ein bekanntes Beispiel für diese Art der Organisation ist die »klassische« öffentliche Verwaltung. Die Organisationsform ist hierarchisch und starr. Der Vorgesetzte ist für die gesamte Aufgabenbearbeitung der untergeordneten Organisationseinheiten verantwortlich.

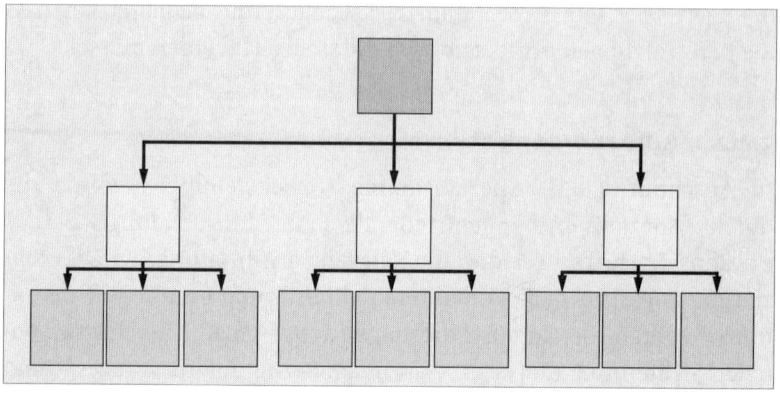

Abbildung 3.5 Einlinienorganisation

Benutzeradministration – Einlinienorganisation

In der Benutzeradministration werden unserer Erfahrung nach Rollen und Verantwortlichkeiten meist als einfache Linienorganisation dargestellt. Ein Berechtigungskonzept wäre einfach abzubilden, wenn es sich in Unternehmen lediglich um Einlinienorganisationen handeln würde. Faktisch stellen diese in größeren Unternehmen jedoch die Ausnahme dar, zumindest in den Bereichen, in denen die Nutzung des ERP-Systems über einfache erfassende Tätigkeiten hinausgeht (wie z. B. die Zeitwirtschaft oder operative Teile der Lagerwirtschaft).

Mehrlinienorganisation

Die Mehrlinienorganisation ist im Prinzip ein System der aufgeteilten Ressourcennutzung. Die Ressource *spezialisierte Arbeitskraft* wird von unterschiedlichen Abteilungen im Bedarfsfall genutzt. In Abbildung 3.6 ist eine Mehrlinienorganisation dargestellt.

Berechtigungen in der Mehrlinienorganisation

An das betriebswirtschaftliche Berechtigungskonzept stellt die Mehrlinienorganisation die Anforderung, dass die Berechtigungen entsprechend differenziert sind. Ist das Unterstellungsverhältnis überwiegend fachlich, muss eine starke Verrichtungsorientierung gewählt werden. Ist es hingegen eher in Bezug auf Organisationseinheiten definiert, ist eine Objektorientierung erforderlich. Objekt- und verrichtungsorientierte Mischformen führen zu einer deutlichen Steigerung der notwendigen Berechtigungsdifferenzierungen (und somit im ERP-System zu einer erheblichen Rollenvielzahl).

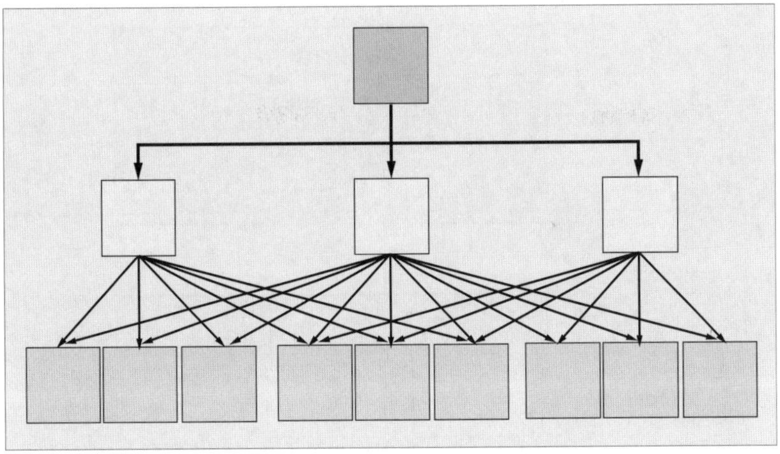

Abbildung 3.6 Mehrlinienorganisation

Zur Herausforderung der Differenzierung kommt die Herausforderung des Genehmigungsverfahrens für Berechtigungen. Ist diese Herausforderung noch einfach, solange es um konfliktfreie Berechtigungen geht, wird sie komplexer bei der Fragestellung, wie mit entstehenden objekt- oder verrichtungsorientierten Funktionstrennungskonflikten umzugehen ist und wie Konflikte angemessen kompensiert (kontrolliert) werden können.

Mehrlinienorganisation: Genehmigungsverfahren

Matrixorganisation

Die Matrixorganisation ist im Wesentlichen eine Kombination aus dem Objekt- und dem Verrichtungsprinzip. Sie ähnelt insoweit der Mehrlinienorganisation, als dass es keine »einfache« Unterstellung gibt. In Abbildung 3.7 ist eine Matrixorganisation dargestellt.

Aus der Sicht des Berechtigungskonzepts stellen sich vergleichbare Herausforderungen, wie sie schon in Bezug auf die Mehrlinienorganisation aufgezeigt wurden. Für beide Organisationsformen kann vom Problem der multiplen Unterstellungsverhältnisse gesprochen werden.

Problem der multiplen Unterstellungsverhältnisse

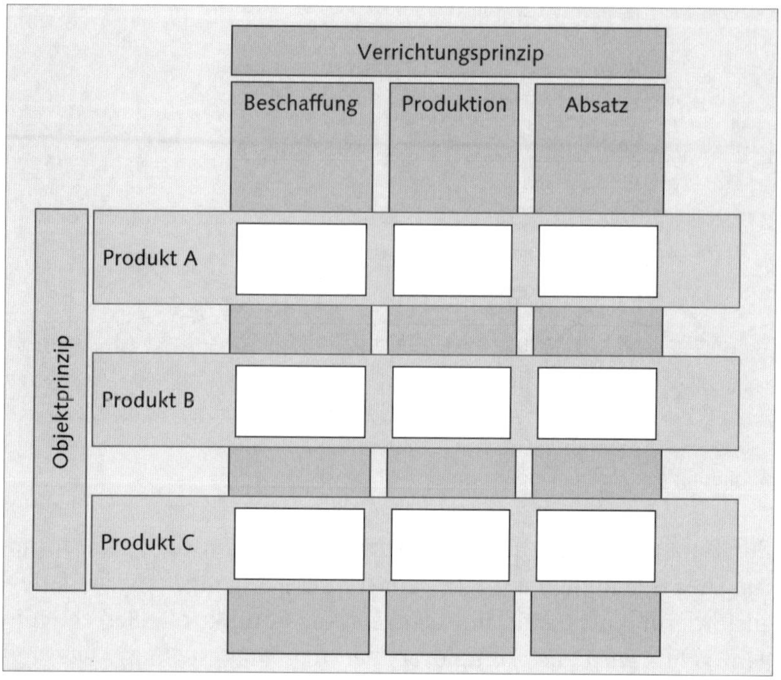

Abbildung 3.7 Matrixorganisation

Projektorganisation

Es ist üblich, besondere Aufgaben durch eine Projektorganisation wahrnehmen zu lassen. So werden z. B. große Bauvorhaben wie ein Kraftwerksbau projektmäßig abgewickelt. Aber auch interne Projekte sind durchaus üblich, z. B. werden ERP-Einführungen häufig als Projekt abgewickelt. Projekte werden auch gerne dort als Organisationsform eingesetzt, wo es sinnvoll scheint, die »starren« Grenzen der Linienorganisation zeitweilig zu verlassen. Gerade Letzteres bedeutet für das betriebswirtschaftliche Berechtigungskonzept unter Umständen eine erhebliche Herausforderung.

Kennzeichen der Projektorganisation

Aus Sicht der Aufbauorganisation ist die Projektorganisation eine befristete Zusammenstellung bestehender Organisationseinheiten und -regelungen, die natürlich fallweise ergänzt oder angepasst werden müssen. Auch hier tritt wieder das Problem der multiplen Unterstellung auf, wie dies schon in der Mehrlinienorganisation deutlich wurde.

Mit der Einrichtung eines Projekts ist die Schaffung einer spezifischen Projektorganisation verbunden. Die DIN 69901 definiert die Projektorganisation als:

> *Gesamtheit der Organisationseinheiten und der aufbau- und ablauforganisatorischen Regelungen zur Abwicklung eines bestimmten Projektes. [...] Die PO [Projektorganisation] besteht in der Regel aus Bestandteilen der vorhandenen Betriebsorganisation und ergänzenden projektspezifischen Regelungen. (DIN 69901, S. 3)*

In Abschnitt 3.4.3, »Aufgabenanalyse«, wird eine Darstellung entwickelt, wie die unterschiedlichen Begriffe der Projektorganisation, der Prozesssicht und des Analyse-Synthese-Konzepts in Bezug auf das Berechtigungskonzept verbunden werden können. In diesem Kontext werden auch die Begriffe Aufgabe, Teilaufgabe, Arbeitspaket und Verrichtung dargestellt. In Abbildung 3.8 soll vorab lediglich die Differenzierung in Aufgabe, Teilaufgabe und Arbeitspaket eingeführt werden, die der DIN 69901 zu Projektbegriffen entnommen ist.

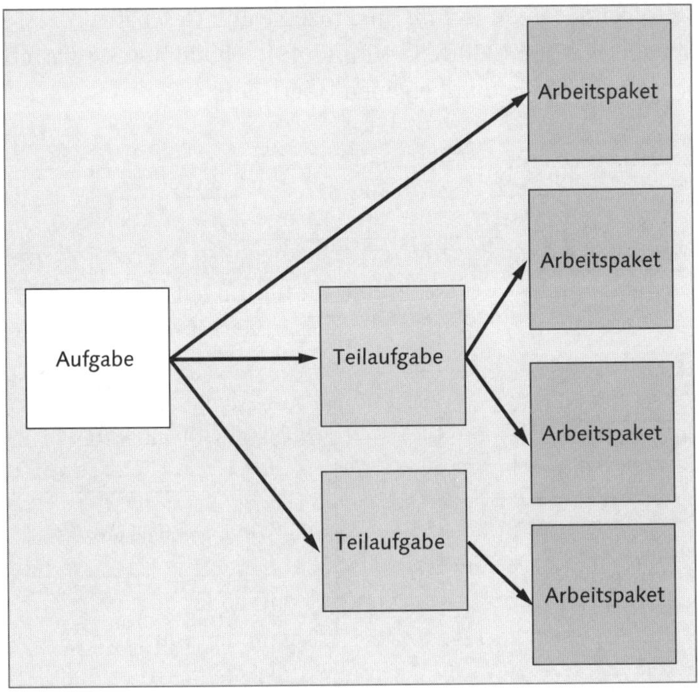

Abbildung 3.8 Aufgabenanalyse im Projekt nach DIN 69901

Organisation und Prozess

Angeblich prozessorientierte Darstellungen tauchen auch im Bereich Berechtigungen und Security immer wieder auf. Häufig wird dabei der Begriff *Prozess* nicht definiert, sodass faktisch alles als Prozess betrachtet werden kann. Das ist eher verwirrend als nützlich.

Funktionstrennung und Prozesssicht

Da darüber hinaus die Anforderung der Funktionstrennung immer eine prozesshafte Betrachtung nahelegt, benötigen wir eine etwas klarere Vorstellung davon, was im Sinne dieses Buches ein Prozess ist.

Definition von Geschäftsprozess

Ein *Geschäftsprozess* ist eine zielgerichtete, zeitlich-logische, in sich abgeschlossene Abfolge von Aufgaben, die arbeitsteilig von mehreren Organisationseinheiten oder Organisationen ausgeführt werden kann. Im Kontext der Konfiguration kann die Prozesssicht als eine abfolgeorientierte Sicht über die Aufbauorganisation hinweg angesehen werden. Im Gegensatz zur Projektorganisation ist die Prozesssicht eine Sicht auf die bestehende Struktur und keine neue Struktur.

Gadatsch folgend, sollten technische Prozesse und Geschäftsprozesse unterschieden werden (2008, S. 46 und 49). Abbildung 3.9 basiert auf diesen Ausführungen und eigenen Überlegungen.

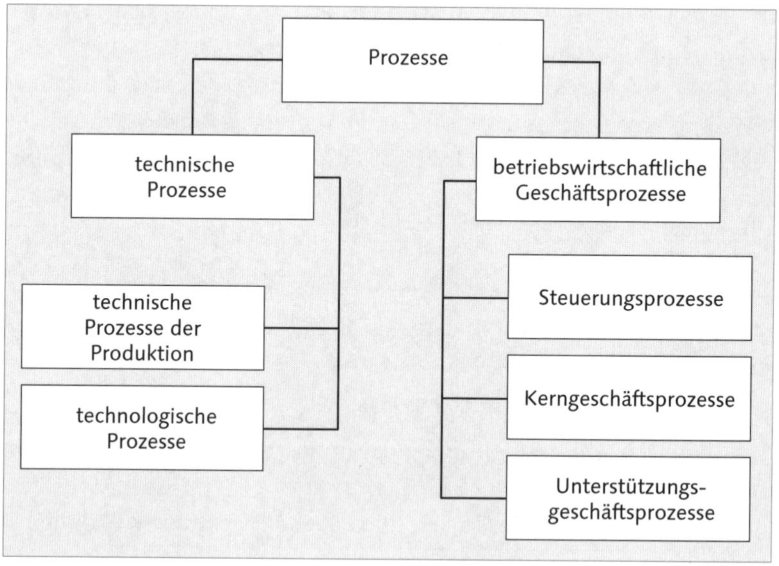

Abbildung 3.9 Schematisierung des Begriffs »Prozess«

Technische Prozesse

Bei den technischen Prozessen wird zwischen technischen Prozessen der Produktion und technologischen Prozessen unterschieden. Für dieses Buch sind die technologischen Prozesse der IT relevant, also automatische Prozesse innerhalb der eingesetzten Software wie z. B. Batchläufe. Diese erfordern in den meisten Fällen eigenständig definierte Berechtigungen. In diesem Buch sollen sie (mit anderen) als *technische Berechtigungen* gefasst werden.

Die Geschäftsprozesse unterscheiden sich in Steuerungs-, Kerngeschäfts- und Unterstützungsprozessen.

Steuerungsprozesse

Steuerungsprozesse sind Managementaufgaben, die letztlich die Kerngeschäfts- und Unterstützungsgeschäftsprozesse verbinden, steuern und kontrollieren. Für dieses Buch sind die Steuerungsprozesse von mehrfacher Bedeutung: Einerseits erfordern auch diese Berechtigungen – organisatorisch oft sehr weit gefasste – andererseits (und viel relevanter) ist Governance selbst ein Steuerungsprozess.

Unter Bezugnahme auf Gadatsch definieren wir *Kerngeschäftsprozesse* als einen Ablauf, der von der Bestellung über die Auftragsabwicklung bis zur Lieferung und Rechnungsabwicklung geht (S. 50). Diese Definition entspricht auch der Definition aus »Business Process Management – the SAP Roadmap« (Snabe et al., 2009). Für die Betrachtung in diesem Buch ist vor allem wichtig, dass nicht alles, was in einem Unternehmen abläuft, sofort ein Geschäftsprozess ist. Es ist sehr hilfreich, die Grenzen des Unternehmens als Start- oder Endpunkt eines Geschäftsprozesses aufzufassen: vom Kunden – zum Kunden. Die Freigabe einer Bestellanforderung ist also kein Prozess, sondern nur ein Schritt in einem Prozess. Es führt zu mehr Klarheit, einen umfassenden Geschäftsprozess gegebenenfalls in Subprozesse zu gliedern.

Zu den Unterstützungsgeschäftsprozessen gehören sämtliche Prozesse der IT (per definitionem nicht die technologischen) wie z. B. die Pflege von Rollen und Benutzern.

Nicht nur die Art eines Prozesses ist zu unterscheiden, es ist in Bezug auf die durchzuführenden Aufgaben im Prozess auch wichtig, darzustellen, wie innerhalb eines Prozesses selbst die Aufgaben detailliert werden können, um diese schließlich auch berechtigen zu können.

Modellierungsmodell von SAP

Das Modellierungsmodell von SAP differenziert zwischen Hauptprozessen, Kerngeschäftsprozessen, Geschäftsprozessen, Teilprozessen, Prozessschritten und Aktivitäten (wir werden an dieser Stelle den

Begriff *Verrichtung* verwenden), wie dies in Abbildung 3.10 dargestellt ist.

Im SAP Solution Composer und im SAP Solution Manager kann im SAP Process Repository zwischen Geschäftsszenario, Prozess und Prozessschritt unterschieden werden, konkrete Transaktionen können hinterlegt werden (zur Modellierung im SAP Solution Manager siehe Schäfer/Melich, 2009).

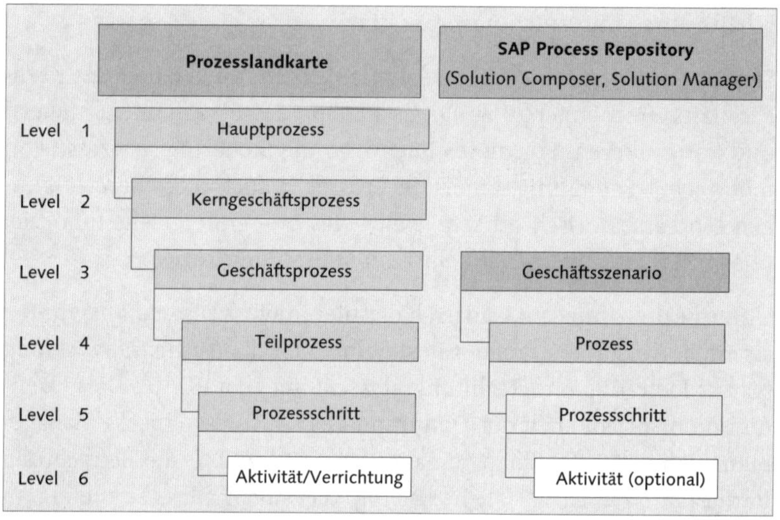

Abbildung 3.10 SAP Business Process Modeling: Aufgabendifferenzierung

Prozess: Differenzierung

Scheer weist unmittelbar folgend darauf hin, dass diese »Begriffe [...] häufig nur willkürlich voneinander abzugrenzen« sind (2001, S. 25). Das Problem der willkürlichen Abgrenzung ist auch der Definition optimaler Rollen immanent.

Zentrale Dienste in der Aufbauorganisation

Die Stellung einer Person in der Aufbauorganisation reflektiert nicht notwendigerweise den Umfang des aufbauorganisatorischen Zugriffs und noch weniger den objektbezogenen Zugriff.

Ein Mitarbeiter einer zentralen Controllingstelle wird zwar aufbauorganisatorisch (und damit einer Kostenstelle) eindeutig zugeordnet sein, er wird jedoch aufbauorganisatorischen Zugriff auf weite Teile – wenn nicht die gesamte *Kostenstellenhierarchie* – benötigen (siehe Abbildung 3.11).

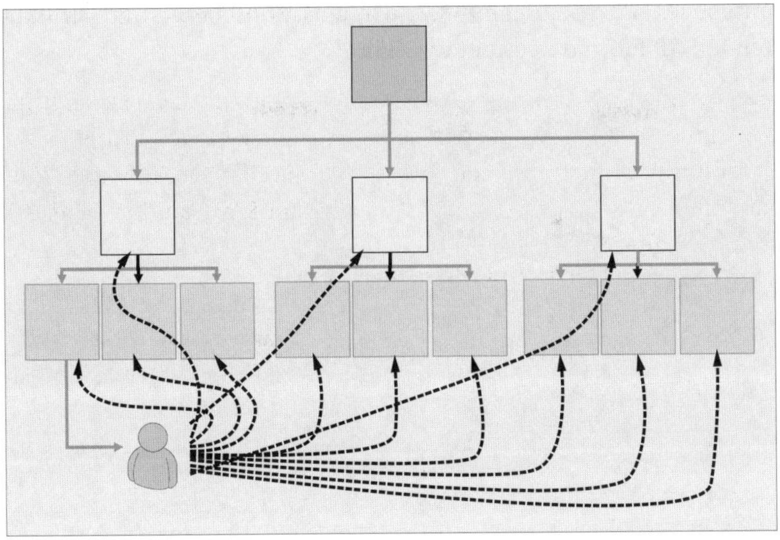

Abbildung 3.11 Zugriffssicht zentraler Dienste in der Einlinienorganisation

Beispiel: Kostenstellenhierarchie

Die Kostenstellenhierarchie kann als ein Beispiel für aufbauorganisatorischen Zugriff dienen, da sie meistens der Aufbauorganisation im Wesentlichen entspricht. Da das zentrale Controlling sowohl Buchungen als auch Reporting über die gesamte Kostenstellenhierarchie durchführt, müssen die Berechtigungen des Mitarbeiters dies reflektieren.

Zuordnung einer Person in der Aufbauorganisation

Die Zuordnung einer Person in der Aufbauorganisation entspricht nicht zwingend dem aufbauorganisatorischen Zugriff. Insbesondere bei zentralen Funktionen ist der aufbauorganisatorische Zugriff notwendigerweise umfassend.

Aufbauorganisation und Berechtigungskonzept

In Abschnitt 3.6, »Sichten der Aufbauorganisation in SAP-Systemen«, werden die verschiedenen aufbauorganisatorischen Sichten von SAP ERP dargestellt. Diese verschiedenen aufbauorganisatorischen Sichten sind teilweise integrierbar. Ob sie jedoch tatsächlich umfassend integriert sind, muss in jedem Unternehmen separat geprüft werden. Die verschiedenen aufbauorganisatorischen Sichten korrespondieren mit den unterschiedlichen und ebenfalls integrierbaren Organisationsebenen, die in Abschnitt 3.7, »Organisationsebenen und -strukturen in SAP ERP«, dargestellt werden.

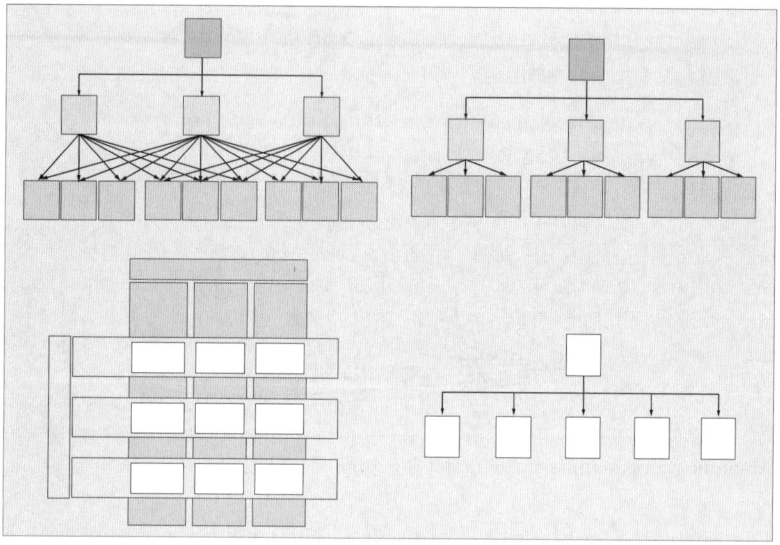

Abbildung 3.12 Unterschiedliche Formen der Aufbauorganisation

Im Quadranten rechts unten in Abbildung 3.12 könnte sich z. B. die Aufbauorganisation im externen Rechnungswesen Buchungskreis – Geschäftsbereich widerspiegeln, im linken oberen Quadranten die Einkaufssicht, im rechten oberen die Kostenstellen- oder Profit-Center-Sicht und im linken unteren die Sicht des Organisationsmanagements. Zunächst sind die unterschiedlichen Abbildungen formal unterschiedlich.

Integrationsvoraussetzung

Zum Problem werden sie, wenn die Integration, die gegenseitigen Abhängigkeiten und Abgrenzungen nicht präzise definiert sind. In der betriebswirtschaftlichen Rolle oder den technischen Rollen einer Person laufen diese Sichten zusammen.

Für jedes Berechtigungsprojekt muss Folgendes geklärt werden:

- Besteht ein einheitliches Verständnis der Aufbauorganisation des Unternehmens, das sich genau so im System wiederfindet?
- Folgen die Berechtigungen grundsätzlich der Zuordnung einer Person in der Aufbauorganisation?
- Welche aufbauorganisatorische Sicht ist die für Berechtigungen maßgebliche?

- Welche ablauforganisatorischen Berechtigungen können systematisch bestimmten Teilen der Aufbauorganisation zugeordnet werden?
- Ergeben sich aus dem Problem der multiplen Unterstellung Funktionstrennungskonflikte?
- Welche organisatorischen Unterscheidungsmerkmale können genutzt werden, um Berechtigungen voneinander abzugrenzen?

Attribut: Kontierungsobjekt

Konkreter kann in vielen Bereichen Folgendes untersucht werden: Der Benutzer (hier im Sinne einer natürlichen Person mit Benutzer im System) ist immer, zumindest mittelbar, einem Kontierungsobjekt zugeordnet. Jede Organisationseinheit muss eine grundsätzliche Relation zu einem Kontierungsobjekt haben. Jeder Benutzer ist grundsätzlich (nicht unbedingt technisch) einer Organisationseinheit zugeordnet. Somit ist er zumindest dem Kontierungsobjekt dieser Organisationseinheit zugeordnet.

Das bedeutet für das Berechtigungskonzept, dass jeder Benutzer in der Aufbauorganisation Bestandteil ist und somit regelmäßig ein Linienvorgesetzter nachgewiesen werden kann, der Aufgaben und Rollen festlegt.

Der Benutzer erbringt Leistungen und verursacht Kosten. Diese werden auf Kontierungsobjekten erfasst. Für das betriebswirtschaftliche Berechtigungskonzept stellt sich die Frage, ob diese Kontierungsobjekte gleich der Organisationseinheit sind, zur Organisationseinheit gehören oder lediglich für eine Buchung zu kontieren sind, aber in einen anderen organisatorischen Kontext, wie z. B. ein Projekt, gehören. Die Leistungen, die der Benutzer erbringt, muss er z. B. in SAP CATS erfassen und Kontierungsgobjekte wie Kostenstelle, Innenauftrag oder Projektstrukturplanelement angeben. Selbst in dem Fall, in dem es sich bei dem Benutzer um einen Mitarbeiter der Logistik in einem Projekt handelt, benötigt der Mitarbeiter Berechtigungen, die einen aufbauorganisatorischen Kontext haben. Für seine primäre Aufgabenerfüllung mag der Benutzer ausschließlich ablauforganisatorische Berechtigungen benötigen.

3.4.3 Aufgabenanalyse

An verschiedenen Stellen ist der Begriff *Aufgabe* verwendet worden. Im Kontext der Projektsicht und der Prozesssicht haben wir auch den

Begriff *Aufgabenanalyse* bereits eingeführt. Ausgehend davon, dass Berechtigungen den Aufgaben eines Mitarbeiters in der Organisation zu folgen haben, ist es sinnvoll, sich etwas detaillierter mit der klassischen Aufgabenanalyse auseinanderzusetzen.

In den Abschnitten 3.4.1, »Spezialisierung (Arbeitsteilung)«, und 3.4.2, »Aufbauorganisation«, wurden verschiedene aufgabenanalytische Aspekte diskutiert: Einerseits wurde die Unterscheidung von Verrichtungs- und Objektorientierung eingeführt, andererseits wurden in Bezug auf Projekte die Differenzierung von Aufgabe/Teilaufgabe und Arbeitspaket sowie im Prozess die Differenzierung zwischen Hauptprozessen, Kerngeschäftsprozessen, Teilprozessen, Prozessschritten und Verrichtungen dargestellt.

Klassische Aufgabenanalyse

Die Aufgabenanalyse ist ein Verfahren, das eine Aufgabe so weit in Teilaufgaben gliedert, dass eine stellenbezogene Synthese möglich wird. Die Analyse kann nach Olfert/Rahn (1997, Nr. 863) wie folgt aussehen:

- **Verrichtungsanalyse**
  Welche Tätigkeiten werden ausgeübt?
- **Objektanalyse**
  Worauf beziehen sich die Verrichtungen (Produkte, Sachmittel, immaterielle Objekte)?
- **Ranganalyse**
  Vor der Ausführungsaufgabe liegen die über- und vorgeordnete Entscheidungsaufgabe.
- **Phasenanalyse**
  Drei-Phasen-Schema: Die Auftragserledigung erfolgt in den Phasen Planung – Realisation – Kontrolle.
- **Zweckbeziehung**
  Differenzierung, inwieweit ein direkter (unmittelbarer) »Kernprozess« oder eine indirekte (mittelbare, z. B. Verwaltung) Beziehung zur Gesamtaufgabe besteht.

Für das Berechtigungskonzept sind vor allem die Objektanalyse und die Verrichtungsanalyse von Interesse.

Aufgabenanalyse: Berechtigungskonzept

Dabei werden Aufgaben und Teilaufgaben differenziert. Die Begriffe *Aufgabe* und *Teilaufgabe* sind bereits in »Projektorganisation« in Abschnitt 3.4.2 eingeführt worden. Abbildung 3.13 zeigt, dass Aufgaben in Teilaufgaben im Rahmen der Aufgabenanalyse zerlegt werden, diese werden im Rahmen der Aufgabensynthese zu Stellen gebündelt. Die Stellen wiederum werden zur Bildung von Abteilungen und diese schließlich zur Bildung von Hauptabteilungen herangezogen.

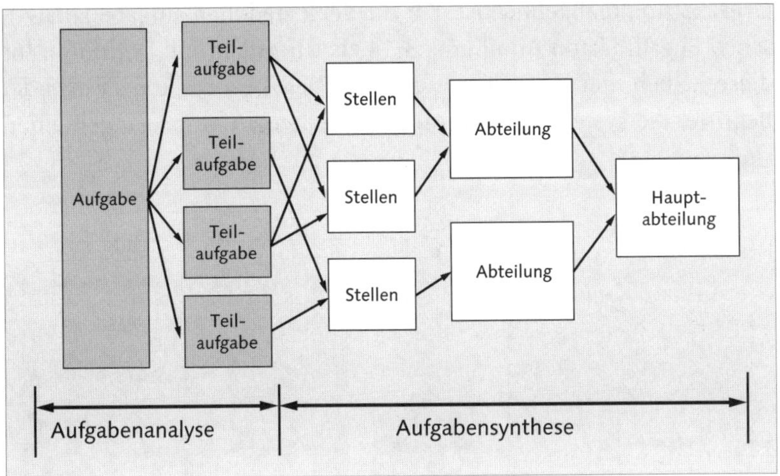

Abbildung 3.13 Analyse-Synthese-Konzept nach Kosiol

Nach der Aufgabenanalyse erfolgen die Aufgabensynthese, die Stellen- und Abteilungsbildung. Dabei ist zu entscheiden, welche Stellen mit welcher Kompetenz ausgestattet welche Aufgaben ausführen sollen und welche Anforderungen an den Stelleninhaber gestellt werden.

Stellenbildung

Eine Stelle ist:

- ein Bündel von Aktivitäten/Teilaufgaben (eigentlich: Verhaltens- und Leistungserwartungen)
- die dauerhafte Zusammenfassung von Aktivitäten/Teilaufgaben
- entspricht dem durchschnittlichen Leistungspotenzial eines Mitarbeiters

Aufgabenanalyse und betriebswirtschaftliches Berechtigungskonzept

Wie in Abschnitt 3.4.2, »Aufbauorganisation«, dargestellt, lassen sich sowohl in der Projekt-, der Prozess- als auch der allgemeinen Organisationslehre Konzepte zur Differenzierung von Tätigkeiten nachweisen. Die Differenzierung von Tätigkeiten ist Kernaufgabe eines Berechtigungskonzepts oder – genauer – die Differenzierung von Zugriffsrechten, Tätigkeiten in bestimmbaren Teilen der Organisation ausführen zu können.

Differenzierungsschema

Entsprechend muss sich ein betriebswirtschaftliches Berechtigungskonzept an dem Differenzierungsschema orientieren, das für die Organisation maßgeblich ist. Für die verschiedenen aufgabenanalytischen Begriffe kann Abbildung 3.14 als Übersicht und Definition für dieses Buch herangezogen werden. Diese Darstellung verbindet Begriffe, die systematisch in Modelle der Organisation eingebunden sind.

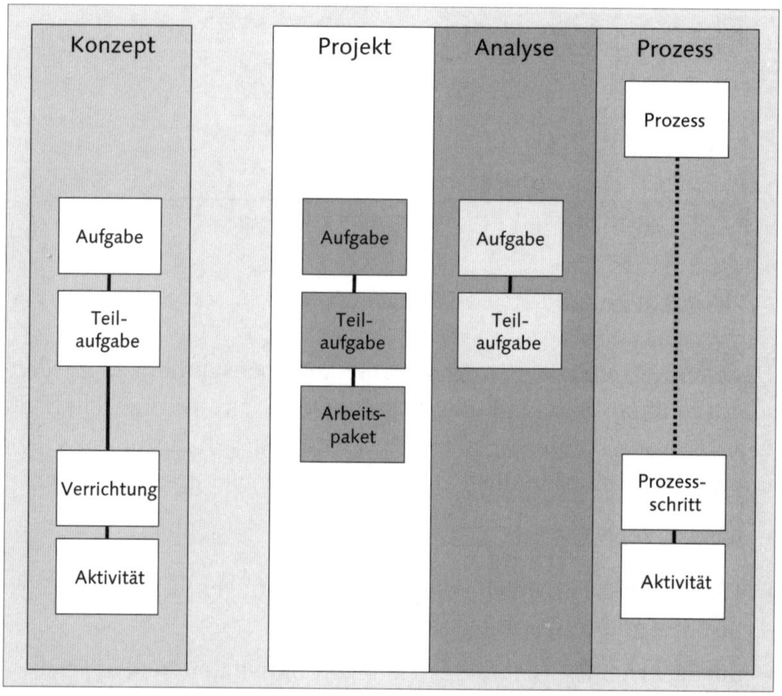

Abbildung 3.14 Begriffe der Aufgabenanalyse

In Abbildung 3.14 werden in den vier Säulen *Konzept*, *Projekt*, *Analyse* und *Prozess* übliche Begriffe der Aufgabenanalyse dargestellt. Die Begriffe der Säulen Projekt, Analyse und Prozess sind in den entsprechenden Abschnitten eingeführt worden. Die Begriffe in der Säule Konzept sind die Definitionen, die sich neutral für das betriebswirtschaftliche Berechtigungskonzept anbieten. Dabei entsprechen sich die Begriffe, die in einer Zeile stehen, eben nur teilweise.

Die Begriffe aus der Prozessdarstellung lassen sich nur auf den untersten Ebenen unmittelbar mappen. Tatsächlich kann aber das Aufgabenanalysekonzept auch hier mit der Aufgabensynthese sinnvoll sein. Die Prozessschritte, die sinnvoll von einer Stelle wahrzunehmen sind, ergeben die Teilaufgaben und werden zur Aufgabe der Stelle zusammengefasst.

Aufgabe – Teilaufgabe – Verrichtung – Aktivität

Für die Differenzierung im Berechtigungskonzept gilt:

- **Aufgabe**
  Eine Aufgabe ist die Menge aller durch eine Stelle (SAP ERP HCM: Planstelle) durchzuführenden Tätigkeiten. Der Begriff entspricht den unterschiedlichen Aufgabenbegriffen in den SAP-Lösungen (z. B. im SAP ERP-Workflow-Management).
- **Teilaufgabe**
  Der Begriff Teilaufgabe ist eine logische, abgrenzbare Menge an sachlich zusammenhängenden Tätigkeiten. Eine Teilaufgabe kann zu unterschiedlichen Aufgaben gehören.
- **Verrichtung**
  Eine Verrichtung ist eine Tätigkeit, wie z. B. die Bestellbearbeitung.
- **Aktivität**
  Eine Aktivität ist ein Arbeitsschritt in einer Verrichtung und kann entweder einer Transaktion oder einem Teilschritt in einer Transaktion zugeordnet sein. In letzterem Fall wäre eine Unterscheidung über das Feld Aktivität in einer Berechtigung erforderlich.

Berechtigungen entsprechen Aufgaben

Die Berechtigungen einer natürlichen Person müssen ihrer Aufgabe in der Organisation entsprechen. Aus diesem Grund gibt es eine zwingende Verbindung zwischen der Aufgabenbeschreibung einer Person und dem Rollenkonzept. Abbildung 3.15 zeigt, dass die Aktivität den technischen Aktivitäten im Berechtigungsobjekt entspricht (siehe Kapitel 6, »Technische Grundlagen der Berechtigungspflege«). Die Verrichtung entspricht einer Gruppe von Transaktionen oder einer einzelnen Transaktion. Diese werden in einer Rolle gebündelt. Mehrere Rollen können in einer Sammelrolle gebündelt werden. Dadurch entsteht ein direkter Zusammenhang von Aufgabe und Sammelrolle, Teilaufgabe und Rolle.

Sammelrolle

Ob eine Sammelrolle gebildet wird, wird ist im betriebswirtschaftlichen Berechtigungskonzept festgelegt. In Kapitel 8, »Rollenzuordnung über das Organisationsmanagement«, stellen wir die Zuordnung von Rollen über das SAP ERP HCM-OM dar, das die Entscheidung, ob Sammelrollen eine stellenbezogene Bündelungsfunktion haben können, um die Möglichkeit einer stellenbezogenen Vergabe von Rollen ergänzt.

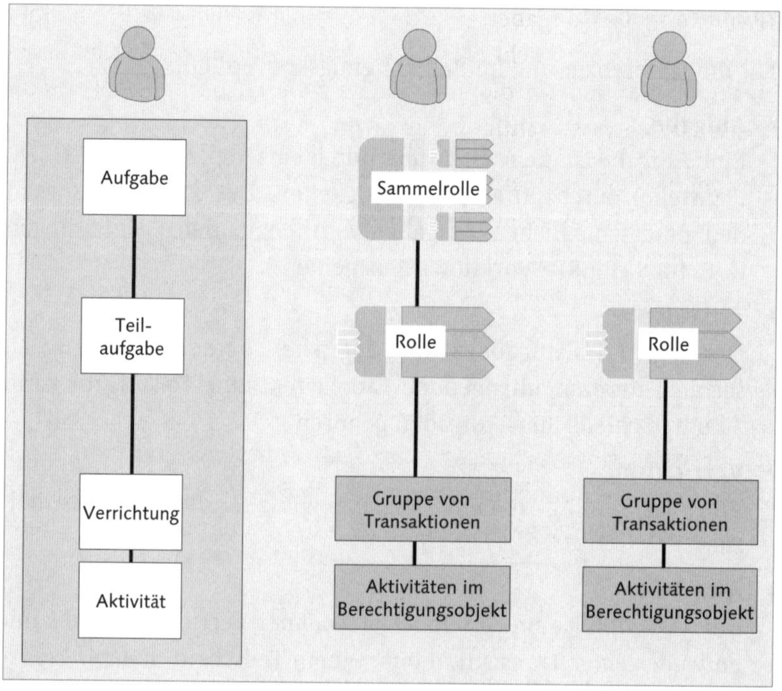

Abbildung 3.15 Aufgabenanalyse und Berechtigung

Die Verbindung der Begriffe der verschiedenen Sichten der Organisation soll helfen, ein einheitliches Verständnis von Berechtigungen in der Organisation so herzustellen, dass Rollen unabhängig von der jeweiligen Sicht genutzt werden können. In jeder möglichen Sicht wird es z. B. eine Bestellbearbeitung geben. Das betriebswirtschaftliche Berechtigungskonzept sollte dies so berücksichtigen, dass eine entsprechende Bündelung von Tätigkeiten so in einer Rolle erfolgt, dass diese »sichtneutral« verwendet werden kann.

3.5 Folgerungen aus der Organisationsbetrachtung

Die Sicht der Organisation definiert die Rahmenbedingungen der Organisation in Bezug auf ihre Umwelt und ihren Rechtsrahmen.

Der instrumentelle Ansatz liefert Methoden, um Aufgaben und Aufgabenvollzug in der Organisation unterschiedlich darzustellen. Die Darstellung der Aufgaben und des Aufgabenvollzugs in Form einer aufbauorientierten Sicht und/oder einer ablauforientierten Sicht steckt den Rahmen für die notwendige Differenzierung des betriebswirtschaftlichen Berechtigungskonzepts.

Aus den Darlegungen ergibt sich, dass das Geschehen in der Organisation verrichtungs- oder objektbezogen analysiert werden kann. Die verrichtungsbezogene Analyse umfasst dabei die Transaktionen und mit den Transaktionen die Aktivitäten. Die objektbezogene Sicht betrifft alle weiteren Merkmale einer bestimmten Aktivität.

Für die verrichtungsorientierte Differenzierung ist es erforderlich, zwischen Verrichtungen und Aktivitäten zu unterscheiden. Dabei ist die Aktivität weitestgehend gleichzusetzen mit den Berechtigungsfeldern, die die Transaktionen steuern. So ist die Vorerfassung und Erfassung eines Belegs unter Umständen in einer Transaktion möglich. Sofern die Tätigkeiten im Sinne der Funktionstrennung jedoch zu trennen sind, wäre die Vorerfassung eines Belegs definiert durch die Transaktion in Verbindung mit der Aktivität des Vorerfassens.

Die objektbezogene Analyse betrifft dabei im Sinne des Berechtigungskonzepts Berechtigungen, die einem Objekt oder einer Gruppierung von Objekten (Marktsegment, Kundenkreis, Produkt) zuzuordnen sind. In SAP-Systemen gibt es die sogenannte *Organisationsebene*, diese entspricht den objektbezogenen Merkmalen, allerdings sind nicht alle objektbezogenen Merkmale als Organisationsebene definiert.

Der Objektbezug ergibt sich aus der Sicht der Organisation, dabei ist die Linienorganisation nur eine Sicht neben anderen immer existierenden Sichten.

3.6 Sichten der Aufbauorganisation in SAP-Systemen

Im ersten Teil dieses Kapitels haben wir gezeigt, dass die Aufbauorganisation und ihre Darstellung für jedes Berechtigungskonzept von zentraler Bedeutung sind. Das Problem unterschiedlicher Sichten wurde dargestellt, ebenso wie die Notwendigkeit, eine integrierende Sichtweise im betriebswirtschaftlichen Berechtigungskonzept zugrunde zu legen. Diese zunächst sehr allgemeine Überlegung konkretisiert sich spätestens bei der Umsetzung in SAP-Lösungen.

Aufbauorganisation in SAP ERP

Dort werden verschiedene Sichten der Aufbauorganisation bereitgestellt, die zumindest teilweise integrierbar sind. Laufen diese Sichten auseinander, wird vom betriebswirtschaftlichen Berechtigungskonzept indirekt erwartet, dass es diesen Mangel heilt. Diese implizite Erwartungshaltung kann nicht mehr effizient befriedigt werden: Wenn es in jeder Lösung eine eigene Hierarchie gibt, diese mehr oder minder unabhängig von anderen Hierarchien steht und zu berechtigen ist, wächst die Zahl möglicher Differenzierungen exponentiell im Verhältnis zu den Hierarchieobjekten. Außerdem wird es definitiv zu unerwünschten Übersteuerungen kommen: Wenn ein Benutzer die Buchung nicht in CO sehen darf, schaut er sich eben die entsprechende Buchung im *Public Sector Management* (PSM) an.

Beispiel

In einem SAP ERP-Einführungsprojekt wurden sehr viele Lösungen eingeführt, dadurch standen an aufbauorganisatorischen Sichten die Kostenstellenhierarchie, die Finanzstellenhierarchie, die Profit-Center-Hierarchie, das Organisationsmanagement (in zwei Sichten, davon eine als Matrix ausgeprägt), eine aufbauorganisatorisch getriebene Sicht des Projektsystems, unabhängig definierte Einkäufergruppen und weitere Merkmale zur Verfügung. Grundsätzlich sollte die Sicht aufbauorganisatorisch eingeschränkt sein, es gab aber keine eindeutigen Verbindungen zwischen den Hierarchien, es gab noch nicht mal eine Festlegung, welche Sicht als führend für das betriebswirtschaftliche Berechtigungskonzept anzusehen sei. Darüber hinaus sollten die Rechte auch noch lösungsbezogen unterschiedlich sein.

Diese Anforderung ist mit einem gewissen Aufwand darstellbar. Allerdings ist das an die Voraussetzung geknüpft, dass die verschiedenen Hierarchien eine logische Integration haben. Tatsächlich erfolgte die für das Berechtigungskonzept elementare Festlegung, welche Kontierungsobjekte genutzt werden, erst im letzten Viertel des Projekts. Bis dahin blieben alle Ausprägungen hypothetisch.

Im Folgenden werden wir einige organisatorische Konzepte in SAP-Lösungen so weit darstellen, wie es für Berechtigungen erforderlich ist.

3.6.1 Organisationsmanagement

Die Aufbauorganisation des Unternehmens kann im Organisationsmanagement (OM) von SAP ERP HCM abgebildet werden.

Struktur des OM

Ausgehend von einer *Wurzelorganisationseinheit*, werden dabei (siehe Abbildung 3.16) die Organisationseinheiten von der Spitze zur Basis abgebildet. Den Organisationseinheiten sind regelmäßig Planstellen zugeordnet, der Planstelle wiederum Personen. Die Planstelle kann beschrieben sein durch eine Stelle (siehe auch Kapitel 8, »Rollenzuordnung über das Organisationsmanagement«).

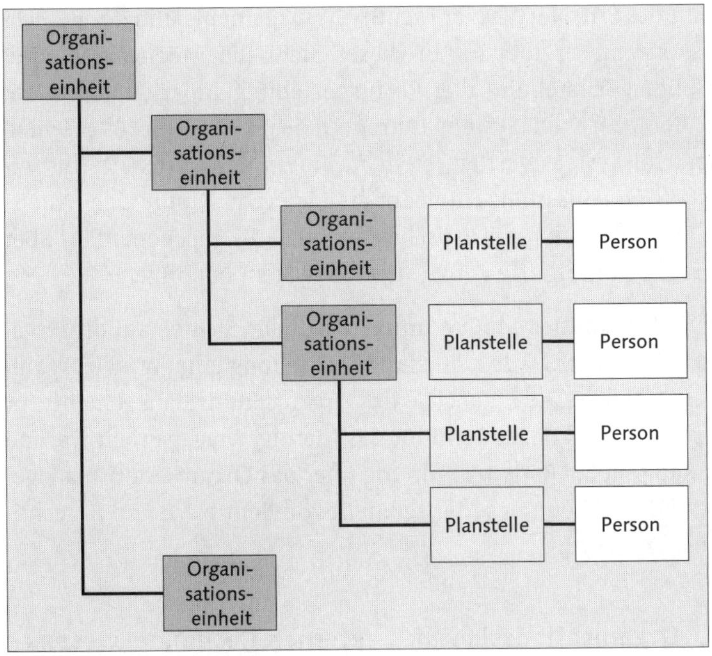

Abbildung 3.16 Aufbauorganisation in SAP HCM-OM

Die Beschreibung einer Planstelle durch eine Stelle ermöglicht es, vergleichbare Planstellen durch eine gegebenenfalls organisationseinheitliche Bündelung von Attributen zu definieren. Dabei können neben dem Hinterlegen zahlreiche signifikante technische, vertragsrechtliche und personaladministrative Attribute hinterlegt werden. Zu den technischen Attributen können Berechtigungen gehören.

OM in der Systemlandschaft

Im Rahmen des Geschäftspartnermanagements ist die Integration des Organisationsmanagements mit SAP CRM, SAP SRM und dem SAP Solution Manager besonders hervorzuheben. Durch diese Integration wird es möglich, die Stellung der Mitglieder der Organisation ebenso darzustellen wie die der Geschäftspartner, Kunden und Lieferanten.

Die Integration in SAP NetWeaver BW ermöglicht die Gliederung und Berechtigung entsprechend den Zuordnungen im Organisationsmanagement.

Die Integration in den Solution Manager erlaubt die Organisation des Supports und der Support-Beziehungen entsprechend der Aufbauorganisation.

Aus Sicht des SAP NetWeaver Identity Managements und des Berechtigungskonzepts ergibt sich in dieser Sicht die Möglichkeit einer umfassenden Darstellung aller Rechtsbeziehungen der Organisation, die zu Benutzern im System führen. Jede Person, die über einen Benutzer im System verfügt, steht in einem definierten Rechtsverhältnis zur Organisation: entweder als Lieferant, Kunde oder Mitarbeiter. Dies gilt auch für juristische Personen, die gegebenenfalls über Systembenutzer Zugriffe von System zu System benötigen.

Unterschiedliche Sichten im OM

Grundsätzlich können im OM unterschiedliche Sichten auf die Organisation hinterlegt werden, auch die Darstellung einer Matrixorganisation ist möglich. Die Potenziale des Organisationsmanagements für das Berechtigungskonzept und für das Identity Management werden in den Kapiteln 8, »Rollenzuordnung über das Organisationsmanagement«, und 10, »Zentrales Management von Benutzern und Berechtigungen«, erläutert.

3.6.2 Organisationssicht des externen Rechnungswesens

Die aufbauorganisatorischen Sichten des externen Rechnungswesens beziehen sich im Wesentlichen auf Abbildungen der legalen Einheiten. Dementsprechend ist der Buchungskreis die zentrale organisatorische Einheit des Rechnungswesens, die das Unternehmen aus Sicht der Finanzbuchhaltung gliedert, und steht als Organisationsebene zur Verfügung.

Darüber hinaus können Gesellschaften eingerichtet werden, die das Unternehmen gemäß den Anforderungen der Handelsgesetzgebung gliedern können. Die Einrichtung von Gesellschaften ist optional und spielt vor allem in der Konsolidierung eine Rolle. Im SAP-System werden die Konsolidierungsfunktionen der Finanzbuchhaltung auf Basis von Gesellschaften durchgeführt. Eine Gesellschaft kann einen oder mehrere Buchungskreise umfassen.

Es können darüber hinaus Funktionsbereiche eingerichtet werden, die die Funktion haben, betriebliche Aufwendungen nach aufbauorganisatorischen Gesichtspunkten zu gliedern, z. B. Vertrieb oder Einkauf. Funktionsbereiche können als Organisationsebenen für Berechtigungen angelegt werden.

Schließlich ist es möglich, Geschäftsbereiche einzurichten, die ebenfalls eine aufbauorganisatorische Gliederung ermöglichen.

Obligatorisches Attribut

Lediglich der Buchungskreis ist obligatorisch, Gesellschaft, Funktions- und Geschäftsbereich sind optional. Sie unterscheiden sich in der Verwendung innerhalb von FI. Aus Sicht des Berechtigungswesens ist der Geschäftsbereich das Merkmal, das am stärksten eine technische Differenzierung erlaubt, da der Geschäftsbereich in nahezu allen Aktivitäten des Rechnungswesens abgeprüft wird und wesentlich feiner als der Buchungskreis differenziert.

Die Sicht der Organisationsebenen soll in Abschnitt 3.7.2, »Relevante Organisationsebenen des Rechnungswesens«, entwickelt werden, dort wird auch der Funktionsbereich mit dargestellt.

3.6.3 Organisationssicht des Haushaltsmanagements

Das Haushaltsmanagement kann, vor allem im öffentlichen Sektor, als Bestandteil des externen Rechnungswesens aufgefasst werden.

Im Haushaltsmanagement stehen mehrere Sichten zur Verfügung, um die Planung und Kontierung von Einnahmen und Ausgaben entsprechend der teilweise komplexen Logik öffentlicher Haushalte abbilden zu können. Die Kontierung ist immer ein potenzieller Hinweis auf die Aufbauorganisation.

Zusätzliche Attribute

Im Haushaltsmanagement stehen zunächst der Finanzkreis, die Finanzstellenhierarchie und die Finanzpositionenhierarchie zur Verfügung. Üblich, aber nicht zwingend, ist eine Gleichsetzung von Finanzstellen mit Kostenstellen und Finanzpositionen mit Kostenarten. Weitere Gliederungsmerkmale wie der Fonds und das Haushaltsprogramm kommen hinzu. Ihre Relation ist definierbar. Die in Abbildung 3.17 dargestellte Sicht ist eine einfache Darstellung unter Annahme der eingangs erwähnten Gleichsetzung. Die Finanzpositionenhierarchie stünde zur Budgetierung und Kontierung für jede Finanzstelle der Finanzstellenhierarchie im Rahmen eines gegebenen Fonds zur Verfügung.

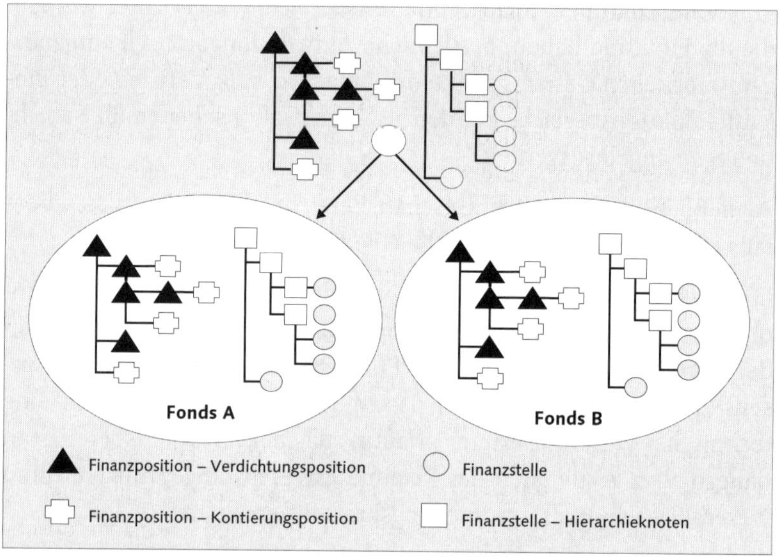

Abbildung 3.17 Mögliche Organisationssichten im Haushaltsmanagement: Finanzpositionen und -stellensicht in Verbindung mit dem Fonds

3.6.4 Organisationssicht der Kostenstellenstandardhierarchie

Die Kostenstellenrechnung ist wesentlicher Bestandteil des Controllings und somit dem internen Rechnungswesen zugehörig.

Die aufbauorganisatorische Sicht der Kostenstellenrechnung ist die Kostenstellenstandardhierarchie. Ihr Aufbau entspricht der Einlinienorganisation (siehe Abbildung 3.5). Eine Kostenstelle ist ein Kontierungsobjekt, die Kostenstellengruppe (und der Standardhierarchieknoten) ist kein Kontierungsobjekt. Kostenstellen werden häufig als »Ort der Kostenentstehung« definiert. Dass die Gruppe oder der Knoten kein Kontierungsobjekt ist, bedeutet für die Nutzung, dass im Falle der gewünschten Kontierung auf eine Hierarchieebene eine zusätzliche Kostenstelle entsprechend der Hierarchieebene eingerichtet werden muss, die dann nichts anderes als eine zusätzliche Kostenstelle im gegebene Hierarchieknoten ist. Für die Integration z. B. mit dem OM bedeutet dies eine wahrscheinliche Abweichung zwischen den beiden Hierarchien.

Kostenstellenhierarchie: tatsächliche Aufbauorganisation

Wie bereits in Kapitel 3.4.2, Abschnitt »Zentrale Dienste in der Aufbauorganisation«, ausgeführt, entspricht die Kostenstellengliederung häufig dem Organigramm der Organisation und damit meist der Aufbauorganisation. Dies ist allerdings nicht zwingend.

Neben der Kostenstellenstandardhierarchie kann es alternative Hierarchien geben, wie z. B. Kostenstellengruppen, die hierarchisch für bestimmte Zwecke gegliedert wurden. Für das Berechtigungskonzept wird die Verwendung alternativer Hierarchien durch entsprechendes Customizing ermöglicht (dies wird in Kapitel 18, »Prozesse in SAP ERP – spezifische Berechtigungen«, detailliert behandelt).

3.6.5 Organisationssicht der Profit-Center-Hierarchie

Die Profit-Center-Hierarchie ist die zweite wesentliche Darstellung der Organisation im internen Rechnungswesen. Ebenso wie die Kostenstellenstandardhierarchie entspricht der formale Bau zunächst der definierten Sicht auf die Einlinienorganisation (siehe Abbildung 3.5). Das Profit-Center ist eine aufbauorganisatorische Definition von Leitungs- und Verantwortungsbereichen.

Aufbauorganisation und Profit-Center

Ebenso wie die Kostenstellenstandardhierarchie folgt die Profit-Center-Hierarchie häufig der im Organigramm beschriebenen Linienorganisation, wird dabei aber regelmäßig nicht die gleiche Detaillierung abbilden. Dem Profit-Center sind häufig mehrere Kostenstellen (und weitere Objekte wie z. B. Anlagen) zugeordnet. Im einfachsten Fall entspricht das Profit-Center einem Hierarchieknoten der Kostenstellenhierarchie.

Abbildung 3.18 stellt eine (vereinfachte) logische Integrationssicht dar. Dass die Gruppe oder der Knoten kein Kontierungsobjekt ist, bedeutet für die Nutzung, dass im Falle der gewünschten Kontierung auf eine Hierarchieebene ein zusätzliches Profit-Center in Entsprechung der Hierarchieebene eingerichtet werden muss, die dann nichts anderes als ein zusätzliches Profit-Center im gegebenen Hierarchieknoten ist. Für die Integration z. B. mit dem OM bedeutet dies eine wahrscheinliche Abweichung zwischen den beiden Hierarchien.

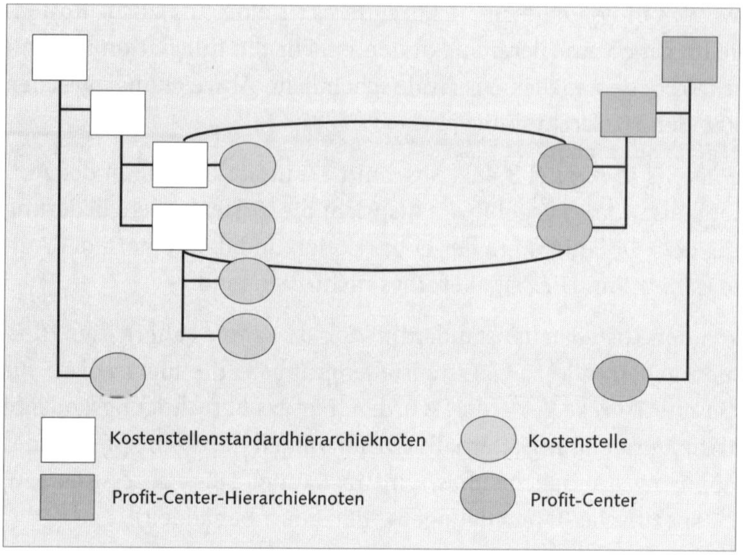

Abbildung 3.18 Einfache Integrationssicht Profit-Center-Hierarchie und Kostenstellenstandardhierarchie

3.6.6 Unternehmensorganisation

Die Unternehmensorganisation ist die Integration von Kostenstellenstandard-, Profit-Center-Hierarchie und der OM-Aufbauorganisation. Sie ermöglicht die Vereinheitlichung der Darstellung. Die technische Möglichkeit der Integration erfordert aber einschlägige Festlegungen, wie sie aus Sicht des betriebswirtschaftlichen Berechtigungskonzepts auch wünschenswert sind. Zumindest im Bereich der Integration entsteht eine konsistente, widerspruchsarme Abbildung der Linienorganisation.

Systematische Besonderheit

Diese integrative Sicht ist insbesondere für OM-basierte Szenarien der indirekten Rollenzuweisung (siehe Kapitel 8, »Rollenzuordnung über das Organisationsmanagement«) unter Einsatz des ABAP-Rollenmanagers (siehe Kapitel 9, »Automatisierte organisatorische Differenzierung: der Rollenmanager«) bemerkenswert, da durch diese Integration in einer Komponente verschiedene Organisationsattribute unterschiedlicher Komponenten automatisch zusammengebracht werden.

3.6.7 Organisationssicht im Projektsystem

Wie in Kapitel 3.4.2, Abschnitt »Projektorganisation«, gezeigt wurde, ist die Projektstruktur selbst eine Organisationsform bzw. Organisationsstruktur. Mit anderen Worten ist die Gliederung eines Projekts eine Struktur. Sowohl systematisch als auch technisch ist eine hierarchische Darstellung innerhalb des Projekts bzw. Projektsystems üblich. Im Projektstrukturplan im SAP ERP-Projektsystem werden Projektstrukturplanelemente zur Gliederung genutzt. In Abbildung 3.19 werden den Projektstrukturplanelementen die Begriffe der DIN 69901 zugeordnet.

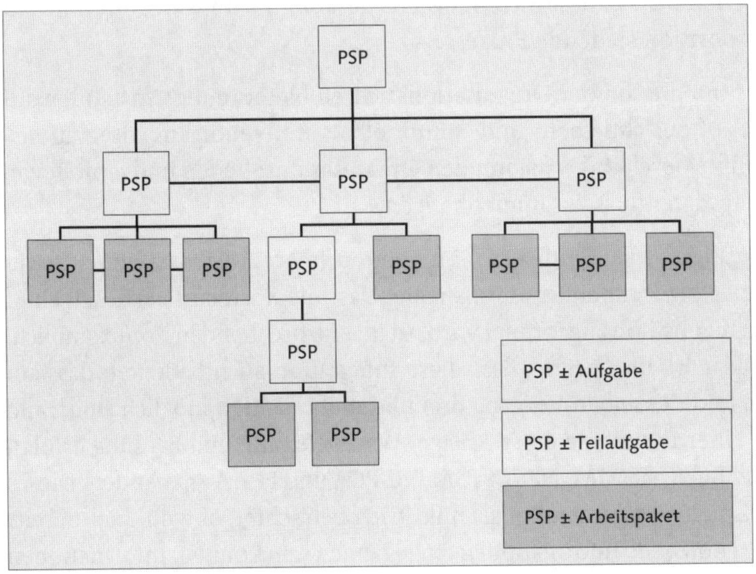

Abbildung 3.19 Projektstruktur

Im Überblick gilt:

- Der Projektstruktur werden weitere organisatorische Strukturmerkmale anderer Komponenten zugeordnet.
- Diese Zuordnung ist möglich und (zumindest partiell) erforderlich, sie führt erneut zur Fragestellung der einheitlichen Organisationssicht.

3.6.8 Logistische Organisationssicht

Ähnlich wie im externen Rechnungswesen reicht es aus, bei der Organisationssicht der Logistik auf die Organisationsebenen einzugehen (siehe Abschnitt 3.7.3, »Relevante Organisationsebenen in MM«, Abschnitt 3.7.4, »Relevante Organisationsebenen im Vertrieb«, und 3.7.5, »Relevante Organisationsebenen in der Lagerverwaltung«).

3.6.9 Integration der Organisationssichten im Berechtigungskonzept

Die verschiedenen Organisationssichten in SAP ERP sind notwendig, um den jeweils zu lösenden Aufgaben zu entsprechen. Sowohl kunden- als auch beratungsseitig ist eine Fokussierung auf Lösungen, Prozesse und Komponenten üblich. Eine integrative Sichtweise ist eher die Ausnahme. Auch in den Fällen, in denen eine Prozesssicht angestrebt wird, ist diese Sicht meistens beschränkt auf wenige gerade zur Disposition stehende Prozesse.

Unvollständige Integration von Prozessen

Die Integration der Organisationssichten bleibt unter Umständen auf die offensichtlichen und unmittelbar notwendigen Integrationspunkte beschränkt, die mit den Organisationsebenen und dem Bewegungsdatenfluss zusammenhängen.

Um dies zu verdeutlichen: Dass eine primäre Kostenart einem Sachkonto zuzuordnen ist, ist unstrittig. Dass die Kostenart eventuell einer Finanzposition zugeordnet wird, ist im entsprechenden Kontext üblich. Unklar ist aber häufig, dass diese Integration auch bedeutet, dass auf ein und denselben Vorgang drei und mehr Sichten möglich sind: Sind zu einer Bestellung einer Anlage, Wareneingang und Zahlung erfolgt, sind Belege in MM, FI, CO, PSM, EC-PCA und FI-AA entstanden. Dieses Beispiel wird gemeinhin als unkritisch betrachtet, obwohl hier bereits zu schützende Informationen eingegangen sein können: Informationen über Lieferanten, Konditionen, Beschaffungsverhalten etc. Dieses Schutzinteresse ist Teil einer integrierten Organisationssicht. Erst dann ist die Integration abgeschlossen, wenn sachlogisch zusammenhängende Daten auch auf definierte Schutzinteressen reflektiert werden können.

Keine Aufgabe für die Berechtigungsadministration

Üblicherweise war es zunächst Aufgabe der Berechtigungsadministratoren, Licht in dieses Dunkel zu bringen. Diese Aufgabe wurde zwar häufig wahrgenommen, fällt aber im eigentlichen Sinne den Prozesseignern zu. Durch die Funktionstrennungsbemühungen ist zumindest teilweise etwas mehr Transparenz entstanden. In weiten Bereichen liegt es aber noch immer bei den Berechtigungsadministratoren, zu definieren, welche Sichten zu welchen Einschränkungen führen müssen.

3.7 Organisationsebenen und -strukturen in SAP ERP

Organisationsebenen bilden in SAP ERP die Unternehmensstruktur ab. Im Folgenden sollen Organisationsebenen mehrerer Bereiche abgebildet werden. Es werden nicht alle Organisationsebenen des Standards dargestellt.

Organisationsebenen sind grundsätzlich komponentenspezifisch der betrieblichen Notwendigkeit folgend definiert. Die Organisationsebenen werden einander zugeordnet, dabei sind – je nach Organisationsebene – unterschiedliche Relationen (n zu n, 1 zu n) möglich. Einstellungen und Grunddaten der jeweiligen Komponenten können sowohl spezifisch für bestimmte Organisationsebenen sein als auch organisationsebenübergreifend. Belege werden in Bezug auf die betroffenen Organisationsebenen erfasst.

Organisationsebenen sind Berechtigungsfelder

In Berechtigungen sind Organisationsebenen Felder, die entsprechend gekennzeichnet sind und eine besondere Pflege ermöglichen. Diese Felder sind nachweisbar in der Tabelle USORG (Organisationsebenen für den Profilgenerator). Dabei ist zu unterscheiden zwischen Standardorganisationsebenen (die im Auslieferungszustand definiert sind) und kundeneigenen Organisationsebenen. Für die Berechtigungspflege kann somit die Organisationsebene technisch als Eintrag in diese Tabelle betrachtet werden.

Während einige Standardorganisationsebenen tatsächlich die Aufbauorganisation abbilden (können) – wie z. B. der Buchungskreis –, sind andere eher der Ablauforganisation – wie z. B. der Kontenplan – und schließlich einige organisatorisch-technisch zu verstehen – wie z. B. die Tabellenberechtigungsgruppen.

Organisationsebenen aus Sicht der Berechtigungspflege

Organisationsebenen sind aufbauorganisatorische, ablauforganisatorische oder technisch-organisatorische Unterscheidungsmerkmale, die komponentenspezifisch ausgeprägt werden und regelmäßig die Pflege von Stammdaten und die Belegerfassung steuern. Organisationsebenen stehen regelmäßig in Relation zueinander. Diese Relation steuert den tatsächlichen Zugriff in der Organisation. Sie können in der Tabelle USORG (Organisationsebenen für den Profilgenerator) nachgewiesen werden.

Notwendigkeit kundeneigener Organisationsebenen

Einige wesentliche Bestandteile der Aufbauorganisation sind nicht als Standardorganisationsebene eingerichtet. Das prominenteste Beispiel dafür ist die Kostenstelle. Es besteht die Möglichkeit, Berechtigungsfelder zu Organisationsebenen anzuheben (das Vorgehen wird in Abschnitt 7.7, »Anhebung eines Berechtigungsfeldes zur Organisationsebene«, beschrieben).

In den folgenden Abschnitten werden die zentralen Organisationsebenen für die SAP-Module FI, CO und MM dargestellt.

3.7.1 Organisationsebene »Mandant«

Der Mandant ist die grundlegende Organisationsebene des SAP-Systems. Für Berechtigungen spielt er nur insoweit eine Rolle, als dass alle Berechtigungen mandantenspezifisch eingerichtet werden. Entsprechend steht keine Organisationsebene *Mandant* für Berechtigungen zur Verfügung.

3.7.2 Relevante Organisationsebenen des Rechnungswesens

Im Folgenden werden die wichtigsten Organisationsebenen des Rechnungswesens dargestellt.

Relevante Organisationsebenen in FI

Buchungskreis

Die grundlegende Organisationsebene von FI ist der Buchungskreis. Er stellt für das externe Rechnungswesen die kleinste bilanzfähige Einheit dar. Alle buchungspflichtigen Ereignisse und Abschlüsse (Bilanz GuV) werden in Bezug auf den Buchungskreis erfasst und ausgeführt.

Geschäftsbereich

Geschäftsbereiche können als weitere Organisationsebene genutzt werden. Diese sind betriebswirtschaftlich als Verantwortungsbereiche konzipiert, die die Möglichkeit biet,en, für das interne Rechnungswesen eine Querschnitts- oder Teilbilanz zu erstellen – je nachdem, ob der Geschäftsbereich buchungskreisübergreifend oder als Separierung im Buchungskreis genutzt wird. Über dem Buchungskreis kann optional eine Gesellschaft als Organisationsebene ausgeprägt werden. Diese hat die Funktion, eine Konzernbilanz zu ermöglichen.

Kontenplan

Der Kontenplan ist ein systematisch gegliedertes Verzeichnis aller Sachkontenstammsätze, die in einem oder mehreren Buchungskreisen benötigt werden. Der Kontenplan enthält zu jedem Sachkontenstammsatz die Kontonummer, die Kontenbezeichnung sowie steuernde Informationen. Man kann innerhalb eines Mandanten beliebig viele Kontenpläne verwenden.

Funktionsbereich

Der Funktionsbereich ist eine weitere Möglichkeit, Aktivitäten und Zuständigkeiten im Rechnungswesen aufbauorganisatorisch zu gliedern.

Mögliche Strukturen in FI

Wie in Abbildung 3.20 dargestellt, kann ein Mandant beliebig viele Kontenpläne enthalten. Ein Buchungskreis ist einem Kontenplan zugeordnet, der Kontenplan kann beliebig vielen Buchungskreisen zugeordnet sein.

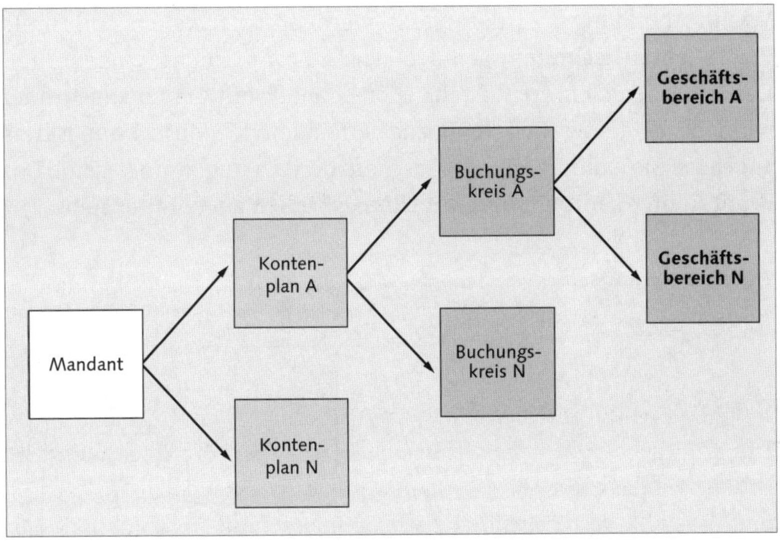

Abbildung 3.20 Mandant – Kontenplan – Buchungskreis – Geschäftsbereich

Ein Mandant kann beliebig viele Buchungskreise und Geschäftsbereiche enthalten. Die Zuordnung von Buchungskreis zu Geschäftsbereich ist beliebig. Ein Geschäftsbereich kann somit auch Anteile in mehreren Buchungskreisen haben.

Relevante Organisationsebenen in CO

Kostenrechnungskreis

In CO ist die Ebene des Kostenrechnungskreises von zentraler Bedeutung. Dieser ist die Organisationsstruktur, für die im internen Rechnungswesen eine vollständige in sich abgeschlossene Kostenrechnung betrieben wird.

Ergebnisbereich Ein Kostenrechnungskreis kann einem Ergebnisbereich zugeordnet sein, in dem eine kostenrechnerische Marktsegmentbetrachtung abbildbar ist. Der Ergebnisbereich ist nur relevant, wenn die Ergebnis- und Marktsegmentrechnung (CO-PA) genutzt wird. Unterhalb des Kostenrechnungskreises kann das Unternehmen aufbauorganisatorisch in der Kostenstellenstandardhierarchie (siehe Abschnitt 3.6.4, »Organisationssicht der Kostenstellenstandardhierarchie«) und der Profit-Center-Hierarchie (siehe Abschnitt 3.6.5, »Organisationssicht der Profit-Center-Hierarchie«) abgebildet werden. Kostenstellen sind keine Standardorganisationsebenen, Profit-Center hingegen schon.

Profit-Center Das Profit-Center ermöglicht eine aufbauorganisatorische und feine organisatorische Differenzierung

Mögliche Strukturen in CO Wie in Abbildung 3.21 dargestellt, werden Kostenstellen, sofern die Profit-Center-Rechnung genutzt wird, Profit-Centern zugeordnet. Dabei können mehrere Kostenstellen einem Profit-Center zugeordnet werden. Beide werden in Bezug auf einen Kostenrechnungskreis angelegt. Sie können einem Geschäftsbereich zugeordnet sein. Das Profit-Center kann mehreren Buchungskreisen zugeordnet sein.

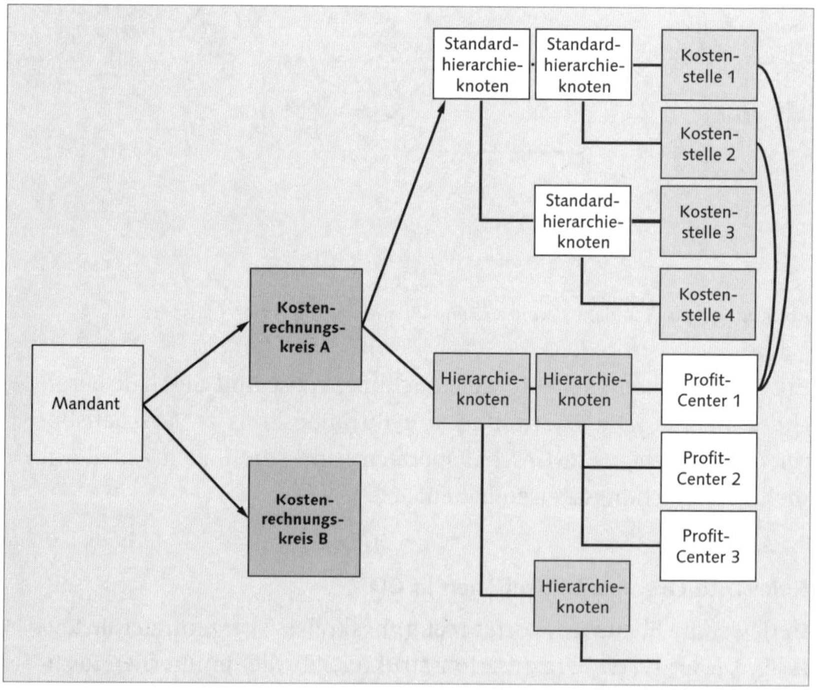

Abbildung 3.21 Kostenrechnungskreis – Profit-Center- und Kostenstellenstandardhierarchie

Die Auftragsart kennzeichnet die Nutzung des grundsätzlich temporären Kontierungsobjekts *Innenauftrag*. Sie kann aufbauorganisatorisch genutzt werden, gehört aber systematisch eher in die Ablauforganisation. Die Auftragsart ist im Auslieferungszustand keine Organisationsebene.

Auftragsart

Integration der Organisationsebenen von FI und CO

Eine mögliche Integration von FI und CO ist in Abbildung 3.22 dargestellt. Dadurch, dass einem Kostenrechnungskreis mehrere Buchungskreise zugeordnet werden können, ergibt sich die dargestellte Möglichkeit, dass zwei Kostenstellen oder zwei Profit-Center in der jeweiligen Hierarchie unterschiedlichen Buchungskreisen zugeordnet sein können.

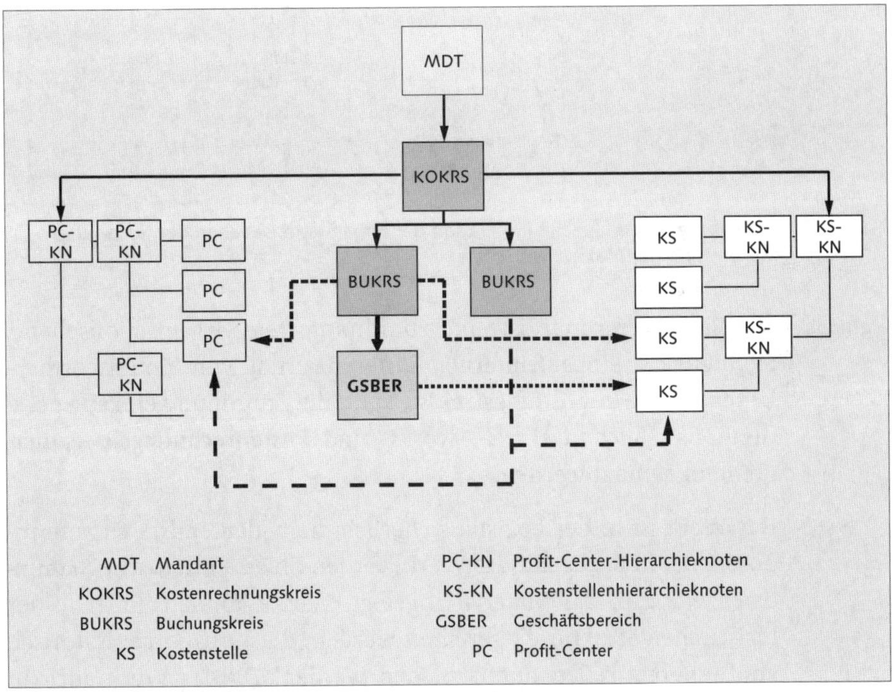

Abbildung 3.22 Mögliche Integration der Organisationsebenen von FI und CO

Ein Kostenrechnungskreis kann mehrere Buchungskreise enthalten. Kostenstellen können einem Geschäftsbereich zugeordnet werden. Profit-Center können mehreren Buchungskreisen zugeordnet werden, die Kostenstelle ist einem Buchungskreis zugeordnet.

Mögliche Relationen

3.7.3 Relevante Organisationsebenen in MM

Einkaufsorganisation

Die Einkaufsorganisation ist die buchungskreisbezogene Organisationsebene von MM, die für die Abwicklung des Einkaufs verantwortlich ist. Ein Buchungskreis kann mehrere Einkaufsorganisationen umfassen (siehe Abbildung 3.23).

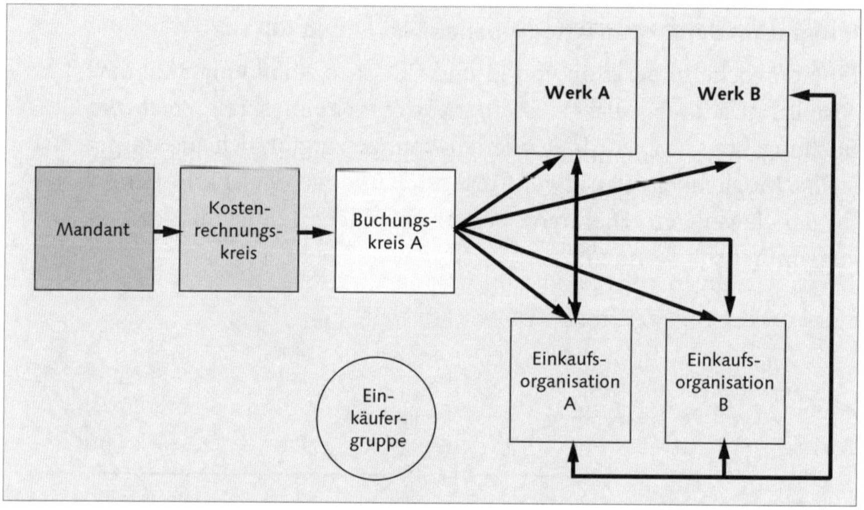

Abbildung 3.23 Mögliche Integration der Organisationsebenen des Rechnungswesens und der Materialwirtschaft

Einkäufergruppe

Die Einkäufergruppe ist eine zuordnungsfreie Organisationsebene. Sie dient der einkaufsinternen Differenzierung von Verantwortlichkeiten. Da sie zuordnungsfrei ist, kann die Zuordnung einkaufsorganisations-, buchungskreis-, werks- und kostenrechnungskreisübergreifend genutzt werden.

Werk

Das Werk ist in der Logistik sicherlich die bedeutendste Organisationsebene. In Bezug auf das Werk werden diverse logistische Stammdaten wie z.B. das Material angelegt. Werke können für Teile der logistischen Struktur eingerichtet werden, die aufbauorganisatorisch von anderen Teilen unterschieden werden. Da das Werk auch in anderen Komponenten genutzt wird, muss berechtigungstechnisch z.B. zwischen dem »normalen« Werk und dem PM-Werk unterschieden werden. Beliebig viele Werke können einem Buchungskreis zugeordnet werden. Die Relation von Werk zu Einkaufsorganisation ist eine beliebige.

3.7.4 Relevante Organisationsebenen im Vertrieb

Verkaufsorganisation

Der Vertrieb wird durch die Organisationsebenen *Verkaufsorganisation*, *Vertriebsweg* und *Sparte* gegliedert. Dabei ist die Verkaufsorganisation die grundlegende Organisationsebene des Vertriebs. Sie definiert die Organisationseinheit im rechtlichen Sinne. Geschäftsvorfälle werden jeweils innerhalb einer Verkaufsorganisation abgewickelt. Die so definierte Organisationseinheit schließt Verträge mit Dritten. Entsprechend ist eine Verkaufsorganisation genau einem Buchungskreis zugeordnet.

Der Verkaufsorganisation können in n:n-Beziehung sowohl Sparten als auch Vertriebswege zugeordnet sein.

Vertriebsweg

Der Vertriebsweg beschreibt die Wege, auf denen Materialien oder Dienstleistungen vertrieben werden. Ein Vertriebsweg kann mehreren Verkaufsorganisationen zugeordnet sein.

Sparte

Die Sparte ist ein weiteres Gliederungsmerkmal, um z. B. den Vertrieb von Produktgruppen abbilden zu können. Eine Sparte kann mehreren Vertriebswegen und mehreren Verkaufsorganisationen zugeordnet sein.

3.7.5 Relevante Organisationsebenen in der Lagerverwaltung

Lagerort

Der Lagerort ist innerhalb eines Werkes ein – oft physischer – Ort, an dem aus ablauf-, aufbauorganisatorischen oder sonstigen Gründen Materialbestände zugeordnet sind. Entsprechend kann ein Werk über mehrere Lagerorte verfügen, jeder Lagerort ist aber nur einem Werk zugeordnet.

3.7.6 Integration der Organisationsebenen im Berechtigungskonzept

In Abschnitt 3.4, »Instrumenteller Organisationsbegriff«, wurde diskutiert, wie über die Unterscheidung von Verrichtung und Objekt Organisationen analysiert und Berechtigungen differenziert werden können. Dabei wurde dargestellt, dass die Organisationsebenen den Objektbezug bilden können.

Der Objektbezug unterscheidet systematisch, welche gegebene Verrichtung in welchem Bereich der Organisation ausgeführt werden kann. Den Ausführungen zu den Organisationsebenen ist zu entnehmen, dass es komponentenbezogen eine Vielzahl von Organisationsebenen gibt, die ganz oder teilweise miteinander in eine technische Integration gebracht werden können. Durch die Integration werden Belege zu Bewegungsdaten regelmäßig in mehrere Komponenten erfasst, wie in Abschnitt 3.6.9, »Integration der Organisationssichten im Berechtigungskonzept«, dargestellt.

Diese mehrfache Erfassung erzwingt aus Sicht des Berechtigungskonzepts genaue Entscheidungen, welche Objekte in Verbindung mit welcher Verrichtung für welchen Personenkreis zugänglich sein müssen.

Zu geringe Differenzierung

Neben dem Problem, die unterschiedlichen Sichten auf die Organisation und die unterschiedlichen Organisationsebenen adäquat integriert darzustellen, ist ein häufiges Problem, dass es einfach nicht genügend Ausprägungen relevanter Organisationsebenen gibt, um Berechtigungen differenzieren zu können. Am konkreten Beispiel: Wenn nur ein Buchungskreis vorhanden ist und der Geschäftsbereich sowie der Funktionsbereich nicht genutzt werden, dann ist der aufbauorganisatorische Bezug der Berechtigungen im externen Rechnungswesen nur noch mit erheblichen Anstrengungen darzustellen. Das mag im externen Rechnungswesen, dessen relevante Verrichtungen regelmäßig von wenigen Personen ausgeführt werden, noch möglich sein. In der Logistik kann dies jedoch sehr schnell ein nicht mehr lösbares Problem werden.

In der Defense Solution fragte eine Verteidigungsorganisation nach, wie der Zugriff auf die Personen, Zahlungen und Ausrüstungen von geheimhaltungspflichtigen Einheiten entsprechend eingeschränkt werden könne. Die Organisation hatte sich unter der Maßgabe größtmöglicher Vereinfachung entschieden, nur ein Werk, eine Vertriebsorganisation, einen Buchungskreis etc. zu nutzen. Da die zentrale Organisationsebene (fast alle Programme einer Komponente enthalten eine Prüfung auf die zentrale Organisationsebene der Komponente) auch gleichzeitig technisch umfassende Kontrolle bietet, war der Schutzbedarf nicht mehr effizient realisierbar.

Zentrale Unterscheidungsmerkmale

Wenn in einer Komponente die zentralen Unterscheidungsmerkmale nicht genutzt werden, besteht das Risiko, dass eine übergreifende Differenzierung in der Komponente nicht mehr möglich ist.

3.8 Hinweise zur Methodik im Projekt

Abhängig von den normativen Rahmenbedingungen einer Organisation, die sich aus der institutionellen Sichtweise der Organisation ergeben, muss das betriebswirtschaftliche Berechtigungskonzept die Umsetzung dieses Rahmens nachweisen können.

Um dies zu erreichen, muss das Berechtigungskonzept die Aufbauorganisation ebenso berücksichtigen wie die Ablauforganisation. Die Aufbau- und die Ablauforganisation sind – teilweise – in den Organisationsebenen reflektiert.

Sowohl Ablauf- als auch Aufbauorganisation können sehr unterschiedlich dargestellt werden, die Praxis zeigt, dass es häufig in einer Organisation koexistierende (nicht integrierte) Sichten gibt.

Aus diesem Grund muss das Berechtigungskonzept detaillierte Angaben zu allen genutzten objektbezogenen Unterscheidungsmerkmalen enthalten. Im Berechtigungskonzept kann – in Rücksprache mit den Modulverantwortlichen – eine Ergänzung der Organisationsebenen, z. B. die Nutzung der Kostenstelle als Organisationsebene, eingeführt werden. Die objektbezogene Differenzierung wird häufig als *organisatorische Differenzierung* bezeichnet (dass diese Vereinfachung sehr unpräzise ist, sollte deutlich geworden sein). Die Erfahrung der Autoren zeigt, dass die objektbezogene Differenzierung erheblich mehr Aufwand erfordert als die verrichtungsorientierte. Häufig ist es erforderlich, eine Regelbildung im Sinne der Aufbauorganisation zu ermitteln und darzustellen. So kann es sinnvoll sein, im Berechtigungskonzept festzuschreiben, welche Sicht der Aufbauorganisation für das Berechtigungskonzept führend ist. Die Festlegung einer führenden Sicht impliziert auch, dass es genauer Festlegungen bedarf, wie mit den anderen Sichten umzugehen ist. Dabei stellt sich häufig heraus, dass es minimal eine Form der Linienorganisation und unterschiedliche Ausprägungen der Projektorganisation gibt (Projekte müssen nicht zwingend über das Projektsystem abgebildet werden, in einigen Bereichen werden dafür auch die Innenaufträge von CO genutzt).

Unabhängig von den erfolgten Festlegungen in Bezug auf die Organisationssicht muss diese um konkrete Sichten auf einzelne Objekte ergänzt werden. So ist z. B. festzuhalten, wie mit bestimmten Kreditorengruppen, Tabellenzugriffen o. Ä. umgegangen wird.

Die Analyse der Verrichtungen erfolgt über das in Abschnitt 3.4.3 in Abbildung 3.15 dargestellte Analyseraster. Dabei gilt der Grundsatz, dass nur dort Aktivitäten zu differenzieren sind, wo dies sachlogisch geboten ist. Eine Angabe dazu, was jeweils sachlogisch geboten ist, findet sich in einer eventuell definierten Funktionstrennungsmatrix, sofern diese detailliert genug ist, gegebenenfalls in Prozessbeschreibungen, und selbstverständlich ist dies ableitbar aus den Funktionstrennungsanforderungen und den Funktionstrennungsmöglichkeiten in SAP ERP.

Aus pragmatischen Gründen sollte zunächst verrichtungsbezogen differenziert werden, da die objektbezogene Differenzierung abstrakt ist.

Das Vorgehen in einer gewachsenen Systemlandschaft unterscheidet sich fundamental von einem Implementierungsprojekt. Im Implementierungsprojekt ist es erforderlich, frühzeitig in die Prozessgestaltung involviert zu werden und die Integration der Stammdatenstrukturen zu beeinflussen.

In einer bestehenden Systemlandschaft ist sehr vieles über technische Analysen (Transaktionsverwendung, Rollenausprägung, Abweichungsanalysen) möglich.

Praktisches Vorgehen

Im Wesentlichen bleiben zwei Möglichkeiten, ein angemessenes differenziertes betriebswirtschaftliches Berechtigungskonzept aufzubauen, dies ist zunächst der Top-down-Ansatz, der sich für Implementierungsprojekte und umfassende Redesignprojekte anbietet.

Deduktiver Ansatz (basierend auf Vorgaben)

Für den deduktiven Ansatz sind folgende Schritte erforderlich:

1. Klärung der institutionellen Rahmenbedingungen der Organisation
2. Klärung der grundsätzlichen Konfiguration der Organisation
3. Abklärung, inwieweit die Konfiguration der Organisation in die möglichen Organisationsdarstellungen des ERP übernommen wurde. Klärung der Integration und der Abweichung vom grundsätzlichen Modell. Klärung der Organisationsebenennutzung.
4. funktionale Ausprägung von Rollen, wie in Abbildung 3.15 dargestellt
5. Festlegung der zentralen organisatorischen Unterscheidungsmerkmale
6. organisatorische Differenzierung von Rollen mithilfe der zentralen organisatorischen Unterscheidungsmerkmale

Der Bottom-up-Ansatz bedient sich der Differenzierungen, die bereits im System hinterlegt sind, dazu sind einschlägige quantitative und qualitative Analysen notwendig.

Induktiver Ansatz (basierend auf dem Ist-Zustand)

Für den induktiven Ansatz beantworten Sie folgende Fragen bzw. führen die notwendigen Schritte aus:

1. Welche funktionalen Differenzierungen sind im System angelegt?
2. Welche organisatorischen Differenzierungen sind im System angelegt?
3. Welcher darüber hinausgehende Bedarf ist bekannt?
4. Gibt es bekannte Bereiche, in denen die Differenzierung nicht erfolgreich ist?
5. Untersuchung, welche organisatorischen Darstellungen und welche Organisationsebenen genutzt werden
6. Ermittlung der grundsätzlichen Konfiguration der Organisation
7. funktionale Ausprägung von Rollen, wie in Abbildung 3.15 dargestellt
8. Festlegung der zentralen organisatorischen Unterscheidungsmerkmale
9. organisatorische Differenzierung von Rollen mithilfe der zentralen organisatorischen Unterscheidungsmerkmale

3.9 Fazit

In diesem Kapitel ist der Zusammenhang zwischen Organisation im Sinne von Aufbau- und Ablauforganisation, Organisationsmerkmalen in SAP ERP und Berechtigungen entwickelt worden.

Um diesen Zusammenhang erfassen und dementsprechend Berechtigungen modellieren zu können, hielten wir es für unverzichtbar, verschiedene theoretische Sichten auf die Organisation darzustellen. Dieser theoretische Zugang ist gleichwohl Ergebnis unserer praktischen Erfahrung, oft konnten wir unsere Kunden nur noch verstehen, wenn wir sozusagen drei Schritte Abstand nahmen und zunächst einen abstrakten Zugang suchten.

Erst durch diesen abstrakten Zugang gelingt es, die immer vorhandenen Ordnungsmerkmale zu erkennen, um sie dann im System zu modellieren.

Die Forderung nach Regelkonformität rückt die Frage nach Herkunft und Auswirkung der geltenden Regeln in die Auseinandersetzung mit dem betriebswirtschaftlichen Berechtigungskonzept. In diesem Kapitel möchten wir Ihnen den Zusammenhang zwischen dem rechtlichen und normativen Rahmen und dem Berechtigungskonzept vorstellen.

4 Rechtlicher Rahmen – normativer Rahmen

In unserer Beratungstätigkeit hören wir immer wieder Forderungen wie *SOX-Compliance erreichen*, abstrakte Fachwörter wie *CobiT Cube* oder auch diffuse »Angst- oder Kampfbegriffe« wie *Datenschutz* oder *Betriebsrat*. Ausgesprochen selten wird das Berechtigungskonzept aus einer Systematik oder Rechtsgrundlage abgeleitet.

Dieses Kapitel soll Ihnen deshalb eine Orientierung im Hinblick auf die Zusammenhänge zwischen den geltenden Regeln und dem betriebswirtschaftlichem Berechtigungskonzept bieten. Ein betriebswirtschaftliches Berechtigungskonzept muss sicherlich keine Rechtsquellen nennen – solange es sich eindeutig und im Einzelfall nachvollziehbar auf den Regelungsrahmen der Organisation bezieht.

In Kapitel 2, »Einführung und Begriffsdefinition«, wurden die Begriffe *Compliance* und *Corporate Governance* eingeführt. In diesem Buch setzen wir den Begriff Compliance mit *Regelkonformität* gleich. Die geltenden Regeln der Organisation fußen auf einem weitgehend extern bestimmten Rahmen von Gesetzen, Verträgen und sonstigen Normen. Das betriebswirtschaftliche Berechtigungskonzept bestimmt, wie die Regelkonformität der Benutzerberechtigungen erreicht werden soll. Dazu muss auf diesen externen Rahmen eingegangen werden.

Zunächst gehen wir in Abschnitt 4.1, »Interne und externe Regelungsgrundlagen«, auf den Unterschied zwischen externen und internen Normen ein, um anschließend zu klären, was ein Internes Kontrollsystem (IKS) tatsächlich abdecken muss (Abschnitt 4.2, »Internes Kontrollsystem«). Da erfahrungsgemäß den Normen des externen Rechnungswesens eine besondere Bedeutung beigemessen wird, werden diese in Abschnitt 4.3, »Rechtsquellen des externen Rechnungswesens«, behandelt. In Abschnitt 4.4, »Datenschutzrecht«, wenden wir uns dem Thema Datenschutz zu, auch weil hier der Unterschied zwischen rechtlicher Fiktion und tatsächlicher Umsetzung bemerkenswert ist. Wir werden allgemeingültige Aussagen treffen, welche Ansprüche im Hinblick auf das externe Rechnungswesen und den Datenschutz in jedem Fall umgesetzt werden müssen. In Abschnitt 4.5, »Allgemeine Anforderungen an ein Berechtigungskonzept«, fassen wir zusammen, welche Prinzipien in jedem Fall einzuhalten sind, weil sie aus unterschiedlichen Rechtsquellen hergeleitet werden.

4.1 Interne und externe Regelungsgrundlagen

Es ist für den Begriff *Regelkonformität* wichtig, zwischen legalen und weiteren Normen zu unterscheiden. Die in Abbildung 4.1 eingeführte Unterscheidung zwischen legalen Normen, Standards/internationalen Normen, vertraglichen Normen, Stakeholder-Normen und sozialen Normen ist nicht immer eindeutig voneinander abzugrenzen, und sie ist sicherlich auch nicht umfassend.

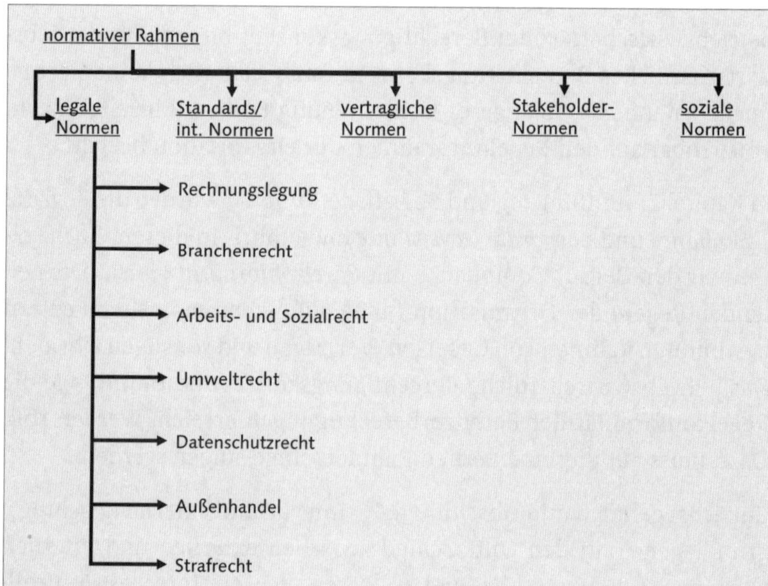

Abbildung 4.1 Schema des normativen Rahmens einer Organisation

Legale Normen

Legale Normen sind alle rechtlichen oder rechtsgleichen Normen, die für eine *konkrete* Organisation gelten. Sie sind im eigentlichen Sinne nicht unternehmensindividuell. Sie sind vielmehr spezifisch für ein bestimmtes Unternehmen, das:

- in einer bestimmten Branche tätig ist
- eine spezifische Rechtsform hat (in einem Konzern können Unternehmen unterschiedlicher Rechtsformen vereint sein)
- in einem oder mehreren Staaten den Unternehmenssitz und/oder Niederlassungen unterhält
- mit Geschäftspartnern eines oder mehrerer Staaten Geschäftsbeziehungen unterhält

Abbildung 4.1 zeigt einige exemplarische Beispiele für Rechtsquellen. Diese definieren den Rahmen regelkonformen Handelns sowohl negativ (oder: »Darf nicht«; auch Verbot) als auch positiv (oder: »Muss«; auch Gebot). Aus Sicht des betriebswirtschaftlichen Berechtigungskonzepts enthalten die Rechtsquellen nicht nur Verbote und Gebote für Mitglieder der Organisation, sie definieren darüber hinaus auch, welche Daten in welcher Form staatlichen Organen zugänglich gemacht werden müssen. Damit definieren sie gegebenenfalls auch Datenzugriffe und die Art des Zugriffs staatlicher Organe.

In den Abschnitten 4.2, »Internes Kontrollsystem«, und 4.3, »Rechtsquellen des externen Rechnungswesens«, sollen exemplarisch zwei Rechtsgebiete in Deutschland in Bezug auf ihre Relevanz für das betriebliche Berechtigungskonzept dargestellt werden:

- **Ausgewählte Normen zur externen Rechnungslegung**
  Dieser Bereich ist in allen Organisationen relevant und ist auch Gegenstand detaillierter Prüfung.
- **Ausgewählte Normen des Datenschutzes**
  In diesem Bereich sind die umfassendsten Festlegungen in Bezug auf die Datenverarbeitung getroffen worden.

Standards/ int. Normen

Standards und internationale Normen sind Rahmenwerke, die ihre Geltung meist entfalten:

- durch Bezugnahme in Ausführungsvorschriften zu Gesetzen
- durch Bezugnahme in der Rechtssprechung als üblicher Standard
- durch vertragliche Verpflichtung
- durch Selbstverpflichtung

Da wir in diesem Kapitel Standards und Normen nicht detailliert betrachten, führen wir nur die wichtigsten kurz an.

An erster Stelle ist das *COSO-Rahmenkonzept* zu nennen, das 1992 vom *Committee of Sponsoring Organizations of the Threadway Commission* (COSO) veröffentlich wurde (siehe Schöler/Will/Schäfer, 2007). Das COSO-Rahmenkonzept definiert folgende Bestandteile eines *Internen Kontrollsystems* (IKS):

- Kontrollumfeld
- Risikobeurteilung
- Kontrollaktivitäten
- Information und Kommunikation
- Überwachung

Als international weitgehend anerkanntes Regelwerk der IT-Governance ist zweitens *CobiT* (= Control Objectives for Information and Related Technology) zu nennen. CobiT ist ein Rahmenwerk zur regelkonformen Steuerung der IT in der Organisation. CobiT kann als Verbindung zwischen den unternehmensweiten Steuerungs-Frameworks (COSO) und den IT-spezifischen Normen (z. B. ITIL (*IT Infrastructure Library*), ISO17799/27002) gesehen werden (siehe Schöler/Will/Schäfer, 2007).

In der Bundesrepublik sind als wesentlicher und im Public Sector oft verbindlicher Standard die IT-Grundschutzkataloge des Bundesamtes für Sicherheit in der Informationstechnik zu nennen (*www.bsi.bund.de*).

Für sämtliche SAP-Systeme sind darüber hinaus zwingend die *Sicherheitsleitfäden von SAP* zu beachten (*http://service.sap.con/securityguide*). Darüber hinaus können die einschlägigen Leitfäden der DSAG wie z. B. der Prüfleitfaden SAP ERP 6.0 oder der Datenschutzleitfaden für SAP ERP 6.0 als Standards angesehen werden.

Vertragliche Normen

Vertragliche Normen bewegen sich grundsätzlich erst einmal im gesetzlichen Rahmen, allerdings dem Grundsatz der Vertragsfreiheit folgend. Im Rahmen der Vertragserfüllung werden sie jedoch durch die Vertragspartner regelmäßig gründlicher überprüft, als dies manchmal bei rechtlichen Normen der Fall ist.

Vertragliche Normen können u. a. den Umgang mit Daten im Rahmen der Abwicklung eines Geschäftsvorfalls detailliert regeln. Dies kann die Überlassung von Daten (auch Spezifikationen, Rezepte, personenbezogene Daten) betreffen, kann aber auch die Regelung von konkreten Systemzugriffen bedeuten. Letzteres ist insbesondere in den logistischen Ketten und von Systemwartungsverträgen oder Outsourcing anzutreffen. Das heißt, gegebenenfalls verpflichten sich die Vertragsparteien, Systemzugriffe über Netzwerke einzuräumen.

Weitere Normen

Stakeholder-Normen betreffen die Erwartungshaltungen von Stakeholdern, also Anspruchsgruppen (siehe Schreyögg/Steinmann, 1997, S. 75 ff.), die in ihrer Bedeutung so relevant für die Organisation sind, dass sie normativen Charakter erhalten. Ein einfaches Beispiel sind unternehmensinterne Antikorruptionsverhaltensrichtlinien, die das Mitarbeiterverhalten im Geschäftsverkehr über das strafrechtlich Erforderliche hinaus bestimmen.

Als *soziale Normen* können alle gesellschaftlichen Normen betrachtet werden, die im Zusammenhang mit den Zielen und Aktivitäten der Organisation stehen.

Stakeholder- und soziale Normen haben eher selten einen direkten Bezug zum betriebswirtschaftlichen Berechtigungskonzept im Sinne eines Ausdrucks von Verrichtungseinschränkungen. Somit sind vor allem legale und vertragliche Normen gegebenenfalls an Einschränkungen durch das betriebswirtschaftliche Berechtigungskonzept gebunden.

Rechtsform und Organisationszweck

In Kapitel 3, »Organisation und Berechtigungen«, wurde der institutionelle Organisationsbegriff eingeführt. Dort haben wir in Abbildung 3.2 dargestellt, welche unterschiedlichen Rechtsformen im deutschen Recht eine Organisation (im institutionellen Sinne) haben kann. Die Rechtsform und der Organisationszweck bestimmen den normativen Rahmen der Organisation.

Im Besonderen haben die Rechtsnormen, die sich aus der institutionellen Organisation ergeben, Einfluss auf die Art der Rechnungslegung und die Rechenschaftspflichten. Auch die Organisationsziele haben relevanten Einfluss auf den normativen Rahmen des betriebswirtschaftlichen Berechtigungskonzepts, wie in Kapitel 3, »Organisation und Berechtigungen«, diskutiert wird.

Der unternehmensindividuell festzulegende normativen Rahmen und somit auch das IKS basieren auf der Grundlage gesetzlicher, vertraglicher Normen. In diesen Rahmen gehen neben den externen

Normen auch Haltungen und Ideen in Bezug auf den Organisationszweck ein:

- Rechtsform, Branche, Sitz, Niederlassung und Handelspartner (internationale) definieren den für die Organisation anzuwendenden rechtlichen Rahmen.
- Verträge definieren die Normen (Bedingungen), die in Bezug auf die Geschäftspartner verbindlich sind.
- Stakeholder und der gesellschaftliche Rahmen bestimmen die Normen, denen eine Organisation aus Opportunitätsgründen folgen sollte.
- Die drei genannten Aspekte und der Organisationszweck bestimmen schließlich den normativen Rahmen, den die Organisation einhalten möchte.
- Das Interne Kontrollsystem stellt die Einhaltung des gesetzten Rahmens sicher und wird im folgenden Abschnitt dargestellt.

4.2 Internes Kontrollsystem

IKS-Definition

Das *Interne Kontrollsystem* (IKS) dient der Abwehr von Schäden für das und der Vermeidung von Rechtsverstößen durch das Unternehmen. Es besteht aus Maßnahmen und Kontrollen, die geeignet sind, diese Schäden zu vermeiden oder etwaige Schäden zu minimieren.

Häufig wird das IKS auf das Rechnungswesen beschränkt. Diese Beschränkung ist aber nicht nur irreführend, sie ist sogar falsch und kontraproduktiv. Ein IKS soll über präventive und detektivische Kontrollen – also vorsorgende Kontrollen und Kontrollen, die im Nachhinein geeignet sind, etwaige Verstöße aufzudecken – dazu beitragen, dass die Unternehmensziele erreicht werden (siehe Hauschka, 2007, § 5 RN14). Deutlich wird dies auch im COSO-Rahmenkonzept (siehe Schöler/Will/Schäfer, 2007) von 1992. Dort wird eindeutig dargelegt, dass alle für das Unternehmen maßgeblichen gesetzlichen Regelungen Bestandteil des IKS sein müssen. Damit muss, natürlich branchenabhängig, mindestens der in Abbildung 4.1 dargestellte Bereich der legalen Normen erfüllt werden.

IKS: Berechtigungskonzept

Zwingender Bestandteil des IKS sind stets eindeutige Regelungen zu Zugriffsrechten. Dies gilt besonders für kritische Aktionen (bereits einfache lesende Zugriffe) und für Funktionstrennungsdefinitionen, wie sie im Rechnungswesen, aber auch z. B. in Erfüllung der Außenhandelsauflagen erforderlich sind.

IKS und das Berechtigungskonzept

Ein IKS deckt u. a. präventive und detektivische Kontrollen ab, die in Anwendung der geltenden externen und internen Normen definiert sind. Zu den zwingend einzuhaltenden präventiven Kontrollen gehören in Bezug auf die IT detaillierte Regelungen zu den Zugriffsrechten in der Systemlandschaft. Daraus leitet sich der Zwang zu einem schriftlichen betriebswirtschaftlichen Berechtigungskonzept unmittelbar ab.

Da den Rechtsquellen des externen Rechnungswesens häufig die größte Bedeutung zugemessen wird, werden auch wir mit diesen beginnen.

4.3 Rechtsquellen des externen Rechnungswesens

In diesem Abschnitt gehen wir auf die Rechtsquellen des externen Rechnungswesens ein, die einen unmittelbaren Bezug zum Berechtigungskonzept haben. In Deutschland sind das Gesetze wie das Handelsgesetzbuch, aber auch Normen auf der Grundlage von Gesetzen wie etwa die Grundsätze ordnungsgemäßer Buchführung. Ziel dieser Darstellung ist ein Überblick über diejenigen Grundlagen des externen Rechnungswesens, die für das betriebswirtschaftliche Berechtigungskonzept relevant sind.

Diese oberflächliche Einführung in einige Rechtsquellen des externen Rechnungswesens ist notwendigerweise eine, die sich auf einen konkreten Rahmen beschränkt, in diesem Fall auf Deutschland. Wir möchten Sie in Bezug auf den *Sarbanes-Oxley Act* (SOX) auf Menzies (2006) und in Bezug auf eine – auch in weiteren Rechtsbereichen – übergreifende Darstellung auf Hauschka (2007) verweisen. Unsere Darstellung erhebt keinen Anspruch auf Vollständigkeit: Für detaillierte Informationen zu den in Deutschland geltenden Normen empfehlen wir Wähner (2002). Trotz der Fokussierung auf einen konkreten nationalen Rechtsrahmen können unsere Schlussfolgerungen in Bezug auf das Berechtigungswesen jedoch durchaus verallgemeinert werden.

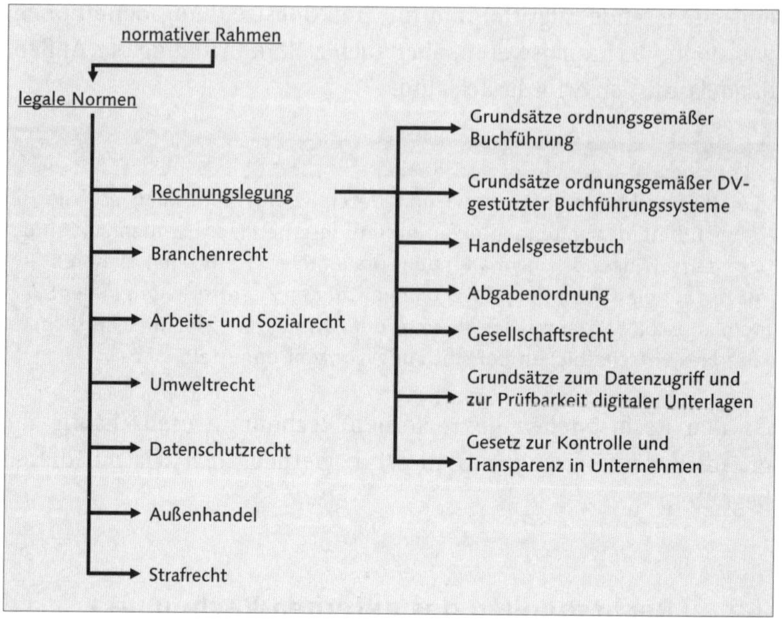

Abbildung 4.2 Normen der Rechnungslegung

Ziele für das betriebswirtschaftliche Berechtigungskonzept

Für das betriebswirtschaftliche Berechtigungskonzept geht es um die Notwendigkeit der Datensicherheit, also der Bestimmbarkeit des Zugriffs und der Kontrolle der Erzeugung oder Manipulation von Daten. Die Methoden, die aus Sicht des Berechtigungskonzepts zur Verfügung stehen, sind Zugriffsbeschränkungen, Funktionstrennung und Kontrollen.

Es muss zwischen den Rechtsquellen für privatwirtschaftliche Organisationen und den Rechtsquellen der Kameralistik für Organisationen des öffentlichen Bereichs unterschieden werden. Letztere wollen wir als an Relevanz verlierenden Sonderfall nicht darstellen – dies vor allem auch deswegen, da die Unterschiede für das Berechtigungskonzept vor allem in einem strikteren Rahmen und höheren Anforderungen bestehen, also letztlich zusätzlich zu beachten sind.

4.3.1 Rechtsquellen und Auswirkungen für den privaten Sektor

Im Wesentlichen stützen wir uns in den folgenden Ausführungen auf Wähner (2002). Wähner bezeichnet die Rechtsquellen des externen

Rechnungswesens für den privaten Sektor als die primäre gesetzliche Grundlage der Prüfung. Diese Definition ist praxisnah, da der Schwerpunkt der DV-Prüfung auf den rechnungslegungsrelevanten Vorgängen liegt.

Die primären gesetzlichen Grundlagen sind laut Wähner folgende:

- Grundsätze ordnungsgemäßer Buchführung (GoB)
- Grundsätze ordnungsgemäßer DV-gestützter Buchführungssysteme (GoBS)
- Handelsgesetzbuch (HGB)
- Abgabeordnung und Grundsätze zum Datenzugriff und zur Prüfbarkeit digitaler Unterlagen (GDPdU)
- Gesetz zur Kontrolle und Transparenz in Unternehmen (KonTraG)

Wegen der unmittelbaren Relevanz für das betriebswirtschaftliche Berechtigungskonzept werden wir uns auf die beiden erstgenannten Grundlagen beschränken.

Grundsätze ordnungsgemäßer Buchführung

Die Grundsätze ordnungsgemäßer Buchführung (GoB) sind eine Ableitung aus § 238 Absatz 1 Handelsgesetzbuch (HGB). In der Einkommenssteuer-Richtlinie werden zu den GoB folgende Anforderungen definiert:

- Vollständigkeit
- Richtigkeit
- Zeitgerechtheit
- Klarheit
- Belegbarkeit
- Sicherheit
- Prüfbarkeit

Grundsätze ordnungsgemäßer DV-gestützter Buchführungssysteme

Die GoB bedürfen einer Präzisierung durch die *Grundsätze ordnungsgemäßer DV-gestützter Buchführungssysteme* (GoBS). Diese sind dargestellt (und fortgeschrieben) im Schreiben des Bundesministeriums für Finanzen »Grundsätze zum Datenzugriff« (Bundesministerium der Finanzen 2001). Diese beinhalten Festlegungen in Bezug auf:

- Anwendungsbereich
- Beleg-, Journal- und Kontenfunktion
- Buchung
- Internes Kontrollsystem
- Datensicherheit
- Dokumentation und Prüfbarkeit
- Aufbewahrungsfristen
- Wiedergabe der auf Datenträger geführten Unterlagen
- Verantwortlichkeit

Aus den GoBS ergibt sich, schon allein der Beweisbarkeit wegen, die Notwendigkeit eines schriftlichen Berechtigungskonzepts. Bestandteile dieses Berechtigungskonzepts sind:

- zwingende Angaben zur Funktionstrennung
- zwingende Angaben zum Umgang mit kritischen Berechtigungen
- das strikte Minimalprinzip bei der Vergabe von Berechtigungen

Wähner stellt sehr deutlich klar, dass Berechtigungen sich aus der Aufbau- und Ablauforganisation ableiten. In seinen Ausführungen zur Sicherung der Belegfunktion stellt er detailliert dar, dass, nach Maßgabe der Geschäftsverteilung und der Möglichkeiten, eine Funktionstrennung zwischen Stammdatenpflege, Buchung und Zahlung anzustreben ist (Wähner, 2002, S. 110). Somit wäre der betriebswirtschaftliche Minimalrahmen klar herausgestellt. Ergänzend ergibt sich aus der Belegfunktion, dass diese Belege vor nicht nachvollziehbarer Manipulation geschützt sein müssen.

Definition von Funktionstrennung

Funktionstrennung ist die Trennung von Funktionen, die im betrieblichen Ablauf durch verschiedene Personen im Rahmen der ihnen zugewiesenen Aufgaben wahrzunehmen sind (Geschäftsverteilung). Im betriebswirtschaftlichen Berechtigungskonzept wird die Abbildung dieser Trennung im IT-System vorgegeben. Sie bewirkt, dass jeder Geschäftsvorfall, der eine Verbindlichkeit Dritten gegenüber oder gegenüber Mitgliedern der Organisation[1] schafft oder Pflichten Dritten gegenüber berührt[2], nicht durch einen Funktionsträger allein durchgeführt werden kann. Darüber hinaus müssen Funktionen getrennt werden, die durch die Art der Aufgabe dies erforderlich machen, wie z. B. die Berechtigungsadministration von der Benutzeradministration zu trennen ist.[3]

Sowohl aus den GoB als auch den GoBS lässt sich unmittelbar eine Definition von kritischen Aktionen ableiten.

Definition einer kritischen Aktion

Eine *kritische Aktion* ist eine Aktion, die die Vollständigkeit, Richtigkeit, Belegbarkeit, Sicherheit oder Prüfbarkeit des Buchungsstoffes gefährden kann. Diese Definition ist über das Rechnungswesen hinausgehend gültig, wenn anstelle des Buchungsstoffs allgemein von Daten gesprochen wird.

Aus den GoBS ergibt sich auch die Verpflichtung für die Einrichtung eines IKS. In den GoBS wird ein IKS als »die Gesamtheit aller aufeinander abgestimmten und miteinander verbundenen Kontrollen, Maßnahmen und Regelungen bezeichnet«, u. a. mit den Aufgaben der:

- Sicherung und des Schutzes von Vermögen und Informationen
- Bereitstellung vollständiger Aufzeichnungen

Auch in Bezug auf das IKS weist Wähner auf die Notwendigkeit der Einbettung des IKS in die Aufbau- und Ablauforganisation hin (S. 119). Dies deckt sich mit der Definition von Corporate Governance in Abschnitt 2.4, »Corporate Governance«.

4.3.2 Konkrete Anforderungen an das Berechtigungskonzept

Aus den Ausführungen zu den Rechtsquellen des externen Rechnungswesens ergeben sich folgende konkrete Anforderungen:

1 Verbindlichkeiten Dritten und Mitgliedern der Organisation gegenüber sind alle Verträge und etwaige vorvertraglichen Pflichten.

2 Pflichten Dritten gegenüber sind alle nicht vertraglich gebundenen Pflichten beliebigen Dritten gegenüber, wie das Auskunftsrecht staatlicher Organe (Steuerbehörden, Sozialversicherer) und Pflichten, die sich aus der Richtigkeit der Bilanz und aller Anlagen zur Bilanz ergeben.

3 Erforderlich ist Funktionstrennung in weiteren Bereichen, in denen sie der Erfüllung weiterer rechtlicher Anforderungen oder der Qualität der Aufgabenerfüllung oder der Genauigkeit von Datenerfassung dient.

- Das betriebswirtschaftliche Berechtigungskonzept bedarf der Schriftform.
- Berechtigungen sind Ausdruck der Ablauf- und Aufbauorganisation und somit der Geschäftsverteilung. Sie folgen ausschließlich der betriebswirtschaftlichen Funktion eines Mitarbeiters. Dies muss im Einzelfall belegbar sein.
- Funktionstrennungen müssen – nach Maßgabe der Möglichkeiten – minimal zwischen Stammdatenpflege, Buchung und Zahlung vorgenommen werden. Sind diese nicht wirtschaftlich vertretbar, müssen geeignete Kontrollen aufgesetzt werden, die detektivisch Missbrauch oder Fehler ausschließen.
- Berechtigungen für kritische Aktionen müssen grundsätzlich vermieden und im begründbaren Ausnahmefall der Berechtigung und Ausführung detailliert kontrolliert werden.

4.4 Datenschutzrecht

In diesem Abschnitt werden wir die datenschutzrechtlichen Bestimmungen betrachten, die für das betriebswirtschaftliche Berechtigungskonzept von unmittelbarem Interesse sind.

Das Verhältnis vieler Organisationen zum Datenschutz ist angespannt: Grund hierfür ist sicherlich, dass ein Datenschutz, der den rechtlichen Auflagen genügt, mit einem erheblichen Aufwand verbunden ist. Die meisten Organisationen, die wir berieten, konzentrieren sich wohl aus diesem Grund sehr stark auf die Mitarbeiterdaten. In Deutschland ist diese Fokussierung auch dadurch zu erklären, dass der Betriebsrat oder Personalrat an Datenschutz interessiert ist und an der Erstellung der Datenschutzrichtlinien beteiligt sein muss.

In den letzten Monaten und Jahren hat es eine Reihe von Skandalen gegeben, die verdeutlichen, wie niedrig Datenschutz priorisiert ist und welche wirtschaftlichen Folgen eine Nichtbeachtung haben kann. Ein Beispiel ist der Verkauf von sensiblen personenbezogenen Daten Liechtensteiner Bankhäuser an die deutschen Ermittlungsbehörden. Dies dürfte für die Banken, die die entsprechenden Konten führen, deutlich spürbare ökonomische Folgen haben, ganz zu schweigen von den Folgen für die überführten Bankkunden.

In der Europäischen Gemeinschaft ist der Datenschutz durch einschlägige europäische Richtlinien (Richtlinie 95/46/EG (Datenschutzrichtlinie)) geregelt, die auch Auswirkungen auf Nicht-EU-Mitglieder haben: Vereinfachend ausgedrückt, müssen Geschäftspartner, die personenbezogene Daten aus einem EU-Land verarbeiten, den Regeln des eigenen Landes in Bezug auf die Verarbeitung folgen, solange dieses Land eine entsprechende Vereinbarung mit der EU hat. Es gilt also das Recht des Landes, in dem die Daten verarbeitet werden. Die Vereinigten Staaten haben eine etwas andere Vereinbarung mit der EU – basierend auf den *Safe Harbor Privacy Principles* – geschlossen. Diese bedeuten letztlich (und stark vereinfacht) eine partielle »freiwillige« Übernahme von EU-Standards durch das sich selbst verpflichtende Unternehmen (Tinnefeld/Ehmann/Gerling, 2005, S. 125). Es gilt also die Übernahme europäischer Regelungen durch Selbstverpflichtung in den Unternehmen, die in den USA beheimatet sind.

Trotz der einheitlichen Richtlinie für alle EU-Staaten fallen die nationalen Umsetzungen in den EU-Staaten weit auseinander. Im Folgenden stellen wir die deutschen Normen dar.

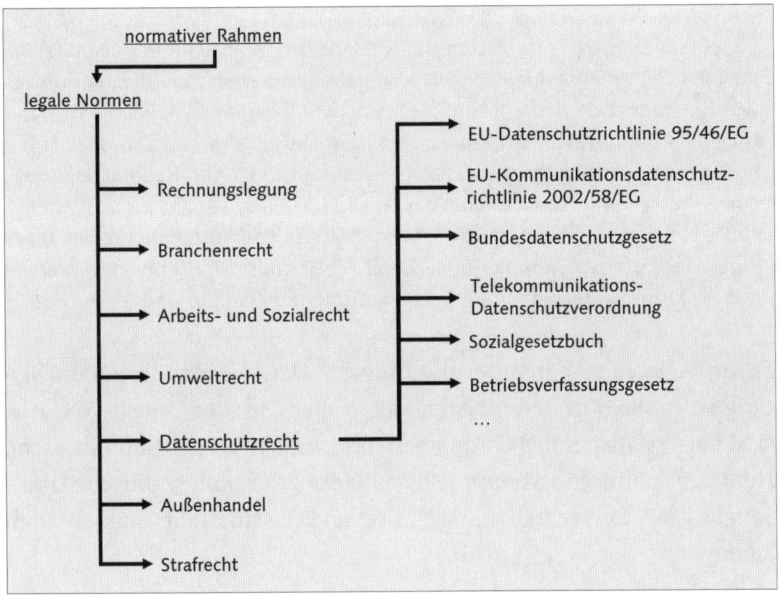

Abbildung 4.3 Rechtsnormen des Datenschutzes

Das Datenschutzrecht ist ein »modernes« Recht, das in einer Vielzahl unterschiedlicher Rechtsgebiete (z. B. Telekommunikationsrecht, Sozialrecht, Arbeitsrecht) Tatbestände regelt. Einen Überblick finden Sie in Abbildung 4.3. Nach Gola/Klug entfalten dabei das Bundesdatenschutzgesetz (BDSG) und die Datenschutzgesetze der Länder »eine Auffangfunktion, die darin besteht, den Datenschutz dort sicherzustellen, wo keine speziellen Schutzbestimmungen greifen« (2003, S. 9). Das Datenschutzrecht hat einen sehr praktischen Vorteil: Die Rechtsbegriffe sind ungewöhnlich präzise bestimmt und bereits auf die elektronische Datenverarbeitung bezogen.

Der betriebliche Datenschutz hat die Erfüllung aller geltenden Bestimmungen zum Datenschutz als Aufgabe. Ihm unterliegen auch die datenschutzrechtlichen Tatbestände, die durch Weisung, Vertrag oder sonstige betriebliche Regelung festgelegt sind.

Der Datenschutz bezieht sich im deutschen Recht auf die natürliche Person. Entsprechend muss ein personenbezogenes Datum wie folgt definiert werden. In der Schweiz unterliegen auch juristische Personen dem Datenschutz.

Definition von personenbezogenen Daten

Ein personenbezogenes Datum ist jede Einzelangabe zu einer Person (z. B. Wohnsitz einer Person) oder solche Angaben, die einer Person zugeordnet werden können (z. B. die Bestellung eines Medikaments). Auch die Gestaltung von Stammdatenstrukturen in einem Unternehmen kann dazu führen, dass personenbezogene Daten entstehen: Hat eine Kostenstelle nur einen Mitarbeiter, so bedeutet das, dass jede Buchung auf diese Kostenstelle ein personenbezogenes Datum ist. Jeder Kreditorenstammsatz und jeder Debitorenstammsatz, jeder Geschäftspartner, ist ein personenbezogenes Datum, sofern die Beteiligten natürliche Personen sind.

Sensitive Daten

Sensitive Daten stehen unter besonderem Datenschutz; ihre Verarbeitung ist deshalb in den meisten Fällen nicht erlaubt. Sensitive Daten sind laut § 3 Abs. 9 BDSG Angaben über: »die rassische und ethnische Herkunft, politische Meinungen, religiöse oder philosophische Überzeugungen, Gewerkschaftszugehörigkeit, Gesundheit oder Sexualleben.«

In Ausnahmefällen kann aber auch die Verarbeitung dieser Daten erlaubt sein. Diese Ausnahmen sind einzelfallweise geregelt. Zum Beispiel muss in Deutschland das Finanzamt Daten zu religiösen Überzeugungen schon deswegen verarbeiten können, weil das Finanzamt die Kirchensteuer einzieht. Aus dem gleichen Grund müssen auch deutsche Arbeitgeber die Information »religiöse Überzeugung« verarbeiten können.

Wie dargestellt, enthält das Datenschutzrecht präzise Definitionen in Bezug auf die elektronische Datenverarbeitung, die wir nachfolgend darstellen werden.

4.4.1 Gesetzliche Definitionen in Bezug auf die Datenverarbeitung

Verarbeitung personenbezogener Daten

Das Verarbeiten personenbezogener Daten umfasst das Speichern, Verändern, Übermitteln, Sperren und Löschen dieser Daten. Diese Begriffe werden folgendermaßen definiert (siehe § 3 Abs. 9 BDSG):

- Speichern ist die Erfassung und Aufbewahrung auf einem Datenträger.
- Verändern ist die inhaltliche Umgestaltung gespeicherter Daten.
- Übermitteln meint die Weitergabe an Dritte oder den Abruf der Daten durch Dritte.

Beachten Sie, dass die Verarbeitung von personenbezogenen Daten gegebenenfalls neue personenbezogene Daten schafft. Wertet man das Bestellverhalten eines Kunden (natürliche Person) aus, entsteht ein neuer personenbezogener Datensatz.

- **Verantwortliche Stelle**
  Als verantwortliche Stelle ist jede Stelle anzusehen, die personenbezogene Daten verarbeitet oder nutzt oder Dritte (Auftragsdatenverarbeitung) damit beauftragt.
- **Auftragsdatenverarbeitung**
  Werden personenbezogene Daten durch Dritte verarbeitet, verbleibt die Verantwortung beim Auftraggeber.
- **Datenübermittlung**
  Die Übermittlung von Daten umfasst sämtliche Datenüberlassungen an Dritte. Die Datenübermittlung ist für nichtöffentliche und öffentliche Stellen unterschiedlich geregelt. (Öffentliche Stellen: §§ 15 und 16 BDSG, nichtöffentliche Stellen §§ 29 und 30 BDSG).

- **Mitbestimmung**
  Die Einführung eines Verfahrens, das geeignet ist, Leistungsdaten zur Person zu verarbeiteten, unterliegt der Mitbestimmung des Betriebsrats (§ 87 Abs. 1 Nr. 6 BetrVG) sowie – im öffentlichen Dienst – des Personalrats (§ 75 Abs. 3 Nr. 17 BPersVG).

4.4.2 Rechte des Betroffenen

Nur zulässige personenbezogene Daten dürfen gespeichert werden. Das bedeutet, dass es einer rechtlichen und/oder vertraglichen Grundlage für die Speicherung bedarf. Eine vertragliche Grundlage setzt regelmäßig nicht den Schutz sensitiver Daten außer Kraft.

Es dürfen nur sachlich richtige Daten gespeichert werden. Das schließt das Recht ein, die Daten bereinigen zu lassen.

Grundsätzlich muss der Betroffene über die Speicherung und die geplante Datenverwendung informiert werden. Dieser Punkt ist vor allem dann von dringendem Interesse, wenn die Daten einer anderen Verwendung zugeführt werden sollen als der ursprünglich angekündigten. Darunter fällt u. a. das verdachtsunabhängige Mapping von Mitarbeiterdaten auf Lieferantendaten zur Korruptionsbekämpfung, sofern die Betroffenen dazu ihr Einverständnis nicht erklärt haben. Auch wenn man sich darüber streiten mag, wie sinnvoll diese Form der Korruptionsbekämpfung ist – nach unserem Dafürhalten kann man das weit preiswerter, effizienter und absolut datenschutzkonform über systematische Prozesskontrollen erreichen. Sofern ein Unternehmen Personendaten einschlägig nutzen will, muss es die Beteiligten darüber aufklären, dies kann bereits im Arbeitsvertrag oder einer Bestellung/einem Vertrag geschehen.

Grundsätzlich hat der Betroffene das Recht, in die über ihn erhobenen Daten Einsicht zu nehmen und über die Art der Datenverarbeitung informiert zu werden. Dazu gibt es u. a. das Verfahrensverzeichnis, in dem die eingesetzten IT-Systeme, die Datenqualitäten und die Sicherheitsmaßnahmen dargestellt sind.

4.4.3 Pflichten in Bezug auf das IKS

Das deutsche Datenschutzgesetz subsumiert die festgelegten Kontrollen nicht unter dem Begriff Kontrollsystem oder IKS. Allerdings müssen diese Kontrollen systematisch in das IKS einbezogen werden. Dafür sprechen folgende Gründe:

- Ein Auseinanderfallen unterschiedlicher Kontrollsysteme führt zu höheren Kosten bei sinkender Transparenz.
- Datenschutz ist immer auch Schutz eines wichtigen Vermögens: Details zu, Konditionen mit und Absichten in Bezug auf alle Geschäftspartner (Lieferanten, Mitarbeiter, Kunden).

Das deutsche Datenschutzgesetz definiert Berichtspflichten gegenüber staatlichen Stellen oder einem (internen) Datenschutzbeauftragten. Diese Berichtspflichten kann man in Anlehnung an die Datenschutzgesetze einiger Bundesländer auch in dem Begriff *Verfahrensverzeichnis* zusammenfassen.

In Bezug auf die Sicherheit der Daten definiert das Datenschutzgesetz Grundsätze, die nahezu komplett verallgemeinerbar für den sicheren Betrieb von ERP-Systemen gelten können. All diese Angaben gehören immer auch in das Verfahrensverzeichnis.

General IT Controls

Systematisch gehören die folgenden Elemente des Verfahrensverzeichnisses in die General IT Controls:

- **Zutrittskontrolle**
  Der Zutritt (physikalisch) zu den Datenverarbeitungsanlagen muss Unbefugten verwehrt werden.
- **Weitergabekontrolle**
  Es muss sichergestellt sein, dass Datenweitergaben (technische Interfaces) ohne Zugriffe Unbefugter erfolgen. Dies muss jederzeit beweisbar sein.

Betriebsführungskonzept

Systematisch gehören die folgenden Elemente des Verfahrensverzeichnisses in das Betriebsführungskonzept:

- **Eingabekontrolle**
  Nachträglich muss ermittelbar sein, wer welche Eingaben, Änderungen oder Löschungen vorgenommen hat.
- **Verfügbarkeitskontrolle**
  Personenbezogene Daten müssen gegen zufällige Zerstörung oder Verlust geschützt sein.

Berechtigungskonzept

Systematisch gehören die folgenden Elemente des Verfahrensverzeichnisses in das Berechtigungskonzept:

- **Zugangskontrolle**
  Der Zugang zu den eingesetzten Systemen muss auf den berechtigten Personenkreis eingeschränkt werden.
- **Zugriffskontrolle**
  Es muss sichergestellt werden, dass nur die Personen Zugriff erhalten, die dazu formal (organisatorisch) berechtigt sind. Darüber hinaus muss sichergestellt werden, dass auch diese nur auf die Daten zugreifen können, die in ihren Verantwortungsbereich fallen.

4.4.4 Konkrete Anforderungen an das Berechtigungskonzept

Aus den Ausführungen zum Datenschutz ergeben sich folgende konkrete Anforderungen:

- In Deutschland ist für die Datenverabeitung je eingesetztem Verfahren ein Verfahrensverzeichnis zu führen.
- Das Verfahrensverzeichnis muss Angaben zu Zugriffsrechten enthalten.
- In Bezug auf alle personenbezogenen Daten ist das Risiko meistens ein Risiko im Sinne einer kritischen Aktion und seltener ein Funktionstrennungsrisiko.
- Funktionstrennungsrisiken bestehen überwiegend in Bezug auf die Richtigkeit der Eingaben (Freigaben) und die Kombination mit weiteren personenbezogenen Daten.
- Das (schriftliche) betriebswirtschaftliche Berechtigungskonzept ist Teil des oder Anlage zum Verfahrensverzeichnis.
- Berechtigungen sind Ausdruck der Ablauf- und Aufbauorganisation und somit der Geschäftsverteilung. Sie folgen ausschließlich der betriebswirtschaftlichen Funktion eines Mitarbeiters. Dies muss im Einzelfall belegbar sein.

Bevor wir allgemeine Anforderungen aus unseren Ausführungen zum Rechnungswesen und zum Datenschutz ableiten, wollen wir noch zu einer immer wieder auftauchenden Diskussion beitragen, nämlich inwieweit Regelkonformität und Datenschutz vereinbar sind.

4.4.5 Regelkonformität versus Datenschutz

Auch aus der aktuellen Debatte stammt die Frage, inwieweit Regelkonformität und Datenschutz zusammenpassen. Viele deutsche Kunden stellen die Frage, ob bestimmte technisch verfügbare Instrumente (Monitoring, Logging, SQL-Trace), die die Transaktions- und Programmnutzung protokollieren, nicht faktisch Maßnahmen der Mitarbeiterüberwachung und Leistungskontrolle darstellen.

Beispiel

Um diese Bedenken an einem Beispiel zu verdeutlichen: Ein Unternehmen gleicht aus Compliance-Gründen sämtliche Mitarbeiterdaten gegen die Daten externer Geschäftspartner ab, um so mögliche Korruptionsfälle aufzudecken. Unserer Ansicht nach sind derartige Rasterfahndungen nicht wirklich effizient, sondern vielmehr fehlenden validen Prozesskontrollen geschuldet.

Regelkonformität im Sinne dieses Buches ist immer die Einhaltung aller Normen, also auch des Datenschutzes. Gesetzt den Fall, dass die Gerichte befinden, dass das Vorgehen des Beispielunternehmens im Sinne des Datenschutzgesetzes rechtswidrig gewesen sei, wäre dies ein Nachweis, dass das Unternehmen nicht regelkonform gehandelt hätte, also nicht dem Ziel der Compliance gefolgt wäre. Im Sinne dieses Buches wäre das auch ein Versagen des IKS.

Unverzichtbare Instrumente des IKS

Die oben angeführten technischen Instrumente (Monitoring, Logging, SQL-Trace) sind aus Sicht des Berechtigungskonzepts und aus Sicht diverser Rechtsquellen unverzichtbare Instrumente. Wir haben das Minimalprinzip dargestellt, zum Minimalprinzip gehört immer auch, dass regelmäßig ausgewertet wird, welche Transaktionen/Programme/Webservices von wem genutzt wurden, um überflüssige Berechtigungen entfernen zu können. Überflüssige Berechtigungen, die bei erstmaliger Nutzung dieser Auswertungen entfernt werden können, machen nach unserer Erfahrung bis zu 80 % aller vergebenen Berechtigungen aus.

Es dürfte klar sein, dass der Entzug derartiger Mengen an Berechtigungen immer einen signifikanten Zugewinn an Regelkonformität auch und gerade in Bezug auf den Datenschutz darstellt.

Um unnötige Berechtigungen z. B. für die Anzeige von Mitarbeiterdaten entfernen zu können, ist die Auswertung des Monitorings eine zwingende technische Voraussetzung. Ebenso ist die Auswertung der

Änderungsprotokolle ein Hilfsmittel, um die Minimalanforderungen zu erfüllen.

Datenschutz fordert Protokollierung

Abschließend sei darauf hingewiesen, dass in einigen Rechtsquellen diese Nachweise zwingend sind. Insbesondere das Datenschutzgesetz selbst (respektive die Anlage zu § 9 Satz 1 BDSG) definiert dies eindeutig: Es ist »zu gewährleisten, dass nachträglich überprüft und festgestellt werden kann, ob und von wem personenbezogene Daten in Datenverarbeitungssystemen eingegeben, verändert oder entfernt worden sind«.

Da für diesen Nachweis die reine Änderungshistorie fallweise zu der Frage führt, ob die Zugriffskontrolle angemessen ausgeübt wurde, benötigt ein System, das regelkonform ist, immer den Nachweis der Verwendung von Programmen (Transaktionen, Webservices) neben der Änderungshistorie.

Im Folgenden werden wir die Anforderungen, die sich aus diesem Abschnitt zum Datenschutz, und jene, die sich aus dem Abschnitt zum Rechnungswesen ergeben, so weit generalisieren, dass sich allgemeine Anforderungen an ein Berechtigungskonzept darstellen lassen.

4.5 Allgemeine Anforderungen an ein Berechtigungskonzept

Ziel dieses Abschnitts ist es, Ihnen die allgemeinen Anforderungen an ein Berechtigungskonzept darzustellen, die sich zum überwiegenden Teil bereits aus den Abschnitten 4.2, »Internes Kontrollsystem«, 4.3, »Rechtsquellen des externen Rechnungswesens«, und 4.4, »Datenschutzrecht«, ergeben.

Es gibt keine unkritischen Berechtigungen, da es per se keine unkritischen erfassten Daten gibt. Jedes Datum im System ist zu einem bestimmten Zweck erfasst worden und dient der Abwicklung, Vorbereitung oder Dokumentation von Geschäftsvorfällen. Da jedes erfasste Datum eine Funktion hat, stellt zumindest der Verlust des Datums ein Risiko dar.

Jedes erfasste Datum in einem Datenverarbeitungssystem muss deshalb angemessen geschützt werden. Der Schutzbedarf von Daten ist weiterhin abhängig von Normen unterschiedlicher Verbindlichkeit (dies kann man am Datenschutzrecht sehr einfach nachvollziehen, obwohl alle personenbezogenen Daten zu schützen sind, ist eine Adresse weniger schutzbedürftig als eine sensitive Angabe zur Sexualität oder Weltanschauung). In Ergänzung zur Aussage, dass jedes erfasste Datum zu schützen ist, muss also in Bezug auf die geltenden Normen dargestellt werden, wie groß der Schutzbedarf jeweils ist.

Üblicherweise wird dabei den Daten eine besondere Bedeutung eingeräumt, die das Rechnungswesen betreffen, da bei diesen einerseits ein signifikantes Betrugsrisiko besteht, andererseits die Nachweis- und Aufbewahrungspflichten des Rechnungswesens berührt sind. Wir möchten aber nochmals darauf hinweisen, dass es neben den Regeln des externen Rechnungswesens auch noch sehr viele andere Gesetze gibt, die den Schutzbedarf von Daten qualifizieren.

Wegen unserer dogmatischen Aussage, dass jedes erfasste Datum zu schützen ist, wollen wir deutlich auf das Prinzip der Angemessenheit verweisen, um die ursprüngliche Aussage in einen realistischen Kontext zu rücken. Der Aufwand für den Schutz eines Datensatzes muss in einem vertretbaren Rahmen im Vergleich zum Schutzbedarf bleiben.

Grundprinzipien

Aus den genannten Rechtsnormen lassen sich unmittelbar oder mittelbar Prinzipien für die Anforderungen eines IKS an Berechtigungen und somit für das betriebswirtschaftliche Berechtigungskonzept ableiten. Diese Prinzipien gelten unabhängig von der eingesetzten Software:

- Identitätsprinzip
- Minimalprinzip
- Stellenprinzip
- Belegprinzip der Buchhaltung
- Belegprinzip der Berechtigungsverwaltung
- Funktionstrennungsprinzip
- Genehmigungsprinzip
- Standardprinzip
- Schriftformprinzip
- Kontrollprinzip

Diese Prinzipien werden im Folgenden dargestellt.

4.5.1 Identitätsprinzip

Dieses Prinzip ist die logische Grundlage aller Berechtigungskonzepte. Die Identität eines Benutzers, sofern es sich um eine natürliche Person handelt, muss jederzeit zuordenbar sein. Für technische Benutzer muss jederzeit der Nachweis möglich sein, welche natürliche Person ihn zu welchem Zweck verwendet hat. Diese Nachweise müssen für den gesamten Zeitraum der gesetzlichen Aufbewahrungsfristen möglich sein.

Häufig hat eine natürliche Person in unterschiedlichen IT-Lösungen unterschiedliche Benutzernamen. Dies kann durch ein Identity Management vermieden werden. In jedem Fall stellt die Verwendung unterschiedlicher Benutzernamen signifikante Herausforderungen an die Revision, insbesondere in Verfahren, die über mehrere Systeme hinweg definiert sind. Für diese Verfahren gilt, dass Zugriffsrisiken systemübergreifend auftreten können und somit auch systemübergreifend definiert werden müssen. Sofern es auch noch multiple Benutzer für eine natürliche Person gibt, können diese Risiken nur erkannt werden, wenn es neben der systemübergreifenden Risikodefinition auch ein systemübergreifendes Benutzer-Mapping gibt.

Die Nachweise, welcher Person welcher Benutzer zugeordnet ist (oder war), sind erforderlich insbesondere in allen Funktionen, die das Belegprinzip der Buchhaltung in irgendeiner Form berühren. Hier müssen zwingend die einschlägigen Aufbewahrungsfristen eingehalten werden.

4.5.2 Minimalprinzip

Berechtigungen müssen ausnahmslos so vergeben werden, dass nur auf die zur Aufgabenerfüllung notwendigen Daten zugegriffen werden kann. Diese Notwendigkeit hat einen qualitativen Bezug (welche Datenqualitäten), einen organisatorischen Bezug (in welchem Teil der Organisation) und einen zeitlichen Bezug (in welchem Zeitraum sind die Daten relevant).

Das soll am Beispiel eines Onlinebuchversands verdeutlicht werden. In diesem Beispiel sind die folgenden Daten relevant:

- **Datenqualitäten**
  Name, Wohnsitz, E-Mail-Adresse, gegebenenfalls Lieferadresse, Konto, Kreditkartendaten, Zahlungsverhalten, bestellte Waren

- **Organisatorischer Bezug**
  zuständige Landesorganisation
- **Zeitlicher Bezug**
  Bestellzeitpunkt, Jahr der Bestellung, historische Daten

Nach dem Minimalprinzip benötigt der Mitarbeiter im Versand nur die Informationen zur aktuellen Bestellung und zur Lieferadresse. Historische Belege, Kontonummer oder Kreditkartendaten sind nicht notwendig.

Ein möglicher Datenmissbrauch könnte sich auf der einen Seite gegen den Kunden über Auswertung der Bestelldaten, der Kontoinformationen oder der Kreditkartendaten richten. Auf der anderen Seite könnte er sich auch gegen den Onlinebuchversand selbst richten: Möglicherweise sind andere Anbieter an Kundendaten oder einfach an einem Datensatz verlässlicher E-Mail-Adressen interessiert.

Schon mit einzelnen dieser Daten kann Missbrauch getrieben werden. Wenn auf alle Daten zugegriffen werden kann, sind komplexe Auswertungen möglich, die weiteres Missbrauchspotenzial enthalten.

4.5.3 Stellenprinzip

Eng mit dem Minimalprinzip ist das Stellenprinzip verknüpft. Dieses bedeutet, dass sich sämtliche Datenzugriffsrechte eines Benutzers aus der Funktion des Benutzerinhabers in der Organisation ergeben müssen. Jede natürliche Person, die überhaupt einen Benutzer erhält, hat eine genau definierbare Funktion in der Organisation, sei es als Mitarbeiter oder als Geschäftspartner. Es ist für dieses Prinzip irrelevant, ob es eine Stellendefinition gibt. Systematisch lassen sich alle Aufgaben in Stellen bündeln, so entsteht eine Aufbauorganisation. Auch wenn die Aufbauorganisation keine einschlägigen Beschreibungen in Form von Stellen für Aufgabenbündelungen Externer aufweist, hat jeder Geschäftspartner – auf der Basis von Verträgen – genau spezifizierte Aufgaben.

Es ist also entweder ein Nachweis erforderlich, aufgrund welcher Stelle eine bestimmte Berechtigung vergeben wurde, oder ein Nachweis darüber, aufgrund welcher Aufgaben dies geschah. Der stellenbezogene Ausweis ist natürlich systematischer und einfacher. Diese Möglichkeit soll in Kapitel 8, »Rollenzuordnung über das Organisationsmanagement«, vertieft werden, in dem die Rollenzuordnung über das SAP ERP HCM-Organisationsmanagement dargestellt wird.

4.5.4 Belegprinzip der Buchhaltung

Das Belegprinzip der Buchhaltung (in Deutschland: GoB) bedeutet, dass sämtliche zahlungsrelevanten oder bilanzwirksamen Vorgänge belegbar sein müssen. Für jedes Berechtigungskonzept muss die Einhaltung des Belegprinzips sichergestellt sein.

Zum Beleg gehören im System auch Angaben zum Erfasser oder Änderer des Belegs. Da das ein Benutzer ist, müssen für diesen Benutzer die Angaben zur Person zu ermitteln sein.

Das Belegprinzip umfasst auch alle automatisierten Verfahren und Zugriffe auf die Datenbanken, also jede Aktion, die einen Beleg erfassen, ändern oder löschen kann. Dazu gehören auch alle Daten, die den Beleg eindeutig identifizieren und z. B. wie Daten zu Geschäftspartnern in separaten Tabellenstrukturen vorgehalten sein können.

4.5.5 Belegprinzip der Berechtigungsverwaltung

Die logische Fortführung des Belegprinzips in der Buchhaltung ist das Belegprinzip in der Berechtigungsverwaltung. Bereits aus dem buchhalterischen Belegprinzip ist unmittelbar abzuleiten, dass die relevanten Daten von Benutzern im Rahmen der definierten Aufbewahrungsfristen aufbewahrt werden müssen.

Unabhängig vom buchhalterischen Belegprinzip sind in weiteren Rechtsquellen Aufbewahrungs- und Dokumentationspflichten definiert, die es zu beachten gilt. In jedem Fall müssen die Zuordnung des Benutzers zu einer natürlichen Person, die Zuweisung von Berechtigungen zu dieser Person, Art, Umfang, Änderungen und Änderer der Berechtigung dokumentiert werden.

4.5.6 Funktionstrennungsprinzip

Das Funktionstrennungsprinzip besagt, dass in bestimmten Prozessen die Aufgaben so zu trennen sind, dass nicht ein Mitarbeiter allein den gesamten Prozess bearbeitet und somit unkontrolliert bleibt.

Das Funktionstrennungsprinzip muss grundsätzlich zwingend in Prozessen eingehalten werden, die die Buchführung und die Richtigkeit der Bilanz betreffen, sowie in allen Prozessen, die auf diese einen mittelbaren Einfluss haben können wie die Benutzer- und Berechtigungsverwaltung selbst. In Prozessen, die gesetzlichen Funktionstrennungsprinzipien zu folgen haben, z. B. bei Betäubungsmitteln, muss entsprechend vorgegangen werden.

Sofern gesetzlich nichts anderes geregelt ist, kann anstelle einer Funktionstrennung auch eine kompensierende Kontrolle eingeplant werden. Deren Häufigkeit und Tiefe richtet sich nach dem Schadenspotenzial. Generell sind kompensierende Kontrollen aufwendiger und somit teurer als die Einhaltung der Funktionstrennung

4.5.7 Genehmigungsprinzip

Das Genehmigungsprinzip sieht vor, dass sämtliche Berechtigungen genehmigt werden müssen. Dies sollte minimal durch eine disziplinarisch oder fallweise fachlich vorgesetzte Stelle geschehen.

Zu unterscheiden sind die implizite und die explizite Genehmigung. Sofern Berechtigungen ausschließlich über ein technisch definiertes Stellenkonzept vergeben werden (indirekte Zuordnung), ist die Besetzung einer Stelle gleichzeitig auch die implizite Genehmigung, dass die dort zugeordneten Berechtigungen vergeben werden. In einem derartig stellenbezogenen Konzept wären explizite Genehmigungen nur für die Zuordnung von Berechtigungen zu Stellen erforderlich.

Jede direkte Vergabe einer Berechtigung an einen Benutzer muss explizit genehmigt werden.

4.5.8 Standardprinzip

Das Standardprinzip ist eine wesentliche technisch-konzeptionelle Vereinfachung, da Ausnahmen Komplexität steigern und das Verständnis sowie die Wartung erschweren. Der Einhaltung von technischen Standards kommt aus technischen Gründen eine erhebliche Bedeutung zu; in einigen Systemen kann nur so ein effizientes Upgrade garantiert werden. Die Einhaltung von Standards ist jedoch auch funktional aus Compliance-Sicht wünschenswert. Aussagen über Sicherheit und Risiken jeder Lösung beziehen sich primär auf den Standard, insbesondere auf eine standardkonforme Nutzung des jeweiligen technischen Berechtigungskonzepts. Abweichungen von diesem Standard können entsprechend weitreichende Folgen für die Sicherheit des Berechtigungskonzepts an sich haben. Aus diesem Grund müssen Abweichungen vom Standard in der Berechtigungs- und Benutzerpflege detailliert dokumentiert werden.

4.5.9 Schriftformprinzip

Das betriebswirtschaftliche Berechtigungskonzept muss in einer schriftlichen, genehmigten Fassung vorliegen und der Art nach geeignet sein, einem sachkundigen Dritten in angemessener Zeit Auskunft über die betriebswirtschaftliche Nutzung der Berechtigungen, der Umsetzung der normativen Grundlagen und der technischen Realisierung zu geben.

4.5.10 Kontrollprinzip

Die Vergabe und das Vergabeverfahren von Berechtigungen stellen in jedem System einen neuralgischen Punkt dar. Entsprechend müssen Kontrollen unterschiedlicher Art sein und durch unterschiedliche Prüfer aufgesetzt werden.

Die Prüfung durch die Berechtigungsadministration selbst kann mithilfe folgender Fragen geschehen:

- Entspricht das jeweilige betriebswirtschaftliche Berechtigungskonzept den aktuellen technischen Standards im System?
- Entsprechen die Ausprägungen von Berechtigungen dem betriebswirtschaftlichen Berechtigungskonzept?
- Entsprechen die Zuordnungen zu Benutzern den Vorgaben des Konzepts?
- Entsprechen die Passwortregeln den Vorgaben des Konzepts?
- Gibt es inaktive Benutzer?
- Gibt es gesperrte Benutzer?
- Gibt es nicht bekannte Sperrungen aufgrund von Falschanmeldungen?

In Ergänzung zu diesen Kontrollen sollten Sie diskutieren, ob nach einem strikten Zufallsprinzip Anmeldungen von bekannt abwesenden Mitarbeitern ermittelt werden sollen. Dies ist die sicherste Methode, um Passwortmissbrauch zu entdecken. Ein derartiges Vorgehen könnte allerdings mit der Datenschutzsauslegung der Organisation in Konflikt stehen.

4.6 Fazit

Insbesondere mit Abschnitt 4.5, »Allgemeine Anforderungen an ein Berechtigungskonzept«, wollten wir Ihnen Prinzipen der Berechtigungsverwaltung für die Erstellung von betriebswirtschaftlichen Berechtigungskonzepten, aber auch für deren Beurteilung, an die Hand geben. Dabei ist von zentraler Bedeutung, dass sich diese aus Rechtsquellen und der Anwendung ableiten lassen.

Die in Abschnitt 4.5 dargestellten Prinzipien stellen in jedem uns bekannten Fall Anforderungen dar, deren Erfüllung ein Berechtigungskonzept regelkonform bleiben lässt.

Der Prozess, in dem ein Unternehmen Leistungen erbringt, beginnt und endet beim Kunden. Entsprechend folgen die Schritte im Prozess von der Beschaffung bis hin zum Verkauf aufeinander. Die Berechtigungen im Unternehmen müssen so gegliedert werden, dass sie den Funktionen in diesen Schritten entsprechen.

5 Berechtigungen in der Prozesssicht

In Kapitel 3, »Organisation und Berechtigungen«, haben wir gezeigt, dass eine Unterscheidung zwischen Aufbau- und Ablauforganisation sinnvoll ist und dass die Prozesssicht den Ablauf in Bezug auf die Linienorganisation verdeutlicht. Dort haben wir auch vorgeschlagen, Prozesse »vom Kunden zum Kunden« abzubilden. Entsprechend betrachten wir in den folgenden Darstellungen diesen Kernprozess. Dass wir dabei stark vereinfachen müssen, ergibt sich aus der Komplexität, die eine detaillierte Prozessabbildung nach sich zöge, und aus dem Grund, dass eine in die Tiefe gehende Darstellung den Applikationsspezialisten der unterschiedlichen Komponenten vorbehalten bleiben muss.

Zunächst werden wir in der Prozessübersicht den Kernprozess und die Unterstützungsprozesse einführen, um dann in Abschnitt 5.2, »Der Verkaufsprozess«, den Verkaufsprozess, in Abschnitt 5.3, »Der Beschaffungsprozess«, den Beschaffungsprozess und schließlich in Abschnitt 5.4, »Unterstützungsprozesse«, die Unterstützungsprozesse differenzierter darzustellen. In Abschnitt 5.5, »Maßgaben für die Funktionstrennung«, werden wir dann Maßgaben zur Funktionstrennung im Prozess darstellen.

5.1 Prozessübersicht

Unser vereinfachter Beispielprozess in Abbildung 5.1 stellt dar, dass ein Kunde eine Ware bestellt, die Ware geliefert wird und der Kunde die Rechnung bezahlt. Die Darstellung zeigt den Kernprozess, der sich aus den Prozessen Beschaffung, Fertigung und Vertrieb zusammensetzt. Diese Prozesse werden durch verschiedene Unterstützungsprozesse ermöglicht und koordiniert. Die wichtigsten sind die Buchhaltung, das Human Resource Management und das Controlling.

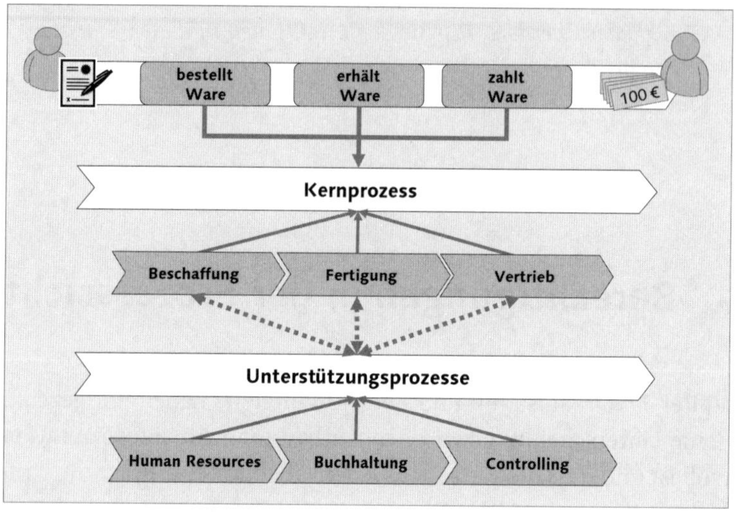

Abbildung 5.1 Prozessübersicht

In diesem Kapitel betrachten wir den Kernprozess Verkaufsprozess (*Order to Cash*, O2C) und den Beschaffungsprozess (*Purchase to Pay*, P2P), siehe Abbildung 5.2.

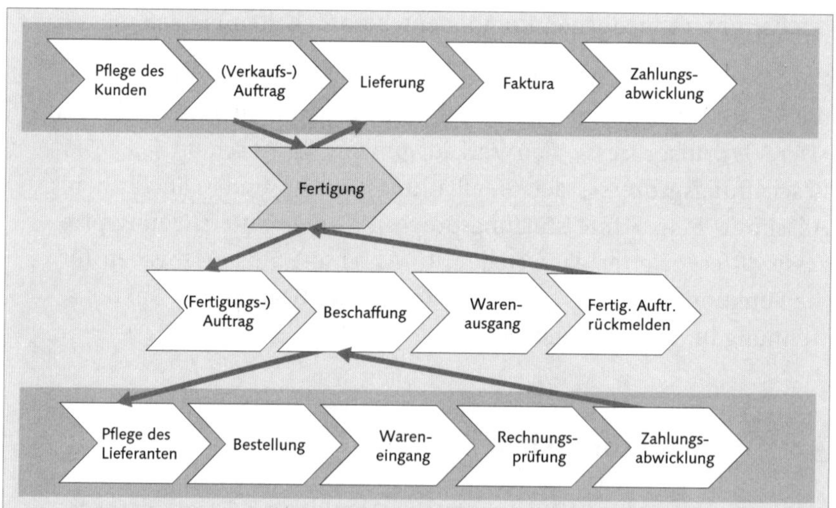

Abbildung 5.2 Darstellung des Kernprozesses

Im folgenden Abschnitt stellen wir zunächst den Verkaufsprozess dar.

5.2 Der Verkaufsprozess

Der *Verkaufsprozess* beginnt mit der Pflege des Kunden. In Bezug auf den Kunden wird ein Verkaufsauftrag angelegt. Nach Fertigstellung der bestellten Ware wird die Lieferung angelegt, die Faktura vorgenommen, und schließlich wird der Zahlungseingang verbucht.

Kundenpflege/ Debitorenpflege

In der Kundenpflege werden Daten zum Kunden (= Debitor) erfasst:

- Daten zur Person (juristische Person, natürliche Person)
- Daten zum Zahlungsverkehr
- Daten zur Steuer
- Kontodaten/Abstimmkonto/Kontensteuerungsdaten

Die Debitorenbuchhaltung ist eine Nebenbuchhaltung. Die Debitorenkonten werden auch als *Personenkonten* bezeichnet. Eine Buchung auf ein Debitorenkonto (Nebenbuch) wird sofort in das Hauptbuchkonto Forderungen fortgeschrieben.

Die Pflege des Kunden ist im ERP-System auch gleichzeitig die Pflege eines Debitors und – abhängig von der Nutzung des Geschäftspartnermanagements – auch die Pflege eines Geschäftspartners (siehe Abbildung 5.3).

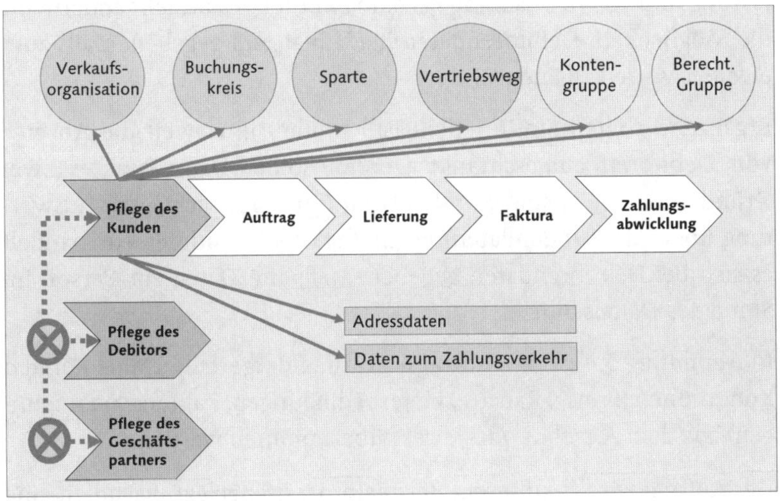

Abbildung 5.3 Verkaufsprozess: Kundenpflege

Die Debitorenpflege unterscheidet zwischen der logistischen Sicht, der buchhalterischen Sicht und der zentralen Sicht (Kombination beider Sichten in den Transaktionen der Debitorenpflege). Aus diesem Grund werden verschiedene Organisationsebenen verschiedener Komponenten berührt, wie die Verkaufsorganisation, der Buchungskreis, die Sparte oder der Vertriebsweg. Debitoren sind immer einer Kontengruppe zugeordnet und können ergänzend einer Berechtigungsgruppe (siehe Abschnitt 7.5, »Berechtigungsgruppen«) zugeordnet werden. Diese Merkmale (Organisationsebenen, Gruppierungen) sind die organisatorisch differenzierenden Merkmale, die im Berechtigungskonzept genutzt werden können.

Funktional können die verschiedenen Sichten in unterschiedlichen Transaktionen ausgesteuert werden. Zusätzlich kann ein Vier-Augen-Prinzip eingestellt werden, um bei sensiblen Änderungen eines Debitors die Freigabe der Änderung durch eine zweite Person zu erzwingen. Das Vier-Augen-Prinzip wirkt sich so aus, dass der Debitor für den Zahllauf gesperrt bleibt, bis die Änderung bestätigt wurde (siehe Kapitel 18, »Prozesse in ERP – spezifische Berechtigungen«).

Der Debitor ist in jedem Fall ein Datum, dessen Bearbeitung im Rahmen der Funktionstrennung betrachtet werden muss. Sofern kein Verfahren definiert ist, das sämtliche sensiblen Änderungen einer gesonderten Freigabe zuführt, oder sofern keine Freigabe über einen Workflow erfolgt, muss die Pflege des Debitors von der Auftragserfassung und von der Zahlung getrennt werden. Es besteht andernfalls die Möglichkeit, Debitorendaten inadäquat und gegebenenfalls zum eigenen Vorteil zu ändern.

Ergänzend sollten Sie in jedem Fall prüfen, inwieweit die Anzeige von Debitoren eingeschränkt werden sollte. Dafür gibt es zwei Gründe: Einerseits sind Kundendaten (und erst recht eine Auswertung über alle Kundendaten) geschäftskritisch, andererseits handelt es sich bei Debitorendaten gegebenenfalls um Daten zur Person im Sinne des Datenschutzes.

Auftragserfassung

In Abbildung 5.4 ist die Auftragserfassung dargestellt. Dabei können Konditionen (Preise, Rabatte, Lieferbedingungen, Zahlungsbedingungen) aus dem Angebot oder direkt übernommen werden.

Der Auftrag wird in unserem Beispielprozess angelegt, nachdem eine Bestellung eingegangen ist. Der Auftrag kann mehrere zu liefernde Positionen enthalten. Regelmäßig wird eine Auftragsposition einem Material entsprechen. Auf dem Material können weitere Attribute, wie z. B. Gewicht, Konditionsfindung, Verpackung etc., vorhanden sein.

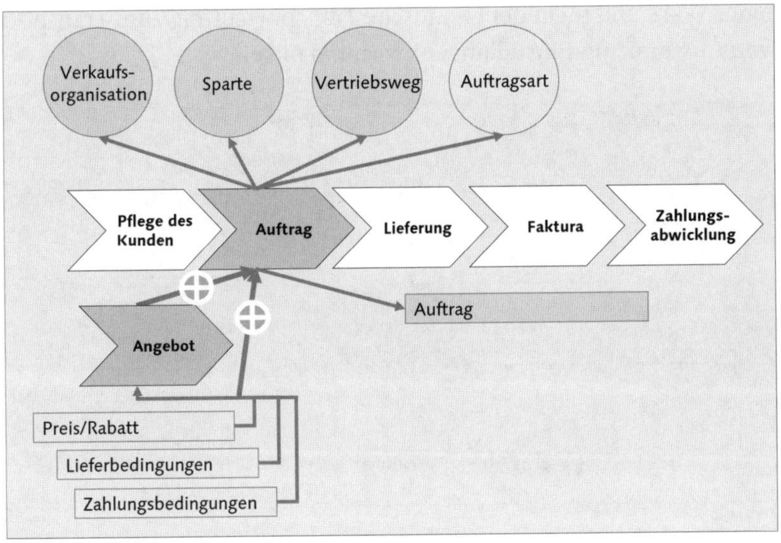

Abbildung 5.4 Verkaufsprozess: Auftragserfassung

Die Auftragserfassung kann auf der Grundlage eines Angebots erfolgen, sie kann aber auch freihändig erfolgen. In beiden Fällen können Preise, Rabatte und Zahlungsbedingungen automatisch und teilweise sogar verbindlich vorgeschlagen werden (d. h., eine Änderung ist nicht erlaubt). Der Auftrag wird in Bezug auf die Organisationsebenen Verkaufsorganisation, Sparte und Vertriebsweg angelegt und ist immer einer Verkaufsbelegart (keine Organisationsebene im Standard) zugeordnet.

Die Verkaufsbelegart steuert die Preis- und Konditionsfindung, das Kreditmanagement und weitere Merkmale des Auftrags. Es muss also zur konkreten Abschätzung etwaiger Risiken überprüft werden, welche Konditionen, Preisfindungen, Rabatte, Kredite und welche manuellen Eingriffe möglich sind. Je mehr Manipulationspotenzial besteht, desto gewissenhafter muss die Anlage eines Auftrags in Bezug auf eine Verkaufsbelegart auseinandergesteuert werden. Technisch sind Konditionen möglich, die zu einer Zahlung führen (Rabatt von mehr als 100 %). Die Berechtigungen für Kreditgrößenordnungen können über das Kreditmanagement ausgesteuert werden. In Abschnitt 18.6.2, »Verkaufsabwicklung«, gehen wir detaillierter auf die Verkaufsbelegart ein.

Lieferung

Die Lieferung ist in Abbildung 5.5 dargestellt, sie kann mit einem Transportauftrag (in diesem Fall also dem Auftrag zum Transport einer Ware und nicht der technische Transportauftrag zum Transport von Customizing-Einstellungen) verbunden sein.

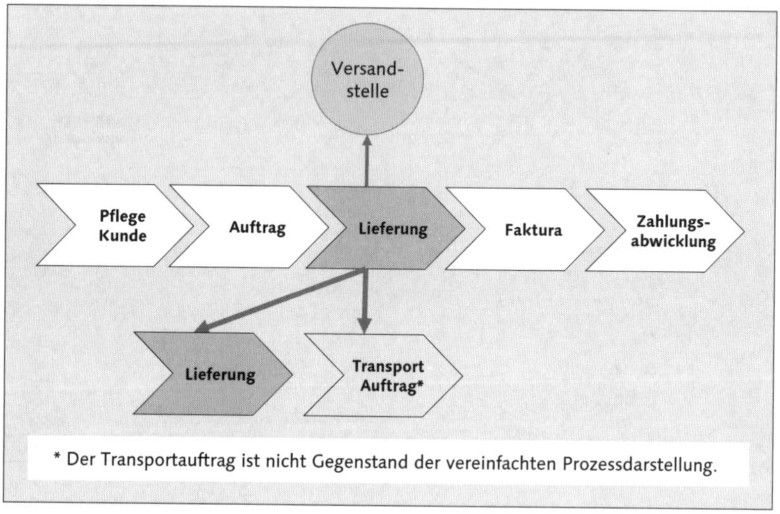

Abbildung 5.5 Verkaufsprozess: Lieferung

Wenn die in Bezug auf den Auftrag erstellte Ware fertig (oder teilweise fertig) ist, kann die Lieferung erfasst werden. In der Lieferung wird in Bezug auf eine Versandstelle erfasst, welche Waren wann und wohin ausgeliefert werden sollen. Abhängig von einer etwaigen Liefersperre (z. B.: Kreditlimit des Kunden überzogen) kann es sein, dass die Lieferung nicht wie gewünscht oder vereinbart erfolgen kann.

Beispiel

Bei einem Rohstoffhändler haben wir erlebt, dass das Übergehen einer Liefersperre zur Auslieferung einer ganzen Kohlefracht führte, die dann Bestandteil der Konkursmasse wurde. Die Lieferung bietet also auch einige Möglichkeiten zur Manipulation, gegebenenfalls auch durch die Änderung der Lieferadresse.

Faktura

Im Vertriebsprozess bezeichnet *Faktura* die Rechnung, die an den Kunden geht. Im Beispielprozess werden die Daten aus dem Auftrag/der Lieferung ermittelt. Der Fakturabeleg wird angelegt in Bezug auf die Organisationsebenen Sparte, Verkaufsorganisation, Vertriebsweg (siehe Abbildung 5.6). In der Fakturierung wird, diese abschließend, ein Rechnungswesenbeleg erzeugt. Manipulationen sind u. a. in Bezug auf das Preisdatum möglich, darüber wird die Preisfindung ermöglicht.

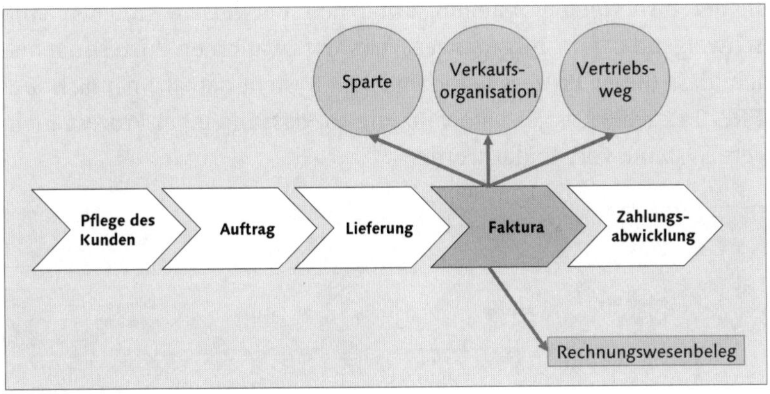

Abbildung 5.6 Verkaufsprozess: Faktura

In der Faktura ist, abhängig von den Einstellungen, eine Manipulation der Konditionen ebenfalls möglich, d. h., es könnte ein Rabatt in einer nicht gewollten Höhe eingeräumt werden.

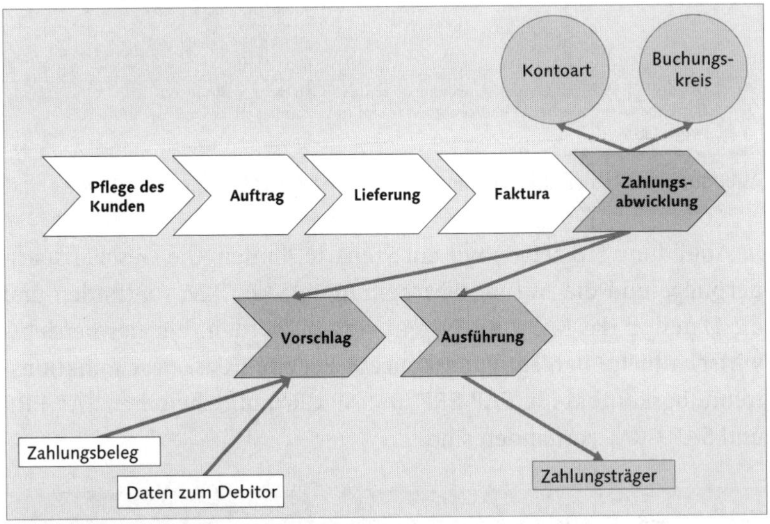

Abbildung 5.7 Verkaufsprozess: Zahlungsabwicklung

Zahlungsabwicklung

Am Ende des Prozesses kann der Zahlungseingang entweder manuell oder über das Zahlprogramm/den Zahllauf verbucht werden. Für den Zahllauf (siehe Abbildung 5.7) stehen umfangreiche Differenzierungsmöglichkeiten zur Verfügung, die in Abschnitt 18.2.4, »Zahllauf«, behandelt werden. Der Zahllauf wird in Bezug auf die Organisationsebenen Kontoart und Buchungskreis durchgeführt.

SAP ERP und SAP CRM

In der bisherigen Darstellung (und den Verweisen) sind wir stillschweigend davon ausgegangen, dass wir zwar einen Prozess darstellen, dass dieser Prozess jedoch nur ein System betrifft, nämlich SAP ERP. Tatsächlich ist es jedoch häufig so, dass in einem Prozess mehrere Systeme verwendet werden.

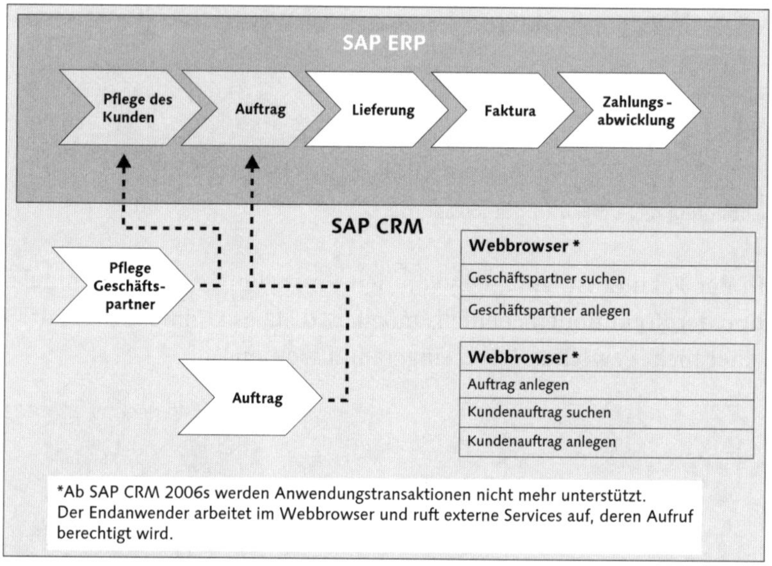

Abbildung 5.8 Integrationssicht im Vertriebsprozess; SAP ERP und SAP CRM

In Abbildung 5.8 zeigen wir ein Szenario, in dem die Geschäftspartnerpflege und die Auftragsbearbeitung in SAP CRM stattfinden und die Daten in das SAP ERP-System verteilt werden. Für das betriebswirtschaftliche Berechtigungskonzept bedeutet das, dass Funktionstrennungskonflikte in SAP ERP, in SAP CRM und zwischen SAP ERP und SAP CRM vorhanden sind.

Intrasystemkonflikt – Intersystemkonflikt

Ein Funktionstrennungskonflikt in einem System kann z. B. zwischen Debitorenpflege und Auftragsbearbeitung bestehen (Intrasystemkonflikt). Wenn diese beiden Funktionen in zwei unterschiedlichen Systemen ausgeführt werden, dann ist es ein Funktionstrennungskonflikt zwischen zwei Funktionen in zwei Systemen (Intersystemkonflikt).

Im nächsten Abschnitt stellen wir den Beschaffungsprozess dar, den ein Prozess im Kernprozess des Verkaufs darstellt.

5.3 Der Beschaffungsprozess

Für die Bestellung wird ein Lieferant benötigt. Die Bestellung spezifiziert Waren, Mengen und Preise, die durch den ausgewählten Lieferanten zu einem definierten Lieferzeitpunkt an einen definierten Ort geliefert werden sollen. Im Wareneingang werden Bestellung und tatsächliche Lieferung abgeglichen.

In der Rechnungsprüfung erfolgen die Prüfung der sachlichen und rechnerischen Richtigkeit und die finale Buchung für das Rechnungswesen. Im Rechnungswesen wird im Zahllauf die tatsächliche Zahlung ausgelöst.

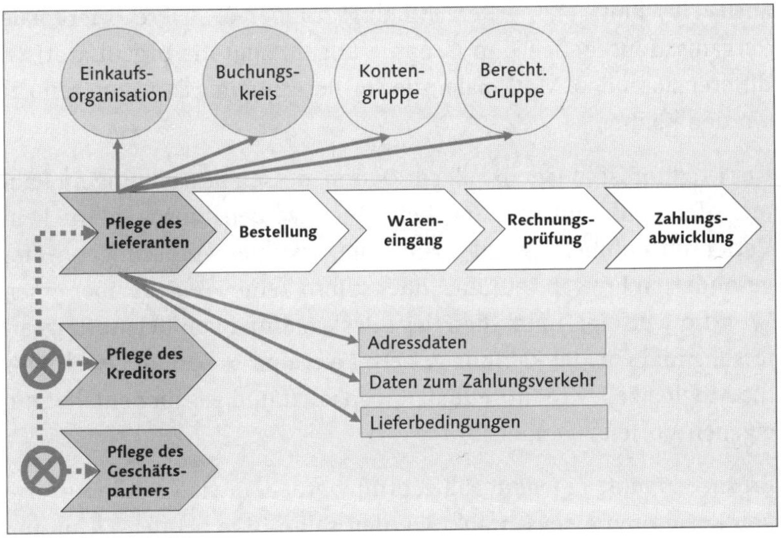

Abbildung 5.9 Beschaffungsprozess: Pflege des Lieferanten

Lieferantenpflege

In der Lieferantenpflege werden Daten zum Lieferanten (= Kreditor) erfasst, dies ist in Abbildung 5.9 dargestellt:

- Daten zur Person (juristische Person, natürliche Person)
- Daten zum Zahlungsverkehr
- Daten zur Steuer
- Kontodaten/Abstimmkonto/Kontensteuerungsdaten

Die Kreditorenbuchhaltung ist eine Nebenbuchhaltung. Die Kreditorenkonten werden auch als *Personenkonten* bezeichnet. Eine Buchung auf ein Kreditorenkonto (Nebenbuch) wird sofort in das Hauptbuchkonto Verbindlichkeiten fortgeschrieben.

Die Pflege von Kreditorenkonten kann im Customizing einem Vier-Augen-Prinzip unterworfen werden. Die Eingabemöglichkeiten in der logistischen, buchhalterischen und zentralen Sicht können im Customizing unterschiedlich ausgesteuert werden. Dies ist in Abschnitt 18.2.2, »Stammdaten«, detailliert beschrieben.

In Abbildung 5.9 sehen Sie, dass Lieferanten in Bezug auf die Organisationsebenen Einkaufsorganisation und Buchungskreis angelegt werden. Sie werden einer Kontengruppe zugeordnet und können über eine Berechtigungsgruppe weiter unterschieden werden (siehe auch Abschnitt 7.5, »Berechtigungsgruppen«). Diese Merkmale (Organisationsebenen und Gruppierungen) sind die organisatorisch differenzierenden Merkmale, die im Berechtigungskonzept genutzt werden können.

Der Kreditor ist in jedem Fall ein Datum, dessen Bearbeitung im Rahmen der Funktionstrennung betrachtet werden muss. Sofern kein Verfahren definiert ist, das sämtliche sensiblen Änderungen einer gesonderten Freigabe zuführt, oder sofern keine Freigabe über einen Workflow erfolgt, muss die Pflege des Kreditors von der Auftragserfassung und von der Zahlung getrennt werden. Es besteht andernfalls die Möglichkeit, Kreditorendaten inadäquat und gegebenenfalls zum eigenen Vorteil zu ändern.

Ergänzend muss in jedem Fall geprüft werden, inwieweit die Anzeige von Kreditoren eingeschränkt werden sollte. Wie bei den Debitoren müssen auch hier zwei Gründe angeführt werden, einerseits sind Lieferantendaten (und erst recht eine Auswertung über alle Lieferantendaten) geschäftskritisch, andererseits handelt es sich bei Kreditorendaten gegebenenfalls um Daten zur Person im Sinne des Datenschutzes.

Bestellung

Durch eine Bestellung wird eine rechtliche Verpflichtung einem Dritten gegenüber eingegangen. Eine Bestellung enthält Angaben zu:

- Waren oder Dienstleistungen
- Mengen
- Preisen
- Zahlungs- und Lieferbedingungen
- Lieferanten

Der Bestellung kann eine Bestellanforderung (BANF) vorgelagert sein. Sowohl die Bestellanforderung als auch die Bestellung kann aus vorgelagerten Komponenten (z. B. Produktion, Instandhaltung) generiert werden. Die Bestellung wird über eine Belegart gesteuert. Für Bestellungen können Freigabeverfahren und Prüfverfahren im Customizing eingestellt werden (siehe Abschnitt 18.5.2, »Beschaffungsabwicklung«).

Freigabeverfahren in der Beschaffungsabwicklung

Die Analyse, welche Freigabeschritte im Beschaffungsprozess greifen (es sind auch Freigaben auf der BANF und der Anfrage möglich), ist abhängig von den Einstellungen auf der Belegart und von zentraler Bedeutung für die Funktionstrennung im Einkaufsprozess. BANF, Anfrage und Bestellung können über Freigaben in sechs getrennte Funktionen gegliedert werden.

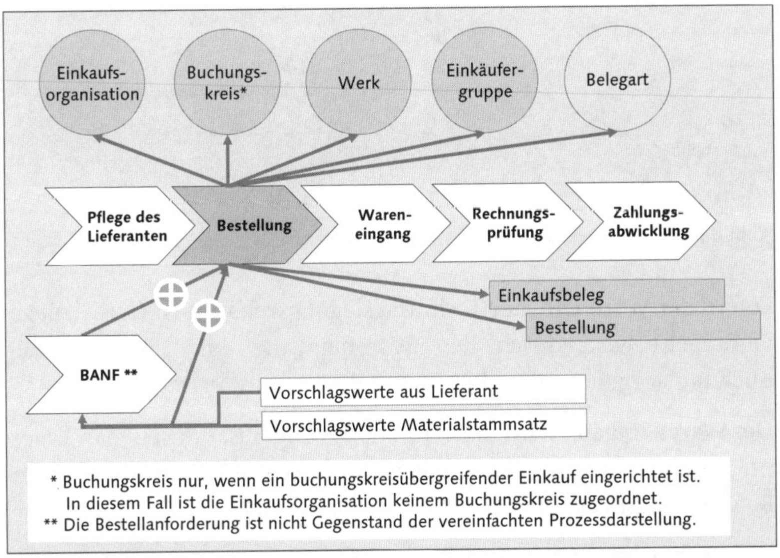

Abbildung 5.10 Beschaffungsprozess: Bestellung

Die Bestellung (siehe Abbildung 5.10) wird in Bezug auf die Organisationsebenen Einkaufsorganisation, Einkäufergruppe, Werk und gegebenenfalls Buchungskreis angelegt. Der Buchungskreis wird regelmäßig dabei nicht zur Berechtigungsprüfung herangezogen. Jede Bestellung (und jede BANF) ist einer Belegart zugeordnet (zur Belegart siehe Abschnitt 18.5.2, »Beschaffungsabwicklung«).

In der Bestellung werden die Belegnummer, die Zahlungsbedingungen, das Bestelldatum, der Lieferant und weitere Angaben im Belegkopf erfasst. Die Belegpositionsdaten umfassen u. a. Materialnummer, Kurztext, Bestellmenge, Lieferdatum und Preis.

Wareneingang Die Wareneingangsbuchung (siehe Abbildung 5.11) dient der Überprüfung, ob die Waren entsprechend der Bestellung geliefert worden sind. Sie sollte auf der Grundlage der Bestellung durchgeführt werden. Dies bereitet die Prüfung der sachlichen Richtigkeit der späteren Rechnungsprüfung vor.

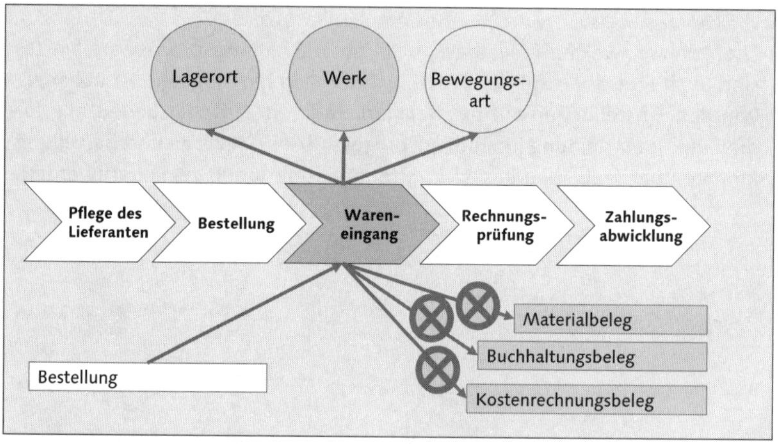

Abbildung 5.11 Beschaffungsprozess: Wareneingang

Sofern der Wareneingang rechnungslegungsrelevant ist (z. B. Anlagevermögen) wird durch den Wareneingang eine entsprechende Buchung vorgenommen. Ein Materialbeleg wird erzeugt.

Der Wareneingang wird in Bezug auf die Organisationsebenen Lagerort und Werk erfasst. Zusätzlich wird jeder Wareneingang einer Bewegungsart zugeordnet.

Rechnungsprüfung Die Rechnungsprüfung (siehe Abbildung 5.12) umfasst die Prüfung der rechnerischen und sachlichen Richtigkeit und sollte in Bezug auf die Bestellung und den Materialbeleg erfolgen.

Die Rechnungsprüfung wird abgeschlossen mit der Buchung und der finalen Übergabe der Daten an das Rechnungswesen, wo die eigentliche Zahlung erfolgt.

Der in der Rechnungsprüfung erzeugte Buchhaltungsbeleg ist einem Buchungskreis, einer Kontoart (Debitoren, Kreditoren, Sachkonten, Anlagen) und gegebenenfalls einem Geschäftsbereich zugeordnet. Für die logistische Seite der Rechnungsprüfung ist das Werk maßgeblich.

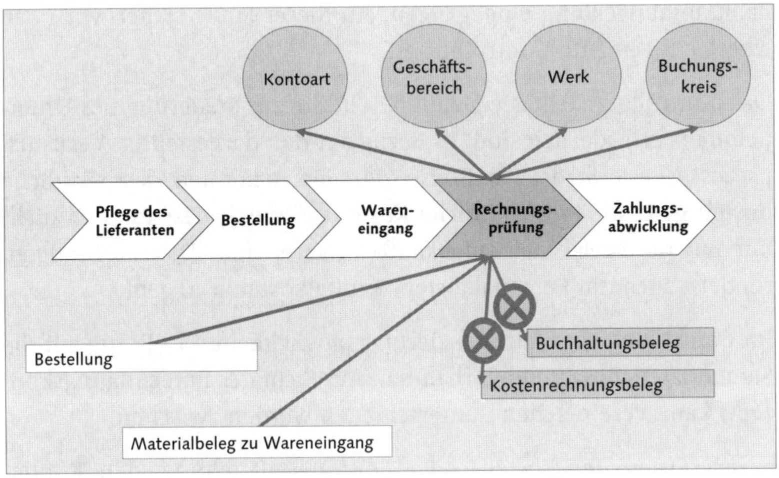

Abbildung 5.12 Beschaffungsprozess: Rechnungsprüfung

Ob die Rechnungsprüfung eine Aufgabe der Logistik oder der Buchhaltung ist, wird von jeder Organisation anders beantwortet. Aus Sicht des betriebswirtschaftlichen Berechtigungskonzepts ist von zentraler Bedeutung, dass die Rechnungsprüfung Gegenstand der Funktionstrennung im Beschaffungsprozess ist.

Der Beschaffungsprozess endet mit der Zahlungsabwicklung, die wir bereits in Abschnitt 5.2, »Der Verkaufsprozess«, erläutert haben. Der signifikante Unterschied zwischen der dort angeführten Verbuchung von Zahlungseingängen ist, dass es sich hier um einen Zahlungsausgang handelt und prozessual sichergestellt werden muss, dass die möglichen Skonti realisiert werden.

Den Beschaffungsprozess haben wir als Teil des Kernprozesses Verkauf dargestellt, beide benötigen Leistungen aus Unterstützungsprozessen, auf die wir im Folgenden eingehen werden.

5.4 Unterstützungsprozesse

In Abbildung 5.1 haben wir dargestellt, dass die Kernprozesse Unterstützungsprozesse benötigen. Zu den Unterstützungsprozessen zählen die Buchhaltung, das Controlling und der Bereich Human Resources. In den Abschnitten zu den Kernprozessen sind wir auf die Buchhaltung schon im Rahmen der Geschäftspartnerpflege und der

Zahlungsabwicklung eingegangen. An dieser Stelle stellen wir noch Überlegungen zum Controlling an.

Das Controlling stellt die Daten bereit, die zur Steuerung des Unternehmens erforderlich sind. In Bezug auf den dargestellten Verkaufsprozess ist es erforderlich, Preise so bilden zu können, dass sämtliche Kosten gedeckt sind. Sämtliche Kosten bedeutet, dass es eben nicht nur um die Preise der eingekauften Waren und Dienstleistungen, sondern auch um Personalkosten, Kapitalkosten u. a. geht.

Im Controlling sind Differenzierungsmöglichkeiten in Bezug auf die Stammdaten umfassend vorhanden. Aus Sicht des Berechtigungskonzepts kann vereinfachend unterschieden werden zwischen:

- den Orten der Kosten- oder Leistungsentstehung, den Kontierungsobjekten, der Ursache der Kostenentstehung primärer oder sekundärer Buchungen, basierend auf z. B. Leistungsarten, statistischen Kennzahlen oder Schlüsseln
- der sachlichen Bezugsgröße (Kostenart/Konto)

In Abbildung 5.13 stellen wir einen stark vereinfachten Zusammenhang dar, der im Wesentlichen der Erfassung von Kosten und Leistungen dient. Um überhaupt Kosten darstellen zu können, wird ein Kontierungsobjekt benötigt, auf dem die Kosten erfasst werden können. In unserem Beispiel ist das eine Kostenstelle. Auf der Kostenstelle können die Kosten aus der Finanzbuchhaltung (Primärkosten = Sachkonto) und die Sekundärkosten erfasst werden. Sekundärkosten entstehen z. B. durch Umlagen von Kosten anderer Kostenstellen. IT-Kosten werden häufig immer noch im Umlageverfahren verrechnet. Auf der Kostenstelle werden also die Kosten gesammelt. Die Kostenstelle gibt aber auch Leistungen ab, indem z. B. die zur Kostenstelle gehörenden Mitarbeiter an der Produktion der vom Kunden bestellten Waren arbeiten. Um dies darzustellen, können die erbrachten Leistungen der Mitarbeiter auf den Kundenauftrag verrechnet werden. Das ist u. a. über eine Leistungsart im Rahmen der direkten Leistungsverrechnung möglich.

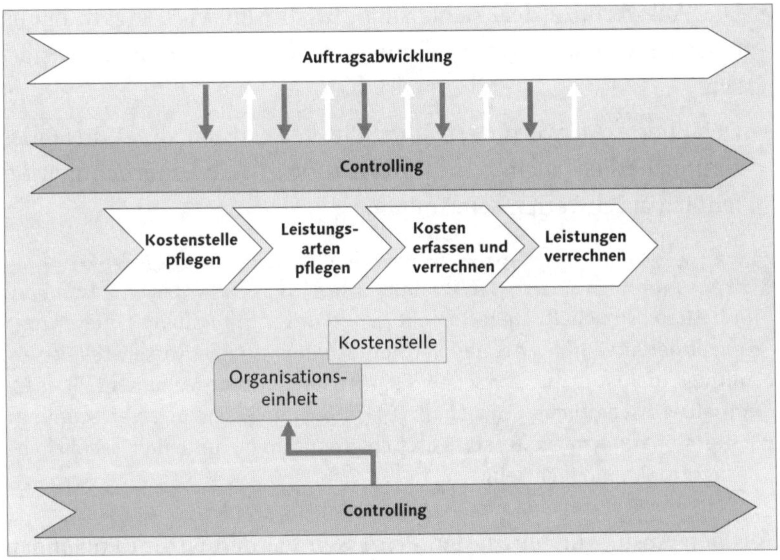

Abbildung 5.13 Unterstützungsprozesse: Controlling

Aus Sicht des betriebswirtschaftlichen Berechtigungskonzepts sind Berechtigungen im Controlling aus unterschiedlichen Perspektiven wichtig. Einerseits müssen die im Controlling ermittelten Kosten und Leistungen korrekt sein, damit überhaupt ein angemessener Preis gebildet werden kann. Anderseits sind die Daten des Controllings sogar im Rahmen der Wirtschaftsprüfung relevant, wenn das Controlling Anlagen zur Bilanz anfertigt. Schließlich sind die Daten, die auf Kontierungsobjekten erfasst werden, häufig sensible Daten, wie z. B.:

- Daten über die erbrachten Leistungen eines Mitarbeiters
- Daten über Zahlungen, die ein Mitarbeiter erhielt (regelmäßig nicht das Gehalt, aber z. B. Reisekosten)
- Daten über die Kostenstrukturen, Ist-Kosten und Plankosten

Diese Daten sind, je nach funktionaler und organisatorischer Berechtigung, sehr umfassend und detailliert.

Einige Beispiele für sensible Daten sind:

- Die einfache Auswertung der Kostenstellenhierarchie kann unter Umständen bereits Informationen über die innere Organisation wiedergeben, die sensibel sind. So sind z. B. Sondereinheiten bei Polizei und Militär Bereiche, deren Aufbauorganisation sensibel sein könnte.

- Die Auswertung der Plankosten für die Entwicklungsabteilung eines forschenden Unternehmens dürfte nicht minder sensibel sein.
- Detaillierte Auswertungen über die Reisekosten des Vorstandes sind sicherlich auch keine Informationen, die unternehmensöffentlich auszuwerten sein sollten.

Konkrete Anforderung in CO

Im betriebswirtschaftlichen Berechtigungskonzept muss eine Differenzierung basierend auf der Art des Kontierungsobjekts (z. B. Kostenstelle oder Auftrag), dem organisatorischen Zugriff (Kostenstelle A, B und F), der betriebswirtschaftlichen Ursache (z. B. Umbuchung, Leistungsverrechnung in Kombination mit z. B. statistischen Kennzahlen) und den sachlichen Bezugsgrößen möglich sein.

Aus den Ausführungen zu den Prozessen werden wir im Folgenden einige Maßgaben für die Funktionstrennung entwickeln.

5.5 Maßgaben für die Funktionstrennung

Funktionstrennung ist ein Prinzip, um Fehler oder kriminelle Manipulationen im Prozess möglichst auszuschließen, sodass der Organisation kein Schaden entsteht. In dem von uns dargestellten Beschaffungsprozess können ohne jede Schwierigkeit zwölf unterschiedliche Funktionen definiert werden, wie dies aus Abbildung 5.14 hervorgeht. Generell sollen Kontrollen – und Funktionstrennung ist eine Kontrolle – sinnvoll – das heißt auch maßvoll – sein.

In Bezug auf unseren Prozess muss sichergestellt werden, dass:

- keine Rechtsverbindlichkeit einem Dritten gegenüber eingegangen wird, ohne dass diese Rechtsverbindlichkeit zuvor durch eine zweite Person geprüft wurde. Eine Rechtsverbindlichkeit wird erst durch die Bestellung erzeugt.
- vor einer Zahlung die sachliche und rechnerische Richtigkeit, unter anderem die Richtigkeit des Zahlungsempfängers und seiner zahlungsrelevanten Daten, festgestellt wird.

Damit wollen wir nicht behaupten, dass im gesamten Prozess nur zwei Funktionstrennungen erforderlich sind. Bevor die Funktionstrennung definiert wird, sollten zunächst einmal die Möglichkeiten, die das Customizing bietet, ausgeschöpft werden. Unsere Erfahrung bei vielen unserer Kunden ist, dass hier noch deutliche Optimierungspotenziale liegen.

Optimiert werden kann u. a. durch die Nutzung:

- des Vier-Augen-Prinzips in der Debitoren- und Kreditorenpflege
- einer konsistenten Strategie im Bestellprozess, der die BANF, die Bestellung und einschlägige Freigabeverfahren nutzt

Erst wenn die Optimierungspotenziale genutzt wurden, kann sinnvoll über Funktionstrennung nachgedacht werden. Es gilt das Prinzip, dass Funktionen dann sinnvoll getrennt sind, wenn eine tatsächliche gegenseitige Kontrolle mengenmäßig und fachlich möglich ist. Das bedeutet auch, dass die Mitarbeiter entsprechend qualifiziert sein müssen und die Manipulationspotenziale kennen.

In Abbildung 5.14 werden mögliche Funktionstrennungen (❶–⓬) definiert, die in den Bereich der präventiven Kontrolle durch Konfiguration fallen. Ergänzend sind die möglichen Freigabeverfahren durch das Piktogramm »Stift auf Dokument« gekennzeichnet.

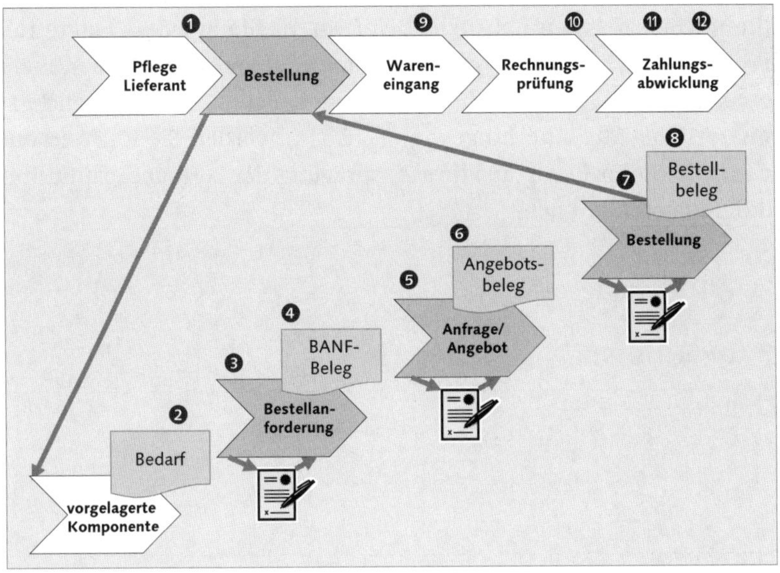

Abbildung 5.14 Funktionstrennung im Beschaffungsprozess

Unter diesen Maßgaben haben Mengen eine erhebliche Bedeutung. Eine Funktionstrennung, die erst im Zahllauf beginnt, ist in einer Organisation, die SAP-Systeme im Einsatz hat, definitiv nicht mehr sinnvoll. Niemand kann die Mengen an Belegen, die in einem Zahllauf enthalten sind, noch sinnvoll auf ihre Richtigkeit überprüfen.

Empfehlung zur Funktionstrennung

Mithin ergibt sich die Empfehlung, Funktionen so zu trennen, dass eine Kontrolle möglich ist, und vor der Funktionstrennung die Konfiguration so zu nutzen, dass möglichst wenig Funktionstrennungsbedarf besteht.

5.6 Fazit

Die Darstellung des Kernprozesses Verkauf, des darin enthaltenen Prozesses Beschaffung und einiger Unterstützungsprozesse soll Ihnen helfen:

- Berechtigungen in Bezug auf den Prozess zu gestalten
- diese Berechtigungen in Bezug auf aufbauorganisatorische Attribute (z. B. Werk, Kostenstelle) zu differenzieren
- im Prozess mögliche Funktionstrennungskonflikte zu erkennen

Es ist unerheblich, ob die von uns gewählte Prozessdarstellung der in Ihrem Unternehmen üblichen entspricht, da Sie in jedem Fall durch Prozessanalyse notwendige funktionale Differenzierungsmerkmale erkennen können. Dadurch, dass wir immer wieder auf aufbauorganisatorische Attribute hingewiesen haben, werden Sie auch erkennen, wie Sie in Bezug auf Ihre Ausprägung der Aufbauorganisation differenzieren können.

TEIL II
Werkzeuge und Berechtigungspflege im SAP-System

In diesem Kapitel erfahren Sie, wie Sie Benutzer und Rollen anlegen können. Darüber hinaus soll ein grundlegendes Verständnis der Wirkung von Berechtigungen geschaffen werden.

6 Technische Grundlagen der Berechtigungspflege

Das technische Berechtigungskonzept von SAP ERP ist ein positives Berechtigungskonzept: Das heißt, Sie müssen ausdrücklich festlegen, was ein Benutzer darf. Eine Ausnahme von diesem Prinzip gibt es in SAP ERP HCM, dort gibt es den Ausschluss der eigenen Personalnummer (siehe Kapitel 14, »Berechtigungen in SAP ERP HCM«).

Die Berechtigungen in SAP ERP werden überwiegend über Rollen verwaltet (SAP ERP HCM bietet noch weitere Möglichkeiten, siehe ebenfalls Kapitel 14), die einem Benutzer zugewiesen werden. Eine Rolle besteht aus Transaktionen und Berechtigungsobjekten. Die Berechtigungsobjekte sind im Berechtigungsprofil zusammengefasst und enthalten Berechtigungsfelder, in denen Aktivitäten und weitere Werte, wie z. B. Organisationsebenen, ausgeprägt werden.

In diesem Kapitel werden die zentralen Begriffe und Konzepte der Berechtigungspflege nacheinander vorgestellt. Zunächst beschreiben wir in Abschnitt 6.1, »Benutzer/Berechtigung«, wie ein Benutzer erstellt wird. In Abschnitt 6.2, »Transaktion – Programm – Berechtigungsobjekt«, werden Transaktionen, Programme und Berechtigungsobjekte vorgestellt. Im Anschluss daran lernen Sie Rollen und Rollenprofile in Abschnitt 6.3, »Rollen und Rollenprofile«, kennen. In den beiden letzten Abschnitten dieses Kapitels behandeln wir die Analyse von Berechtigungsprüfungen (Abschnitt 6.4, »Analyse von Berechtigungsprüfungen«) sowie weitere Rollentypen in SAP ERP (Abschnitt 6.5, »Weitere Rollentypen in SAP ERP«).

6.1 Benutzer/Berechtigung

Benutzerpuffer

Damit eine Person im SAP-System eine Aktion ausführen kann, benötigt sie zunächst einen Benutzer(-stammsatz), dem die notwendigen Berechtigungen zugeordnet sind. Zu diesem Zweck werden dem Benutzer Rollen zugeordnet, zu denen jeweils Berechtigungsprofile gehören, die die tatsächlichen Berechtigungen enthalten. Bei der Anmeldung eines Benutzers am System werden alle Berechtigungen, die ihm zugeordnet sind, in den *Benutzerpuffer* geladen. Sämtliche Berechtigungsverprobungen finden gegen den Benutzerpuffer statt.

Abbildung 6.1 zeigt einen Benutzer, dem eine Rolle zugeordnet ist, die Rolle enthält Transaktionen, ein Menü und ein Profil, das aus Berechtigungsobjekten besteht.

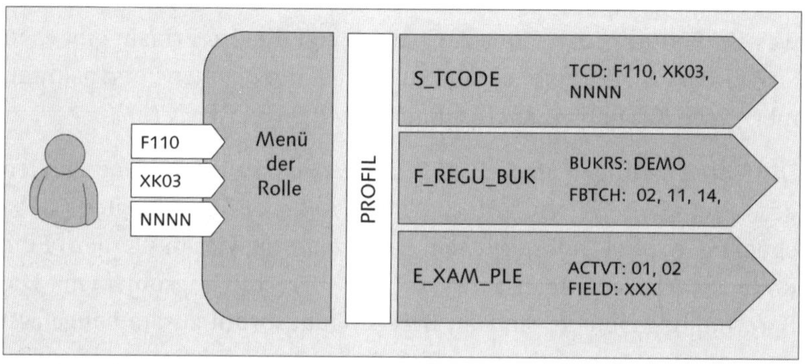

Abbildung 6.1 Benutzer und Berechtigungen

Die verschiedenen Benutzertypen sowie die Benutzerpflege werden im Folgenden genauer beschrieben.

6.1.1 Benutzer

Unterschiedliche Benutzertypen

Alle Aktionen im SAP-System werden durch Benutzer ausgeführt. Dabei gibt es unterschiedliche Benutzertypen für unterschiedliche Arten von Aktionen.

- Dialogbenutzer
- Servicebenutzer
- Kommunikationsbenutzer
- Systembenutzer
- Referenzbenutzer

Dialogbenutzer sind für natürliche Personen personalisierte Benutzer, die sich über das SAP GUI am System anmelden. Der Dialogbenutzer ist der zentrale Benutzertyp, er steht deshalb in diesem Buch im Vordergrund.

Dialogbenutzer

Servicebenutzer dienen z. B. in Webservices dem anonymen Zugriff mehrerer Benutzer. Aus diesem Grund sollten die Berechtigungen für diesen Benutzertyp stark eingeschränkt werden. Das bedeutet auch, dass nur ein Benutzeradministrator das Kennwort ändern kann. Die Anwender melden sich über das SAP GUI an, dabei ist es möglich, dass sie sich mehrfach anmelden. Es wird nicht vom System überprüft, ob das Kennwort abgelaufen oder initial ist.

Servicebenutzer

Kommunikationsbenutzer sind systematisch personenbezogene Benutzer, die sich allerdings nicht über das SAP GUI, sondern über RFC-Aufruf (*Remote Function Call*) anmelden. In diesem Fall ist es dem Benutzer möglich, das Kennwort zu ändern. Es erfolgt eine Prüfung, ob das Kennwort abgelaufen oder initial ist. Je nachdem, ob sich der Nutzer interaktiv angemeldet hat oder nicht, muss das Kennwort geändert werden.

Kommunikationsbenutzer

Systembenutzer sind Benutzer, die in technischen Abläufen, wie z. B. Batchläufen, Verwendung finden. Der Benutzer meldet sich hier nicht über das SAP GUI an. Beim Einsatz von Systembenutzern sind Mehrfachanmeldungen möglich. Für Kennwörter gibt es keine Änderungspflicht.

Systembenutzer

Der *Referenzbenutzer* ist ein Mittel, um die Berechtigungsadministration zu vereinfachen. Es ist nicht möglich, sich über einen solchen Benutzer am SAP-System anzumelden, sondern er dient lediglich dazu, Berechtigungen zu kopieren oder zu vererben.

Referenzbenutzer

Das betriebswirtschaftliche Berechtigungskonzept muss auch Aussagen zu den dargestellten Benutzern enthalten. Regelmäßig dürfen auch für technische Benutzer nur die Berechtigungen vergeben werden, die erforderlich sind. Umso mehr gilt dieses Prinzip für alle Benutzer, die Personen Zugriffe auf das System ermöglichen.

6.1.2 Benutzerpflege (ABAP)

Benutzerstammsatz

In der Benutzerpflege wird für jeden Benutzer in jedem Mandanten ein Benutzerstammsatz angelegt. Er besteht aus dem Benutzernamen, Daten zur Person, Einstellungen für den Benutzer, benutzerspezifischen Parametern, den Berechtigungen aus Rollen und/oder Profilen und einigen weiteren Einstellungen. Der Benutzerstammsatz hat eine erhebliche Bedeutung für die Sicherheit und Ordnungsmäßigkeit des Systems. Sämtliche Protokollierungen von Systemzugriffen und in den Belegen beziehen sich auf den Benutzernamen. Diese Protokolle müssen je nach definierter Aufbewahrungsfrist langfristig aufbewahrt werden. Sie müssen darüber hinaus lesbar bleiben, und das bedeutet in diesem Kontext, dass der Benutzer gegebenenfalls auch nach zehn Jahren nachvollziehbar sein muss, der eine bestimmte Charge freigab oder einen Beleg buchte. Daraus ergibt sich zwingend und ausnahmslos, dass ein Benutzer nur einmalig einer Person zugeordnet werden darf. Benutzer zu »vererben«, also sie im Laufe der Zeit unterschiedlichen Mitarbeitern zur Verfügung zu stellen, ist in jedem Fall eine substanzielle Gefährdung der Sicherheit und Ordnungsmäßigkeit.

Eine Person – ein Benutzer

Auch die Praxis, eine Person im System mit mehreren Benutzern auszustatten, ist eine ähnlich erhebliche Gefährdung. Allerdings kann hier eine logische Ausnahme geltend gemacht werden, wie sie z. B. im Superuser Privilege Management (SPM) von SAP BusinessObjects Access Control möglich ist. Dort wird in einem definierten und protokollierten Verfahren aus dem »normalen« Benutzer heraus ein Superuser gestartet, der entsprechend weitreichende Berechtigungen hat. Generell gilt, wenn eine Person in einem System mehrere Benutzer hat, ist ein Nachweis etwaiger Funktionstrennungskonflikte und ebenso von Vorgängen unter Umgehung der Funktionstrennung konzeptionell nur mit erheblichem Aufwand, praktisch hingegen nicht mehr darstellbar. Auch in Bezug auf diese Praxis ist zumindest der Verdacht naheliegend, dass es sich um eine substanzielle Gefährdung der Sicherheit und Ordnungsmäßigkeit handelt. Die Eindeutigkeit der Zuordnung des Benutzers zur Person bezeichnen wir als *Identitätsprinzip*.

Kennwortregeln

In den meisten Organisationen werden nach wie vor fast täglich Benutzer und Kennwörter weitergegeben. Der einzig regelkonforme Umgang mit diesem Missbrauch ist, diesen dauerhaft zu unterbinden. Den Missbrauch können Sie einfach auswerten: Benutzer und Rechner können ohne Schwierigkeit ermittelt werden, ebenso kann ohne Schwierigkeiten festgestellt werden, welche Personen an einem bestimmten Tag nicht arbeiten, bringt man diese Informationen zusammen, gelingt der konkrete Nachweis über missbräuchliche Nutzung von Benutzern. Datenschutzrechtliche Bedenken gegen dieses Verfahren können nicht geltend gemacht werden, da eine missbräuchliche Nutzung von Benutzern gegebenenfalls den Zugriff auf sensible Daten (und damit einen Verstoß gegen den Datenschutz) ebenso ermöglicht wie deutliche Gefährdungen des Belegprinzips. Neben einer einschlägigen Auswertung sollten immer auch arbeitsrechtliche Schritte erwogen werden. Die Kennwortregeln werden in Abschnitt 7.3, »Parameter für Kennwortregeln«, dargestellt.

Benutzerpflege vereinheitlichen

Das Verfahren der Benutzeranlage kann über SAP BusinessObjects Access Control, SAP NetWeaver Identity Management, die Zentrale Benutzerverwaltung (siehe für alle drei Lösungen Kapitel 10, »Zentrales Management von Benutzern und Berechtigungen«), vereinheitlicht und signifikant vereinfacht werden.

Vorgehen in der Benutzerpflege

Zum Anlegen oder Ändern eines Benutzers verwenden Sie die Transaktion SU01 (Benutzerpflege).

Beim Anlegen tragen Sie den gewünschten Benutzernamen im Feld BENUTZER ein und klicken auf den Button ANLEGEN (siehe Abbildung 6.2). In den folgenden Bildschirmen werden die Angaben und Attribute des Benutzers gepflegt.

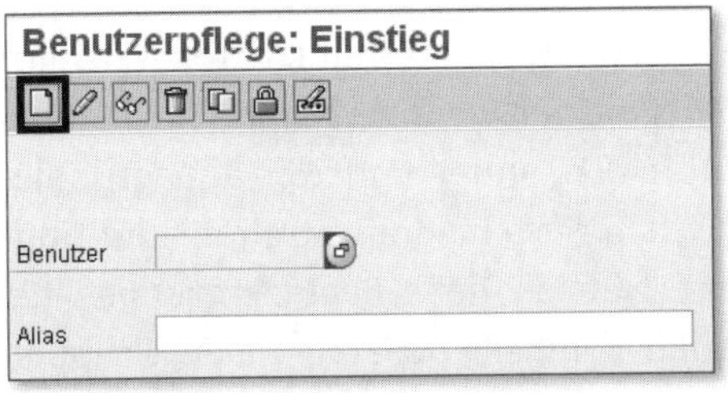

Abbildung 6.2 Einstieg in die Benutzerpflege

Registerkarte »Adresse«

Auf der Registerkarte ADRESSE (siehe Abbildung 6.3) müssen Sie mindestens die Angaben zur Person pflegen.

Registerkarte »Logondaten«

Danach pflegen Sie auf der Registerkarte LOGONDATEN den Benutzertyp und abhängig vom Benutzertyp das Kennwort. In der Regel werden Sie den Dialogbenutzer pflegen.

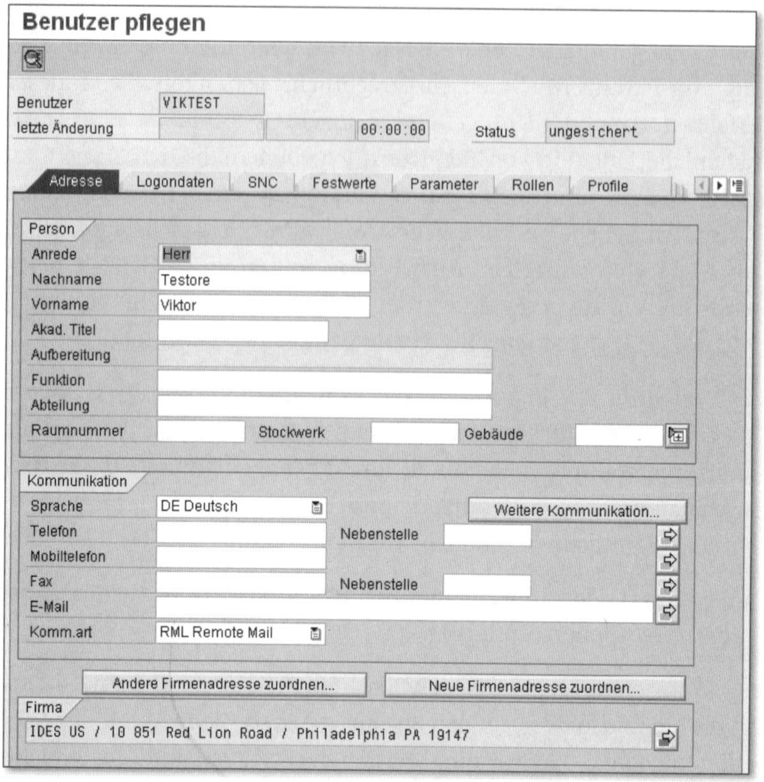

Abbildung 6.3 Registerkarte »Adresse« der Benutzerpflege

Das Kennwort können Sie automatisch generieren (Button WIZARD) oder manuell festlegen. Die Pflege einer Benutzergruppe für Berechtigungen ist dringend zu empfehlen, unter anderem um grundlegende Unterscheidungen zwischen Systemadministration und Endbenutzern zu ermöglichen. Neben der Benutzergruppe für Berechtigungsprüfungen können Benutzer beliebig vielen Gruppen zugeordnet werden (Registerkarte GRUPPEN). Dies dient u. a. der vereinfachten Pflege und Auswertung (siehe Abbildung 6.4).

Registerkarte »SNC«

Auf der Registerkarte SNC (*Secure Network Communications*) werden Angaben in Bezug auf ein (existierendes) Single-Sign-on-Verfahren (SSO) gepflegt. SNC ist für die Benutzerauthentifizierung verfügbar und stellt bei Verwendung des SAP GUI for Windows oder RFC eine SSO-Umgebung bereit.

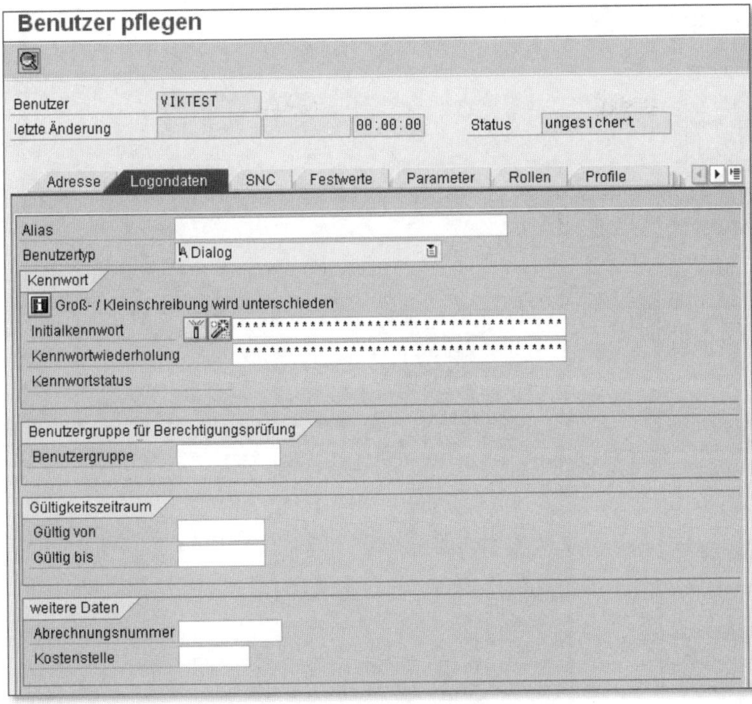

Abbildung 6.4 Pflege der Logon-Daten des Benutzers

Registerkarte »Festwerte«

Auf der Registerkarte FESTWERTE pflegen Sie Benutzerfestwerte, wie Startmenü, Drucker (Ausgabegerät), Dezimaldarstellung und Zeitzone.

Registerkarte »Parameter«

Parameter sind Angaben zum Benutzer, die ursprünglich dazu eingerichtet wurden, entsprechende Werte, wie z. B. den Buchungskreis, automatisch in die Selektion entsprechender Reports in FI zu übernehmen. Mittlerweile werden über Parameter aber auch Zugriffsmöglichkeiten unter anderem in ESS gesteuert, damit können Parameter fakultativ auch Zugriffsberechtigungen einschränken. Für die Parameter steht eine Werthilfe zur Verfügung (siehe Abbildung 6.5). Die einheitliche Betrachtung von Berechtigungen wird durch die Verwendung von Benutzerparametern erschwert.

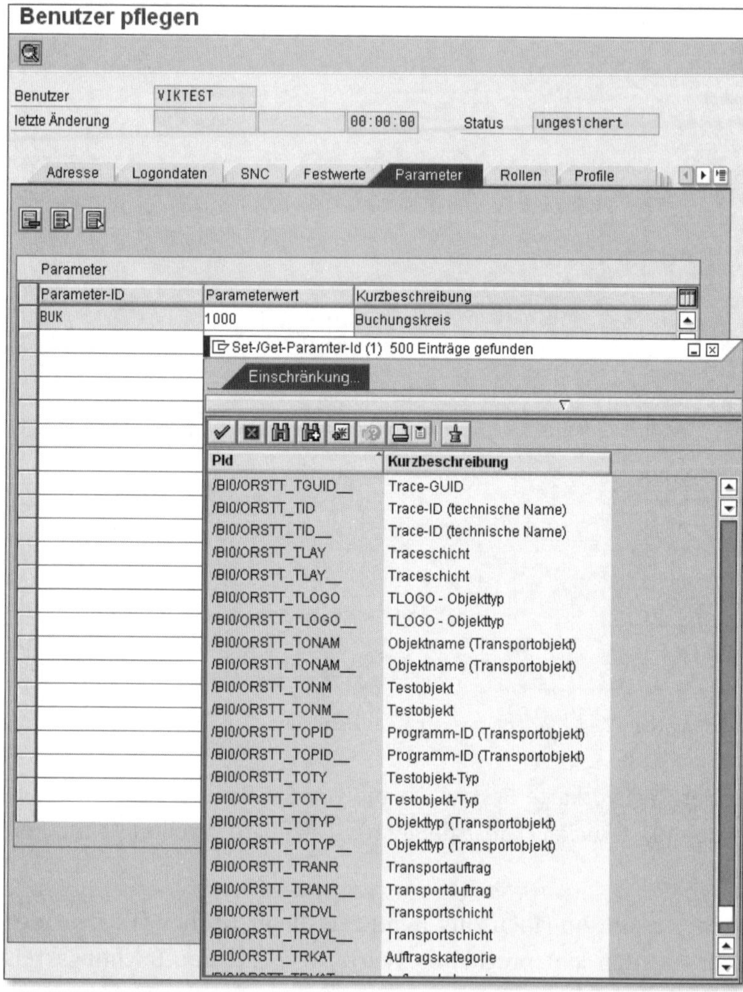

Abbildung 6.5 Registerkarte »Parameter«

Registerkarte »Rollen«

Auf der Registerkarte ROLLEN (siehe Abbildung 6.6) können dem Benutzer Rollen zugeordnet werden. Sofern Rollen zugeordnet sind, können sie direkt (durch Zuordnung einer Einzelrolle oder Sammelrolle) oder indirekt zugeordnet sein. Die indirekte Zuordnung erfolgt über das Organisationsmanagement von SAP ERP HCM (siehe Kapitel 8, »Rollenzuordnung über das Organisationsmanagement«).

Die unterschiedlichen Zuordnungen werden verdeutlicht durch unterschiedliche Icons in der Spalte TYP und durch unterschiedliche farbliche Codierungen, blau gekennzeichnete Rollen sind indirekt zugeordnet. Die direkt zugeordneten Rollen sind schwarz gekennzeichnet.

Abbildung 6.6 Registerkarte »Rollen«

Im Feld REFERENZBENUTZER für zusätzliche Rechte kann ein Referenzbenutzer eingetragen werden (siehe Abschnitt 6.1.1, »Benutzer«), dessen Zuordnungen hier (ergänzend) übernommen würden.

Registerkarte »Profile«

Auf der Registerkarte PROFILE (siehe Abbildung 6.7) sind die dem Benutzer zugeordneten Profile zusammengefasst. Ausnahmslos sollen sämtliche Profile eines Endbenutzers »Profile zur Rolle« sein. Prinzipiell stünde auf der Registerkarte PROFILE auch die Möglichkeit zur Verfügung, Profile manuell zuzuordnen. In Abschnitt 6.3.1, »Berechtigungsprofile«, wird dargestellt, warum die Profilpflege jedoch keine angemessene Option für die Verwaltung von Endbenutzerberechtigungen ist.

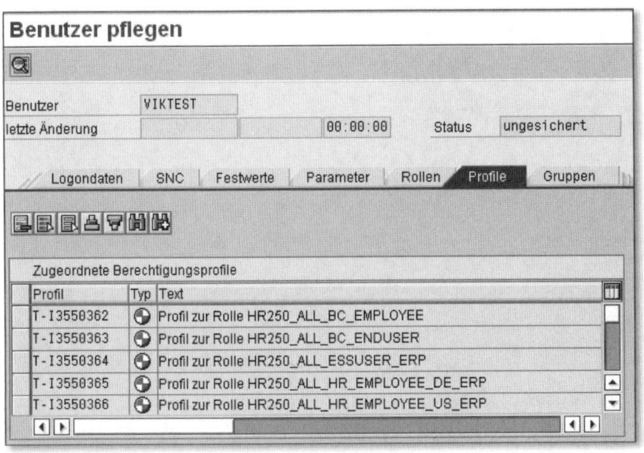

Abbildung 6.7 Registerkarte »Profile«

Dem Benutzer werden Rollen zugeordnet, diese enthalten Transaktionen und Berechtigungsobjekte, die wir im nächsten Abschnitt darstellen werden.

6.2 Transaktion – Programm – Berechtigungsobjekt

In diesem Abschnitt werden wir Ihnen den Zusammenhang von Transaktionen und Programmen, die Logik der Berechtigungsprüfung und die Ausprägung der Berechtigungen durch Berechtigungsobjekte erläutern.

Berechtigungen dienen dazu, Programme in einer definierten Tiefe ausführen zu können. Jede Programmausführung durch einen Dialogbenutzer sollte über eine Transaktion erfolgen. ECC 6.0 verfügt über mehr als 370.000 Programme und mehr als 70.000 Transaktionen.

6.2.1 Transaktion

Über einen Transaktionscode wird im SAP-System eine betriebswirtschaftliche Funktion (eine sogenannte *Transaktion*) im System ausgeführt. Entsprechend ist ein Großteil der Transaktionen auch in Bezug auf die ursprünglichen Module fachlich gruppiert und im SAP Easy Access-Menü enthalten (siehe Abbildung 6.8)

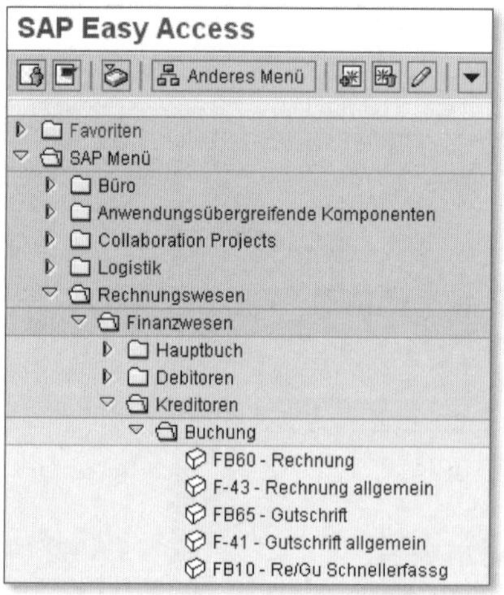

Abbildung 6.8 Transaktionen im SAP Easy Access-Menü

Eine Transaktion ist grundsätzlich mit einem ausführbaren Programm verbunden. Die Zuordnung einer Transaktion zu einem Programm dient bereits der Einschränkung von Berechtigungen. Programme können entsprechend über die Transaktion oder aber über die direkte Programmausführung mit der Transaktion SA38 (ABAP/4-Reporting) ausgeführt werden:

- Um ein Programm über eine Transaktion ausführen zu können, braucht der Benutzer minimal die Berechtigung, die Transaktion aufrufen zu dürfen. Diese Berechtigung wird im Berechtigungsobjekt S_TCODE (Transaktionscode-Prüfung bei Transaktionsstart) hinterlegt. Es handelt sich somit um eine spezifische Berechtigung zur Ausführung einer bestimmten Transaktion. Diese wird meistens noch weiter über Berechtigungsobjekte eingeschränkt.
- Um ein Programm über die Transaktion SA38 (ABAP/4-Reporting) ausführen zu können, braucht der Benutzer die Berechtigung für die SA38, die auch im S_TCODE hinterlegt wird. Es handelt sich somit um eine unspezifische Berechtigung für das Ausführen aller Programme. Diese wird noch weiter über Berechtigungsobjekte eingeschränkt.

Eingangsprüfung

Der Transaktion kann eine weitere Eingangsprüfung zugeordnet sein, die als zusätzliche sehr allgemeine Berechtigungsprüfung nach der Prüfung auf der Transaktionsberechtigung wirkt. Sie ist keine detaillierte Prüfung im Programmablauf, sondern es wird lediglich erreicht, dass die definierten Werte als Berechtigung vorhanden sein müssen. Eine logische Verbindung zu den Daten gibt es nicht.

Beispiel

Wenn als Eingangsprüfung ein kundeneigenes Berechtigungsobjekt Z_ALLES_GUT mit dem Feld ALLES_GUT und dem Wert »Y« definiert ist, müssen genau diese Berechtigungen auch im Benutzerpuffer vorhanden sein, unabhängig davon, dass Z_ALLES_GUT in keinem Programm als Berechtigungsprüfung definiert ist.

Die Eingangsprüfung wird in der Transaktion SE93 (Pflege Transaktionscodes) festgelegt (siehe Abbildung 6.9).

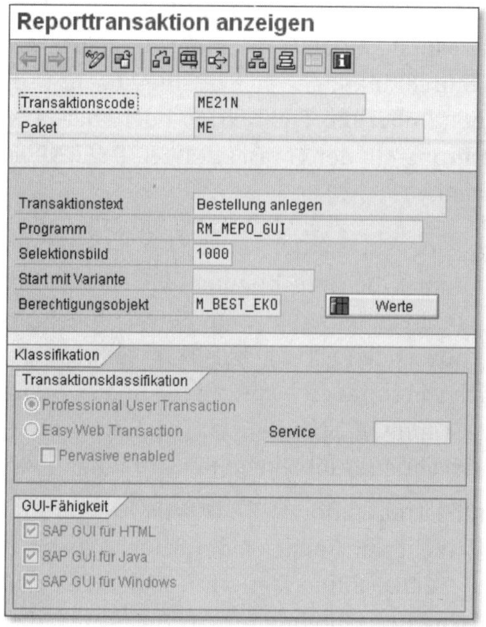

Abbildung 6.9 Berechtigungsobjekt als Eingangsprüfung

6.2.2 Prüfung im Programmablauf

Im Programmablauf prüft das System, ob die für die Transaktion benötigten Werte denen im Benutzerpuffer entsprechen. Im Benutzerpuffer befinden sich meistens gleiche Berechtigungsobjekte in unterschiedlicher Ausprägung. Als Berechtigung wird das Berechtigungsobjekt betrachtet, das die am besten passende Ausprägung hat. Das ist wichtig für die Logik von Rollen: Geprüft wird jeweils gegen das für den Anwendungsfall am weitesten berechtigte Berechtigungsobjekt – ohne Relation zur Transaktion.

Prüfung bei Aufruf einer Transaktion

Beim Aufruf einer Transaktion wird immer zunächst das Berechtigungsobjekt S_TCODE (Transaktionscode-Prüfung bei Transaktionsstart) abgeprüft. Danach können nahezu beliebig viele weitere Prüfungen vorgesehen sein. Dies ist unmittelbar abhängig vom jeweiligen Programm. Im Quellcode ist die jeweilige Prüfanweisung festgelegt als Check eines Berechtigungsobjekts und seiner Felder – dabei müssen nicht alle Felder eines Berechtigungsobjekts verprobt werden. Der entsprechende String der Prüfanweisung ist `authority-check` (siehe Abbildung 6.10).

Dabei kann die Prüfung im unmittelbar verbundenen Programm oder in Includes enthalten sein. Die Prüfung findet regelmäßig über *Feldwerte* in *Berechtigungsobjekten* statt. Im Programm findet sich ein Authority-Check. In Abbildung 6.10 ist exemplarisch eine Prüfung auf das Berechtigungsobjekt S_TABU_DIS (Tabellenpflege (über Standardtools wie z. B. die Transaktion SM30)) dargestellt. Nur wenn der Benutzer die Berechtigungen für das Objekt mit den definierten Feldwerten hat (Felder DIBERCLS und ACTVT), darf er den definierten Programmschritt vollziehen.

Programm / Erweiterung	Fundstellen/Kurzbeschreibung
FBICRCVIM00	(siehe Code)

```
151     PERFORM authcheck_views USING pa_vname it_header-ddtext.
155   PERFORM auth_check.
540 *&       Form  AUTHCHECK_VIEWS
546 FORM authcheck_views USING value(v_vname)
                                value(v_dicname).
557     AUTHORITY-CHECK OBJECT 'S_TABU_DIS'
               ID 'DICBERCLS' FIELD tddat-cclass
               ID 'ACTVT'     FIELD '02'.
564       AUTHORITY-CHECK OBJECT 'S_TABU_DIS'
               ID 'DICBERCLS' FIELD tddat-cclass
               ID 'ACTVT'     FIELD '03'.
578     AUTHORITY-CHECK OBJECT 'S_TABU_DIS'
               ID 'DICBERCLS' FIELD tddat-cclass
               ID 'ACTVT'     FIELD '03'.
587   PERFORM auth_check.
589 ENDFORM.                                " AUTHCHECK_TASK
591 *&       Form  AUTH_CHECK
593 FORM auth_check.
596     AUTHORITY-CHECK OBJECT 'F_RPROC'
                 ID 'RPROC' FIELD '*'
                 ID 'RCOMP' FIELD '*'
                 ID 'ACTVT' FIELD '02'.       "Change
610   AUTHORITY-CHECK OBJECT 'F_RPROC'
               ID 'RPROC' FIELD '*'
               ID 'RCOMP' FIELD '*'
               ID 'ACTVT' FIELD '03'.         "Display
623 ENDFORM.                                " AUTH_CHECK
```

Abbildung 6.10 Authority-Check in einem Programm

Die in Abbildung 6.11 gezeigte Prüfung ist eine stark vereinfachte Prüfung. Deutlich werden soll, dass es Prüfungen beim Aufruf eines Programms und bei seiner weiteren Ausführung gibt. Es gibt Programme, die sehr detailliert Berechtigungen für diverse funktionale und organisatorische Unterscheidungsmerkmale abprüfen (z. B. in der Kostenstellenrechnung Berichte, die für jede Kostenstelle, jede Kostenart einzeln prüfen). Es gibt andere, die keine Prüfung enthalten. Die detaillierte Prüfung auf eines oder mehrere konkrete Merkmale unterscheidet viele Berechtigungsprüfungen im Programmablauf von der Eingangsprüfung.

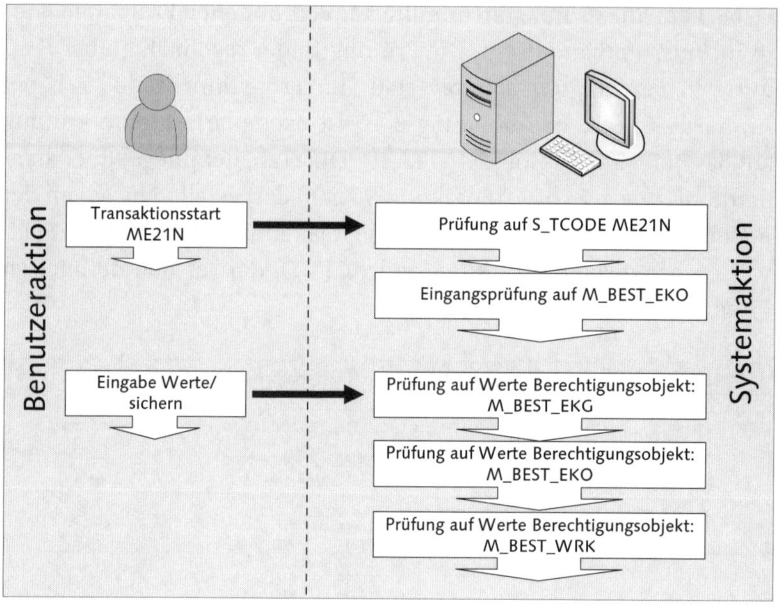

Abbildung 6.11 Prüfung im Programmablauf

6.2.3 Berechtigungsobjekt

Der zentrale Begriff des technischen Berechtigungskonzepts in ABAP ist das *Berechtigungsobjekt* (siehe Abbildung 6.11). Es besteht aus einer Kombination von Berechtigungsfeldern, die einzelne Berechtigungen definieren. Diese stellen die feinteiligste Ebene der Berechtigungsdifferenzierung bereit. Tatsächlich sind in der Programmablaufprüfung meist Checks auf bestimmte Werte von Berechtigungsfeldern bestimmter Berechtigungsobjekte definiert.

Berechtigungsobjekte sind sehr unterschiedlich angelegt. Oft bestehen sie aus Aktivitäten einerseits und organisatorischen Beschränkungen wie z. B. Belegart oder Kostenstelle andererseits. Das Berechtigungsobjekt enthält höchstens zehn Berechtigungsobjektfelder. Diese Felder sind mit im ABAP Dictionary abgelegten Datenelementen verbunden.

In Abbildung 6.12 ist ein sehr einfaches Beispiel eines Berechtigungsobjekts dargestellt. Deutlich komplexer ist das Berechtigungsobjekt P_ORGIN (HR: Stammdaten), das sieben Felder enthält und in Abbildung 6.13 zu sehen ist. Von den sieben Feldern sind sechs organisatorischer Art.

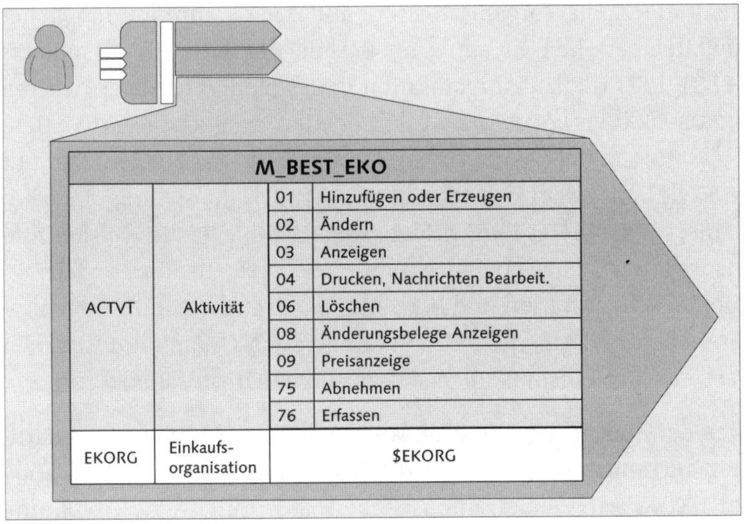

Abbildung 6.12 Berechtigungsobjekt M_BEST_EKO (Einkaufsorganisation in Bestellung)

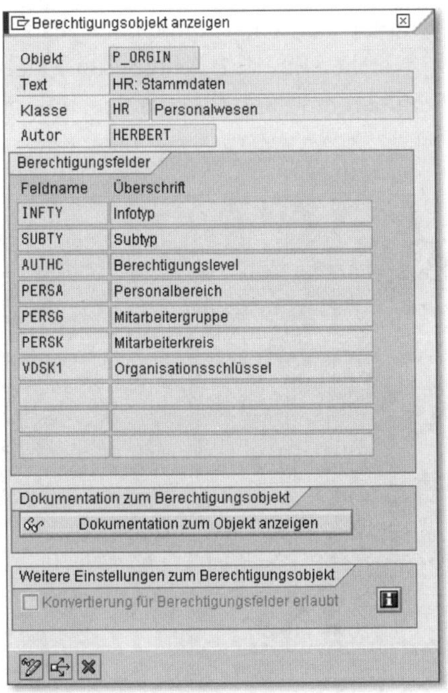

Abbildung 6.13 Berechtigungsobjekt P_ORGIN (HR: Stammdaten)

Verallgemeinernd kann gesagt werden, dass die meisten Berechtigungsobjekte aus einem oder mehreren organisatorischen Attributen (aufbau- oder ablauforganisatorisch) und einer Definition möglicher Aktivitäten bestehen. Im einfachen Beispiel des Berechtigungsobjekts M_BEST_EKO (Einkaufsorganisation in Bestellung) wird das Attribut EINKAUFSORGANISATION mit verschiedenen möglichen Aktivitäten, wie z. B. HINZUFÜGEN, kombiniert. Für den Fall, dass ein Benutzer nur eine Rolle mit genau der Transaktion ME21N (Bestellung anlegen) bekäme, würde dieses Berechtigungsobjekt festlegen, in welcher Einkaufsorganisation er eine bestimmte Aktivität ausführen darf. In Kapitel 3, »Organisation und Berechtigungen«, wurden die Organisationsebenen und mögliche Verbindungen von Organisationsebenen dargestellt. Die Einkaufsorganisation ist eine Organisationsebene.

Neben der Einkaufsorganisation werden bei der Bestellung standardmäßig auch noch das Werk (Feld WERKS) und die Einkäufergruppe (Feld EKGRP) als Organisationsebenen abgeprüft (siehe Abbildung 6.14). Damit stehen drei Organisationsebenen mit primär aufbauorganisatorischem Bezug für die Differenzierung zur Verfügung. Es kann also – solange diese Organisationsebenen aus Sicht des Berechtigungskonzepts auch sinnvoll genutzt werden – punktgenau festgelegt werden, in welchem Werk, welcher Einkäufergruppe und welcher Einkaufsorganisation ein Benutzer eine Bestellung anlegen darf.

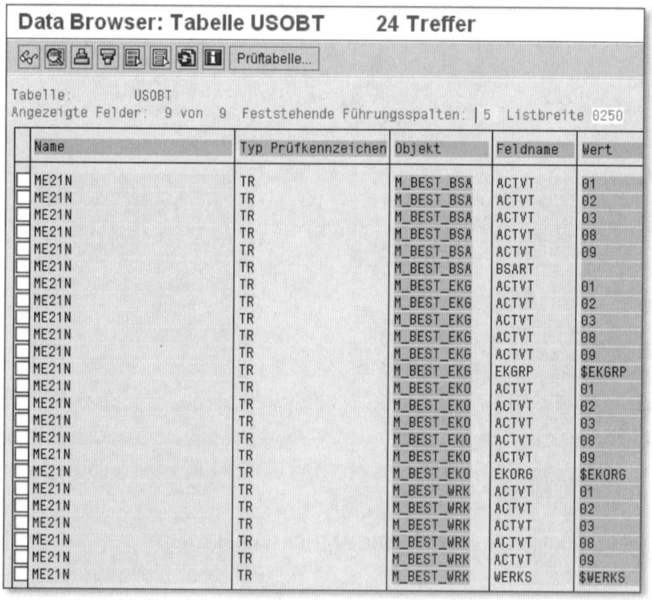
Data Browser: Tabelle USOBT 24 Treffer

Prüftabelle...

Tabelle: USOBT
Angezeigte Felder: 9 von 9 Feststehende Führungsspalten: 5 Listbreite 0250

Name	Typ Prüfkennzeichen	Objekt	Feldname	Wert
ME21N	TR	M_BEST_BSA	ACTVT	01
ME21N	TR	M_BEST_BSA	ACTVT	02
ME21N	TR	M_BEST_BSA	ACTVT	03
ME21N	TR	M_BEST_BSA	ACTVT	08
ME21N	TR	M_BEST_BSA	ACTVT	09
ME21N	TR	M_BEST_BSA	BSART	
ME21N	TR	M_BEST_EKG	ACTVT	01
ME21N	TR	M_BEST_EKG	ACTVT	02
ME21N	TR	M_BEST_EKG	ACTVT	03
ME21N	TR	M_BEST_EKG	ACTVT	08
ME21N	TR	M_BEST_EKG	ACTVT	09
ME21N	TR	M_BEST_EKG	EKGRP	$EKGRP
ME21N	TR	M_BEST_EKO	ACTVT	01
ME21N	TR	M_BEST_EKO	ACTVT	02
ME21N	TR	M_BEST_EKO	ACTVT	03
ME21N	TR	M_BEST_EKO	ACTVT	08
ME21N	TR	M_BEST_EKO	ACTVT	09
ME21N	TR	M_BEST_EKO	EKORG	$EKORG
ME21N	TR	M_BEST_WRK	ACTVT	01
ME21N	TR	M_BEST_WRK	ACTVT	02
ME21N	TR	M_BEST_WRK	ACTVT	03
ME21N	TR	M_BEST_WRK	ACTVT	08
ME21N	TR	M_BEST_WRK	ACTVT	09
ME21N	TR	M_BEST_WRK	WERKS	$WERKS

Abbildung 6.14 Objekt- und Feldvorschlagswerte für die Transaktion ME21N (Bestellung anlegen)

In jedem Fall kann davon ausgegangen werden, dass eine sauber programmierte Transaktion für einen komplexen betriebswirtschaftlichen Vorgang immer eine Prüfung verschiedener Berechtigungsobjekte beinhaltet. Umgekehrt ist es allerdings auch so, dass ein Berechtigungsobjekt in mehreren Transaktionen enthalten ist. Das Berechtigungsobjekt M_BEST_EKO (Einkaufsorganisation in Bestellung) ist als Standardvorschlag mit 148 Transaktionen verbunden (siehe Abbildung 6.15).

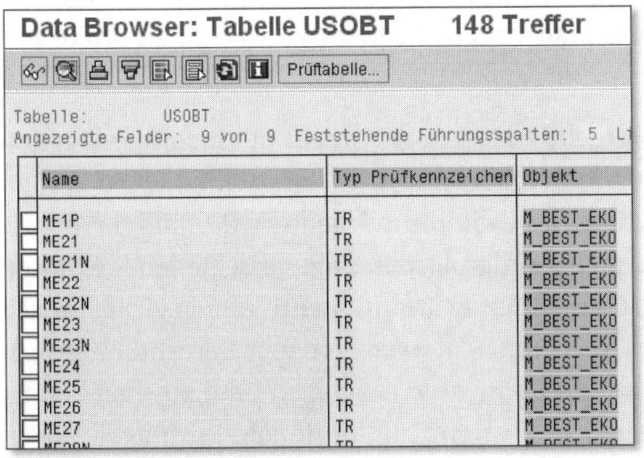
Data Browser: Tabelle USOBT 148 Treffer

Prüftabelle...

Tabelle: USOBT
Angezeigte Felder: 9 von 9 Feststehende Führungsspalten: 5 L

Name	Typ Prüfkennzeichen	Objekt
ME1P	TR	M_BEST_EKO
ME21	TR	M_BEST_EKO
ME21N	TR	M_BEST_EKO
ME22	TR	M_BEST_EKO
ME22N	TR	M_BEST_EKO
ME23	TR	M_BEST_EKO
ME23N	TR	M_BEST_EKO
ME24	TR	M_BEST_EKO
ME25	TR	M_BEST_EKO
ME26	TR	M_BEST_EKO
ME27	TR	M_BEST_EKO

Abbildung 6.15 Vorschlag Berechtigungsobjekt »Einkaufsorganisation in Bestellung« (Objekt M_BEST_EKO) in Transaktionen

Relation von Berechtigungsobjekt und Transaktion

Die Berechtigung einer Transaktion wird regelmäßig durch mehrere Berechtigungsobjekte ausgesteuert. Ein Berechtigungsobjekt steuert regelmäßig mehrere Transaktionen aus. Somit ergeben sich folgenden Relationen:

- Eine Transaktion kann mit n Berechtigungsobjekten verbunden sein.
- Ein Berechtigungsobjekt kann mit n Transaktionen verbunden sein.

In SAP ERP 6.0 stehen circa 1.000 Berechtigungsobjekte zur Verfügung. Diese sind Klassen zugeordnet. Die Klassen entsprechen in Grundzügen den früher so genannten *SAP-Modulen*. Die Klassen können in der Tabelle TOBC (Klasseneinteilung der Berechtigungsobjekte) ausgewertet werden. Die mehr als 100.000 Transaktionen (alle eingeschlossen) werden durch circa 1.000 Berechtigungsobjekte ausgesteuert, dabei ist eine n:n-Relation möglich.

Durch die hohe (und wachsende) Integration werden Berechtigungsobjekte einer Komponente (wie z.B. Innenaufträge (CO-OM-OPA)) auch in anderen Komponenten genutzt, da teilweise auf dieselben Datenstrukturen zurückgegriffen wird. Andererseits eröffnet das Customizing die Möglichkeit, Prüfungen auf Daten, die primär anderen Komponenten zugeordnet sind, vorzunehmen (die Bestellung kann auf das Sachkonto prüfen, oder alle Kontierungen können auf die Kontierungsobjekte des PSM prüfen). Schließlich – das gilt insbesondere für die Entwicklung kundeneigener Programme – können Berechtigungsobjekte relativ frei in eigenentwickelte Programme aufgenommen werden.

Notwendigkeit individueller Ermittlung

Da das technische Berechtigungskonzept nicht in einem homogenen Vorgehen, sondern problembezogen von unterschiedlichen Akteuren (bei SAP und außerhalb) weiterentwickelt wurde, sind die Unterschiede zwischen den Berechtigungsobjekten verschiedener Komponenten und sogar innerhalb einer Komponente nur noch historisch zu erklären. Wie in Abschnitt 6.4, »Analyse von Berechtigungsprüfungen«, gezeigt werden soll, müssen deswegen (und aus den bereits angeführten Gründen wie Customizing, optionale Prüfungen, Komponentenintegration) die notwendigen Details eines Prüfungsablaufs »individuell« (d.h. Transaktion für Transaktion) ermittelt werden.

Berechtigungsobjekte: optionale Berechtigungsprüfung

In einigen Fällen sind Berechtigungen als optionale Prüfung vorgesehen. So können z.B. Kreditoren durch eine Berechtigungsgruppe geschützt werden (in diesem Fall zu verstehen als zusätzliches Attribut auf einem Stammdatum). Erst wenn sie eine Berechtigungsgruppe ausweisen, wird gegen das zugehörige Berechtigungsobjekt verprobt. Die optionale Prüfung wird in Abschnitt 7.5.1, »Optionale Berechtigungsprüfungen auf Berechtigungsgruppen«, behandelt.

Berechtigungsprüfung und Customizing im Modul

Regelmäßig können Berechtigungen vom Customizing abhängen. Dies gilt für Grundeinstellungen ebenso wie für Gruppierungen oder Zuordnungen. An verschiedenen Stellen sind Eingriffe in das Customizing in diesem Buch dargestellt (u.a. in Kapitel 7, »Systemeinstellungen und Customizing«, und 18, »Prozesse in SAP ERP – spezifische Berechtigungen«). Konkret kann durch das modulbezogene Customizing die Berechtigungsprüfung um weitere Berechtigungsprüfungen ergänzt werden. Der Zusammenhang zwischen Customizing und Berechtigungen wird in den jeweiligen Kapiteln zu den Applikationen entwickelt.

6.3 Rollen und Rollenprofile

In SAP ERP gibt es unterschiedliche Möglichkeiten, einem Benutzer Berechtigungen zuzuordnen. Die Methode der Wahl für die Zuweisung von Berechtigungen an Endbenutzer ist ein rollenbasiertes Konzept unter Nutzung des Profilgenerators. In Abschnitt 6.3.1, »Berechtigungsprofile«, gehen wir zunächst auf die veraltete Pflege von Profilen ein. Anschließend wird detailliert dargestellt, wie Sie bei der Pflege von Rollen verfahren sollten.

6.3.1 Berechtigungsprofile

Manuell erzeugte Berechtigungsprofile sind vor der Einführung des Profilgenerators mit Release SAP R/3 4.0 die Container für Berechtigungen gewesen, die einem Benutzer zugeordnet wurden. SAP empfiehlt die Pflege über den Profilgenerator, Transaktion PFCG (Pflege von Rollen) (siehe Abbildung 6.16). Die alte Transaktion zur Pflege von Profilen ist SU02 (Manuelle Pflege von Profilen).

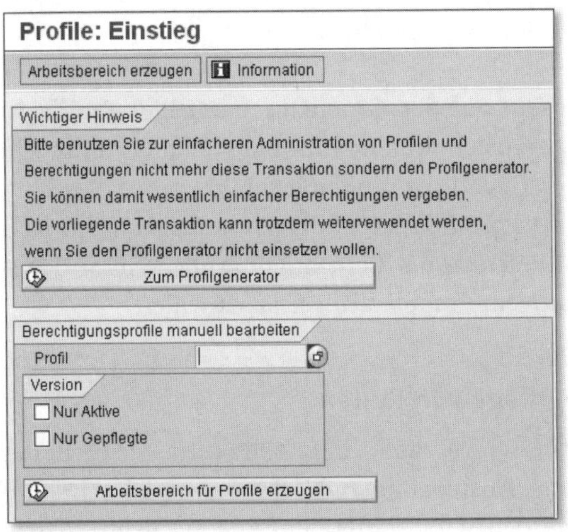

Abbildung 6.16 Einstieg in die manuelle Profilpflege

Nach dem Einstieg muss Berechtigungsobjekt für Berechtigungsobjekt und Feld pro Berechtigungsobjekt für Feld pro Berechtigungsobjekt manuell eingetragen werden, welche Berechtigungen ein Berechtigungsprofil enthalten soll (siehe Abbildung 6.17). Das ist einerseits mühsam, andererseits wird in dieser Funktion nicht die Pflege über

Vorschlagswerte unterstützt. Die Pflege über Vorschlagswerte (siehe Kapitel 7, »Systemeinstellungen und Customizing«) ist nicht nur eine signifikante Vereinfachung der Berechtigungspflege, sie unterstützt darüber hinaus auch die Pflege während eines Upgrades, und letztlich ist sie als vorgabeorientierte Pflege von Berechtigungen einzig in der Lage, einen positiven Ausweis von Regelkonformität zu leisten.

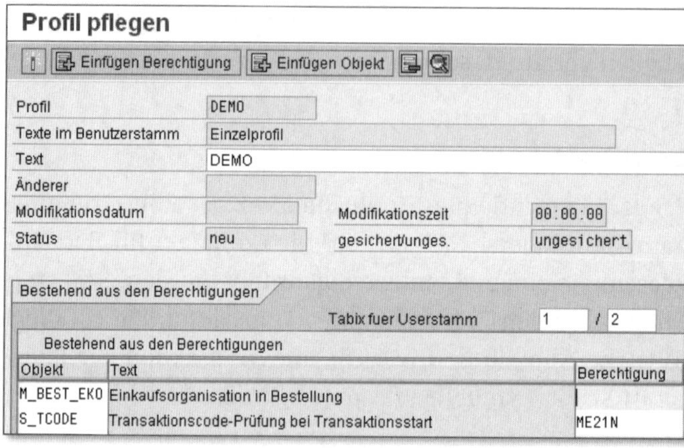

Abbildung 6.17 Pflege eines Berechtigungsprofils

Profilbasierte Berechtigungskonzepte sind nicht compliant

Ein Berechtigungskonzept auf der Grundlage manueller Profile ist ineffizient in der Pflege, kostentreibend im Upgrade und erfüllt nicht den Anspruch, auf der Grundlage einheitlicher Vorgaben Berechtigungen zu vergeben. Ein profilbasiertes Berechtigungskonzept läuft den anerkannten Best Practices der Berechtigungspflege in SAP-Systemen und einem positivem Compliance-Ansatz zuwider.

6.3.2 Anlage und Pflege von Rollen

Eine SAP-Rolle ist, technisch gesehen, eine Abstraktion. Sie dient der vereinfachten Erstellung, Ausprägung und Vergabe von Berechtigungen. Im Folgenden werden wir beschreiben, wie Sie beim Pflegen einer Rolle vorgehen sollten.

Festlegen von Rollenattributen

Die Rolle wird mit dem Profilgenerator über die Transaktion PFCG (Pflege von Rollen) angelegt, geändert, in einen Transportauftrag aufgenommen und gegebenenfalls einem Benutzer zugeordnet. Dabei werden zunächst der Rollenname, Beziehungen zu anderen Rollen und eine Beschreibung festgelegt (siehe Abbildung 6.18). Diese können auch als Attribute verstanden werden. Die Sichtweise von Rollenattributen entspricht auch dem Vorgehen bei SAP BusinessObjects Access Control (siehe Kapitel 12, »SAP BusinessObjects Access Control«), dort ist die Attributierung allerdings sehr viel detaillierter möglich.

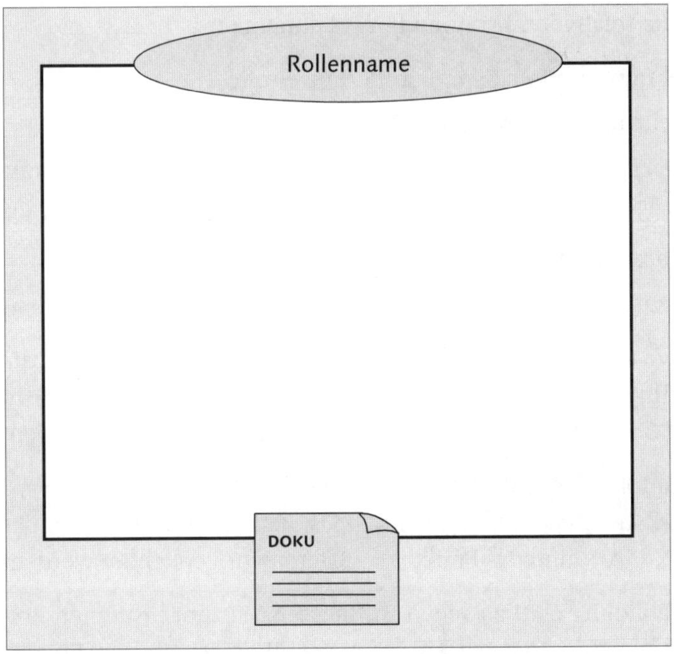

Abbildung 6.18 Erster Schritt: Festlegen von Rollenattributen

Zunächst muss ein eindeutiger Rollenname angegeben werden (siehe Abbildung 6.19). Dieser ist regelmäßig davon abhängig, welcher Rollentyp (siehe Abschnitt 6.5, »Weitere Rollentypen in SAP ERP«) genutzt werden soll. Im Einstiegsbildschirm erfolgt der Einstieg in die Pflege einer Einzelrolle oder einer Sammelrolle über die gleichnamigen Buttons.

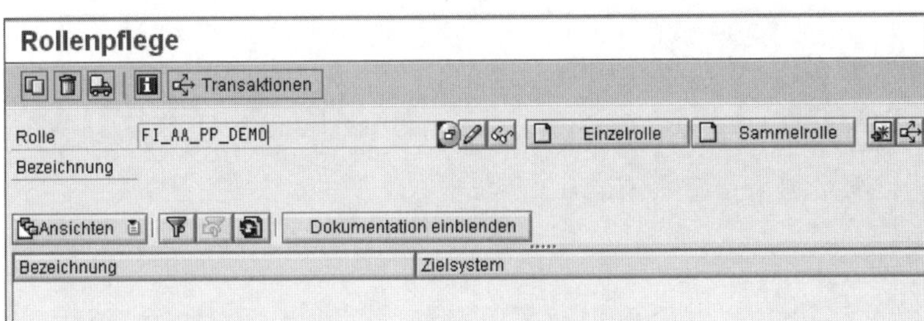

Abbildung 6.19 Einstiegsbildschirm des Profilgenerators

Exkurs: Namenskonvention der Rollen

Eine gute Namenskonvention stellt im Rollennamen alle Informationen bereit, die zur Analyse des Berechtigungskonzepts und zur vereinfachten Zuordnung von Rollen zu Benutzern beitragen. Dementsprechend gibt es nur fallweise richtige Namenskonventionen, aber keine, die für alle Kunden passt. In unserer Beratungspraxis verwenden wir die folgenden Kriterien für Rollennamen:

- Bündelungsfunktion: Sammelrolle/Einzelrolle
- Kennzeichner Komponente
- Kennzeichner Berechtigungsfunktion: funktionale Rolle/Wertrolle
- Kennzeichner Ableitung: Referenzrolle/abgeleitete Rolle/Einzelrolle
- Rollenbezeichner: Freitext
- Organisationskennzeichner: Kostenstelle/Auftrag o. Ä.

Funktionale Rolle, *Referenzrolle* und *abgeleitete Rolle* sind Begriffe, die den jeweiligen konzeptionellen Ansätzen entlehnt sind, die auch in Abschnitt 6.5, »Weitere Rollentypen in SAP ERP«, behandelt werden.

Die Reihenfolge der Kriterien ist abhängig von der weiteren Verwendung. Ein Präfix im Kundennamenraum ist nicht erforderlich. Nur das SAP-Präfix »SAP« und das Präfix »/« dürfen nicht verwendet werden.

Profilgenerator: Registerkarte »Beschreibung«

Wie in Abbildung 6.19 zu sehen ist, müssen Sie zunächst einen Rollennamen angeben, danach erreichen Sie über den Button EINZELROLLE die Registerkarte BESCHREIBUNG (siehe Abbildung 6.20).

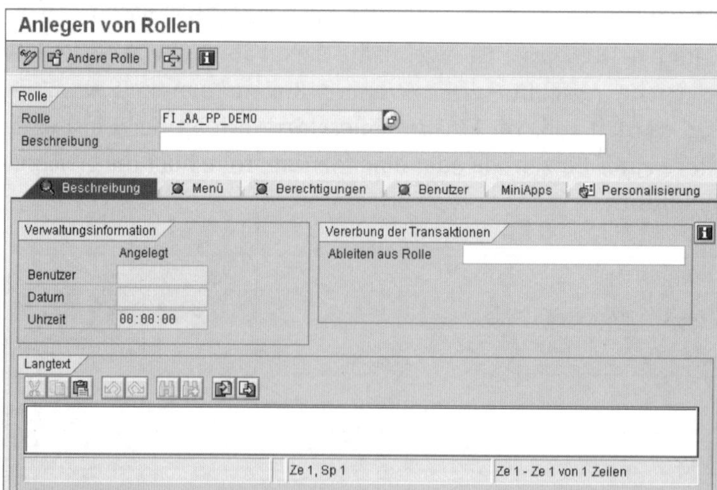

Abbildung 6.20 Profilgenerator: Registerkarte »Beschreibung«

Im Feld BESCHREIBUNG des Kopfbereichs kann eine allgemeine Beschreibung eingetragen werden. Erfahrungsgemäß sollte hier ein sprechender Text verwendet werden wie etwa »Kreditorenbuchhalter – interne Kreditoren«.

Auf der Registerkarte BESCHREIBUNG sollten Sie eine konkretisierende Beschreibung im Sinne einer Dokumentation und fakultativ einer Rollenänderungsverlaufsdokumentation eintragen. Erfahrungsgemäß sollten an dieser Stelle Besonderheiten festgehalten werden, z. B. besondere Verwendungen (wie: Rolle für Jahresabschluss) oder besondere Ausprägungen (wie: Ausprägung für Belegart AAA). Beim Anlegen der Rolle, und nur dann, kann eine Ableitungsbeziehung definiert werden.

Um die weiteren Registerkarten zu erreichen, müssen Sie beim Anlegen der Rollen an diesem Punkt die Rolle sichern.

Profilgenerator: Registerkarte »Menü«

Auf der Registerkarte MENÜ erfolgt die Festlegung, welche Transaktionen, Webservices und weiteren Objekte zur Rolle gehören. Dies ist in Abbildung 6.21 dargestellt. Alle Transaktionen werden im Menü aufgenommen.

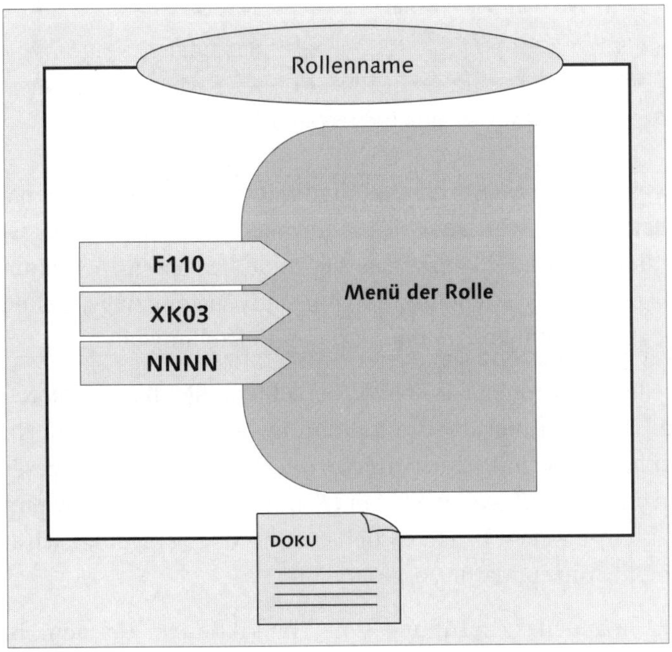

Abbildung 6.21 Festlegung des transaktionalen Rahmens einer Rolle

Letztlich ist dies die funktionale Verwendungsbestimmung der Rolle. Aus diesem und später dargestellten Gründen (Abschnitt 7.1, »Pflege und Nutzung der Vorschläge für den Profilgenerator«) sollten immer und ausnahmslos alle Transaktionen in das Menü eingetragen werden.

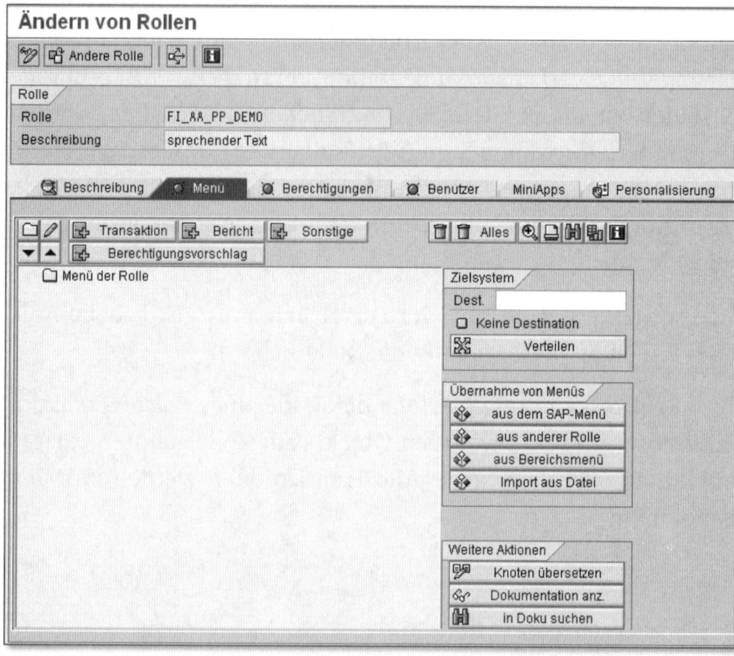

Abbildung 6.22 Profilgenerator: Registerkarte »Menü«

Auf der Registerkarte Menü können Transaktionen, Berichte, Webadressen, Dateien und weitere Objekte hinzugefügt werden. Dabei ist die Pflege des Menüs abhängig vom zugrunde liegenden Menükonzept. In Kapitel 7, »Systemeinstellungen und Customizing«, gehen wir auf mögliche Menükonzepte und deren Einstellung ein.

Im einfachsten Fall ordnen Sie Transaktionen über den Button Transaktion zu. Dieser ordnet die Transaktion in der Menüebene zu, in der Sie gerade aktiv sind (markierter Ordner). Tatsächlich ist dieser Weg nur dann sinnvoll, wenn es kein Menükonzept gibt oder wenn die Transaktion manuell genau in den Menüordner eingefügt wird, der vom Menükonzept dafür vorgesehen ist.

Die direkte manuelle Zuordnung von Transaktionen auf dem in Abbildung 6.23 gezeigten Weg muss in jedem Fall der Logik des Menükonzepts folgen.

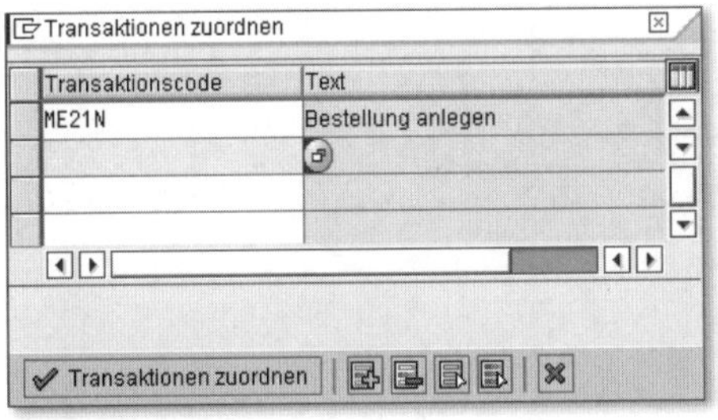

Abbildung 6.23 Profilgenerator, Registerkarte »Menü«: Transaktion zuordnen

Sofern ein Menükonzept besteht, sollten Sie die Pflege über den Button AUS DEM SAP MENÜ oder AUS ANDERER ROLLE oder AUS BEREICHSMENÜ vorziehen (siehe Abbildung 6.24).

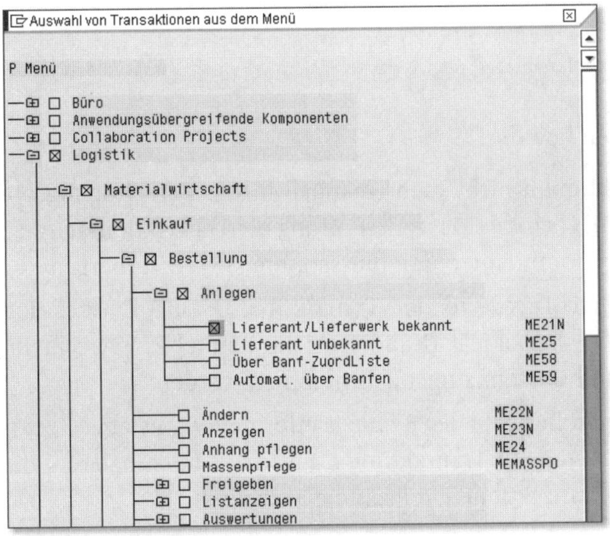

Abbildung 6.24 Profilgenerator, Registerkarte »Menü«: aus dem SAP-Menü zuordnen

Oftmals sollen im Benutzermenü eines Benutzers bestimmte Transaktionen, über die er verfügen muss, unsichtbar sein. Es handelt sich dabei um Transaktionen, die häufig (technisch nicht ganz korrekt) als »Hintergrundtransaktionen« bezeichnet werden. So ist es z. B. in Berichten häufig so, dass es diverse Absprünge in weitere Transaktionen gibt, die notwendig sind. Diese Transaktionen können über den Button BERECHTIGUNGSVORSCHLAG (siehe Abbildung 6.22) eingefügt werden. Nach einem Klick auf den Button erscheint der in Abbildung 6.25 dargestellte Bildschirm, in dem der jeweilige Berechtigungsvorschlag gepflegt werden kann.

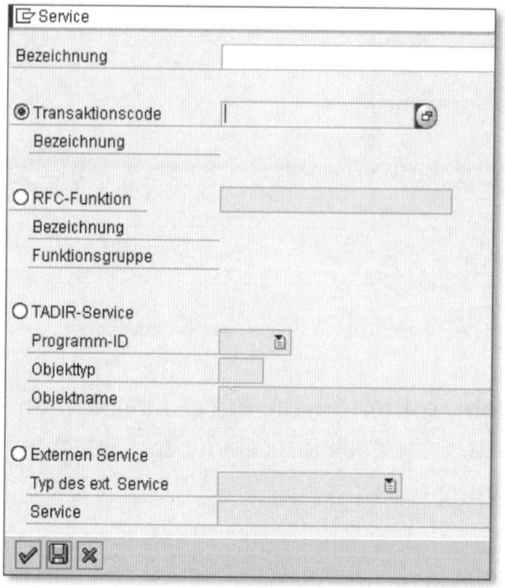

Abbildung 6.25 Profilgenerator, Registerkarte »Menü«: Berechtigungsvorschlag

Dieses Vorgehen bewirkt:

- dass Transaktionen nicht mehr manuell in das Berechtigungsobjekt S_TCODE (Transaktionscode-Prüfung bei Transaktionsstart) S_TCODE aufgenommen werden müssen, um sie »zu verbergen«
- dass die Vorschlagswerte der Transaktion USOBT_C ((Relation Transaktion → Ber.objekt (Kunde)) (siehe Kapitel 7, »Systemeinstellungen und Customizing«) übernommen werden
- dass diejenigen Berichte des Benutzerinformationssystems (Transaktion SUIM), die auf Transaktionen im Menü referenzieren, die vergebenen Transaktionen vollständig ausweisen

Abbildung 6.26 zeigt die Transaktion ME21N (Bestellung anlegen) als Berechtigungsvorschlag im Menü.

Über die Eingabe Zielsystem können Sie ein anderes System festlegen, in dem die Transaktionen der Rolle ausgeführt werden sollen. Dabei sollten möglichst nur RFC-Destinationen basierend auf dem Trusted-System-Konzept genutzt werden, sofern Sie über das SAP Easy Access-Menü im SAP GUI navigieren wollen.

Für weitere Funktionen auf der Registerkarte verweisen wir auf die SAP-Onlinehilfe.

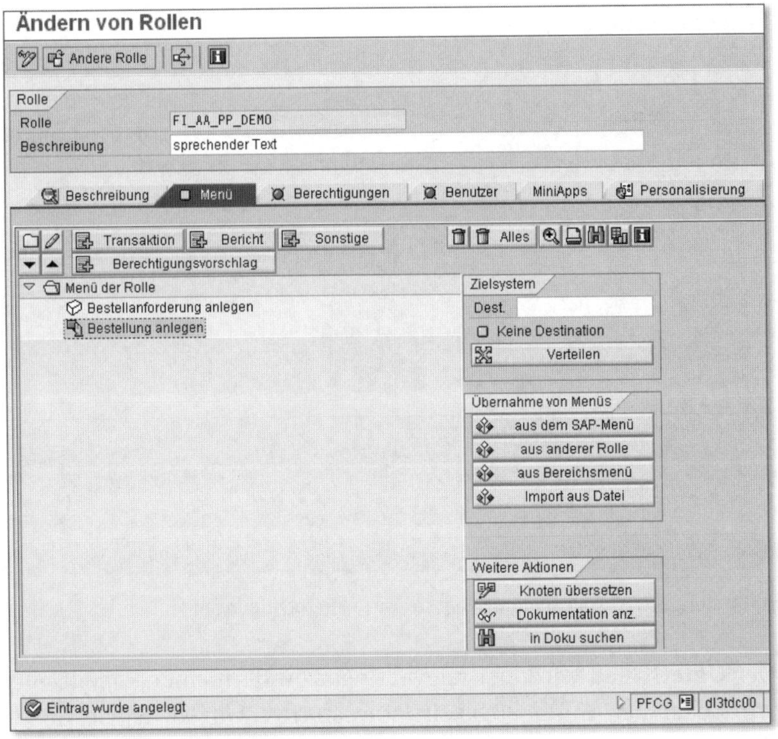

Abbildung 6.26 Profilgenerator, Registerkarte »Menü«: Berechtigungsvorschlag im Menü

Registerkarte »Berechtigungen«

Über die Registerkarte BERECHTIGUNGEN findet die tatsächliche Pflege von Berechtigungen statt. Im Bereich INFORMATIONEN ZUM BERECHTIGUNGSPROFIL können ein Profilname und ein Profiltext gepflegt werden. Meistens wird der Vorschlag unverändert übernommen, da die Zuordnung dieser Profile über die Rolle erfolgt und somit auch Auswertungen rollenbezogen und nicht mehr profilbezogen stattfinden.

Im Bereich BERECHTIGUNGSDATEN PFLEGEN UND PROFILE GENERIEREN stehen Ihnen zwei Buttons zur Verfügung, der Button BERECHTIGUNGSDATEN ÄNDERN und der Button EXPERTENMODUS ZUR PROFILGENERIERUNG.

Beim Anlegen einer Rolle und dem erstmaligen Anlegen des Profils gibt es keinen Unterschied zwischen den beiden Buttons. In beiden Fällen gleicht der Profilgenerator die im Menü vergebenen Transaktionen mit den Vorschlagswerten für den Profilgenerator, Tabelle USOBT_C (Relation Transaktion → Ber.objekt (Kunde)) ab.

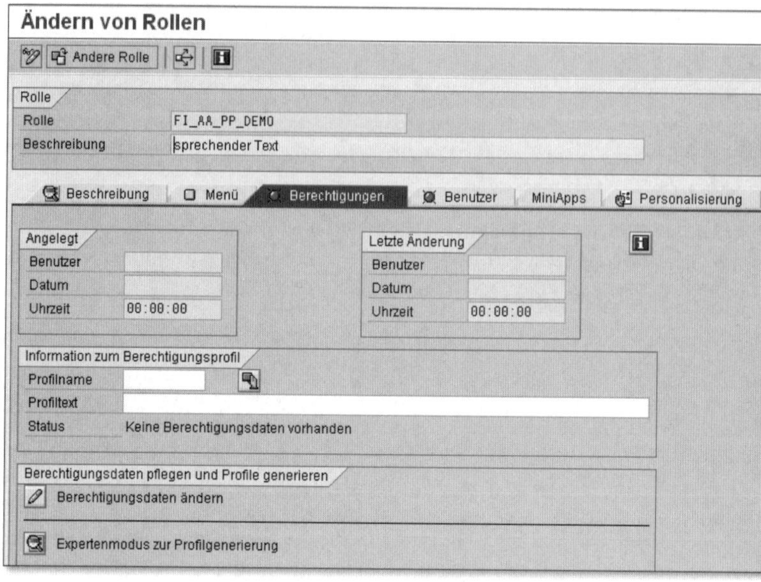

Abbildung 6.27 Profilgenerator: Registerkarte »Berechtigungen«

Der Unterschied wird erst relevant beim Ändern einer Rolle. Dabei wird über den Button BERECHTIGUNGSDATEN ÄNDERN (siehe Abbildung 6.28) automatisch ein Abgleich der alten Profilwerte mit den aktuellen Vorschlagswerten der Vorschlagswerte für den Profilgenerator für die bereits vorhandenen und die neu hinzugefügten Transaktionen durchgeführt. Dabei werden alle Berechtigungsobjekte entzogen, die nicht dem aktuell über das Menü festgelegten transaktionalen Umfang der Rolle entsprechen, sofern die zugehörigen Berechtigungsobjekte im Profil nicht den Status *Manuell* oder *Geändert* aufweisen. Über den Button EXPERTENMODUS können Sie eine Pflegeart festlegen.

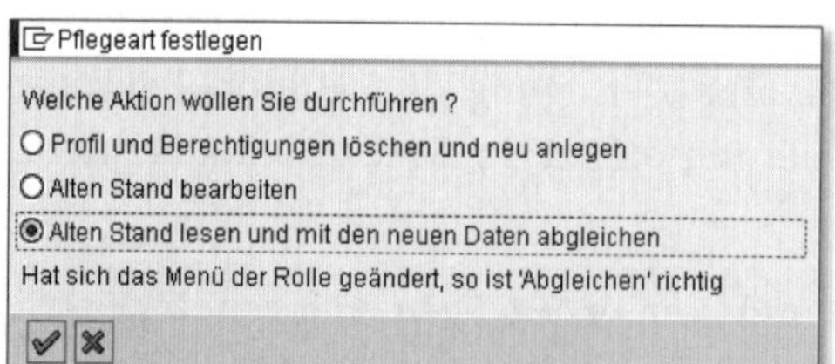

Abbildung 6.28 Profilgenerator, Registerkarte »Berechtigungen«: Expertenmodus zur Profilgenerierung

Die Funktion ALTEN STAND BEARBEITEN wird erfahrungsgemäß häufig verwendet, um den »erfahrungsfundierten« Zustand der Rolle nicht zu gefährden. »Erfahrungsfundiert« ist ein Euphemismus, den verschiedene Kunden benutzen: Er beschreibt den Sachverhalt, dass Rollen vielfach unter Außerachtlassung der Vorschlagswertpflege manuell geändert wurden. Wie in Abschnitt 7.1, »Pflege und Nutzung der Vorschläge für den Profilgenerator«, gezeigt wird, ist die einzige sinnvolle Form, Erfahrungen in die Definition von Rollen eingehen zu lassen, um die entsprechenden Vorschlagswerte zu pflegen. Die Funktion ALTEN STAND BEARBEITEN sichert letztlich nur den aktuellen Status der Rolle – und der ist oft genug mehr »Spontankorrektur«-getrieben als »erfahrungsbasiert«. Da Erfahrungsfundierung per se auf konzeptionellen Festlegungen und der Pflege der Vorschlagswerte basieren sollte, kann eine Pflege über diese Funktion nur ausnahmsweise sinnvoll sein.

Beim Anlegen und Ändern einer Rolle über ALTEN STAND LESEN UND MIT DEN NEUEN DATEN ABGLEICHEN wird erreicht, dass der transaktionale Umfang der Rolle mit den Vorschlägen für den Profilgenerator kombiniert einen Vorschlag für das Berechtigungsprofil der Rolle vorgibt. Abbildung 6.29 stellt die Übernahme der Vorschlagswerte dar.

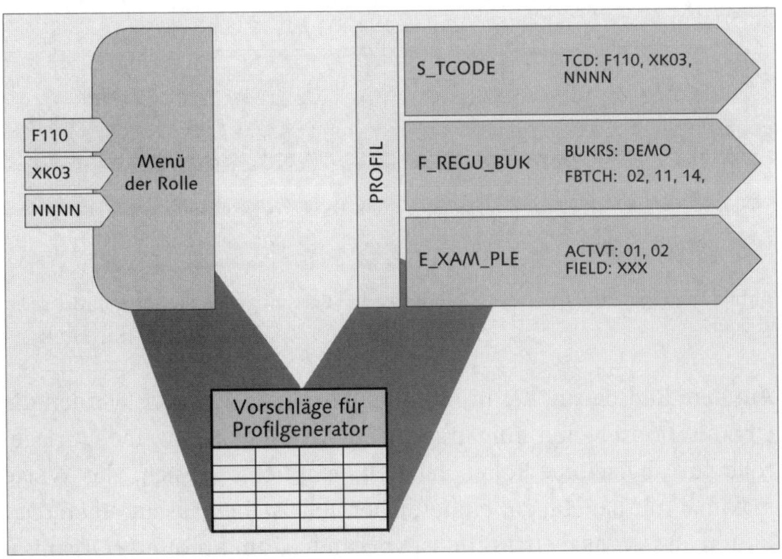

Abbildung 6.29 Übernahme der Vorschlagswerte für die im Menü vergebenen Transaktionen

Pflege der Organisationsebenen im Profilgenerator

Beim erstmaligen Aufruf des Profils erscheint der Bildschirm für die Eingabe von Organisationsebenen (siehe Abschnitt 3.7, »Organisationsebenen und -strukturen in SAP ERP«). Die Pflege der Organisationsebenen bewirkt, dass sämtliche Felder in Berechtigungsobjekten mit den an dieser Stelle vorgegebenen Werten gefüllt werden, es sei denn, diese sind auf Feldebene gepflegt.

Bei der Pflege im Berechtigungsfeld erscheint folgender Hinweis:

> *Die individuelle Pflege eines Orgebenenfeldes über das Dialogfenster* FELDWERTE EINPFLEGEN *hat für dieses Feld in dieser Berechtigung folgende Konsequenzen: Die Wertepflege über das Dialogfenster* ORGEBENEN FESTLEGEN *verändert den Wert nicht mehr. Bei der Anpassung abgeleiteter Rollen wird der Berechtigungswert überschrieben. (Hinweis im Programm)*

Die individuelle Pflege von Organisationsebenen im Berechtigungsfeld ist meistens ein Hinweis auf Schwächen des betriebswirtschaftlichen Berechtigungskonzepts.

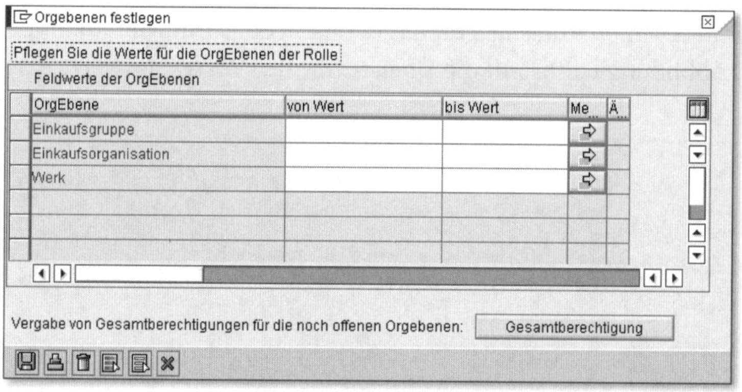

Abbildung 6.30 Profilgenerator, Registerkarte »Berechtigungen«: Organisationsebenen

Auf dem Bildschirm, der in Abbildung 6.30 gezeigt wird, werden die Organisationsebenen eingetragen. Sofern es sich um eine Vorlagerolle für abgeleitete Rollen handelt, empfiehlt es sich, die Werte maximal mit beliebigen, einheitlichen Buchstaben auszuprägen. Der Button GESAMTBERECHTIGUNG ist vorhanden, um für offene Organisationsebenen die Gesamtberechtigung zu vergeben. Diese Option sollte nur dort genutzt werden, wo die Organisationsebenen tatsächlich nicht zur Differenzierung verwendet werden. Die Auswirkung der korrekten Pflege der Organisationsebenen ist in Abbildung 6.31 dargestellt.

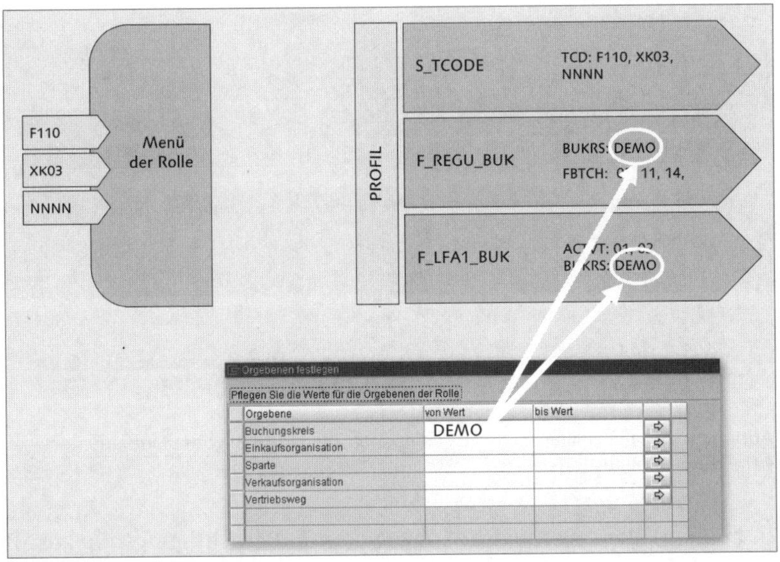

Abbildung 6.31 Übernahme der definierten Organisationsebene in die Rolle

Nach der Pflege der Organisationsebene kann das Profil Objekt für Objekt ausgeprägt werden.

Hinzufügen von Berechtigungsobjekten im Profil

Es besteht die Möglichkeit, auf verschiedenen Wegen Berechtigungsobjekte hinzuzufügen. Berechtigungsobjekte können über die Buttons AUSWAHL und MANUELL in das Profil eingefügt werden. Das gewünschte Objekt kann entweder eingetragen oder über die Werthilfe selektiert werden (siehe Abbildung 6.32).

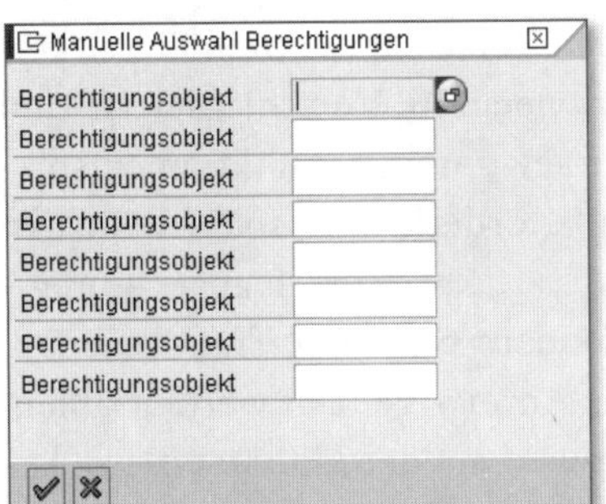

Abbildung 6.32 Profilgenerator, Registerkarte »Berechtigungen«: manuelles Einfügen von Berechtigungen

Zusätzlich können über MENÜ • BEARBEITEN • EINFÜGEN BERECHTIGUNGEN Berechtigungen aus Profilen, Vorlagen oder Gesamtberechtigungen eingefügt werden (siehe Abbildung 6.33).

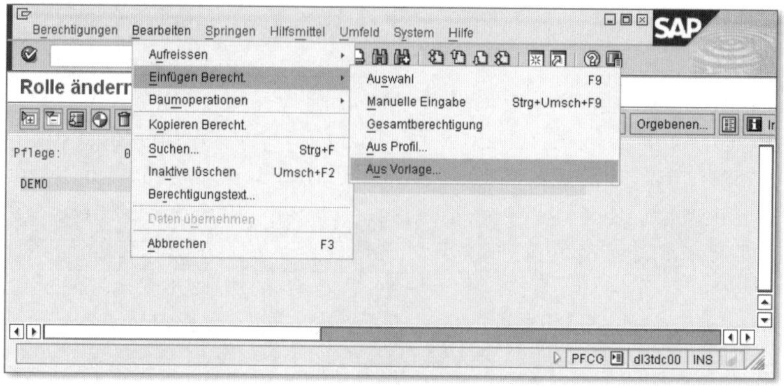

Abbildung 6.33 Profilgenerator, Registerkarte »Berechtigungen«: Einfügen von Berechtigungen aus Referenzen

In beiden Fällen werden die hinzugefügten Berechtigungsobjekte als manuell hinzugefügt gekennzeichnet (Status *Manuell*). Zwischen den in der Rolle enthaltenen Transaktionen und den Berechtigungsobjekten besteht somit kein nachvollziehbarer Zusammenhang, es sei denn, dass dieser Zusammenhang dokumentiert wird. Eine Möglichkeit der Dokumentation in der Rolle ist das jeweilige Berechtigungsobjekt selbst, dort kann das Feld KURZTEXT ZUR BERECHTIGUNG manuell ergänzt werden (siehe Abbildung 6.35, gekennzeichnet mit ❼).

Ausprägung von Berechtigungsobjekten im Profil

Nachdem im Profil die notwendigen Berechtigungsobjekte enthalten sind, müssen diese ausgeprägt und überprüft werden. Berechtigungsobjekte, die durch eine grüne Ampel und den Status *Standard* gekennzeichnet sind, entsprechen den Vorschlagswerten. Eine Überprüfung empfiehlt sich trotzdem, da viele SAP-Vorschlagswerte und ebenso die kundeneigenen nicht der gewünschten Funktion entsprechen müssen. Sofern eine Änderung erforderlich ist, müssen Sie den Vorschlagswert (Tabelle USOBT_C – Relation Transaktion → Ber.objekt (Kunde)) ändern. Insbesondere bei Enjoy-Transaktionen, die sowohl für die Pflege als auch die Anzeige genutzt werden sollen, kann es sinnvoll sein, den Vorschlagswert auf der Aktivität frei zu lassen (Berechtigungsobjekt wird dann ohne Ausprägung auf Aktivität vorgeschlagen). Die Änderung wird erst nach Pflege und Abgleich mit neuen Werten auf der Registerkarte BERECHTIGUNGEN wirksam.

Prinzipiell haben Sie die Möglichkeit, jeweils durch Anklicken einer gelben Ampel für den untergeordneten Baumabschnitt Gesamtberechtigungen auf den offenen Feldern zu vergeben. Dies ist jedoch für Endbenutzerrollen im Produktivsystem niemals die Methode der Wahl. Die Ausprägung sollte immer konkret erfolgen, d. h., Sie sollten nur die Werte eintragen, die positiv benötigt werden. Um zu ermitteln, welche Werte wirklich benötigt werden, ist die Methode des Tracens (siehe Abschnitt 6.4, »Analyse von Berechtigungsprüfungen«) dringend zu empfehlen. Zusätzlich müssen Informationen vom Fachbereich über die Verwendung abgefragt werden. Letzteres gilt insbesondere für Werte, die sich nicht auf die Aktivität beziehen. Konkret werden im Trace zwar die Aktivität und z. B. eine Belegart abgebildet, regelmäßig kann es aber sein, dass mehrere Belegarten notwendig sind.

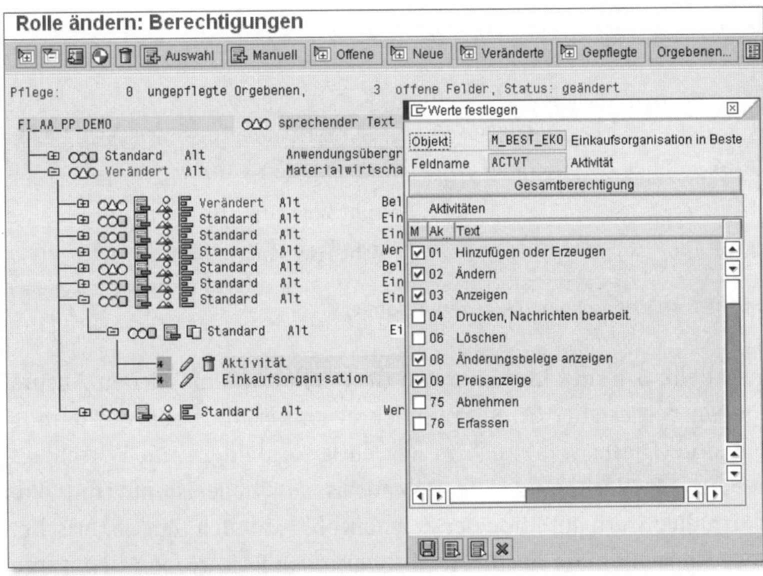

Abbildung 6.34 Profilgenerator, Registerkarte »Berechtigungen«: Profilpflege im Profilgenerator

Berechtigungsvorschläge, die teilredundant oder offensichtlich überflüssig sind, sollten nicht aus dem Profil gelöscht, sondern inaktiv gesetzt werden. Durch das Inaktivsetzen wird verhindert, dass derselbe Vorschlag beim nächsten Abgleichen über ALTEN STAND LESEN UND MIT DEN NEUEN DATEN ABGLEICHEN erneut eingefügt wird.

Die offenen Felder im Profil werden gepflegt. Es müssen nicht alle Felder gepflegt werden, vielmehr sollten nur die Felder gepflegt werden, deren Werte ermittelt wurden. Die gelbe Ampel und der Hinweis beim Generieren des Profils, dass nicht alle Objekte gepflegt wurden, bedeuten nicht unbedingt, dass die Berechtigungen unzureichend gepflegt wurden. Welche Felder eines Berechtigungsobjekts im Programmablauf geprüft werden, ist durch die Programmierung festgelegt. Es gibt Prüfungen, die nur ein Feld, aber nicht den Feldwert eines Berechtigungsobjekts prüfen, andere Prüfungen prüfen zwar die Aktivität als Feld, weitere Felder wie Berechtigungsgruppen werden aber nur dann geprüft, wenn diese Berechtigungsgruppe auch in den Daten des Geschäftsvorfalls auftaucht.

Generische Pflege eines Feldes

Berechtigungen können konkret, generisch und teilgenerisch gepflegt werden.

Feldausprägung	Art	Bedeutung
*	generisch	alle Werte
A*	teilgenerisch	alle Werte, die mit einem A anfangen
AAA	konkret	nur der Wert »AAA«
*A		nicht wirksam
A*A		nicht wirksam

Tabelle 6.1 Generische und konkrete Feldpflege

In Tabelle 6.1 sind in den ersten drei Zeilen die möglichen Ausprägungen dargestellt. Ein Stern bedeutet immer, dass alle Werte möglich sind. Dieser steht auch in Berechtigungsfeldern mit Vorschlagswerten zur Verfügung. Die teilgenerische Pflege ist nur mit dem Platzhalter Stern am Ende der Zeichenfolge möglich. Zur generischen Pflege beachten Sie auch SAP-Hinweis 1106948. Neben den dargestellten Möglichkeiten der Feldausprägung gibt es in einigen Fällen Platzhaltereinträge (siehe Tabelle 6.2).

Platzhalter	Beschreibung
''	Hochkomma, Hochkomma
' '	Hochkomma, Leerzeichen, Hochkomma
'	Hochkomma

Tabelle 6.2 Platzhalter

Ein Platzhalterzeichen muss dabei nicht immer als Platzhalter Verwendung finden, teilweise wird auch tatsächlich gegen das Platzhalterzeichen verprobt.

Exkurs: normativer Ansatz-Status von Berechtigungsobjekten

Berechtigungsobjekte können prinzipiell vier Status haben:

- Manuell – Das ganze Objekt wurde manuell hinzugefügt (❶ in Abbildung 6.35).
- Verändert – Der Vorschlagswert wurde verändert ❷.
- Gepflegt – Entspricht dem Vorschlagswert, es wurden Felder gepflegt ❸.
- Standard – Entspricht dem Vorschlagswert ❹.

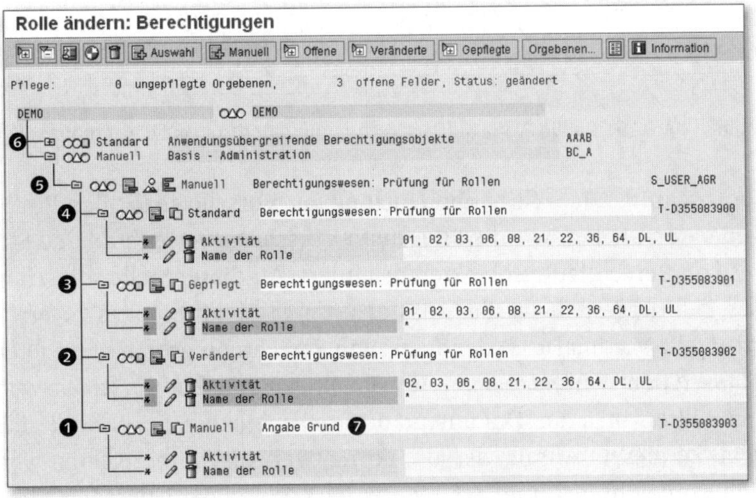

Abbildung 6.35 Status von Berechtigungsobjekten und Kurztext

Berechtigungsobjekte, die, wie im Abschnitt »Hinzufügen von Berechtigungsobjekten im Profil« beschrieben, hinzugefügt wurden, haben den Status *Manuell*. Berechtigungsobjekte, die über die Vorschlagswerte hinzugefügt wurden, können die Status *Standard*, *Gepflegt* und *Verändert* haben.

Die Ausprägung eines Objekts, die am weitesten von den Vorschlagswerten abweicht, kennzeichnet auch den Status des gesamten Berechtigungsobjekts ❺. Die weiteste Abweichung innerhalb einer Berechtigungsobjektklasse kennzeichnet den Status der Klasse ❻.

Eine Auswertung der Status und etwaiger Kurztexterläuterungen ist jederzeit über die Tabelle AGR_1250 (Berechtigungsdaten zur Aktivitätsgruppe) möglich (siehe Abbildung 6.36). Die mit ❶ gekennzeichnete Spalte enthält den Status des Berechtigungsobjekts (S – *Standard*, G – *Gepflegt*, M – *Verändert*, U – *Manuell*); die mit ❷ gekennzeichnete Zeile enthält den Kurztext zum Objekt, der manuell gepflegt werden kann.

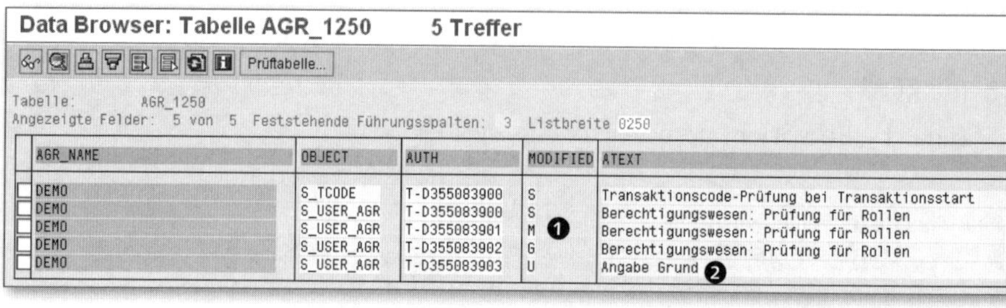

Data Browser: Tabelle AGR_1250 5 Treffer

Prüftabelle...

Tabelle: AGR_1250
Angezeigte Felder: 5 von 5 Feststehende Führungsspalten: 3 Listbreite 0250

AGR_NAME	OBJECT	AUTH	MODIFIED	ATEXT
DEMO	S_TCODE	T-D355083900	S	Transaktionscode-Prüfung bei Transaktionsstart
DEMO	S_USER_AGR	T-D355083900	S	Berechtigungswesen: Prüfung für Rollen
DEMO	S_USER_AGR	T-D355083901	M ❶	Berechtigungswesen: Prüfung für Rollen
DEMO	S_USER_AGR	T-D355083902	G	Berechtigungswesen: Prüfung für Rollen
DEMO	S_USER_AGR	T-D355083903	U	Angabe Grund ❷

Abbildung 6.36 Tabelle AGR_1250 (Berechtigungsdaten zur Aktivitätsgruppe)

Maximal 10 % »Manuell« oder »Verändert«

In Abschnitt 7.1, »Pflege und Nutzung der Vorschläge für den Profilgenerator«, haben wir die Pflege von Vorschlagswerten und den Status von Berechtigungsobjekten diskutiert. An dieser Stelle soll schon das Ziel dargestellt werden, das es unserer Meinung nach zu erreichen gilt: Maximal 10 % der Status von Berechtigungsobjekten sollten *Manuell* oder *Verändert* sein. Abweichungen von den Vorschlagswerten sollten in einer Dokumentation auf Objektebene nachweisbar sein. Zu diesem Ansatz, der als »normativer Ansatz« bezeichnet werden kann, gibt im Sinne der Auditierbarkeit und der Upgrade-Sicherheit keine Alternative.

Profil generieren

Nach Ausprägung des Profils wird es generiert. Dadurch steht eine Rolle zur Verfügung, die den Benutzer mit einem Menü und detaillierten Berechtigungen versorgen kann, wie dies in Abbildung 6.37 dargestellt ist.

Registerkarte »Benutzer«

Auf der Registerkarte BENUTZER kann die Zuordnung der Rolle zu einem Benutzer vorgenommen werden. Die technischen Möglichkeiten sind abhängig von den gewählten Einstellungen im Profilgenerator und der etwaigen Nutzung des Organisationsmanagements für die »indirekte Benutzerzuordnung», die in Kapitel 8, »Rollenzuordnung über das Organisationsmanagement«, behandelt wird.

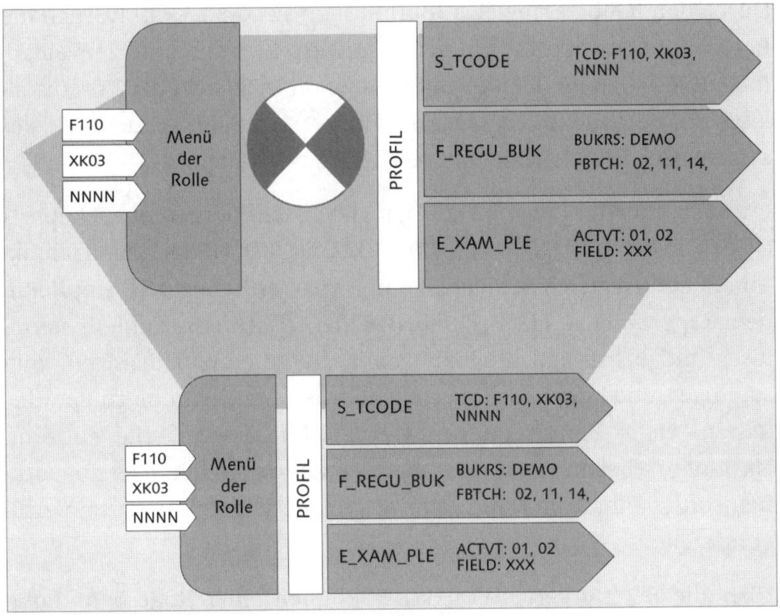

Abbildung 6.37 Generieren des Rollenprofils

Die Zuordnung einer Rolle zu einem Benutzer kann ebenfalls über die in Abbildung 6.38 dargestellte Pflege oder über die in Abbildung 6.6 gezeigte Pflege im Benutzerstammsatz erfolgen. Der Modus der Zuordnung ist weiterhin abhängig davon, ob (und wie) Access Control (siehe Kapitel 12, »SAP BusinessObjects Access Control«) und/oder die Zentrale Benutzerverwaltung und/oder das SAP NetWeaver Identity Management (siehe Kapitel 10, »Zentrales Management von Benutzern und Berechtigungen«) genutzt werden.

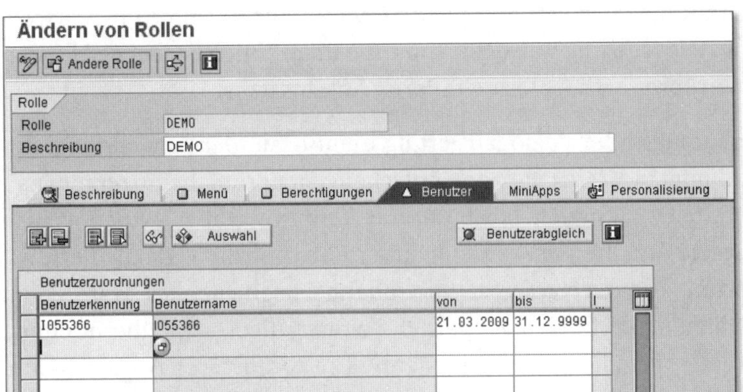

Abbildung 6.38 Registerkarte »Benutzerzuordnung«

Durch den Benutzerabgleich (Button BENUTZERABGLEICH) werden die Berechtigungen der Rolle in den Benutzerpuffer des Benutzers eingetragen. Neben dem manuellen Benutzerabgleich steht per Voreinstellung in der Rollenpflege MENÜ • HILFSMITTEL • EINSTELLUNGEN der automatische Abgleich beim Speichern zur Verfügung.

Massenabgleich

Darüber hinaus stehen Massenabgleichsfunktionen über Reports (PFCG_TIME_DEPENDENCY und RHAUTUPD_NEW bzw. Transaktion PFUD (Abgleich Benutzerstamm)) zur Verfügung. SAP empfiehlt, den Report PFCG_TIME_DEPENDENCY als Hintergrundjob periodisch (möglichst täglich) einzuplanen, um einen regelmäßigen, vollständigen und zeitnahen Abgleich aller Benutzerstämme zu gewährleisten. Neue Berechtigungen werden hinzugefügt, alte entfernt. Nach dem Abgleich ist die ausgeprägte Rolle dem Benutzer zugeordnet, sodass ihm Menü und Berechtigungen wie definiert zur Verfügung stehen.

Registerkarte »Workflow«

Über die Registerkarte WORKFLOW können einer Rolle Workflow-Aufgaben zugeordnet werden. Durch diese Zuordnung werden allerdings nicht die für die Erfüllung der Aufgabe notwendigen Berechtigungen zugeordnet, sondern die in der Rolle definierten. Dass die Zuordnung einer Workflow-Aufgabe Teil des Workflow-Konzepts ist, soll diese Möglichkeit in diesem Buch nicht vertieft werden.

Registerkarte »MiniApps«

MiniApps sind über den Web Application Builder erstellte Applikationen, die über einen Webbrowser (mySAP.com – Workplace) zur Verfügung gestellt werden und z. B. Reports über den Webbrowser zugänglich machen. Diese können auf der Registerkarte MINIAPPS zugeordnet werden. In einigen SAP-Standardrollen, unter anderem in den Rollen des Employee Self-Services, finden MiniApps Verwendung. Die Nutzung von MiniApps, die über Rollen bereitgestellt werden, erübrigt sich, sofern ein Portal im Einsatz ist.

Registerkarte »Personalisierung«

Die Funktion der Personalisierung dient dazu, der Anwendungsentwicklung ein Werkzeug zur »einfachen« Steuerung benutzerabhängiger Daten zu schaffen. Nach unserer Kenntnis gibt es aktuell wenige Beispiele für eine Verwendung dieser Funktionalität. Da die Personalisierung benutzerbezogen und rollenbezogen möglich wäre, kann gegebenenfalls festgelegt werden, woher die Daten übernommen werden sollen. Gegebenenfalls kann es zu konfliktären Angaben kommen. Tendenziell kann die Nutzung dieser Funktionalität zu einer Steigerung der Komplexität führen. Detaillierte Angaben finden Sie in *Benutzer und Rollen (BC-SEC-USR)*, Release 6.20 (*http://help.sap.com/*).

Berichte über das Rollenmenü einbinden

Für den Fall, dass Berichte nicht bereits als Transaktion bereitstehen oder zu einer Transaktion eine zwingende rollenbezogene Variante vergeben werden soll, besteht die Möglichkeit, diese direkt in das Menü der Rolle einzubinden.

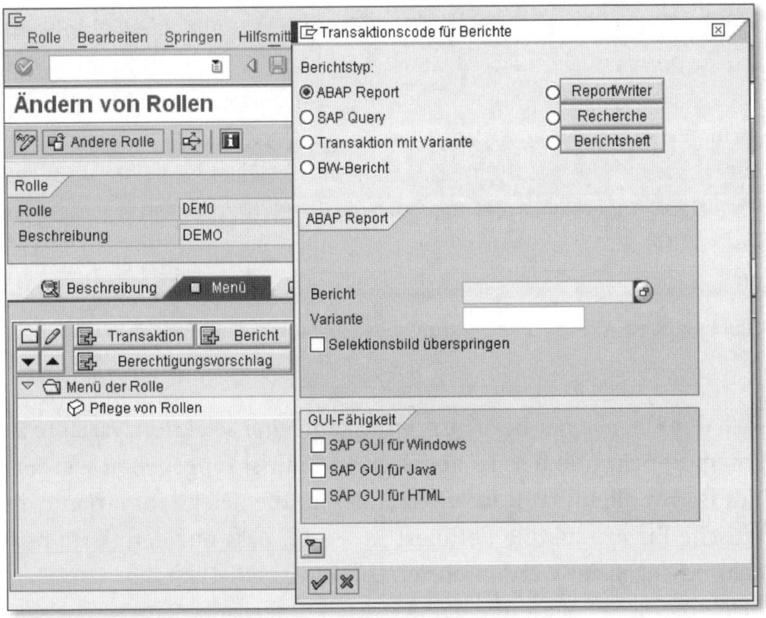

Abbildung 6.39 Zuordnung eines Berichts auf der Registerkarte »Menü«

Unterschiedliche Berichtsarten können auf diesem Wege eingebunden werden. In Abschnitt 7.6, »Parameter- und Query-Transaktionen«, wird beschrieben, wie eine Query unmittelbar in eine Transaktion umgesetzt werden kann. Aus diesem Grund erläutern wir Ihnen an dieser Stelle nur, wie ein Report-Writer-Bericht direkt in das Rollenmenü eingefügt werden kann.

Dazu klicken Sie auf den Button Report Writer (umfasst den auf Report Writer basierenden Report Painter ebenfalls). Im erscheinenden Auswahlbildschirm tragen Sie die Berichtsgruppe ein. Die Berichtsgruppe sollte durch die Fachseite genannt werden, im Zweifelsfall können Sie sie über die Transaktion GRR3 (Report Painter: Bericht anzeigen) ermitteln.

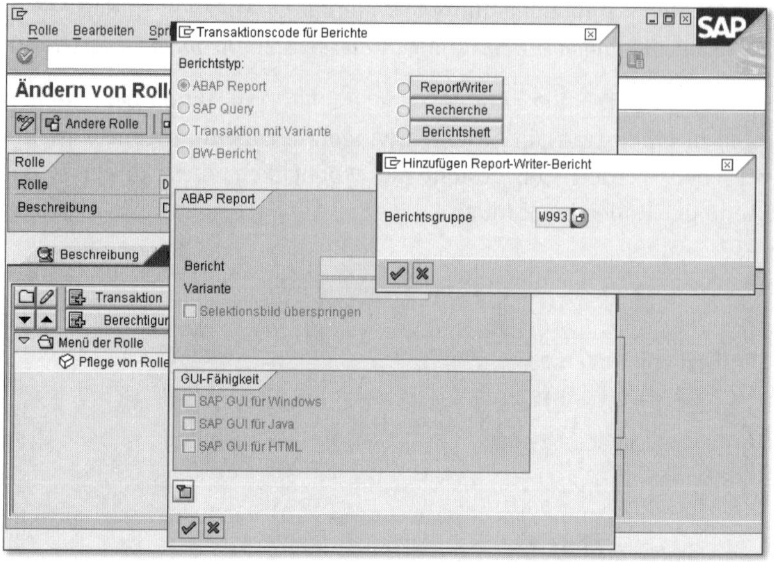

Abbildung 6.40 Auswahl Berichtsgruppe beim Einfügen eines Report-Writer-Berichts

Nach der Eingabe der Berichtsgruppe kann eine Selektionsvariante zu diesem Bericht (die bereits angelegt sein muss) mitgegeben werden. Dies ist vor allem dann interessant, wenn die Selektionsvariante als statische Einschränkung definiert ist – z. B., dass nur definierte Kostenarten angezeigt werden dürfen.

Die GUI-Fähigkeit muss definiert werden. Ebenso kann festgelegt werden, ob ein Transaktionscode automatisch generiert und ob die Beschreibung des Berichts übernommen werden soll. Sofern ein Transaktionscode generiert wird, muss dieser in einem Paket angelegt werden (zu Paketen siehe Keller/Krüger, 2006, S. 63–70).

Sofern bereits ein Transaktionscode existiert, wird dieser bei der Option AUTOMATISCH GENERIEREN übernommen. Bei der manuellen Pflege eines Transaktionscodes wird eine Warnmeldung ausgegeben, dass zu diesem Report bereits ein Transaktionscode existiert. Das Ergebnis ist eine ganz normale Transaktion im Menü.

Rollenableitung

Das Konzept der Rollenableitung basiert auf einem Konzept organisatorischer Differenzierung entlang der Organisationsebenen (siehe Kapitel 3, »Organisation und Berechtigungen«) im SAP-System. Die zugrunde liegende Idee ist, dass eine Rolle zunächst einmal eine Menge von funktionalen Zugriffen ist und diese funktionalen

Zugriffe in verschiedenen Organisationsteilen gleich sein werden. Sie müssen allerdings organisatorisch zu unterscheiden sein. Somit kann – rein logisch – eine Referenz angelegt werden, die jeweils organisatorisch differenziert wird.

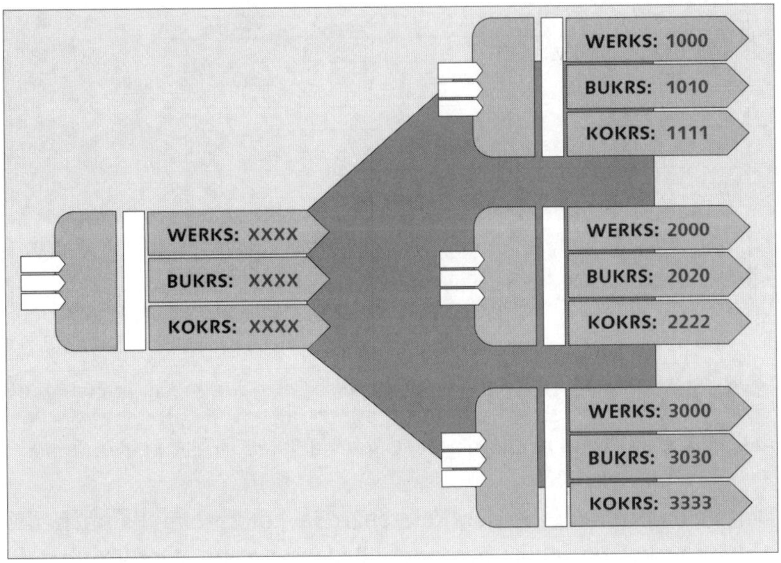

Abbildung 6.41 Referenzrolle – abgeleitete Rollen

Damit diese Differenzierung nicht dazu führt, dass eine logische Referenz 1.000-fach kopiert und individuell gepflegt wird, wird eine Ableitungsbeziehung hergestellt.

Referenzrolle

Eine logische Referenzrolle (entspricht der Vorlagerolle) für eine bestimmte Menge an Tätigkeiten wird so angelegt, dass die fachlichen Berechtigungen definiert sind. Die Ableitung erhält alle Berechtigungen und ermöglicht, diese Rolle für beliebig viele Organisationseinheiten auszuprägen, solange dies über die Organisationsebenen darstellbar ist. Das heißt, nur die Organisationsebenen sollen in den abgeleiteten Rollen unterschiedlich ausgeprägt werden.

Um eine Rolle abzuleiten, wird also eine Referenzrolle (entspricht einer Vorlagerolle) benötigt. Aus Gründen der Übersichtlichkeit raten wir Ihnen dringend, diese Referenzrolle keinem Benutzer zuzuordnen und fiktiv auszuprägen. Fiktiv ausprägen bedeutet in diesem Fall, dass alle tatsächlich zur Differenzierung genutzten Organisationsebenen in der Referenzrolle mit fiktiven Werten ausgeprägt werden (siehe Abbildung 6.42). Die Referenzrolle sollte laut Namenskonzept auch eindeutig identifizierbar sein.

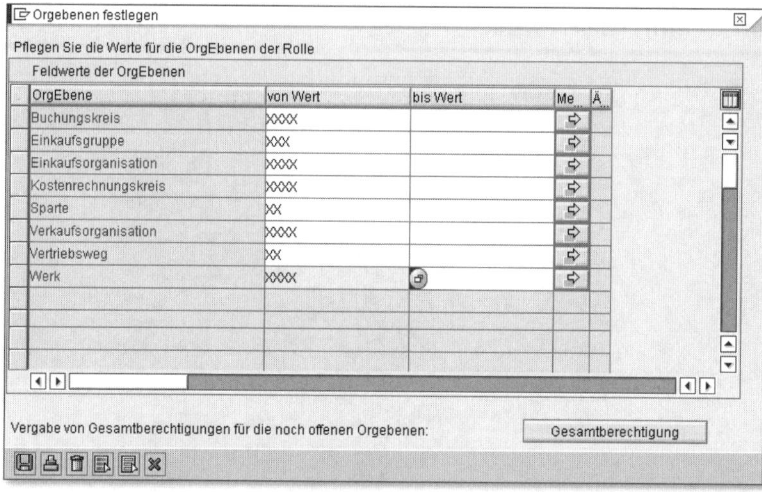

Abbildung 6.42 Fiktive Ausprägung der Organisationsebenen einer Referenzrolle

Der Feldwertpflege in der Referenzrolle kommt im Rahmen des Ableitungskonzepts eine besondere Bedeutung zu. Diese Werte definieren die Berechtigungen für alle abgeleiteten Rollen. Das bedeutet auch, dass eine auf Feldebene gepflegte Organisationsebene genau so in der abgeleiteten Rolle im entsprechenden Feld vorhanden sein wird.

Ableitung

Bei der Ableitung wird auf die Referenzrolle Bezug genommen. Dieser Bezug ist einerseits, wie dargestellt wird, ein technischer Bezug, andererseits ist es auch ein betriebswirtschaftlicher Bezug. Die Referenzrolle ist faktisch eine normative Vorgabe von Berechtigungen über die Grenzen von Organisationseinheiten hinweg. Auch abgeleitete Rollen sollten im Rahmen der geltenden Namenskonvention eindeutig identifizierbar sein.

Das Ableiten einer Rolle ist nur (einmalig) beim Anlegen möglich. Bevor die Rolle erstmalig gespeichert wird, muss die Ableitungsbeziehung durch Eintrag in das Feld Ableiten aus Rolle definiert sein. Beim Sichern der Rolle erfolgt dann eine Sicherheitsabfrage, ob die Referenzrolle wirklich als vererbende Rolle eingetragen werden soll. Sobald die Rolle gesichert ist, kann die Ableitungsbeziehung nicht mehr geändert, sondern nur noch ersatzlos aufgelöst werden.

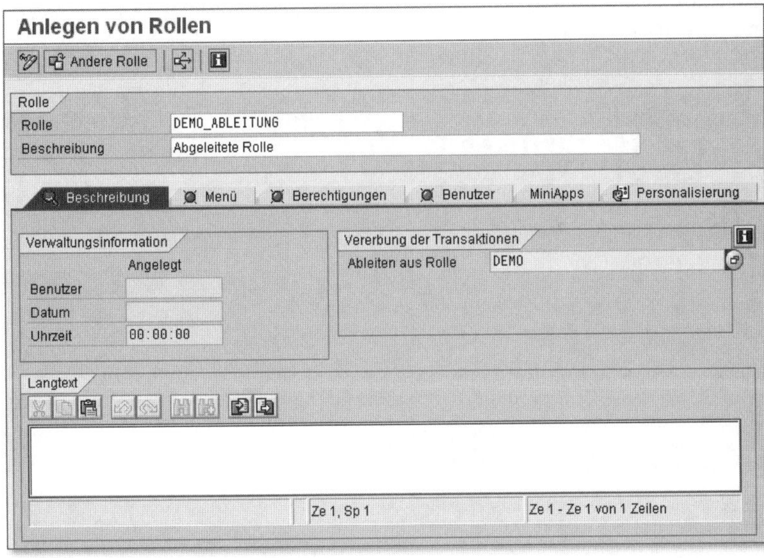

Abbildung 6.43 Ableiten beim Anlegen einer Rolle

Nachdem die Ableitungsbeziehung definiert (und das Menü automatisch übernommen) wurde, ist eine Pflege des Menüs nicht mehr zulässig. Dies ergibt sich systematisch aus dem Ableitungskonzept, funktionale Änderungen und damit auch das Hinzufügen von Transaktionen verstoßen gegen das Konzept. Sie stellen ein logisches Abweichen von der durch eine funktional definierte Referenzrolle und eine rein organisatorisch differenzierende Ableitung in die abgeleitete Rolle dar.

Die abgeleitete Rolle wird also nur im Profil gepflegt. Dabei werden zunächst die Organisationsebenen abgefragt. Nach der Pflege der Organisationsebenen stellt sich die Rolle wie in Abbildung 6.44 dargestellt dar, d. h., der Zustand der Berechtigungsobjekte entspricht den Vorschlägen der Vorschlagstabelle. Über den Button DATEN ÜBERNEHMEN (in der Abbildung mit ❶ gekennzeichnet) werden alle Werte der Referenzrolle mit Ausnahme der in der Ableitung bereits gepflegten Organisationsebenen übernommen.

Der Datenübernahme in der abgeleiteten Rolle entspricht in der Referenzrolle der Button ABGELEITETE ROLLEN GENERIEREN, der allerdings zusätzlich noch das Profil der abgeleiteten Rollen generiert. Beide Buttons gleichen alle Werte mit Ausnahme der Organisationsebenen ab.

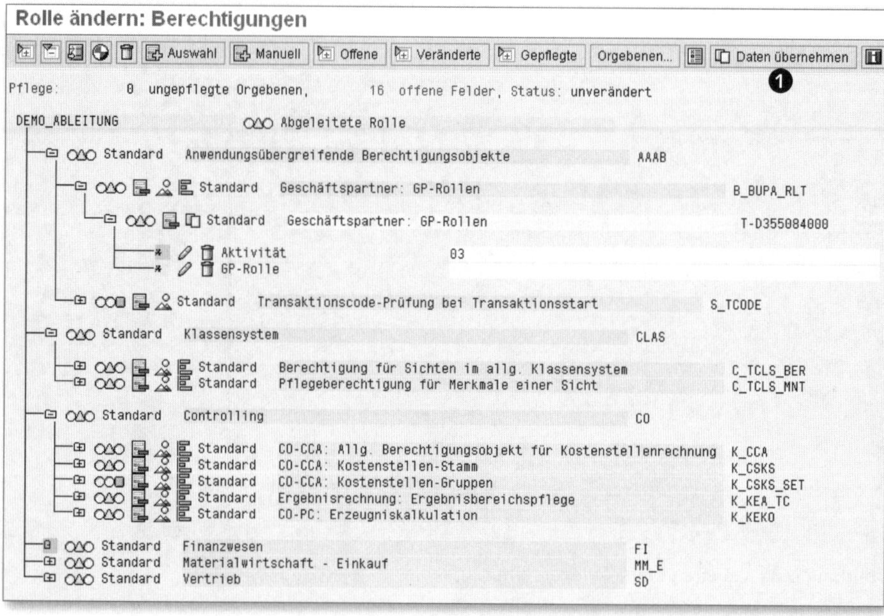

Abbildung 6.44 Abgeleitete Rolle/Datenübernahme

Die Navigation zwischen Referenzrolle und abgeleiteter Rolle wird erheblich durch die Vererbungshierarchie erleichtert. Der durch ❶ in Abbildung 6.45 gekennzeichnete Button öffnet die Vererbungshierarchie, in der durch Klicken zwischen den Rollen navigiert werden kann. Die Ableitungsbeziehung ist mit ❷ gekennzeichnet. Die Vererbung kann auch gut über die Tabelle AGR_DEFINE (Definition Rollen) ausgewertet werden.

Anmerkung zum Ableitungskonzept

In Reviews ist häufig festzustellen, dass das Ableitungskonzept nicht stringent umgesetzt wird.

Beispiel

Ein extremes Beispiel ist der Konzern, bei dem in Bezug auf 100 Referenzrollen und 7.000 Ableitungen mehr als 260.000 Abweichungen nachgewiesen werden konnten. In diesem Fall bestand das Ableitungskonzept nur noch nominell, faktisch war es so weit degeneriert, dass es weder betriebswirtschaftlich noch technisch sinnvoll war.

Gründe für Abweichungen

Zu diesen Abweichungen kann es kommen, wenn die Rollen nicht regelmäßig abgeglichen werden (über die Funktion im Profil der

Referenzrolle *Abgeleitete Rollen generieren* oder in der abgeleiteten Rolle *Daten übernehmen*).

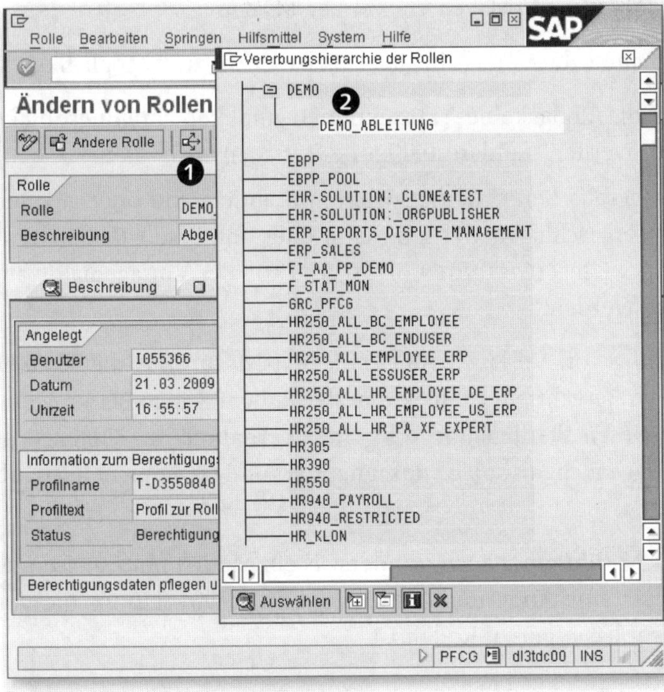

Abbildung 6.45 Vererbungshierarchie der Rollen

Die Arten, wie die abgeleitete Rolle degeneriert, sind mannigfaltig. Üblich sind manuelle Ergänzungen von Werten, aber auch manuelles Pflegen von Organisationsebenen im Objekt konnte nachgewiesen werden. Da diese Änderungen willentlich durchgeführt wurden, ist dieses Vorgehen ein bewusstes Umgehen des Ableitungskonzepts. Somit entsteht in jedem Fall eine Sicherheitslücke – vorausgesetzt, das Ableitungskonzept wird normativ begriffen – und eine zusätzliche Steigerung der Komplexität. Das Außerkraftsetzen eines technischen Standards muss in der täglichen Wartung berücksichtigt werden und steigert die Kosten jedes Upgrade-Projekts um die Anzahl der degenerierten Rollen. Die Firma, die im gegebenen Beispiel für die operative Pflege verantwortlich war, bezifferte den Aufwand für die Überführung während des Upgrades mit mehreren hundert Personentagen.

Berechtigungsvorlagen

Berechtigungsvorlagen sind systematisch vordefinierte Rollenprofile, die in der Profilpflege in eine Rolle übernommen werden können. SAP liefert standardmäßig einige dieser Vorlagen aus, es können weitere kundeneigene Vorlagen verwendet werden.

Vorlagen in Profile einfügen

Zur Übernahme der Vorlage in ein Profil haben Sie zwei Möglichkeiten:

- Sofern die Rolle keine Transaktionen und Berechtigungsobjekte enthält, werden standardmäßig die Vorlagen angeboten.
- Sofern bereits Berechtigungsdaten vorhanden sind oder aus dem Menü vorgeschlagen werden, kann über den Pfad • Bearbeiten • Einfügen Berechtigungen • Aus Vorlage der Vorlagedialog aufgerufen werden.

Die Nutzung von Vorlagen führt einerseits dazu, dass die so übernommenen Berechtigungsobjekte in der Rolle mit dem Status *Manuell* ausgewiesen werden und dass die Übernahme des Objekts aus einer Vorlage nicht als solche dokumentiert und somit nicht nachvollziehbar ist.

Die Nutzung führt aber auch – anders als ein Modell mit Ableitungen – dazu, dass eine Änderung der Vorlage nicht wirksam für die vormals darauf basierenden Rollen ist.

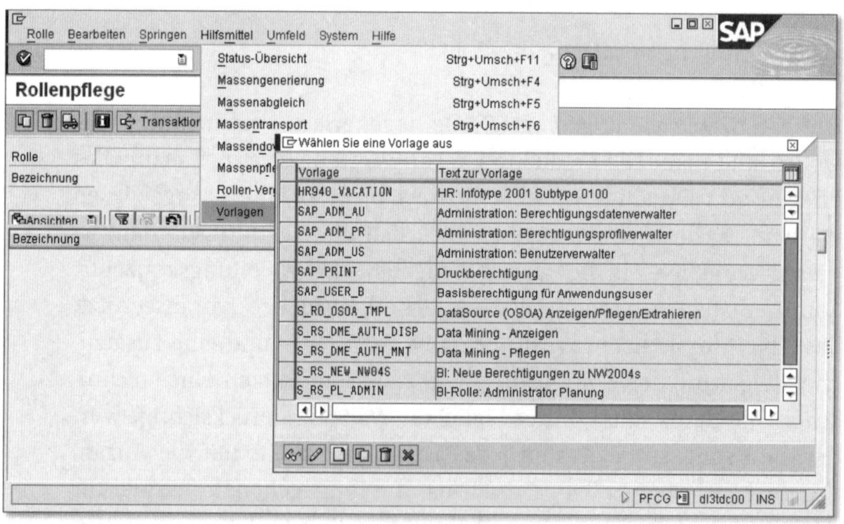

Abbildung 6.46 Einstieg in die Pflege von Vorlagen im Profilgenerator

Vorlagen pflegen

Berechtigungsvorlagen können in kundeneigene Vorlagen kopiert oder gänzlich durch den Kunden selbst angelegt werden (siehe Abbildung 6.47). Der Namensraum ist nur beschränkt darauf, dass kein S als Präfix genutzt wird.

Dazu stehen in der Pflege der Transaktion SU24 (Vorschlagswerte für den Profilgenerator) und im Profilgenerator über die Transaktion PFCG (Pflege von Rollen) selbst zwei Wege zur Verfügung. Im Profilgenerator werden die Vorlagen über HILFSMITTEL • VORLAGEN gepflegt.

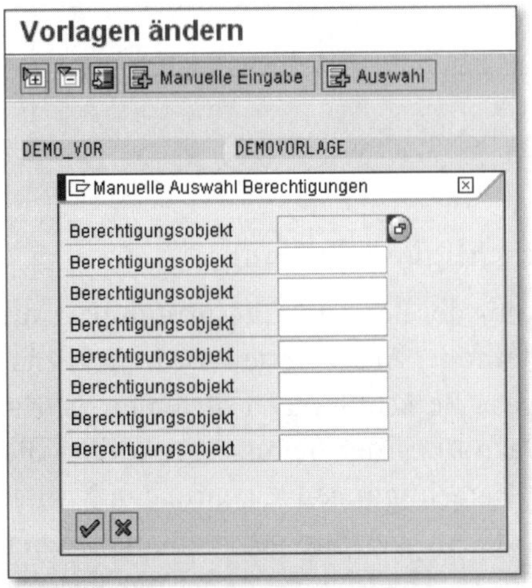

Abbildung 6.47 Berechtigungsvorlage pflegen

Wie im Profilgenerator können Objekte auf verschiedenen Wegen hinzugefügt werden. Beim Speichern muss die Vorlage entweder als lokales Objekt übernommen oder als Objektkatalogeintrag hinterlegt werden (das Vorgehen wird unter *http://help.sap.com/* im *BC – Change and Transport Organizer* beschrieben).

6.4 Analyse von Berechtigungsprüfungen

Eine der bereits formulierten Anforderungen an die Pflege von Berechtigungen ist die, dass nur Berechtigungswerte vergeben werden, die eindeutig notwendig für die Ausführung einer bestimmten und legitimen Aktion sind.

Wie bereits angesprochen, ist eine erforderliche Quelle für diese Werte die Vorschlagstabelle, die in Kapitel 7, »Systemeinstellungen und Customizing«, ausführlicher dargestellt werden soll. Diese kann allerdings selbst bei ausführlicher Pflege nicht alle Werte enthalten. Dazu ein Beispiel: Eine Organisation möchte Berechtigungen über die Belegart in der Bestellung differenzieren, also kann als Vorschlagswert auf der Bestellung nicht die Belegart konkret mitgegeben werden.

Neben der Analyse der Vorschlagswerte gibt es noch drei weitere Wege, um zu ermitteln, welche Berechtigungen benötigt werden:

- die Fehlerprüfung (Auswertung der Berechtigungsprüfung)
- den Berechtigungstrace
- die Prüfung des Programms

Diese werden wir im Folgenden betrachten.

6.4.1 Auswertung der Berechtigungsprüfung

Die Transaktion SU53 (Auswertung der Berechtigungsprüfung) ist mit Sicherheit die ineffizienteste Methode. Ausgewertet wird, möglichst durch den Benutzer selbst, welche Berechtigungen für einen Schritt erforderlich gewesen wären. Dazu führt der Benutzer, nachdem die Ausführung wegen mangelnder Berechtigungen abgebrochen wurde, die Transaktion aus und stellt die Auswertung gegebenenfalls über einen Screenshot zur Verfügung. In Abbildung 6.48 ist der Bereich umrandet, der Details zu der fehlenden Berechtigung enthält.

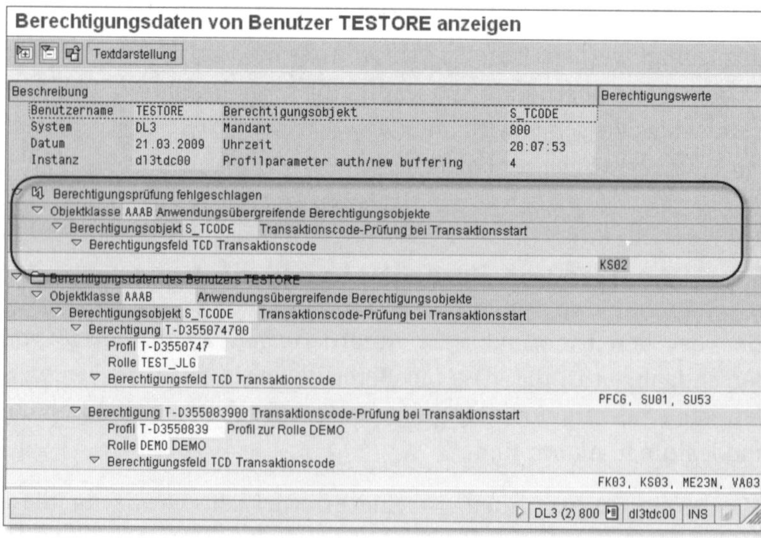

Abbildung 6.48 Auswertung der Berechtigungsprüfung

Reine Fehlerprüfung

Dieses Vorgehen ist deshalb ineffizient, weil nur der aktuelle Fehler ermittelt wird. In der vereinfachten Darstellung in Abbildung 6.11 sind bereits fünf Prüfungen von Berechtigungsobjekten im Programmablauf dargestellt. In diesem Beispiel müsste also ein Benutzer fünfmal den Fehler über die Transaktion SU53 (Auswertung der Berechtigungsprüfung) ermitteln und mitteilen. Entsprechend ist diese Methode nichts anderes als eine Fehlerprüfung – genauer: eine Methode, die einzeln fehlende Berechtigungen nachweist. Sie weist aber nicht eventuell zu umfassende Berechtigungen aus, und sie weist auch nicht aus, welche weiteren Berechtigungen im Programmablauf noch fehlen werden.

Entsprechend ist die Methode nur für den Support produktiver Rollen in einem eingeführten und umgesetzten Berechtigungskonzept sinnvoll. Mit dieser Methode neue Rollen anlegen zu wollen führt zu einem nicht akzeptablen Aufwand.

6.4.2 Analyse im Programmablauf System-Trace/Berechtigungstrace

Es gibt zwei Arten, Berechtigungen zu tracen, d. h. aufzuzeichnen, welche Berechtigungen im Programmablauf tatsächlich überprüft werden. Die eine Art ist der im Folgenden dargestellte System-Trace, die andere wird in Abschnitt 7.8, »Entwickler- und Berechtigungstrace«, erläutert.

Der System-Trace wird in der fallbezogenen Ermittlung von Berechtigungen eingesetzt. Der Entwickler-Trace wird vor allem für kundeneigene Transaktionen, die keine Einträge in der Vorschlagswerttabelle USOBT (Relation Transaktion → Ber.Objekt) haben, genutzt. Der Entwickler-Trace gehört zur Entwicklung und Dokumentation von Programmen.

Der Trace, Transaktion ST01 (System-Trace), sollte eingeschränkt werden auf den Gegenstand der Analyse, d. h., regelmäßig ist die Berechtigungsprüfung (einschränken über Trace-Komponenten im Einstiegsbildschirm) nur für einen Benutzer oder eine Transaktion von Interesse. Benutzer oder Transaktion werden entweder über den Button ALLGEMEINE FILTER oder über den in Abbildung 6.49 dargestellten Menüpfad eingeschränkt.

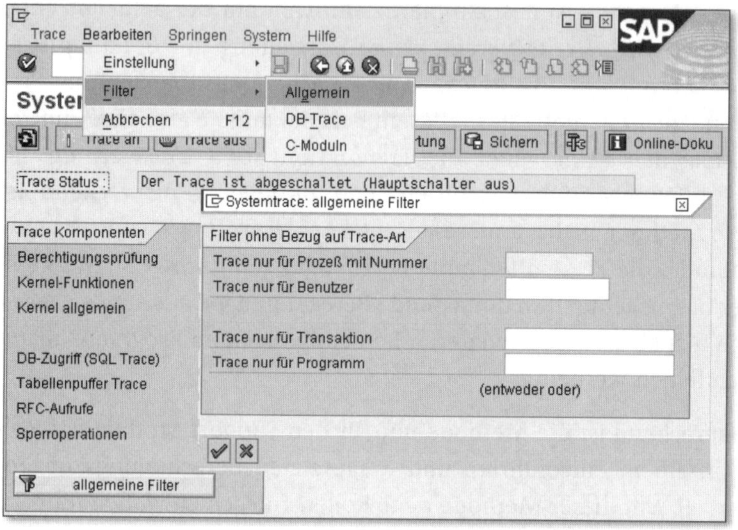

Abbildung 6.49 System-Trace: Einstiegsbildschirm

Der gewählte Benutzer kann (in einem Testsystem) ein Benutzer mit sehr umfangreichen Berechtigungen sein. Nach der einschlägigen Einschränkung des Traces auf den notwendigen Analyserahmen wird der Trace aktiviert. Nach dem Einschalten des Traces kann mit der Aufzeichnung begonnen werden.

Expertenunterstützung

Aufgezeichnet wird die fachlich korrekte Ausführung einer Transaktion, z. B. das Anlegen einer Bestellung. Erfahrungsgemäß sollte die Transaktion im gewünschten prozessualen Umfang durch einen Experten des jeweiligen Fachbereichs durchgeführt werden. Diesem und nur diesem sind nämlich auch gewünschte Einschränkungen im funktionalen oder organisatorischen Umfang der Ausführung bekannt. Er ist es auch, der die impliziten und jeweils gewünschten organisationsspezifischen Einschränkungen kennt.

Um die Experten nicht zeitlich zu sehr zu binden, lohnt es sich, auch ganze Rollen oder sogar noch mehr aufzuzeichnen. Das erfordert dann allerdings etwas mehr Aufwand in der Auswertung.

Die Auswertung des Traces wird über den Button Auswertung erreicht. Sofern vorab keine Einschränkung vorgenommen wurde, kann an dieser Stelle noch eine Selektion die Treffermenge auf ein sinnvolles Maß beschränken.

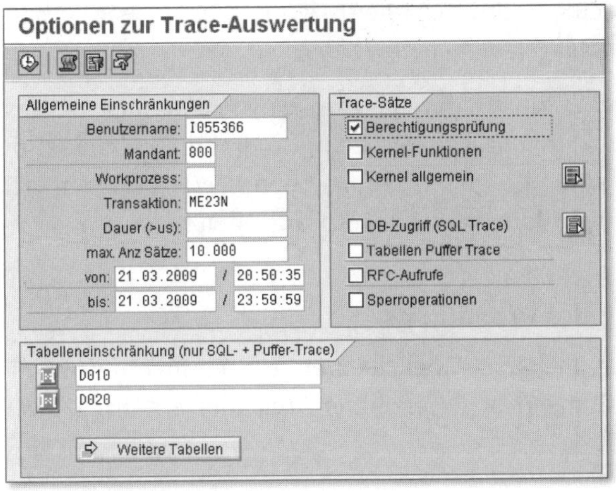

Abbildung 6.50 System-Trace: Auswertung

Die Anzeige des Traces ermöglicht eine zügige Erfassung der überprüften Berechtigungsobjekte. Sofern es um einen Trace geht, der eine große Menge von Prüfungen enthält, empfiehlt es sich dringend, den Trace in ein Format zu übertragen, das einschlägige Auswertungen und Gruppierungen ermöglicht.

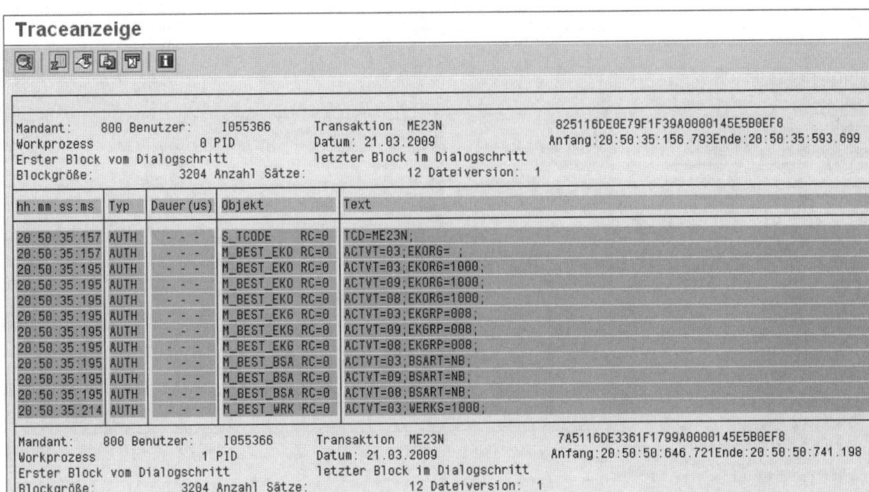

Abbildung 6.51 System-Trace: Anzeige

Gehen Sie bei der Interpretation der Werte vorsichtig vor, der Trace kann Werte enthalten, die durch das erstmalige Ausführen der Transaktion benötigt werden. Er wird mit Sicherheit auch Werte enthalten, die durch allgemeine Endnutzerrollen wie die sogenannten *unkritischen Basisberechtigungen* vergeben werden.

Beachten Sie darüber hinaus, dass der Absprung in eine andere Transaktion im Trace dadurch nachzuvollziehen ist, dass diese Transaktion aufgezeichnet wurde, die im Trace folgenden Werte beziehen sich somit auf die Transaktion, auf die abgesprungen wurde.

6.4.3 Prüfung des Programms

Prinzipiell stehen mehrere Möglichkeiten zur Verfügung, um die Berechtigungsprüfungen in Programmen, Includes etc. nachzuweisen:

In der Transaktion SE80 (Object Navigator) können Sie im Programm den String `authority-check` suchen (siehe Abbildung 6.52).

Über den Report RPR_ABAP_SOURCE_SCAN (ABAP Source Scan) können Sie ebenfalls im benannten Programm den String `authority-check` suchen.

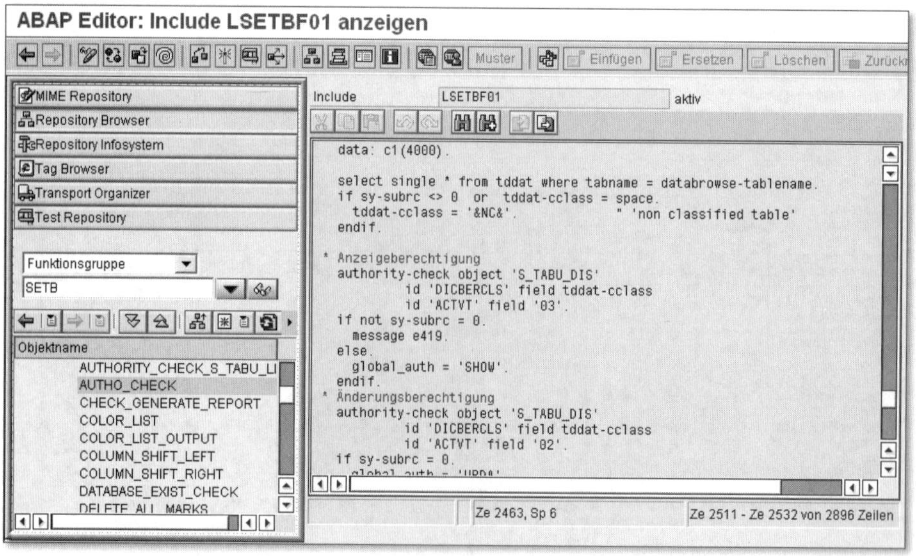

Abbildung 6.52 String »authority_check« im Programm SETB

Schließlich kann in den Verwendungsnachweisen überprüft werden, wo ein bestimmtes Berechtigungsobjekt Verwendung gefunden hat. Im Beispiel, das in Abbildung 6.53 dargestellt ist, wird der Verwendungsnachweis über die Transaktion S_BCE_68001413 (Berechtigungsobjekte nach komplexen Selektionskriterien) ausgeführt. Dazu klicken Sie auf den Button VERWENDUNGSNACHWEIS, der in Abbildung 6.53 markiert ist.

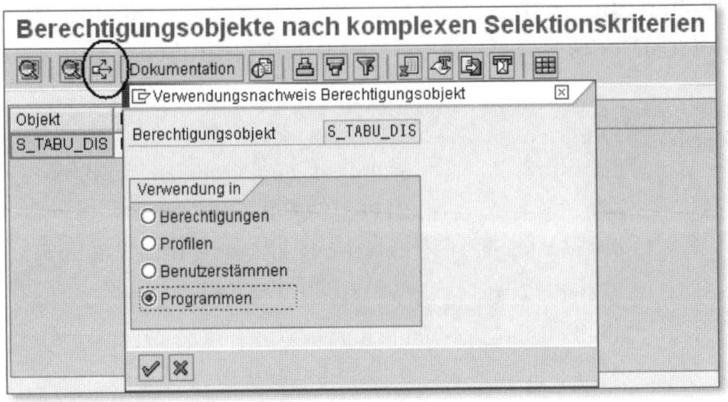

Abbildung 6.53 Verwendungsnachweis von Berechtigungsobjekten

Nach einem weiteren Selektionsschritt, in dem in diesem Beispiel auf Transaktionen und Programme eingeschränkt wurde, wird der in Abbildung 6.54 dargestellte Verwendungsnachweis ausgegeben.

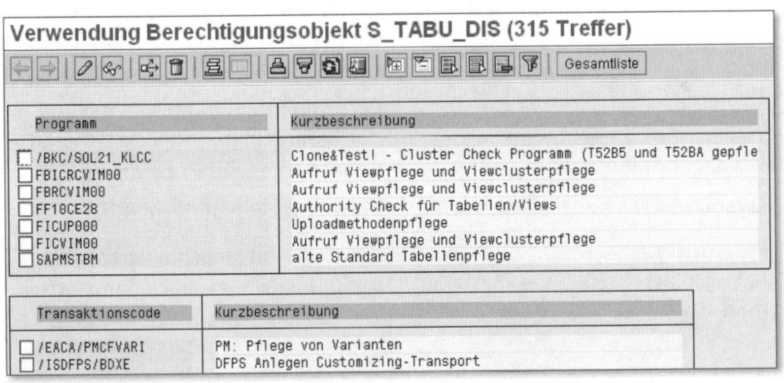

Abbildung 6.54 Verwendungsnachweis

6.5 Weitere Rollentypen in SAP ERP

Neben der bisher besprochenen Rolle, im Sinne einer Einzelrolle, und der abgeleiteten Rolle (die immer auch eine Einzelrolle ist) stehen im Standard noch die Sammelrolle und die Rollenmanager-Rolle zur Verfügung. Da die Rollenmanager-Rolle ein unbekannter Typ ist und eines weiteren umzusetzenden technischen Konzepts bedarf, soll diese in Kapitel 9, »Automatisierte organisatorische Differenzierung: der Rollenmanager«, besprochen werden.

Ergänzend zum Standard gibt es noch konzeptionelle Differenzierungsmöglichkeiten, die teilweise werkzeugabhängig sind. Als Typisierung bietet sich die in Tabelle 6.3 dargestellte Unterscheidung an.

Rollentyp	Differenzierung	Erklärung
Einzelrolle	Einzelrolle	Standard: Einzelrolle zur direkten Verwendung
	Referenzrolle/ Vorlagerolle	Einzelrolle, die lediglich als Referenz zum Ableiten dient
	abgeleitete Rolle	Einzelrolle, die aus einer Vorlagerolle abgeleitet wurde
	Rollenmanager-Rolle	Einzelrolle, die durch den ABAP-Rollenmanager erzeugt und zugewiesen wird
	Wertrolle	Einzelrolle, die ausschließlich Berechtigungsobjekte zur organisatorischen Differenzierung nutzt
	funktionale Rolle	Einzelrolle. Logisches Pendant zur Wertrolle, in der funktionalen Rolle sind alle erforderlichen Berechtigungen enthalten, mit Ausnahme der Berechtigungsobjekte zur organisatorischen Differenzierung.
Sammelrolle		Kombination von Einzelrollen
Enterprise-Rolle (Access Control)		Kombination verschiedener Rollen, sowohl Einzel- als auch Sammelrollen, gegebenenfalls systemübergreifend

Tabelle 6.3 Rollentypisierung

6.5.1 Sammelrolle

Die Sammelrolle ist die Kombination beliebig vieler Einzelrollen, wenn gewünscht, unter Zusammenstellung eines integrierten Sammelrollenmenüs. Die Sammelrolle wird auch über den Profilgenerator über die Transaktion PFCG (Pflege von Rollen) angelegt, im Einstiegsbildschirm klicken Sie dazu auf den Button SAMMELROLLE

ANLEGEN. Die erste Registerkarte BESCHREIBUNG muss sinngemäß wie bei einer Einzelrolle gepflegt werden. Auf der zweiten Registerkarte ROLLEN können nun die gewünschten Rollen hinzugefügt werden. Auf der dritten Registerkarte MENÜ kann das Menü der Einzelrollen eingelesen und durch weitere Buttons bereinigt/integriert werden.

Die Sammelrolle ist funktional die Bündelung von Einzelrollen, um gegebenenfalls einen Aufgabenzusammenhang oder unter Umständen einen Stellenzusammenhang abbilden zu können (siehe Abbildung 6.55). Diese Bündelung ist dort sehr sinnvoll einzusetzen, wo Teilaufgaben unterschiedlichen Aufgaben oder Aufgaben unterschiedlichen Stellen zugeordnet werden können (siehe Kapitel 3, »Organisation und Berechtigungen«).

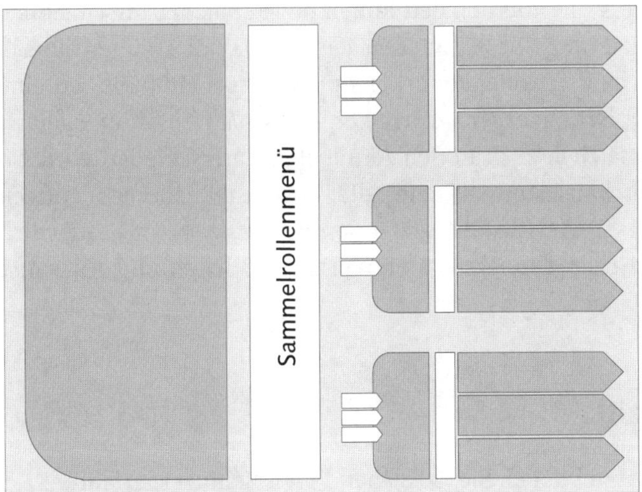

Abbildung 6.55 Sammelrolle

6.5.2 Wertrolle/funktionale Rolle

Einige Berechtigungskonzepte differenzieren zwischen *Wertrollen* und *funktionalen Rollen*. Dies ergibt sich teilweise aus dem Einsatz eines entsprechenden Werkzeugs, es kann aber auch rein konzeptionelle Gründe dafür geben.

Eine funktionale Rolle in diesen Konzepten ist eine Rolle, die alle gewünschten Berechtigungen enthält, nur die Berechtigungsobjekte nicht, die Felder enthalten, die zur organisatorischen Differenzierung genutzt werden. Dabei ist es unerheblich, ob die Felder als Organisationsebenen angelegt oder einfache Felder sind. Diese Berechtigungsobjekte werden in eigenen Rollen, den Wertrollen, zusammengefasst.

Erst die Kombination von beiden Rollentypen im Benutzerpuffer soll die tatsächlichen Berechtigungen darstellen.

Die Art der Zusammenfassung kann sehr unterschiedlich sein. So sind uns Wertrollenkonzepte begegnet, in denen schlicht alle organisatorisch unterscheidenden Berechtigungsobjekte zusammengefasst waren und alle Aktivitäten berechtigt waren. Diese Herangehensweise ist gleich doppelt falsch, einerseits gibt es so gut wie keine Organisation, in der Organisationsteile durch eine übergreifende Sammlung berechtigt werden können. Andererseits ist natürlich die Berechtigung für alle Aktivitäten niemals angemessen, sie würde voraussetzen, dass die funktionalen Rollen des Benutzers ausschließlich die Differenzierung auf Aktivitäten leisten. Das ist so aber einfach nicht möglich. Wertrollenkonzepte sind nur dort sinnvoll, wo eine kleine Gruppierung organisatorischer Merkmale zusammengefasst wird und zusätzlich auch in den Aktivitäten unterschieden wird. So kann es durchaus sinnvoll sein, die Kostenstellenberechtigungen (Feld KOSTL sowie RESPAREA) zusammenzufassen und zusätzlich minimal zwischen den Aktivitäten Anlegen, Buchen und Anzeigen zu unterscheiden.

6.6 Fazit

In diesem Kapitel haben Sie, ausgehend vom Benutzer, erfahren:

- wie der Benutzer gepflegt wird
- worin der Zusammenhang zwischen Transaktion, Programm und Berechtigungsobjekt besteht
- wie Sie Rollen pflegen
- welche Standards Sie bei der Rollenpflege einhalten sollten
- wie Sie Berechtigungsprüfungen analysieren können
- welche weiteren Rollentypen es gibt

Durch die zahlreichen Verweise auf spätere Kapitel sollte auch deutlich werden, dass die Berechtigungspflege weit mehr umfasst als die bloße Definition einer Rolle.

In Kapitel 6 wurde deutlich, dass für ein ausdifferenziertes Berechtigungskonzept noch viele weitere Elemente erforderlich sind als die Pflege von Rollen allein. Dieses Kapitel beschreibt die Einstellungen und Funktionen in der Rollen- und Berechtigungsadministration.

7 Systemeinstellungen und Customizing

Der Aufbau dieses Kapitels folgt dem normativen Ansatz der Berechtigungspflege. Normativ ist der Ansatz, weil das Ziel der Regelkonformität (siehe Kapitel 4, »Rechtlicher Rahmen – normativer Rahmen«) nur durch möglichst präzise Regeln erreichbar ist. Aus den gesetzlichen Regeln müssen Regeln der Organisation werden, aus diesen müssen für das Berechtigungskonzept technische Regeln werden. Die wichtigste technische Regel ist die, dass die Möglichkeiten des technischen Systems effizient genutzt und nicht umgangen werden.

Entsprechend ist der Abschnitt 7.1, »Pflege und Nutzung der Vorschläge für den Profilgenerator«, den Vorschlagswerten gewidmet, die eine effiziente Pflege von Rollen erst ermöglichen. Abschnitt 7.2, »Upgrade von Berechtigungen«, beschreibt das Upgrade von Berechtigungen und bezieht sich damit systematisch auf das Upgrade über den Profilgenerator und somit auf die Überführung der Rollen, gestützt auf die Vorschlagswerte. Abschnitt 7.3, »Parameter für Kennwortregeln«, stellt schließlich Parameter für Kennwortregeln vor.

In Verbindung mit Kapitel 6, »Technische Grundlagen der Berechtigungspflege«, haben Sie mit diesen Abschnitten alle Einstellungen für den Betrieb eines normativ fundierten Berechtigungskonzepts kennengelernt. Der Zusammenhang zwischen Möglichkeiten im System und Regelkonformität wurde dargestellt.

Die nächsten Abschnitte stellen wichtige Erweiterungen des Konzepts und damit weitere Möglichkeiten zur Erreichung von Regelkonformität dar: Abschnitt 7.4, »Customizing-Einstellungen zum Menükonzept«, beschreibt die Möglichkeiten eines normativen Menükonzepts, und Abschnitt 7.5, »Berechtigungsgruppen«, führt Sie in die Nutzung und Erweiterung von Berechtigungsgruppen in Bezug auf optionale Prüfungen und die Tabellenberechtigungen ein. In Abschnitt 7.6, »Parameter und Query-Transaktionen«, erfahren Sie, wie Sie Tabellenzugriffe und Querys in Transaktionen umwandeln können, um zu verhindern, dass Endbenutzer direkte Tabellenzugriffe haben. Abschnitt 7.7, »Anhebung eines Berechtigungsfeldes zur Organisationsebene«, widmet sich der weiteren organisatorischen Differenzierung Ihres Berechtigungskonzepts mittels zusätzlicher Organisationsebenen.

Um die Möglichkeiten, ein Standardberechtigungskonzept zu erstellen, auszuprägen und kundenspezifische Einstellungen, Transaktionen und Funktionen zu ergänzen, folgen die nächsten drei Abschnitte: Abschnitt 7.8, »Entwickler- und Berechtigungstrace«, beinhaltet Informationen zur umfassenden Ermittlung von Berechtigungen vor allem in kundeneigenen Programmen. Abschnitt 7.9, »Berechtigungsfelder und -objekte anlegen«, beschreibt die Anlage eigener Berechtigungsobjekte. Abschnitt 7.10, »Weitere Transaktionen der Berechtigungsadministration«, stellt eine Sammlung weiterer nützlicher Transaktionen vor.

In Abschnitt 7.11, »Rollen zwischen Systemen oder Mandanten bewegen«, stellen wir dar, wie Rollen zwischen Systemen bewegt werden können – es geht also um den Up- und Download und den Transport von Rollen.

7.1 Pflege und Nutzung der Vorschläge für den Profilgenerator

In diesem Abschnitt möchten wir die Funktion der Vorschlagswerte für den Profilgenerator, im Upgrade, für die Pflege regelkonformer Berechtigungen und die Risikoanalyse darstellen.

In Abschnitt 6.3.2, »Anlage und Pflege von Rollen«, sind wir bereits auf die Funktion der Vorschlagswerte für den Profilgenerator und den damit im Zusammenhang stehenden Status von Berechtigungsobjekten eingegangen. Als Ziel der Vorschlagswertpflege wurde definiert, dass maximal 10 % der Berechtigungsobjekte in Rollen den Status *Verändert* oder *Manuell* haben sollten und dass alle Objekte in diesen Status in der Rolle entsprechend dokumentiert sein sollten.

Die Vorschlagswerte werden in den Vorschlagswerttabellen gepflegt. Deren Funktion besteht darin, in den Rollen einheitliche Berechtigungsvorschläge für alle über das Menü hinzugefügten Transaktionen oder Webservices bereitzustellen.

Nutzen der Vorschlagswerte

Eine umfassende Pflege der Vorschlagswerte in Verbindung mit dem angegebenen Statusziel hat folgenden Nutzen:

- Berechtigungspflege erfolgt regelbasiert statt »by incident«. Konkret wird eine technische Regel hinterlegt, welche Berechtigungsobjekte mit welchen Feldwerten zu einer Transaktion gehören und somit im Profil vorgeschlagen werden sollen. Da diese Feldwerte, Aktivitäten und differenzierenden Merkmale die konkrete Nutzung bestimmen, ist diese technische Regel auch gleichzeitig eine Norm in Bezug auf die statthaften Aktivitäten einer Verrichtung. Diese Normbildung unterstützt die Regelkonformität und die Transparenz über die Erreichung der Regelkonformität.
- Erfahrungswissen sichern (nicht jedes Mal neu ermitteln müssen, welche Berechtigungsobjekte für eine bestimmte Transaktion nötig sind). Diese Funktion steigert die Effizienz und Nachhaltigkeit.
- Rollen sauber halten (entzogene Transaktionen führen zum Entzug von Berechtigungsobjekten), auch dieses Funktion sichert Regelkonformität.
- Upgrade-Kosten angemessen halten. Diese Funktion ist Ausdruck der Effizienz, die bei präziser Pflege erreicht werden kann.
- Auditierbarkeit sicherstellen. Der technisch definierte Zusammenhang zwischen Transaktion und Berechtigungsobjekt erleichtert sinnvolle Audits von Berechtigungskonzepten.
- Bei der Definition von Risiken in SAP BusinessObjects Access Control die »richtigen« Werte nutzen. Alle selbst erstellten Risikodefinitionen basieren auf den Werten der Vorschlagstabellen.

Die Pflege der Vorschlagswerte für den Profilgenerator vereinfacht mittelfristig die Rollenpflege und macht sie transparenter. Die Tabelle USOBT (Relation Transaktion → Ber.objekt) enthält die sinnvollen Standardvorschlagswerte zur Transaktion. Die Vorschlagswerte der Vorschlagswerttabelle werden durch die Produktivsetzung des Profilgenerators mit der Transaktion SU25 (Upgrade-Tool für den Profilgenerator) in die Tabelle USOBT_C (Relation Transaktion → Berechtigungsobjekt (Kunde)) umgesetzt.

Kundenspezifische Ausprägung

Da Berechtigungsausprägungen immer kundenspezifisch sind, d. h. durch die Konfiguration, das Stammdatenkonzept, aber auch individuelle Präferenzen bestimmt werden, sind die Standardvorschlagswerte zwingend unvollständig. Um die Vorschlagswerte anzupassen und zu ergänzen, steht die Transaktion SU24 (Pflege der Zuordnungen von Berechtigungsobjekten zu Transaktionen) zur Verfügung, die u. a. die kundenspezifische Tabelle USOBT_C pflegt.

Standardvorschläge pflegen

Wir empfehlen Ihnen die detaillierte Pflege der Vorschlagswerte ausdrücklich auch für Standardtransaktionen, da sinnvolle Vorschlagswerte gegebenenfalls besondere Nutzungen, Systemeinstellungen und Stammdatenmerkmale reflektieren.

Im Folgenden werden wir die Funktionen der Vorschlagstabelle darstellen.

7.1.1 Funktion für den Profilgenerator

Die Tabelle versorgt den Profilgenerator mit Vorschlägen für Berechtigungswerte. Jede im Menü eingefügte Transaktion wird mit diesen Default-Werten versorgt. Abbildung 7.1 verdeutlicht, dass in Bezug auf die im Menü vergebene Transaktion die Vorschlagswerte aus der Vorschlagswerttabelle in das Berechtigungsprofil übernommen werden.

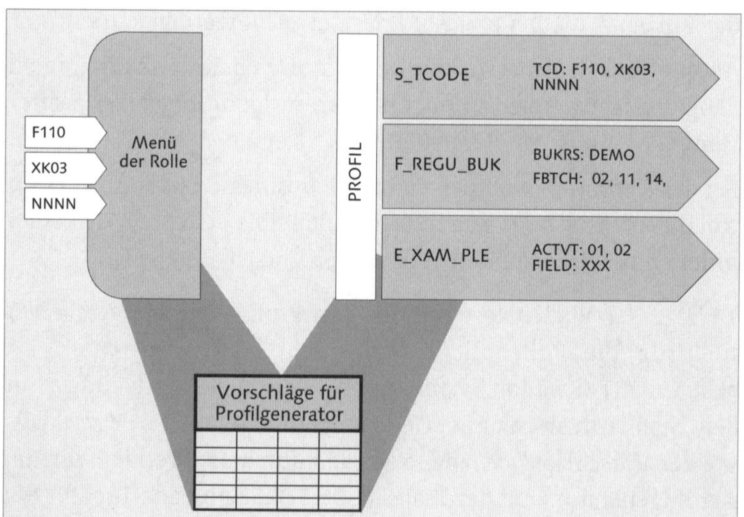

Abbildung 7.1 Übernahme der Vorschlagswerte für die im Menü vergebenen Transaktionen

Die Übernahme von Vorschlagswerten funktioniert bei der Rollenänderung nur, sofern Sie in der Transaktion PFCG (Pflege von Rollen), auf der Registerkarte BERECHTIGUNGEN den Button EXPERTENMODUS ZUR PROFILGENERIERUNG wählen und dort ALTEN STAND LESEN UND MIT DEN NEUEN DATEN ABGLEICHEN auswählen. Automatisch kommen Sie in den Expertenmodus, wenn Sie auf der Registerkarte den Button BERECHTIGUNGSDATEN ÄNDERN nutzen. Die Pflege über den Expertenmodus muss der Standard sein.

Berechtigungsobjekte können vier Status haben:

- Manuell – Das ganze Objekt wurde manuell hinzugefügt.
- Verändert – Der Vorschlagswert wurde verändert.
- Gepflegt – Entspricht dem Vorschlagswert, es wurden Felder gepflegt.
- Standard – Entspricht dem Vorschlagswert.

Der Unterschied zwischen Pflegen und Verändern besteht darin, dass bei der Pflege offene Felder gepflegt, hingegen bei der Veränderung Standardfeldausprägungen verändert werden.

Entzug von Transaktionen

Dieser Unterschied ist relevant. Der Mechanismus, der beim Ergänzen einer Rolle um eine Transaktion abläuft, arbeitet analog beim Entziehen einer Transaktion. Die Berechtigungsobjekte im Status *Gepflegt* oder *Standard*, die ausschließlich zur entzogenen Transaktion gehören, werden wieder entzogen. Damit wird einem Kernproblem oft veränderter Rollen vorgebeugt: dem Problem, dass es keine nachhaltige logische Zuordnung von enthaltenen Berechtigungsobjekten zu den vergebenen Transaktionen gibt.

Beispiel

Dies soll an einem Beispiel dargestellt werden: Einer Rolle, die ausschließlich Reporting-Transaktionen enthält, wird die Transaktion SQVI (Quick Viewer) hinzugefügt. Da das Berechtigungsobjekt für Tabellenzugriffe (S_TABU_DIS) kein Standardvorschlag ist, wird es manuell der Rolle hinzugefügt. Später wird – ganz im Sinne wünschenswerter Regelkonformität – die Nutzung des Quick Viewers massiv eingeschränkt, die Transaktion wird der Reporting-Rolle entzogen. Da das Berechtigungsobjekt für Tabellenzugriffe manuell hinzugefügt wurde, verbleibt es in der Rolle. Das hat Folgen:

- Die Rolle enthält mehr Berechtigungen als erforderlich.
- Das Risiko, das in einer Kombination mit anderen Rollen entstehen kann, ist erheblich und nicht vorab zu bestimmen.

Je präziser die Default-Werte in den Tabellen gepflegt sind, desto genauer passen die Vorschlagswerte für die Rollen. Anzustreben ist ein Zustand, in dem auf Objektebene 95 % aller Berechtigungsobjekte als Default in die Rolle übernommen werden. Das heißt, dass nur noch 5 % der Berechtigungsobjekte mit dem Status *Manuell* gekennzeichnet sind.

7.1.2 Funktion im Upgrade

Mit der Transaktion SU25 (Upgrade-Tool für den Profilgenerator) werden verschiedene Schritte vollzogen, um im Upgrade die alten Berechtigungen und Rollen den neuen Erfordernissen anpassen zu können. Im Prinzip werden dort die alten Vorschlagswerte (Kunde) mit den neuen Vorschlagswerten (SAP) abgemischt und die Rollen mit Änderungsbedarf identifiziert.

7.1.3 Normativer Nutzen

Es gibt für das oben erwähnte 95-%-Ziel noch einen weiteren Grund: Die Berechtigungsvergabe erfolgt technisch überwiegend positiv, ergänzend dazu verlangt der normative Rahmen, dass Berechtigungen nach dem Prinzip der Notwendigkeit vergeben werden. Im Umkehrschluss bedeutet das, dass nur vorab nachvollziehbar definierte Berechtigungen vergeben werden dürfen. Somit müssen Berechtigungen aus der Vorschlagstabelle kommen. Wir haben technische Ausprägungen von Berechtigungskonzepten gesehen, in denen weniger als 2 % der Berechtigungsobjekte im Status *Standard* oder *Gepflegt* waren. Damit wurde jedes Upgrade zu einem Extraprojekt im Berechtigungswesen, mit einem kalkulierten Aufwand, der den einer regelbasierten Pflege um ein Vielfaches übertraf.

Wenn die Default-Werte optimal gepflegt sind, müssen die Default-Objekte im Profil nicht mehr verändert und, wie oben dargestellt, schon gar nicht manuell hinzugefügt, sondern nur noch gepflegt werden. Der Nachweis wird möglich, dass eine technische, kundenspezifisch definierte Norm eingehalten wird.

Diskussion des Status von Berechtigungsobjekten

Wenn Berechtigungsobjekte manuell einem Profil hinzugefügt oder geändert wurden, besteht keine Relation zwischen dem transaktionalen Umfang der Rolle und den zugeordneten Berechtigungsobjekten. Das bedeutet einerseits, dass keine Auskunft möglich ist, warum etwa ein kritisches Objekt einer Rolle zugeordnet wurde. Es bedeutet aber auch, dass ein Berechtigungsobjekt, das wegen einer fehlenden Berechtigung beim Ausführen einer konkreten Transaktion aus gutem Grund hinzugefügt (oder geändert) wurde, auch dann in der Rolle verbleibt, wenn die Transaktion wieder entfernt wurde. Ohne Übertreibung kann behauptet werden, dass Berechtigungsobjekte im Status *Manuell* oder *Geändert* perspektivisch dazu führen, dass die Rolle während ihres Lebenszyklus degeneriert. Dies wäre für die Rolle gegebenenfalls noch unkritisch, da aber die Berechtigungen im Benutzerstammsatz sich aus allen Rollen des Benutzers additiv zusammensetzen, kann ein »vergessenes« Berechtigungsobjekt kritische Folgen haben.

Es dürfte deutlich geworden sein, dass eine vorschlagsbasierte Rollenpflege sowohl für die tägliche Pflege als auch für ein Upgrade die einzige sinnvolle Methode ist. Darüber hinaus sollte auch deutlich geworden sein, dass die Vorschlagstabelle in Verbindung mit dem Status der Berechtigungsobjekte der einzige eindeutige Nachweis ist, warum bestimmte Berechtigungsobjekte in einer Rolle enthalten sind.

Der normative Nutzen zusammengefasst

Im Sinne eines umfassenden Verständnisses des Internen Kontrollsystems (IKS) ist ein Nachweis erforderlich, warum welcher Benutzer welche Berechtigungen hat, also auch warum eine Rolle ein bestimmtes Berechtigungsobjekt enthält. Dieser Nachweis auf Objektebene ist ohne vorschlagswertbasierte Pflege nicht möglich. Die Vorschlagswertpflege ist in diesem Sinne eine Normsetzung, wie Berechtigungen ausgesteuert werden dürfen. Die Umsetzung ist der Nachweis, ob die Norm eingehalten wurde. Die Norm selbst ist Ausdruck eines technisch detaillierten IKS.

Vorschlagstabelle und Regelkonformität

Es besteht also ein direkter Zusammenhang zwischen der Nutzung der Vorschlagswerte und der Regelkonformität von Berechtigungen. Berechtigungen können in einem komplexen System wie SAP ERP nur dann regelkonform sein, wenn sie technischen Regeln folgen – das sind die Vorschlagswerte.

7.1.4 Nutzen der Vorschlagswerte für Risikoanalyse und externe Rollenpflegetools

Eine detaillierte Analyse von Funktionstrennungskonflikten und kritischen Transaktionen kann nur durchgeführt werden, wenn die kundenspezifischen Vorschlagswerte eingeschlossen werden: Die Präzisierung der Vorschlagswerte stellt eine Präzisierung der notwendigen Werte für Zugriffe und somit für Risiken dar. Diese Systematik ist u.a. in der Definition neuer Risiken in SAP BusinessObjects Access Control enthalten.

Das Gleiche gilt sinngemäß für externe Rollenpflegetools. Sind diese nicht mit den Vorschlagstabellen integriert, können sie nicht dauerhaft die Rollenpflege upgradesicher und regelkonform vereinfachen. Das gilt auch für die Nutzung des Enterprise Role Managements von SAP BusinessObjects Access Control. Die Nutzung im Enterprise Role Management und in der Risikoanalyse wird in Abbildung 7.2 verdeutlicht.

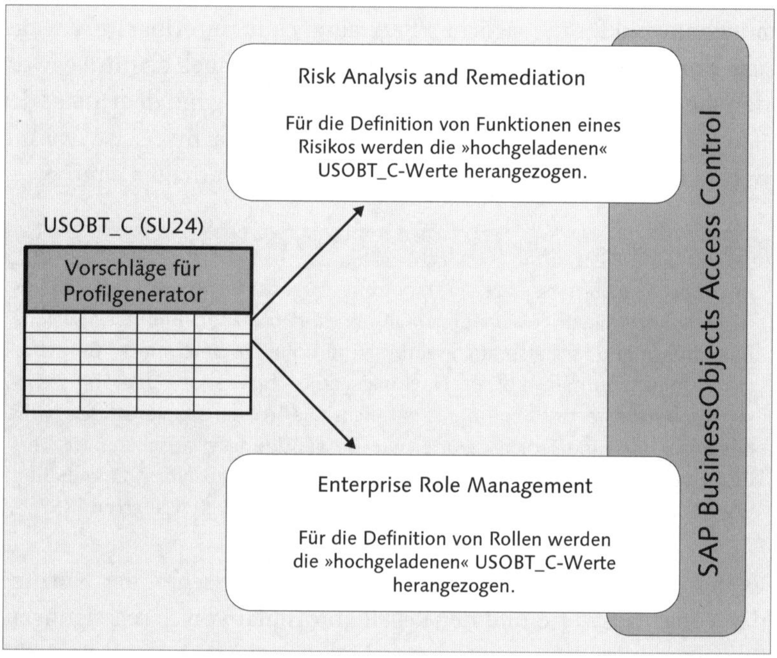

Abbildung 7.2 Nutzung der Vorschlagswerte für die Risikoanalyse und externe Rollenpflegelösungen

7.1.5 Grundzustand und Pflege der Vorschlagswerte

Die Vorschlagswerte enthalten im Auslieferungszustand eine Reihe von Standardwerten. Die Berechtigungsprüfung ist allerdings abhängig von der Konfiguration der Prozesse und der Stammdatendefinition. Entschließt sich eine Organisation z.B., optionale Berechtigungsprüfungen einzusetzen, wird dies vermutlich weitere Berechtigungsprüfungen im Programmablauf zur Folge haben. Dieses Prinzip gilt für viele mögliche kundenspezifische Ausprägungen eines Prozesses in den Komponenten. Es gilt aber ebenso für die Integration der Komponenten. Mit anderen Worten: Alle Vorschlagswerte sind zwingend systemspezifisch. Aus diesem Grund muss die Organisation die Vorschlagswerte entsprechend in den Tabellen USOBT_C (Relation Transaktion → Berechtigungsobjekt (Kunde)) und Tabelle USOBX_C (Checktabelle zu Tabelle USOBT_C) pflegen. Dazu wird die Transaktion SU24 (Berechtigungsobjektprüfungen unter Transaktionen) genutzt.

Pflege der Vorschlagswerttabelle – Kundenwerte

Wenn Sie die Transaktion SU24 (Berechtigungsobjektprüfungen unter Transaktionen) aufrufen, steht Ihnen der Einstieg über eine Transaktion oder über ein Berechtigungsobjekt zur Verfügung. Die Bearbeitung der Vorschlagswerte wird im Folgebildschirm vorgenommen, eine schematische Darstellung sehen Sie in Abbildung 7.3.

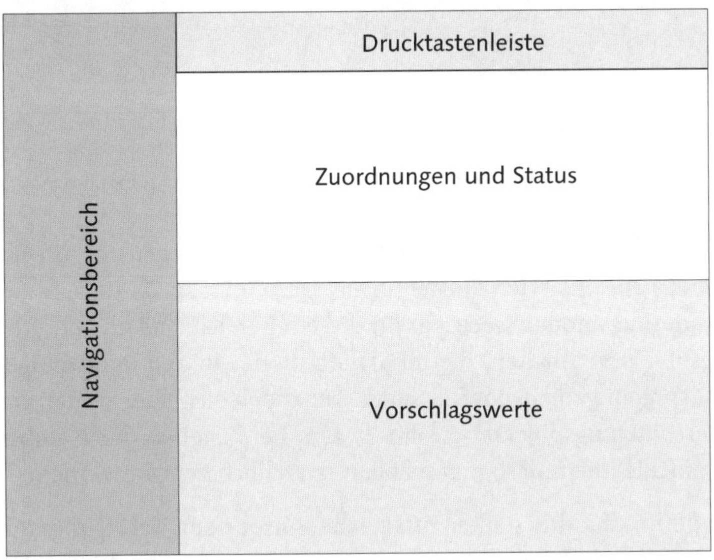

Abbildung 7.3 Schematische Darstellung der Transaktion »Berechtigungsobjektprüfungen unter Transaktionen«

Im *Navigationsbereich* sehen Sie die Menge der selektierten Objekte. Dies können entweder Transaktionen, Berechtigungsobjekte, RFC-Funktionsbausteine, TADIR-Services oder externe Services sein. Abhängig von der Selektion sind im Bereich ZUORDNUNGEN UND STATUS die jeweils zugehörigen Objekte dargestellt, also bei der Selektion über Transaktion die Berechtigungsobjekte und bei der Selektion über Berechtigungsobjekt die Transaktionen. In Abbildung 7.4 sehen Sie einen Screenshot für die Selektion auf der Transaktion ME21N (Bestellung anlegen).

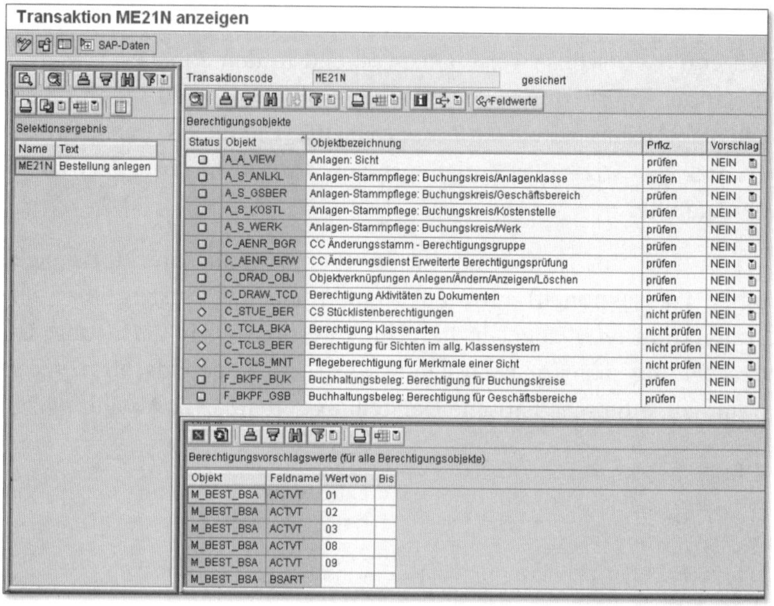

Abbildung 7.4 Transaktion »Berechtigungsobjektprüfungen unter Transaktionen«

Im Fensterbereich ZUORDNUNGEN UND STATUS pflegen Sie die in Tabelle 7.1 spezifizierten Einstellungen. Dazu müssen Sie zunächst in den Änderungsmodus wechseln. In diesem Bereich sind alle Berechtigungsobjekte enthalten, die im Standard oder in den kundeneigenen Ausprägungen zugeordnet sind. Es handelt sich aber weder um alle Berechtigungsobjekte, die im System bereitstehen, noch unbedingt um alle, die im Programmablauf tatsächlich geprüft werden.

Im Änderungsmodus stehen zusätzliche Buttons zur Verfügung, die es Ihnen erlauben, Berechtigungsobjekte hinzuzufügen oder zu entfernen sowie die Vorschlagswerte und das Prüfkennzeichen zu ändern, diese beiden Möglichkeiten sind in Abbildung 7.5 dargestellt.

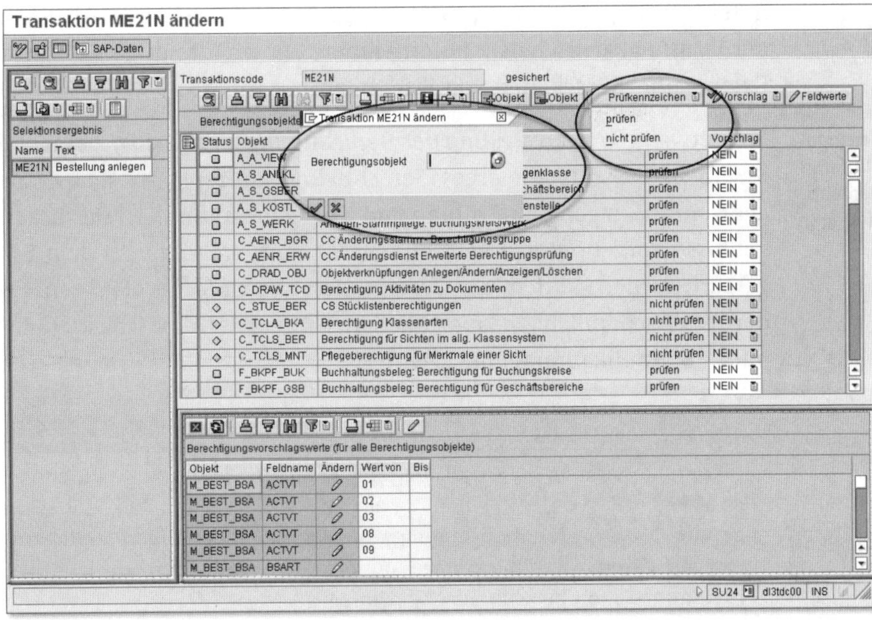

Abbildung 7.5 Transaktion »Berechtigungsobjektprüfungen unter Transaktionen« im Änderungsmodus, Objekt hinzufügen, Prüfkennzeichen ändern

Die in Tabelle 7.1 dargestellten Einstellungen sind möglich.

Funktion	Prfkz.	Vorschlag
Prüfkennzeichen wurde nicht spezifiziert – Berechtigungsobjekt wird geprüft (wie bei P).		
Berechtigungsobjekt wird unter Transaktion nicht geprüft.	nicht prüfen	nein
Berechtigungsobjekt wird unter Transaktion geprüft.	prüfen	nein
Berechtigungsobjekt wird unter Transaktion geprüft, und im Profilgenerator werden die angegebenen Feldwerte vorgeschlagen.	prüfen	ja

Tabelle 7.1 Prüfkennzeichen für Berechtigungsobjektprüfungen unter Transaktionen

Sie legen über das Prüfkennzeichen fest, ob ein Objekt unter der Transaktion geprüft werden soll. Über den Vorschlag legen Sie fest, ob es auch im Profilgenerator vorgeschlagen werden soll. Das Prüfkennzeichen wird in die Tabelle USOBX_C (Checktabelle zu Tabelle USOBT_C) eingetragen und definiert, ob ein Berechtigungsobjekt unter der Transaktion geprüft werden muss. Da das Unterdrücken der Prüfung kritisch ist, unternehmen wir an dieser Stelle einen Exkurs zum Ausschalten von Prüfungen.

Exkurs: Verringerung des Umfangs von Berechtigungsprüfungen

Eine etwaige Unterdrückung der Berechtigungsprüfung ist zwingend in einem Systemaudit eines Berechtigungskonzepts zu klären. Sie kann nur nach genauer Prüfung und Dokumentation der Prüfungsergebnisse vorgenommen werden. Dieser Wert sollte nur in dem Fall gesetzt werden, in dem die Organisation mit an Sicherheit grenzender Wahrscheinlichkeit ausschließen kann, dass das Objekt (und/oder die Applikation) genutzt wird.

Kundeneigene Unterdrückung der Berechtigungsprüfung

Programme, die die Unterdrückung der Berechtigungsprüfung auf anderem Wege erreichen, sind eindeutig ein substanzieller und nicht zu beseitigender Mangel des Berechtigungskonzepts. Mit derartigen Verfahren wird eine externe Prüfung nahezu unmöglich. Leider haben wir derartige Programme schon bei Kunden angetroffen.

Notwendiger Parameter

Um Prüfungen über die Transaktion SU24 (Berechtigungsobjektprüfungen unter Transaktionen) wirksam unterdrücken zu können, muss der Profilparameter (Parameter AUTH/NO_CHECK_IN_SOME_CASES) auf Y gesetzt sein (Default). Diese Einstellung ist ebenfalls nötig, um den Profilgenerator überhaupt nutzen zu können.

Keine Unterdrückung der Prüfung für Basis- und SAP ERP HCM-Berechtigungsobjekte

Berechtigungsprüfungen von Berechtigungsobjekten, die zu Komponenten der Basis oder von SAP ERP HCM gehören, lassen sich systemseitig nicht unterdrücken.

SAP empfiehlt Folgendes:

> *Wenn Sie den Umfang von Berechtigungsprüfungen reduzieren, erlauben Sie Benutzern, Aktivitäten durchzuführen, ohne sicherzustellen, daß die Benutzer die erforderliche Berechtigung haben, wodurch unerwünschte Wirkungen erzielt werden könnten. Überlegen Sie genau, ob Sie die Option wirklich verwenden wollen, bevor Sie Berechtigungsprüfungen unterdrücken. (SAP-Sicherheitsleitfaden, Band II)*

Die Überprüfung auf Änderungen in diesem Sinne muss als kompensierende Kontrolle durchgeführt werden. Dazu wird die Tabelle

USOBX_C (Checktabelle zu Tabelle USOBT_C) im Feld OK-KENNZEICHEN mit dem Wert »N« (keine Berechtigungsprüfung) und dem Feld ÄNDERER ≠ SAP ausgewertet.

Pflege der Vorschlagswerte auf Feldebene

Nachdem Sie das Prüfkennzeichen und das Vorschlagsverhalten festgelegt haben, können Sie nun detailliert Feldwerte pflegen. Sinnvollerweise werden nur die Werte eingetragen (Bereich VORSCHLAGSWERTE in Abbildung 7.3), für deren Notwendigkeit es einen positiven Nachweis gibt. Dieser Nachweis ist in aller Regel ein Trace (siehe Abschnitt 6.4.2, »Analyse im Programmablauf System-Trace/Berechtigungstrace«).

Zur Feldpflege muss das Objekt zum Vorschlag bestimmt sein (Vorschlag JA). Sofern Sie eindeutige Feldwerte ermittelt haben, können diese als Vorschlag eingetragen werden. Sie können keine Organisationsebenen eintragen. Die anderen Werte müssen nach sorgfältiger Prüfung eingetragen werden. Oft besteht die erforderliche Eindeutigkeit nur in Bezug auf die Aktivität.

Sie können das am Beispiel der Bestellung nachvollziehen: Wenn Sie wollen, dass mit der Transaktion ME23N (Bestellung anzeigen) ausschließlich Bestellungen angezeigt werden können, müssten Sie jeweils im Feld ACTVT (Aktivität) die Werte 03 (ANZEIGEN) und 08 (ÄNDERUNGSBELEGE ANZEIGEN) mitgeben. Da es aber wahrscheinlich erforderlich ist, den Zugriff organisatorisch zu differenzieren, können Sie im Feld BELEGART IN BESTELLUNG (BSART) keinen Wert eintragen, da die Belegart ein ablauforganisatorisches Kriterium ist und Sie den Zugriff wahrscheinlich für einzelne Belegarten unterschiedlich ausprägen wollen.

Dieses Vorgehen ist erforderlich, um einerseits das Berechtigungsobjekt und die Aktivität automatisch vorgeschlagen zu bekommen. Anderseits wollen Sie verhindern, dass Sie das Feld BELEGART ändern müssen, da dies den Status des Objekts auf *Verändert* im Profil setzen würde.

Enjoy-Transaktionen

Die Transaktionen zur Bestellung sind deswegen ein gutes Beispiel, weil sie als Enjoy-Transaktionen prinzipiell vergleichbare Aktionen erlauben: Wenn die entsprechenden Berechtigungen zur Transaktion vergeben sind, kann aus der Transaktion ME23N (Bestellung anzeigen) eine Bestellung auch angelegt oder geändert werden (siehe SAP-Hinweis 751129 – Berechtigungen in Enjoy-Transaktionen im Einkauf). Die zu pflegenden Werte ergeben sich aus Ihrer Nutzung der

Enjoy-Logik. Für das Beispiel der Transaktion ME23N (Bestellung anzeigen) heißt das:

- ausnahmslos Enjoy-Logik nutzen = ANLEGEN, ÄNDERN, ANZEIGEN
- überwiegend Enjoy-Logik nutzen = keine Werte
- Enjoy-Logik nicht nutzen = ANZEIGEN

Vorschlagswerte stellen die mächtigste positiv regelbasierte Steuerung von Berechtigungen dar. Sie verleiten allerdings unter Umständen dazu, sie einfach zu übernehmen. Das kann jedoch falsch sein: Wenn Sie also die Transaktion ME23N (Bestellung anzeigen)) tatsächlich nur zum Anzeigen nutzen wollen, Sie aber die Werte ANLEGEN, ÄNDERN und ANZEIGEN zulassen, wird mit Sicherheit irgendwann dieser Wert auch so in eine Rolle, die nur das Anzeigen erlauben soll, aufgenommen.

Dokumentation

Wenn Sie im System einen Status erreicht haben, in dem die Berechtigungsvorschläge mehr als 80 % der notwendigen Berechtigungsobjekte in neuen Rollen richtig und womöglich vollständig abdecken, sollten Sie mit einer Änderungsdokumentation beginnen. Dazu sollte das Recht, Änderungen der Vorschläge vorzunehmen, zentralisiert sein und ein zentrales Dokument vorgehalten werden, in dem tabellarisch Anlass und Inhalt der Änderung dokumentiert werden.

Umgang mit dem obligatorischen Transportauftrag

Sämtliche Änderungen der Vorschlagswerte werden in einen Transportauftrag übernommen. Ein Transport in das Produktivsystem ist allerdings nur dann erforderlich, wenn es um eine Änderung der Prüfkennzeichen geht, da die Vorschlagswerte für die Rollenpflege erforderlich sind und diese ausschließlich im Entwicklungssystem stattfindet. Ebenso müssen Sie den Transportauftrag nutzen, wenn Sie das Entwicklungssystem neu aufsetzen oder aus einem anderen System neu kopieren wollen.

Vorschlagswerttabellen und ihre Relation

Änderungen der Vorschläge für den Profilgenerator werden in unterschiedliche Tabellen geschrieben. Die Tabelle USOBT (Relation Transaktion → Ber.objekt) enthält die Auslieferungsdaten für Vorschläge. Die kundenseitigen Änderungen der Vorschlagswerte werden in die Tabelle USOBT_(Relation Transaktion → Berechtigungsobjekt (Kunde)) eingetragen. Die Tabelle USOBX (Checktabelle zu Tab. USOBT) enthält die Auslieferungsdaten für Prüfkennzeichen. Die kundenseitigen Änderungen der Prüfkennzeichen werden in die Tabelle USOBX_C (Checktabelle zu Tabelle USOBT_C) eingetragen. In

Abbildung 7.6 sind beispielhaft drei Änderungen vorgenommen: In Bezug auf die Transaktion ME23N (Bestellung anzeigen) wurde das Berechtigungsobjekt F_FICA_FOG (Haushaltsmanagement: Berechtigungsgruppe des Fonds) auf NICHT PRÜFEN gesetzt ❶, das Berechtigungsobjekt F_FICA_FCD – (Haushaltsmanagement Fonds) wurde auf Vorschlag JA gesetzt ❷, und im Feld AKTIVITÄT BERECHTIGUNGSPRÜFUNG (FM_AUTHACT) wurde ein Stern eingetragen.

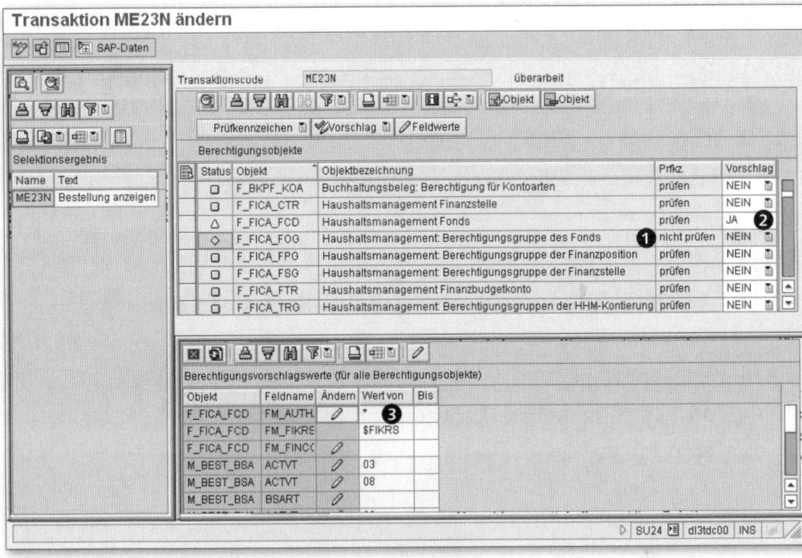

Abbildung 7.6 Exemplarische Pflege von Berechtigungsobjekten

Diese Änderungen wirken sich nicht auf die Tabelle USOBT (Relation Transaktion → Ber.objekt) und die Tabelle USOBX (Checktabelle zu Tab. USOBT) aus, die Werte werden in die Tabelle USOBT_C (Relation Transaktion → Berechtigungsobjekt (Kunde)) und die Tabelle USOBX_C (Checktabelle zu Tabelle USOBT_C) eingetragen.

In der Tabelle USOBT_C (Relation Transaktion → Berechtigungsobjekt (Kunde)) ergeben sich durch die Änderung die in Tabelle 7.2 dargestellten Einträge. Aus der Tabelle sind zur Vereinfachung nur die Spalten OBJECT = Berechtigungsobjekt, FIELD = Berechtigungsfeld, LOW = Einzelwert oder der kleinste Wert eines Intervalls, MODIFIER = letzter Änderer und MODIFIED = Kennzeichen für Änderung dargestellt. Die erste Zeile bedeutet also, dass im Berechtigungsobjekt F_FICA_FCD das Feld FM_AUTHACT mit dem generischen Wert »Stern« durch den Benutzer I055366 geändert wurde.

OBJECT	FIELD	LOW	MODIFIER	MODIFIED
F_FICA_FCD	FM_AUTHACT	*	1055366	X
F_FICA_FCD	FM_FIKRS	$FIKRS	1055366	X
F_FICA_FCD	FM_FINCODE		1055366	X

Tabelle 7.2 Tabelle »Relation Transaktion > Ber.objekt (Kunde)« nach Modifikation

In der Tabelle USOBX_C (Checktabelle zu Tabelle USOBT_C) ergeben sich die in Tabelle 7.3 dargestellten Einträge.

OBJECT	MODIFIER	OKFLAG	MODIFIED
F_FICA_FCD	1055366	Y	X
F_FICA_FOG	1055366	N	X

Tabelle 7.3 Tabelle »Checktabelle zu Tabelle USOBT_C« nach Modifikation

Die Änderungshistorie können Sie Tabelle 7.4 entnehmen:

Tabelle	Bezeichnung
USOBT_CD	Änderungshistorie für Feldwerte
USOBX_CD	Änderungshistorie zu Prüfkennzeichen

Tabelle 7.4 Weitere Tabellen zu Vorschlagswerten

Wenn die Vorschlagswerte gut gepflegt und in den Rollen entsprechend verwendet werden, muss ein Upgrade zügig durchgeführt werden. Zum Upgrade kommen wir im nächsten Abschnitt.

7.2 Upgrade von Berechtigungen

Die Transaktion SU25 (Upgrade-Tool für den Profilgenerator) dient dem initialen Befüllen der Kundentabellen zum ersten Einsatz des Profilgenerators und dazu, die Kundentabellen in einem Upgrade auf den neuesten Stand zu bringen. Insgesamt stehen in der Transaktion SU25 folgende Schritte zur Verfügung (siehe auch Abbildung 7.7):

- Schritt 1 bereitet den Profilgenerator für die erste Verwendung des Profilgenerators vor, und die Kundentabellen werden initial befüllt.

- Die Schritte 2a–2d sind für das Upgrade selbst erforderlich.
- Schritt 3 dient dem Transport.
- Schritt 4 ist ein Absprung in die Transaktion SU24 (Berechtigungsobjektprüfungen unter Transaktionen).
- Schritt 5 ermöglicht das globale Ausschalten von Berechtigungsprüfungen.
- Schritt 6 dient der Übernahme von Daten aus alten Profilen.

Dargestellt wird das Upgrade, also das Nachbearbeiten der Einstellungen nach Upgrade auf ein höheres Release. Dieses wird in den Schritten 2a–2d vollzogen.

Schritt 2a: Vorbereitung – Abgleich mit SAP-Werten

Zunächst wird in Schritt 2a der Abgleich vorbereitet. Dieser Schritt ist zwingend erforderlich. Dabei werden die neuen Vorschlagswerte in die Kundentabellen übernommen. Die Werte, die in der »alten« Kundentabelle kundenseitig gepflegt wurden, werden gekennzeichnet, um sie in Schritt 2b manuell überprüfen zu können.

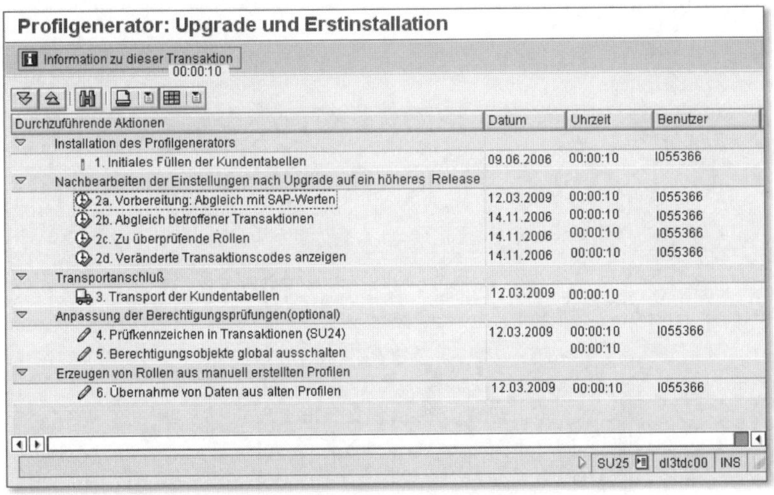

Abbildung 7.7 Upgrade-Tool für den Profilgenerator

Schritt 2b: Abgleich betroffener Transaktionen

Änderungen an Prüfkennzeichen oder Feldwerten werden in diesem Schritt mit den neuen SAP-Vorschlägen verglichen. In Abbildung 7.8 ist der Bereich mit ❶ gekennzeichnet, in dem die Transaktionen enthalten sind, die von den aktuellen Standardvorschlägen abweichen. Da die Screenshots aus einem SAP-internen System sind, gibt es hier keine signifikanten Abweichungen, die bei einem regulären Upgrade zu erwarten sind. Die Einstellungen, die wir in Abschnitt 7.1.5, »Grundzustand und Pflege der Vorschlagswerte«, in Bezug auf die Transaktion ANZEIGEN EINER BESTELLUNG vorgenommen haben, werden entsprechend nach dem Abgleich in Schritt 2a in Schritt 2b zur Bearbeitung angeboten. Sie sehen in der Abbildung, dass die mit ❷ gekennzeichnete Änderung des Prüfkennzeichens dazu führt, dass der neue SAP-Vorschlag zur Anzeige gebracht wird. Ebenso ist es mit der durch ❸ gekennzeichneten Änderung des Vorschlags und der durch ❹ gekennzeichneten Änderung der Feldwertvorschläge. Sie können die jeweiligen Werte je nach Notwendigkeit nachpflegen. Im Bereich ❶ können Sie bestätigen, dass Sie die Prüfung vorgenommen haben, oder die gesamten restlichen Werte übernehmen. Davon ist jedoch abzuraten, sofern Sie regelmäßig und genau Ihre kundeneigenen Vorschläge ergänzt oder geändert haben.

Die Systematik zur Pflege der Vorschlagswerte entspricht im Wesentlichen der Systematik, wie wir sie in Abschnitt 7.1.5, »Grundzustand und Pflege der Vorschlagswerte«, in Bezug auf die Vorschlagswerte entwickelt haben.

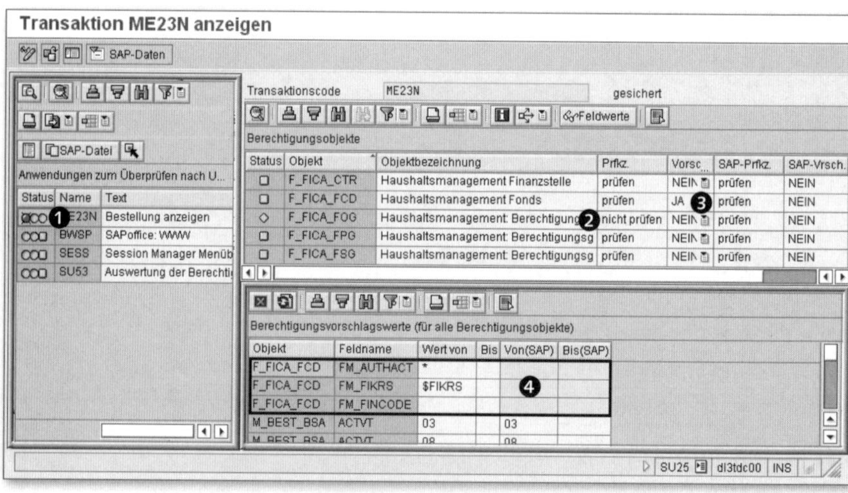

Abbildung 7.8 Profilvorschläge im Upgrade

Nacharbeit Schritt 2b: kundeneigene Organisationsebenen

Sofern Sie kundeneigene Organisationsebenen nutzen (siehe Abschnitt 7.7, »Anhebung eines Berechtigungsfeldes zur Organisationsebene«), sollten Sie den Report PFCG_ORGFIELD_UPGRADE (Anpassung nach Upgrade für neue Org.-Ebenen) ausführen.

Dadurch werden alle neuen Berechtigungsvorschlagsdaten, die SAP zu neuen Transaktionen ausgeliefert hat, auf die neuen Organisationsebenenfelder umgestellt. Der Report arbeitet mandantenunabhängig (SAP-Hinweis 323817).

Schritt 2c: zu überprüfende Rollen

In diesem Schritt findet die Nachbearbeitung der durch das Upgrade betroffenen Rollen statt. Diese werden, wie in Abbildung 7.9 zu sehen ist, vorgeschlagen, dabei markiert eine rote Ampel Pflegebedarf und eine grüne, dass keine Pflege (mehr) erforderlich ist.

Abbildung 7.9 Rollenüberprüfung im Upgrade

Um bei den bereits eingeführten Beispielen zu bleiben: In Abschnitt 6.3.2, »Anlage und Pflege von Rollen«, haben wir die Rolle DEMO angelegt und die Rolle DEMO_ABLEITUNG daraus abgeleitet. Diesen Rollen ist die Transaktion ME23N (Bestellung anzeigen) zugeordnet, die im Rahmen des Abschnitts 7.1.5, »Grundzustand und Pflege der Vorschlagswerte«, gepflegt und durch das Upgrade betroffen ist.

Abbildung 7.10 zeigt, dass das ergänzte Berechtigungsobjekt erkannt und vorgeschlagen wurde. Da der Vorschlag nur das Feld Aktivität Berechtigungsprüfung betraf und das Feld Finanzkreis eine Organisationsebene ist, verbleibt nur das Feld Fonds, das manuell gepflegt werden muss. Die Änderung der Referenzrolle wird durch den Button Abgeleitete Rollen generieren automatisch mitgepflegt.

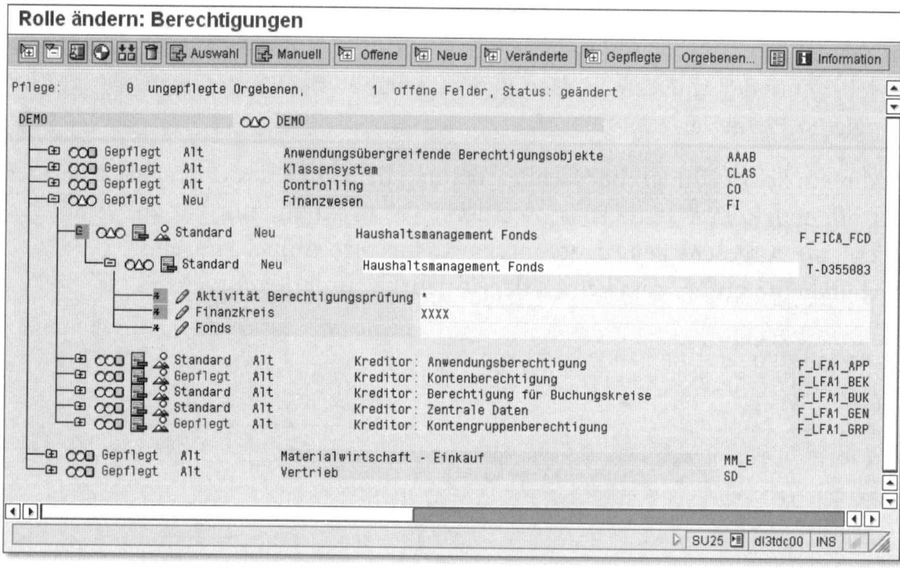

Abbildung 7.10 Rollenänderung im Upgrade

SAP-Alternativvorschlag

In der Hilfe zu diesem Schritt wird von SAP folgende alternative Vorgehensweise vorgeschlagen:

> *Alternativ können Sie auch auf eine Nachbearbeitung der Rollen verzichten und allen Benutzern zunächst das Profil SAP_NEW manuell zuordnen (...) Die Rollen behalten dann den Status »Profilabgleich erforderlich« und können bei der nächsten notwendigen Änderung – z. B. wenn das Menü der Rolle geändert wird – angepaßt werden. Bei Verwendung von sehr vielen Rollen kann dieses Verfahren sinnvoll sein. Sie haben dann Zeit, die Rollen nach und nach anzupassen. (Systemhilfe)*

Dieser Vorschlag birgt erhebliche Risiken, vor allem in den Fällen, in denen neue Funktionalität, neue Berechtigungsprüfungen oder neue Differenzierungspotenziale bereitgestellt und genutzt werden. Das Profil SAP_NEW enthält alle neuen Berechtigungen. Somit wird durch ein derartiges Vorgehen gegen das Prinzip verstoßen, dass nur die Berechtigungen vergeben werden, die für die Ausführung einer definierten Tätigkeit des Benutzers erforderlich sind. Für die Zeit der Nutzung des Profils SAP_NEW ist davon auszugehen, dass die Berechtigungen nicht regelkonform sind. Der Gegenbeweis wäre nur durch eine Risikoanalyse basierend auf den alten und neuen Prüfungen anzutreten.

Einfaches Upgrade

Die Nutzung eines gewissenhaft eingehaltenen Ableitungskonzepts, stetig gepflegter Vorschlagswerte und des Upgrade-Tools führen zu einem einfachen Upgrade im Bereich Berechtigungen. In diesem idealen Fall müssen im Wesentlichen nur die neuen Transaktionen, Berechtigungsobjekte und Vorschlagsänderungen bewertet und umgesetzt werden. Der Aufwand für das Upgrade sinkt mit der Genauigkeit der Standardeinhaltung.

Empfehlung zum Aufwand

Wir haben Upgrade-Projekte mit einem Aufwand für Berechtigungen zwischen 20 und 300 Beratertagen in Konzernstrukturen kennengelernt. Kommen Sie in der Abschätzung des Aufwands zu dem Ergebnis, dass mehr als 50 Tage Aufwand zu erwarten sind, empfiehlt es sich dringend, ein Redesign und die Rückkehr zum Standard zu prüfen. Das verursacht unter Umständen sofort einen geringeren Aufwand, als den Status quo anzuheben. Definitiv werden Ihre Kosten bereits mittelfristig deutlich sinken.

Schritt 2d: Veränderte Transaktionscodes anzeigen

In diesem Schritt findet ein Abgleich statt, welche Transaktionen durch neuere Transaktionen ersetzt werden könnten. Dieser Abgleich dient vor allem der Unterstützung der Prozessverantwortlichen. Diese müssen letztlich festlegen, welche Transaktionen wie zu nutzen sind. Sie sollten das Ergebnis des Abgleichs also den Prozessverantwortlichen übermitteln und diese die Festlegung treffen lassen.

Neue Transaktionen haben gegebenenfalls Auswirkungen auf die bestehenden Prozesse, aber auch auf die bestehenden Berechtigungen. Ein Beispiel für unter Umständen nicht gewollte Auswirkungen auf Berechtigungen ist die bereits diskutierte Enjoy-Transaktion zur Bestellung, es kann auch aus Sicht von Berechtigungen Gründe geben, lieber weiterhin auch die alte Transaktion nutzen zu wollen.

7.3 Parameter für Kennwortregeln

Die für das Login geltenden Kennwortregeln werden über Profilparameter gesetzt. Diese werden über die Transaktion RZ10 (Pflege der Profilparameter) gepflegt. Die Pflege der Profilparameter fällt in die Verantwortung der Basisadministration. Wir empfehlen Ihnen, die gewünschten Einstellungen Ihrer Basisadministration zu überlassen.

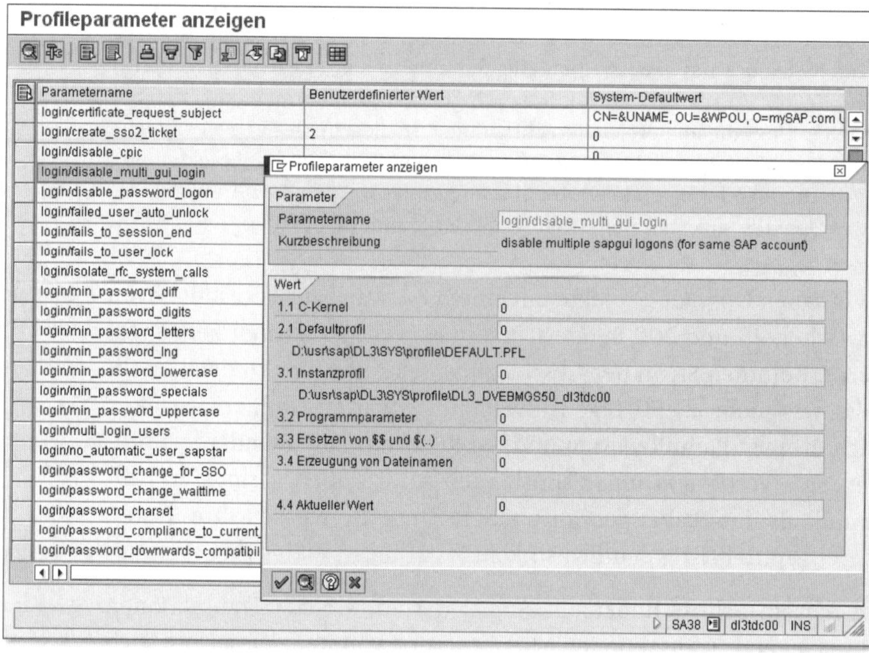

Abbildung 7.11 Anzeige Profilparameter

Die Auswertung der Profilparameter ist über den Report RSPARAM (Anzeige der SAP-Profilparameter) möglich (siehe Abbildung 7.11). Einige exemplarische Parameter werden in Tabelle 7.5 dargestellt.

Parameter	Beschreibung
`login/accept_sso2_ticket`	Um ein Single Sign-on (SSO) zwischen SAP-Systemen bzw. auch übergreifend zu Nicht-SAP-Systemen zu ermöglichen, können SSO-Tickets verwendet werden.
`logiln/failed_user_auto_unlock`	Kontrolliert die Entsperrung von durch Fehlanmeldungen gesperrten Benutzern. Ist der Parameter auf 1 gesetzt, werden Sperren, die wegen fehlgeschlagener Kennwortanmeldeversuche gesetzt wurden, nur noch am gleichen Tag (der Sperrung) beachtet.
`login/fails_to_session_end`	Anzahl der Falschanmeldungen, die mit einem Benutzerstamm gemacht werden können, bis das Anmeldeverfahren abgebrochen wird.

Tabelle 7.5 Parameter für Kennwortregeln (Angaben aus der Systemdokumentation)

Parameter	Beschreibung
login/fails_to_user_lock	Bei jedem fehlerhaften Kennwortanmeldeversuch wird der Falschanmeldezähler für den betroffenen Benutzerstammsatz erhöht. Die Anmeldeversuche können im Security Audit Log protokolliert werden. Bei Überschreiten der durch diesen Parameter vorgegebenen Grenze wird der betroffene Benutzer gesperrt. Dieser Vorgang wird zusätzlich im Syslog protokolliert.
login/min_password_diff	Mit diesem Parameter kann der Administrator festlegen, in wie vielen Zeichen sich ein neues Kennwort vom alten Kennwort mindestens unterscheiden muss, wenn der Benutzer sein Kennwort ändert.
login/min_password_digits	Dieser Parameter bestimmt die minimale Anzahl von Ziffern (0–9), die im Kennwort enthalten sein müssen. Er wirkt sowohl bei der Vergabe neuer Kennwörter als auch bei der Kennwortänderung bzw. beim Rücksetzen von Kennwörtern.
login/min_password_letters	Dieser Parameter bestimmt die minimale Anzahl von Buchstaben, die im Kennwort enthalten sein müssen. Er wirkt sowohl bei der Vergabe neuer Kennwörter als auch bei der Kennwortänderung bzw. beim Rücksetzen von Kennwörtern.
login/min_password_lng	Der Parameter bestimmt die Minimallänge des Anmeldekennworts. Das Kennwort muss mindestens drei Zeichen lang sein. Der Administrator kann aber auch eine größere Minimallänge festlegen. Diese Vorgabe wirkt sich sowohl bei der Vergabe neuer Kennwörter als auch beim Ändern oder Rücksetzen bestehender Kennwörter aus.
login/min_password_lowercase	Dieser Parameter bestimmt die minimale Anzahl von Kleinbuchstaben, die im Kennwort enthalten sein müssen. Er wirkt sowohl bei der Vergabe neuer Kennwörter als auch bei der Kennwortänderung bzw. beim Rücksetzen von Kennwörtern. Dieser Parameter wird nicht ausgewertet, wenn der Profilparameter login/password_downwards_compatibility auf den Wert 5 gesetzt ist.

Tabelle 7.5 Parameter für Kennwortregeln (Angaben aus der Systemdokumentation) (Forts.)

Parameter	Beschreibung
login/min_ password_specials	Dieser Parameter bestimmt die minimale Anzahl von Sonderzeichen, die im Kennwort enthalten sein müssen. Er wirkt sowohl bei der Vergabe neuer Kennwörter als auch bei der Kennwortänderung bzw. beim Rücksetzen von Kennwörtern.
login/min_ password_uppercase	Dieser Parameter bestimmt die minimale Anzahl von Großbuchstaben, die im Kennwort enthalten sein müssen. Er wirkt sowohl bei der Vergabe neuer Kennwörter als auch bei der Kennwortänderung bzw. beim Rücksetzen von Kennwörtern. Dieser Parameter wird nicht ausgewertet, wenn der Profilparameter login/password_downwards_ compatibility auf den Wert 5 gesetzt ist.
login/password_ change_waittime	Mit diesem Parameter kann festgelegt werden, nach welcher Zeitspanne (gemessen in Tagen) ein Benutzer sein Kennwort erneut ändern kann. Nur Kennwortänderungen, die der Benutzer veranlasst hat, werden in Betracht gezogen.
login/password_ expiration_time	Gültigkeitsdauer von Kennwörtern (in Tagen)
login/password_ history_size	Dieser Parameter regelt die Größe der Kennworthistorie. Die Kennworthistorie wird ausgewertet, wenn ein Benutzer ein neues Kennwort wählt: Das System lehnt die (Wieder-)Verwendung von Kennwörtern, die in der Kennworthistorie gespeichert sind, ab.

Tabelle 7.5 Parameter für Kennwortregeln (Angaben aus der Systemdokumentation) (Forts.)

7.4 Customizing-Einstellungen zum Menükonzept

Ein Menükonzept wird vielfach verwendet, um den Endbenutzern übersichtliche Benutzermenüs anzubieten. Das Menükonzept bedeutet keine Einschränkung von Berechtigungen. Im Folgenden werden wir Ihnen die Möglichkeiten und Einstellungen skizzieren.

Es stehen drei unterschiedliche Menütypen zur Verfügung:

- das SAP Easy Access-Menü
- das Bereichsmenü
- das Benutzermenü (Rollenmenü)

Bei der Entscheidung, welches Menü welcher Benutzergruppe angeboten werden soll, muss einerseits die Benutzbarkeit durch den Endbenutzer berücksichtigt werden. Das SAP Easy Access-Menü enthält ca. 70.000 Transaktionen in einer Menügliederung, die nicht selten auf die siebte Menüebene geht. Das verwirrt vor allem Anfänger und Gelegenheitsnutzer. Andererseits spielt der Pflegeaufwand für ein Menükonzept eine nicht minder große Rolle bei der Entscheidung über das Menükonzept.

Präferenzen für Menüs

Die einzige dringende Anforderung, die an ein Menükonzept zu stellen ist, ist die, dass es logisch konsistent sein muss. Ob ein Menükonzept für Ihre Organisation sinnvoll ist und ob Sie Ihr Menü auf Standard-, Prozess-, Arbeitsablauf- oder Organisationsstrukturen ausrichten wollen, sollten Sie anhand folgender Kriterien entscheiden:

- Aufwand einer Umstellung/Einrichtung
- SAP-Erfahrungshintergrund der Endbenutzer
- Methode der Endbenutzerschulung und Art der Endbenutzerdokumentation – ist diese prozessbasiert, kann eine prozessbasierte Modellierung sehr hilfreich sein.

Redundanzfreiheit von Menüs

Die Forderung nach redundanzfreien Menüs ist nicht immer sinnvoll. Sofern Sie z. B. einen prozessbasierten Menüaufbau einführen wollen, werden Sie immer feststellen, dass einige Transaktionen in unterschiedlichen Prozessen genutzt werden.

Im Folgenden werden wir die technischen Möglichkeiten darstellen.

Allgemeingültiges Einstiegsmenü

Über die Transaktion SSM2 (Einstellung des Einstiegsmenüs) wird das Einstiegsmenü für alle Benutzer festgelegt. Standardmäßig ist das Bereichsmenü S000 – SAP R/3 eingestellt, das das SAP Easy Access-Menü ist. Sie können aber auch ein Bereichsmenü als Einstiegsmenü einstellen (siehe Abbildung 7.12).

SAP Easy Access-Menü

Das SAP Easy Access-Menü ist das Standardmenü, in dem grundsätzlich alle Transaktionen enthalten sind, die durch Endanwender der jeweiligen Bereiche genutzt werden könnten. Dementsprechend sind die meisten Customizing-Transaktionen nicht enthalten, und ebenso wenig sind (ohne Modifikation, von der im SAP-Hinweis 79742 dringend abgeraten wird) keine kundeneigenen Transaktionen enthalten.

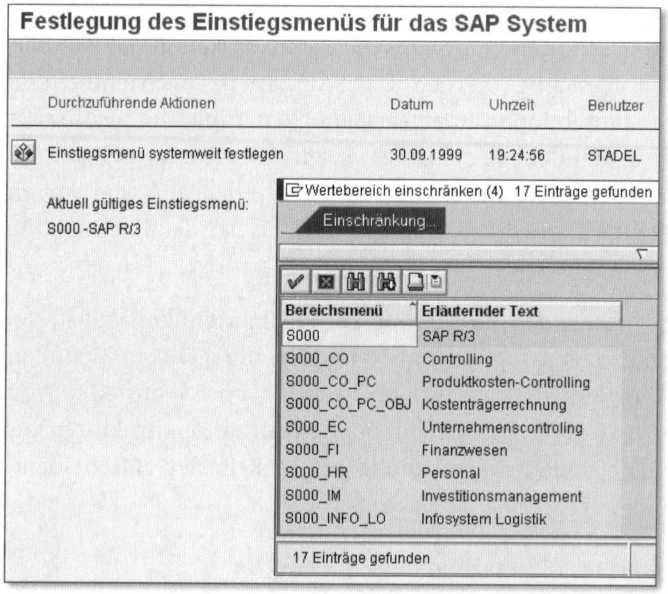

Abbildung 7.12 Festlegen eines systemweiten Einstiegsmenüs

Die Nutzung dieses Menüs wird häufig als schwierig empfunden, da die schiere Fülle an Transaktionen verwirrend ist. Dies gilt umso mehr, als dass von der Gesamtmenge bereitstehender Transaktionen tatsächlich nur ein kleiner Teil genutzt wird. Statistiken über die Nutzung sind uns nicht bekannt, allerdings haben wir durch entsprechende Analyse bei vielen Kunden nachweisen können, dass von den bereitgestellten Transaktionen maximal zwischen 1.000 und 5.000 auch tatsächlich genutzt werden.

Bereichsmenü

Über die Einrichtung von Bereichsmenüs besteht einerseits die Möglichkeit, ein kundeneigenes Menü einzurichten und festzulegen, andererseits können diese Bereichsmenüs auch direkt dem jeweiligen Benutzer zugeordnet werden. Dazu kann u. a. in der Transaktion SU01 (Benutzer pflegen) auf der Registerkarte FESTWERTE ein Startmenü angegeben werden. Schließlich können Bereichsmenüs auch als Schablone für die Pflege in Rollen verwendet werden.

Bereichsmenüs legen Sie über die Transaktion SE43 (Bereichsmenüpflege) an (siehe Abbildung 7.13).

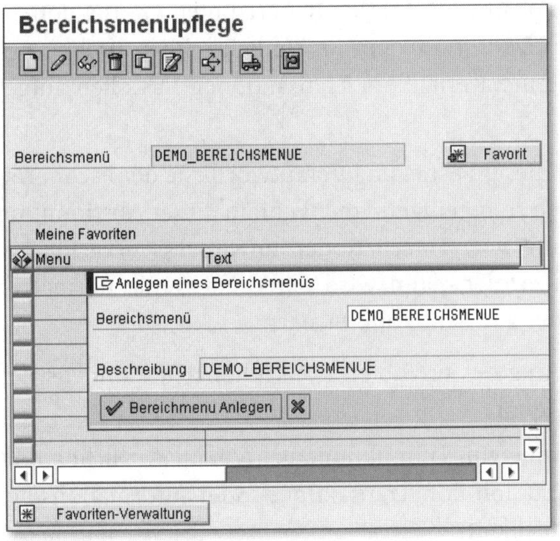

Abbildung 7.13 Anlage eines Bereichsmenüs

Im Bereichsmenü können Sie eine beliebige Hierarchiestruktur aufbauen (siehe Abbildung 7.14).

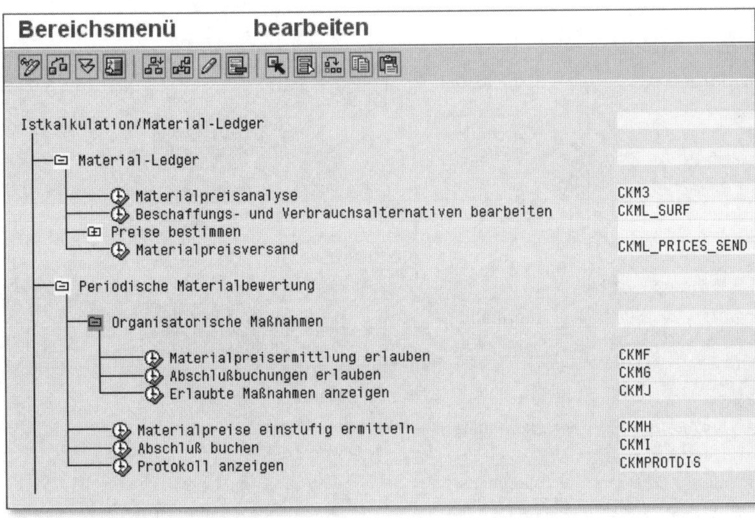

Abbildung 7.14 Bearbeitung des Bereichsmenüs

Der große Vorteil einer einheitlichen Bereichsmenüstruktur im Unternehmen kann darin bestehen, dass sämtliche Transaktionen, die durch Endanwender ausgeführt werden dürfen, Bestandteil des Bereichsmenüs sind. Dadurch wird eine weitere normative Festlegung getroffen: eine positive Definition der erlaubten Transaktionen. Aus dieser positiven Definition kann im Umkehrschluss nachgewiesen werden, welche nicht erlaubten Transaktionen in Rollen aufgenommen wurden.

Wenn es gelingt, an dieser Festlegung Verantwortliche der Fachbereiche oder der Prozesse zu beteiligen, und wenn in dieser Abstimmung auch eine Zuordnung von Transaktionen zu Prozessen/Fachbereichen/Komponenten erfolgt, dann wird der existierende normative Rahmen in zweifacher Hinsicht konkretisiert:

- durch die Festlegung des erlaubten transaktionalen Rahmens des Unternehmens (Gebot)
- durch die Zuordnung von Transaktionen zu Verantwortlichen und damit die Identifikation von Transaktions- oder Informationseignern (Verantwortlichkeit)

Wenn eine Organisation eine einheitliche Bereichsmenüstruktur festlegt, ist es durchaus sinnvoll, diese stark an der Ablauforganisation oder den Prozessen zu orientieren. Ein Beispiel, wie eine prozessbasierte Menüstruktur aussehen kann, geben wir in Abbildung 7.15.

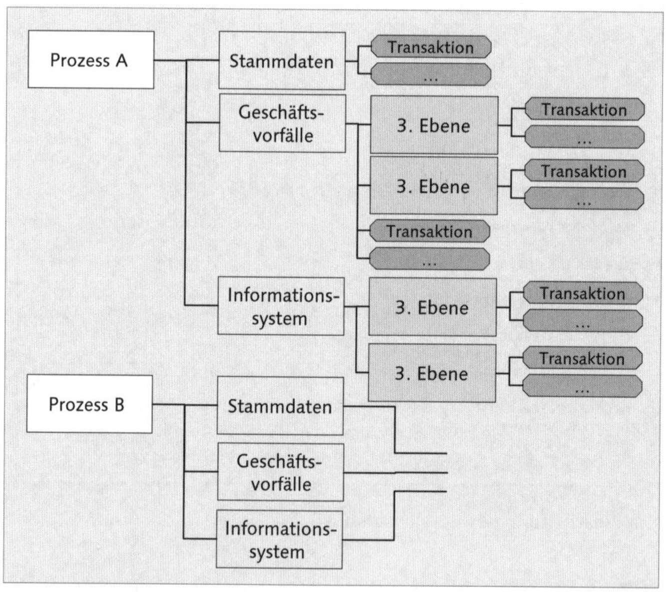

Abbildung 7.15 Abstrakte Struktur eines Bereichsmenüs/Rollenmenüs

Das Bereichsmenü bildet auch für die Pflege von Menüs in Rollen eine simple und einheitliche Grundlage.

Benutzermenüs – Rollenmenüs

Benutzermenüs ergeben sich aus den Menüs der zugeordneten Rollen. Damit ein einheitliches Menü entsteht, muss eine entsprechende Einstellung im Customizing vorgenommen werden. Diese Einstellung ist CONDENSE MENU, sie wird im Folgenden erläutert. Diese Einstellung sorgt dafür, dass die einzelnen Rollenmenüs in einem Menü zusammengefasst werden.

Damit das Benutzermenü eine sinnvolle Struktur erhält, müssen verschiedene Voraussetzungen erfüllt sein. Zunächst müssen in den Rollenmenüs einheitliche Menüs bereitgestellt werden, dies ist nach unserer Erfahrung nur möglich, wenn das Rollenmenü entweder einheitlich aus dem SAP Easy Access-Menü übernommen oder eine Schablone verwendet wird. Eine Schablone kann entweder das Bereichsmenü oder eine zu diesem Zweck bereitgestellte Rolle sein.

Menüschalter im Customizing

Für das gesamte System werden die Einstellungen zum Menü in der der Tabelle SSM_CUST (Einstellungen für den Session Manager/Profilgenerator) hinterlegt. Die Einstellungen werden im SAP-Referenz-IMG unter SAP NETWEAVER • APPLICATION SERVER • SYSTEMADMINISTRATION • BENUTZER UND BERECHTIGUNGEN • CUSTOMIZING-SCHALTER IN TABELLE SSM_CUST SETZEN vorgenommen. Der Einstiegsbildschirm ist in Abbildung 7.16 dargestellt.

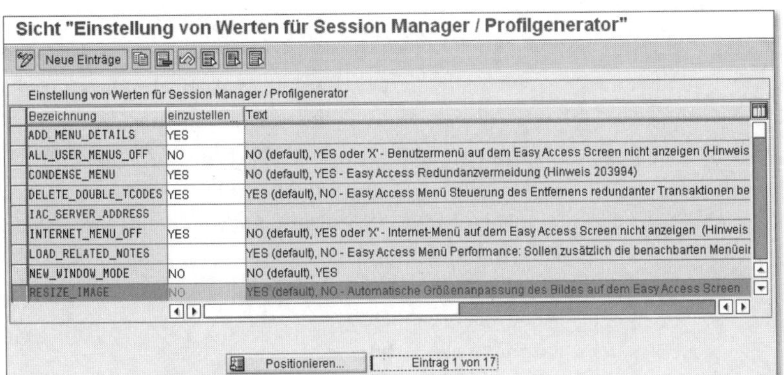

Abbildung 7.16 Einstellungen für den Session Manager/Profilgenerator

In Tabelle 7.6 werden dazu ein paar exemplarische Parameter beschrieben. Die Einstellungen sind interdependent.

Parameter	Wert	Erläuterung
ALL_USER_MENUS_OFF	NO (Default), YES oder X – Benutzermenü auf dem Easy Access Screen nicht anzeigen (SAP-Hinweis 380029)	Mit dem Eintrag YES werden Benutzermenüs unterdrückt. d. h., das systemweite Einstiegsmenü wird erzwungen.
CONDENSE_MENU	NO (Default), YES – Easy-Access-Redundanzvermeidung (SAP-Hinweis 203994)	Mit dem Eintrag YES werden die Menüs der zugewiesenen Rollen im Benutzermenü zusammengefasst. Sofern Sie sehr große Benutzermenüs erwarten, prüfen Sie bitten den angegebenen Hinweis. Wenn Sie diesen Parameter ohne DELETE_DOUBLE_TCODES: YES nutzen, dann werden die Menüs nur dann integriert, wenn sie die gleiche Menüstruktur haben.
CONDENSE_MENU_PFCG	NO (Default), YES – Redundanzvermeidung bei Menüpflege von Rollen mit PFCG (SAP-Hinweis 504006)	automatische Redundanzvermeidung bei der Menüpflege von Einzelrollen im Profilgenerator auf der Registerkarte MENÜ, Button ÜBERNAHME VON MENÜS für alle vier angebotenen Standardoptionen (AUS DEM SAP MENÜ, AUS ANDERER ROLLE, AUS BEREICHSMENÜ, IMPORT AUS DATEI) und beim Einlesen von Einzelrollenmenüs in das Menü einer Sammelrolle
CUSTOMER_MENU_OFF	NO (Default), YES oder X-Kundenmenü auf dem Easy Access Screen nicht anzeigen (SAP-Hinweis 380029)	Das Unternehmensmenü ist ab Release 4.6A abgeschafft.

Tabelle 7.6 Einstellungen für den Session Manager/Profilgenerator

Parameter	Wert	Erläuterung
DELETE_DOUBLE_TCODES	YES (Default), NO – Easy-Access-Menü-Steuerung des Entfernens redundanter Transaktionen bei Redundanzvermeidung (SAP-Hinweis 357693)	Mit diesem Eintrag ergänzen Sie den Parameter CONDENSE_MENU um die Funktion, dass doppelte Transaktionen nicht angezeigt werden und die Menüs so weit wie möglich integriert werden.
SAP_MENU_OFF	NO (Default), YES oder X – SAP-Menü auf dem Easy Access Screen nicht anzeigen (SAP-Hinweis 380029)	Mit dem Eintrag YES wird das im System festgelegte Einstiegsmenü unterdrückt, d. h., sofern Sie ein anderes Menü als das SAP Easy Access-Menü als Einstiegsmenü definiert haben, wird das definierte Menü unterdrückt.

Tabelle 7.6 Einstellungen für den Session Manager/Profilgenerator (Forts.)

Benutzereinstellungen zum Menü

Benutzerbezogen kann festgelegt werden, welches Menü als Startmenü angezeigt werden soll. Dies ist sowohl über die Transaktion SU01 (Benutzerpflege) durch den Administrator als auch in der Transaktion SU03 (Pflege eigener Benutzervorgaben) durch den Benutzer selbst möglich (siehe Abbildung 7.17).

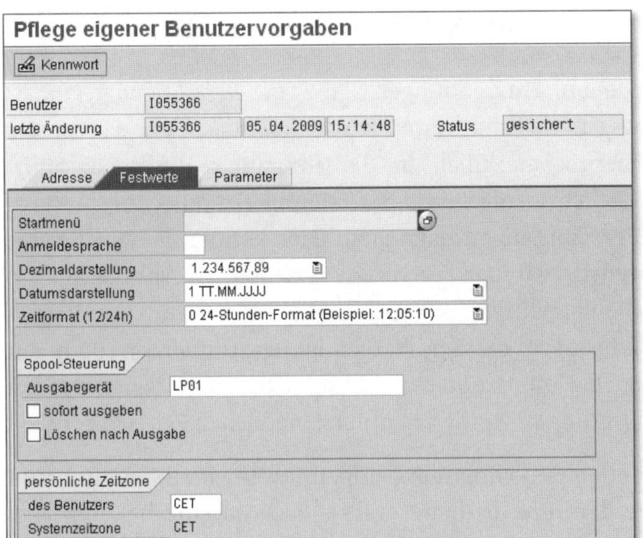

Abbildung 7.17 Pflege eigener Benutzervorgaben

Darüber hinaus kann je Benutzer festgelegt werden, welche Menüs dieser überhaupt angezeigt bekommen kann. Dazu existiert der Pflege-View USERS_SSM (Erlaubte Menüs für den Session Manager), in dem benutzerbezogen die Menüs festgelegt werden können. Die Pflege des Views erfolgt über die Transaktion SM30 (Aufruf View-Pflege). Die Pflege ist in Abbildung 7.18 dargestellt.

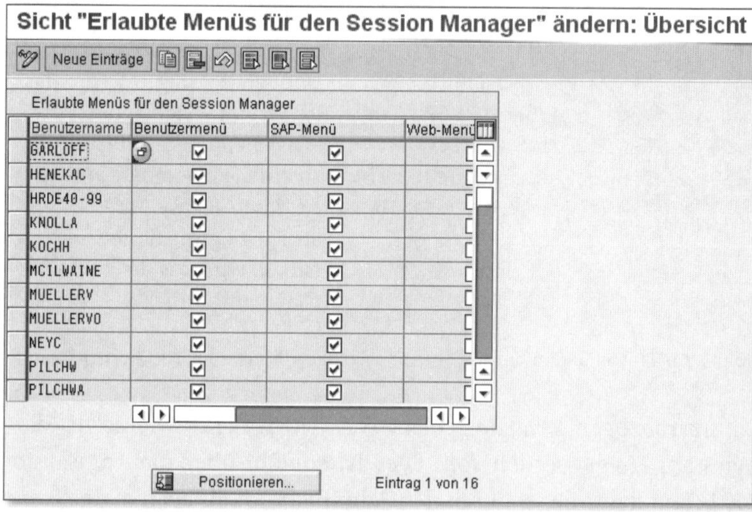

Abbildung 7.18 Benutzerbezogene Festlegung erlaubter Menüs

7.5 Berechtigungsgruppen

In verschiedenen Anwendungen gibt es *Berechtigungsgruppen*. Berechtigungsgruppen sind systematisch ein einfaches und oft zusätzliches Gruppierungsmerkmal, um Berechtigungen differenzieren zu können; zusätzlich insofern, als dass sie ein Gruppierungsmerkmal primär für Berechtigungen darstellen. Dies können Sie am Beispiel des Kreditorenstammsatzes gut nachvollziehen. In Abbildung 7.19 pflegen Sie die Berechtigungsgruppe im Feld Berechtigung. Berechtigungsobjektbezogen müssen Berechtigungsgruppen in dem entsprechenden Feld eines Berechtigungsobjekts eingetragen werden. Berechtigungsgruppen werden in unterschiedlichen Feldern gepflegt.

Vergabe von Berechtigungsgruppen

Teilweise können Berechtigungsgruppen frei in einem Stammdatum vergeben werden. Frei bedeutet dabei, dass Sie eine beliebige Zeichenfolge (in der Regel vierstellig) in das entsprechende Feld des Stammdatums eintragen können. Frei kann auch bedeuten, dass das für die Eintragung vorgesehene Feld kein Pflichtfeld sein muss. Beides ist zum Beispiel beim Kreditorenstammsatz der Fall (siehe Abbildung 7.19).

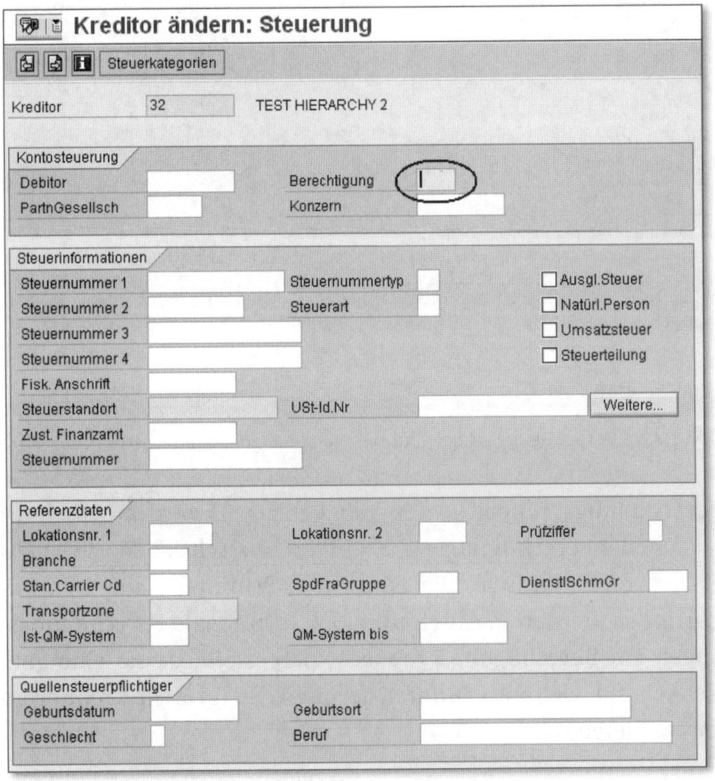

Abbildung 7.19 Berechtigungsgruppe im Kreditorenstammsatz

Teilweise werden Berechtigungsgruppen im Customizing hinterlegt, wie dies in Abbildung 7.20 dargestellt ist. Viele Berechtigungsgruppen – unter anderem die Tabellenberechtigungsgruppen – werden über die Transaktion SM30 (Aufruf View-Pflege) und die entsprechenden Views (für die Tabellenberechtigungsgruppe V_TBRG) gepflegt.

Feldname der Berechtigungsgruppen

Die technische Bezeichnung (Feldname) der Berechtigungsgruppen ist eindeutig, sie wird jedoch teilweise in unterschiedlichen Anwendungen (verschiedenen Objektklassen) genutzt. Aus diesem Grund eignet sie sich nur fallweise zur Organisationsebene (siehe Abschnitt 7.5.3, »Berechtigungsgruppen als Organisationsebenen«).

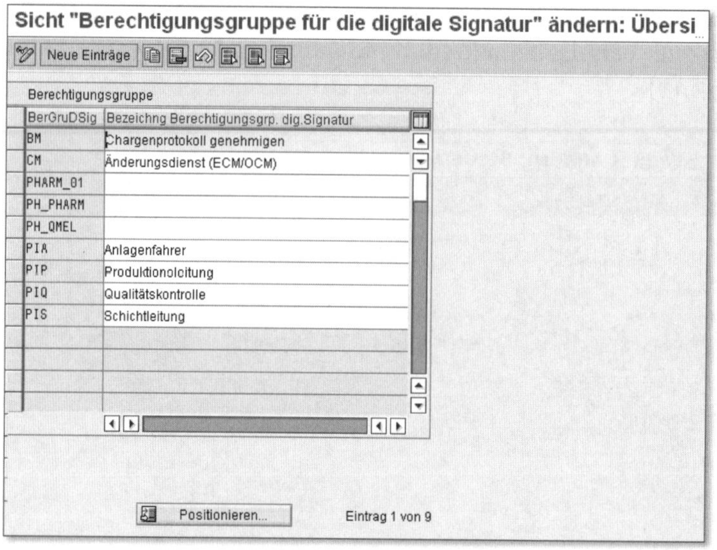

Abbildung 7.20 Berechtigungsgruppe für die digitale Signatur im Customizing

Berechtigungsgruppe für den Tabellenzugriff

Die Berechtigungsgruppe für den Tabellenzugriff wird in Abschnitt 7.5.2, »Tabellenberechtigungen«, detaillierter beschrieben, sie ist aus technischer Sicht kritisch. Die optionalen Prüfungen auf Berechtigungsgruppen werden in Abschnitt 7.5.1, »Optionale Berechtigungsprüfungen auf Berechtigungsgruppen«, dargestellt, da sie eine gute Möglichkeit zur weiteren Differenzierung z. B. auf dem Kreditorenstammsatz bieten.

Beispielhaft soll hier auf Berechtigungsgruppen im Haushaltsmanagement hingewiesen werden, da diese sehr umfassende Möglichkeiten bieten. Die Berechtigungsgruppen, die im Haushaltsmanagement für einzelne Kontierungselemente definiert sind (z. B. Feld FM_AUTHGRC) und als optionales Prüfattribut funktionieren, bieten eine exzellente Differenzierungsmöglichkeit im Rechnungswesen und aufgrund der Logik des Haushaltsmanagements in der Integration mit der Logistik.

Eine detaillierte Analyse der Möglichkeiten in einzelnen Anwendungen ist in jedem Fall lohnend.

7.5.1 Optionale Berechtigungsprüfungen auf Berechtigungsgruppen

Optionale Prüfungen sind meistens Prüfungen, die nur dann stattfinden, wenn das zu prüfende Kriterium genutzt wird. Konkret: Nur für

Kreditorenstammsätze, die über eine ausgeprägte Berechtigungsgruppe verfügen, findet die Prüfung gegen das definierte Berechtigungsobjekt statt. Berechtigungsgruppen, die in optionalen Prüfungen Verwendung finden, sind in Tabelle 7.7 aufgeführt.

Bei der optionalen Prüfung findet die gesamte Prüfung nur statt, wenn das Kriterium definiert ist. Dann findet sie allerdings vollständig, also auch gegen die anderen Felder des Berechtigungsobjekts, statt.

Eine etwas andere Form optionaler Prüfungen besteht darin, dass generell zwar das Berechtigungsobjekt verprobt wird, die Berechtigungsgruppe aber nur für den Fall, dass sie auch definiert wurde.

Objekt	Klasse	Beschreibung
F_AVIK_AVA	FI	Zahlungsavis: Berechtigung für Avisarten
F_BKKA_GRP	IS_B	BCA-Konto: Berechtigungsgruppen
F_BKPF_BED	FI	Buchhaltungsbeleg: Kontenberechtigung für Debitoren
F_BKPF_BEK	FI	Buchhaltungsbeleg: Kontenberechtigung für Kreditoren
F_BKPF_BES	FI	Buchhaltungsbeleg: Kontenberechtigung für Sachkonten
F_BKPF_BLA	FI	Buchhaltungsbeleg: Berechtigung für Belegarten
F_BKPF_BUP	FI	Buchhaltungsbeleg: Berechtigung für Buchungsperioden
F_FICA_POP	FI	Haushaltsmanagement: Berechtigungsgruppe Buchungsperiode
F_KKKO_BEG	FI	FI-CA-Beleg im Vertragskontokorrent: Kontoberechtigung
F_KK_SEC	FI	FI-CA-Sicherheitsleistung
F_KNA1_BED	FI	Debitor: Kontenberechtigung
F_KNKK_BED	FI	Kreditmanagement: Kontenberechtigung
F_LFA1_BEK	FI	Kreditor: Kontenberechtigung
F_SKA1_BES	FI	Sachkonto: Kontenberechtigung
V_KNA1_BRG	SD	Debitor: Kontenberechtigung Vertriebsbereich

Tabelle 7.7 Berechtigungsobjekte mit Berechtigungsgruppen für die optionale Prüfung (Auswahl)

Das bereits angeführte Beispiel eines Kreditorenstammsatzes kann verdeutlichen, worin der Nutzen einer optionalen Prüfung über Berechtigungsgruppen bestehen kann.

Einschränkung des Zugriffs auf Kreditoren durch Berechtigungsgruppen

Die Transaktionen zur Pflege und Anzeige eines Kreditors sind in Tabelle 7.8 aufgeführt. Die Bearbeitung des Kreditorenstammsatzes kann aus der logistischen Sicht, der Sicht des Rechnungswesens und der zentralen Sicht erfolgen. Entsprechend viele Transaktionen gibt es. Die Transaktionscodes der logistischen Sicht beginnen mit einem M, die des Rechnungswesens mit einem F und die zentralen mit einem X.

Bezeichnung der Transaktion	Transaktion
Kreditoränderungen (Buchhaltung)	FK04
Sperren Kreditor (Buchhaltung)	FK05
Löschvormerk. Kreditor (Buchhaltung)	FK06
Bestätigen Kreditor-Einzeln (Buchh.)	FK08
Bestätigen Kreditor-Liste (Buchh.)	FK09
KredÄnderungen übertragen: Empfangen	FK15
KredÄnderungen übertragen: Empfangen	FK16
Anlegen Kreditor (Einkauf)	MK01
Ändern Kreditor (Einkauf)	MK02
Anzeigen Kreditor (Einkauf)	MK03
Änderungen Kreditor (Einkauf)	MK04
Sperren Kreditor (Einkauf)	MK05
Löschvormerk. Kreditor (Einkauf)	MK06
Ändern Kreditor (Einkauf) geplant	MK12
Geplante Änderung Kreditor (Einkauf)	MK14
Aktivieren gepl. Änd. Kreditor (EK)	MK18
Anzeigen Kreditor (Einkauf) Zukunft	MK19
Anlegen Kreditor (Zentral)	XK01
Ändern Kreditor (Zentral)	XK02
Anzeigen Kreditor (Zentral)	XK03
Änderungen Kreditor (Zentral)	XK04
Sperren Kreditor (Zentral)	XK05
Löschvormerkung Kreditor (Zentral)	XK06

Tabelle 7.8 Transaktionen zur Kreditorenpflege

Bezeichnung der Transaktion	Transaktion
Ändern Kontogruppe Kreditor	XK07
Massenpflege Lieferantenstamm	XK99

Tabelle 7.8 Transaktionen zur Kreditorenpflege (Forts.)

Der Zugriff auf einen Kreditor ist einerseits bestimmt durch die Applikation, zu der die Transaktion gehört. Anderseits ist der Zugriff durch Berechtigungen ausgesteuert. Dies soll Abbildung 7.21 verdeutlichen. Die mögliche Sicht auf Kreditoren ist abhängig von der genutzten Transaktion. Die Einkaufssicht unterscheidet sich von der Sicht des Rechnungswesens. Auf welche Kreditoren in einer Sicht zugegriffen werden kann, wird durch die Angaben zum Organisationsmodell und zur Kontengruppe gesteuert.

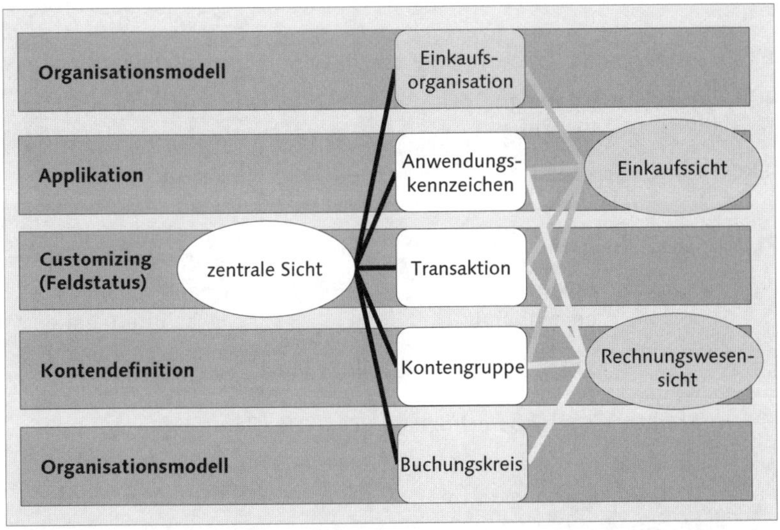

Abbildung 7.21 Steuerung der Sichten auf den Kreditor – Berechtigungsfelder

Abhängigkeit vom Customizing

Die Möglichkeit, applikationsbezogen die Berechtigungen über Customizing und Stammdatenstrukturen zu steuern, wird im Kapitel 18, »Prozesse in SAP ERP – spezifische Berechtigungen«, weiter erläutert, an dieser Stelle sollen die Möglichkeiten und die Notwendigkeit der Berechtigungsgruppe dargestellt werden. In Tabelle 7.9 sind die Berechtigungsobjektfelder zusammengefasst, die in den Transaktionen zur Kreditorenanzeige bereitstehen. Die Aktivität wird jeweils nicht angezeigt.

Transaktion	Objekt	Beschreibung	Feld	Beschreibung
FK03	B_BUPA_RLT	Geschäftspartner: GP-Rollen	RLTYP	GP-Rolle
FK03	F_LFA1_APP	Kreditor: Anwendungsberechtigung	APPKZ	Anwendungsberechtigung Debitor (Zentral, Finanzbuchhaltung, Einkauf, Vertrieb)
FK03	F_LFA1_BEK	Kreditor: Kontenberechtigung	BRGRU	Berechtigungsgruppe
FK03	F_LFA1_BUK	Kreditor: Berechtigung für Buchungskreise	BUKRS	Buchungskreis
FK03	F_LFA1_GRP	Kreditor: Kontengruppenberechtigung	KTOKK	Kontengruppe Kreditor
MK03	F_LFA1_APP	Kreditor: Anwendungsberechtigung	APPKZ	Anwendungsberechtigung Debitor (Zentral, Finanzbuchhaltung, Einkauf, Vertrieb)
MK03	F_LFA1_BEK	Kreditor: Kontenberechtigung	BRGRU	Berechtigungsgruppe
MK03	F_LFA1_GRP	Kreditor: Kontengruppenberechtigung	KTOKK	Kontengruppe Kreditor
MK03	M_LFM1_EKO	Einkaufsorganisation im Lieferantenstamm	EKORG	Einkaufsorganisation
XK03	B_BUPA_RLT	Geschäftspartner: GP-Rollen	RLTYP	
XK03	F_LFA1_APP	Kreditor: Anwendungsberechtigung	APPKZ	Anwendungsberechtigung Debitor (Zentral, Finanzbuchhaltung, Einkauf, Vertrieb)
XK03	F_LFA1_BEK	Kreditor: Kontenberechtigung	BRGRU	Berechtigungsgruppe
XK03	F_LFA1_BUK	Kreditor: Berechtigung für Buchungskreise	BUKRS	Buchungskreis
XK03	F_LFA1_GRP	Kreditor: Kontengruppenberechtigung	KTOKK	Kontengruppe Kreditor
XK03	M_LFM1_EKO	Einkaufsorganisation im Lieferantenstamm	EKORG	Einkaufsorganisation

Tabelle 7.9 Relevante Berechtigungsobjektfelder für den Kreditorenstammsatz

Aus der Tabelle ergibt sich, dass applikationsübergreifend lediglich folgende drei Felder zur Verfügung stehen:

- Anwendungsberechtigung Debitor (Zentral, Finanzbuchhaltung, Einkauf, Vertrieb) (Feld APPKZ)

- Berechtigungsgruppe (Feld BRGRU)
- Kontengruppe Kreditor (Feld KTOKK)

Die anderen Felder sind applikationsspezifisch.

Kontengruppe ist zu allgemein

Die Anwendungsberechtigung ergibt sich bereits aus der Applikation. Sie muss mit dieser verbunden bleiben, um Akkumulationen im Benutzerpuffer zu vermeiden. Das Feld Kontengruppe Kreditor stellt meist nur ein grobes allgemeines Raster zur Verfügung. Meistens werden hier grundsätzliche Gruppierungen hinterlegt wie z. B. interne Kreditoren. Durch die Nutzung der Berechtigungsgruppe kann einerseits die Differenzierung verfeinert werden, andererseits können Kombinationsmöglichkeiten geschaffen werden. Das heißt, sofern innerhalb einer Kontengruppe eine Differenzierung eingerichtet werden soll, würde eine entsprechende zusätzliche Vergabe von Berechtigungsgruppen dies ermöglichen. Genauso gut könnten Berechtigungsgruppen aber auch zur Kennzeichnung der Vertraulichkeit genutzt werden. Diese Systematik könnte ebenso auf Debitoren und Sachkonten übertragen werden.

Namenskonvention für Berechtigungsgruppen

In Abbildung 7.19 wurde die Berechtigungsgruppe bei der Pflege des Kreditorenstammsatzes bereits gezeigt. Das Feld kann mit beliebigen vierstelligen alphanumerischen Kombinationen gefüllt werden. Eine entsprechende Konvention sollte vorher festgelegt werden. Da auch in diesem Fall die Verprobung teilgenerisch ist (Platzhalter Stern nur am Ende möglich), sollte die Namenskonvention vom Speziellen in das Allgemeine gehen, wie dies stark vereinfacht in Tabelle 7.10 dargestellt wird.

1 Stelle	2 Stellen	3 Stellen	4 Stellen	Bedeutung
			AAAA	intern
		AAA		vertraulich
	AA			streng vertraulich
A				geheim

Tabelle 7.10 Einfaches Beispiel einer Namenskonvention für Berechtigungsgruppen

Eine derartige Kennzeichnung ermöglicht es, über teilgenerische Pflege die Zugriffe vom Speziellen in das Allgemeine abzustufen. Im Beispiel wird davon ausgegangen, dass die Berechtigung für die jeweils höhere Geheimhaltungsstufe dazu führt, für die unteren ebenfalls berechtigt zu sein.

7.5.2 Tabellenberechtigungen

Tabellen sind Tabellenberechtigungsgruppen zugeordnet. Der Zugriff auf eine Tabelle über Standardtransaktionen wie z. B. die Transaktion SE16 (Data Browser) ist ergänzend zur Berechtigung auf dem Transaktionscode minimal mit einer Prüfung gegen das Berechtigungsobjekt S_TABU_DIS (Tabellenpflege) verbunden. Dabei wird neben der Aktivität auch die Tabellenberechtigungsgruppe abgeprüft.

Tabellenzugriffe müssen detailliert ausgesteuert werden

Uneingeschränkte oder nur marginal eingeschränkte Zugriffe auf Tabellen über Transaktionen darf es in einem Produktivsystem nicht geben. Tabellenzugriffe müssen konkret für einzelne oder kleine Gruppen von Tabellen ausgeprägt sein. In den Tabellen des ERP-Systems sind alle Informationen enthalten, die im System überhaupt verfügbar sind. Über Tabellen können mühelos geschäftskritische Daten wie Lieferantenverzeichnisse, Konditionen, personenbezogene Daten etc. ausgelesen werden. Da Tabellenberechtigungsgruppen bis zu 11.000 Tabellen zugeordnet sind, ist die Standardberechtigungsgruppe in nahezu keinem Fall ein ausreichender Schutz für diese sensiblen Daten.

Tabellenberechtigungsgruppen

Eine Tabellenberechtigungsgruppe kann im Einzelfall mehr als 11.000 Tabellen umfassen. Das heißt, dass die Vergabe einer Tabellenberechtigungsgruppe in einer Berechtigung über das Berechtigungsobjekt S_TABU_DIS (Tabellenpflege) den gewählten funktionalen Zugriff (Anzeigen, Pflegen) auf die entsprechende Anzahl von Tabellen einräumt. Der im Beispiel dargestellten Tabellenberechtigungsgruppe FA sind mehr als 900 Tabellen des Rechnungswesens zugeordnet – neben der Tabelle BKPF (Belegkopf für Buchhaltung) auch weitere Tabellen wie die Tabelle LFA1 (Lieferantenstamm) und die Tabelle KNA1 (Kundenstamm), die in unterschiedlichen Qualitäten personenbezogene sowie fakultativ geschäftskritische Daten enthalten (siehe Abbildung 7.22).

Um die enthaltenen Daten angemessen zu schützen, gibt es zwei Alternativen:

Zum einen müssen lesende Tabellenzugriffe über Parametertransaktionen (siehe Abschnitt 7.6, »Parameter- und Query-Transaktionen«) oder Querys so ausgestaltet werden, dass nur der definierte Tabellenzugriff, gegebenenfalls im definierten Rahmen, gestattet wird. Schreibende Tabellenzugriffe werden über Parametertransaktionen vergeben.

Zum anderen müssen die Tabellen, die im Produktivsystem für den direkten schreibenden oder lesenden Zugriff vorgesehen sind, so in Tabellenberechtigungsgruppen gruppiert werden, dass auch über den Schutz durch das Berechtigungsobjekt (S_TABU_DIS) ein hinreichend detaillierter Schutz gewährleistet ist.

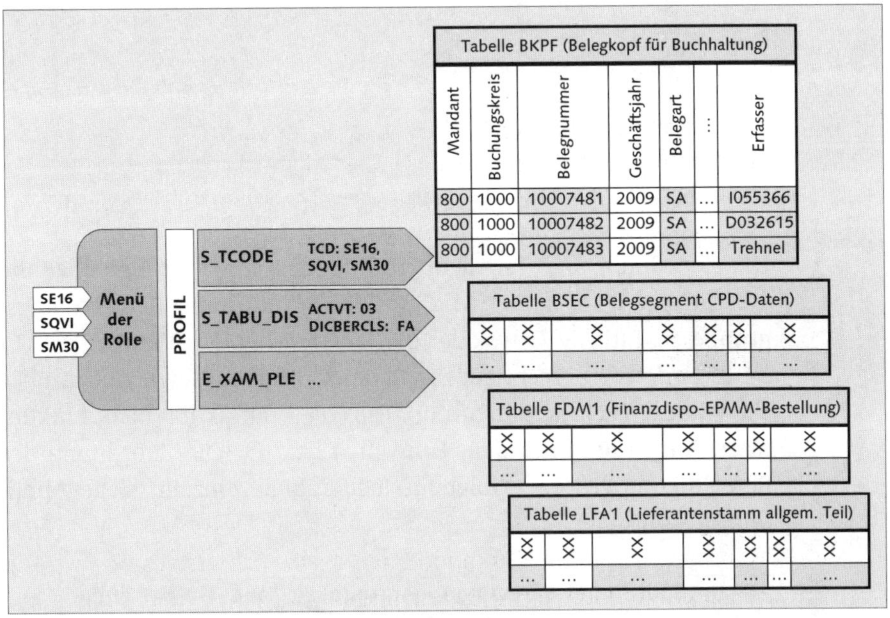

Abbildung 7.22 Zugriff auf Tabellen mit einer Berechtigungsgruppe

Pflege von Tabellenberechtigungsgruppen

Tabellenberechtigungsgruppen werden über die Transaktion SM30_V_BRG (Berechtigungsgruppe zu Tabellen und Views) oder den View V_BRG_54 (Berechtigungsgruppe zu Tabellen und Views) in der View-Pflege (Transaktion SM30) angelegt. Falls die Transaktion nicht funktioniert, folgen Sie bitte dem SAP-Hinweis 1239163.

Das Anlegen einer Berechtigungsgruppe erfolgt über die Eingabe einer bis zu vierstelligen Gruppen-ID und die Pflege einer Bezeichnung, wie in Abbildung 7.23 dargestellt.

Über den Button Neue Einträge erreichen Sie den Bildschirm zur Neuanlage von Tabellenberechtigungsgruppen. Beim Speichern muss die neue Berechtigungsgruppe in einen Transportauftrag aufgenommen werden.

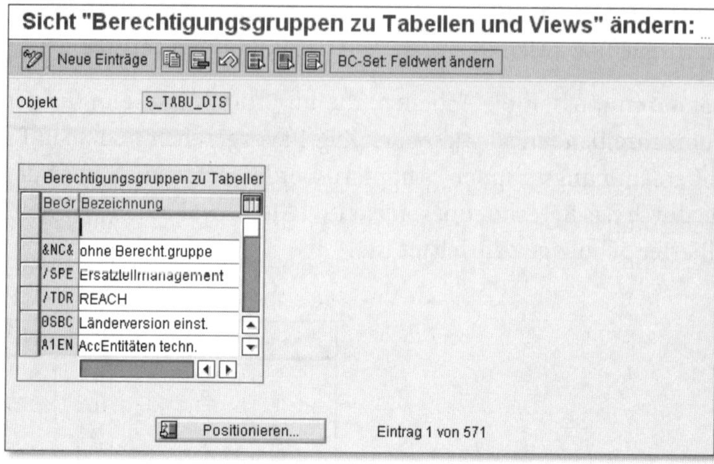

Abbildung 7.23 View-Pflege zur Erstellung einer Tabellenberechtigungsgruppe

Die Zuordnung der Tabellenberechtigungsgruppe erfolgt über die einschlägige Transaktion SM30_V_DDAT (Zuordnung Berechtigungsgruppe zu Tabelle/View) oder den entsprechenden View V_DDAT_54 (Zuordnung Berechtigungsgruppe zu Tabelle/View), Aufruf über View-Pflege (Transaktion SM30). Falls die Transaktion nicht funktioniert, folgen Sie bitte dem Hinweis 1239163. Die Zuordnung der Berechtigungsgruppe erfolgt für jede Tabelle einzeln (siehe Abbildung 7.24).

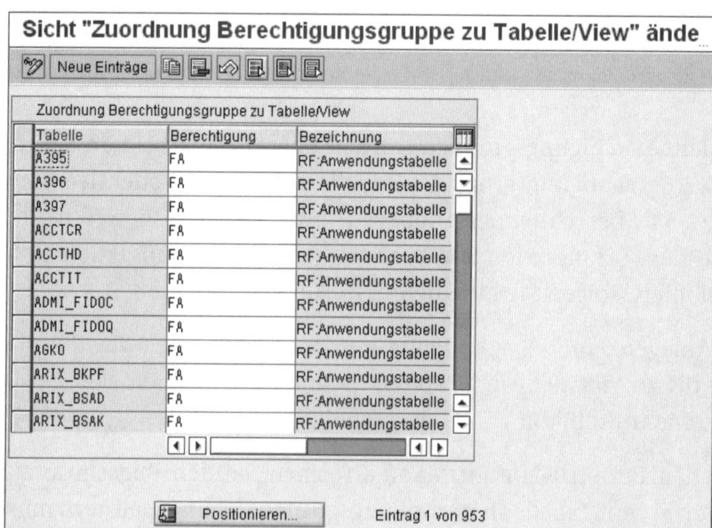

Abbildung 7.24 Zuordnung einer Tabelle zu einer Berechtigungsgruppe

Beim Speichern muss die neue Zuordnung in einen Transportauftrag aufgenommen werden.

7.5.3 Berechtigungsgruppen als Organisationsebenen

Berechtigungsgruppen können hervorragend als organisatorische Unterscheidungsmerkmale genutzt werden, um Berechtigungen zu differenzieren. Allerdings ist es nur fallweise sinnvoll, sie als Organisationsebenen auszuprägen (siehe Abschnitt 7.7, »Anhebung eines Berechtigungsfeldes zur Organisationsebene«). Diese Möglichkeit kann nur dort genutzt werden, wo die Berechtigungsgruppe einen einheitlichen Kontext abdeckt, wie das unter Umständen im Rechnungswesen der Fall wäre.

Es kann sinnvoll sein, sowohl Kreditoren- und Debitoren- als auch Sachkontenstammsätze einer einheitlichen Berechtigungsgruppennutzung zuzuführen. Die verwendete Berechtigungsgruppe ist jedoch die BRGRU, die in 40 verschiedenen Berechtigungsobjekten Verwendung findet. Darunter sind Berechtigungsobjekte der Klassen Finanzwesen, anwendungsübergreifende Berechtigungsobjekte, Vertrieb, Logistik allgemein und Produktionsplanung. Betriebswirtschaftlich können sie so zu diversen Unterscheidungen genutzt werden – wie der Differenzierung von CO-Planversionen, Report-Writer-Berichtsgruppen und eben den angeführten Kontenstammdaten. Eine derartig umfassende Verwendung dieser Berechtigungsgruppe bedeutet zwingend, dass es entweder eine strenge, zumindest auf die Objektklasse bezogene Namenskonvention geben muss oder dass nur allgemeine Unterscheidungen wie Vertraulichkeitsstufen sinnvoll sein können.

Nur wenige Berechtigungsgruppen werden Organisationsebenen

Die systematische Analyse, die exemplarisch in Tabelle 7.11 dargestellt ist, und die Erfahrungen beim Kunden zeigen, dass nur wenige Berechtigungsgruppen zur Organisationsebene angehoben werden können.

Die Analyse weist primär aus, dass viele Berechtigungsgruppen sehr häufig Verwendung finden – und zwar meist in unterschiedlichen Berechtigungsobjektklassen.

Berechtigungsgruppe	Verwendung in Berechtigungsobjekten	Verschiedene Objektklassen
AUD_AUTHGR	2	ja
AUGRP	2	nein
AUTHGRP	4	nein
BEGRU	105	ja
BERGRP	3	nein
BRGRU	40	ja
DICBERCLS	S_TABU_DIS	nein
ESEAUTHGRP	13	nein
FM_AUTHGRC	5	nein
FM_AUTHGRF	3	nein
FM_AUTHGRP	4	nein
ICL_AUTHGP	2	nein
OIRB_AUTGR	5	nein
PR_AUTHGR	1	nein
TBEGRU	2	nein
WRF_AUTHGR	1	nein

Tabelle 7.11 Feld »Berechtigungsgruppe« und Verwendung in Klassen

7.6 Parameter- und Query-Transaktionen

Transaktionen, die umfassende lesende oder gar ändernde Tabellenzugriffe gestatten, sind grundsätzlich kritische Transaktionen, die nicht in Endanwenderrollen gehören. Prinzipiell ließe sich die Verwendung über die Prüfung des Berechtigungsobjekts S_TABU_DIS (Tabellenpflege) nach Tabellenberechtigungsgruppen einschränken. Das würde aber ein umfassendes und detailliertes Tabellenberechtigungskonzept und dessen präzise Umsetzung voraussetzen. Die Standardtabellenberechtigungsgruppen reichen für ein solches Tabellenberechtigungskonzept in keinem Fall aus.

Ein detailliertes Tabellenberechtigungskonzept und in Rollen umgesetztes Berechtigungskonzept ist allerdings nur äußerst selten nachzuweisen.

Entsprechend besteht die einzige risikominimierende Praxis darin, die Verwendung der Transaktionen, die in Tabelle 7.12 ausgewiesen werden, grundsätzlich im produktiven System auszuschließen. Stattdessen können Parametertransaktionen bereitgestellt werden, wie es in diesem Kapitel dargestellt wird.

Ausschluss Data Browser

Transaktionscode	Transaktionstext
SE16	Data Browser
SE16N	allgemeine Tabellenanzeige
SE17	allgemeine Tabellenanzeige
SM30	Transaktion Aufruf View-Pflege

Tabelle 7.12 Transaktionen mit prinzipiell unbeschränktem Tabellenzugriff (Auswahl)

Für die Verwendung von Querys (siehe Tabelle 7.13) gilt im Prinzip Ähnliches, wenn auch etwas abgemildert, da Querys ergänzend zur Tabellenberechtigungsgruppe über Benutzergruppen geschützt werden können. Doch auch hier gilt, der Zugriff ist meist viel zu unpräzise eingeschränkt, um eine risikofreie Verwendung zu garantieren.

Querys in Transaktionen umsetzen

Die Alternativen in diesem Bereich bestehen darin, entweder ein entsprechendes InfoSet/Benutzergruppenkonzept nachzuweisen oder die Querys in Transaktionen umzusetzen, wie in diesem Kapitel beschrieben wird. Diese Empfehlung gilt ebenfalls für eingeschränkte Querys wie z. B. die Transaktion FQUD (Querys Debitor).

Transaktionscode	Transaktionstext
SQ01	SAP Query: Querys pflegen
SQVI	QuickViewer

Tabelle 7.13 Query-Transaktionen mit prinzipiell unbeschränktem Tabellenzugriff (Auswahl)

Die Diskussion zu den HCM Ad-hoc Querys (siehe Tabelle 7.14) wird, besonders im Geltungsbereich der Datenschutzvorschriften der europäischen Richtlinie zum Datenschutz (siehe Kapitel 4, »Rechtlicher Rahmen – normativer Rahmen«), durch die mit dem Datenschutzrecht verbundenen Risiken bestimmt. Auch in diesen Fällen ist eine Umsetzung in Transaktionen die sicherste Methode. Nur so kann präzise nachgewiesen werden, wie die personenbezogenen Daten zu Auswertungszwecken kombiniert werden.

Transaktionscode	Transaktionstext
S_PH0_48000509	Ad-hoc Query
S_PH0_48000510	Ad-hoc Query
S_PH0_48000512	Ad-hoc Query
S_PH0_48000513	Ad-hoc Query
S_PH0_48000516	Ad-hoc Query
S_PH0_48000517	Ad-hoc Query
S_PH0_48000518	Ad-hoc Query
S_PH0_48000519	Ad-hoc Query

Tabelle 7.14 Einige Ad-hoc-Querys von HCM

Data Browser nicht in Enduserrollen

Transaktionen, die einen Zugriff auf mehrere Tabellen erlauben, sollten nicht in Endbenutzerrollen vorgehalten werden. Da eine plausible Einschätzung des Risikos der Einsicht oder Manipulation aller Tabellen in einer Standardberechtigungsgruppe meist nicht vorliegt, ist das Risiko durch Nutzung dieser Transaktionen einfach nicht akzeptabel.

Wie dieses Risiko vermieden werden kann, zeigen die nächsten drei Abschnitte.

7.6.1 Parametertransaktion zur Pflege von Tabellen über definierte Views

Um zu vermeiden, dass im Produktivsystem kritische Transaktionen wie SM30 oder SE16 genutzt werden, können Parametertransaktionen angelegt werden. Im Beispiel wird gezeigt, wie eine Parametertransaktion unter Nutzung der Transaktion SM30 (Aufruf View-Pflege) auf die Tabelle der Mandanteneinstellungen (Tabelle T000) angelegt wird.

Zunächst müssen Sie in der Transaktion SE93 (Transaktionspflege) einen einschlägigen Kundentransaktionscode festlegen. Dieser beginnt immer mit einem Z (siehe Abbildung 7.25).

Abbildung 7.25 Transaktionspflege – Einstiegsbildschirm

Über den Button ANLEGEN erreichen Sie den Bildschirm zur Pflege der Transaktionsattribute. Im Beispiel geht es um die Anlage einer Parametertransaktion. Dies wird in Abbildung 7.26 dargestellt.

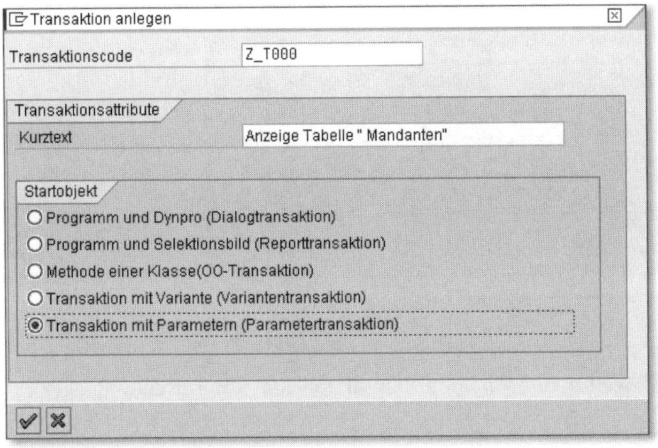

Abbildung 7.26 Definition der Transaktionsattribute

Pflegen Sie den Kurztext so, dass eine möglichst eindeutige und lesbare Bezeichnung vergeben wird.

Als Vorschlagswert für die Transaktion wird im Beispiel die Transaktion SM30 (Aufruf View-Pflege) vergeben. Weiterhin muss das Häkchen bei EINSTIEGSBILD ÜBERSPRINGEN gesetzt sein (siehe Abbildung 7.27). Andernfalls wird der Einstiegsbildschirm AUFRUF VIEW-PFLEGE angezeigt. Unter NAME DES DYNPROFELDES wählen Sie VIENAME und SHOW. Als Werte werden der designierte View (der bereits angelegt sein muss, in unserem Beispiel T000) und der Wert »X« für SHOW vergeben. Beim Speichern wählen Sie einen Objektkatalogeintrag zu einem dafür bestimmten Paket (detaillierte Informationen zu Paketen entnehmen Sie Keller/Krüger, 2006, S. 63–70).

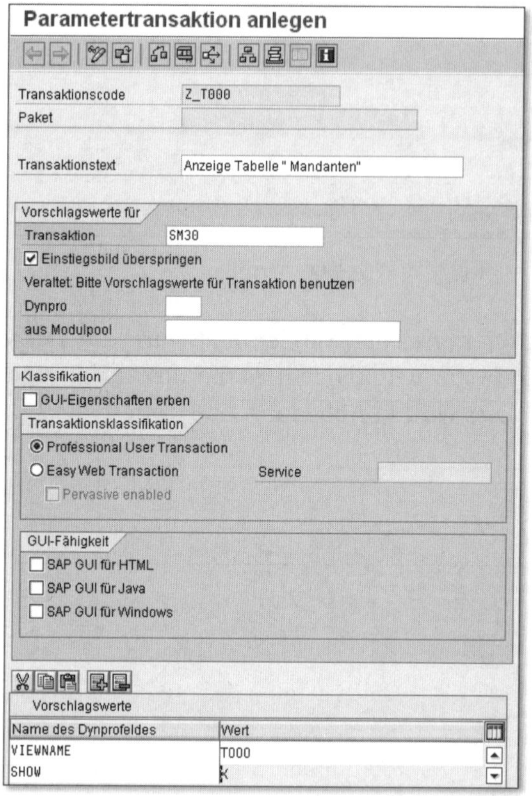

Abbildung 7.27 Pflege für eine Parametertransaktion zum »Aufruf View-Pflege«

Parametertransaktion ersetzt nicht Standardprüfungen

Durch die Anlage einer Parametertransaktion werden nicht die standardmäßigen Berechtigungsprüfungen umgangen (siehe Tabelle 7.15).

OBJECT	FIELD	Wert
S_TCODE	TCD	Z_T000
S_TABU_DIS	ACTVT	03
S_TABU_DIS	DICBERCLS	SS
S_CTS_ADMI	CTS_ADMFCT	TABL
S_ADMI_FCD	S_ADMI_FCD	T000
S_TABU_DIS	ACTVT	02
S_TABU_DIS	DICBERCLS	SS
S_TABU_CLI	CLIIDMAINT	X

Tabelle 7.15 Berechtigungen zum Aufruf der Parametertransaktion auf dem View »Mandanten anzeigen/ändern« (View T000)

Dieses Vorgehen hat zwei Vorteile:

Durch Zuweisung einer konkreten Transaktion wird zum einen der Zugriff verwaltet. Damit ist das allgemeine hohe Risiko zu einem speziellen hohen Risiko geworden, dem mit speziellen Maßnahmen begegnet werden kann. Darüber hinaus ist es sinnvoll, auch die Tabellenberechtigungsgruppe anzupassen (siehe Abschnitt 7.5.2, »Tabellenberechtigungen«), das ist in der Praxis jedoch eher selten anzutreffen. Dieses Vorgehen würde allerdings vermeiden, dass auf der Tabellenberechtigungsgruppe (Feld DICBERCLS) in Verbindung mit der Aktivität ÄNDERN (Feld ACTVT; Wert 02) die Berechtigungsgruppe SS mitgegeben werden muss. Dieser Tabellenberechtigungsgruppe sind mehr als 2.000 überwiegend kritische Basistabellen zugeordnet.

Es können zum anderen nun zu dieser Transaktion konkrete Vorschlagswerte ermittelt und gepflegt werden. In Abschnitt 7.8, »Entwickler- und Berechtigungstrace«, werden wir den Entwickler-Trace für dieses Beispiel einsetzen.

7.6.2 Parametertransaktion zur Ansicht von Tabellen

Soll eine Tabelle zur Ansicht über den Data Browser (Transaktion SE16) in eine kundeneigene Transaktion überführt werden, wird wie in Abschnitt 7.6.1, »Parametertransaktion zur Pflege von Tabellen über definierte Views«, als Vorschlagswert für Transaktionen der Data Browser hinterlegt. Abbildung 7.28 zeigt das Beispiel der Tabelle AGR_1251 (Berechtigungsdaten zur Aktivitätsgruppe).

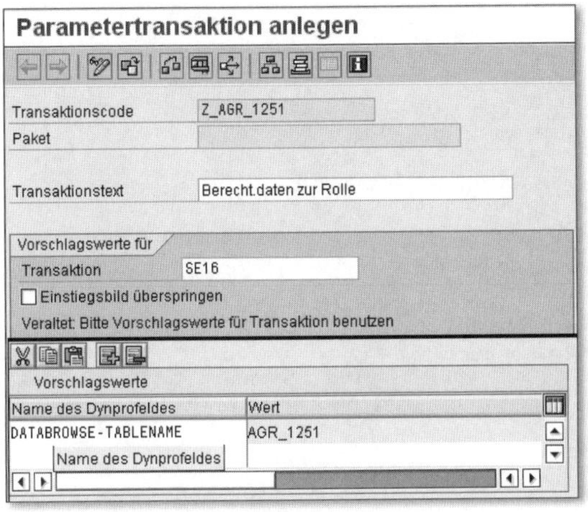

Abbildung 7.28 Parametertransaktion zur Tabellenanzeige anlegen

Beim Speichern wählen Sie einen Objektkatalogeintrag zu einem dafür bestimmten Paket.

Die Wirkung dieses Vorgehens und die Vorteile sind die gleichen, wie bereits in Abschnitt 7.6.1, »Parametertransaktion zur Pflege von Tabellen über definierte Views«, angeführt.

7.6.3 Querys in Transaktionen umsetzen

Eine Query ermöglicht es, sowohl Joins auf Tabellen festzulegen als auch Daten entsprechend ihrer Notwendigkeit darzustellen. In Querys können auch Selektionen mitgegeben werden. Dadurch können die Daten, die angezeigt werden, quantitativ und qualitativ begrenzt werden. Das Anlegen einer Query soll nicht dargestellt werden, dazu verweisen wir auf die einschlägigen Darstellungen (u. a. *http://help.sap.com*).

Im Beispiel wird ein Join der Tabelle AGR_1251 (Berechtigungsdaten zur Aktivitätsgruppe) mit der Tabelle USOBT_C (Relation Transaktion → Berechtigungsobjekt (Kunde)) in der Selektion zur Query auf den Rollennamensraum D* eingeschränkt.

Auch zur Erzeugung einer Reporttransaktion wird die Transaktion SE93 (Transaktionspflege) verwendet. Zunächst müssen Sie den Transaktionscode und den Kurztext pflegen (siehe Abbildung 7.29). Als Startobjekt muss in diesem Fall PROGRAMM UND SELEKTIONSBILD (REPORTTRANSAKTION) gewählt werden.

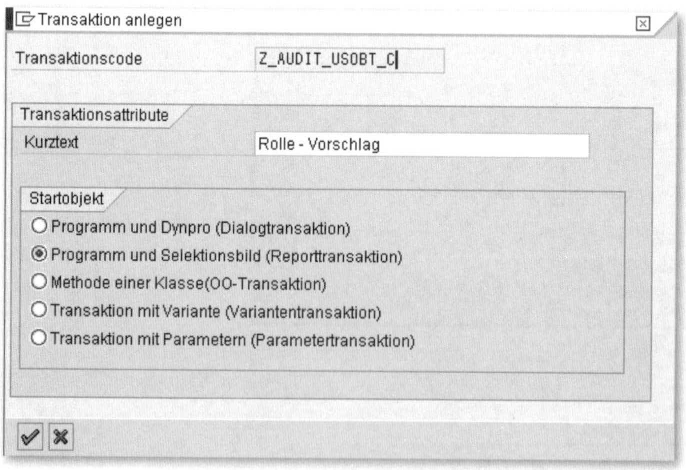

Abbildung 7.29 Anlegen einer Reporttransaktion

Ein Transaktionstext (Kurztext) muss mitgegeben werden, im Feld PROGRAMMNAME muss der Programmname der erzeugten und generierten Query eingetragen werden. Sofern eine bestimmte Variante mitgegeben werden soll, müssen Sie diese im Feld VARIANTE eintragen (siehe Abbildung 7.30). Beim Speichern wählen Sie einen Objektkatalogeintrag zu einem dafür bestimmten Paket.

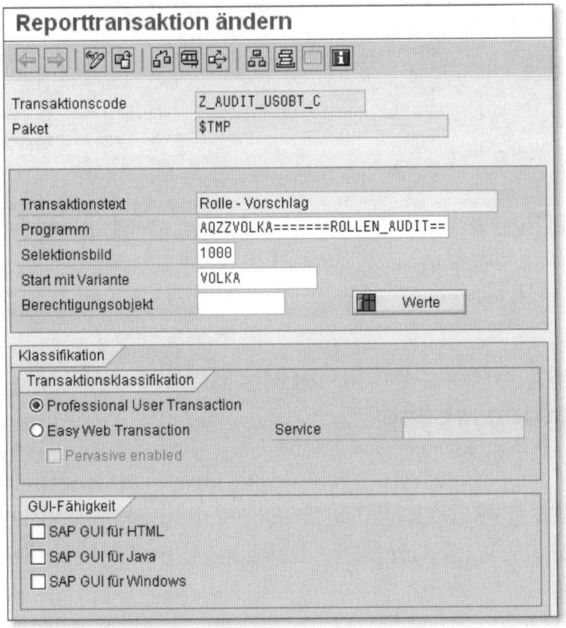

Abbildung 7.30 Definition der Attribute der Reporttransaktion

Wie Abbildung 7.31 zeigt, ist die Selektion des Reports eingeschränkt, der Rollennamensraum kann nicht mehr geändert werden. Entsprechende Voreinstellungen können über die Query und den Eintrag VARIANTE in der Transaktionspflege fest mitgegeben werden.

Durch die Anlage einer Parametertransaktion werden nicht die standardmäßigen Berechtigungsprüfungen umgangen, wie dies bereits in Abschnitt 7.6.1, »Parametertransaktion zur Pflege von Tabellen über definierte Views«, dargestellt wurde.

Auch die Vorteile sind die gleichen. Zusätzlich kommt noch der Nutzen hinzu, dass mit der Variante präzise bestimmt werden kann, welche Daten wie ausgewertet werden dürfen.

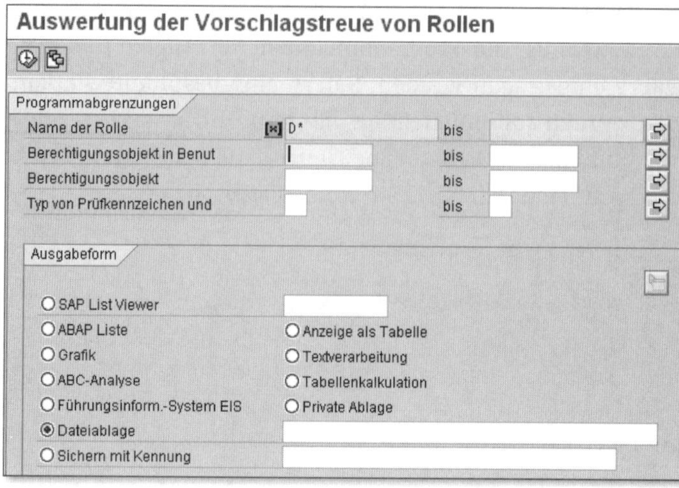

Abbildung 7.31 Beispiel einer Reporttransaktion

7.7 Anhebung eines Berechtigungsfeldes zur Organisationsebene

In einigen Fällen ist es für das Ableitungskonzept erforderlich, Berechtigungsobjektfelder zu Organisationsebenen anzuheben. Dies ist grundsätzlich für alle Felder möglich, die keine Aktivitätsberechtigungen steuern.

Auswirkung der Anhebung

Die Anhebung eines Feldes zur Organisationsebene wirkt sich auf alle Berechtigungsobjekte aus, die dieses Feld enthalten.

7.7.1 Auswirkungsanalyse

Bevor ein Feld zur Organisationsebene angehoben wird, muss eine Analyse durchgeführt werden, die bestimmt, welche Auswirkungen die Aktion hat. Diese Analyse wird vierstufig vorgenommen:

- Zunächst werden die Feldverwendung und die Berechtigungsobjektverwendung geklärt.
- Dann werden Verwendung und Ausprägung in Rollen überprüft.
- Als Nächstes erfolgt die Überprüfung im Testlauf.
- Schließlich werden die einschlägigen SAP-Hinweise überprüft.

Dies wird im Folgenden an einem Beispiel verdeutlicht.

Beispiel einer Auswirkungsanalyse – Verwendung des Feldes und der Objekte

Untersucht werden die Auswirkungen einer Anhebung der Kostenart zur Organisationsebene. Zunächst wird untersucht, in welchen Berechtigungsobjekten das Feld RESPAREA (Verantwortungsbereich) auftaucht. Im Benutzerinformationssystem kann die Transaktion S_BCE_68001413 (Berechtigungsobjekte nach komplexen Selektionskriterien) aufgerufen werden.

In dieser Transaktion tragen Sie den Wert »RESPAREA« in das Feld Feld ein (siehe Abbildung 7.32). Nach Ausführung der Analyse entspricht das Ergebnis der Darstellung in Tabelle 7.16.

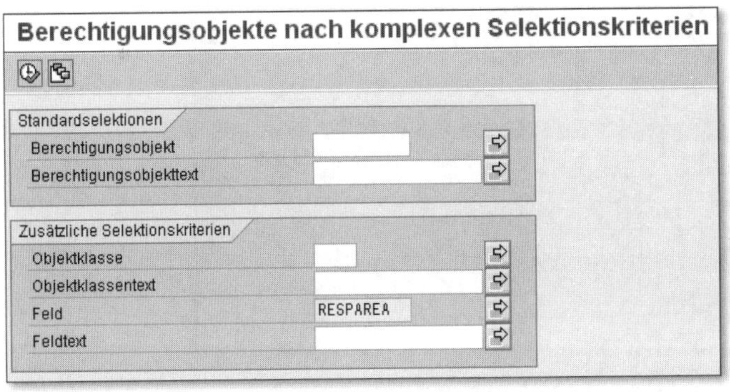

Abbildung 7.32 Analyse Feldverwendung in Berechtigungsobjekten – Selektion

OBJECT	CLASS	Beschreibung
A_IMA_REQU	IM	Maßnahmenanforderungen anfordernder Verantwortungsbereich
A_IMA_RESP	IM	Maßnahmenanforderung verantwortlicher Verantwortungsbereich
K_CCA	CO	CO-CCA: Allg. Berechtigungsobjekt für Kostenstellenrechnung
K_ORDER	CO	CO-OPA: Allgemeines Berechtigungsobjekt für Innenaufträge
K_ORGUNIT	CO	CO: Organisationseinheiten bei Ist-Buchungen
K_PCA	CO	EC-PCA: Verantwortungsbereich Profit-Center

Tabelle 7.16 Verwendung von »RESPAREA« in Berechtigungsobjekten

Der Analyse können Sie entnehmen, dass dieses Feld in verschiedenen Bereichen des CO verwendet wird. Um sicherzustellen, dass eine

Verwendung der Objekte in Transaktionen erfolgt, die nicht in den Bereich des Controllings fallen, sollte eine Analyse über die Tabelle USOBX_C (Checktabelle zu Tabelle USOBT_C) durchgeführt werden. Wenn die Vorschlagswerte in der Organisation (siehe Abschnitt 7.1, »Pflege und Nutzung der Vorschläge für den Profilgenerator«) gut gepflegt sind, kann die Selektion eingeschränkt werden, indem im Feld OKFLAG ein »Y« eingetragen wird (siehe Markierung in Abbildung 7.33).

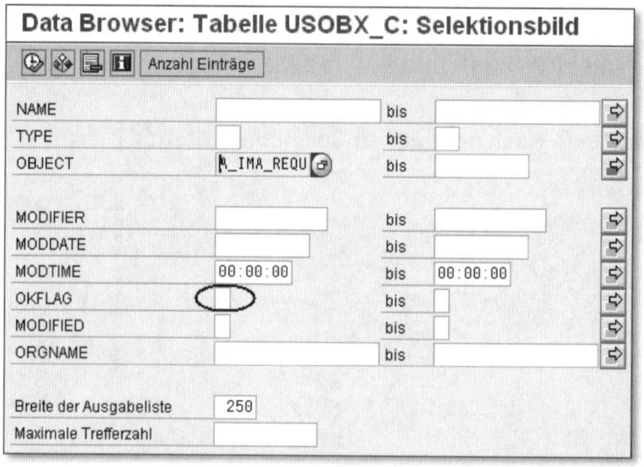

Abbildung 7.33 Selektion der Vorschlagswerte

Auf Basis dieser beiden Analysen kann mit ziemlicher Sicherheit eingeschätzt werden, welche Applikationen und damit welche Prozesse betroffen sein werden. Auf dieser Datengrundlage ist in der Organisation zu klären, ob eine einheitliche Beschränkung des Verantwortungsbereichs sinnvoll und möglich ist. Nur wenn diese Beschränkung übergreifend betriebswirtschaftlich und technisch sinnvoll ist, sollte das Feld zur Organisationsebene angehoben werden.

Beispiel einer Auswirkungsanalyse – Verwendung und Ausprägung in Rollen

Für die Auswirkungsanalyse verwenden Sie die Transaktion S_BCE_68001425 (Rollen nach komplexen Selektionskriterien) oder eine Query auf die Tabelle AGR_1251 (Berechtigungsdaten zur Aktivitätsgruppe).

Bei Verwendung der Tabelle AGR_1251 (Berechtigungsdaten zur Aktivitätsgruppe) muss die Anzeige gelöschter Objekte durch Setzen des Flags im Feld DELETED unterbunden werden, wie dies in Abbildung 7.34 dargestellt ist.

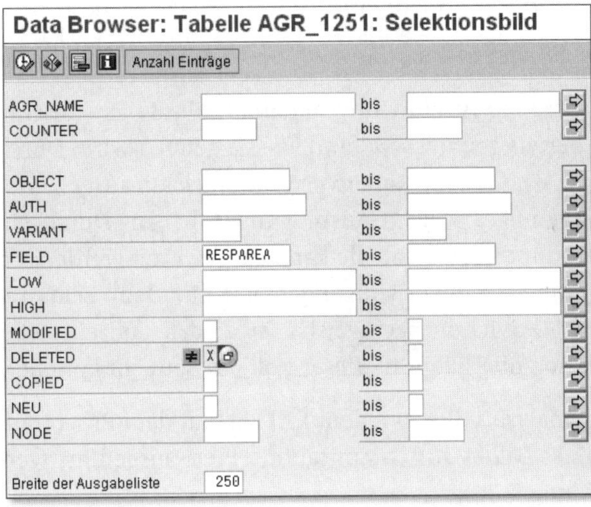

Abbildung 7.34 Tabellenanalyse Feldverwendung in Rollen

Die Auswertung ermöglicht es, im Report neben der Verwendung in Rollen auch gleichzeitig die ausgeprägten Werte zu analysieren (siehe Abbildung 7.35).

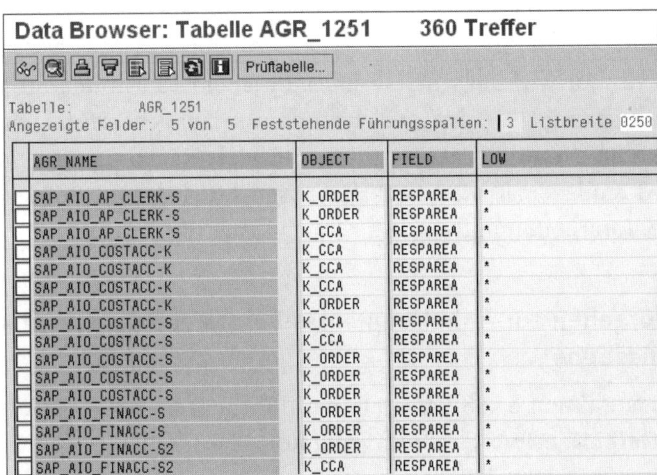

Abbildung 7.35 Nachweis eines Feldes und seiner Ausprägung

Der Auswertung können Sie in diesem Fall folgende Informationen entnehmen:

- in welchen Rollen der Verantwortungsbereich (Feld: REPSAREA) Verwendung findet

- in welchen Objekten es enthalten ist
- welche Ausprägungen es hat

Die aktuelle Ausprägung ist ein Hinweis darauf, ob die gewünschte Differenzierung bereits genutzt wird und wie sie genutzt wird. Durch Mapping dieser Analyse auf die Rollenverwendung kann ausgewertet werden, welche Benutzer welche Ausprägungen haben. Durch ein weiteres Mapping auf dieselbe Tabelle kann ausgewertet werden, ob in einer Rolle unterschiedliche Ausprägungen auf dem Feld mit unterschiedlichen Aktivitäten nachweisbar sind, d. h., ob eine einheitliche Ausprägung überhaupt in dieser Rolle in Betracht kommt.

Beispiel einer Auswirkungsanalyse – Testlauf

Die Auswirkungsanalyse sollte in jedem Fall auch in dem Programm zur Anhebung eines Feldes zur Organisationsebene ausgeführt werden (siehe Abbildung 7.36).

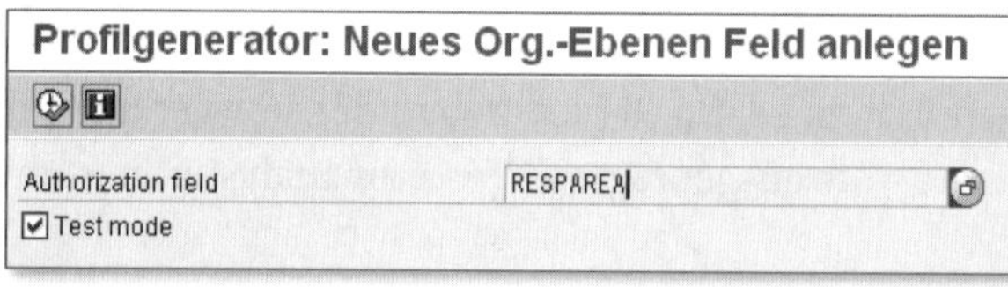

Abbildung 7.36 »Profilgenerator: Neues Org.-Ebenen Feld anlegen«

Zwingende zusätzliche Prüfung

Zusätzlich zur Auswirkungsanalyse muss in jedem Fall in den SAP-Hinweisen überprüft werden, welche Voraussetzungen erfüllt sein müssen. Im nachfolgend dargestellten Beispiel (Berechtigungsfeld RESPAREA) sind gemäß den SAP-Hinweisen 698401 und 565436 technische Vorarbeiten notwendig.

7.7.2 Vorgehen zur Anhebung eines Feldes zur Organisationsebene

Über die Transaktion SA38 (Programmausführung) wird der Report PFCG_ORGFIELD_CREATE (Profilgenerator: Neues Org.-Ebenen-Feld anlegen) gestartet. Tragen Sie dazu den Namen des Feldes, das als Organisationsebene angelegt werden soll, in das Feld AUTHORIZATION FIELD ein (siehe Abbildung 7.36).

Testlauf

Sofern der Testlauf nicht bereits über die vorbereitende Auswirkungsanalyse ausgeführt wurde, empfiehlt es sich dringend, zunächst einen Testlauf durchzuführen. Nach der Programmausführung wird ein Bericht ausgegeben, in dem die betroffenen Rollen und ihre

Änderungen ausgewiesen werden. Die Änderung selbst wird durch das Programm so vorgenommen, dass die Werte, die in den Feldern vorhanden sind, in die Organisationsebene übernommen werden. Die Feldwerte auf den Feldern werden entsprechend angepasst. Das heißt, anstelle eines konkreten Wertes wie HI1000H2110 steht im Feld nun der Platzhalter für die Organisationsebenen, z. B. $RESPAREA.

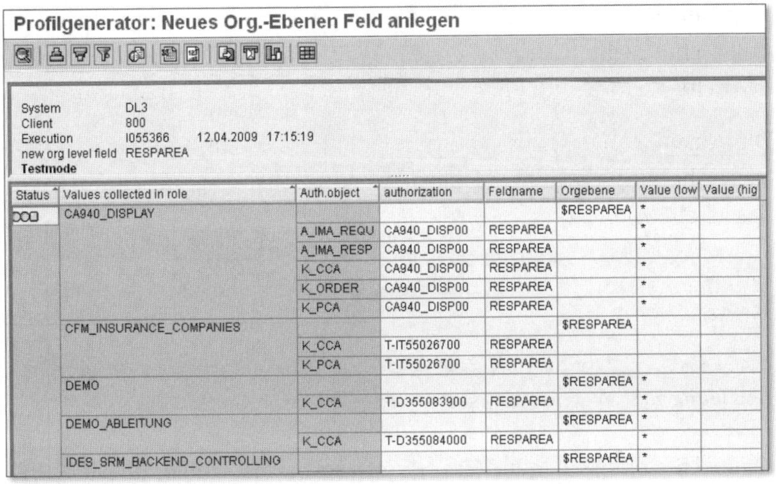
Profilgenerator: Neues Org.-Ebenen Feld anlegen

System DL3
Client 800
Execution I055366 12.04.2009 17:15:19
new org level field RESPAREA
Testmode

Status	Values collected in role	Auth.object	authorization	Feldname	Orgebene	Value (low	Value (hig
	CA940_DISPLAY				$RESPAREA	*	
		A_IMA_REQU	CA940_DISP00	RESPAREA		*	
		A_IMA_RESP	CA940_DISP00	RESPAREA		*	
		K_CCA	CA940_DISP00	RESPAREA		*	
		K_ORDER	CA940_DISP00	RESPAREA		*	
		K_PCA	CA940_DISP00	RESPAREA		*	
	CFM_INSURANCE_COMPANIES				$RESPAREA		
		K_CCA	T-IT55026700	RESPAREA			
		K_PCA	T-IT55026700	RESPAREA			
	DEMO				$RESPAREA	*	
		K_CCA	T-D355083900	RESPAREA		*	
	DEMO_ABLEITUNG				$RESPAREA	*	
		K_CCA	T-D355084000	RESPAREA		*	
	IDES_SRM_BACKEND_CONTROLLING				$RESPAREA	*	

Abbildung 7.37 »Profilgenerator: Neues Org.-Ebenen Feld anlegen«-Bericht über Änderungen (hier: Testlauf)

Kommt es zu logischen Abweichungen bei der Übertragung der Feldwerte in die Organisationsebenenwerte, wird die Rolle im Bericht gelb gekennzeichnet und für die Generierung über die Transaktion SUPC (Massengenerierung von Rollen) vorgesehen. Da der Abgleich mandantenbezogen ist, muss der Report für jeden Mandanten ausgeführt werden. Weitere Informationen können Sie dem SAP-Hinweis 323817 entnehmen.

7.7.3 Anhebung des Verantwortungsbereichs zur Organisationsebene

Der Verantwortungsbereich (Feld RESPAREA) stellt im technischen Berechtigungskonzept eine Besonderheit dar. Im Prinzip können auf diesem Feld Kontierungselemente wie Kostenstellen, Profit-Center, Innenaufträge oder Geschäftsprozesse eingetragen werden. Sie können auch als hierarchische Gruppierungen eingetragen werden. Aus der Hierarchie (siehe Abbildung 7.38) können sowohl ein oder mehrere Elemente als auch ein oder mehrere Knoten aufgenommen werden. Die Aufnahme eines Knotens bewirkt, dass alle untergeordneten Knoten und Elemente ebenfalls berechtigt werden.

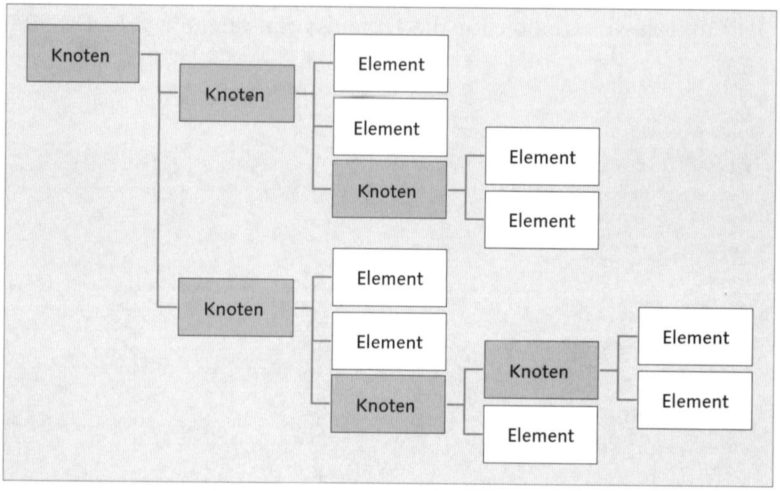

Abbildung 7.38 Verantwortungsbereich – hierarchische Gruppierung

Merkmale RESPAREA

Dadurch stehen für den Verantwortungsbereich folgende Merkmale zur Verfügung:

- Kostenstellengruppe
- Kostenstelle
- Kostenstellenstandardhierarchieknoten
- Auftrag
- Geschäftsprozess
- Geschäftsprozessknoten
- Profit-Center
- Profit-Center-Knoten

Der Unterschied zwischen Kostenstellengruppe und Kostenstellenstandardhierarchieknoten ergibt sich aus der Besonderheit der Kostenstellenstandardhierarchie. An dieser Stelle soll darauf nicht weiter eingegangen werden, nur so viel ist für das betriebswirtschaftliche Berechtigungskonzept wichtig: Jeder Kostenstellenstandardhierarchieknoten ist immer auch eine Kostenstellengruppe und kann genauso verwendet werden. Kostenstellengruppen sind nicht zwingend Kostenstellenstandardhierarchieknoten.

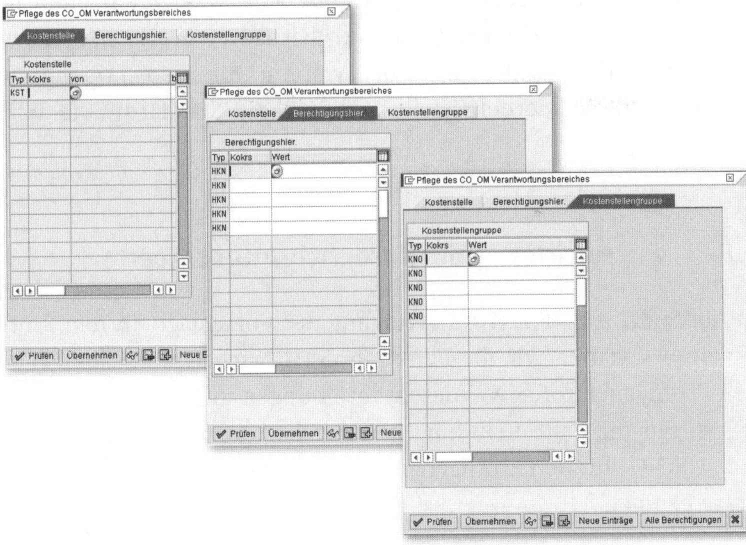

Abbildung 7.39 Verantwortungsbereich in der Kostenstellenrechnung

Daraus ergibt sich für die Kostenstellenrechnung, dass auf dem Feld RESPAREA (Verantwortungsbereich) drei verschiedene Sichten gepflegt werden können, wie das Abbildung 7.39 verdeutlicht. In der Summe stehen inklusive der Innenauftragsrechnung, der Profit-Center-Rechnung und der Hierarchie der Geschäftsprozesse sieben verschiedene Sichten zur Verfügung, die relevant werden, wenn das Feld zur Organisationsebene angehoben wird.

Anhebung RESPAREA – Maßnahmen

Folgende Maßnahmen sind erforderlich, um das Feld RESPAREA zur Organisationsebene anheben zu können:

- Es ist notwendig, den Profilgenerator zu korrigieren, um das Feld RESPAREA (Verantwortungsbereich) mittels der Wertehilfe korrekt pflegen zu können (siehe SAP-Hinweis 565436).
- Die Tabelle KBEROBJ (Einstellungen der Berech.objekte der Kostenstellenrechnung) pflegen Sie so, wie es im SAP-Hinweis 698401 beschrieben ist, um die Berechtigungsobjekte entsprechend der oben angeführten Merkmale wie Kostenstellengruppe oder Kostenstellenstandardhierarchieknoten anzuzeigen.
- Erst nach der Pflege der Tabelle kann das Feld RESPAREA (Verantwortungsbereich) zur Organisationsebene angehoben werden, ohne dadurch einen Fehler zu provozieren.

Kundeneigene Organisationsebene zum einfachen Feld umwandeln

Falls eine kundeneigene Organisationsebene wieder ein einfaches Feld sein soll, verwenden Sie in vergleichbarer Weise den Report PFCG_ORGFIELD_DELETE. Dabei werden die Berechtigungsvorschläge nicht wiederhergestellt, sondern die Standardwerte übernommen.

7.8 Entwickler- und Berechtigungstrace

In Abschnitt 7.1, »Pflege und Nutzung der Vorschläge für den Profilgenerator«, haben wir die Funktion der Vorschlagswerttabellen für den Profilgenerator sowie deren Beziehungen untereinander thematisiert. Für die erste Befüllung der Tabelle USOBX (Checktabelle zu Tab. USOBT) für den Profilgenerator wird SAP-intern der Entwickler-Trace genutzt.

Im SAP-Hinweis 543164, *Bedeutung der Werte von auth/authorization_trace*, wird deutlich darauf hingewiesen, dass dieser Trace die Performance verringert und vom Kunden auf eigenes Risiko eingesetzt wird. Sinnvoll ist dieser Trace, um die Berechtigungsprüfungen von kundeneigenen Programmen in die Vorschlagstabellen zu übertragen. In jedem Fall sollten Sie auch hier eine manuelle Prüfung und Ergänzung anschließen. Der Entwickler-Trace wird über den Profilparameter `auth/authorization_trace` gesteuert. Wir raten Ihnen dringend, diesen Profilparameter in produktiven Systemen auf inaktiv zu setzen – dies ist auch Auslieferungsstandard. Profilparameter können über die Transaktion RZ11 (Pflege der Profilparameter) eingesehen und dynamisch gesetzt werden, die Änderung geht beim nächsten Systemstart verloren. Um dauerhaft Parameter zu setzen, wählen Sie die Transaktion RZ10 (Profile bearbeiten).

7.8.1 Vorgehen für den Entwickler- und Berechtigungstrace

Zunächst müssen Sie die Transaktion RZ11 (Pflege der Profilparameter) aufrufen und den Parameter `auth/authorization_trace` eintragen (siehe Abbildung 7.40).

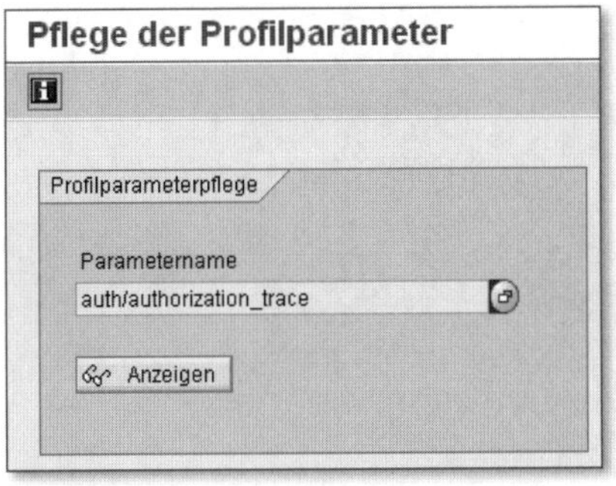

Abbildung 7.40 Profilparameterpflege für Berechtigungstrace

Klicken Sie auf den Button ANZEIGEN. Im nächsten Bildschirm PROFILPARAMETEREIGENSCHAFTEN klicken Sie auf den Button WERT ÄNDERN (siehe Abbildung 7.41).

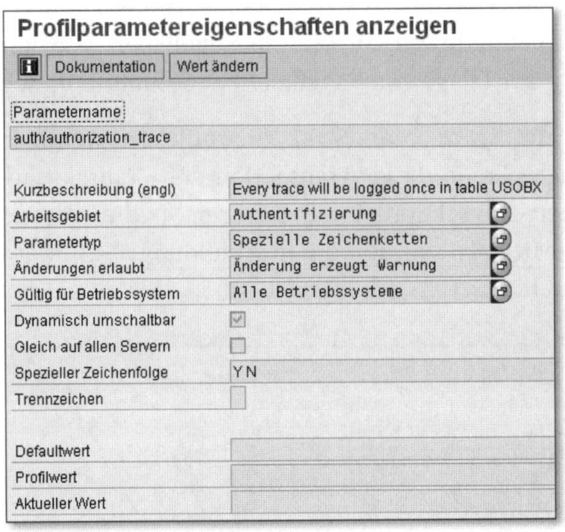

Abbildung 7.41 Profilparametereigenschaften

Auf dem folgenden Bildschirm setzen Sie den Wert auf »Y« (siehe Abbildung 7.42).

Den Warnhinweis ÄNDERUNG NICHT PERMANENT, GEHT NACH DEM NEUSTART DES SERVERS VERLOREN bestätigen Sie und bestätigen anschließend Ihre Eingabe. Der Trace ist nun aktiv.

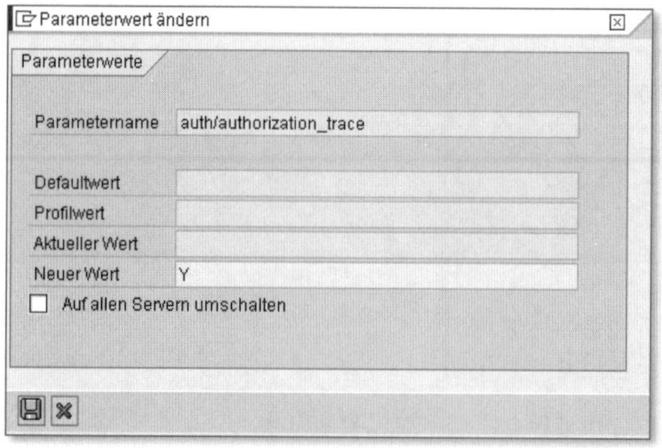

Abbildung 7.42 Parameterwert setzen

Transaktionen tracen

Führen Sie nun die Transaktion(en) aus, für die Sie die notwendigen Berechtigungsobjekte ermitteln wollen. In unserem Beispiel ist es die Transaktion, die wir in Abschnitt 7.6.1, »Parametertransaktion zur Pflege von Tabellen über definierte Views«, angelegt haben, also eine Parametertransaktion zur Pflege von Tabellen über definierte Views.

Starten Sie danach die Transaktion SU22 (Ber.objektverwend. in Anwendungen). Tragen Sie in dieser Transaktion den Transaktionscode der untersuchten Transaktion ein, und führen Sie die Transaktion aus. In unserem Beispiel wurden die in Abbildung 7.43 dargestellten Werte ermittelt.

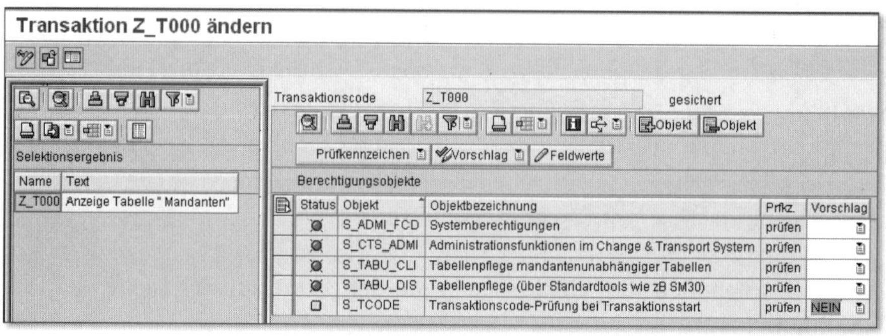

Abbildung 7.43 Werte für kundeneigene Transaktion

Diese Werte müssen Sie, entsprechend den Ausführungen in Abschnitt 7.1.5, »Grundzustand und Pflege der Vorschlagswerte«, anpassen.

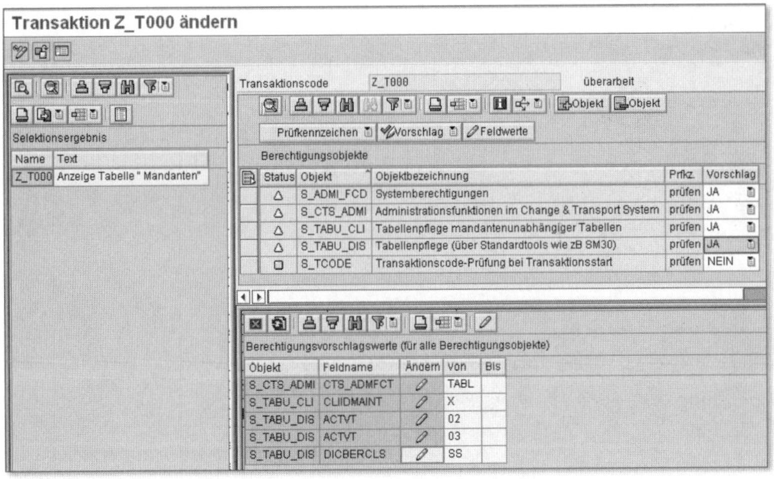

Abbildung 7.44 Berechtigungsvorschläge

Die so gepflegten Werte werden in die Tabelle USOBT (Relation Transaktion → Ber.objekt) übernommen.

7.9 Berechtigungsfelder und -objekte anlegen

Aus verschiedenen Gründen kann es sinnvoll sein, eigene Berechtigungsobjekte und Felder anzulegen. Dies kann u. a. dazu dienen, in kundeneigenen Programmen besondere Checks zu implementieren. Für kundeneigene Programme müssen jedoch nicht zwingend kundeneigene Berechtigungsobjekte angelegt werden. Letztlich muss die Entscheidung, ob ein kundeneigenes Berechtigungsobjekt genutzt wird, aus dem Kontext des betriebswirtschaftlichen Berechtigungskonzepts hergeleitet werden. Ein zusätzlicher Report in der Kostenstellenrechnung könnte sich z. B. sehr gut der einschlägigen Berechtigungsobjekte im Controlling bedienen, solange die gewünschte organisatorische und funktionale Differenzierung vergleichbar oder identisch ist.

Im nächsten Abschnitt wird das Vorgehen beschrieben.

7.9.1 Berechtigungsfelder anlegen

Um ein neues Berechtigungsfeld anzulegen, nutzen Sie die Transaktion SU20 (Pflege der Berechtigungsfelder). Klicken Sie auf den Button ANLEGEN (siehe Abbildung 7.45).

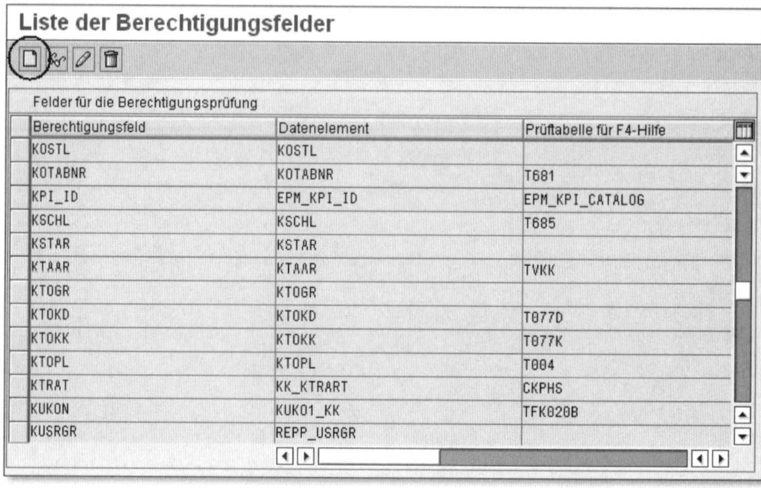

Liste der Berechtigungsfelder

Felder für die Berechtigungsprüfung

Berechtigungsfeld	Datenelement	Prüftabelle für F4-Hilfe
KOSTL	KOSTL	
KOTABNR	KOTABNR	T681
KPI_ID	EPM_KPI_ID	EPM_KPI_CATALOG
KSCHL	KSCHL	T685
KSTAR	KSTAR	
KTAAR	KTAAR	TVKK
KTOGR	KTOGR	
KTOKD	KTOKD	T077D
KTOKK	KTOKK	T077K
KTOPL	KTOPL	T004
KTRAT	KK_KTRART	CKPHS
KUKON	KUK01_KK	TFK020B
KUSRGR	REPP_USRGR	

Abbildung 7.45 Einstieg in die Transaktion »Pflege der Berechtigungsfelder«

Im Bildschirm Berechtigungsfeld müssen nun minimal der Feldname im Kundennamensraum und das zugrunde liegende Datenelement eingetragen werden, wie dies in Abbildung 7.46 dargestellt ist.

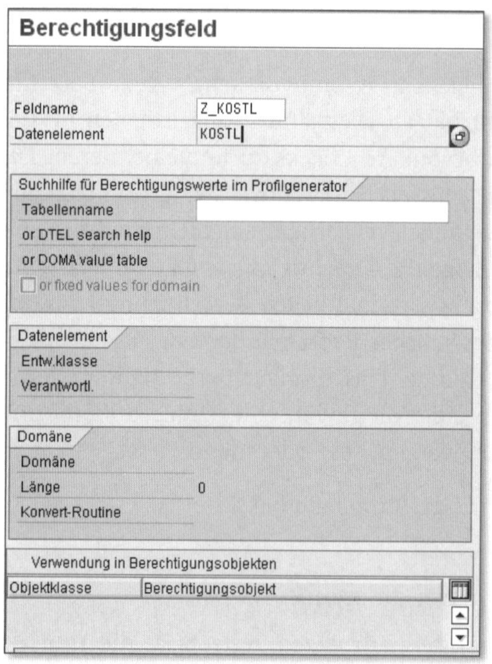

Abbildung 7.46 Anlage eines Berechtigungsfeldes

Zum Speichern müssen Sie ein Paket zuordnen. Das Berechtigungsfeld ist somit angelegt.

Paket zuordnen

7.9.2 Berechtigungsobjekte anlegen

Berechtigungsobjekte sind Berechtigungsobjektklassen zugeordnet. Entsprechend müssen auch kundeneigene Berechtigungsobjekte Berechtigungsobjektklassen zugeordnet werden. Sowohl Berechtigungsobjekte als auch Berechtigungsobjektklassen werden in der Transaktion SU21 (Pflegen der Berechtigungsobjekte) gepflegt und angelegt.

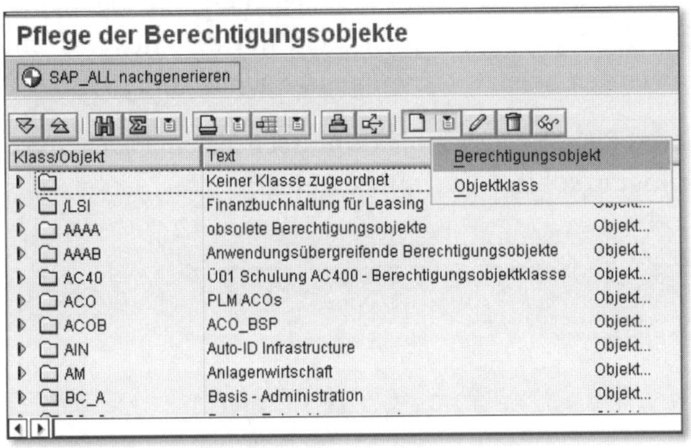

Abbildung 7.47 Pflege von Berechtigungsobjekten

Nachdem Sie die Transaktion SU21 (Pflegen der Berechtigungsobjekte) aufgerufen haben, müssen Sie über den Button ANLEGEN, wie in Abbildung 7.47 dargestellt, den Eintrag BERECHTIGUNGSOBJEKT auswählen.

Transaktion »Pflegen der Berechtigungsobjekte«

Auf dem Pflegebildschirm wird ein Name für das Berechtigungsobjekt im Kundennamensraum eingetragen. Darüber hinaus muss eine Berechtigungsobjektklasse zugeordnet werden. Schließlich tragen Sie die Felder ein, die das Berechtigungsobjekt enthalten soll. Es können maximal zehn Felder eingetragen werden (siehe Abbildung 7.48). Das Auswahlfeld KONVERTIERUNG FÜR BERECHTIGUNGSFELDER ERLAUBT hat folgende Bedeutung:

> *Falls beim Berechtigungsobjekt eingestellt ist, dass eine automatische Konvertierung erlaubt ist, so wird bei der Eingabe von Berechtigungsdaten eine Konvertierung vorgenommen. (Information in der Transaktion)*

Sie müssen also nicht »0003«, sondern einfach »3« eingeben.

Bedenken Sie jedoch, dass die Anzahl der Felder gleichzusetzen ist mit der Anzahl der Attribute. Je mehr Attribute Sie zuordnen, desto spezieller wird die Wirkung des Objekts.

Kundeneigene Objekte dokumentieren

Wir empfehlen Ihnen darüber hinaus auch dringend, das Berechtigungsobjekt sofort einschlägig und verständlich zu dokumentieren. Eigentlich muss diese Dokumentation Bestandteil der Programmierrichtlinie sein. Uns ist kein Fall bekannt, in dem hier eine mangelhafte Dokumentation zu einer Prüfungsbemerkung wurde, allerdings hätten wir das bei einigen Konzernen für angemessen gehalten. Finden sich in einem System mehr als zehn kundeneigene Berechtigungsobjekte, die nicht dokumentiert sind, kann ein Review entweder entsprechend lang werden oder wird zwingend unvollständig sein.

Zum Speichern des Berechtigungsobjekts müssen Sie ein Paket zuordnen. Das Berechtigungsobjekt ist somit angelegt.

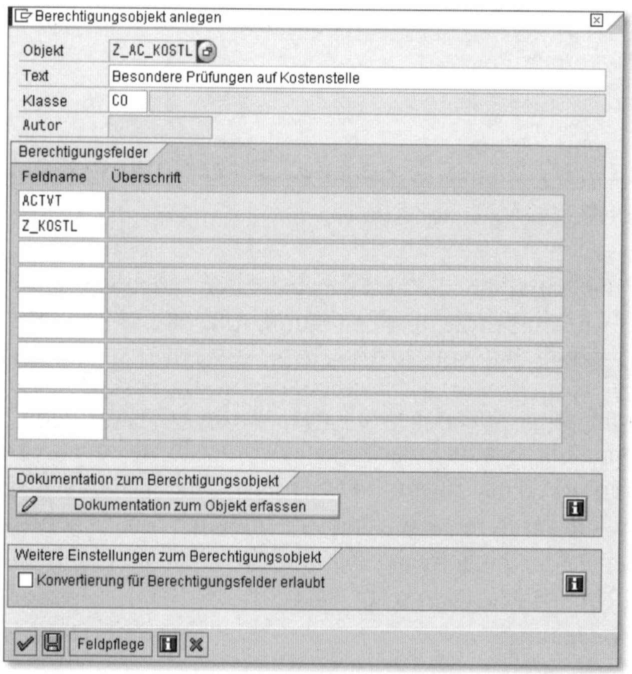

Abbildung 7.48 Anlage eines kundeneigenen Berechtigungsobjekts

Durch das Anlegen eines Berechtigungsobjekts wird dieses noch nicht zur Prüfung herangezogen. Damit es sinnvoll verwendet werden kann, muss es entsprechend in ein Programm oder in die Transaktionseingangsprüfung eingebaut werden (siehe hierzu Keller/Krüger, 2006, S. 861–865).

Verantwortlichkeit für die Definition kundeneigener Berechtigungsobjekte

Da das technische Berechtigungskonzept dem betriebswirtschaftlichen Berechtigungskonzept zu folgen hat, gilt Folgendes: Die Prozessseite definiert, gegen welche organisatorischen Werte (oder deren Kombination) geprüft werden soll. Die Berechtigungsadministration berät die Prozessseite, und die Entwicklung und kann auch Vorgaben geben.

Koppelt sich die Entwicklung ab und realisiert die Anforderung einer neuen Funktionalität, dann geht regelmäßig die integrative Perspektive des Berechtigungskonzepts verloren. Im günstigsten Fall erhalten Sie Programme mit neuen Prüflogiken, die im betriebswirtschaftlichen Konzept umgesetzt werden müssen. In vielen Fällen passen neue Berechtigungsobjekte nicht in das bestehende Konzept, unter Umständen so wenig, dass Organisationsebenen und Ableitungen neu definiert werden müssen.

7.10 Weitere Transaktionen der Berechtigungsadministration

Notwendigerweise können in diesem Buch nicht erschöpfend alle Transaktionen angeführt und dargestellt werden, die in die Rollen- und Benutzeradministration eingreifen oder diese beeinflussen. Aus diesem Grund möchten wir zusätzlich einige weitere Transaktionen aufführen, die bisher noch nicht erörtert wurden. Diese sind in Tabelle 7.17 kurz zusammengefasst.

Transaktion	Transaktionscode	Funktion
Benutzer (strukturelle Berechtigung)	OOSB	Einrichtung struktureller Berechtigungsprofile (siehe Kapitel 14, »Berechtigungen in SAP ERP HCM«)
Berechtigungsprofile (strukturelle)	OOSP	Zuordnung struktureller Berechtigungsprofile (siehe ebenfalls Kapitel 14)

Tabelle 7.17 Weitere wichtige Transaktionen

Transaktion	Transaktionscode	Funktion
Abgleich Benutzerstamm	PFUD	Mit diesem Report führen Sie den Abgleich zwischen Rollen und Benutzern in der von Ihnen gewählten Selektion durch. Über eine Variante des zugrunde liegenden Reports RHAUTUPD_NEW können Sie die Hintergrundverarbeitung steuern.
Object Navigator	SE80	Im Object Navigator können Programme, Transaktionen und weitere Objekte auf Berechtigungsprüfungen und verwandte Zusammenhänge untersucht werden, auch wenn das nicht die eigentliche Bestimmung des Object Navigators als Einstiegswerkzeug in die ABAP Workbench ist (siehe Keller/Krüger, 2006, S. 60 ff.).
Liste Call Transaction pflegen	SE97	In dieser Transaktion sind die von einer Transaktion aufgerufenen Transaktionen enthalten, ein Prüfkennzeichen kann gesetzt werden, um das Verhalten des Berechtigungschecks festzulegen.
Transaktions- und Screenvarianten	SHD0	Mit dieser Transaktion können Transaktions- und Screenvarianten angelegt werden. Das hat den Vorteil, dass bestimmte Funktionen innerhalb der Standardtransaktion unterdrückt oder Werte vorbelegt werden können. Dadurch kann eine bestimmte Nutzung der Transaktionsvariante erzwungen werden. Dies kann sehr gut genutzt werden, um Missbrauch vorzubeugen.
Systemlast u. Perform. Statistik	ST03N	Mit dem Systemlastmonitor kann – aus Sicht der Berechtigungsadministration – ausgewertet werden, welche Transaktionen tatsächlich verwendet worden sind. Die Nutzung ist abhängig von den Einstellungen des Systemlastmonitors.
Massenpflege Benutzer	SU10	Die Massenpflege von Benutzern erlaubt auf der Grundlage einer einfachen Selektion über Adress- oder Berechtigungsdaten die massenhafte Änderung von Attributen oder Zuordnungen zur gewählten Selektion. So können z. B. Rollen ergänzt oder entzogen werden.

Tabelle 7.17 Weitere wichtige Transaktionen (Forts.)

Transaktion	Transaktionscode	Funktion
Pflege von Firmenadressen Benutzer	SUCOMP	Transaktion zur Pflege und Änderung der Firmenadressen, die im Benutzerstamm zur Verfügung stehen
Benutzergruppen pflegen	SUGR	Benutzergruppen sind Gruppierungsmerkmale für Berechtigungen, für die Massenpflege sowie für das Reporting. Sie werden in dieser Transaktion gepflegt.
Massengenerierung von Profilen	SUPC	In dieser Transaktion können Profile zu Rollen massengeneriert werden, die zur Generierung z. B. durch eine Organisationsebenenänderung vorgemerkt wurden. Im SAP-Hinweis 701754 wird beschrieben, wie Sie die komplette Generierung auch nicht vorgemerkter Rollen erzwingen können.

Tabelle 7.17 Weitere wichtige Transaktionen (Forts.)

7.11 Rollen zwischen Systemen oder Mandanten bewegen

Rollen dürfen ausschließlich über einen regulären Transportweg in das produktive System gelangen. Das bedeutet immer und ausnahmslos, dass eine Rolle im Entwicklungssystem angelegt, in das Testsystem transportiert, im Testsystem getestet und gegebenenfalls in das Produktivsystem weitertransportiert wird. Eine Abweichung von diesem Vorgehen ist nur dann empfehlenswert, wenn ein Werkzeug oder eine Lösung wie SAP BusinessObjects Access Control zum Einsatz kommt, die detailliert Änderungen und Freigaben protokolliert, um so die Auditierbarkeit sicherzustellen.

7.11.1 Down-/Upload von Rollen

Im Profilgenerator gibt es aber neben dem Transport auch die Möglichkeit, Rollen in einem Download aus dem System/Mandanten zu ziehen und über einen Upload in dasselbe (oder ein anderes) System/Mandanten hochzuladen. Zum Upload steht lediglich der in Abbildung 7.49 mit ❷ gekennzeichnete Menüeintrag zur Verfügung. Mit diesem Eintrag laden Sie alle in einer Datei enthaltenen Rollen in den

Profilgenerator. Für den Download gibt es neben dem in Abbildung 7.49 mit ❶ gekennzeichneten Menüeintrag auch noch den Massendownload über MENÜ • HILFSMITTEL • MASSENDOWNLOAD. Die erste Option ist für den Download der aktuellen Rolle bestimmt, die Option über MENÜ dient dem Download einer beliebigen Selektion von Rollen.

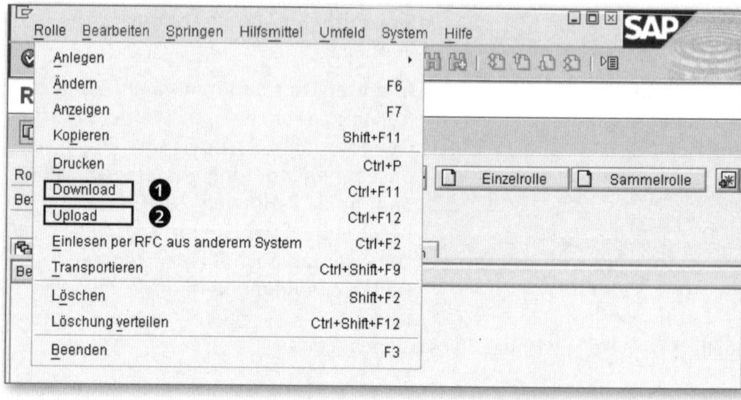

Abbildung 7.49 Upload/Download von Rollen

Die bei einem Download erzeugte Datei ist über einen Texteditor manipulierbar (siehe Abbildung 7.50). Sie kann nahezu beliebig geändert werden, solange die Konventionen eingehalten werden. Entsprechend kann mit dieser Möglichkeit böswillig der Rolleninhalt manipuliert werden. Diese Möglichkeit kann aber auch genutzt werden, um einfache, nur marginal geänderte Kopien anzufertigen. Sollen in einer Rolle z. B. nur die Kostenstellen und der Name verändert werden, kann man dies auf diesem Wege durchführen.

Keine Konsistenzprüfung

Es findet allerdings keine Konsistenzprüfung statt. Wenn Sie z. B. den Rollennamen teilweise kleinschreiben, werden die Rollen trotzdem in das System hochgeladen. Die Rollen sind dann in den Tabellen nachweisbar, können aber nicht über den Profilgenerator angezeigt/geändert und auch nicht über die Benutzerpflege zugeordnet werden. Die Rollen anschließend aus den Tabellen wieder zu entfernen ist nur über ein entsprechendes (anzulegendes) Programm oder über illegitime Mittel wie die Löschung im Debugging möglich.

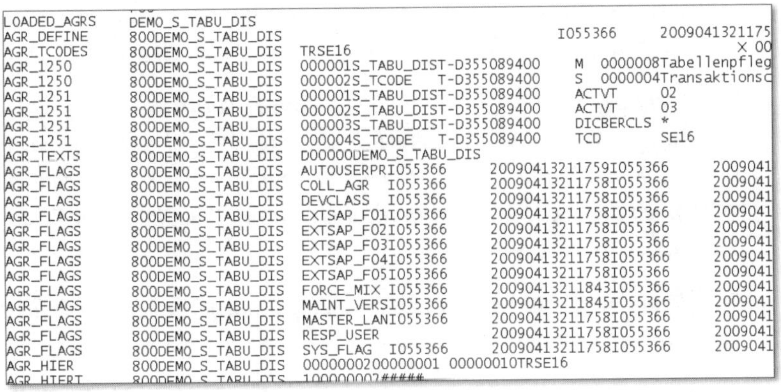

```
LOADED_AGRS    DEMO_S_TABU_DIS
AGR_DEFINE     800DEMO_S_TABU_DIS                                              I055366        2009041321175
AGR_TCODES     800DEMO_S_TABU_DIS   TRSE16                                                            X 00
AGR_1250       800DEMO_S_TABU_DIS   000001S_TABU_DIST-D355089400      M  0000008Tabellenpfleg
AGR_1250       800DEMO_S_TABU_DIS   000002S_TCODE    T-D355089400     S  0000004Transaktionsc
AGR_1251       800DEMO_S_TABU_DIS   000001S_TABU_DIST-D355089400      ACTVT     02
AGR_1251       800DEMO_S_TABU_DIS   000002S_TABU_DIST-D355089400      ACTVT     03
AGR_1251       800DEMO_S_TABU_DIS   000003S_TABU_DIST-D355089400      DICBERCLS *
AGR_1251       800DEMO_S_TABU_DIS   000004S_TCODE    T-D355089400     TCD       SE16
AGR_TEXTS      800DEMO_S_TABU_DIS   D00000DEMO_S_TABU_DIS
AGR_FLAGS      800DEMO_S_TABU_DIS   AUTOUSERPRI055366        20090413211759I055366        2009041
AGR_FLAGS      800DEMO_S_TABU_DIS   COLL_AGR   I055366       20090413211758I055366        2009041
AGR_FLAGS      800DEMO_S_TABU_DIS   DEVCLASS   I055366       20090413211758I055366        2009041
AGR_FLAGS      800DEMO_S_TABU_DIS   EXTSAP_F01I055366        20090413211758I055366        2009041
AGR_FLAGS      800DEMO_S_TABU_DIS   EXTSAP_F02I055366        20090413211758I055366        2009041
AGR_FLAGS      800DEMO_S_TABU_DIS   EXTSAP_F03I055366        20090413211758I055366        2009041
AGR_FLAGS      800DEMO_S_TABU_DIS   EXTSAP_F04I055366        20090413211758I055366        2009041
AGR_FLAGS      800DEMO_S_TABU_DIS   EXTSAP_F05I055366        20090413211758I055366        2009041
AGR_FLAGS      800DEMO_S_TABU_DIS   FORCE_MIX  I055366       20090413211843I055366        2009041
AGR_FLAGS      800DEMO_S_TABU_DIS   MAINT_VERSI055366        20090413211845I055366        2009041
AGR_FLAGS      800DEMO_S_TABU_DIS   MASTER_LANI055366        20090413211758I055366        2009041
AGR_FLAGS      800DEMO_S_TABU_DIS   RESP_USER                20090413211758I055366        2009041
AGR_FLAGS      800DEMO_S_TABU_DIS   SYS_FLAG   I055366       20090413211758I055366        2009041
AGR_HIER       800DEMO_S_TABU_DIS   0000000200000001 00000010TRSE16
```

Abbildung 7.50 Ausschnitt aus einer Datei eines Rollendownloads

7.11.2 Transport von Rollen

Für den Transport von Rollen stehen zwei Möglichkeiten zur Verfügung. Im Profilgenerator können Sie entweder einzelne Rollen, wie dies in Abbildung 7.51 mit ❶ gekennzeichnet ist, transportieren oder auch einen Massentransport anstoßen, wie dies in Abbildung 7.51 mit ❷ gekennzeichnet ist. Beim Massentransport können Sie eine beliebige Selektion aufmachen. Beim Ausführen können Sie angeben, ob die zur Rolle generierten Rollenprofile ebenfalls mit transportiert werden sollen.

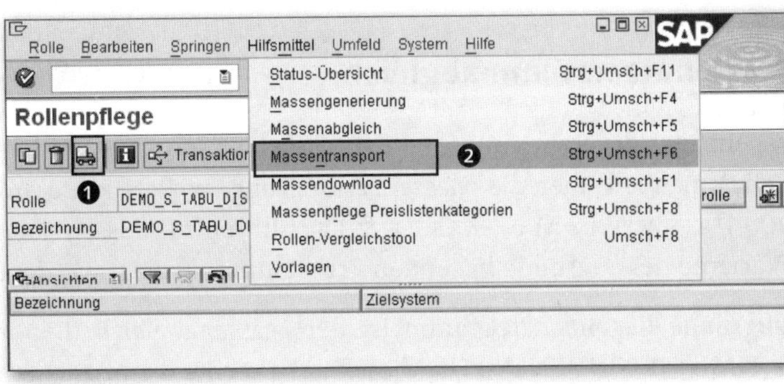

Abbildung 7.51 Transport von Rollen

Nach Bestätigung wird folgender Hinweis ausgegeben:

Beim Transport von Rollen werden die zugehörigen Berechtigungsprofile mit transportiert. Im Gegensatz zu früheren Releases müssen die Profile daher im Zielsystem nicht mehr in der Transaktion SUPC nach-

generiert werden. Es ist allerdings nach dem Import im Zielsystem ein Benutzerstammabgleich für alle importierten Rollen erforderlich.

Nach dem Erfassen der Rolle in einem Transportauftrag sollten keine Änderungen mehr an den Berechtigungsprofilen der Rolle gemacht werden. Falls Profile geändert oder erstmalig generiert werden, so sollte nach der Änderung nochmals die gesamte Rolle in einem Transportauftrag erfasst werden.

Die Rolle wird in einem Customizing-Transportauftrag erfasst (Anzeige mit Transaktion SE10).

Schließlich können Sie festlegen, ob die Benutzerzuordnung der Rolle und die Personalisierung mit transportiert werden sollen (siehe Abbildung 7.52).

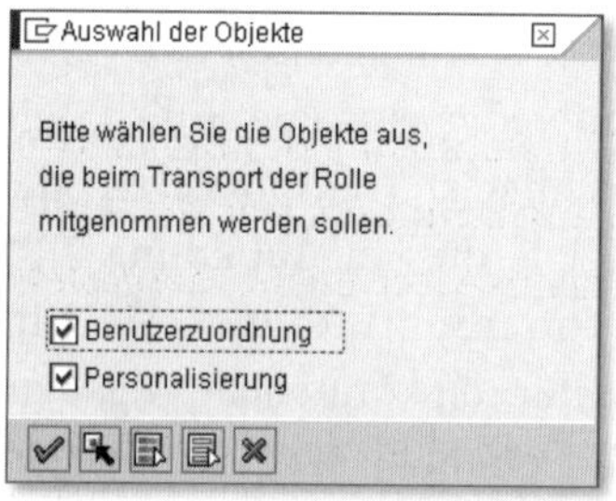

Abbildung 7.52 Objekte, die mit der Rolle transportiert werden können

7.12 Benutzerstammabgleich

Um regelmäßig die Rollen mit den Benutzerstämmen abzugleichen, ohne dies manuell über die Massengenerierung im Profilgenerator (MENÜ • HILFSMITTEL • MASSENABGLEICH) ausführen zu müssen, kann eine Variante des zugrunde liegenden Programms angelegt werden.

Das zugrunde liegende Programm ist der Massenabgleich (Report PFCG_TIME_DEPENDENCY). Um diesen entsprechend einzurichten, starten Sie den Report über die Transaktion SA38 (ABAP/4 Reporting), klicken auf die Hintergrundverarbeitung und definieren dort die periodische Verarbeitung zum gewünschten Zeitpunkt. Minimal sollten Sie den Report (täglich) ausführen.

7.13 Fazit

In diesem Kapitel haben Sie erfahren, welche Vorteile die Pflege und Nutzung der Vorschläge für den Profilgenerator hat und wie Sie diese durchführen. Wir haben darauf hingewiesen, dass Sie so Regelkonformität im Sinne positiver Definitionen erreichen, also eine technische Norm setzen. Darüber hinaus haben wir das Upgrade von Berechtigungen dargestellt Wir sind auf die Parameter für Kennwortregeln und die Customizing-Einstellungen zum Menükonzept eingegangen. Diese beiden Abschnitte gehören ebenfalls zum Erreichen von Regelkonformität.

Wir haben darüber hinaus die Besonderheiten und die Nutzung von Berechtigungsgruppen dargestellt und sind dann auf Parameter- und Query-Transaktionen eingegangen, die eine wesentliche Hilfe für die Restriktion von Berechtigungen darstellen.

Auf die technischen Möglichkeiten zur Unterstützung der organisatorischen Differenzierung sind wir eingegangen, indem wir die Anhebung eines Berechtigungsfeldes zur Organisationsebene dargestellt haben.

Als ein Hilfsmittel der Analyse haben wir den Entwickler- und Berechtigungstrace dargestellt. Das Anlegen kundeneigener Berechtigungsfelder und -objekte haben wir erläutert und haben in diesem Kontext auf die Notwendigkeit der Dokumentation hingewiesen. Allgemein haben wir dann noch weitere Transaktionen der Berechtigungsadministration eingeführt. Anschließend sind wir auf mögliche Transportwege und den Benutzerstammabgleich eingegangen.

In diesem sehr technisch orientierten Kapitel haben Sie weiteres Rüstzeug erhalten, um Berechtigungen in Ihrem System sinnvoll administrieren zu können.

Das Organisationsmanagement ist der ideale Ort für eine einheitliche, effiziente und transparente Berechtigungsverwaltung. Dies ist besonders durch die mögliche Integration mit SAP NetWeaver Identity Management oder der Zentralen Benutzerverwaltung sowie der Nutzung in SAP CRM, SAP Solution Manager und SAP ERP begründet. Wie Sie über das Organisationsmanagement von SAP ERP HCM Berechtigungen zuordnen, erfahren Sie in diesem Kapitel.

8 Rollenzuordnung über das Organisationsmanagement

Die Berechtigungsvergabe muss aufgrund von rein organisatorischen und funktionalen Überlegungen erfolgen (siehe Kapitel 3, »Organisation und Berechtigungen«, und 4, »Rechtlicher Rahmen – normativer Rahmen«). Gegebenenfalls muss dies detailliert nachgewiesen werden. Die Berechtigungsvergabe läuft im Idealfall folgendermaßen ab: Eine Person erhält Berechtigungen aufgrund ihrer formalen Funktion in der Organisation. Wenn sie andere Aufgaben wahrnimmt oder ihre organisatorische Zuordnung sich ändert, werden ihr andere Berechtigungen zugewiesen und die alten Berechtigungen entzogen.

Für die Berechtigungsadministration sollte es ergänzend möglich sein, durch Zuweisung von Rollen in einer organisationsbasierten Sicht Aufgaben, Personen oder Organisationsteilen gruppenweise Berechtigungen zuordnen zu können. Für diesen Zweck gibt es die indirekte Rollenzuordnung im Organisationsmanagement von SAP ERP HCM. Das Organisationsmanagement können Sie auch dann nutzen, wenn Sie SAP ERP HCM nicht einsetzen.

Zunächst werden wir Ihnen das Grundkonzept des Organisationsmanagements in Abschnitt 8.1, »Grundkonzept des SAP ERP HCM-Organisationsmanagements«, erläutern, um dann einige fachliche Voraussetzungen in Abschnitt 8.2, »Fachliche Voraussetzungen«, darzustellen. Abschnitt 8.3, »Technische Umsetzung«, wendet sich der technischen Umsetzung zu. In Abschnitt 8.4, »Konzeptionelle Besonderheit«, gehen wir auf die konzeptionelle Besonderheit des Modells der indirekten Rollenzuweisung ein.

8.1 Grundkonzept des SAP ERP HCM-Organisationsmanagements

In diesem Abschnitt stellen wir das Grundkonzept des SAP ERP HCM-Organisationsmanagements aus der Sicht des Berechtigungswesens dar. Zur allgemeinen Orientierung über das Organisationsmanagement verweisen wir auf Edinger/Krämer, 2008 (SAP PRESS).

Linienorganisation

Die einfache Sicht (siehe Abbildung 8.1) ist eine *linienorganisatorische*. Die Organisation gliedert sich in Organisationseinheiten, zu denen meistens Planstellen gehören. Planstellen haben einen Inhaber, die Person.

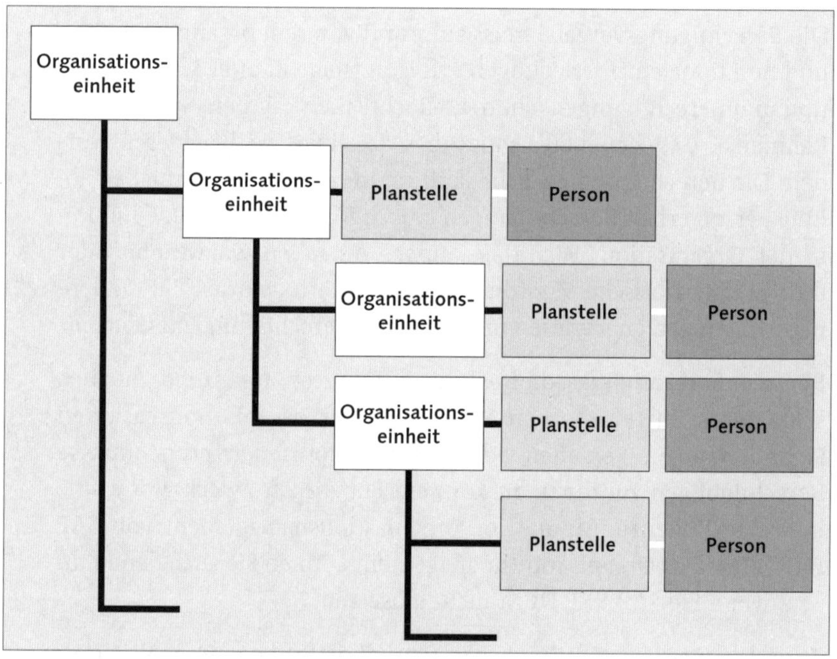

Abbildung 8.1 Einfache Sicht auf die Organisationshierarchie

Die Objekte (*Organisationseinheit*, *Person*, *Planstelle*) können mit weiteren Objekten, die Sie selbst definieren können, verknüpft werden, das könnte z. B. das Objekt *Vertretungsstelle* sein. In Bezug auf die Planstelle ergibt sich das in Abbildung 8.2 dargestellte Bild.

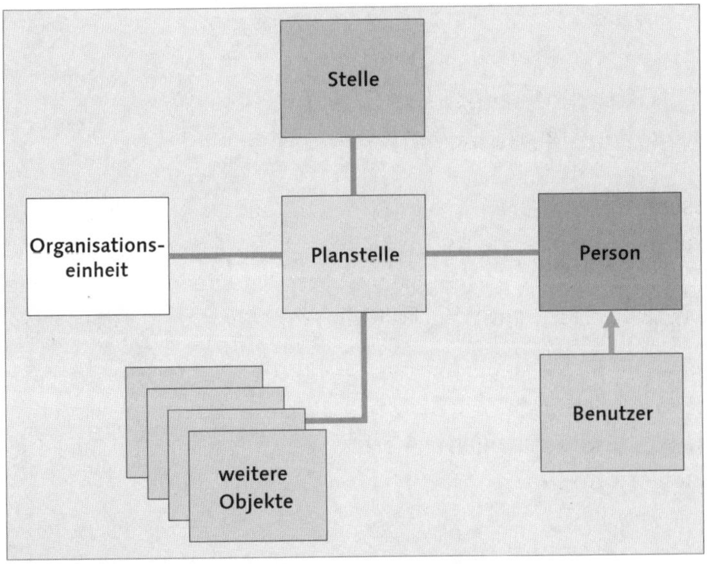

Abbildung 8.2 Mögliche Beziehungen der Planstelle

Zuordnungen

Die Planstelle wird beschrieben durch die Stelle. Das bedeutet, dass die Stelle eine Abstraktion und somit Beschreibung für beliebig viele Planstellen sein kann. So kann die Stelle eines Verkäufers beliebig viele Verkäuferplanstellen (Verkäufer Produkt A, Verkäufer Produkt B, Verkäufer Nord, Verkäufer Süd) beschreiben. Diese Zweckbestimmung wird in der englischen Übersetzung und der SAP-Abkürzung deutlich: Das Objekt *Stelle* wird mit C dargestellt, Abkürzung des englischen Wortes *Characterization*. Das Objekt *Planstelle* wird mit S dargestellt, Abkürzung des englischen Wortes *Specification*. Der Person ist ein Benutzer zugeordnet. Ist der Benutzer noch nicht im SAP-System vorhanden, muss er über die Benutzerpflege angelegt werden.

Bedeutung für Berechtigungen

Die Bedeutung für Berechtigungen ergibt sich durch die Möglichkeit, diesen Objekten Rollen zuzuordnen. Wie Abbildung 8.3 darstellt, können allen Objekten des Organisationsmanagements von SAP ERP HCM Rollen zugeordnet werden. In der Abbildung ist der Person keine Rolle zugeordnet, obwohl das technisch möglich wäre. Diese technische Möglichkeit sollte jedoch grundsätzlich nicht genutzt werden, da sie logisch der direkten Zuordnung gleich ist: Meistens ist der Person genau ein Benutzer zugeordnet, die indirekte Zuordnung einer Rolle zur Person ist eine 1:1-Zuordnung genau wie die direkte Zuordnung zum Benutzer.

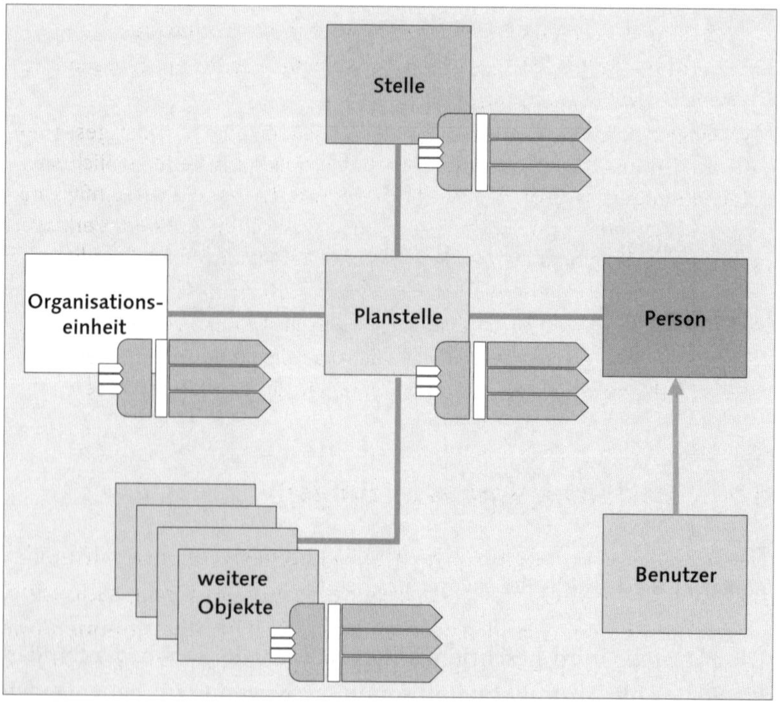

Abbildung 8.3 Rollenzuordnungen in der Organisationshierarchie

Indirekte Rollenzuordnung

Diese Rollenzuordnung wird als *indirekte Rollenzuordnung* bezeichnet. Sie ist aus Sicht des Benutzerstammsatzes indirekt zugeordnet, weil sie entsprechend der Verknüpfung des Benutzers mit der Person, der Person mit der Planstelle und den weiteren Verknüpfungen an den Benutzer vererbt wird. Die genaue Art der Vererbung wird in einem *Auswertungsweg* definiert. Das bedeutet, dass Rollen ausschließlich oder überwiegend aufgrund organisatorischer und funktionaler Notwendigkeit zugeordnet werden. Dies soll an folgendem Beispiel verdeutlicht werden.

Beispiel

Willi Mustermann ist der Planstelle *Verkäufer Produkt A* in der Organisationseinheit *Verkauf Kanton Aargau* zugeordnet (verknüpft). Seine Planstelle wird beschrieben durch die Stelle *Verkäufer*. Eine Besonderheit seiner Planstelle ist, dass diese auch das Kaffeelager verwaltet.

- Mustermann erbt die Rollen, die der Stelle (*Verkäufer*) zugeordnet sind: Rolle *Alle Verkäufer.*
- Er erbt die Rollen, die der Organisationseinheit (*Verkauf Kanton Aargau*) zugeordnet sind: Rolle *Employee Self-Service Kanton Aargau*.
- Er erbt die Rollen, die zusätzlich der Planstelle selbst zugewiesen sind: Rolle *Verwaltung des Kaffeelagers*.

Aus allgemeinen Festlegungen für alle Verkäufer oder für den gesamten Kanton heraus werden die Rollen immer spezieller, bis sie schließlich planstellenbezogen zugeordnet sind. Administrativ ist die Vereinfachung bereits jetzt erheblich. Wenn es in der Organisation hundert Verkäufer gibt, reicht die einmalige Zuordnung der allgemeinen Verkäuferrollen auf der Stelle: Alle Verkäuferplanstellen erben die Rolle.

Wird Willi Mustermann von der Planstelle *Verkäufer Produkt A* auf die Planstelle *CIO* versetzt, gelten natürlich nur die Rollen der neuen Planstelle. Zeitliche Überlappungen können ergänzend definiert werden.

8.2 Fachliche Voraussetzungen

Die wichtigste Voraussetzung ist ein aktuelles Organisationsmodell im SAP ERP HCM-Organisationsmanagement. Das Organisationsmodell kann aus einem anderen physischen System übernommen und synchronisiert werden (siehe Edinger/Krämer, 2008, S. 588).

Ist der Mandant, in dem das Organisationsmodell für die Rollenverwaltung genutzt werden soll, der gleiche, in dem auch die Personaladministration ausgeübt wird, müssen Sie die Zuständigkeiten, die Transaktionsverwendung und die Berechtigungen sauber abgrenzen.

Konzeptionell ergeben sich für das Design der Rollen und die Durchführung der Rollenzuweisung einige Änderungen. Dies gilt auch für Werkzeuge/Lösungen, die für die Benutzerprovisionierung eingesetzt werden.

8.3 Technische Umsetzung

In diesem Abschnitt möchten wir Ihnen erläutern, wie Sie das Organisationsmanagement für die indirekte Rollenzuweisung nutzen können.

8.3.1 Voraussetzungen

Bevor Sie allerdings mit der Umsetzung beginnen können, müssen allerdings die folgenden technischen Voraussetzungen erfüllt sein:

- Eine aktive Planversion muss definiert sein.
- In SAP ERP HCM müssen der Infotyp 0105 (Kommunikation) und der Subtyp 0001 (User-ID) gepflegt sein.
- Um das SAP ERP HCM-OM für die Rollenverwaltung nutzen zu können, setzen Sie den Customizing-Schalter HR_ORG_ACTIVE in der Tabelle PRGN_CUST auf YES.
- Der Auswertungsweg US_ACTGR (Tabelle T77AW) ist entsprechend Ihren Anforderungen angepasst.

(siehe: SAP. Indirekte Rollenzuordnung über HR-ORG)

8.3.2 Technische Grundlagen des SAP ERP HCM-Organisationsmanagements

Im Organisationsmanagement wird jedes Element in einer Organisation als ein eigenständiges Objekt mit individuellen Eigenschaften dargestellt. Diese Objekte werden über Verknüpfungen zueinander in Beziehung gesetzt. Objekteigenschaften (Existenz/Verknüpfungen/Eigenschaften) werden in Form von *Infotypen* gepflegt.

Infotyp Objekt

Das Objekt wird im Infotyp 1000 definiert. Mithin werden eine Organisationseinheit, eine Planstelle, eine Stelle, eine Person und die weiteren Objekte im Infotyp 1000 definiert. Die Verknüpfung wird im Infotyp 1001 definiert und mit einem Subtyp spezifiziert.

So kann ein Unterstellungsverhältnis beispielsweise über den Infotyp 1001 (Verknüpfung) und den Subtyp A002 (berichtet an) dargestellt werden. Da Verknüpfungen meistens beidseitig definiert sind, werden sie ebenso durch Subtyp B002 (ist Linienvorgesetzter von) dargestellt.

Subtypen

Die Subtypen sind u. a. relevant für die Definition von Auswertewegen. Subtypen werden auch im Compliant User Provisioning von SAP BusinessObjects Access Control genutzt, dort bestimmt der Subtyp u. a., wie aus dem Organisationsmanagement der Linienvorgesetzte (und damit Freigeber) bestimmt werden soll.

Die Pflege des Organisationsmodells und die Anlage von neuen Objekten können über unterschiedliche Transaktionen ausgeübt werden. Das Objekt *Person* wird über die Transaktion PA40 (Personalmaßnahme), das Organisationsmodell über die Transaktion PPOME (Organisation und Besetzung ändern) gepflegt.

8.3.3 Zuweisung von Rollen

Rollen können den Objekten u. a. über den Profilgenerator (Transaktion PFCG) zugewiesen werden. Stellen Sie dazu sicher, dass Sie im Einstiegsbildschirm unter MENÜ • SPRINGEN • EINSTELLUNGEN das Flag für GESAMTSICHT (ORGANISATIONSMANAGEMENT UND WORKFLOW) gesetzt haben.

Vorgehen

Auf der Registerkarte BENUTZER wird über den Button ORG.MANAGEMENT die Zuordnung der Rolle in das Organisationsmodell angeboten (siehe Abbildung 8.4).

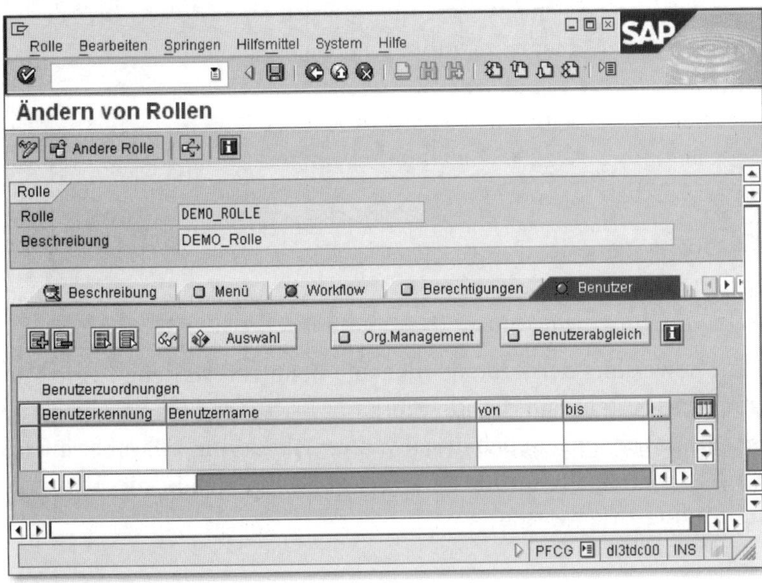

Abbildung 8.4 Profilgenerator: Zuordnung über das Organisationsmanagement

Abhängig von weiteren Einstellungen stehen Objekte zur Zuordnung bereit. Im Beispiel der Abbildung 8.5 sind das die Organisationseinheit, die Planstelle, die Stelle, der Arbeitsplatz, die Person und der Benutzer. Die Zuordnung zum Benutzer auf diesem Weg ist absolut sinnlos, das SAP ERP HCM-Organisationsmanagement wird ja gerade dazu eingesetzt, Rollen nicht direkt dem Benutzer zuzuordnen. Die Zuordnung zur Person ist auch nicht sehr sinnvoll, schließlich zielt die Systematik darauf ab, Rollen nach organisatorischen und funktionalen Gesichtspunkten unabhängig von der Sicht auf die Person zu vergeben (normativer Ansatz). Zum selektierten Objekt werden die zugehörigen Objekte dargestellt. Sofern eine Benutzerzuordnung vorhanden ist, wird auch diese angezeigt.

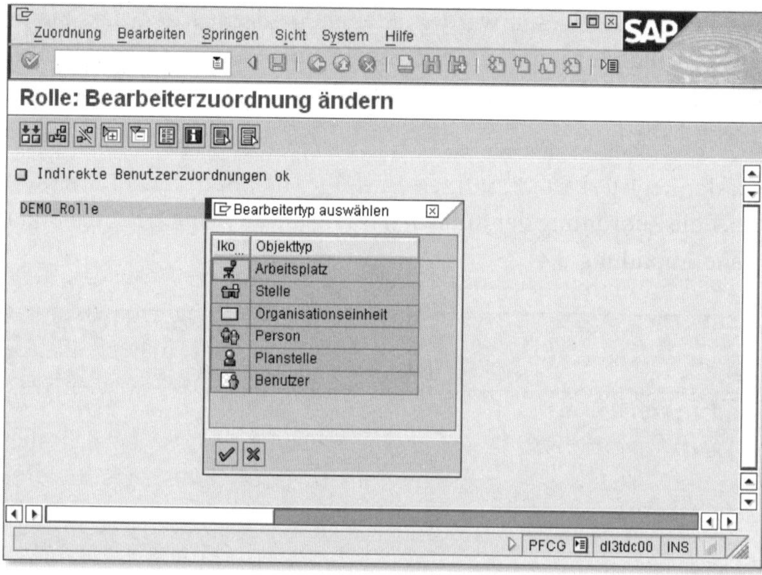

Abbildung 8.5 Objekte für die Rollenzuordnung im Profilgenerator

Nach Zuweisung der Rolle werden alle Benutzer, zu denen eine Verknüpfung besteht, auf der Registerkarte BENUTZER blau angezeigt, im Gegensatz zur sonst üblichen schwarzen Markierung. Darüber hinaus wird in der Spalte INDIREKT ZUGEORDNET ebenfalls die indirekte Zuordnung ausgewiesen.

8.3.4 Auswertungsweg

Auswertungswege haben im Kontext Berechtigungen zwei Funktionen:

- Sie definieren die Nutzung der Rollenvererbung entlang der Organisationshierarchie.

- Sie definieren organisatorische Zugriffe entlang der Organisationshierarchie in den strukturellen Berechtigungen.
- Auswertungswege werden im Zusammenhang mit strukturellen Berechtigungen in Kapitel 14, »Berechtigungen in SAP ERP HCM«, detaillierter dargestellt.

Allgemein kann gesagt werden, dass ein Auswertungsweg definiert, welche Objekttypen und welche Verknüpfung(en) zwischen diesen bei einer Auswertung der Aufbauorganisation berücksichtigt werden.

Auswertungsweg für indirekte Rollenzuordnung

Der Auswertungsweg für die indirekte Rollenzuordnung ist US_ACTGR (Bearbeiter einer Aktivitätsgruppe (inkl. Organisat. Zuordnungen)). Auswertepfade werden in der Transaktion OOAW (Auswertungswege) gepflegt.

8.3.5 Benutzerstammabgleich

Sofern Sie bei der Zuordnung einer Rolle zu einem Objekt den Benutzerabgleich durchführen, ist diese Rolle den jeweiligen Benutzern zugeordnet. Änderungen in der Organisation selbst müssen über den Benutzerstammabgleich nachvollzogen werden. Dazu können Sie:

- den Report PFCG_TIME_DEPENDENCY (Massenabgleich) periodisch als Job einplanen, der einen Gesamtabgleich aus HR-ORG-, Sammelrollen- und Profilabgleich durchführt
- eine Variante des Reports RHAUTUPD_NEW (Abgleich Benutzerstamm), bei der das Flag HR-ORG-ABGLEICH gesetzt ist, periodisch als Job einplanen
- die Transaktion PFUD (Abgleich Benutzerstamm), bei der das Flag HR-ORG-ABGLEICH gesetzt ist, manuell ausführen

8.4 Konzeptionelle Besonderheit

Wenn ein Unternehmen das Organisationsmanagement für die Rollenverwaltung nutzen möchte, muss das Berechtigungskonzept entsprechend angepasst werden. Die in Kapitel 3, »Organisation und Berechtigungen«, entwickelten möglichen Sichten auf eine Organisation müssen entsprechend berücksichtigt werden. Rollen müssen zwingend so angelegt werden, dass sie der jeweiligen Funktion eines Objekts gerecht werden.

Konkret bedeutet dies im schon diskutierten Beispiel (siehe Abschnitt 8.1, »Grundkonzept des SAP ERP HCM-Organisationsmanagements«), dass eine Menge von Aktivitäten allen Verkäufern gleich zugeordnet werden kann. Entsprechend sollen alle Verkäufer diese Aktivitäten ausführen können. In der Terminologie der Aufgabenanalyse kann das als die generelle Aufgabe aller Verkäufer bezeichnet werden. Die Rolle/n, die dieser Aufgabe entsprechen, werden somit der Stelle zugeordnet.

Zusätzliche Teilaufgaben für einen einzelnen Verkäufer müssen entsprechend der konkreten Planstelle zugeordnet werden. Nutzt die Organisation den ABAP-Rollenmanager (siehe Kapitel 9, »Automatisierte organisatorische Differenzierung: der Rollenmanager«) oder ein Wertrollenkonzept, müssen Sie bestimmte organisatorische Werte auf der Ebene der Organisationseinheit zuordnen. Besondere Aufgaben, die sich aus einer zeitweiligen Projektzuordnung ergeben, können als Arbeitspakete anderen Objekten zugeordnet werden.

Art, Umfang und Zuordnung der Rolle müssen also dem Organisationsmanagementkonzept der jeweiligen Organisation entsprechen.

8.5 Fazit

Die Nutzung des Organisationsmanagements für die Rollenzuweisung ist die Methode der Wahl, solange keine schwerwiegenden Gründe dagegen vorgebracht werden. Das gilt allerdings nur, sofern ein Organisationsmanagement besteht, das die aufbauorganisatorische Realität des Unternehmens widerspiegelt.

Transparenz

Die Nutzung ist tatsächlich mehr als eine technische Lösung, da sie in das relativ intransparente Geschehen der Benutzerverwaltung normative Transparenz und Regelhaftigkeit bringt. Administration und Reporting von Berechtigungen werden so erheblich vereinfacht.

Diese Lösung ist mit der Zentralen Benutzerverwaltung integrierbar. Auch die Integration mit SAP NetWeaver Identity Management ist darstellbar. Technisch ist es derzeit schon möglich, die verschiedenen Organisationsmanagementausprägungen in SAP CRM, SAP Solution Manager und in SAP ERP in einem Organisationsmanagement zur übergreifenden Administration von Berechtigungen aller Personen und technischen Benutzer zusammenzubringen.

Der Vorteil liegt auf der Hand: Tatsächlich steht jede Person, die einen Benutzer hat, in einem genau definierten Rechtsverhältnis zur Organisation, darstellbar als Geschäftspartnerbeziehung und damit darstellbar in SAP OM. Es ist naheliegend, diese Information organisatorisch so aufzubereiten, dass daraus organisatorisch und funktional die Berechtigungen vererbt werden können. In der Integration mit SAP NetWeaver Identity Management sind hier auch Berechtigungen darzustellen, die nicht in SAP-Systemen verwendet werden. In Verbindung mit den Möglichkeiten des SAP Solution Manager Helpdesks, der ebenfalls auf dem Organisationsmanagement beruht, können Berechtigungen und Support an einem logischen Platz mit den Daten aller Geschäftspartner, die über einen Benutzer verfügen, zusammengebracht werden.

Die organisatorische Differenzierung ist die größte Herausforderung für ein Rollenkonzept. Der Rollenmanager ermöglicht eine weitgehende, sehr effiziente und präzise Automatisierung. Die möglichen Konzepte werden in diesem Kapitel entwickelt.

9 Automatisierte organisatorische Differenzierung: der Rollenmanager

In Kapitel 3, »Organisation und Berechtigungen«, haben wir erläutert, dass organisatorische Differenzierung eine wesentliche und komplexe Anforderung an das betriebswirtschaftliche Berechtigungskonzept stellt. In Kapitel 6, »Technische Grundlagen der Berechtigungspflege«, haben wir das Ableitungskonzept und in Kapitel 8, »Rollenzuordnung über das Organisationsmanagement«, die indirekte Rollenzuordnung vorgestellt. Diese Konzepte dienen der organisatorischen Differenzierung und der Zuordnung organisatorisch differenzierter Rollen.

Umfassende organisatorische Differenzierung führt zu einem exponentiellen Wachstum der Anzahl abgeleiteter Rollen. Dieser Aufwand lässt sich durch die Nutzung des Rollenmanagers erheblich reduzieren. In diesem Kapitel stellen wir den Rollenmanager dar, der die organisatorische Differenzierung und die Zuordnung organisatorisch differenzierter Rollen zu Benutzern automatisiert.

Zunächst stellen wie in Abschnitt 9.1, »Herausforderungen und Lösungsansatz«, die Herausforderung dar, die zur Nutzung des Rollenmanagers führte, und erläutern, wie Sie ihr mit dem Rollenmanager in unterschiedlichen Szenarien begegnen können.

In Abschnitt 9.2, »Umsetzungsbeispiel für das Bereichsrollenkonzept«, stellen wir ein Konzept der Rollenmanager-Nutzung vor, das wir beim Kanton Zürich eingeführt haben. In Abschnitt 9.3, »Integration, Einschränkungen und Perspektiven«, zeigen wir die Integration mit SAP BusinessObjects Access Control und gehen auf Einschränkungen und Perspektiven ein.

9.1 Herausforderung und Lösungsansatz

In einem System, in dem hochgradige organisatorische Differenzierung erforderlich ist, gelangen klassische Ableitungskonzepte an ihre wirtschaftliche Grenze: Rein rechnerisch wächst die Zahl möglicher Ableitungen mit der Zahl der zur Verfügung stehenden Ausprägungen der Organisationsebenen (z. B.: Anzahl Rollen * Buchungskreise * Kostenstellen * Werke * YYY) exponentiell. Aus diesem Grund sind viele Kunden zu mehr oder minder angemessen differenzierenden Wertrollenkonzepten übergegangen oder haben das Wertrollenkonzept mit dem Ableitungskonzept kombiniert.

Um die organisatorische Differenzierung effizient und standardisiert durchführen zu können, wurde für die Lösung *SAP for Defense Forces and Public Security* (DFPS) der Rollenmanager (*Role Generator*) entwickelt. Der Rollenmanager steht seit Release ECC 6.0 auch im Standard zur Verfügung.

Um eine Vorstellung davon zu bekommen, wie eine hochgradige organisatorische Differenzierung effizient bewerkstelligt werden kann, kann man die Besonderheiten der DFPS betrachten: Hier muss für zehntausende von Benutzern gewährleistet werden können, dass diese genau die Berechtigungen bekommen, die ihrer Einheit zugewiesen sind. Das gilt besonders für die Verwendung der Einheit im Frieden, im Übungsfall, im Einsatz oder im Verteidigungsfall. Es gilt aber ebenso für die Versorgung der Einheit während dieser Verwendung. Die notwendigen organisatorischen Differenzierungskriterien sind Werke, Buchungskreise, Finanzkreise, Kostenstellen, Einkäufergruppen, Lagerorte, Verantwortungsbereiche und viele weitere Merkmale der Logistik, der Produktionsplanung, des Rechnungswesens und der weiteren genutzten Applikationen.

Darüber hinaus muss ein Wechsel sämtlicher organisatorischen Berechtigungen effektiv von heute auf morgen möglich sein. Wenn eine Einheit in einen Einsatz oder eine Übung geschickt wird, ändern sich die Versorgungsbeziehungen der Einheit ebenso wie die administrativen Beziehungen. Das kann Auswirkungen auf alle Beziehungen der Organisationsebenen haben.

Genau das ermöglicht der Rollenmanager, der in der DFPS ausschließlich auf dem SAP ERP HCM-Organisationsmanagement beruht. Außerhalb der DFPS sind verschiedene weitere Lösungen auch ohne das Organisationsmanagement möglich. Der Fokus dieser Lösungen liegt ebenfalls auf der hochgradigen organisatorischen Differenzierung und der zügigen Umsetzung auch umfassender organisatorischer Änderungen.

Konkrete Herausforderung

Die Herausforderung besteht darin, dass für jeden Benutzer Berechtigungen bereitgestellt werden, die sowohl die funktionale Differenzierung als auch die organisatorische Differenzierung detailliert umsetzen. Tatsächlich ist dies nur der kleinere Teil der Anforderung, denn um diese Differenzierung effizient umzusetzen, müssen außerdem die folgenden drei Voraussetzungen erfüllt sein:

- Es sollen nur die erforderlichen Rollen angelegt werden.
- Sowohl funktionale als auch organisatorische Berechtigungen müssen gruppiert verwaltet werden können, d. h., nicht der einzelne Benutzer, sondern immer Gruppen von Funktionen und Organisationsmerkmalen sollen verwaltet werden (wie im Rollenkonzept üblich).
- Die richtigen Berechtigungen sollen automatisch dem Benutzer zugeordnet werden.

Lösungsansatz

Um der Herausforderung zu begegnen, benötigt der Rollenmanager also Informationen in drei Bereichen:

- funktionale Berechtigung
- organisatorische Berechtigung
- Benutzerzuordnungen

Diese drei Bereiche werden wir im Folgenden darstellen.

Funktionale Berechtigung

Dem Benutzer werden (indirekt oder direkt) weiterhin funktionale Rollen zugewiesen. Die Besonderheit dieser funktionalen Rolle besteht darin, dass alle Organisationsebenen, die für die organisatorische Differenzierung genutzt werden, ungepflegt bleiben. Dies ist der einzige Unterschied zu normalerweise zugeordneten Einzelrollen. Die so ausgeprägte Rolle enthält also ausnahmslos alle Berechtigungsobjekte, die die »normale« Einzelrolle auch enthalten würde. Ebenso sind alle Felder ausgeprägt, eben nur die relevanten Organisationsebenen nicht.

Organisatorische Berechtigung

Die zweite Information, die der Rollenmanager benötigt, ist die organisatorische Berechtigung. Um diese Information zu erhalten, stehen drei unterschiedliche Möglichkeiten bereit:

- **Rollenmanager OM**
  Unter Nutzung der indirekten Rollenzuweisung kann die Information aus den Objekten des Organisationsmanagements (OM) von SAP ERP HCM genutzt werden. Diese Möglichkeit wird im Folgenden als *Rollenmanager OM* bezeichnet.
- **Bereichsrollenkonzept**
  Unter Nutzung eines neuen Rollentyps, der Bereichsrolle, können die Informationen aus den Bereichsrollen verwendet werden. Diese Möglichkeit wird im Folgenden als *Bereichsrollenkonzept* bezeichnet.
- **Freie Rollenmanager-Adaption**
  Die dritte Möglichkeit ist die Nutzung kundeneigener Tabellen, diese Möglichkeit kann als *freie Rollenmanager-Adaption* bezeichnet werden und wird nicht weiter erläutert.

Benutzerzuordnung

Die dritte Information, die Benutzerzuordnung, ist konzeptabhängig. In beiden Konzepten müssen die funktionale Berechtigung und die organisatorische Berechtigung durch die Benutzerzuordnung ermittelt werden:

In der Rollenmanager-OM-Option wird die Zuordnung der funktionalen Rolle zum Benutzer über Auswertungswege ermittelt. Die Zuordnung der Organisationswerte wird ebenfalls über Auswertungswege ermittelt. Dabei werden aus den Objekten, zu denen der Benutzer in SAP ERP HCM-OM eine Verknüpfung hat, die dort gepflegten Organisationsebenen ausgewertet. Somit stehen die Werte für die Funktionen und die Organisation in Verbindung zu einem konkreten Benutzer zur Verfügung.

Im Bereichsrollenkonzept sind sowohl die Bereichsrollen als auch die funktionalen Rollen direkt dem Benutzer zugeordnet. Mit anderen Worten: Die Beziehungen müssen nicht ermittelt, sondern ausgewertet werden. Somit stehen die Werte für die Funktionen und die Organisation in Verbindung zu einem konkreten Benutzer unmittelbar zur Verfügung.

Aus der Kombination der funktionalen Rolle entweder mit den Werten von SAP ERP HCM-OM oder der Bereichsrolle legt der Rollenmanager eine neue, benutzerindividuelle Rolle an, die Zuständigkeitsrolle oder Rollenmanager-Rolle. Diese Rolle weist der Rollenmanager direkt dem Benutzer zu.

Zuständigkeitsrolle/Rollenmanager-Rolle

9.1.1 Rollenmanager OM

Dem Benutzer sind in diesem Konzept indirekt funktionale Rollen zugewiesen. Für die Systematik der indirekten Rollenzuordnung und der Auswertewege verweisen wir auf Kapitel 8, »Rollenzuordnung über das Organisationsmanagement«. Aus der Zuweisung der funktionalen Rollen wird ermittelt, welche organisatorischen Berechtigungen der Rollenmanager zuordnen muss. Wie das funktioniert, werden wir Ihnen im Folgenden erläutern.

Funktionale Rolle

Die funktionalen Rollen enthalten mit Ausnahme der relevanten Organisationsebenen voll ausgeprägte Berechtigungsobjekte. Dadurch, dass die Organisationsebenen nicht ausgeprägt sind, ist eine Reihe von Berechtigungsobjekten unvollständig in der funktionalen Rolle ausgeprägt.

In einer Rolle zur Pflege von FI-Belegen wäre zum Beispiel das Berechtigungsobjekt F_BKPF_BUK in der Ausprägung, die in Tabelle 9.1 gezeigt wird, enthalten.

Berechtigungsobjekt	Berechtigungsfeld	Berechtigungswert
F_BKPF_BUK	ACTVT	01, 02, 03
F_BKPF_BUK	BUKRS	$BUKRS

Tabelle 9.1 Exemplarische Ausprägung eines Berechtigungsobjekts in einer funktionalen Rolle

Der Rollenmanager liest diese Information und überträgt sie in die benutzerindividuelle Zuständigkeitsrolle.

Organisationsebenen aus den SAP ERP HCM-OM-Objekten und der Zuständigkeitsrolle

Aus den Organisationsmanagementobjekten ermittelt der Rollenmanager über Auswertepfade, welche Buchungskreise dem Benutzer indirekt zugeordnet sind. Im folgenden Beispiel ist das der Buchungskreis 1000. Mit diesem Buchungskreiswert prägt der Rollenmanager die Zuständigkeitsrolle aus, sodass sich das in Tabelle 9.2 dargestellte Bild ergibt.

Berechtigungsobjekt	Berechtigungsfeld	Berechtigungswert
F_BKPF_BUK	ACTVT	01, 02, 03
F_BKPF_BUK	BUKRS	1000

Tabelle 9.2 Ausprägung in der Zuständigkeitsrolle

Der Rollenmanager prägt das Berechtigungsfeld und nicht die Organisationsebene aus. Das ist notwendig, um etwaige Differenzierungen nach Tätigkeiten zu ermöglichen, z. B. wenn in einem Buchungskreis nur angezeigt, in einem anderen gebucht und im dritten freigegeben werden soll.

Diese Ausprägung nimmt der Rollenmanager für alle Berechtigungsobjekte mit offenen Organisationsebenen aus allen dem Benutzer zugeordneten Rollen vor. Die so erzeugte benutzerindividuelle Rolle (genau eine) wird dem Benutzer direkt zugewiesen.

Mehrere funktionale Rollen

In diesem Konzept können mehrere funktionale Rollen indirekt zugeordnet sein.

Ablauf im OM-Szenario

Wie dem oberen Teil der Abbildung 9.1 zu entnehmen ist, kombiniert der Rollenmanager Informationen aus der indirekten Zuordnung von funktionalen Rollen (in der Abbildung F_ROLLE) in SAP ERP HCM-OM mit den Informationen über die Organisationsebene aus SAP ERP HCM-OM in einer Zuständigkeitsrolle (in der Abbildung Z_ROLLE). Im zweiten Schritt (im unteren Teil der Abbildung 9.1) ordnet der Rollenmanager diese Rolle direkt dem Benutzer zu.

Restriktion des Rollenmanager-OM-Ansatzes

Im Standard von SAP ERP HCM-OM sind nur wenige Organisationsebenen mit den HCM-Objekten verknüpft. Bei diesen handelt es sich überwiegend um Organisationsebenen und Merkmale (insbesondere Kostenstellen) aus dem Rechnungswesen. Weitere Verknüpfungen müssten manuell angelegt werden, eine Automatisierung der Verknüpfung wäre mit erheblichem Aufwand verbunden. In der DFPS sind umfänglich weitere Organisationsebenen mit den Objekten verknüpft. Dies ist ein wesentliches Merkmal der dort verfügbaren Workbench-Organisation. Diese umfangreichen weiteren Verknüpfungen sind im Standard nicht enthalten.

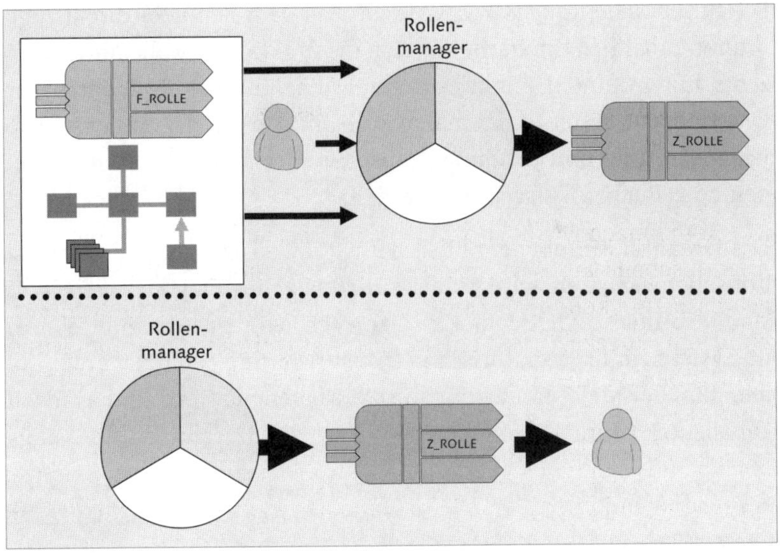

Abbildung 9.1 Funktionalität des Rollenmanagers OM

9.1.2 Bereichsrollenkonzept

Das in diesem Abschnitt vorgestellte Konzept wurde beim Kanton Zürich integriert mit SAP BusinessObjects Access Control eingeführt. Das Bereichsrollenkonzept basiert ebenfalls auf der Zuweisung von funktionalen Rollen. Die notwendigen organisatorischen Berechtigungen werden durch Bereichsrollen zugewiesen und durch den Rollenmanager in Zuständigkeitsrollen umgesetzt, wie wir nachfolgend darstellen werden.

Die funktionale Berechtigung muss auch hier, wie im Rollenmanager-OM-Ansatz, über eine funktionale Rolle vergeben werden. Das Bereichsrollenkonzept setzt für die organisatorische Differenzierung auf dem neuen Konstrukt der Bereichsrolle auf. Diese setzt wiederum auf zwei neuen Berechtigungsobjekttypen auf:

- dem Organisationsebenenobjekt
- dem Kategorisierungsobjekt
- Im Folgenden werden die Rollentypen und die Berechtigungsobjekttypen dargestellt.

Funktionale Rolle

Die funktionale Rolle wird in diesem Fall dem Benutzer direkt zugeordnet. Inhaltlich unterscheidet sich die funktionale Rolle dieses Konzepts nur in einem Punkt von der Darstellung im Rollenmanager-OM-Konzept. Jeder funktionalen Rolle muss das Kategorisierungsobjektzugeordnet und für die gewünschte Verwendung (Lesen, Schreiben oder Buchen) ausgeprägt werden.

Organisationsebenenobjekt

Das Organisationsebenenobjekt enthält jeweils genau eine Organisationsebene. Zurzeit wird es als kundeneigenes Objekt angelegt. Es sind also nur so viele Objekte anzulegen, wie Organisationsebenen im System zur organisatorischen Differenzierung genutzt werden sollen. Ein Beispiel für ein Organisationsebenenobjekt finden Sie in Tabelle 9.3.

Berechtigungsobjekt	Berechtigungsfeld	Berechtigungswert
Z_ BUKRS	BUKRS	$BUKRS

Tabelle 9.3 Beispiel: Organisationsebenenobjekt »Buchungskreis«

Kategorisierungsobjekt

In vielen Fällen möchte man bestimmte funktionale und organisatorische Zuständigkeiten auf Anzeige-, Pflege- oder Buchungsberechtigungen beschränken. Dies macht die Unterteilung der Rollen in drei Kategorien notwendig: Rollen mit reinen Anzeigeberechtigungen, Rollen mit Pflegeberechtigungen und Rollen mit Buchungsberechtigungen.

Zur technischen Kennzeichnung der Rollen wird das sogenannte *Kategorisierungsobjekt* eingeführt. Dieses Objekt muss als kundeneigenes Objekt (siehe Abschnitt 7.9.2, »Berechtigungsobjekte anlegen«) angelegt werden. Es enthält ebenfalls nur ein einziges Feld, das Feld ACTVT (Aktivität).

Bereichsrolle

Die Bereichsrolle enthält ausschließlich Organisationsebenenobjekte sowie das Kategorisierungsobjekt (siehe Tabelle 9.4). In den Organisationsebenenobjekten werden alle Organisationsebenenwerte gepflegt, die für die in einem bestimmten Organisationsbereich tätigen Benutzer erforderlich sind. Die Definition eines Bereichs und damit die Zusammenstellung der erforderlichen Organisationsebenen ist immer kundenspezifisch. Die Bereichsrolle wird direkt dem Benutzer zugeordnet.

Berechtigungsobjekt	Berechtigungsfeld	Berechtigungswert
Z_ BUKRS	BUKRS	1000
Z_ KOKRS	KOKRS	1000
Z_ ACTVT	ACTVT	01

Tabelle 9.4 Ausprägung der Bereichsrolle

Die in Tabelle 9.4 dargestellte Ausprägung ist vereinfacht, tatsächlich wird in der Bereichsrolle die Organisationsebene in den Organisationsebenen und nicht im Feld ausgeprägt.

Organisationsebene im Berechtigungsobjekt der Zuständigkeitsrolle

Mit den Werten der Bereichsrolle und der funktionalen Rolle prägt der Rollenmanager die Zuständigkeitsrolle aus. Zu diesem Zweck muss er die Ausprägung des Kategorisierungsobjekts in der Bereichsrolle und in der funktionalen Rolle jeweils für die gleiche Aktivität nutzen, sodass sich das in Tabelle 9.5 dargestellte Bild ergibt.

Berechtigungsobjekt	Berechtigungsfeld	Berechtigungswert
F_BKPF_BUK	ACTVT	01
F_BKPF_BUK	BUKRS	1000

Tabelle 9.5 Ausprägung in der Zuständigkeitsrolle

Der Rollenmanager prägt auch in diesem Konzept tatsächlich das Berechtigungsfeld und nicht die Organisationsebene aus. Auch in diesem Konzept wird die Zuständigkeitsrolle (genau eine) durch den Rollenmanager direkt dem Benutzer zugewiesen.

Mehrere funktionale Rollen und Bereichsrollen

Im Bereichsrollenkonzept können mehrere funktionale Rollen und Bereichsrollen direkt zugeordnet sein. Mehrere Bereichsrollen sind sinnvoll, um für verschiedene Bereiche der Organisation zwischen lesenden und anderen Berechtigungen unterscheiden zu können.

Ablauf im Bereichsrollenkonzept

Wie dem oberen Teil der Abbildung 9.2 zu entnehmen ist, kombiniert der Rollenmanager Informationen aus der funktionalen Rolle (in der Abbildung F_ROLLE) mit den Informationen der Bereichsrolle (in der Abbildung B_ROLLE) in einer Zuständigkeitsrolle (in der Abbildung Z_ROLLE). Im zweiten Schritt ordnet der Rollenmanager diese Rolle direkt dem Benutzer zu.

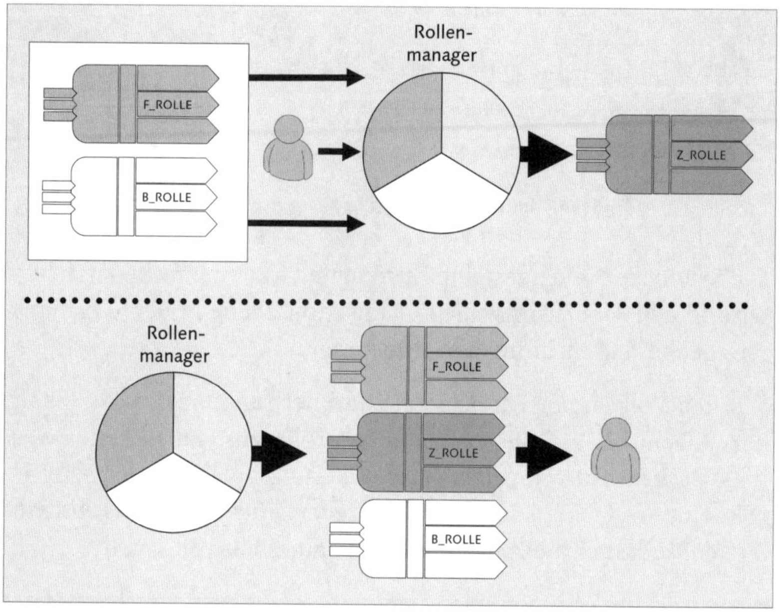

Abbildung 9.2 Bereichsrollenkonzept – Rollenmanager

9.1.3 Kombination von Bereichsrollen und OM

Die beiden Grundkonzepte Rollenmanager OM und Bereichsrollenkonzept lassen sich kombinieren. Die Zuordnung einer Bereichsrolle kann also auch an ein Objekt des Organisationsmanagements ungleich dem Benutzer (der im Organisationsmanagement auch ein Objekt ist, siehe Kapitel 8, »Rollenzuordnung über das Organisationsmanagement«) erfolgen.

In diesem kombinierten Konzept sollte die Zuordnung der funktionalen Rollen weitaus überwiegend über die indirekte Rollenzuordnung erfolgen. Dies ist in Abbildung 9.3 dargestellt. Die Zuordnung der Bereichsrollen zu Objekten von SAP ERP HCM-OM ist sinnvoll, um z. B. lesende Zugriffe ❶ für einen größeren Bereich der Organisation »hoch« in der Hierarchie zu vergeben, schreibende oder buchende Berechtigungen »tief« ❷, also nah an der Position, und spezielle organisatorische Berechtigungen an der Stelle oder der Planstelle ❸.

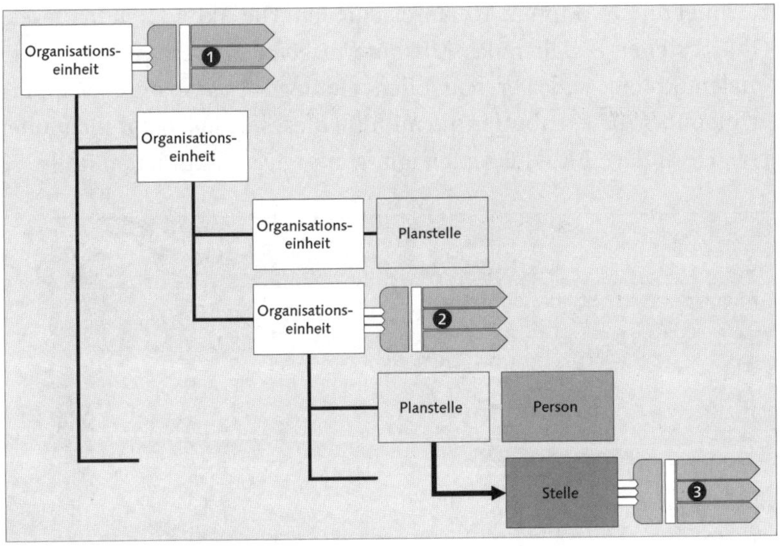

Abbildung 9.3 Bereichsrollen in der Organisationshierarchie

9.2 Umsetzungsbeispiel für das Bereichsrollenkonzept

Das Bereichsrollenkonzept kann kundenindividuell umgesetzt werden. Als Beispiel beschreiben wir die Implementierung des Bereichsrollenkonzepts im Kanton Zürich. Das Beispiel gibt die konkrete Umsetzung technisch detailliert wieder, um Sie in die Lage zu versetzen, das vorher beschriebene Konzept in Bezug auf notwendige Berechtigungsobjekte, Rollen und Einstellungen detaillierter nachzuvollziehen.

Notwendige Berechtigungsobjekte

Für das Bereichsrollenkonzept werden das Organisationsebenenobjekt und das Kategorisierungsobjekt benötigt. Diese sind in einer kundeneigenen Objektklasse als kundeneigene Berechtigungsobjekte angelegt worden (siehe Abbildung 9.4).

Für die in der Beispielimplementierung eingesetzte Methode war es erforderlich, dass das Kategorisierungsobjekt Z_ACTVT heißt und lediglich das Feld ACTVT enthält. Es war sinnvoll, die erlaubten Aktivitäten auf die gewünschte Differenzierung/Kategorisierung zu begrenzen (siehe Abbildung 9.5). In diesem Beispiel wird funktional zwischen STAMMDATENPFLEGE (gekennzeichnet durch Aktivität 01), ANZEIGEN (gekennzeichnet durch Aktivität 03) und BUCHEN (gekennzeichnet durch Aktivität 10) unterschieden. Die Aktivitäten in diesem Objekt stellen lediglich das Attribut *Kategorie*. Dieses wird in funktionalen Rollen und Bereichsrollen gepflegt. Das spätere Mapping erfolgt über die Attributierung mithilfe dieses Objekts und nicht über etwaige andere Aktivitätsausprägungen in der funktionalen Rolle.

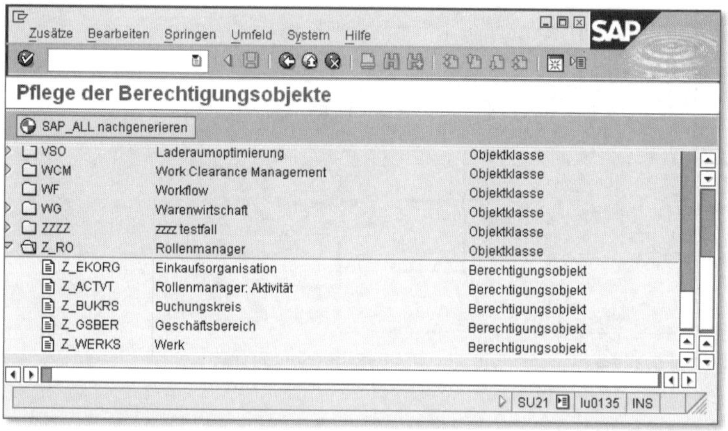

Abbildung 9.4 Objekte für den Rollenmanager

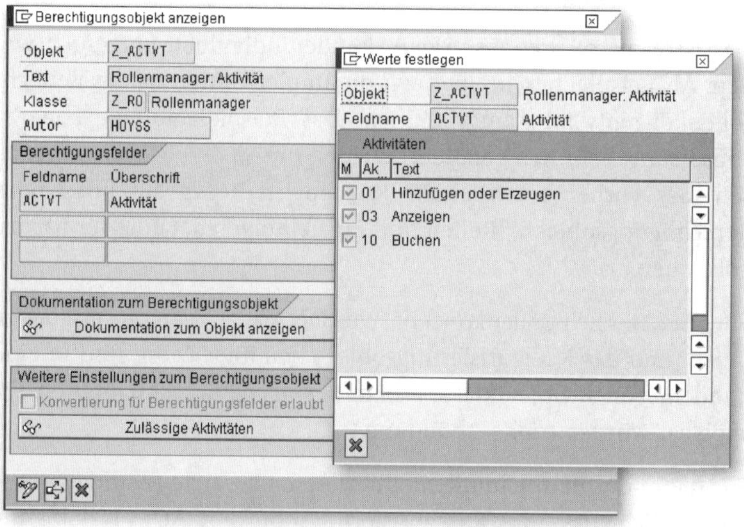

Abbildung 9.5 Einschränkung der zulässigen Aktivitäten

Die Organisationsebenenobjekte enthalten ausschließlich Organisationsebenen. In der Umsetzung haben wir es als sinnvoll erachtet, für jedes Objekt genau eine Organisationsebene vorzusehen (siehe Abbildung 9.6).

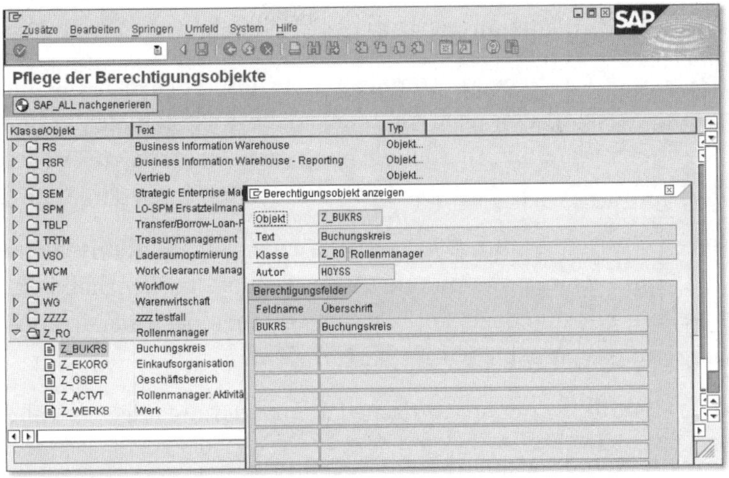

Abbildung 9.6 Organisationsebenenobjekt

Die funktionale Rolle enthält alle Transaktionen und funktional notwendigen Berechtigungsobjekte. Zusätzlich enthält die Rolle das Berechtigungsobjekt Z_ACTVT. Die für die Differenzierung genutzten Organisationsebenen werden nicht ausgeprägt. Eine einfache Rolle zur logistischen Pflege von Kreditoren ist in Abbildung 9.7 dargestellt.

Funktionale Rolle

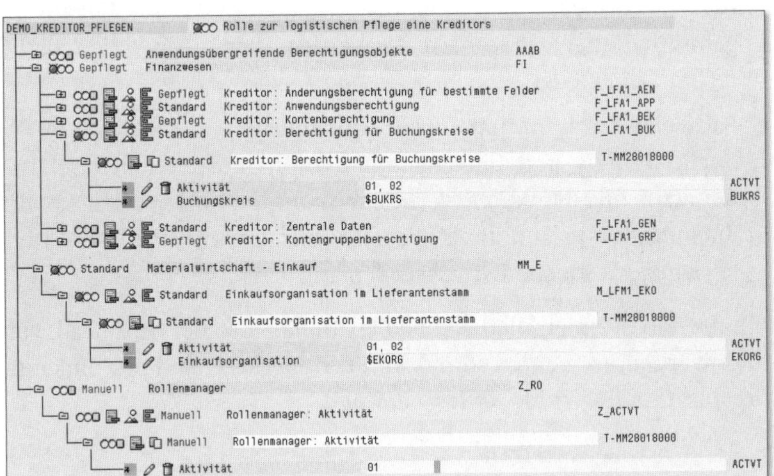

Abbildung 9.7 Beispiel eines Profils einer funktionalen Rolle

Vergeben sind die Transaktionen Kreditor anlegen (logistische Sicht) und Kreditor ändern (logistische Sicht). Die Organisationsebenen enthalten den automatischen Platzhalter. Das Objekt Z_ACTVT ist ausgeprägt mit 01, da die 01 für ANLEGEN/ÄNDERN steht.

Für das Beispiel (die folgende Kombination in unserem Beispiel-Benutzerstammsatz) wird eine weitere sinngemäße Rolle für die Anzeige von Kreditoren benötigt. Diese Rolle ist auf dem Objekt Z_ACTVT mit 03 für ANZEIGEN ausgeprägt (aber hier nicht im Einzelnen dargestellt).

Bereichsrolle

Im Beispiel aus Abbildung 9.7 werden zwei Organisationsebenen benutzt, Einkaufsorganisation und Buchungskreis. Im Regelfall kommen weitere hinzu, jedoch soll hier aus Gründen der Übersichtlichkeit nur von diesen beiden ausgegangen werden.

Möglich sind für die organisatorische Differenzierung folgende Fälle:

- **Einfache Kombination – starre Zuordnung**
  Die Einkaufsorganisation entspricht dem Buchungskreis. In diesem Fall muss nur eine Bereichsrolle pro Aktivitätskategorie und Kombination Buchungskreis – Einkaufsorganisation angelegt werden.
- **Unterschiedliche eindeutige Kombination – starre Zuordnung**
  Es gibt immer eine logische Verbindung von Einkaufsorganisation und Buchungskreis. In diesem Fall muss nur eine Bereichsrolle pro Aktivitätskategorie und Kombination Buchungskreis – Einkaufsorganisation angelegt werden. Es werden aber mehr Rollen als im ersten Fall erzeugt.
- **Fallweise Kombination – freie Zuordnung**
  Buchungskreis und Einkaufsorganisation müssen fallweise (pro Benutzer und Funktion) verbunden werden. Sie müssen für die Buchungskreise und die Einkaufsorganisationen jeweils je Aktivitätskategorie eigene Bereichsrollen anlegen.

In unserem Beispiel soll die volle Flexibilität, also der dritte Fall, verfolgt werden. Es werden somit pro Buchungskreis und pro Einkaufsorganisation folgenden Rollen benötigt:

- Bereichsrolle Anzeigen
- Bereichsrolle Pflegen
- Bereichsrolle Buchen

Die Rollen für das Buchen sind im konkreten Beispiel nicht relevant, da es um die funktionalen Rollen *Kreditor pflegen* und *Kreditor anzeigen* geht.

Die Rolle *Buchungskreis pflegen* enthält das Berechtigungsobjekt Z_BUKRS (Buchungskreis) und das Objekt Z_ACTVT. In Abbildung 9.8 ist die Bereichsrolle für den Buchungskreis DEMO und die Aktivität 01 (Anlegen/Ändern) ausgeprägt. Der Buchungskreis wird über die Standardorganisationsebenenpflege ausgeprägt.

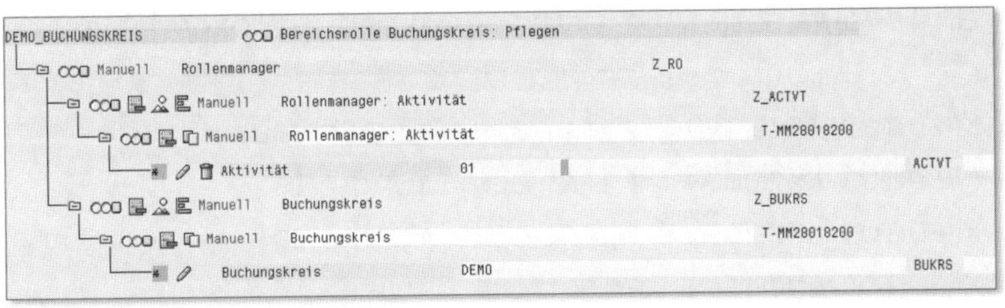

Abbildung 9.8 Bereichsrolle »Buchungskreis pflegen«

Kombination der Rollen im Benutzerstammsatz

Im Benutzerstammsatz werden für das Beispiel die funktionalen Rollen *Kreditor pflegen* und *Kreditor anzeigen* sowie die entsprechenden Bereichsrollen zusammengeführt (siehe Abbildung 9.9).

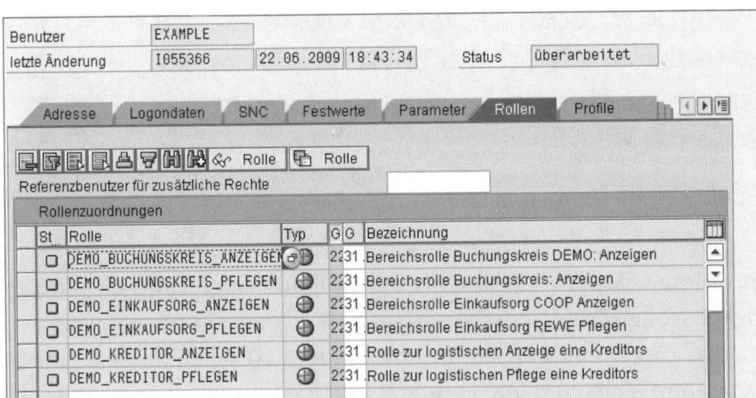

Abbildung 9.9 Kombination im Benutzerstammsatz

Aus der Kombination im Benutzerstammsatz ergibt sich das in Tabelle 9.6 dargestellte Bild. Die funktionalen Rollen sind auf den Gegenstand des Beispiels reduziert, andere Objekte werden nicht aufgeführt.

Rolle	Objekt	Feld	Wert	Org.Ebene
BUCH.KREIS_ANZEIGEN	Z_ACTVT	ACTVT	03	
BUCH.KREIS_ANZEIGEN	Z_BUKRS	BUKRS	$BUKRS	DEMO
BUCH.KREIS_PFLEGEN	Z_ACTVT	ACTVT	01	
BUCH.KREIS_PFLEGEN	Z_BUKRS	BUKRS	$BUKRS	SARA
EINK.ORG_ANZEIGEN	Z_ACTVT	ACTVT	03	
EINK.ORG_ANZEIGEN	Z_EKORG	EKORG	$EKORG	COOP
EINK.ORG_PFLEGEN	Z_ACTVT	ACTVT	01	
EINK.ORG_PFLEGEN	Z_EKORG	EKORG	$EKORG	REWE
(...)				
KREDITOR_ANZEIGEN	F_LFA1_BUK	BUKRS	$BUKRS	
KREDITOR_ANZEIGEN	F_LFA1_GEN	ACTVT	03	
KREDITOR_ANZEIGEN	F_LFA1_GRP	ACTVT	03	
KREDITOR_ANZEIGEN	F_LFA1_GRP	KTOKK	*	
KREDITOR_ANZEIGEN	M_LFM1_EKO	ACTVT	03	
KREDITOR_ANZEIGEN	M_LFM1_EKO	EKORG	$EKORG	
KREDITOR_ANZEIGEN	Z_ACTVT	ACTVT	03	
(...)				
KREDITOR_PFLEGEN	F_LFA1_BUK	ACTVT	01, 02	
KREDITOR_PFLEGEN	F_LFA1_BUK	BUKRS	$BUKRS	
KREDITOR_PFLEGEN	M_LFM1_EKO	ACTVT	01, 02	
KREDITOR_PFLEGEN	M_LFM1_EKO	EKORG	$EKORG	
KREDITOR_PFLEGEN	Z_ACTVT	ACTVT	01	

Tabelle 9.6 Bereichsrollen und funktionale Rollen im Beispiel

Aus diesen Werten kombiniert der Rollenmanager nun die Zuständigkeitsrolle. Dazu muss das – zurzeit noch – kundeneigene Programm ausgeführt werden. In Abbildung 9.10 sehen Sie, dass dieses Programm entweder über eine Namenskonvention oder über das vergebene Objekt Z_ACTVT die Rollen kombiniert.

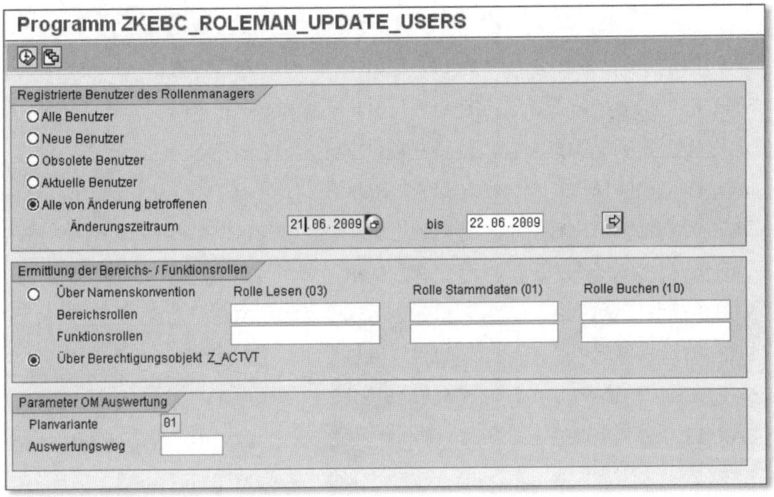

Abbildung 9.10 Einstiegsbildschirm des Rollenmanagers

Beachten Sie bei der Umsetzung über Namenskonventionen, dass die Rollen einer Kategorie gleich beginnen müssen, um die generische Ausprägung möglich zu machen (siehe Tabelle 9.7).

Rolle	Präfix
Bereichsrolle Lesen	Z_BL
Bereichsrolle Buchen	Z_BB
Bereichsrolle Anlegen/Ändern	Z_BA
funktionale Rolle Lesen	Z_FL
funktionale Rolle Buchen	Z_FB
funktionale Rolle Anlegen/Ändern	Z_FA

Tabelle 9.7 Mögliche Präfixe im Rollennamen

Der Rollenmanager generiert automatisch genau eine Zuständigkeitsrolle im SAP-Namensraum. Diese ist ausgeprägt, wie in Tabelle 9.8 dargestellt. Beachten Sie, dass die früheren Organisationsebenenwerte in dieser Rolle im Feld eingetragen werden.

Rollenname	Objekt	Feld	Wert
SAP_RM_EXAMPLE	F_LFA1_BUK	ACTVT	3
SAP_RM_EXAMPLE	F_LFA1_BUK	BUKRS	DEMO

Tabelle 9.8 Role-Manager-Rolle

Rollenname	Objekt	Feld	Wert
SAP_RM_EXAMPLE	F_LFA1_BUK	ACTVT	3
SAP_RM_EXAMPLE	F_LFA1_BUK	BUKRS	$BUKRS
SAP_RM_EXAMPLE	F_LFA1_BUK	ACTVT	1
SAP_RM_EXAMPLE	F_LFA1_BUK	ACTVT	2
SAP_RM_EXAMPLE	F_LFA1_BUK	BUKRS	SARA
SAP_RM_EXAMPLE	F_LFA1_BUK	ACTVT	1
SAP_RM_EXAMPLE	F_LFA1_BUK	ACTVT	2
SAP_RM_EXAMPLE	F_LFA1_BUK	BUKRS	$BUKRS
SAP_RM_EXAMPLE	M_LFM1_EKO	ACTVT	3
SAP_RM_EXAMPLE	M_LFM1_EKO	EKORG	$EKORG
SAP_RM_EXAMPLE	M_LFM1_EKO	ACTVT	3
SAP_RM_EXAMPLE	M_LFM1_EKO	EKORG	COOP
SAP_RM_EXAMPLE	M_LFM1_EKO	ACTVT	1
SAP_RM_EXAMPLE	M_LFM1_EKO	ACTVT	2
SAP_RM_EXAMPLE	M_LFM1_EKO	EKORG	$EKORG
SAP_RM_EXAMPLE	M_LFM1_EKO	ACTVT	1
SAP_RM_EXAMPLE	M_LFM1_EKO	ACTVT	2
SAP_RM_EXAMPLE	M_LFM1_EKO	EKORG	REWE

Tabelle 9.8 Role-Manager-Rolle (Forts.)

Die Feldwertausprägung in der Vervielfachung der Objekte zur funktionsbezogenen Ausprägung sehen Sie in Abbildung 9.11.

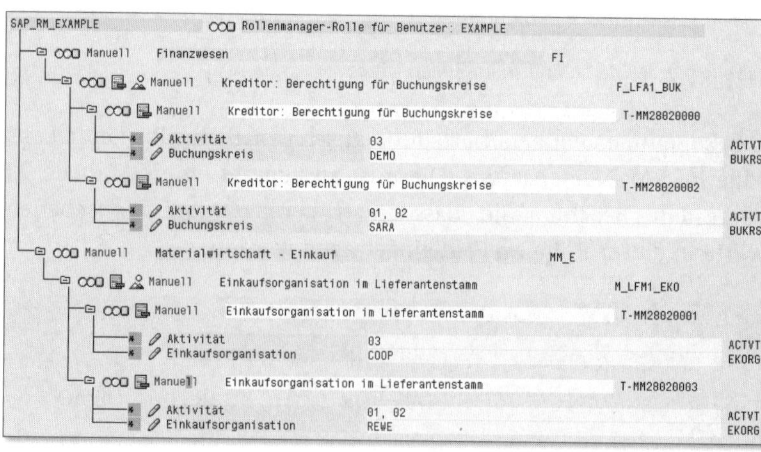

Abbildung 9.11 Rollenmanager-Rolle

9.3 Integration, Einschränkungen und Perspektiven

Integration mit SAP Business-Objects Access Control

Im Kanton Zürich war es eine zusätzliche Herausforderung, den Rollenmanager mit SAP BusinessObjects Access Control zu verbinden. Damit wird sichergestellt, dass die organisatorischen Berechtigungen automatisiert generiert, die funktionalen Berechtigungen aber immer auch einer Risikoanalyse unterzogen werden.

Die Integration ist simpel: Sowohl die funktionale Rolle als auch die Bereichsrolle werden über das *Compliant User Provisioning* (CUP) beantragt. Der Rollenmanager nimmt die Generierung der Zuständigkeitsrolle nach der Zuweisung vor.

Einschränkungen

Der Rollenmanager ist ein reines ABAP-Werkzeug, das auf den Elementen der ABAP-Rollenpflege beruht. Deshalb können Sie ihn in keiner Non-ABAP-Lösung einsetzen. Darüber hinaus kann er auch nicht in ABAP-Lösungen, die nicht auf dem ABAP-Rollenkonzept beruhen, genutzt werden.

Perspektiven

Derzeit prüfen wir die Option, den Rollenmanager auch in SAP NetWeaver BW einzusetzen. Eine zwingende Bedingung dafür ist die Nutzung von Rollen für Analyseberechtigungen. Nur dann kann diese Funktionalität genutzt werden. Entsprechende Ansätze werden fallweise auch in weiteren Kontexten wie SAP CRM zu prüfen sein.

9.4 Fazit

Der Rollenmanager bewirkt eine signifikante Vereinfachung von Pflege und Administration in den Fällen, in denen eine hochgradige organisatorische Differenzierung erforderlich ist, die in der klassischen Ableitung zu einem exponentiellen Wachstum der Rollenanzahl führt.

Unter hochgradiger organisatorischer Differenzierung ist bei der Bewertung Folgendes zu verstehen: Es werden minimal drei Organisationsebenen (gegebenenfalls auch kundenspezifische wie die Kostenstelle) zur Differenzierung herangezogen.

Tabelle 9.9 verdeutlicht den exponentiell steigenden Nutzen des Bereichsrollenkonzepts im Vergleich zur klassischen Ableitung. Bei der klassischen Ableitung sind im angegeben Mengengerüst 4.000.000 Rollen möglich, im Bereichsrollenkonzept hingegen nur 790.

Laufende Nummer	Merkmal/Objekt	Anzahl
1	funktionale Rollen	100
2	Buchungskreise	10
3	Werke	20
4	Kostenstellen	200
5	Summe: Kombinationsmöglichkeiten Organisationsebenen Nr. 2 * Nr. 3 * Nr. 4	40.000
6	funktionales Unterscheidungsmerkmal	3
7	Rollenmanager-Rollen (Nr. 2 + Nr. 3 + Nr. 4) * Nr. 6	690
8	Summe: max. Rollen Bereichsrollenkonzept Nr. 1 + Nr. 7	790
9	Summe: max. abgeleitete Rollen (Summe klassische Ableitung) Nr. 1 * Nr. 5	4.000.000

Tabelle 9.9 Ableitung versus Bereichsrollenkonzept

Neben der rein rechnerischen Argumentation hat das Bereichsrollenkonzept einen weiteren prozessualen Nutzen. Die Entscheidung über den funktionalen Zugriff »Was darf ein Nutzer?« kann losgelöst von der Entscheidung des organisatorischen Zugriffs »Wo darf ein Nutzer etwas?« getroffen werden.

Sofern Sie den Bedarf nach einer hochgradigen organisatorischen Differenzierung in SAP ERP haben, gibt es zum Rollenmanager nach unserer Einschätzung keine Alternative.

Die Umsetzung einer zentralen Verwaltung von Benutzern und Berechtigungen ist eine wesentliche Vorgabe des betriebswirtschaftlichen Berechtigungskonzepts. Dieses Kapitel stellt Ihnen drei SAP-Lösungen vor, die Sie zu diesem Zweck nutzen können: die Zentrale Benutzerverwaltung, SAP BusinessObjects Access Control und SAP NetWeaver Identity Management.

10 Zentrales Management von Benutzern und Berechtigungen

Das zentrale Management von Zugriffsrechten ist eine erhebliche Herausforderung in Organisationen mit komplexen Systemlandschaften. Je größer ein Unternehmen ist und je mehr Applikationen und IT-Systeme es betreibt, desto komplexer wird die Verwaltung von Benutzerdaten.

Dieses Kapitel stellt die Grundlagen und Anforderungen an ein zentrales Management von Benutzern und Berechtigungen dar. Es bietet Ihnen eine Einführung in die drei SAP-Lösungen, die Ihnen für diese Aufgabe zur Verfügung stehen: Die *Zentrale Benutzerverwaltung* (ZBV), *SAP BusinessObjects Access Control* sowie *SAP NetWeaver Identity Management* (IdM).

In Abschnitt 10.2, »Zentrale Benutzerverwaltung«, wenden wir uns der Zentralen Benutzerverwaltung zu. Abschnitt 10.3, »SAP BusinessObjects Access Control Compliant User Provisioning«, zeigt, welche Möglichkeiten mit SAP BusinessObjects Access Control genutzt werden können, um Benutzer zu verwalten. Schließlich wenden wir uns der jüngsten SAP-Lösung in diesem Bereich zu: SAP NetWeaver IdM (Abschnitt 10.4, »SAP NetWeaver Identity Management«).

Diesen Abschnitt beenden wir mit einer Gegenüberstellung der drei SAP-Lösungen zur Verwaltung von Benutzern, um dann im letzten Abschnitt zu zeigen, wie ein regelkonformes zentrales Management von Benutzern, ein *Compliant Identity Management*, in Integration mit dem SAP ERP HCM-Organisationsmanagement (OM) aussehen kann.

10.1 Grundlagen

In diesem Abschnitt möchten wir Ihnen einen kurzen Überblick über die betriebswirtschaftlichen Anforderungen an ein zentrales Benutzermanagement vorstellen. Wir werden auch aufzeigen, welche Wechselwirkungen dieses scheinbar rein technische Thema mit der betriebswirtschaftlichen Personaladministration hat und wie diese unter Nutzung des Organisationsmanagements mit der Benutzerverwaltung verzahnt werden kann.

10.1.1 Betriebswirtschaftlicher Hintergrund

Um ihre Aufgaben zu erfüllen, benötigen viele Mitarbeiter im Unternehmen Zugriff auf Daten des IT-Systems. Welche Daten das sind, ergibt sich aus den Aufgaben des Mitarbeiters; geregelt wird der Zugriff über Zugriffsberechtigungen. Jedes Mal, wenn neue Mitarbeiter eingestellt werden, sie ihre Aufgaben oder Position verändern oder sie das Unternehmen verlassen, ändern sich auch ihre Zugriffsrechte.

Wird z. B. ein neuer Mitarbeiter eingestellt, sollte dieser ab dem ersten Arbeitstag Zugriff auf verschiedene Systeme und Applikationen bekommen:

- Zugriff auf PC- und Netzwerkressourcen (oft über ein Windows-Konto)
- E-Mail-Konto
- Zugriff auf Ordnerfreigaben seiner Abteilung
- Benutzerkonto auf dem Mitarbeiterportal
- SAP-Benutzerkonto auf verschiedenen SAP-Applikationen, basierend auf den Aufgaben des Mitarbeiters

Laufbahnprinzip

Die Zugriffsrechte des Mitarbeiters müssen während seiner Laufbahn im Unternehmen verwaltet und lückenlos protokolliert werden. Hierzu dient ein Identity Management.

Im Grunde geht es um die Verwaltung von Attributen zu einer Person: personenbezogene Daten, Funktion, Benutzer und Berechtigungen in verschiedenen Systemen. Abbildung 10.1 verdeutlicht, dass die notwendigen personenbezogenen Daten in einer einheitlichen Datenbank zu Personen und Zugriffsrechten konsolidiert (in der

Abbildung P&Z-DB (= Personen und Zugriffsrechte-DB)) sind. Konsolidiert sind sie insoweit, als dass die Daten parallel in anderen Systemen oder Datenbanken vorgehalten werden können. Aus der zentralen Datenbank erfolgt in der Regel die Zuweisung von Benutzern und Zugriffsrechten für die Systeme (SAP ERP, Non-SAP-Systeme, Active Directory, E-Mail, weitere).

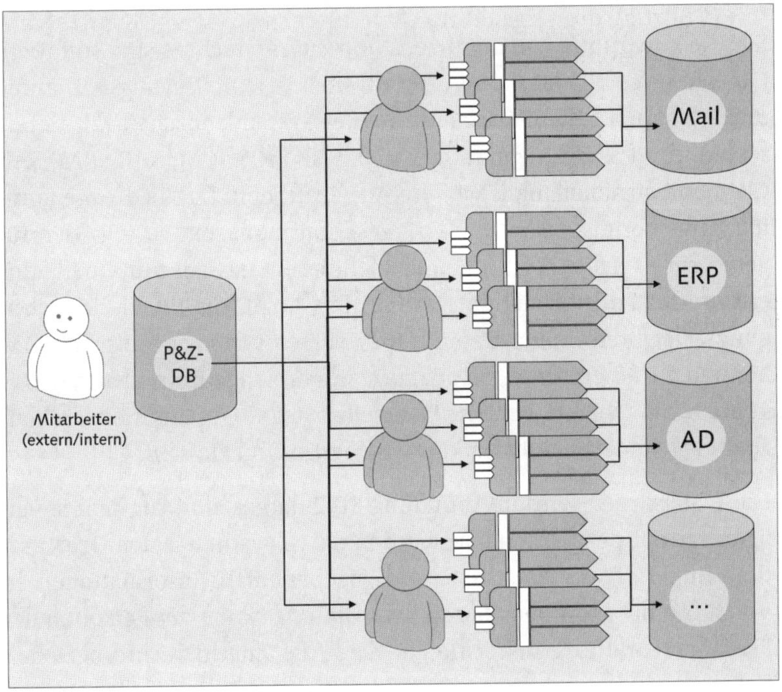

Abbildung 10.1 Verwaltung von Personen, Benutzern und Zugriffsrechten

Betriebswirtschaftliche Aufgabe

Das Management der Systemzugriffe scheint zunächst eine technische Aufgabe zu sein, es ist jedoch immer auch eine organisatorische und somit betriebswirtschaftliche Aufgabe, die unmittelbar mit dem *Internen Kontrollsystem* (IKS) und der Erfüllung gesetzlicher Auflagen zusammenhängt.

In diesem Buch haben wir bereits verschiedene Aspekte der Organisationslehre diskutiert; wir haben den instrumentellen Organisationsbegriff eingeführt und dargelegt, dass etwas zu organisieren bedeutet, Aufbau und Abläufe festzulegen (siehe Abschnitt 3.4, »Instrumenteller Organisationsbegriff«). Die Verwaltung von Zugriffsrechten im Zusammenhang mit dem IKS haben wir bereits in Kapitel 4, »Rechtlicher Rahmen – normativer Rahmen«, beschrieben.

In Abschnitt 4.5.3, »Stellenprinzip«, haben wir deutlich gemacht, dass ein Nachweis erforderlich ist, aufgrund welcher Stelle oder welcher Aufgaben eine bestimmte Berechtigung vergeben wurde. Jeder Benutzer und jedes Zugriffsrecht, das einer natürlichen Person zugeordnet wird, ist Ausdruck eines eindeutig definierten Vertragsverhältnisses dieser Person zur Organisation, entweder als Mitarbeiter oder als Geschäftspartner.

Organisationsmanagement und IdM

Für die Zuweisung von Benutzern und Zugriffsrechten sind somit die Quellen unverzichtbar, die Auskunft über Person, Vertragsverhältnis und Aufgaben geben. Das sind in einer Systemlandschaft mit unterschiedlichen SAP-Anwendungen z. B. SAP ERP HCM, SAP SRM, SAP CRM und gegebenenfalls weitere Applikationen. Da die drei genannten Anwendungen über ein Organisationsmanagement (OM) verfügen, liegt es nahe, diese so zu konsolidieren, dass sie zur Quelle der erforderlichen Information werden. Das heißt, die für die Berechtigungspflege relevanten Daten im jeweiligen systemspezifischen OM können in einer zentralen Instanz zusammengeführt werden. Das können die Objekte Person, Planstelle, Stelle, Organisationseinheit, aber auch andere inklusive kundeneigener Objekte sein.

Diese Sichtweise wird in Abbildung 10.2 dargestellt. Aus dem jeweiligen systemspezifischen OM werden die relevanten Daten Organisationseinheit, Planstelle, Stelle und gegebenenfalls Informationen zu Verträgen übernommen. Sie stellen somit Attribute der Person in der Personen- und Zugriffsrechte-DB dar. Alle Zugriffsrechte beziehen sich auf die Verträge mit und die Stellung der Person in der Organisation. Darüber hinaus gibt es Benutzer, die keiner natürlichen Person zugeordnet sind. Dies sind typischerweise technische Benutzer für Interfaces, Hintergrundbearbeitung etc. Die Berechtigungen für diese Benutzer leiten sich aus primär technischen Erfordernissen ab, deshalb sind hier andere Informationsquellen (z. B. die Anforderungserhebung aus der Einführungsphase) relevant.

Regelbasierte Berechtigungen

Die meisten notwendigen Berechtigungen können aus den Attributen (z. B. Stelle, Aufgabenbeschreibung, Vertrag, Organisationseinheit), die der Person zugeordnet sind, ermittelt werden, eine normative und somit automatisierte und nicht mehr fallbezogene Vergabe von Berechtigungen aufgrund der Stellung in der Organisation wird möglich. Normativ bedeutet in diesem Kontext, dass durch dauerhafte Regelung in Bezug auf eine Stelle, eine Organisationseinheit oder andere Attribute die Berechtigungen unabhängig von der Person definiert werden.

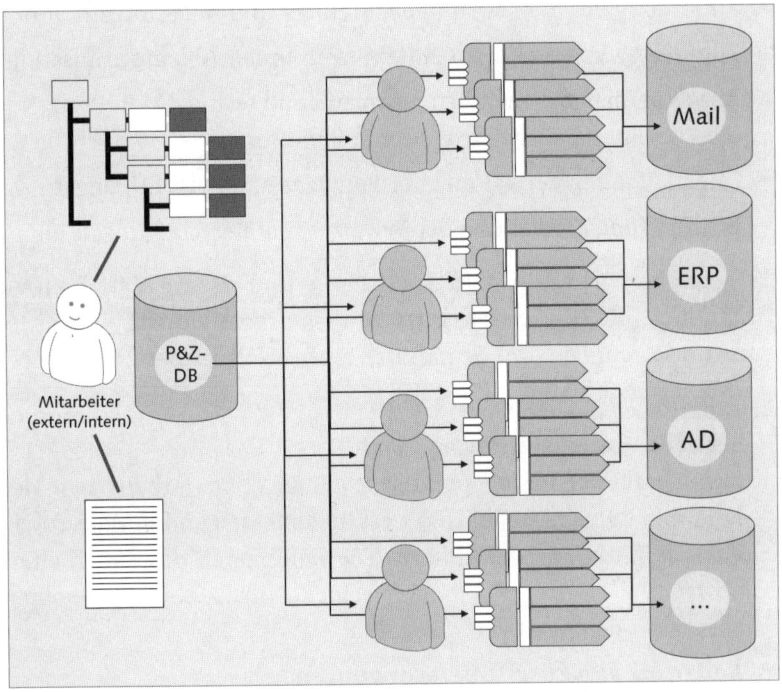

Abbildung 10.2 Personen in der Organisation: Benutzer- und Zugriffsrechte

Im Folgenden zeigen wir Ihnen, wie Benutzer- und Zugriffsrechte über ein User Lifecycle Management umgesetzt werden können.

10.1.2 User Lifecycle Management

Da die manuelle Pflege von Benutzerkonten und -berechtigungen in komplexen Umgebungen fehleranfällig und aufwendig ist, ist es ratsam, zu diesem Zweck automatisierte IT-gestützte Verfahren einzusetzen. Diese Automatisierung nennt man *User Lifecycle Management.* Das heißt, für eine korrekte und effiziente Verteilung von Benutzerinformationen, die sich über die Einstellung, Versetzung und Verabschiedung von Mitarbeitern erstreckt, muss eine organisationsweite Verwaltung von Benutzerkonten und Berechtigungen über die Zeit erfolgen.

Die Anforderungen an ein User Lifecycle Management unterscheiden sich, je nachdem, ob es sich bei einem Benutzer um eine natürliche Person oder einen technischen Benutzer handelt:

- Zuordnung von Personen in der Aufbau- und Ablauforganisation
- Zuordnung von technischen Benutzern in der Ablauforganisation
- Regelkonformität (rechtlich, normativ und technisch) in Bezug auf die Zuordnung aller Personen und Benutzer
- Effektivität der Verwaltung der Benutzer und Berechtigungen
- Effizienz der Verwaltung der Benutzer und Berechtigungen

Grundsätze eines erfolgreichen IdM

Es geht also vor allem darum, effiziente und sichere Verfahren zu bestimmen, die die betriebswirtschaftlich organisatorische Anforderung umsetzen. Die drei Grundsätze eines erfolgreichen User Lifecycle Managements sind:

- **Schnelle Produktivsetzung**
  Der Mitarbeiter sollte möglichst schon am ersten Arbeitstag in der Lage sein, sich am PC im Netzwerk anzumelden und E-Mails sowie Kalenderfunktionen zu nutzen. Die Funktionen des Mitarbeiterportals und Kernapplikationen seines Aufgabenbereichs sollten ebenfalls umgehend verfügbar sein.
- **Änderung von Zugriffsberechtigungen**
  Die Zugriffsberechtigungen sollten umgehend und korrekt angepasst werden, wenn sich Aufgaben ändern oder der Mitarbeiter innerhalb der Organisation versetzt wird. Die vorhandenen Berechtigungen müssen zum Änderungsdatum in den nicht mehr verwendeten Applikationen entzogen werden. Dies schließt gegebenenfalls auch die Sperrung der Benutzerkennung ein. Gleichzeitig müssen neue Berechtigungen in Applikationen und Systemen zugewiesen werden, die der Mitarbeiter in seinem neuen Aufgabenbereich benötigt.
- **Entzug von Zugriffsberechtigungen**
  Wenn ein Mitarbeiter aus dem Unternehmen ausscheidet, müssen ihm die Berechtigungen für den Zugriff auf jegliche IT-Ressourcen entzogen werden. Alle vorhandenen Benutzerkennungen müssen gesperrt und alle Berechtigungen entfernt werden.

Das User Lifecycle Management betrachtet den gesamten Lebenszyklus von Benutzerinformationen in einer IT-Landschaft von ihrer Entstehung über die Änderung bis zu ihrer Löschung. Seine Kerninformationen kann das User Lifecycle Management aus dem Organisationsmanagement beziehen.

Das User Lifecycle Management wird in einem Identity Management umgesetzt. Der Begriff *Identity Management* bezeichnet nicht nur die technische Umsetzung, sondern umfasst alle manuellen und automatisierten Mechanismen zur Verwaltung von personenbezogenen Informationen.[1] Diese Informationen beinhalten sowohl Benutzerkennungen, Adressen, Passwörter oder andere Prüfmerkmale als auch weitere Benutzerstammdaten und Berechtigungen in Systemen und Applikationen. Oft wird beim Identity Management darüber hinaus die Verwaltung von technischen (also nicht personenbezogen) Benutzerkonten mit einbezogen.

IdM: Verwaltungsprozesse automatisieren

Für die Automatisierung der Verwaltungsprozesse werden Identity-Management-Architekturen oder -Lösungen verwendet. Diese bestehen aus Softwarekomponenten, die die Speicherung und Verteilung von Benutzerinformationen und deren Zugriffsrechte organisieren. Der Funktionsumfang von Identity-Management-Lösungen ist höchst unterschiedlich. So spezialisieren sich einfache Varianten lediglich auf die Synchronisation von Benutzerdaten, während komplexere Lösungen auch Antragsverfahren und Genehmigungsprozesse, basierend auf hierarchischen Metarollenmodellen, als Teil von komplexen Provisionierungsstrategien[2] vorsehen.

1 So wird etwa der Begriff *Identity Management* von der Standardisierungsorganisation ITU-T wie folgt definiert: »Identity Management (IdM) is the process of secure management of identity information (e.g., credentials, identifiers, attributes, and reputations).«, siehe ITU-T: Identity Management Global Standards Initiative (IdM-GSI), in: *http://www.itu.int/ITU-T/gsi/idm/*, REV 19.02.2009. Je nach Funktionsumfang besitzen Identity-Management-Architekturen vielfach auch Schnittstellen zum sogenannten *Access Management* – hier werden Zugriffsverfahren (Authentisierungsmechanismen, Single Sign-on) und Security Policys verwaltet. Diese Kombination zweier Verwaltungskonzepte wird auch mit dem Begriff *Identity and Access Management* (IAM) gekennzeichnet.

2 *Provisionierung* ist ein Lehnwort aus dem Englischen *Provisioning*. Es bezeichnet die Zuweisung von Benutzern zu einer Person oder die Zuweisung von Berechtigungen zu einem Benutzer.

10.1.3 SAP-Lösungen für die zentrale Verwaltung von Benutzern

SAP hat im Laufe der Zeit verschiedene Ansätze und Produkte entwickelt, um die Aufgaben eines Identity Managements zu erfüllen. In diesem Kapitel werden diese Verfahren und SAP-Komponenten ausführlich beschrieben. Dieser Abschnitt soll Ihnen die verfügbaren SAP-Lösungen kurz vorstellen.

Drei SAP-Lösungen

Zurzeit stehen drei SAP-Lösungen zur Verfügung, die es ermöglichen, Benutzer zentral zu verwalten:

- die Zentrale Benutzerverwaltung als ein Werkzeug zur zentralisierten Pflege des ABAP-Benutzerstammsatzes und der Verteilung in angeschlossene ABAP-Systeme
- SAP BusinessObjects Access Control Compliant User Provisioning als ein Werkzeug, um in den angeschlossenen Systemen Benutzer und Berechtigungen zentral auf der Grundlage einer detaillierten Risikoanalyse und eines frei konfigurierbaren Workflows zuweisen zu können
- SAP NetWeaver Identity Management als ein Werkzeug, um in beliebige angeschlossene Systeme Benutzer und Berechtigungen aus einer Zentralinstanz verteilen zu können. Ein Workflow kann eingerichtet werden.

Diese Lösungen umfassen unterschiedliche Komponenten für bestimmte (Teil)aufgaben, die im Rahmen eines User Lifecycle Managements anfallen. Prüfen Sie immer genau, welche der Lösungen oder Kombination von Lösungen für Ihre Problemstellung die passende ist, da sich gegebenenfalls Lizenzkosten und Einführungsaufwand erheblich unterscheiden. Für die Kombination dieser drei Lösungen stehen einige Standards zur Verfügung, meistens muss eine kombinierte Lösung jedoch kundenspezifisch geplant und realisieret werden. Als Erstes stellen wir Ihnen die Zentrale Benutzerverwaltung vor.

10.2 Zentrale Benutzerverwaltung

In diesem Abschnitt geben wir Ihnen einen Überblick über die *Zentrale Benutzerverwaltung* (ZBV), ihre Konfiguration und ihre Nutzung. Detailliertere Informationen zur Implementierung und zur Konfiguration finden Sie in der Dokumentation zur ZBV im Help Portal von SAP (*http://help.sap.com/*).

ZBV: Definition

Die ZBV steht im SAP NetWeaver Application Server ABAP (AS ABAP) zur Verfügung und ist die zentrale Instanz zur Pflege von Benutzerstammsätzen inklusive der Rollenzuordnung im Benutzerstammsatz über mehrere AS-ABAP-Systeme. Sie dient der Verteilung von Benutzerdaten und Berechtigungen über alle angeschlossenen AS-ABAP-Systeme (Tochtersysteme) hinweg. Die ZBV ist auf den AS ABAP beschränkt. Dies ist in Abbildung 10.3 dargestellt.

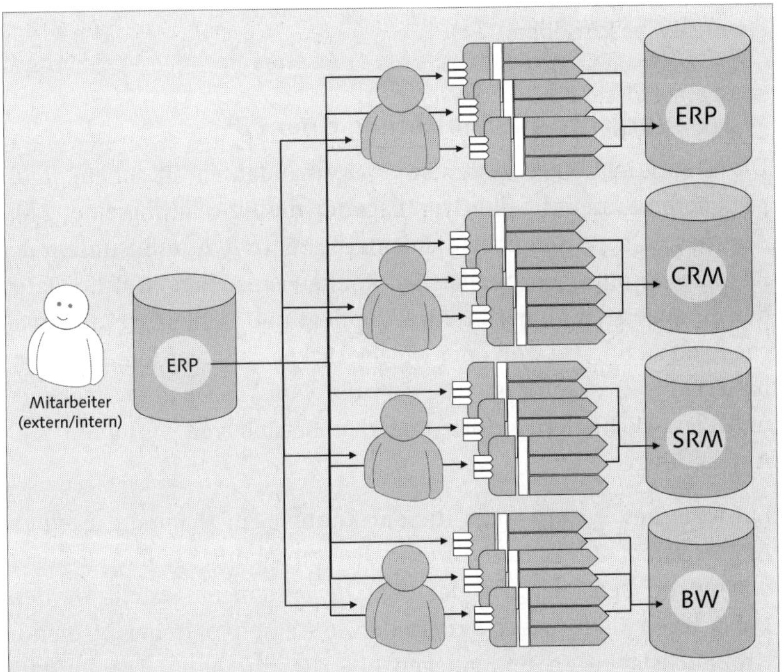

Abbildung 10.3 Zentrale Benutzerverwaltung

Benutzerstammsatz

Über die ZBV können Attribute verteilt werden, die zum Benutzerstammsatz (Pflege über die Transaktion SU01) gehören. Es können die im Benutzerstammsatz enthaltenen Zuordnungen von Berechtigungen verteilt werden: Rollen, Profile, Referenzbenutzer und (die fallweise als Berechtigung wirkenden) Benutzerparameter. Dies gilt für SAP-Systeme. Andere Berechtigungen wie z. B. die strukturellen Profile von SAP ERP HCM können mit der ZBV nicht verwaltet werden.

Ziele der ZBV

Übliche Ziele beim Einsatz der ZBV sind:

- Administration der Benutzerdaten aus einem zentralen System für die AS-ABAP-Systeme
- Überblick über und Konsistenz der SAP-Benutzerdaten in einer Systemlandschaft (AS-ABAP-Systeme)
- Verringerung des Aufwands in der Benutzerverwaltung
- Die Rollen selbst werden weiterhin in den angeschlossenen Tochtersystemen gepflegt (respektive in deren Entwicklungssystemen).

Im nächsten Abschnitt werden wir das Vorgehen bei der Einrichtung einer ZBV beschrieben.

10.2.1 Vorgehen zur Einrichtung einer ZBV

Die Definition eines zentralen Pflegemandanten in einem dafür geeigneten System ist die Grundlage für die Einrichtung einer ZBV. Aus diesem heraus können Sie dann die zentrale Administration der Benutzerstämme vornehmen. Sie können einstellen, welche Daten des Benutzerstammsatzes zentral gepflegt und verteilt werden, welche lokal zu pflegen sind oder welche rückverteilt werden. Technisch basiert die ZBV auf dem ALE-Konzept (*Application Link Enabling*[3]) und ermöglicht den Aufbau und den Betrieb von verteilten SAP-Anwendungen.

Logische Systeme einrichten

Ein logisches System ist in diesem Kontext ein Mandant in einem ABAP-System. Zunächst muss über die Transaktion SALE (ALE-Customizing) im Zentralsystem das logische System eingestellt werden. Dabei legen Sie für jedes System der ZBV einen logischen Namen in Großbuchstaben an und pflegen eine Beschreibung. Die Einträge können in einen Transportauftrag aufgenommen werden, um sie in alle anderen Systeme der einzurichtenden ZBV zu übernehmen. Stellen Sie dabei sicher, dass Sie keine für andere Zwecke existierenden logischen Systeme überschreiben.

Das Vorgehen über die Transaktion SALE (ALE-Customizing) ist in Abbildung 10.4 dargestellt.

3 »Der Integrationsdienst Application Link Enabling (ALE) ermöglicht die Integration von Geschäftsprozessen, die über mehrere SAP- oder Fremdsysteme hinweg abgewickelt werden können.« (*http://help.sap.com*).

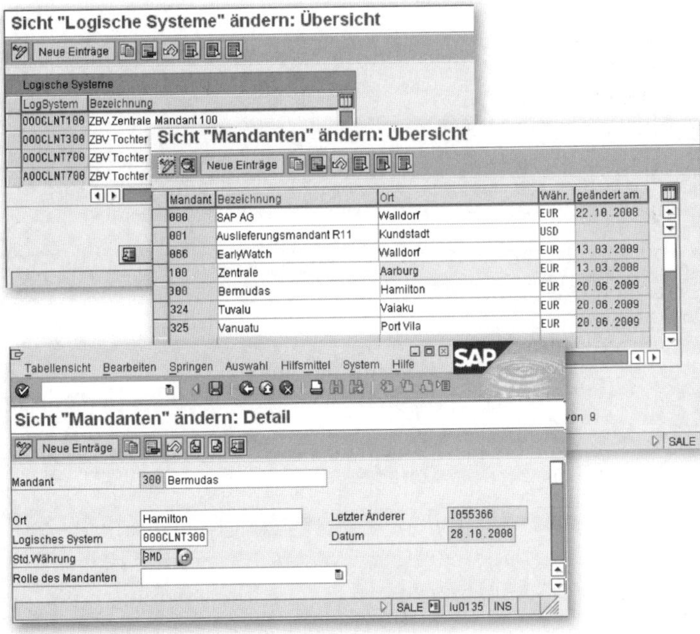

Abbildung 10.4 Logisches System definieren und Mandanten zuordnen

In allen Systemen der einzurichtenden ZBV muss über die Transaktion SCC4 (Mandanteneinstellungen) jeder Mandant einem logischen System zugeordnet werden. Dieses Vorgehen muss in allen Systemen für alle Mandanten durchgeführt werden.

RFC-Verbindungen einrichten

Die Kommunikation zwischen Zentral- und Tochtersystemen erfolgt auf Netzwerkebene durch RFC (*Remote Function Call*). Dazu muss über die Transaktion SM59 (RFC-Destinations) die technische Definition der Verbindung gepflegt sein. Dazu legen Sie designierte Kommunikationsbenutzer im Zentralsystem und in den Tochtersystemen an und versehen sie mit den entsprechenden Berechtigungen. In Abbildung 10.5 (rechter unterer Quadrant) ist die Pflege eines Benutzers vom Typ Kommunikation dargestellt, der in die Daten zur RFC-Destination eingetragen werden muss.

Pflegen Sie im Zentralsystem sämtliche Verbindungen mit allen Tochtersystemen und in den Tochtersystemen die Verbindung mit dem Zentralsystem. Die RFC-Verbindungsnamen entsprechen den Namen der logischen Systeme. Dabei müssen Sie die Sicherheitsleitfäden zur RFC-Sicherheit unbedingt beachten (*http://service.sap.com/securityguide*).

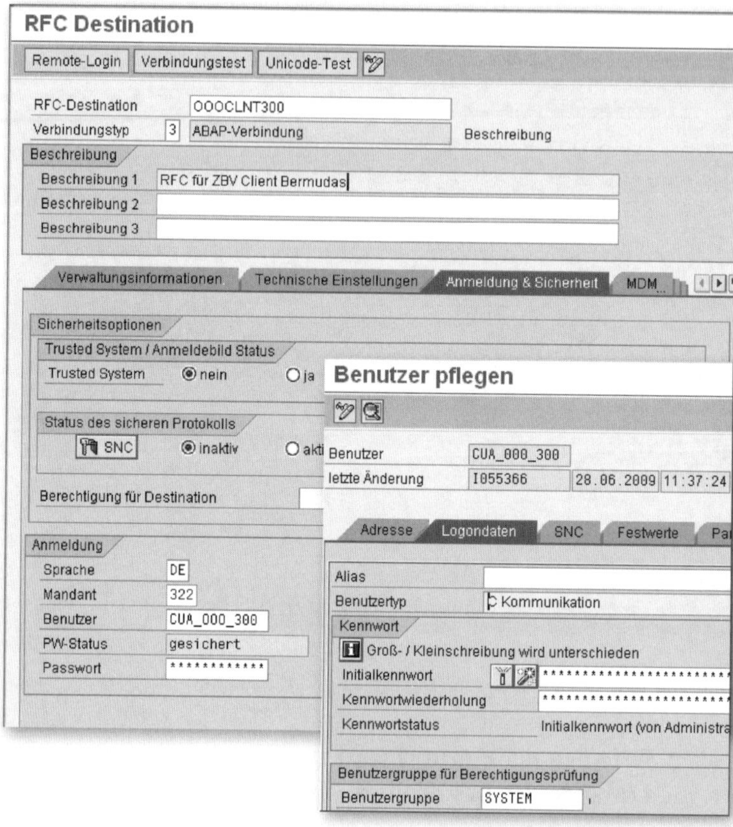

Abbildung 10.5 Pflege der RFC-Destination und Zuordnung des RFC-Benutzers

Einrichtung der Modellsicht

Anschließend definieren Sie die Modellsicht zur zentralen Verwaltung. Zu diesem Zweck wird über die Transaktion SCUA (Modellsicht für zentrale Verwaltung auswählen) im zentralen System definiert, welche Tochtersysteme enthalten sind (siehe Abbildung 10.6). Beim Sichern wird im Zentralen System und in den verbundenen Tochtersystemen die ZBV aktiviert und ein entsprechendes Protokoll ausgegeben.

Feldattribute pflegen

Mithilfe der Transaktion (Feldselektion Benutzerverwaltung) können Sie nun entsprechend den Feldern des Benutzerstammsatzes definieren, welche Daten zentral und welche Daten dezentral gepflegt werden sollen (siehe Abbildung 10.7). Wie bereits ausgeführt, handelt es sich dabei um die Daten des Benutzerstammsatzes.

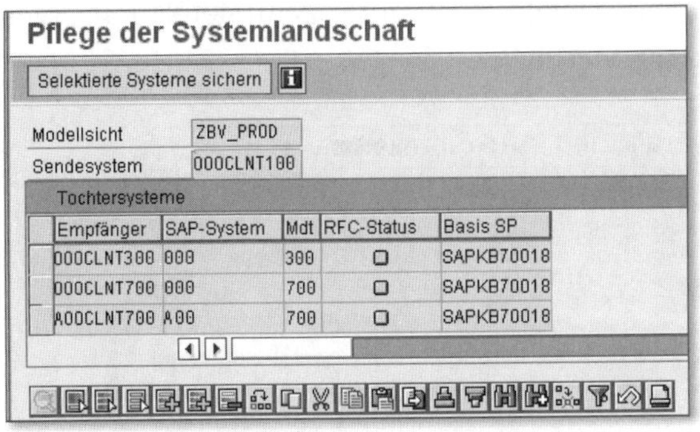

Abbildung 10.6 Modellsicht für die zentrale Verwaltung

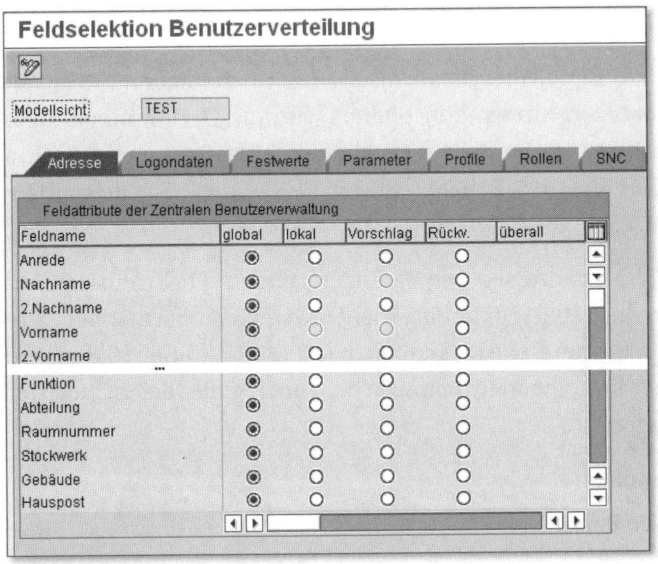

Abbildung 10.7 Feldselektion der Benutzerverwaltung

Firmenadressen übernehmen und verteilen

Stellen Sie sicher, dass in der gesamten ZBV ein konsistenter Stand der Firmenadressen besteht. Dazu müssen diese zuerst im Zentralsystem vorhanden sein, um von diesem verteilt werden zu können. Zunächst müssen Sie über die Transaktion SUCOMP (Pflege von Firmenadressen – Benutzer) sicherstellen, dass im Zentralsystem alle Firmenadressen gepflegt sind. Danach muss gemäß Hinweis 439122 eine Bereinigung in allen Systemen vorgenommen werden.

Nach diesem Schritt kann aus der Transaktion SCUG (Benutzer aus neuen Systemen übernehmen) eine Synchronisierung vorgenommen werden, dies ist aus Abbildung 10.8 ersichtlich. Beachten Sie unbedingt die weiterführende Dokumentation zur Zentralen Benutzerverwaltung (*http://help.sap.com/*).

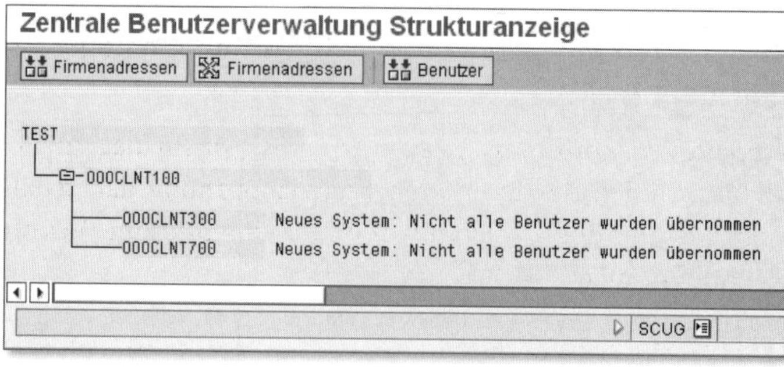

Abbildung 10.8 Synchronisation Firmenadressen und Benutzer

Benutzergruppen konsolidieren

Bevor Sie die Benutzer synchronisieren können, stellen Sie sicher, dass die Benutzergruppen konsolidiert wurden. Dazu können die in Hinweis 395841 dargestellten Verfahren eingesetzt werden, u. a. können Sie in der Tabelle PRGN_CUST den Schalter CUA_USERGROUPS_CHECK nutzen.

Benutzer in die zentrale Verwaltung übernehmen

Nachdem Firmenadressen und Benutzergruppen synchronisiert sind, können Sie die Benutzer aus den Tochtersystemen übernehmen. Dies ist über den Button Benutzer möglich (siehe Abbildung 10.8). Dabei müssen Sie die folgenden Benutzer auf unterschiedlichen Registerkarten pflegen:

- neue Benutzer
- identische Benutzer
- unterschiedliche Benutzer
- bereits zentrale Benutzer

In jedem Fall müssen Sie sicherstellen, dass die Benutzer vollständig übernommen wurden, damit keine dezentrale Benutzeradministration mehr möglich ist. Über die Transaktion SCUL (Protokolle Zentrales Benutzermanag.) können Sie die Verteilung der Benutzer nach Übernahme überprüfen.

Rollenabgleich

Stellen Sie sicher, dass die dezentral gepflegten Rollen zentral namentlich, aber nicht technisch vorrätig sind, indem Sie einen regelmäßigen Abgleich mit den Tochtersystemen als Hintergrundjob einplanen (Report SUSR_ZBV_GET_RECEIVER_PROFILES).

ZBV und OM können integriert genutzt werden, wie wir im nächsten Abschnitt darstellen werden.

10.2.2 Integration mit dem Organisationsmanagement von SAP ERP HCM

In Kapitel 8, »Rollenzuordnung über das Organisationsmanagement«, haben wir das Modell der indirekten Rollenzuordnung dargestellt. Dieses Modell ist mit der ZBV kompatibel. Dabei gibt es im Wesentlichen folgende Ansätze:

- **OM-Verteilung**
  Das Organisationsmodell des SAP ERP HCM-Systems wird in alle angeschlossenen Systeme inklusive der ZBV verteilt. In jedem System können lokal über das OM Rollen zugeordnet werden.
- **OM-Verteilung mit Rollen**
  Das Organisationsmodell und die dort zugewiesenen Rollen des SAP ERP HCM-Systems werden in alle angeschlossenen Systeme inklusive der ZBV verteilt. Damit wird das Organisationsmanagement von SAP ERP HCM »führend« für die Vergabe von Rollen. Dazu müssen allerdings alle Rollennamen in allen Systemen bekannt sein.
- **OM-zentrale Übernahme mit dezentraler Auflösung**
  Das Organisationsmodell des SAP ERP HCM-Systems wird in die ZBV übernommen, die Zuordnung der Rollen erfolgt dann im Organisationsmanagement der ZBV und wird in die angeschlossenen Systeme als aufgelöste Einzelrollenzuordnung verteilt.
- **OM-Verteilung mit allen Möglichkeiten**
  Das Organisationsmodell des SAP ERP HCM-Systems wird in alle angeschlossenen Systeme inklusive der ZBV verteilt. Damit sind Rollenzuordnungen in den lokalen Systemen über das Organisationsmanagement und als aufgelöste Einzelrollenzuordnung aus der ZBV möglich.

Die ZBV kann auch mit SAP BusinessObjects Access Control integriert werden, das werden wir im nächsten Abschnitt darstellen.

10.2.3 Integration mit SAP BusinessObjects Access Control

Die ZBV ist eine sehr effiziente Lösung zur Verteilung von Benutzerdaten in reinen ABAP-Systemlandschaften. Sie wurde nicht konzipiert, um z. B. andere Systemtypen wie etwa SAP NetWeaver AS Java bedienen oder Benutzerstammsatzinformationen aus externen Systemen extrahieren und weiterverarbeiten. Die Informationseingabe in die ZBV selbst erfolgt immer noch manuell (über die Transaktion SU01 im Zentralsystem oder führenden Mandanten) und sorgt lediglich für die automatisierte Weiterverteilung in die Tochtersysteme. Für eine automatisierte Eingabe von Benutzerinformationen muss die ZBV an andere Komponenten wie etwa SAP BusinessObjects Access Control (vormals SAP GRC Access Control) angebunden werden.

Art der Integration

Die Integration der ZBV mit Access Control (siehe Kapitel 12, »SAP BusinessObjects Access Control«) erfolgt in der Benutzerpflege und Rollenzuweisung über die Integration der ZBV und der Tochtersysteme.

Abbildung 10.9 zeigt, dass das *Compliant User Provisioning* (CUP) von Access Control die Informationen aus den Tochtersystemen bezieht, somit auch die Risikoanalyse im CUP-Workflow gegen diese Daten verprobt. Der genehmigte Antrag wird an die ZBV übergeben. Die ZBV übernimmt die Verteilung in die Tochtersysteme.

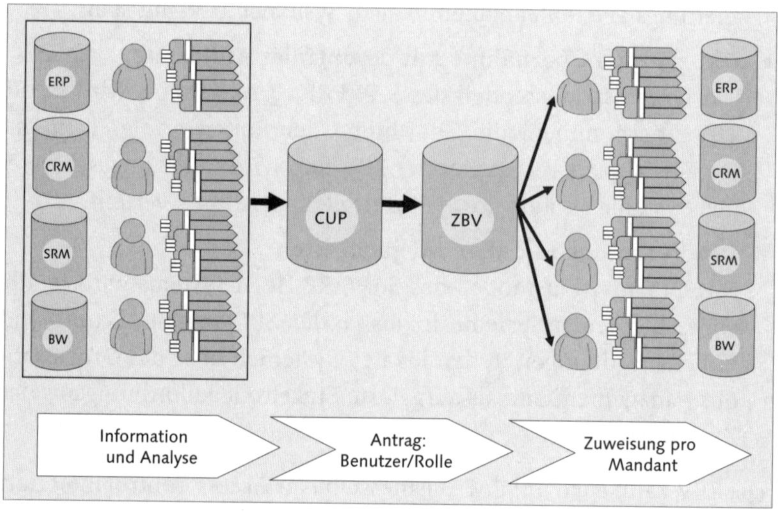

Abbildung 10.9 Zentrale Benutzerverwaltung und Access Control

Zu diesem Zweck müssen das zentrale System und die Tochtersysteme als Konnektoren angelegt werden. Die Systemzuordnung nehmen Sie dann während der Konfiguration vor (siehe Abbildung 10.10).

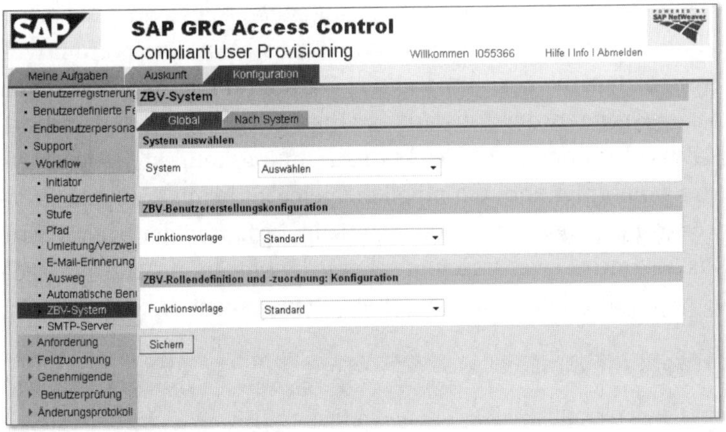

Abbildung 10.10 Konfiguration des Compliant User Provisionings für die Zentrale Benutzerverwaltung

In diesem Abschnitt haben wir Ihnen die ZBV auch in Integration mit SAP BusinessObjects Access Control dargestellt, im Folgenden werden wir Ihnen die generelle Nutzung des Compliant User Provisionings erläutern.

10.3 SAP BusinessObjects Access Control Compliant User Provisioning

Eine weitere Lösung für die zentrale Verwaltung von Benutzern ist Bestandteil von SAP BusinessObjects Access Control (für detailliertere Informationen siehe Kapitel 12, »SAP BusinessObjects Access Control«). Access Control ist ein systemübergreifendes Instrument zur regelkonformen Benutzerverwaltung. Es bedient alle über Standardkonnektoren angeschlossenen Systeme, unabhängig von der jeweiligen Technologie.

Komponente Access Control

Access Control ist eine Lösung, die, basierend auf einer Risikodatenbank, die Pflege von Rollen, die Zuweisung von Rollen an Benutzer (Provisionierung), die Zuweisung von kompensierenden Kontrollen und ein umfassendes Superusermanagement ermöglicht. Neben der *Risikodatenbank* sind für diesen Abschnitt die *Kontrolldatenbank* und das *Compliant User Provisioning* (CUP) relevant. Die Risikodatenbank und die Kontrolldatenbank spielen in CUP insofern eine Rolle, als die Risikoanalyse innerhalb eines Workflows genutzt oder eine kompensierende Kontrolle zugeordnet wird.

Nachweispflicht und Funktionstrennung

Für die Zuweisung von Zugriffsberechtigungen ist es zwingend erforderlich, dass jederzeit nachgewiesen werden kann, wer warum welche Systemzugriffe bekommen hat. Darüber hinaus ist es, schon allein aus Gründen der Effizienz, zwingend erforderlich, dass kritische Zugriffe oder mit Funktionstrennungskonflikten belastete Zugriffe genehmigt und, wo möglich, gleichzeitig mit kompensierenden Kontrollen versehen werden. Übliche Verfahren der nachsorgenden Risikokontrolle verursachen erhebliche Kosten und führen regelmäßig zumindest kurzfristig zu erheblichen Risiken im System.

Beispiel

Einem Benutzer sollte nicht die Berechtigung zugewiesen werden, einen Mandanten zu löschen. Wenn Sie eine rein nachsorgende Kontrolle einrichten, kann das dazu führen, dass bereits ein nicht wiedergutzumachender Schaden angerichtet wurde. Genau diesen Fall haben wir leider in unserer Beratungspraxis bereits erlebt.

Workflow-Konfiguration

Es wird also ein Verfahren benötigt, in dem Zugriffsrechte auf Risiken kontrolliert, etwaige kompensierende Kontrollen zugewiesen werden können und schließlich eine Freigabe durch die Verantwortlichen (Linienmanager, Risikoeigner) erfolgt. In diesem Verfahren sollten SAP-Systeme und andere Systeme eingebunden werden können. Dieses Verfahren ist der Workflow, der durch CUP bereitgestellt wird. Eine abstrakte Darstellung finden Sie in Abbildung 10.11.

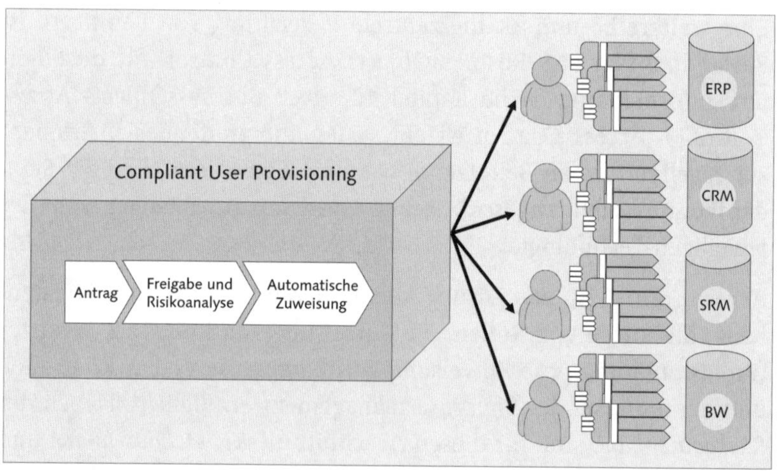

Abbildung 10.11 Compliant User Provisioning

In diesem Abschnitt werden wir nur auf die minimal im Kontext dieses Kapitels notwendige Konfiguration von CUP eingehen. Die Konfiguration der Verbindungen zu den Backend-Systemen und weitere Konfigurationseinstellungen werden nicht dargestellt.

Für das Verständnis ist in diesem Zusammenhang gleichwohl wichtig, dass für die Benutzerdaten ein LDAP (*Lightweight Directory Access Protocol*) angeschlossen werden kann und somit die Integration nicht-SAP-bezogener Benutzerdaten möglich ist. Allerdings ist die Aufnahme von Attributen aus dem Verzeichnisdienst in den Benutzerstammsatz hier nur begrenzt im Rahmen der Konfiguration von CUP möglich. Eine vollständige freie Extraktion wie bei SAP NetWeaver IdM ist nicht möglich. CUP sollte mit einem SMTP-Server verbunden sein.

Für einen Workflow werden minimal folgende Einstellungen benötigt:[4]

- **Initiator**
  die eindeutige Startbedingung, wann ein Workflow gestartet werden soll, um verschiedene Workflows voneinander abgrenzen zu können
- **Stage**
  eine Stufe im Workflow, die mit bestimmten Handlungsoptionen und -anweisungen sowie einem Mechanismus zur Identifikation des Genehmigers verbunden ist
- **Path**
  die Verbindung einer oder mehrerer Stages mit einem Initiator, um den Pfad des Genehmigungsverfahrens abzubilden

Initiator: Definition

Im Initiator wird die eineindeutige Startbedingung für einen Workflow definiert. Diese Aufgabe ist umso komplexer, je mehr Workflows genutzt werden sollen. Abbildung 10.12 zeigt, welche Definitionen nötig sind.

4 Wir verwenden die englischen Begriffe, da der weitaus überwiegende Teil der technischen Dokumentation nur auf Englisch vorliegt.

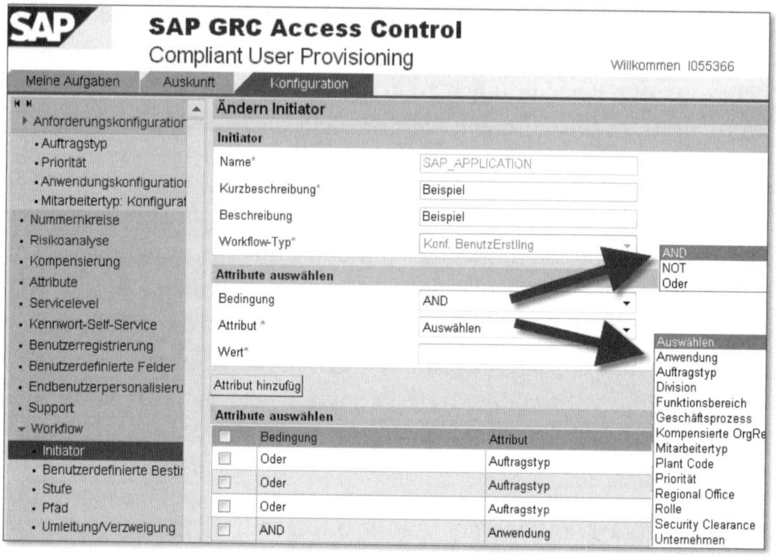

Abbildung 10.12 Initiator

So muss der Workflow-Typ ausgewählt werden, da neben benutzerbasierten Anträgen auch Review-Workflows und Workflows anderer SAP BusinessObjects Access Control-Anteile möglich sind. Darüber hinaus müssen Attribute definiert werden, die teilweise standardmäßig zur Verfügung stehen oder kundeneigen sind. Diese Attribute müssen mit booleschen Operatoren verknüpft sein. Es können mehrere Bedingungen gesetzt und verknüpft werden.

Zum Beispiel kann folgende Bedingung formuliert werden: Wenn eine bestimmte Rolle in einem bestimmten Mandanten (hier »Anwendung«) von einem bestimmten Mitarbeitertyp beantragt wird, soll der Workflow starten.

Stage In der Stage wird festgelegt, welche Aktionen in dieser Stufe möglich und erforderlich sind.

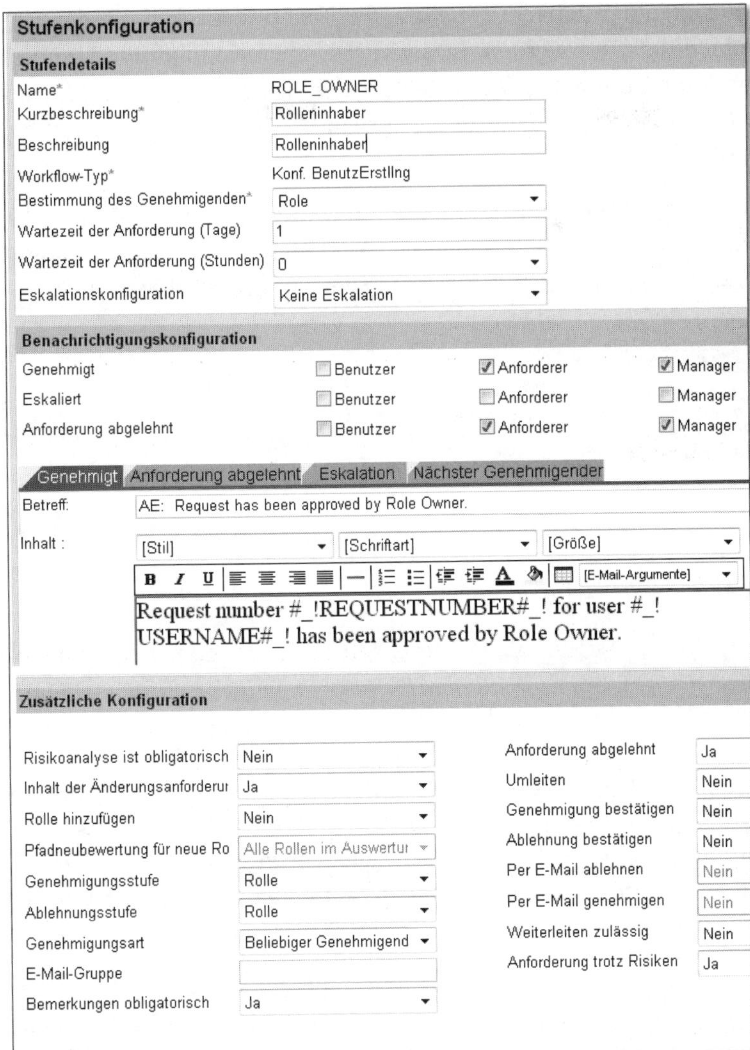

Abbildung 10.13 Konfiguration Stage

Nach Pflege des Workflow-Typs legen Sie fest, wie der Genehmigende ermittelt werden soll. Dazu steht, in Abhängigkeit von Konfiguration und vorhandenen Daten, eine Reihe von Mechanismen zur Verfügung. Zum Beispiel kann die Bestimmung des Genehmigenden über die Rolleneignerschaft erfolgen, dazu müssen den Rollen entsprechende Rolleneigner zugeordnet sein. Andere Freigeber können der Linienmanager, der Business Process Owner und weitere kundeneigene Genehmigertypen sein, sofern diese Attribute gepflegt sind.

Adressaten der Benachrichtigung, der Text und das Format der Mail müssen definiert werden. In der zusätzlichen Konfiguration werden Handlungsoptionen, aber auch -vorgaben festgelegt. Hier wird unter anderem bestimmt, dass zwingend eine Risikoanalyse durchgeführt werden muss.

Path Der Path verbindet die definierten Stages zu einem Workflow. Dabei können mehrere Stages eingetragen werden. Wie Sie in Abbildung 10.14 sehen, sind nur wenige Einstellungen erforderlich.

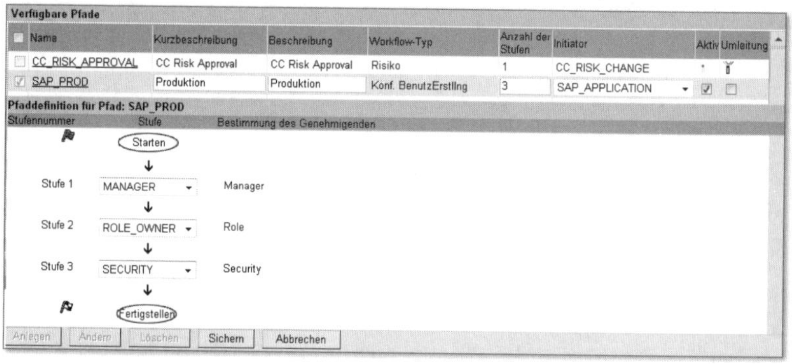

Abbildung 10.14 Konfiguration der Stage

An dieser Stelle müssen Sie erneut den Workflow-Typ angeben. Sie definieren, wie viele Stages enthalten sind, welcher Initiator genutzt wird und ob es sich bei diesem Pfad eventuell um eine Detour (Umleitung im Konfliktfall) handelt. Anschließend tragen Sie in der grafischen Darstellung die Namen der Stages ein.

Ergebnis der einfachen Konfiguration Es steht für genau definierte Antragsfälle ein Workflow zur Verfügung, in dem die Suche des Genehmigers und die Definition seiner Handlungsoptionen eingeschlossen sind. Mit diesem einfachen Workflow kann bereits gewährleistet werden, dass in alle angeschlossenen Systeme (SAP und Non-SAP) Benutzer und Berechtigungen auf der Grundlage einer Risikoanalyse und einer definierten Genehmigung verteilt werden.

ZBV – Access Control SAP BusinessObjects Access Control geht weit über die Möglichkeiten der ZBV hinaus. Es ermöglicht auch die Zuweisung struktureller Profile und die Versorgung einiger Non-SAP-Lösungen (Oracle, PeopleSoft sowie über kundenspezifische Real Time Agents auch weitere Legacy-Systeme). Darüber hinaus ist die Risikoanalyse vollständig integriert, ebenso die Möglichkeit, kompensierende Kontrollen zuzuweisen. Schließlich ist hervorzuheben, dass sie über einfach einzurichtende mehrstufige Workflows verfügt. Ohne eine Integration mit einer IdM-Lösung ist sie allerdings nicht in der Lage, alle Benutzerrechte zu verwalten, insbesondere kann sie nicht zur Verwaltung von Active-Directory-Rechten oder E-Mail-Verwaltung genutzt werden.

10.4 SAP NetWeaver Identity Management

Für ein umfassendes Identity Management stellt SAP das SAP NetWeaver Identity Management bereit, das in der Lage ist, alle Arten von Berechtigungen als einheitliche zentrale Benutzermanagementlösung zu verwalten.

Die ZBV ist ein Administrationswerkzeug für den Benutzerstammsatz in ABAP-Systemen. CUP ermöglicht die Verwaltung von Benutzern und Berechtigungen in SAP-Systemen, aber auch in anderen ERP-Systemen. Die Integration von Mailsystemen und die Versorgung eines Active Directorys sind über Access Control nicht vorgesehen. Dies bedeutet, dass sowohl die ZBV als auch Access Control bei der Anbindung an Fremdsysteme an Grenzen stoßen, allerdings auch beim Aufbau und der Verarbeitung von Benutzerstammsätzen, Provisionierungstasks und Genehmigungsworkflows.

Anforderungen an IdM

Diese weitergehenden Anforderungen – z. B. aus Teilattributen von Verzeichnisdiensten die Endstelle einer Telefonnummer zu extrahieren und automatisiert in den ABAP-Benutzerstammsatz einzupflegen – können mit SAP NetWeaver Identity Management erfüllt werden. Innerhalb von SAP NetWeaver ist SAP NetWeaver Identity Management eine strategisch wichtige zentrale Sicherheitskomponente. Es kann als zentrale Komponente für alle Funktionsbereiche eines umfassenden User Lifecycle Managements eingesetzt werden, dies gilt auch für Nicht-SAP-Systeme.

Umfassende Verwaltung

SAP NetWeaver IdM ermöglicht es, in allen verbundenen Systemen auf einer einheitlichen Datenbasis Benutzer und Berechtigungen zu verwalten. Dabei können in Ergänzung zu den technischen Benutzerdaten auch die Geschäftspartnerdaten aus den jeweiligen Organisationsmanagementabbildungen (OM) genutzt werden. Die personenbezogenen Daten, die im systemspezifischen Organisationsmanagement vorgehalten werden, können konsolidiert für die Benutzerverwaltung in heterogenen Systemlandschaften herangezogen werden, wie das in Abbildung 10.15 dargestellt ist. Dort wird führend SAP ERP HCM gezeigt, ein Ereignis wie die Einstellung oder auch die Aufnahme als externer Geschäftspartner startet in SAP NetWeaver IdM die Prozesse zur Versorgung der Person mit Benutzern und Berechtigungen.

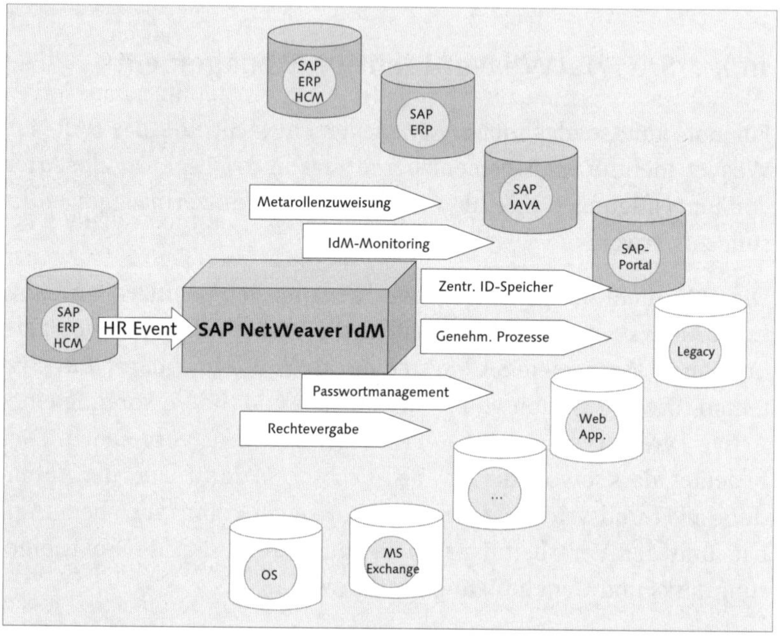

Abbildung 10.15 Funktionen und Integrationsmöglichkeiten von SAP NetWeaver IdM

10.4.1 Relevante technische Details

Mit SAP NetWeaver IdM 7.1 ist der Aufbau eines übergreifenden User Lifecycle Managements auf heterogenen IT-Landschaften jeder Größe möglich.

- Umfangreiche Anzahl von Konnektoren zu SAP- und Nicht-SAP-Systemen. Die Liste umfasst dabei viele gängige Betriebssysteme und Applikationen, z. B. Windows Domains/Active Directory Server, MS Exchange, Lotus Notes, Datenbanksysteme von Anbietern wie Oracle oder Microsoft sowie generische Provisionierungsmechanismen über Standardprotokolle wie z. B. DSMLv2 und LDAPv3.
- Konfiguration von Antrags- und Genehmigungsprozessen, die dabei beliebig kombiniert werden können (frei komponierbar, parallel, seriell)

- Provisionierungsmechanismen, die aktualisierte Daten automatisch oder basierend auf Ereignismeldungen neu verteilen
- ausführliche Veränderungshistorie inklusive eines entsprechenden Berichtswesens
- standardisierte Schnittstellen zu Identity Services für die Integration in Risiko-Management-Architekturen
- Als webbasierte Benutzerschnittstelle werden Self-Services zu den Antragsprozessen, zur Pflege der eigenen Benutzerstammdaten und zum Zurücksetzen von Passwörtern angeboten.

SAP NetWeaver IdM – Datenbank

SAP NetWeaver IdM basiert auf einer Datenbank, in der alle Informationen zu angeschlossenen Systemen, aufgebauten Metarollen und zu verteilenden Benutzerkonten, Berechtigungen und Geschäftspartnerdaten sowie Provisionierungsregeln gespeichert werden. Hier werden die von den Quellsystemen ausgehenden Veränderungen aufgenommen und dann über den aufgebauten Regelsatz wieder an die Zielsysteme verteilt.

Im Gegensatz zu anderen Lösungen erfolgt also die Datenhaltung lokal auf dem System, nicht dezentral in den Quellsystemen. Dies hat zwei Vorteile: Zum einen ist SAP NetWeaver IdM im Betrieb nicht auf ständige Verbindungen zu allen Quellsystemen angewiesen. Zum anderen können komplexe Operationen auf den Benutzerstammsätzen direkt in der Datenbank erfolgen. Beide Eigenschaften wirken sich positiv auf Performance und Verfügbarkeit aus. Zwar ist dabei die Aktualität der Datenbestände unter Umständen nicht ganz so hoch wie bei dezentral arbeitenden Systemen, dieser Nachteil wird aber durch die dort vorhandenen Caching-Mechanismen (zur Beschleunigung der Anfragen) wieder weitestgehend aufgehoben.

10.4.2 Funktionsweise

Identitäten, Attribute, Datenhoheit, Identity Store, Repositorys

Eine vollständige Identity-Management-Lösung beschäftigt sich zu einem großen Teil mit der Verteilung von Benutzerdaten (User-IDs, Kontoeigenschaften, Berechtigungen etc.) auf angeschlossene Systeme und Applikationen. Dabei wird zunächst zwischen Quell- und Zielsystemen unterschieden: Quellsysteme – auch oft als *führende Systeme* bezeichnet – liefern die Benutzerdaten an, während Zielsysteme diese dann regelbasiert wiederum vom Identity Management empfangen. Allerdings ist dies in komplexeren Szenarien ein unvollständiges Bild: Typischerweise gibt es nicht *das* Quellsystem für Benutzerdaten. Vielmehr setzt sich eine komplette Identität, die als Basis für ein Benutzerkonto dient, aus vielen verschiedenen Datensätzen zusammen, die aus unterschiedlichen Quellsystemen stammen.

Beispiel

Wenn über das Einstellungsverfahren Benutzerkonten angelegt werden, werden in SAP ERP HCM zunächst die dafür notwendigen Mitarbeiterdaten angelegt (Name, Adresse, Gültigkeitszeitraum, Informationen über Bezüge und Steuerkennzeichen, Kontoverbindung sowie die Einordnung in die Organisation, also die Zugehörigkeit zu einer Abteilung). Das HCM-System ist für diese Daten das führende System. Weitere wichtige Eigenschaften eines Benutzerkontos in einer Applikation sind die User-ID und z. B. die interne Telefonnummer sowie die E-Mail-Adresse. Diese Daten werden jedoch selten innerhalb des HCM-Systems festgelegt. Vielmehr sind hier andere Systeme führend, etwa das E-Mail-System oder das Telefonanlagensystem. Darüber hinaus muss die (oder gegebenenfalls mehrere) User-ID vom genutzten Zielsystem extrahiert werden.

Dieses Beispiel verdeutlicht, dass es für verschiedene Details einer kompletten Identität im Identity Management viele unterschiedliche Quellsysteme geben wird. In diesem Sinne wird auch von den führenden Systemen von einzelnen *Attributen* einer Identität gesprochen. Die Attribute sind also alle atomaren Eigenschaften von Benutzerkonten und ähnlichen Identitätscontainern: Namen, User-IDs, Passwörter, Telefonnummern, E-Mail-Adressen, Berechtigungen. Für jedes Attribut können ein führendes Quellsystem und die Zielsysteme, in denen die Attribute Verwendung finden, definiert werden: Das E-Mail-System benötigt z. B. die User-ID eines Mitarbeiters, aber nicht dessen Berechtigungszuweisungen in ERP-Systemen. Ein Ergebnis solcher Szenarien ist weiterhin, dass ein Quellsystem auch gleichzeitig ein Zielsystem sein kann, sofern die betrachteten Attribute unterschiedlich sind.

Die Benutzeroberfläche des NetWeaver Identity Management, die in die Web-Oberfläche des SAP NetWeaver Java integriert ist, erlaubt sowohl Self-Services für Endnutzer (Passwort zurücksetzen etc.) als auch komplexe Verwaltungsoperationen für die Benutzerverwalter von Systemlandschaften. In Abbildung 10.16 User Interface ist der Menüpunkt zur Zuweisung von Metarollen an Benutzer dargestellt. Die Aufgaben- und Menügestaltung für die Verwaltung ist im Rahmen des Customizing eines SAP NetWeaver IdM-Systems umfangreich einstellbar.

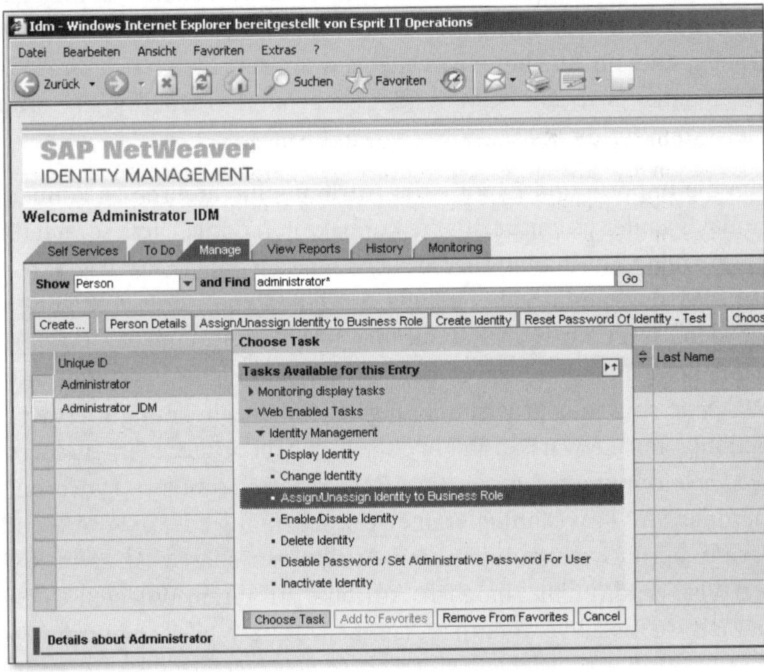

Abbildung 10.16 User Interface

Provisionierungsaufgaben

Ein Identity-Management-System ist folglich auf der Verteilungsebene zunächst ein Multiplexer von Benutzerattributen aus Quell- in Zielsysteme. Dies hat entsprechende Auswirkungen auf die jeweiligen Synchronisationsrichtungen. Um diese geeignet festzulegen, werden in SAP NetWeaver IdM passende Provisionierungsaufgaben angelegt. Diese laden alle notwendigen Daten zu Identitäten aus den Quellsystemen, führen sie zusammen und exportieren dann die relevanten Attribute wieder zu den Zielsystemen. Die Attributzusammenführung erfordert dabei eine Identitätskonsolidierung. Dies bedeutet, dass ein gemeinsamer Schlüssel eindeutig kennzeichnet, welche Attribute zu welcher Identität (etwa: einem Benutzerkonto oder einem Geschäftspartnereintrag) gehört. Als Primärschlüssel wird oft eine organisationsweit eindeutige User-ID verwendet. Hierzu wird dann für einen abgeschlossenen Bereich ein sogenannter *Identity Store* angelegt, der alle Primärschlüssel und die dazugehörigen Attribute speichert. In vordefinierten Abständen werden die Quellsysteme dann abgefragt und Attributänderungen im Identity Store abgelegt. Aufgrund der konfigurierten Provisionierungsaufgaben lösen veränderte Attribute dann Exporte an Zielsysteme aus (ein Quellsystem für Attribut A kann dabei wiederum Zielsystem für Attribut B sein – wie das HCM-System als generelles Quellsystem etwa Zielsystem für die E-Mail-Adresse sein kann).

Um die Importe und Exporte der Attribute durchführen zu können, sind passende systemspezifische Konnektoren nötig. Diese sorgen für die korrekte Anbindung aller Systeme, diese werden in SAP NetWeaver IdM als *Repositorys* bezeichnet. Sind die Repositorys konfiguriert worden, sorgt für SAP-Systeme das SAP Provisioning Framework dann beim Im- und Export der Attribute für eine Vereinfachung: Während sonst alle Provisionierungsregeln einzeln konfiguriert werden müssten – etwa: Extrahiere User-ID, Name, Unternehmensadressen, Telefonnummer aus einem ABAP-basierten System – synchronisiert das SAP Provisioning Framework selbsttätig alle für ABAP- und Java-basierte Systeme relevanten Attribute. Generell ist es in SAP NetWeaver IdM dabei möglich, Attribute auf ihrem Weg von Quell- in Zielsysteme zu verändern, zusammenzusetzen oder aufzutrennen, dies ist auch ein erheblicher Vorteil gegenüber der ZBV oder SAP BusinessObjects Access Control.

Metarollenkonzept

Eine besondere Eigenschaft von SAP NetWeaver IdM ist die Möglichkeit, eine sogenannte Meta- oder Geschäftsrollenhierarchie anzulegen, über die dann die Provisionierungsregeln bei der Synchronisation von Benutzerstammsätzen und -berechtigungen gesteuert werden. Der Vorteil dieser Eigenschaft wird in Abbildung 10.17 verdeutlicht: In einfachen Szenarien bekommt jeder Benutzer über entsprechende manuelle Eingaben oder Vorabkonfigurationen vom Identity-Management-System seine technischen Berechtigungen in den Zielsystemen zugewiesen. Das heißt, wenn ein neuer Mitarbeiter über die Personalwirtschaft (nicht zwingend SAP ERP HCM) angelegt wurde und die relevanten Attribute über den entsprechenden Konnektor in den Identity Store importiert worden sind, muss – entweder über eine automatische Erkennung anhand der Attribute oder manuell – bei einer Provisionierung in Zielsysteme auch die jeweilige passende technische Berechtigung gesetzt werden. So bekommt ein Mitarbeiter einer Abteilung des Rechnungswesens Benutzerkonten im E-Mail-System, im Mitarbeiterportal, auf Betriebssystemebene

(Domänenkonto) sowie ausgewählte Berechtigungen in FI/CO von SAP ERP. Dieser Berechtigungssatz müsste nun jedoch für jeden Mitarbeitertyp konfiguriert bzw. manuell eingestellt werden, mit entsprechendem Aufwand bei der Benutzeradministration. Das Metarollenkonzept in SAP NetWeaver IdM erlaubt jedoch die Zuweisung von Meta- oder Geschäftsrollen an Identitäten (siehe Abbildung 10.17).

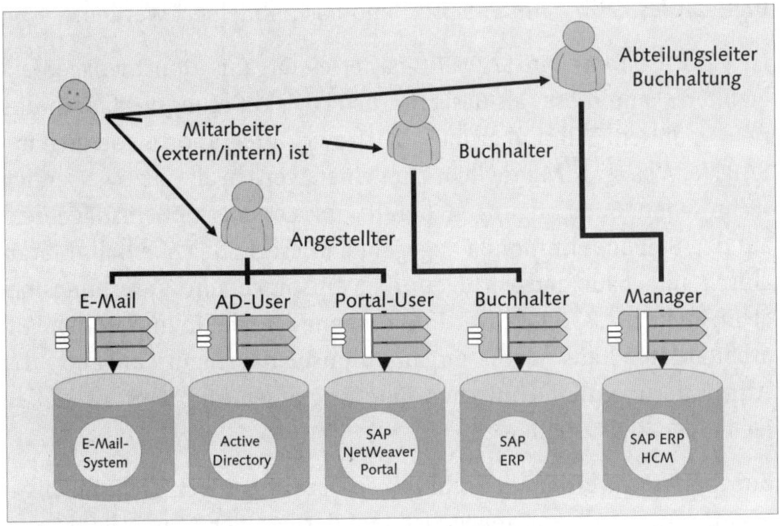

Abbildung 10.17 Metarollenkonzept: Betriebswirtschaftliche Rolle – technische Rolle

Dabei enthält jede Metarolle einen Satz von technischen Berechtigungen und kann wiederum von anderen, untergeordneten Metarollen die zugeordneten technischen Berechtigungen erben. Dies ermöglicht eine einfache Zuweisung von technischen Berechtigungen über größere, komplexere Organisationen.

Im Beispiel bekommt jeder neue Mitarbeiter die Metarolle *Mitarbeiter*, aus der sich sofort die technischen Berechtigungen für Portal, E-Mail-System und Domänenkonto ableiten. Die Metarolle *Rechnungswesen* beinhaltet sowohl die Rolle *Mitarbeiter* als auch noch zusätzliche technische Berechtigungen in FI/CO, die für die Arbeit in dieser Abteilung notwendig sind. Darüber kann eine Rolle *Leiter Rechnungswesen* definiert werden, die Berechtigungen für die Mitarbeiterbeurteilungen in der Personalwirtschaft enthält. Wenn nun neue Identitäten in den Identity Store geladen werden, kann über deren Attributierung erkannt werden, dass es sich bei dem neuen – oder in eine andere Abteilung gewechselten – Mitarbeiter um den neuen Leiter des Rechnungswesens handelt, der dementsprechend automatisiert seine technischen Berechtigungen in den jeweils relevanten Applikationen und Systemen erhält.

Das spezifische Metarollenkonzept von SAP NetWeaver IdM ist vor allem für Szenarien interessant, bei denen das betrachtete Unternehmen noch über kein konsolidiertes Organisationsmanagement verfügt. Dieses kann dann entsprechend nachmodelliert werden.

Organisationsmanagement statt Metarolle

Ist jedoch bereits ein SAP ERP-basiertes Organisationsmanagement etabliert, kann dieses als Basis für die Provisionierungsverfahren dienen. In diesem Fall sind grundsätzlich zwei Integrationsstrategien mit SAP NetWeaver IdM möglich: Zum einen werden alle zuzuweisenden technischen Berechtigungen bereits im Organisationsmanagement auf den Stellendefinitionen angegeben (diese sind ja ebenfalls hierarchisch aufgebaut und verfügen über entsprechende Vererbungsmechanismen). SAP NetWeaver IdM erkennt dann beim Import der Mitarbeiterdaten aus dem Organisationsmanagement anhand der Attributierung die technischen Berechtigungen und weist diese den jeweiligen Zielsystemen zu.

Zum anderen werden die technischen Berechtigungen nicht im Organisationsmanagement angegeben, sondern in der Metarollenhierarchie von SAP NetWeaver IdM. Diese wiederum ist jedoch direkt von der Aufbauorganisation im Organisationsmanagement abgeleitet (über entsprechende Skripte wird die Organisationsstruktur ins Identity Management importiert). Bei Neuanlage oder Veränderung eines Mitarbeiters erkennt das Identity-Management-System anhand der Attributierung und eines dazugehörigen Mappings, zu welcher Metarolle der Mitarbeiter zugeordnet werden muss. Aus der Metarollenzuordnung folgen dann wiederum die zu vergebenden technischen Berechtigungen in den Zielsystemen.

Beide Varianten haben Vor- und Nachteile: Während die erste zwar direkter wirkt und mit weniger Aufwand realisiert werden kann, ist eine Zuordnung aller möglichen technischen Rollen der kompletten IT-Landschaft im Organisationsmanagement oft nicht von den beteiligten Einheiten gewünscht (etwa durch zusätzliche Aufwände oder mangelndes Fachwissen in der zuständigen Abteilung). Dann muss die Zuordnung der technischen Berechtigungen im Identity Management erfolgen, dies erfordert eine 1:1-Abbildung der Organisation und ein korrektesMapping zwischen OM und Identity Management.

Antrags- und Genehmigungsprozesse

Während über die bis hierhin beschriebenen Mechanismen eine automatisierte Verteilung von Identitätsdaten oder Benutzerkonten mit einer hohen Qualität gewährleistet werden kann, gibt es typischerweise jedoch vielfach noch Szenarien, bei denen eine nachgelagerte manuelle Veränderung von Benutzerattributen notwendig ist. Dies betrifft insbesondere die Zuweisung von Berechtigungen bei Sonderfällen. Soll z. B. ein Mitarbeiter erweiterte Aufgaben übernehmen, für die seine automatisiert über die Einordnung in die Organisation indirekt zugewiesenen Berechtigungen nicht ausreichen, ist eine entsprechende Änderung im Organisationsmanagement oft zu aufwendig – vor allem wenn sie nur kurzzeitig erfolgen soll. Daher ist es in solchen Fällen sinnvoll, zusätzliche Berechtigungen für die jeweils benötigten Systeme direkt zuzuweisen. Hierfür müssen die Zusatzberechtigungen beantragt und dann kontrolliert über Genehmigungsprozesse akzeptiert bzw. zurückgewiesen werden.

SAP NetWeaver IdM verfügt dazu über die Möglichkeit, bei der Konfiguration der Provisionierungsregeln Verzweigungen auf Genehmigungsschritte einzubauen. Läuft der Provisionierungsmechanismus auf einen Genehmigungsschritt, können entsprechende E-Mails mit dem Verweis auf den auszuführenden Genehmigungsvorgang an die konfigurierten Genehmiger versendet werden. Dieser wird dann über die webbasierte Benutzerschnittstelle durchgeführt. Die erforderlichen Genehmiger können aus der Metarollenhierarchie oder dem Organisationsmanagement extrahiert werden. Darüber hinaus ist die Konfiguration von parallelen (notwendig für Vertretungsregelungen) und seriellen Genehmigungsprozessen (mehr als ein Genehmiger notwendig für kritische Berechtigungen) möglich.

Self-Service, Administration

Für die webbasierten Self-Services, die in den SAP NetWeaver AS Java integriert sind, bietet das NetWeaver Identity Management die Möglichkeit, jedes einzelne Attribut von Identitäten im Identity Store so zu konfigurieren, dass es vom Benutzer oder einer legitimierten Person selbsttätig modifizierbar ist. Hierüber können dann nicht nur Self-Service-Szenarien abgewickelt werden, sondern auch typische Funktionen der Benutzeradministration. Es ist über diese Benutzerschnittstelle auch möglich, neue Identitäten bzw. Benutzerkonten anzulegen oder alte zu sperren bzw. zu löschen. Die Benutzerschnittstelle wird dann auch eben für Anträge zu erweiterten Berechtigungen verwendet.

Monitoring, Audit

Sofern sie dazu berechtigt sind, können Administratoren und Benutzer über die in den SAP NetWeaver AS Java integrierte Benutzeroberfläche den aktuellen Status aller im Identity Store vorhandenen Identitäten abrufen und deren Attribute sowie die Änderungshistorie betrachten. Dazu können auch Genehmigungsvorgänge angezeigt werden, aus denen hervorgeht, welche manuell beantragten Veränderungen von welchem Benutzer genehmigt oder abgelehnt wurden. Dazu können im SAP NetWeaver Identity Management Release 7.1 auch konsolidierte Reports erstellt werden.

10.4.3 Technische Architektur

Die Kernkomponente des SAP NetWeaver Identity Managements (Release 7.1) ist das *Identity Center*. Es enthält die Datenbank, alle Benutzerschnittstellen, einen Service- und Ereignis-Agenten und den ausführenden Dispatcher sowie die eigentliche Runtime Engine zur Ausführung aller Prozesse. Bei der Anbindung von Repositorys und den initialen Ladevorgängen sowie dem Betrieb der Provisionierungsmechanismen wird der Dispatcher verwendet, um die jeweiligen Prozesse zu starten. Hierzu können zu Lastverteilungszwecken auch mehrere Dispatcher konfiguriert werden, die auf verschiedenen Provisionierungsregeln arbeiten. Die Runtime sorgt dann dafür, dass der passende Dispatcher bei einer Datenänderung angesprochen wird. Runtime, Dispatcher und Service/Event-Agents sind Java-Komponenten, die jedoch aus technologischen Gründen zurzeit noch außerhalb des SAP NetWeaver AS Java laufen, während die Benutzerschnittstellen (Self-Services, Antrags- und Genehmigungsverfahren, Monitoring und Audit) in den SAP NetWeaver AS Java integriert sind. Bis SAP NetWeaver Identity Management 7.1 werden sowohl Microsoft SQL- als auch Oracle-Datenbanken und alle für den AS Java zugelassenen Betriebssysteme und Hardwareplattformen unterstützt.

Als Konfigurationsclient wird ein MMC-Snap-in verwendet, das entsprechend nur unter Microsoft Windows-Betriebssystemen zur Verfügung steht. Dies wird jedoch nur für die Erstellung von Repositorys, Identity Stores, Provisionierungsregeln und die Metarollenhierarchie verwendet. SAP NetWeaver IdM wird in einer Mehrsystemlandschaft betrieben, bei dem typischerweise Veränderungen in den Provisionierungsregeln oder der Metarollenhierarchie in einem Entwicklungssystem mit Testdaten zunächst entwickelt und dann in einem Qualitätssicherungssystem mit möglichst produktionsnahen Daten getestet werden. Abschließend wird die getestete Konfiguration in das Produktions-Identity-Management übertragen und live gesetzt.

Identity Center Console

Das NetWeaver Identity Management wird über die sogenannte Identity Center Console konfiguriert. Hier eine Ansicht der Console, in der die verschiedenen mit dem Produkt ausgelieferten Provisionierungsmechanismen und Verwaltungstasks innerhalb des SAP Provisioning Frameworks aufgeblättert sind. In jedem Task – in Abbildung 10.18 beispielsweise die Anzeige von Metarollen über die Webbasierte Verwaltungsoberfläche – können wiederum detailliert Feinseinstellungen vorgenommen werden, die Einfluss auf die Anzeige und Veränderung der einzelnen Attribute von Identitäten in der Oberfläche nehmen.

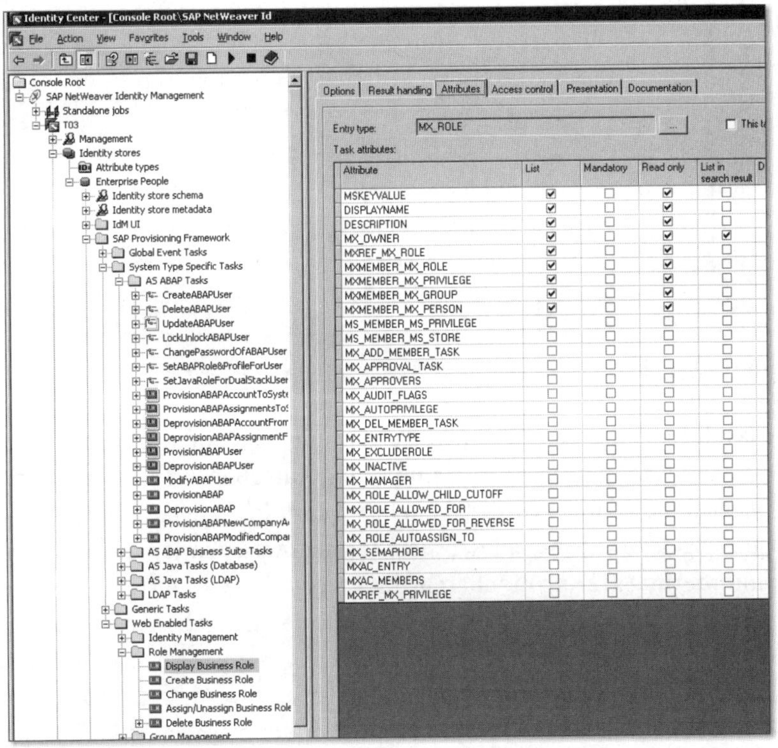

Abbildung 10.18 Management Console

Innerhalb der Provisionierungs- und Verwaltungsmechanismen können nicht nur Einstellungen zu den jeweiligen zu verwendenden Attributen vorgenommen werden. Bei speziellen Anforderungen kann jederzeit auf die Möglichkeit zurückgegriffen werden, bestimmte Mechanismen (in Abbildung 10.19 der Versand einer besonders formatierten Benachrichtigungsmail) über Skripte im System abzubilden, die frei programmiert werden können.

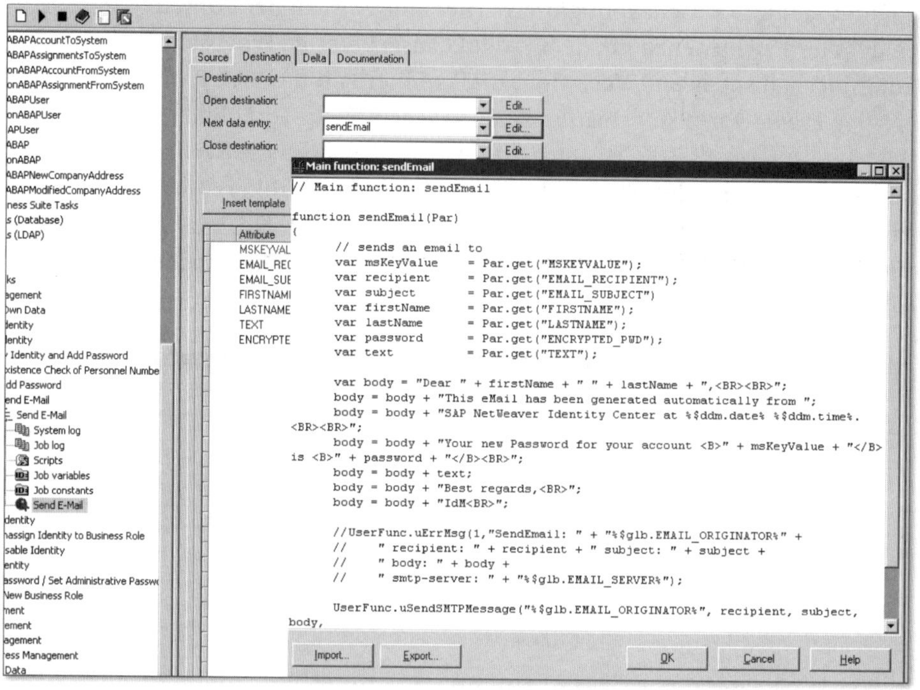

Abbildung 10.19 Management Console – spezielle Anforderungen

Möglichkeiten der Architektur

Das der technischen Architektur zugrunde liegende Konzept ermöglicht eine sehr freie Ausgestaltung der Aufgaben im User Lifecycle Management. So lassen sich beliebige Workflow-Logiken zusammensetzen oder Attribute an den Benutzerstammsätzen je nach Kundenanforderung frei manipulieren. Eine vorgegebene, feste Konfiguration wie bei der ZBV oder bei SAP BusinessObjects Access Control wird nicht erzwungen, vielmehr kann das gesamte Provisionierungsverfahren individuell aufgebaut und angepasst werden. Dies bedeutet jedoch auch, dass die Verfahren typischerweise erheblich komplexer sind – weil sie sich aus entsprechenden Business-Anforderungen zusammensetzen – und die Aufwände für den Aufbau und Betrieb von SAP NetWeaver IdM erheblich höher sind als bei der ZBV oder SAP BusinessObjects Access Control.

10.4.4 Integration von SAP BusinessObjects Access Control

Einige Lösungsbereiche, in denen Access Control sehr stark ist, kann SAP NetWeaver IdM nicht abdecken. Zu nennen sind hier zum einen die Risikoanalyse und die Zuweisung kompensierender Kontrollen (SAP NetWeaver IdM hat beides nicht), zum anderen ein durchgehendes Enterprise Role Management, das auch den Aufbau, die Pflege und Verteilung von Berechtigungsrollen beinhaltet: SAP NetWeaver IdM verwaltet nur Identitäten, also Benutzerstammdaten und *zugewiesene* Berechtigungen, nicht die Berechtigungen in Rollen selbst. Beide Funktionen können nur von Access Control abgedeckt werden, während SAP NetWeaver IdM wiederum besonders stark in der differenzierten Ausgestaltung von Benutzerdatenzusammenführung, -konsolidierung und Weiterverteilung über viele (auch Nicht-SAP-) Quell- und Zielsysteme ist.

Vorteile der Integration beider Lösungen

Um die Vorteile beider Lösungen zusammenzubringen, kann SAP NetWeaver IdM mit Access Control integriert werden. Dabei werden einige Aufgaben (z. B. Risikoanalyse, Genehmigungsworkflow oder auch Quellsystemextraktion und Attributmultiplexing) von einem der beiden Produkte durchgeführt, die Daten an das andere Produkt über einen Webservice übergeben, das wiederum die abschließenden Aufgaben übernimmt. Dabei sind Szenarien möglich, in denen entweder Identity Management oder Access Control die Führung übernimmt. Zu diesem Zweck sind einige Standardschnittstellen in Access Control vorgesehen, die SAP NetWeaver IdM nutzen kann.

Eine tabellarische Gegenüberstellung der nicht integrierten Lösungen weist Tabelle 10.1 aus. Da die Lösungen aber miteinander kombiniert werden können, ist diese Gegenüberstellung nur beschränkt aussagekräftig.

	AS ABAP – Rollen und Benutzerstamm	Strukturelle Profile in HCM	Oracle, PeopleSoft, Legacy	Active Directory Mail, sonstige	Risikoanalyse
ZBV	X				
Access Control	X	X	X		X
SAP NetWeaver IdM	X	X	X	X	

Tabelle 10.1 Gegenüberstellung der Lösungen

Auch die neuen Lösungen SAP NetWeaver IdM und Access Control, die deutlich mehr Möglichkeiten bieten als die ZBV, bilden noch keine vollständige Lösung im Sinne eines regelkonformen zentralen Managements von Benutzern ab, dies wird erst durch die Kombination von SAP NetWeaver IdM und Access Control möglich.

Wie wir in den Kapiteln 3, »Organisation und Berechtigungen«, und 4, »Rechtlicher Rahmen – normativer Rahmen«, dargelegt haben, ist die Ausstattung von Personen mit Zugriffsrechten Ausdruck der Funktion dieser Person in der Organisation. Aus diesem Grund werden wir im Folgenden die Integration von SAP NetWeaver IdM, Access Control und SAP ERP HCM-OM darstellen.

Compliant Identity Management

Für die Personen kann idealtypisch das Organisationsmanagement genutzt werden, das in SAP ERP HCM (und damit im gesamten SAP ERP-System), in SAP CRM, in SAP SRM und im SAP Solution Manager verwendet wird. Wenn die jeweils relevanten Daten über ALE in einem System konsolidiert werden und in diesem zentralen System Berechtigungen als Attribute indirekt zugeordnet werden, entsteht das zentrale Repository für alle Benutzer und Berechtigungen. Aus diesem zentralen Repository können die Daten dann über das mit der Risikoanalyse von Access Control verbundene SAP NetWeaver IdM im Sinne eines Compliant IdM verteilt werden (siehe Abbildung 10.20).

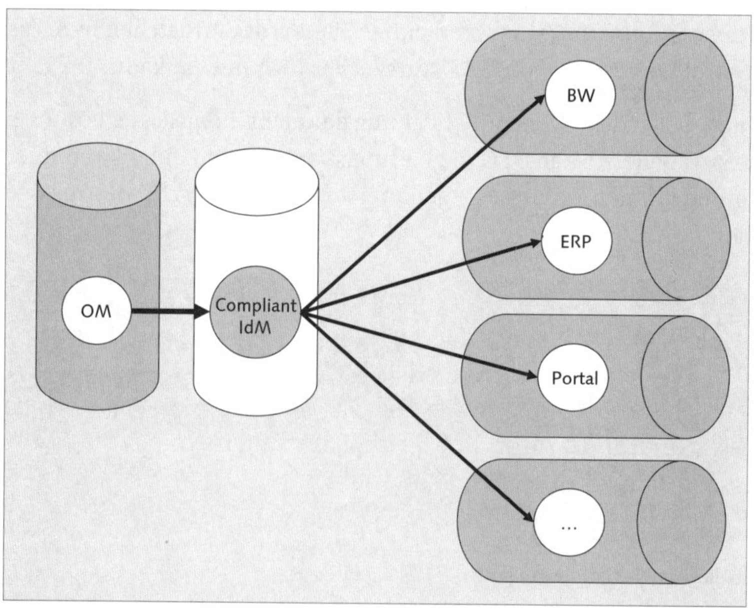

Abbildung 10.20 Compliant IdM

Die Abbildung technischer Benutzer muss ergänzend betrachtet werden. Eine Integration in das für die Zuordnungen von Berechtigungen und Benutzern genutzte zentrale Organisationsmanagement ist ohne weitgehende Eingriffe möglich.

Das Compliant Identity Management ist dann (als Kombination von NetWeaver Identity Management, Access Control und dem SAP ERP HCM-Organisationsmanagement) eine Lösung, die sowohl die typischen Anforderungen eines durchgehenden, vom Organisationsmanagement getriebenen effizienten User Lifecycle Managements erfüllt als auch gleichzeitig eine regelkonforme Prüfung von Risiken erlaubt, die sich aus der Berechtigungsvergabe an Benutzer ergeben.

10.5 Fazit

Die eigentliche Herausforderung in der zentralen Verwaltung von Benutzern liegt nicht in der Bereitstellung technischer Lösungen, sondern in einer konsistenten, zentralen Abbildung von Benutzern und Benutzerrechten in Bezug auf die Personen, die für eine Organisation tätig sind. Ergänzend dazu müssen selbstverständlich auch die technischen Benutzer zentral verwaltet werden. Bei den Personen handelt es sich immer um Geschäftspartner, die entweder Kunden, Lieferanten oder Mitarbeiter sind. Sämtliche Zugriffe, die sie eingeräumt bekommen, beruhen somit auf vertraglichen Grundlagen und erfüllen immer einen Zweck, der sich aus der Organisation ableiten lässt. Die technischen Benutzer erfüllen (nur im Einzelfall basierend auf Verträgen) ebenfalls einen genau definierten Zweck, der sich aus der Ablauforganisation ergibt.

Aus diesem Grund sehen wir für alle Personen die eigentliche Notwendigkeit, die relevanten Personendaten so zu konsolidieren und mit der Aufbau- und Ablauforganisation in Bezug zu setzen, dass allein aus diesen Bezügen der überwiegende Teil aller Zugriffsrechte ermittelt werden kann. Wenn sie ermittelt werden können, kann aus dieser Ermittlung auch eine vollständig automatisierte Zuweisung werden. Es werden also die Daten der Person und ihre zeitbezogenen Aufgaben in der Organisation so zusammengebracht, dass die richtigen Berechtigungen zur rechten Zeit bereitstehen. Ergänzend müssen die technischen Benutzer in den technischen Prozessen und deren benötigte Berechtigungen identifiziert werden.

Viele Kunden beklagen, dass einschlägige, klare Vorgaben fehlen, die gebündelt Standards für ihr Berechtigungskonzept liefern. In den Sicherheitsleitfäden von SAP gibt es einige Hinweise in Bezug auf besonders kritische Vorgehensweisen. Wir werden Ihnen in diesem Kapitel einige simple Regeln und deren Kontrolle vorstellen.

11 Berechtigungen: Standards und Analyse

In diesem Kapitel werden technische Minimalstandards dargestellt und eine einfache Anleitung gegeben, wie Benutzerberechtigungen im Benutzerinformationssystem und tabellengestützt ausgewertet werden können. Für diese Darstellung verwenden wir häufig Tabellenzugriffe. Diese müssen im produktiven System über Parametertransaktionen bereitgestellt werden (siehe Abschnitt 7.6.2, »Parametertransaktion zur Ansicht von Tabellen«).

Dieses Kapitel besteht aus den Abschnitten 11.1, »Standards und ihre Analyse«, in dem wir Standards von zentraler Bedeutung wiedergeben werden.

11.1 Standards und ihre Analyse

In diesem Abschnitt stellen wir Ihnen sieben zentrale Standards und mögliche Kontrollen für diese Standards vor.

11.1.1 Rolle anstelle von Profil

Standard: Rolle
Alle Zuweisungen von Berechtigungen erfolgen über Rollen.

Hinweis zur Profilpflege

In älteren SAP-Releases wurden Berechtigungen über Profile an Benutzer vergeben. Wird die Profilpflegetransaktion SU02 (Profile) gewählt, erhalten Sie die Empfehlung, stattdessen das Rollenkonzept zu nutzen:

> *Bitte benutzen Sie zur einfacheren Administration von Profilen und Berechtigungen nicht mehr diese Transaktion, sondern den Profilgenerator. Sie können damit wesentlich einfacher Berechtigungen vergeben. Die vorliegende Transaktion kann trotzdem weiterverwendet werden, wenn Sie den Profilgenerator nicht einsetzen wollen.*

Das Rollenkonzept stellt eine erhebliche Vereinfachung der Berechtigungspflege dar. Die über das Rollenkonzept erreichbare Transparenz und Upgrade-Sicherheit sind ausreichende Gründe, Dialogbenutzern keine Profile zuzuweisen. Die erste Regel lautet also, dass kein Endbenutzer direkt zugewiesene Profile haben darf.

Auswertung auf Profilzuordnung

Eine Auswertung der Profilzuordnung ist folgendermaßen möglich:

- In der Tabelle USR10 (Benutzerstamm Berechtigungsprofile) werden alle manuell angelegten Profile identifiziert: Menge A.
- In derselben Tabelle werden alle automatisch generierten Profile, die nicht im Namensraum des Kunden liegen (Standardvorschlag ist T-*), ermittelt: Menge B. Die notwendigen Selektionen sind in Abbildung 11.1 dargestellt.
- Menge A und Menge B ergeben zusammen Menge C und bilden die Grundlage für die weitere Analyse.

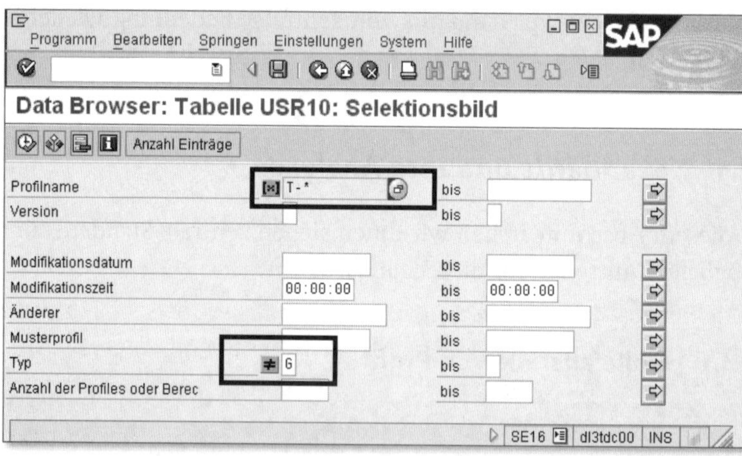

Abbildung 11.1 Profilanalyse in Tabelle USR10

In der Tabelle UST04 (Benutzerstämme) geben Sie Menge C im Feld PROFIL ein. Die Ergebnismenge sind die Benutzer, die ein nicht über eine Rolle generiertes Profil haben.

11.1.2 Definition der Rolle durch Transaktionen

Standard: Transaktionsbasierte Rollenpflege

Alle einer Rolle zugeordneten Transaktionen oder Services werden ausnahmslos über das Menü zugeordnet. Es werden keinerlei manuelle Eingriffe in dem Objekt S_TCODE vorgenommen.

Von besonderen Rollentypen abgesehen, wird der funktionale Rahmen einer Einzelrolle durch Transaktionen bestimmt, die ausschließlich über das Menü hinzugefügt wurden. Das Verfahren hierzu wurde in Abschnitt 6.3.2, »Anlage und Pflege von Rollen«, dargestellt. Nur so können Sie den in Abschnitt 7.1, »Pflege und Nutzung der Vorschläge für den Profilgenerator«, beschriebenen Nutzen erreichen.

Vorteile der Vorschlagswerte

Dieser Nutzen besteht in:

- Transparenz
- Pflegesicherheit
- Upgrade-Sicherheit
- einer systemeinheitlichen Norm

Kritische Pflege S_TCODE

Darüber hinaus muss sichergestellt werden, dass zwei weitere kritische Pflegearten von Transaktionen im Berechtigungsobjekt S_TCODE (Transaktionscode-Prüfung bei Transaktionsstart) unterbleiben:

- die generische Pflege von Berechtigungen, z. B. A*
- die Intervallpflege von Berechtigungen: AAA_1_IMG – RZPT; T108 – ZZZZ

Beide Pflegearten haben wir in unserer Beratungspraxis noch im Jahr 2009 in produktiven Systemen gefunden. Gerade die Intervallpflege wird häufig genutzt, um z. B. alle Transaktionen außer Transaktionen der SAP-Basis oder von SAP ERP HCM zu vergeben. Das mit einer derartigen Pflege einhergehende Risiko ist schlicht nicht akzeptabel.

Auswertung der Rollenpflege

Ob diese Vorgaben eingehalten werden, können Sie über eine Kontrolle des Status des Berechtigungsobjekts S_TCODE (Transaktionscode-Prüfung bei Transaktionsstart) in der Tabelle AGR_1251 (Berechtigungsdaten zur Aktivitätsgruppe) überwachen. In Abbildung 11.2 ist eine entsprechende Selektion dargestellt.

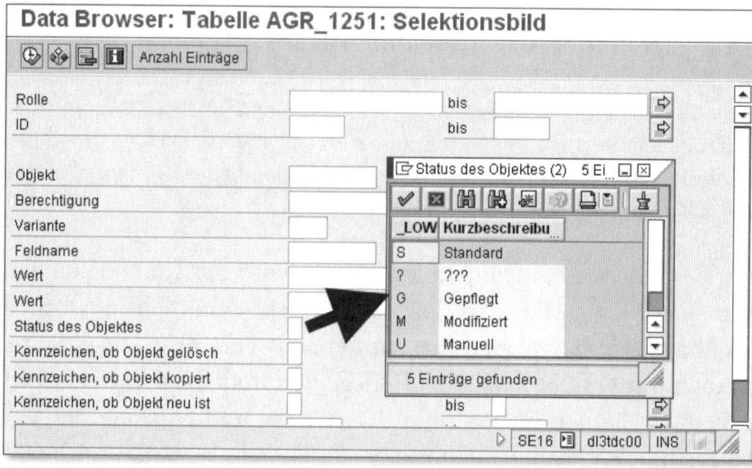

Abbildung 11.2 Manuell hinzugefügtes Objekt in AGR_1251

Status nicht immer aussagekräftig

Die Auswertung über den Status ist nicht immer vollständig. Gerade bei »gewachsenen« Rollenkonzepten haben wir im Berechtigungsobjekt S_TCODE (Transaktionscode-Prüfung bei Transaktionsstart) Intervalle und generische Pflegen nachgewiesen, obwohl das Objekt den Status *Standard* aufwies. Es gibt verschiedene Wege, wie es dazu kommen kann, auch höchst manipulative.

In jedem Fall sollten Sie stichprobenartig überprüfen, ob Intervalle oder generische Pflegen bei zugewiesenen Rollen auf dem Berechtigungsobjekt S_TCODE nachgewiesen werden können.

Ausnahmen: Bereichsrollen und Wertrollen

Die Nutzung des Bereichsrollen- (siehe Kapitel 9, »Automatisierte organisatorische Differenzierung: der Rollenmanager«) oder Wertrollenkonzepts (siehe Abschnitt 6.5, »Weitere Rollentypen in SAP ERP«) erfordert eine andere Handhabung, da die Rollen dort ohne Transaktion erzeugt werden. Wenn Sie diese Verfahrensweisen nutzen, sollten Sie das sowohl im betriebswirtschaftlichen Berechtigungskonzept als auch in der Rolle selbst dokumentieren.

11.1.3 Vorschlagsnutzung

Standard: Vorschlagsbasierte Berechtigungspflege

Alle Berechtigungsobjekte einer Rolle sollen über die Profilvorschlagstabelle vorgeschlagen werden. Berechtigungsobjekte werden weder manuell hinzugefügt, noch werden die Vorschläge geändert. Sie werden ausschließlich inaktiv gesetzt, gepflegt oder im Vorschlagszustand belassen. Ausnahmen von dieser Regel müssen im Einzelfall dokumentiert werden.

In Abschnitt 7.1, »Pflege und Nutzung der Vorschläge für den Profilgenerator«, haben wir definiert, dass maximal 10 % der Berechtigungsobjekte in Rollen den Status *Verändert* oder *Manuell* ausweisen sollten.

Analyse der Vorschlagswertübernahme

Um die Nutzung der Vorschlagswerte zu überprüfen, gehen Sie so vor, wie wir es in Abschnitt 11.1.1, »Rolle anstelle von Profil«, dargestellt haben. In diesem Fall wird die Tabelle AGR_1250 (Berechtigungsdaten zur Aktivitätsgruppe) herangezogen, in der alle Objekte in allen zugeordneten Rollen des Systems nach Status ausgewertet werden. Tabelle AGR_1250 anstelle von Tabelle AGR_1251 ist hinreichend, weil die Feldwerte bei dieser Auswertung nicht relevant sind.

11.1.4 Tabellenberechtigungen

Standard: Keine direkten Tabellenzugriffe über den Data Browser

Data Browser, Query und Quick View und vergleichbare Transaktionen werden an Dialogbenutzer im Regelbetrieb nicht vergeben.

In Abschnitt 7.5.2, »Tabellenberechtigungen«, sind wir auf den Umgang mit Tabellenberechtigungen bereits eingegangen. Wir stellten dar:

> *Uneingeschränkte oder nur marginal eingeschränkte Zugriffe auf Tabellen über Transaktionen darf es in einem Produktivsystem nicht geben. Tabellenzugriffe müssen konkret für einzelne oder kleine Gruppen von Tabellen ausgeprägt sein.*

Entsprechend gilt, dass sämtliche lesenden Zugriffe auf Tabellen detailliert ausgesteuert sein müssen. Den Tabellen müssen also in einem eigenständigen Tabellenberechtigungskonzept Tabellenberechtigungsgruppen auf der Grundlage einer Risikoeinschätzung zugeordnet werden. Diese Tabellenberechtigungsgruppen können dann fallweise über das Berechtigungsobjekt S_TABU_DIS (Tabellenpflege) lesend vergeben werden. Wird dieses Konzept umgesetzt, dann bestehen nicht a priori Einwände gegen die Vergabe der Transaktion SE16N (Data Browser). Allerdings müssen andere Berechtigungen entsprechend genau überprüft werden.

Auswertung der Tabellenzugriffsrechte

Die Überprüfung entspricht der in Abschnitt 11.1.1, »Rolle anstelle von Profil«, dargestellten Vorgehensweise über die Tabelle AGR_1251 (Berechtigungsdaten zur Aktivitätsgruppe). Als Berechtigungsobjekt geben Sie das Objekt S_TABU_DIS (Tabellenpflege) ein. Daraufhin werden alle generischen Werte, Intervalle und Standardberechtigungsgruppen im Feld DICBERCLASS (Tabellenberechtigungsgruppe) gesucht. Anschließend müssen Sie untersuchen, ob die Menge enthaltener Tabellen der Standardberechtigungsgruppen die Einschränkung plausibel erscheinen lässt. Dazu können Sie die Tabelle TDDAT (Pflegebereiche für Tabellen) weiter analysieren.

Darüber hinaus müssen Sie alle nicht hinreichend eingeschränkten ändernden Berechtigungen feststellen. Dabei ist die Verbindung zur Transaktion unerheblich. Suchen Sie alle Ausprägungen des Objekts S_TABU_DIS (Tabellenpflege) mit der Aktivität ≠ 03. In Einzelfällen prüfen Sie, welche Tabellen jeweils geändert werden können. Zu diesem Zweck können Sie ebenfalls die Tabelle TDDAT (Pflegebereiche für Tabellen) einsetzen.

Tabellenzugriffe: kundeneigene Transaktion

Es gilt der Grundsatz, dass direkte Zugriffe auf Tabellen möglichst immer über kundeneigene Transaktionen vergeben werden sollten (siehe Abschnitt 7.6.1, »Parametertransaktion zur Pflege von Tabellen über definierte Views«).

11.1.5 Programmausführungsberechtigungen

Standard: Keine direkte Programmausführung

Die Transaktion SA38 (ABAP/4 Reporting) wird an Dialogbenutzer im Regelbetrieb nicht vergeben. Das Berechtigungsobjekt S_DEVELOP wird an Dialogbenutzer im Regelbetrieb ebenfalls nicht vergeben.

Direkte Programmausführung

Die Transaktion SA38 (ABAP/4 Reporting) gehört in keinem Fall in die Berechtigungen eines Dialogbenutzers. Mit dieser Transaktion lassen sich alle ausführbaren Programme tatsächlich ausführen. Zur Ausführung wird minimal das Berechtigungsobjekt S_PROGRAM

(ABAP: Programmablaufprüfungen) benötigt. Dieses bietet keinen hinreichenden Schutz, da es zahlreiche Programme gibt, die zwar die Aktivität P_ACTION Submit erfordern, aber keiner Berechtigungsgruppe P_GROUP zugeordnet sind.

Fehlender Schutz der Programmausführung

Prinzipiell sollten zwar alle Programme Berechtigungsprüfungen enthalten, tatsächlich gibt es aber eine Reihe von Programmen, die keine substanziellen Prüfungen enthalten. Insbesondere bei kundeneigenen Programmen ist das sehr häufig der Fall.

Das technische Berechtigungskonzept in ABAP beruht auf der primären Differenzierung von Berechtigungen über Transaktionen (in SAP ERP und SAP ERP HCM), externe Services – UIU_COMP (CRM) – und Webservices. Ein direktes Ausführen eines Programms ist immer eine Sonderform mit erheblichen Risiken.

Um dieses Prinzip für alle Dialogbenutzer zu erzwingen, muss die Nutzung der Transaktion SA38 (ABAP/4 Reporting) kategorisch ausgeschlossen werden.

Auswertung Reportausführung

Eine Auswertung ist in diesem Fall über den Report ROLLEN NACH KOMPLEXEN SELEKTIONSKRITERIEN möglich. Nehmen Sie für diese Auswertung eine Selektion auf den zugeordneten Rollen und über Eingabe des Berechtigungsobjekts S_TCODE und dort den Feldwert SA38 vor.

11.1.6 Ableitung

Standard: Abgeleitete Rollen werden nicht manipuliert

Die Pflege von Feldern in abgeleiteten Rollen ist ausnahmslos untersagt.

In Abschnitt 6.3.2, »Anlage und Pflege von Rollen«, haben wir die Ableitung dargestellt. Dieses technische Konzept basiert darauf, dass aus einer Referenzrolle Rollen abgeleitet werden, die sich ausschließlich in Bezug auf die Organisationsebenen unterscheiden. Änderungen außerhalb der Organisationsebenen dürfen deswegen ausschließlich in der Referenzrolle vorgenommen werden.

Problem der Abweichung

Dafür gibt es die folgenden Gründe:

- Änderungen in der abgeleiteten Rolle gehen beim Abgleichen aus der Referenzrolle verloren. Das heißt, der Aufwand für die lokale Ausprägung kann gegebenenfalls vergeblich gewesen sein.

- Werden Rollen lokal geändert und wird aus diesem Grund auf den Abgleich aus der Referenzrolle verzichtet, kann ein Upgrade nicht mehr sinnvoll durchgeführt werden, ohne die abgeleiteten Rollen zu zerstören.
- Eine Referenzrolle ist immer auch eine detaillierte inhaltliche Vorgabe. Ein Abweichen steht somit per se unter dem Verdacht, dass es sich um eine nicht zulässige Manipulation handelt.

Abweichungsanalyse

Systematisch kann die Einhaltung der Ableitung durch folgende Analyseschritte analysiert werden:

1. Ein Mapping der Referenzrollen Tabelle AGR_DEFINE (Definition Rollen) auf die AGR_1251 (Tabelle Berechtigungsdaten zur Aktivitätsgruppe) ergibt die Menge A der weiteren Analyse.
2. Ein Mapping der abgeleiteten Rolle Tabelle AGR_DEFINE (Definition Rollen) auf die AGR_1251 (Tabelle Berechtigungsdaten zur Aktivitätsgruppe) ergibt die Menge B der weiteren Analyse.
3. Menge A und Menge B werden auf Objekt, Feld und Wert gemappt, dabei muss das Delta der abgeleiteten Rollen ausgewiesen werden: Das Ergebnis ist die Menge C der Analyse.
4. Menge A und Menge B werden auf Objekt, Feld und Wert gemappt, dabei muss das Delta der Referenzrolle ausgewiesen werden: Das Ergebnis ist die Menge D der Analyse.
5. Menge C und Menge D bilden die gesamte Ergebnismenge.

11.1.7 Programmierung – Programmierrichtlinie

Standard: Programme mit sinnvoller Berechtigungsprüfung

Jedes kundeneigene Programm, das zur Ausführung durch Endbenutzer bestimmt ist, muss eine angemessene Berechtigungsprüfung enthalten. Angemessen ist eine Prüfung nur, wenn Differenzierungen auf Datensatzebene oder Strukturmerkmalen möglich sind.

Bei der Entwicklung kundeneigener Programme werden die Berechtigungen fast regelmäßig vernachlässigt. Jedes kundeneigene Programm muss jedoch als Minimalanforderungen substanzielle und angemessene Berechtigungsprüfungen im Programmablauf enthalten. In Abschnitt 6.2.2, »Prüfung im Programmablauf«, haben wir bereits auf den Unterschied zwischen der Prüfung auf S_TCODE und der Eingangsprüfung einerseits und der Prüfung im Programmablauf andererseits hingewiesen.

Sinnvolle Prüfung im Programmablauf

Eine sinnvolle Prüfung in allen Programmen, die durch Endbenutzer ausgeführt werden, muss immer eine Prüfung im Programmablauf sein. Die Festlegung der geeigneten Berechtigungsobjekte sollte zwischen Fachseite und Programmierer abgestimmt werden. Das Beispiel in Abbildung 11.3 zeigt, dass bei einem kundeneigenen Programm, das mit dem Ändern von Bestellungen verbunden ist, entweder die Standardobjekte zur Bestellung oder entsprechende kundeneigene hinterlegt werden müssen. Ziel ist eine ablauf- und aufbauorganisatorische Prüfung.

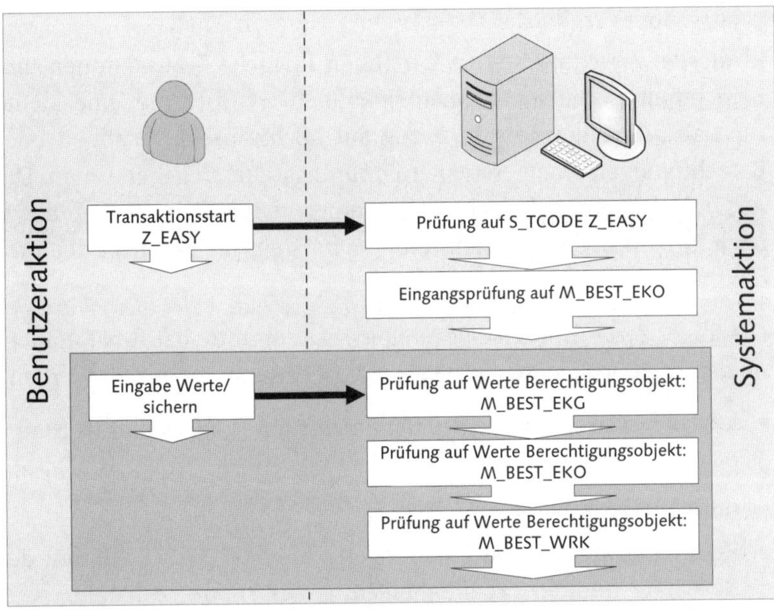

Abbildung 11.3 Berechtigungen in kundeneigenen Programmen

Prüfung kundeneigener Programme

Zunächst müssen die kundeneigenen Transaktionen und die zugrunde liegenden Programme identifiziert werden. Dies kann über die Transaktion SE16 (Data Browser) und die Tabelle TSTC (SAP-Transaktionscodes) vorgenommen werden, indem alle Transaktionscodes, die mit Y* und Z* beginnen, selektiert werden.

Die Transaktionen, die nicht auf ein Programm verweisen, sind Parametertransaktionen, die für diese Analyse nicht weiter von Belang sind. Für die weitere Analyse werden somit die angezeigten Programme selektiert und überprüft. Die weitere Analyse erfolgt über die Transaktion SE38 (ABAP Editor), Button VERWENDUNGSNACHWEIS.

Im Source Code wird der String `authority-check` im gegebenen Programm gesucht. Angezeigt werden die Berechtigungsprüfungen einschließlich der Berechtigungsprüfungen in den enthaltenen Includes. Manuell kann dann eine Darstellung »Transaktion – Programm – Include – Berechtigungsobjekt« und/oder »Transaktion – Programm – Berechtigungsobjekt« erstellt werden.

11.2 Kritische Transaktionen und Objekte

In diesem Abschnitt stellen wir Ihnen kritische Transaktionen und Berechtigungsobjekte vor. Leider können wir hier nur eine kleine Auswahl vorstellen, die in Bezug auf hochkritische Aktionen oder Berechtigungen einen ersten Orientierungsrahmen geben sollen. Die Auswahl ist dennoch nicht vollkommen willkürlich, so trafen wir noch im Jahr 2008 auf einen Kunden, bei dem alle Benutzer den produktiven Mandanten löschen durften.

Regeln für alle Dialogbenutzer

Die folgenden Anforderungen gelten nicht unmittelbar für Notfallbenutzer, die über eine separate Notfalluserlösung überwacht werden.

- Alle Benutzer müssen einer Benutzergruppe zugeordnet werden.
- Kein Benutzer darf das Berechtigungsobjekt S_DEVELOP mit der Aktivität 02 erhalten.
- Kein Benutzer darf das Berechtigungsobjekt S_TABU_DIS mit der Aktivität * und der Tabellenberechtigungsgruppe * erhalten.

Endbenutzer

Unter *Endbenutzer* fassen wir alle Benutzer, die nicht Aufgaben der Systemwartung innehaben. Tabelle 11.1 zeigt eine Reihe von Transaktionen, die für Endbenutzer verboten sein sollten.

Transaktion	Beschreibung
SCC1	Mandantenkopie – Sonderselektionen
SCC3	Mandantenkopie Protokoll
SCC4	Mandantenverwaltung
SCC5	Mandanten löschen

Tabelle 11.1 Transaktionen, die für Endbenutzer nicht geeignet sind

Transaktion	Beschreibung
SE11	ABAP-Dictionary-Pflege
SE80	Object Navigator
SE93	Pflege Transaktionscodes
SE97	Pflege Transaktionsstartberechtigung
SM01	Sperren Transaktionen
SM30	Aufruf View-Pflege
SM31	Aufruf View-Pflege analog SM30
SM59	RFC-Destinations (Anzeige und Pflege)
SU01	Benutzerpflege
SU02	Pflege Berechtigungsprofile
SU03	Pflege Berechtigungen
SU10	Massenpflege Benutzer
SU12	Massenänderungen Benutzerstamm
SU20	Pflege der Berechtigungsfelder
SU21	Pflege der Berechtigungsobjekte
SU22	Ber.objektverwend. in Anwendungen
SU24	Ber.Objekt-Prüf. unter Transaktionen
SU25	Upgrade-Tool für den Profilgenerator
SU26	Upgrade-Tool für den Profilgenerator

Tabelle 11.1 Transaktionen, die für Endbenutzer nicht geeignet sind (Forts.)

Batch-Input

Kein Endbenutzer darf die Transaktion SM35 (Batch-Input-Monitoring) mit dem Berechtigungsobjekt S_BDC_MONI (Batch-Input-Berechtigungen) und den Werten »DELE/REORG« und »IMPO« enthalten. Das Objekt muss darüber hinaus auf die Mappennamen eingeschränkt sein.

RFC

Sofern die Vergabe des Berechtigungsobjekts S_RFC (in bestimmten Systemlandschaften unumgänglich) an Endbenutzer unumgänglich ist, müssen die vergebenen Werte einzeln begründbar sein.

Kritische Objekte

Endbenutzer dürfen nicht die Berechtigungsobjekte S_DEVELOP (ABAP Workbench), S_ADMI_FCD (Systemberechtigungen) und S_LOG_COM (Berechtigung zum Ausführen logischer Betriebssystemkommandos) erhalten. Das Berechtigungsobjekt S_TABU_DIS darf mit der Aktivität 02 und der Gruppe SS nur in Rollen der Systemadministration enthalten sein.

Sonderrollen für besondere Aktivitäten

Halten Sie die Transaktionen SM12 (Sperren anzeigen und löschen), SM13 (Verbuchungssätze administrieren) und SM14 (Administration des Verbuchers) in einer gesonderte Rolle vor, die möglichst über die Notfalluserlösung zu nutzen ist.

11.3 Allgemeine Auswertungen technischer Standards

Für die Auswertung stehen im Standard vor allem die Bereiche des Benutzerinformationssystems sowie tabellengestützte Auswertungen zur Verfügung.

11.3.1 Benutzerinformationssystem

Reports im Benutzerinformationssystem

Das Benutzerinformationssystem wird über die Transaktion SUIM (Benutzerinformationssystem) aufgerufen. Es enthält die in Tabelle 11.2 dargestellten Reports. Zur Vereinfachung sind alle Einzelreports durch einen Gesamtreport (z. B. Benutzer nach komplexen Selektionskriterien) summarisch mit »...« gekennzeichnet. Die Tabelle enthält drei Spalten, die die Menüstruktur des Benutzerinformationssystems wiedergeben. Dabei kann ein Report in der zweiten oder dritten Spalte zugeordnet sein. Ist er in der zweiten Spalte zugeordnet, ist in dieser Zeile keine dritte Spalte mehr enthalten.

Ordner	Ordner/Report	Report
Benutzer	systemübergreifende Information (Zentrale Benutzerverwaltung)	Benutzer nach Systemen
		Benutzer nach Rollen
		Benutzer nach Profilen
	Benutzer nach Adressdaten	
	Benutzer nach komplexen Selektionskriterien	Benutzer nach komplexen Selektionskriterien
		...
Rollen	Rollen nach komplexen Selektionskriterien	
	...	
Profile	Profile nach komplexen Selektionskriterien	
	...	

Tabelle 11.2 Benutzerinformationssystem

Ordner	Ordner/Report	Report
Berechtigungen	Berechtigungen nach komplexen Selektionskriterien	
	...	
Berechtigungsobjekte	Berechtigungsobjekte nach komplexen Selektionskriterien	
	...	
Transaktionen	ausführbare Transaktionen (alle Selektionsmöglichkeiten)	
	...	
Vergleiche	von Benutzern	
	von Rollen	
	von Profilen	
	von Berechtigungen	
Verwendungsnachweis	Rollen	in Benutzern
	Profile	in Benutzern
		in Rollen
		in Sammelprofilen
	Berechtigungen	in Benutzern
		in Profilen
	Berechtigungswerte	in Benutzern
		in Rollen
		in Profilen
		in Berechtigungen
	Berechtigungsobjekte	in Programmen
Änderungsbelege	für Benutzer	
	für Rollenzuordnung	
	für Rollen	
	für Profile	
	für Berechtigungen	

Tabelle 11.2 Benutzerinformationssystem (Forts.)

Im Benutzersystem sind standardmäßige Auswertungen definiert, die eine Analyse von Berechtigungen benutzer-, rollen- und profilbezogen ermöglichen. Darüber hinaus sind Analysen nach verschiedenen Untersuchungsgegenständen möglich.

Selektion im Bericht

Wie in allen SAP-Berichten kommt der präzisen Selektion eine herausragende Bedeutung zu. Im dargestellten Bericht BENUTZER NACH KOMPLEXEN SELEKTIONSKRITERIEN ist es fundamental, zwischen Menütransaktionen und Transaktionen in der Rolle zu unterscheiden. Über die SELEKTION NACH ZUGEORDNETEN TRANSAKTIONEN IM MENÜ werden ausschließlich die Rollen angezeigt, die die angegebene Transaktion im Menü enthalten. Diese Auswahl ist in Abbildung 11.4 mit ❶ gekennzeichnet.

Ist Ihre Fragestellung, ob eine Rolle die Ausführberechtigung für eine bestimmte Transaktion enthält, müssen Sie in der SELEKTION NACH BERECHTIGUNGSWERTEN das Berechtigungsobjekt S_TCODE eintragen. Dann müssen Sie durch den Button EINGABEWERTE die Eingabebereitschaft für Transaktionscodes herstellen und den Transaktionscode eintragen. Diese Auswahl ist in Abbildung 11.4 mit ❷ gekennzeichnet.

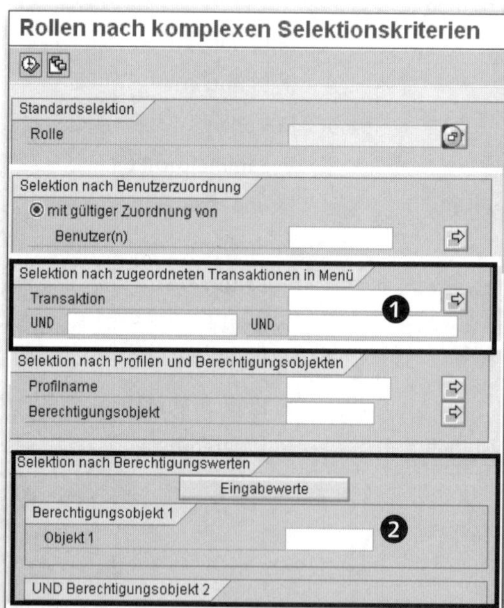

Abbildung 11.4 Rollen nach komplexen Selektionskriterien

Die mit dieser Selektion ausgeführte Analyse enthält alle Rollen, die die Berechtigung zum Ausführen der spezifizierten Transaktion enthalten.

Drilldown

Aus den meisten Berichten ist ein Drilldown möglich. In diesem Bericht müssen Sie in das Anzeigen der Rolle (Transaktion PFCG) abspringen.

11.3.2 Tabellengestützte Analyse von Berechtigungen

Um die Umsetzung und Einhaltung von Rollenkonzepten analysieren zu können, ist es sinnvoll, detaillierte Auswertungen auf Basis der einschlägigen Tabellen vorzunehmen, eine Auswahl ist in Tabelle 11.3 dargestellt. Es kann sinnvoll sein, diese Tabellen auch über eine Datenbank zugänglich zu machen, um sinnvolle detaillierte Auswertungen definieren zu können.

Technischer Name	Bezeichnung	Verwendung in Analysen (Vorschlag)
AGR_1016	Name des Profils der Aktivitätsgruppe	Auswertung der Profilnamen der Rollen
AGR_1250	Berechtigungsdaten zur Aktivitätsgruppe	Da die Rollen nur bis zum Objekt und nicht bis zur Feldebene ausgewertet werden (geringerer Umfang), eignet sich diese Tabelle, um Auswertungen gegen den Pflegestatus des Objekts zu fahren.
AGR_1251	Berechtigungsdaten zur Aktivitätsgruppe	detaillierte Analyse der Berechtigungen in Rollen, durch Filter auf (Object: S_TCODE) auch transaktionale Auswertungen möglich
AGR_1252	Organisationsebenen zu den Berechtigungen	Analyse der in einer Rolle enthaltenen Organisationsebenen
AGR_AGRS	Rollen in Sammelrollen	Analyse der in einer Sammelrolle enthaltenen Einzelrollen
AGR_DEFIN E	Definition Rollen	Analyse der Ableitungsbeziehungen
AGR_USERS	Zuordnung Rollen zu Benutzern	Analyse der Rollenzuordnung zum Benutzer, inklusive der Gültigkeitszeiträume und der indirekten Zuordnungen

Tabelle 11.3 Für Analysen relevante Tabellen der Berechtigungsadministration

Technischer Name	Bezeichnung	Verwendung in Analysen (Vorschlag)
PRGN_CUST	Customizing-Einstellungen zum Berechtigungswesen	Auswertung der Customizing-Einstellungen zum Berechtigungswesen. Die offiziell zur Verwendung freigegebenen Schalter enthalten Verweise auf SAP-Hinweise, die den jeweiligen Schalter dokumentieren.
SSM_CUST	Einstellung von Werten für Session Manager	siehe Abschnitt 7.4, »Customizing-Einstellungen zum Menükonzept«
T77UA	Strukturelle Profile	Analyse der Zuordnung strukturelles Profil – Benutzer
TBRG	Tabellenberechtigungsgruppen	Auswertung der vorhandenen Tabellenberechtigungsgruppen
TCD-COUPLES	Prüfung auf S_TCODE bei Call Transaction	Auswertung des Transaktionsaufrufs aus einer Transaktion (rufende Transaktion → gerufene Transaktion)
TDDAT	Pflegebereiche für Tabellen	Auswertung der Zuordnung von Tabellenberechtigungsgruppen zu Tabellen
TOBC	Klasseneinteilung der Berechtigungsobjekte	Auswertung der Klasseneinteilung der Berechtigungsobjekte
TOBJ	Berechtigungsobjekte	Auswertung aller im System vorhandenen Berechtigungsobjekte inklusive der enthaltenen Felder
TSTC	SAP-Transaktionscodes	Auswertung, welches Programm zu einer Transaktion gehört
TSTCP	Parameter zu Transaktionen	Auswertung der in Parametertransaktionen hinterlegten Parameter (siehe Abschnitt 7.6, »Parameter- und Query-Transaktionen«)
TSTCT	Transaktionscode-Texte	Auswertung der Transaktionsbeschreibungen (Texte) einer Transaktion – sprachabhängig
USGRP	Benutzergruppen	Auswertung der im System vorhandenen Benutzergruppen

Tabelle 11.3 Für Analysen relevante Tabellen der Berechtigungsadministration

Technischer Name	Bezeichnung	Verwendung in Analysen (Vorschlag)
USH02	Änderungshistorie für Logon-Daten	Auswertung der Änderungen an Logon-Daten. Häufige Änderungen sind klärungsbedürftig und könnten auf Passwortmissbrauch hindeuten.
USH04	Änderungshistorie Berechtigungen	Wertet die Änderungen u. a. in Bezug auf die Anzahl der Profile aus. Eine Rolle enthält ein Profil, das aus mehreren Teilprofilen bestehen kann.
USH12	Änderungshistorie Berechtigungswerte	Ein Profil/Teilprofil enthält Berechtigungen. Deren Änderungen können hier analysiert werden.
USL04	CUA: Zuordnung Benutzer – Profile	Auswertungen für den Betrieb einer Zentralen Benutzerverwaltung möglich: Benutzer – Empfängersystem – Rolle oder Profil
USLA04	CUA: Zuordnung Benutzer – Rollen	
USOBT	Relation Transaktion → Ber.objekt	Analyse der Auslieferungswerte »Vorschläge für den Profilgenerator«
USOBT_C	Relation Transaktion → Ber.objekt (Kunde)	Analyse der kundeneigenen »Vorschläge für den Profilgenerator«
USOBT_CD	Änderungshistorie für Feldwerte	Analyse der Feldwertänderungen
USR01	Benutzerstamm (Runtimedaten)	Analyse der Daten im Benutzerstamm
USR02	Anmeldedaten (kernelseitige Verwendung !!!)	Analyse der Daten im Benutzerstamm u. a. in Bezug auf Benutzertyp, Benutzergruppe, Benutzersperren und letztes Login-Datum
USR03	Adressdaten Benutzer	Analyse der Namen, Adressdaten, Kostenstelle und Telefonnummern
USR05	Benutzerstamm Parameter-ID	Analyse der Parameter-IDs und Werte im Benutzerstamm
USR07	Objekt und Werte der letzten misslungenen Ber.pruefung	Analyse der Objekte und Werte der letzten misslungenen Berechtigungsprüfung – SU53 (Daten)

Tabelle 11.3 Für Analysen relevante Tabellen der Berechtigungsadministration

Technischer Name	Bezeichnung	Verwendung in Analysen (Vorschlag)
USR10	Benutzerstamm Berechtigungsprofile	Auswertung, welche Profile manuell oder automatisch angelegt wurden
USRSYSACT	CUA: Rollen in verteilten Systemen	Auswertungen für den Betrieb einer Zentralen Benutzerverwaltung möglich
USRSYS-ACTT	CUA: Rollentexte in verteilten Systemen	
USRSYSPRF	CUA: Profile in verteilten Systemen	
USRSYS-PRFT	CUA: Profiltexte in verteilten Systemen	
UST04	Benutzerstämme	Auswertung von Benutzerstämmen in Bezug auf zugeordnete Profile

Tabelle 11.3 Für Analysen relevante Tabellen der Berechtigungsadministration

Beispiel für Mapping

Ein Beispiel für ein sinnvolles Mapping ist die Kombination der Tabelle AGR_1251, eingeschränkt auf manuelle Pflege von Transaktionen im Profil (Object: S_TCODE; Modified: »X«) mit der Tabelle AGR_USERS, eingeschränkt auf den aktuellen Gültigkeitszeitraum. Damit lässt sich auswerten, wie viele Benutzer Rollen haben, die »verborgene« Transaktionen enthalten und somit regelmäßig nicht regelkonform sind.

11.4 Fazit

Unsere Darstellung kann weder umfassend noch ausnahmslos passend sein. Standards »to go« gibt es nicht. Die Standards, die wir Ihnen vorgestellt haben, sind allerdings diejenigen, die wir in einem Berechtigungsreview unter anderem prüfen. Ein Abweichen von diesen Standards führt zu weiteren Prüfungen, ob die Abweichung sachlogisch geboten ist und wie sie kompensiert wird.

Neben diesen Standards müssen Sie eigene Standards formulieren. Die »To-go«-Empfehlung ist: Zu jedem Standard gehört auch immer die Kontrolle, die prüft, ob dieser Standard eingehalten wird. Welche Möglichkeiten Sie in diesem Zusammenhang haben, haben wir in diesem Kapitel exemplarisch dargelegt.

Mit SAP BusinessObjects Access Control können Sie das Interne Kontrollsystem mit den organisatorischen, funktionalen und technischen Anforderungen der Systemlandschaft verbinden. Damit schaffen Sie die Grundlage für regelkonforme Berechtigungen.

12 SAP BusinessObjects Access Control

SAP BusinessObjects Access Control ist ein Werkzeug zur Pflege und Kontrolle von Berechtigungen. Es ermöglicht die Pflege von Regeln und Kontrollen und auf dieser Grundlage die regelkonforme Zuweisung von Berechtigungen. Ziel dieses Kapitels ist es, Sie in die Funktionen von Access Control einzuführen.

Zunächst geben wir Ihnen einen Überblick über die Lösung. In Abschnitt 12.2, »Risk Analysis and Remediation«, wenden wir uns der Risikodefinition und den Kontrollen zu. In Abschnitt 12.3, »Enterprise Role Management«, stellen wir die Integration der Rollenpflege in Access Control vor, um dann in Abschnitt 12.4, »Compliant User Provisioning«, aufzuzeigen, wie auch die Benutzerpflege vorab regelkonform gewährleistet werden kann. In Abschnitt 12.5, »Superuser Privilege Management«, geben wir Ihnen einen Überblick über die Notfall- und Superuser-Komponente von Access Control, um schließlich das Kapitel mit Abschnitt 12.6, »Risk Terminator«, zu beenden.

12.1 Grundlagen

Im Verlauf dieses Buches haben Sie gelernt, was bei der Definition eines Regelwerkes mit Funktionstrennungskonfliktdefinitionen und der Definition kritischer Berechtigungen zu beachten ist. Es ist deutlich geworden, dass für eine funktionierende, regelkonforme Berechtigungsverwaltung unterschiedliche IT-Systeme und Werkzeuge für die Berechtigungspflege zusammengebracht werden müssen.

Anforderungen an eine Softwarelösung

Eine Softwarelösung, die Benutzerberechtigungen in einer Systemlandschaft analysiert und verwaltet, muss in der Lage sein, diese Auswertung auch in technisch unterschiedlichen Systemen umfassend durchzuführen.

Allein in SAP ERP gibt es mehr als 110.000 Transaktionen, die meistens durch mehrere Berechtigungsobjekte geschützt sind, mehr als 2.700 Berechtigungsobjekte, die bis zu zehn Felder enthalten können, sowie mehr als 1.800 Felder. Hier müssen kritische Transaktionen, Berechtigungen und Kombinationen von Transaktionen und Berechtigungen (Funktionstrennungskonflikte) identifiziert werden. Welche Funktionstrennungskonflikte es geben kann, haben wir bereits in Abschnitt 5.5, »Maßgaben für die Funktionstrennung«, beschrieben. Dort haben wir (am Beispiel des Beschaffungsprozesses) auch mögliche Freigabeschritte vorstellt. Funktionstrennungskonflikte können jedoch nicht nur innerhalb eines Systems auftreten, sie sind in der Regel auch im Zusammenspiel mehrerer Systeme nachzuweisen (siehe z. B. Abbildung 5.8 in Kapitel 5, »Berechtigungen in der Prozesssicht«, in der die Integration von SAP ERP und SAP CRM im Vertriebsprozess dargestellt wird).

Wirksame Funktionstrennung

Wirksame Funktionstrennung kann aber nur erreicht werden, wenn umfassende und detaillierte Funktionstrennungsdefinitionen auf der Ebene von Transaktion, Berechtigungsobjekt und Feldwert vorhanden sind, die sowohl während der Rollenpflege als auch während der Benutzerpflege eingehalten werden. Erst dann können Funktionstrennungskonflikte und damit die zugriffsbezogenen Risiken ausgewertet und vermieden werden.

Basierend auf validen Risikodefinitionen, können Berechtigungen effizient regelkonform gehalten werden (siehe Abbildung 12.1).

Drei Schritte zur Regelkonformität

Auf dem Weg zur Regelkonformität müssen Sie folgende drei Schritte durchlaufen:

- Im ersten Schritt müssen Sie die Rollen frei von Funktionstrennungskonflikten gestalten (siehe Bereich ❶ in Abbildung 12.1). Die dogmatische Minimalaussage lautet, dass alle Einzelrollen frei von Funktionstrennungskonflikten sein müssen. Bei Sammel- oder Enterprise-Rollen ist dies sehr stark konzeptabhängig, trotzdem empfehlen wir auch in diesen Fällen, sie möglichst frei von Funktionstrennungskonflikten zu halten.

- Im zweiten Schritt geht es darum, den Benutzern möglichst ohne Funktionstrennungskonflikte Berechtigungen zuzuweisen, nachdem die Rollen bereinigt worden sind. Dies ist im Bereich ❷ dargestellt.
- Der dritte Schritt ermöglicht es, Funktionstrennungskonflikte benutzerbezogen zu akzeptieren (Bereich ❸). Dieser Schritt ist deshalb wichtig, da es nicht immer möglich ist, Funktionstrennungskonflikte vollständig auszuräumen. Voraussetzung dafür ist die Zuordnung einer validen kompensierenden Kontrolle.

Detektivische Kontrollen

Diese dritte Möglichkeit völlig außer Acht zu lassen würde am Bedarf vieler Organisationen, der sich aus der sich ändernden Situation ergibt, vorbeigehen. Trotzdem ist hier folgender Hinweis geboten: Kompensierende Kontrollen sind detektivische, also nachsorgende Kontrollen. Ein Tatbestand wird schrittweise auf mögliche Regelabweichungen untersucht. Sie sind mit einem gewissen Aufwand verbunden und erstrecken sich nur auf die Vergangenheit.

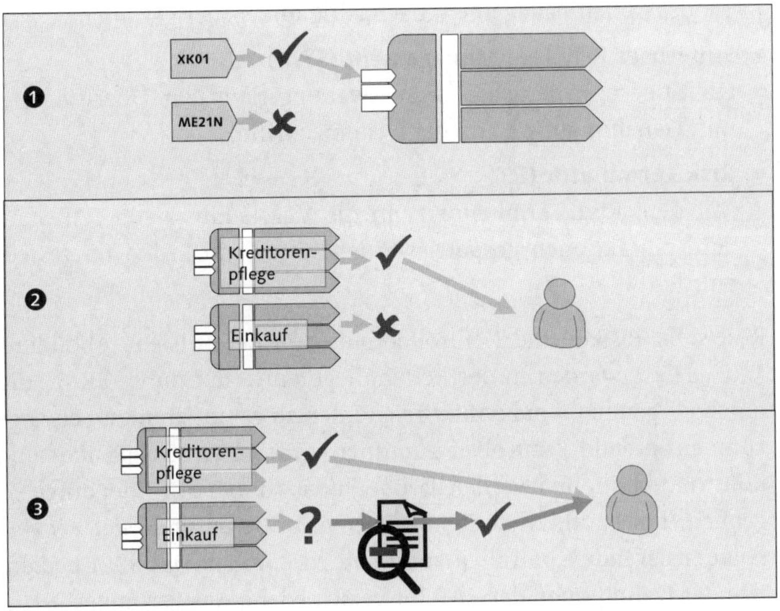

Abbildung 12.1 Drei Schritte zu regelkonformen Berechtigungen

Diese drei Schritte zu regelkonformen Berechtigungen basieren auf der Annahme, dass die Funktionstrennungskonflikte bereits definiert sind. Es wird vorausgesetzt, dass eine Datenbanklösung vorhanden ist, gegen die Berechtigungen überprüft werden können. Alle drei Schritte und die Definition von Risiken können Sie effizient mit SAP BusinessObjects Access Control vollziehen.

Komponenten von Access Control

Die hierfür erforderliche Funktionalität wird mit Access Control bereitgestellt. Access Control besteht aus den folgenden Komponenten:

- **Risk Analysis and Remediation (RAR)**
  Die Komponente zur Risikoanalyse und -eliminierung dient zur Analyse der Berechtigungen und der Definition kompensierender Kontrollen.
- **Compliant User Provisioning (CUP)**
  Die Komponente zur workflowbasierten konformen Benutzererstellung unterstützt vollständig den Freigabeprozess von Rollen und Benutzern.
- **Enterprise Role Management (ERM)**
  Mit der Komponente zur Unternehmensrollenverwaltung können Sie das Rollenmanagement nachhaltig und sicher gestalten.
- **Superuser Privilege Management (SPM)**
  Die Superuser-Berechtigungsverwaltung dient zur Überwachung und Genehmigung kritischer Systemzugriffe.
- **Risk Terminator (RT)**
  Mit dem Risk Terminator kann die Verwendung von SAP-Standardtransaktionen gesperrt werden, wenn ein Risiko festgestellt wurde.

RAR stellt Risiko- und Kontrolldefinitionen bereit (siehe Abbildung 12.2). Diese werden in der Rollenpflege entweder durch ERM oder durch RT genutzt, um konfliktfreie Rollen zu garantieren und etwaige kompensierende Kontrollen zuordnen zu können. Die Risiko- und Kontrolldefinitionen werden darüber hinaus durch CUP oder durch RT genutzt, um konfliktfreie Benutzer zu garantieren und/oder etwaige kompensierende Kontrollen zuordnen zu können. Das SPM bedient sich der Definitionen der RAR für verschiedene Auswertungen.

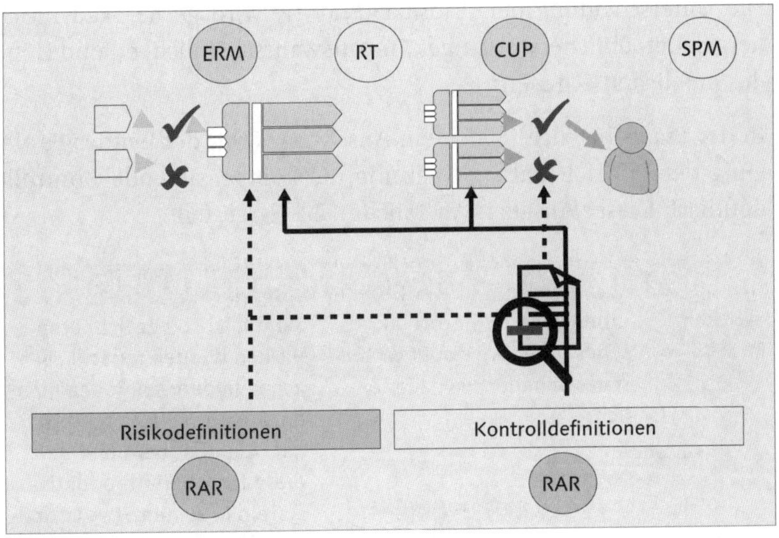

Abbildung 12.2 Zusammenspiel der SAP BusinessObjects Access Control-Komponenten

Im Folgenden werden wir die Komponenten von Access Control im Einzelnen darstellen.

12.2 Risk Analysis and Remediation

In Risk *Analysis and Remediation* (RAR) sind zunächst die Risikodefinitionen zu betrachten, da diese die Grundlagen für die anderen Komponenten und die Regelkonformität darstellen. Ein Risiko setzt sich, je nach Typ, aus mindestens einer, möglicherweise aber bis zu fünf Funktionen zusammen. Es gibt drei Risikotypen:

- kritische Aktion (kritische Transaktion)
- kritische Berechtigungen
- Funktionstrennungskonflikt (Funktionstrennung = *Segregation of Duties*, SoD)

Ein Risiko ist immer mindestens einem Regelset (*Rule Set*) und einem Geschäftsprozess (*Business Process*) zugeordnet, es kann darüber hinaus einem Risikoeigner zugeordnet sein und hat immer eine Priorität.

Risikopriorisierung

Die Unterscheidung der Priorität (*Priority*) wird gerne akademisch hergeleitet, üblicherweise über Eintrittswahrscheinlichkeit und Höhe des möglichen Schadens.

Risiko – Kontrolle

In der Praxis hat sich jedoch ein Ansatz bewährt, der bei der Festlegung der Priorität auch gleichzeitig die kompensierende Kontrolle definiert. Dieser Ansatz ist in Tabelle 12.1 dargestellt.

Priorität	Beschreibung	Kompensierende Kontrolle
kritisch	unmittelbarer Eintritt – kritisches monetäres oder technisches Schadensniveau möglich	Sämtliche so bezeichneten Risiken werden ausschließlich in Superuser-Rollen über die Superuser-ID zugeordnet. Kein Endbenutzer darf diese Risiken im Produktivsystem in seinen Standardberechtigungen haben.
hoch	entweder unmittelbarer Eintritt – erhebliches monetäres oder technisches Schadensniveau möglich; oder mittelbarer Eintritt – kritisches monetäres oder technisches Schadensniveau möglich	Sämtliche so bezeichneten Risiken müssen in engen periodischen Abständen durch kompensierende Kontrollen ausgewertet werden.
mittel	mittelbarer Eintritt – erhebliches monetäres oder technisches Schadensniveau möglich unmittelbarer Eintritt – sonstiger Schaden möglich	Sämtliche so bezeichneten Risiken müssen in periodischen Abständen durch kompensierende Kontrollen ausgewertet werden.
gering	sonstige Schäden, die nur mittelbar eintreten können, oder Risiken, die sich einer kompensierenden Kontrolle entziehen (dies gilt vor allem für Risiken, die sich aus der Anzeige von Daten ergeben, die nicht in den Änderungsprotokollen ausgewiesen werden können)	Die Kontrolle über den Benutzer-Workflow im CUP und eine Wiedervorlagestrategie sind ausreichend.

Tabelle 12.1 Risikopriorität und kompensierende Kontrolle

Risiko – Funktion

Dieser Ansatz hat sich bei vielen Unternehmen bewährt. Natürlich obliegt es jedem Unternehmen selbst, den jeweils optimalen Ansatz zu definieren.

Ein Risiko setzt sich aus einer oder mehreren Funktionen zusammen (siehe Abbildung 12.3). Ein Funktionstrennungskonflikt setzt sich aus mindestens zwei, aber höchstens fünf Funktionen zusammen – eine kritische Aktion oder eine kritische Berechtigung hingegen immer nur aus genau einer Funktion.

Sinnvolle Funktionsdefinition

Eine Funktion enthält eine Menge an Transaktionen, die sachlogisch so verbunden sind, dass das Risikopotenzial grundsätzlich mit genau einer kompensierenden Kontrolle im System verbunden sein kann.

Beispiel einer Funktionsdefinition

Ein Beispiel für eine Funktionsdefinition ist die Pflege des Kreditorenstammsatzes. Die Kombination der Transaktionen zur Kreditorenpflege mit denen der Bankpflege oder der Debitoren in einer Funktion würde mehr Kontrollen erfordern und ist aus diesem Grund systematisch nicht tauglich. Technisch können Kontrollen zwar auf der Ebene der Regel (also eines Risikoanteils) vergeben werden, fachlich ist das meistens jedoch nicht sinnvoll.

USOBT_C

Die Transaktionen einer Funktion sind mit Berechtigungsobjekten verbunden. Diese werden beim Anlegen der Funktion aus der Vorschlagswerttabelle USOBT_C übernommen, das wurde bereits in Abschnitt 7.1.4, »Nutzen der Vorschlagswerte für Risikoanalyse und externe Rollenpflegetools«, dargestellt. Eine detaillierte Aussteuerung der Funktion über die Kombination Transaktion – Berechtigungsobjekt – Feldwert ist somit möglich. Diese detaillierte Aussteuerung ist allerdings stark abhängig von der kundenspezifischen Konfiguration des Backends, wie dies in Kapitel 18, »Prozesse in SAP ERP – spezifische Berechtigungen«, noch dargestellt wird.

Kritische Aktion – kritische Berechtigung

Eine Funktion kann über Transaktionen definiert werden, und zwar mit oder ohne Detaillierung der zugehörigen Berechtigungsobjekte. Sie kann aber auch nur in Bezug auf Berechtigungsobjekte definiert werden. Zu diesem Zweck tragen Sie anstelle einer Transaktion in der Funktion, Registerkarte Aktion, den Platzhalter »^!« ein.

Automatische Regelgenerierung

Aus den so erstellten Risiken werden automatisch Regeln erstellt. Gegen diese Regeln findet die Verprobung auf Risiken statt. Im Standardregelset sind dies mehr als 200.000 automatisch generierte Regeln.

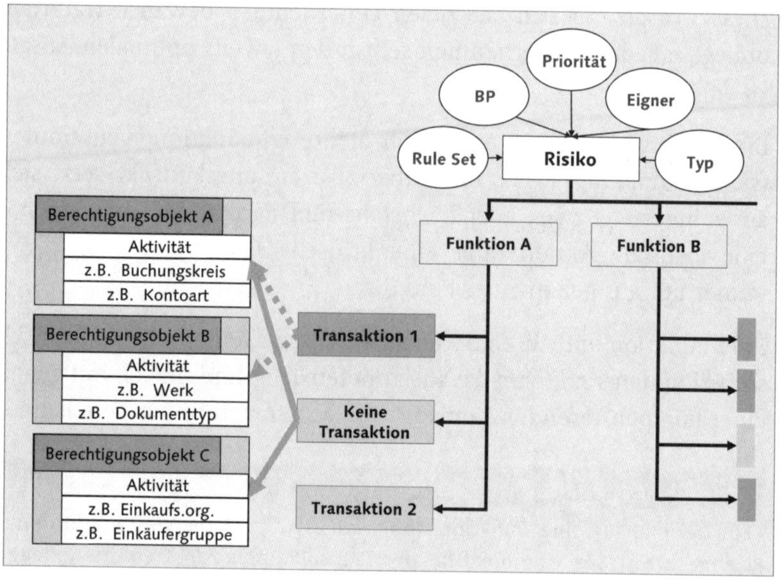

Abbildung 12.3 Risiko – Funktion – Transaktion – Berechtigungsobjekt

Standardregelset

Access Control umfasst als wesentlichen Bestandteil ein Standardregelset. Dieses enthält zurzeit über 230 Risiken in Bezug auf SAP ERP, SAP NetWeaver BW, SAP APO, SAP ERP HCM, SAP CRM, SAP NetWeaver Portal, SAP EP und SAP SRM. Dieses Regelset stellt für jeden Kunden, der ein bestehendes kundeneigenes Risikoset überprüfen will oder noch gar kein transaktionsbasiertes Regelwerk hat, eine, im besten Wortsinn, wertvolle Grundlage dar. Gerade im letzten Fall ist es dringend zu empfehlen, ein Regelset nicht kundenindividuell zu entwickeln. Die Entwicklung eines kundeneigenen Regelwerks in der notwendigen Detaillierung erfordert erhebliche Ressourcen.

Kundenindividuelle Anpassung

Jedes Standardregelwerk muss auf der Grundlage der kundenspezifischen Konfiguration und Prozesse angepasst werden. Das gilt für die Regelwerke, mit denen einige Wirtschaftsprüfungshäuser arbeiten, ebenso wie für das Regelwerk von Access Control. Je genauer die Anpassung vorgenommen wird, desto genauer sind schließlich die Befunde.

Kontrolldefinition

Neben der Definition von Risiken werden in RAR auch die kompensierenden Kontrollen inklusive der durchführenden Mitarbeiter definiert. Die Ausführung der Kontrollen wird technisch überwacht, sofern es sich um Reports handelt, die im Backend ausgeführt werden.

Bevor es jedoch an die Definition kompensierender Kontrollen geht, sollten Sie noch prüfen, welche präventiven Kontrollen Sie in der Konfiguration bereits definiert haben oder welche Sie noch definieren könnten.

In Abbildung 5.14 werden mögliche Funktionstrennungen definiert, die in den Bereich der präventiven Kontrolle durch Konfiguration fallen: die Freigabeverfahren. Detaillierter stellen wir in Kapitel 18, »Prozesse in SAP ERP – spezifische Berechtigungen«, mögliche präventive Kontrollen in der Konfiguration dar. In Tabelle 12.2 sind einige systematische Beispiele für Kontrollen zusammengestellt.

Präventive Kontrollen		Detektivische Kontrollen	
konfigurativ	**individuell**	**ereignisbasiert**	**reviewbasiert**
Vier-Augen-Prinzip (FI)	Zugriffsbeschränkung	Alerts	Aktionsauswertung
stochastische Sperren (MM)		Querys	monetäre Abweichungsanalysen
Freigabeverfahren		Secure Audit Log	Planung vs. Ist
Screen Layout			Änderungsdokumente
Workflow			Change Logs
Customer Exits			
organisatorische Differenzierung			

Tabelle 12.2 Unterschiedliche Vorbeuge- und Nachsorgekontrollen

Vereinfachend kann gesagt werden: Je weiter Sie in der Tabelle 12.2 nach rechts rücken, desto teurer werden Ihre Kontrollen.

Risiken effizient kompensieren

Aus Effizienzgründen ist es zwingend geboten, nur die Risiken zu kompensieren, die tatsächlich auch in der Risikoanalyse nachgewiesen werden. Aus diesem Grund raten wir Ihnen dringend, ein iteratives Einführungsmodell zu wählen, wie es in Abbildung 12.4 beschrieben wird. Iterativ bedeutet in diesem Zusammenhang, dass die Risikoanalyse in jedem Schritt mehrfach wiederholt wird, bis die Ergebnisse einerseits valide und anderseits zufriedenstellend sind.

In Schritt ❶ führen Sie zunächst, basierend auf den Standardrisiken, eine Risikoanalyse durch. Möglicherweise können Sie Millionen Risiken nachweisen, wie das unsere Projekterfahrung bestätigt. Wenn Sie diese qualifizierend evaluieren, werden Sie die Anzahl von nachgewiesen Risiken reduzieren können. Zunächst (Schritt ❷) reicht schon der Ausschluss von kritischen Rollen und Profilen aus der Analyse. Das bedeutet allerdings, dass diese kritischen Rollen und Profile regelmäßig den Ausschluss dadurch kompensieren, dass sie überprüfen, ob wirklich auch alle kritischen Profile und Rollen ausschließlich über SPM verwendet werden können.

Darüber hinaus wird bei einer qualifizierenden Evaluation deutlich werden, welche Risiken des Standards detaillierter definiert werden sollten (aufgrund der tatsächlichen Konfiguration des Backends).

Dann werden die Schritte ❸ bis ❺ durchgeführt, sodass am Ende eine deutlich geringere Zahl von Risiken übrig bleibt, die sich aufgrund Ihrer kundenspezifischen Prozesse oder Besonderheiten Ihrer Organisation nicht mehr bereinigen lassen.

Definition kompensierender Kontrollen

Erst für diese verbleibenden Risiken definieren Sie kompensierende Kontrollen. Dabei sollten Sie sofort in Betracht ziehen, häufig notwendige kompensierende Kontrollen zu automatisieren.

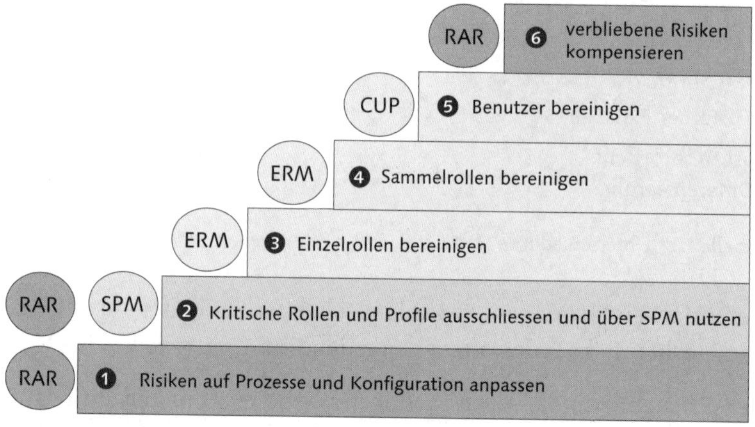

Abbildung 12.4 Iteratives Einführungsmodell für Access Control

Das iterative Einführungsmodell beginnt also mit der Validierung der Risikodefinitionen und nutzt nach und nach die weiteren Komponenten. Schließlich endet das iterative Einführungsmodell wieder in der RAR bei der Definition kompensierender Kontrollen.

Nach der Definition von Risiken kann mit der Bereinigung von Rollen begonnen werden, dazu bietet sich das ERM an.

12.3 Enterprise Role Management

Enterprise Role Management (ERM) wurde bereitgestellt, um die Prozesse in der Rollenpflege in das Gesamtszenario der Risikovermeidung zu integrieren. ERM kann jedoch nicht den Profilgenerator ersetzen. ERM versetzt aber den Benutzer in die Lage, aus der zentralen Instanz in den lokalen (je System/Mandant) Profilgenerator abzuspringen und somit die Vorteile beider Werkzeuge kombiniert zu nutzen.

ERM im Access-Control-Szenario

Im Rahmen des Access-Control-Gesamtszenarios fallen ERM zwei wesentliche Aufgaben zu: einerseits die Integration in die Risikoanalyse und die Kontrollzuweisung, andererseits die Integration in die Freigabeverfahren (siehe Abschnitt 12.4, »Compliant User Provisioning«).

Über diese Integration hinaus stellt ERM eine Reihe von Funktionalitäten bereit, die den Rollenpflegeprozess vereinfachen:

- Attributierung von Rollen
- Default-Namenskonventionen (auch verbindlich)
- Massenpflege von Rollen auf Objekt- und Feldebene
- Massenableitung basierend auf vordefinierten Organisationsebenen-Mappings

ERM-Prozess

Der Prozess der Anlage und Pflege von Rollen ist dem Bedarf Ihrer Organisation anpassbar. Grundsätzlich stehen folgende Schritte zur Verfügung:

1. **Definition**
   Der Geschäftsprozesseigner definiert das System, die verbale Beschreibung der Rolle sowie die weiteren Attribute der Rolle und stellt somit die Informationen in Bezug auf den Geschäftsprozess, die gewünschte Funktionalität und weitere Informationen zusammen.
2. **Ausprägung**
   Die technische Ausprägung wird dann vom Administrator vorgenommen, dabei kann dieser in den lokalen Profilgenerator abspringen.
3. **Ableitung**
   Der Administrator leitet die Rollen ab.
4. **Risikoanalyse**
   Die Risikoanalyse kann durch den Administrator oder den Geschäftsprozesseigner durchgeführt werden.

5. **Freigabe**
   Die Freigabe wird durch den Geschäftsprozesseigner durchgeführt.
6. **Generierung**
   Danach stößt der Administrator in ERM die Generierung der Rollen im designierten System an. Dabei sollte es sich um das Entwicklungssystem (DEV) handeln. Dort erzeugt er einen Transportauftrag und transportiert (Transport A) die Rolle in das Testsystem (QUS).
7. **Test**
   Im Testsystem testet der Geschäftsprozessinhaber die Rolle und dokumentiert die Ergebnisse in ERM (Test-Doku). Der Administrator gibt den Transportauftrag dann an das Produktivsystem frei (Transport B).

Sie müssen nicht alle Schritte durchführen und können deren Anordnung – solange die Abfolge technisch sinnvoll bleibt – ändern. In Abbildung 12.5 ist ein Prozessbeispiel dargestellt.

Transportsystem nicht umgangen

Diese Abfolge bedient sich des Standardtransportsystems, um keine Ausnahme für den Rollentransport in das Produktivsystem zu erzeugen.

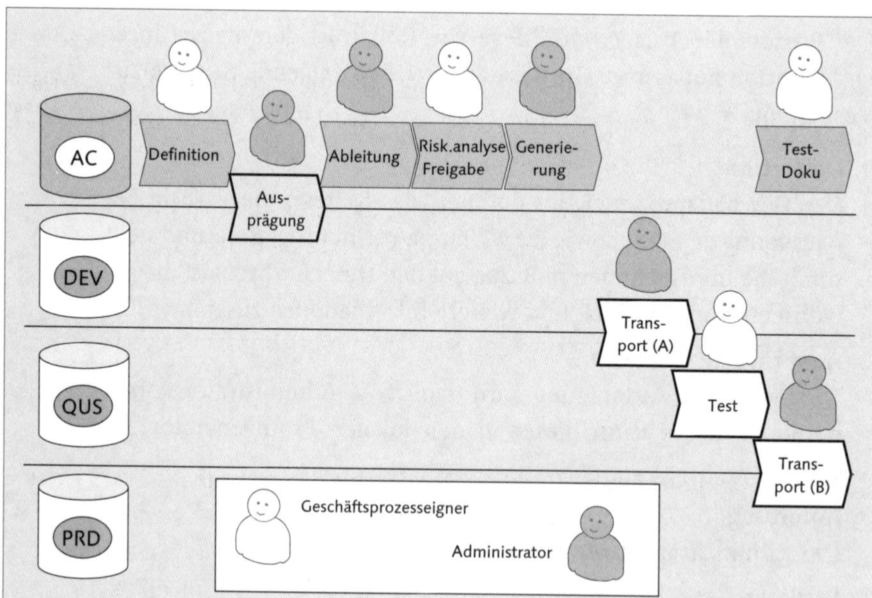

Abbildung 12.5 Prozessbeispiel in ERM

Organizational Value Mapping

Zu den weiteren Vorteilen von ERM gehört das Konzept des *Organizational Value Mappings*, das eine Massenableitung basierend auf vordefinierten Organisationswerten ermöglicht. Im Prinzip werden Organisationsebenen kombiniert, die eine bestimmte organisatorische Einheit abbilden. Diese Mappings können mit allen Referenzrollen (Rollen, die als Referenz für die Ableitung dienen) automatisch kombiniert werden. Kunden mit einer hohen Dynamik der organisatorischen Änderungen oder Erweiterungen können somit immer wieder ihre Referenzrollen wie Controller oder Einkäufer weitgehend automatisiert für neue Standorte ableiten.

Nach der Bereinigung der Rollen muss gewährleistet werden, dass auch die Zuweisung von Rollen keine Risiken erzeugt. Dazu dient CUP, das wir im Folgenden darstellen werden.

12.4 Compliant User Provisioning

Über *Compliant User Provisioning* (CUP) wird Regelkonformität dauerhaft abgesichert. Sämtliche Benutzeranlagen, -änderungen und -sperrungen, Rollenzuweisungen und Zuweisungen struktureller Profile (siehe Abschnitt 14.6, »Strukturelle Berechtigungen«) werden über CUP-Benutzer-Workflows abgewickelt.

Freigabe und Vorabanalyse

Durch diese Benutzer-Workflows werden benutzerbezogen Risiken, die durch Berechtigungen möglicherweise entstehen, vorab einer Risikoanalyse und einem Freigabeverfahren unterworfen.

Der Benutzer- und Berechtigungsantrag ist das Herzstück von CUP. Zusätzlich sind weitere wesentliche Funktionalitäten enthalten, wie:

- Role Reaffirm – Wiedergenehmigungsverfahren
- User Access Review – berechtigungsbasierte Zugriffs- und Verwendungsanalyse
- Password Self-Service

Workflow

CUP dient als die zentrale Workflow Engine für die gesamte Access-Control-Lösung. In Abbildung 12.6 ist ein typisches Beispiel für einen Workflow dargestellt. Eine dazu berechtigte Person beantragt eine Rolle oder einen Benutzer. Je nach Konfiguration kann das auch Personen gestattet werden, die bisher keine Berechtigungen in der Systemlandschaft haben. In diesem Antrag wird eine Reihe von Antragsattributen gepflegt, u. a. Systeme, Funktionsbereich und weitere gegebenenfalls kundeneigene Attribute. Je nach Konfiguration kann dabei ein LDAP so integriert sein, dass Benutzer und Managerdaten automatisch eingetragen werden. Auf dieser Datengrundlage wird der richtige Workflow ermittelt, technisch erfolgt das über einen Initiator.

Üblicherweise ist der erste Schritt (Stufe ❶) im Workflow (*Stage*) der Linienvorgesetzte. Dies ist aus formalen Gründen auch sinnvoll. Im Projektgeschäft kann an die Stelle des Linienvorgesetzten systematisch der Projektmanager treten. Dies kann in der Konfiguration entsprechend abgebildet werden. In den meisten Szenarien erfolgt die Freigabe durch den Linienvorgesetzten oder den Projektmanager nicht auf Basis einer Risikoanalyse.

Risikoanalyse durch Geschäftsprozessinhaber

Ein übliches Verfahren ist es, den Geschäftsprozessinhaber die Risikoanalyse durchführen zu lassen (Stufe ❷), da diesem letztlich die Verantwortung über den Prozess und seine Risiken zukommt. *Geschäftsprozessinhaber* ist dabei eine sehr allgemeine Definition, sie kann abgebildet werden über die Verbindung zu einem Geschäftsprozess, genauso gut kann aber auch die Verantwortung an einen Rolleneigner delegiert sein. Die Konfiguration kann umfassend angepasst werden.

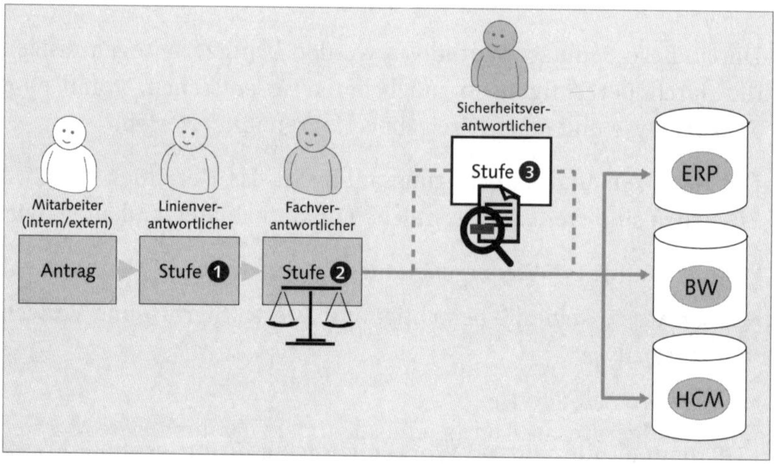

Abbildung 12.6 Beispiel eines Workflows

Sollte die Risikoanalyse zum Ergebnis haben, dass durch die beantragte Zuweisung ein Risiko entsteht, kann der Workflow zum Sicherheitsbeauftragten (also zur Stufe ❸) umgeleitet werden.

Diesem Schritt kann dann die Verantwortung für die Zuweisung einer kompensierenden Kontrolle zugeordnet sein. Die Umleitung erfolgt automatisch, sie ist definiert als *Detour* (Umleitung) und an definierbare Bedingungen gebunden.

Detour

In beiden Fällen, also Freigabe ohne Risiko in Stufe ❷ oder Freigabe mit Risiko und kompensierender Kontrolle in Stufe ❸, kann am Ende des Workflows die automatische Provisionierung an die angeschlossenen (multiplen) Backend-Systeme erfolgen.

Autoprovisionierung

Im Folgenden beschreiben wir den Umgang mit besonderen Berechtigungen im SPM.

12.5 Superuser Privilege Management

Superuser Privilege Management (SPM) ermöglicht es, vorab Superuser-Zugriffe zu definieren, die im Bedarfsfall unmittelbar, also ohne weiteres Antragsverfahren, genutzt werden können. Wir beschreiben nur das SPM-Verfahren, das über spezielle IDs geht, SPM kann auch über ein reines Rollenkonzept genutzt werden. Im ID-basierten Verfahren wird ein Superuser in der Transaktion SU01 (Benutzerpflege) als Benutzer des Typs S (Service) angelegt. Diesem Benutzer werden dann die Rollen oder auch Profile zugeordnet, die für den spezifischen Gebrauch des Superusers vorgesehen sind.

Regelmäßig werden Sie Superuser unterschiedlichen Verwendungen und somit unterschiedlichen Berechtigungen zuordnen. Mögliche Beispiele sind:

Unterschiedliche Superuser

- Superuser für Periodenende
- Superuser für Jahreswechsel
- Superuser für kritische Basiszugriffe
- Superuser mit nahezu allen Berechtigungen

Ein derartiger Ansatz ist dringend anzuraten, da durch diese Methode auch kritische Zugriffe aus Geschäftsprozesssicht abgesichert werden können. Der Jahreswechsel ist hierfür ein gutes Beispiel. Mit ihm sind umfassende Berechtigungen kritischer Natur verbunden, die genau einmal im Jahr gebraucht werden. Es besteht also keine Veranlassung, diese Zugriffe für zwölf Monate im Jahr in einer normalen Endbenutzerrolle vorzuhalten und zugewiesen zu haben.

Die Superuser-ID (der Superuser) wird durch einen Verantwortlichen verwaltet. Dieser weist die ID dauerhaft einem oder mehreren Dialogbenutzern (Endbenutzern) zu, sodass der Endbenutzer im Bedarfsfall jederzeit auf diese ID zugreifen kann. Jede Superuser-ID ist auch einem Kontrolleur zugewiesen, dessen Aufgabe es ist, die Logfiles zu untersuchen.

Detaillierte automatische Logs

Sobald ein Endbenutzer eine Superuser-ID nutzen möchte, startet er die Transaktion /VIRSA/VFAT (Superuser-Berechtigungsverwaltung), wählt aus der ihm zugewiesenen Superuser-ID die angemessene aus und meldet sich über Logon in der Transaktion an. Zunächst muss der Benutzer einen Ursachencode, z. B. ein Helpdesk-Ticket, angeben, dann muss er dokumentieren, welche Transaktionen er verwenden möchte. Im nächsten Schritt wechselt er technisch die ID und kann unter der Superuser-ID die gewünschten Schritte ausführen. Mit diesem Wechsel startet ein detailliertes Logging aller Aktivitäten, basierend auf dem Change Directory und dem Systemlast-Log. Gleichzeitig werden Alerts erzeugt, um die Verantwortlichen über die Nutzung zu informieren.

In Abbildung 12.7 ist diese Abfolge dargestellt. Superuser-IDs sind Verantwortlichen zugeordnet, die über deren Zuweisung an Benutzer entscheiden.

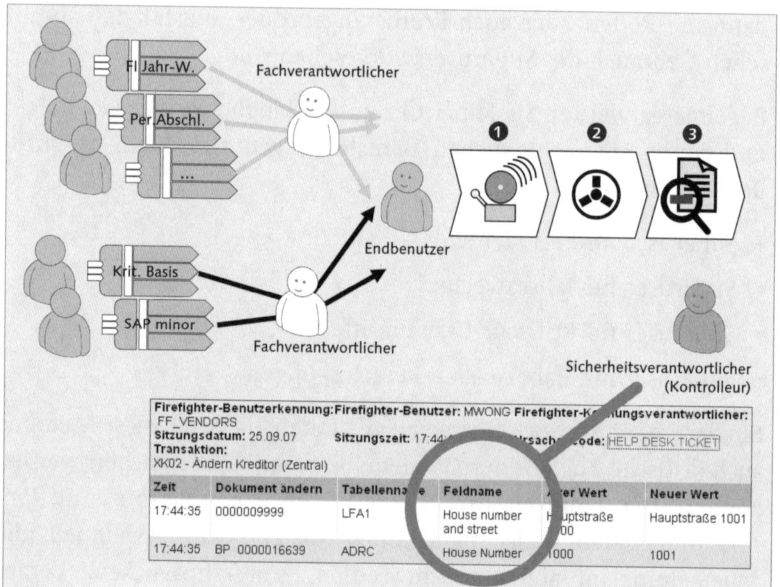

Abbildung 12.7 Superuser Privilege Management

Sobald ein Benutzer eine Superuser-ID nutzt, wird ein Alert ausgelöst ❶, und das Logging beginnt ❷. Der designierte Kontrolleur überprüft im Detail die vorgenommenen Einstellungen ❸.

Im Reporting kann unter anderem ausgewertet werden, welche Funktionstrennungsverstöße mit einer Superuser-ID begangen worden sind.

Im nächsten Abschnitt werden wir den Risk Terminator beschreiben.

12.6 Risk Terminator

Der *Risk Terminator* (RT) ist ein Plug-in, das im Profilgenerator und/oder in der Pflege des Benutzerstamms aktiviert wird. Diese Funktionalität erlaubt die Kontrolle von Benutzerstammänderungen oder Rollenänderungen gegen die Risikodefinitionen der RAR.

RT-Konfiguration

In Abbildung 12.8 sehen Sie den Konfigurationsbildschirm von RT.

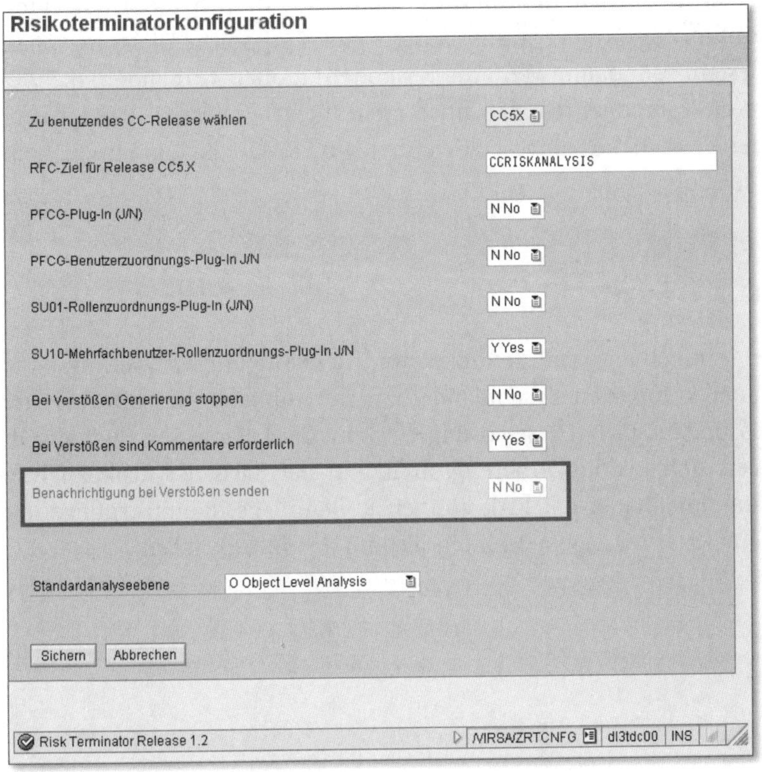

Abbildung 12.8 Pflegescreen für das Risk-Terminator-Plug-in

Für den Einsatz von RT ist eine RFC-Pflege erforderlich. Der in der Abbildung eingetrübte Bereich steht nicht für Access Control zur Verfügung. Diese Benachrichtigung ist nur sinnvoll in Vorläufer-Releases. Sämtliche anderen Funktionen stehen zur Verfügung:

- Releasewahl
- RFC-Ziel
- PFCG-Plug-in
- SU01-Plug-in
- SU10-Plug-in
- Generierung stoppen
- Kommentare
- Standardanalyseebene

Sie können überwiegend mit YES/NO ausgewählt werden.

RT ist vor allem in der Übergangsphase erforderlich, die sich in einem Einführungsprojekt zwangsläufig ergibt. Eine solche Übergangsphase besteht z. B. dann, wenn die Risikodefinitionen vorhanden, die weiteren Komponenten aber noch nicht integriert sind. Fallweise kann der RT auch dort eingesetzt werden, wo ERM nicht zum Einsatz kommen soll.

12.7 Fazit

Eine regelkonforme Benutzer- und Berechtigungsverwaltung ist in einer komplexen Systemlandschaft nur mit einer hochintegrierten Lösung möglich. Diese Lösung wird mit der Lösung SAP BusinessObjects Access Control bereitgestellt. Auf der Basis der Risikoanalysefunktionalitäten der RAR können Rollenpflege, Benutzerpflege und Superuser-Management integriert durchgeführt werden.

Bei der Verwendung und Integration verschiedener SAP-Lösungen in komplexen Systemlandschaften muss sichergestellt werden, dass die Benutzerstammsätze über Systemgrenzen hinweg konsistent eingesetzt werden können.

13 User Management Engine

Immer häufiger werden in Unternehmen heterogene Systemlandschaften eingesetzt, die aus einem SAP NetWeaver Application Server ABAP (AS ABAP), einem SAP NetWeaver Application Server Java (AS Java) und/oder externen Systemen bestehen. In diesem Zusammenhang ist es eine Herausforderung, die Benutzerstammsätze sowie die Berechtigungen der Benutzer in allen Systemen konsistent zu halten. Administratoren müssen Benutzer so pflegen, dass sie in integrierten Systemen mit den Berechtigungen des jeweiligen Systems arbeiten können.

Ein Beispiel für eine Applikation, die auf einer solchen integrierten Systemlandschaft basiert, ist SAP SRM. SAP SRM kann je nach verwendetem Szenario auf einem AS ABAP oder auf einem AS ABAP und einem AS Java basieren. Das SAP NetWeaver Portal, das auf einem AS Java läuft, wird jedoch benötigt, um auf die Funktionen von SAP SRM zugreifen zu können. Endanwender benötigen somit einen Benutzer und einen Benutzerstamm im SAP NetWeaver Portal, das über Portalrollen das Navigieren in SRM-Applikationen ermöglicht, und einen Benutzer in SAP SRM, um auf die Daten von SAP SRM zugreifen zu können.

Zur Administration von Benutzern und Rollen in SAP-Systemen, die auf dem AS Java basieren, dient die *User Management Engine* (UME). Sie wird über einen Browser aufgerufen und verfügt über alle Funktionen zur Benutzer- sowie Rollenerstellung für den Zugriff auf die Applikationen und Daten auf dem AS Java. Die UME wird dann eingesetzt, wenn in einer Systemlandschaft ein eigenständiger AS Java oder der AS ABAP zusammen mit AS Java genutzt werden und die Benutzerstämme trotzdem konsistent gehalten werden sollen. Mit der UME können Benutzer in integrierten Systemen zentral gepflegt werden.

Ziel dieses Kapitels ist es, Ihnen die Nutzung der UME für die Benutzeradministration und die Berechtigungserstellung zu erläutern. Dabei gehen wir auf einzelne Funktionalitäten der UME ein und beschreiben die Möglichkeiten zu ihrer Konfiguration sowie zur Berechtigungserstellung mittels UME.

13.1 Überblick über die UME

Datenquellen

Die UME ist das zentrale Werkzeug für die Benutzerverwaltung aller Java-Applikationen. Sie kann so konfiguriert werden, dass sie Benutzer verschiedener Datenquellen verwalten kann, sodass auf bestehende LDAP-Verzeichnisse (*Lightweight Directory Access Protocol*), AS-ABAP- oder Java-Systeme zugegriffen werden kann. Die UME ist Bestandteil und somit ein Service des AS Java und ist im AS Java als Standardbenutzerablage definiert (siehe SAP-Onlinehilfe – Stichwort *UME*).

Im folgenden Abschnitt werden die einzelnen Funktionen sowie die Architektur der UME näher erläutert. Ebenso werden die Benutzeroberfläche der UME sowie die UME-Konfiguration beschrieben.

13.1.1 UME-Funktionen

Um die Funktionen zur Benutzer- und Berechtigungsverwaltung der UME nutzen zu können, müssen Sie sich mit allen Funktionen der UME vertraut machen. Die UME verfügt über folgende Funktionalitäten:

- **Zugriff auf die UME**
  Zur Administration von Benutzern und Rollen benötigen Sie Zugriff auf das Identity Management[1] der UME im Browser. Im Identity Management können Benutzer, Rollen und Gruppen angelegt und bearbeitet werden.

1 Das Identity Management der UME ist eine Funktion zur Benutzer- und Rollenadministration und nicht zu verwechseln mit dem SAP NetWeaver Identity Management.

- **Verschiedene Datenquellen**
  Zur zentralen Verwaltung von Benutzern kann die UME so konfiguriert werden, dass sie verschiedene Datenquellen nutzt. Somit ist es möglich, Nutzerdaten aus diesen Quellen oder in diese Quellen zu lesen oder zu schreiben. Folglich kann z. B. ein AS ABAP als Datenquelle dienen, sodass die Nutzerdaten des ABAP-Servers genutzt werden und in der UME dargestellt werden können. Weitere Datenquellen für die UME können LDAP-Verzeichnisse oder die Datenbank des AS Java sein, aus denen die Nutzerinformationen gelesen werden.
- **Sicherheitseinstellungen in der UME**
  Analog zu den Einstellungsmöglichkeiten im AS ABAP gibt es auch in der UME die Möglichkeit, Passwort- und Benutzerregeln in den Sicherheitseinstellungen zu hinterlegen.
- **Protokollierung von Sicherheitseinstellungen**
  Alle Aktionen, die in der UME ausgeführt werden, z. B. erfolgreiche oder fehlgeschlagene Anmeldungen, werden in Protokollen festgehalten und können ausgewertet werden.
- **Self-Service-Szenarien der UME**
  Eine weitere Funktion der UME ist die Möglichkeit, Self-Service-Szenarien für Endanwender zu definieren. Mithilfe der Self-Service-Szenarien können sich Anwender selbst registrieren und ihre Benutzerdaten pflegen. Im Zuge dessen können außerdem Genehmigungsworkflows definiert werden.
- **Import- und Exportfunktionalitäten**
  Benutzer und Rollen können über die Import- und Exportfunktion ins System geladen oder exportiert werden, um in andere Systeme eingespielt zu werden.
- **Weitere Konfigurationsmöglichkeiten**
  Mittels der Konfiguration können Attribute zur einfachen Suche in der UME definiert werden. Dazu gehören z. B. die maximale Anzahl von Suchergebnissen oder die Anzeige von Suchergebnislisten.

Zweck der UME

Die UME wird genutzt, wenn ein SAP-System, das auf einem AS Java basiert, Teil der Systemlandschaft ist. Mit der UME können Sie festlegen, in welchem System Ihre Benutzer verwaltet werden und somit aus bzw. in welches System die UME die Benutzerinformationen liest oder schreibt. Ziel ist es, neben der Erstellung und Zuweisung von

Berechtigungen im AS Java Benutzerdaten über Systemgrenzen hinweg konsistent zu halten.

13.1.2 Architektur der UME

Die UME ist eine Softwarekomponente, deren Bestandteile u. a. eine Zentrale Benutzerverwaltung (hier: Identity Management) und Single Sign-on (SSO) sind (siehe SAP-Onlinehilfe – Stichwort *User Management Engine*). Die Dienste, die die UME bereitstellt, können von verschiedenen SAP-Anwendungen verwendet werden, die ebenfalls auf dem AS Java basieren, wie z. B. das Anmeldeverfahren an einem SAP NetWeaver Portal. Wie in Abbildung 13.1 dargestellt ist, besteht die UME aus verschiedenen Softwareschichten.

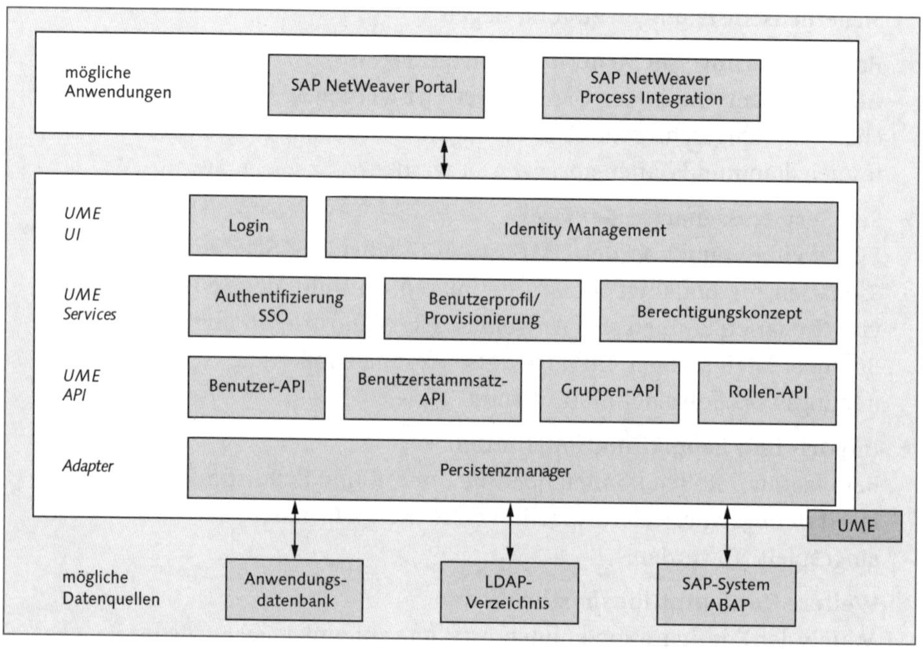

Abbildung 13.1 Architektur der UME

Persistenzmanager

Die UME kann, wie schon erwähnt, auf eine oder mehrere Datenquellen zugreifen. Dafür gibt es für jede Datenquelle einen eigenen *Persistenzmanager*, der sich zwischen der API (*Application Programming Interface*) und der jeweiligen Datenquelle befindet. Der Persistenzmanager ist ein Adapter, der für die Zuordnung von Nutzern, Nutzerkonten, Rollen und Gruppen zur jeweiligen Datenquelle verantwortlich ist.

UME-Services

Auf UME-API-Ebene werden Schnittstellen für Kunden und Entwickler zur Verfügung gestellt, um eigene Programme hinzuzufügen, die auf den *UME-Services* laufen. UME-Services sind Dienste, die den darüberliegenden Softwareschichten Funktionen zur Verfügung stellen, wie z. B. ein Berechtigungskonzept oder das Verfahren zur Anmeldung. Diese Dienste werden allen auf dem AS Java laufenden Anwendungen zur Verfügung gestellt, wie z. B. einem SAP NetWeaver Portal oder einer SAP NetWeaver Process Integration.

Zur Anmeldung an der Anwenderoberfläche sowie zur Nutzung des UIs des Identity Managements wird die Oberfläche der UME benötigt. Auf diesen Grundlagen können die Anwendungen, die auf dem AS Java laufen, wie z. B. SAP NetWeaver Portal oder der Web Channel des SAP CRM, die verschiedenen Funktionalitäten der UME nutzen. Die Oberfläche der UME stellt Möglichkeiten zur Benutzer- und Berechtigungsverwaltung sowie zur UME-Konfiguration bereit.

13.1.3 Oberfläche der UME

Aufrufen der UME

Die UME ist eine Web-Dynpro-basierte Applikation und wird über den Browser aufgerufen. Da die UME sowohl in den SAP NetWeaver Administrator (NWA) als auch in die Systemadministration des SAP NetWeaver Portals integriert ist, kann sie in beiden Applikationen aufgerufen werden. Eine dritte Möglichkeit ist das Aufrufen der UME als eigenständige Komponente. Sie können die UME im Detail folgendermaßen aufrufen:

- **Aufruf über den NWA**
  Die UME können Sie über die URL *http://<AS_Java_hostname>:<AS_Java_HTTP_port>/nwa* aufrufen (siehe Abbildung 13.2). Navigieren Sie im NWA zur Auswahl Systemlandschaft • Administration • Identity Management. In dieser Applikation kann die UME konfiguriert werden, und es können auch die Services der UME in Form des Identity Managements (Benutzer- und Rollenadministration) genutzt werden.
- **Aufruf über das Portal**
  Die Konsole der UME wird über die URL des Portals aufgerufen: *http://<AS_Java_hostname>:<AS_java_HTTP_port>/irj*. Damit Sie die UME-Konsole öffnen können, navigieren Sie zu Benutzeradministration • Identitätsverwaltung. Voraussetzung zum Auf-

ruf der UME und deren Services ist, dass der sich am Portal anmeldende Benutzer über Administrationsberechtigungen verfügt.

- **Aufruf der UME als eigenständige Komponente**
  Sie können die UME ebenfalls über *http://<AS_Java_hostname>:<AS_java_HTTP_port>/useradmin* aufrufen. Auch hier stehen Ihnen die Möglichkeiten zur Konfiguration der UME und zur Nutzung der Benutzer- und Rollenadministration zur Verfügung.

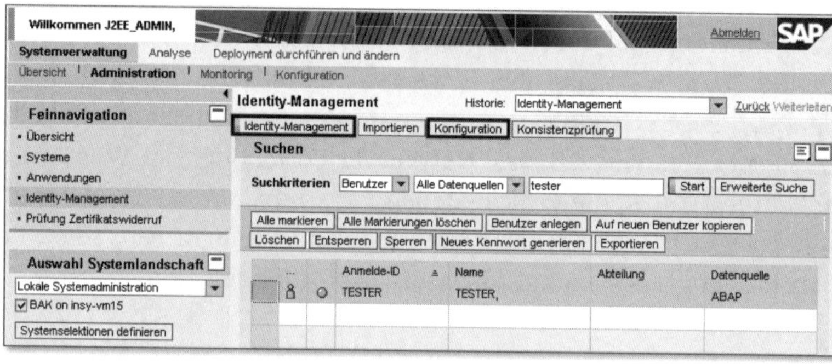

Abbildung 13.2 Zugriff auf die UME im NWA

Identity Management

Im Identity Management können sowohl Benutzer und Rollen als auch Gruppen verwaltet werden. Einen weiteren Dienst stellt z. B. die Konfiguration der UME dar.

Damit die UME jedoch in der Systemarchitektur korrekt genutzt werden kann, müssen Sie sie zuvor konfigurieren. Sie können die Konfiguration der UME über die bereits in diesem Abschnitt beschriebenen URLs aufrufen und dann zu KONFIGURATION navigieren.

13.1.4 Konfiguration der UME

Werkzeuge zur UME-Konfiguration

Die UME kann sowohl über den Browser als auch über das Configuration Tool konfiguriert werden. Das Configuration Tool ist ein Offline-Tool, das zur Konfiguration der Services des AS Java dient und zur detaillierten Konfiguration der UME genutzt werden kann. In der UME-Konfiguration im Browser können Sie folgende Funktionen konfigurieren:

- Datenquellen
- Sicherheitskonzept
- Benachrichtigungs-E-Mails

- Benutzerverwaltungs-UI
- Support

Konfiguration der Datenquellen

Auf der Registerkarte Datenquellen der UME-Konfiguration können Sie festlegen, aus und in welche Datenquellen die Benutzerdaten gelesen und geschrieben werden (siehe Abbildung 13.3). Die Auswahl der Datenquelle kann bereits während der Installation des AS Java erfolgen. Die Konfigurationen der Datenquellen werden in Konfigurationsdateien in Form von XML-Dateien ausgeliefert.

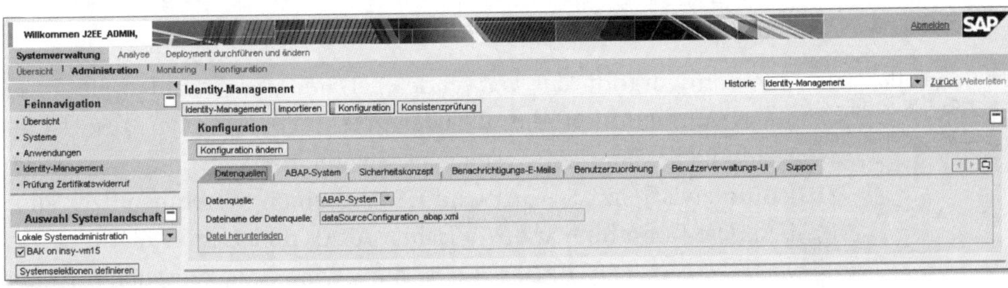

Abbildung 13.3 Konfiguration der Datenquellen

Die Auswahl der Datenquelle richtet sich nach der Verwendungsart des AS Java. Dieser kann als eigenständiger Application Server installiert sein oder als Teil eines Systems, das sowohl über einen AS Java als auch einen AS ABAP verfügt.

Datenquelle eines eigenständigen AS Java

Bei der Installation eines eigenständigen AS Java wird die Systemdatenbank als Datenquelle festgelegt. Die Konfigurationsdatei heißt *dataSourceConfiguration_database_only.xml*. Die Systemdatenbank ist bei einem AS Java immer an die UME gebunden, da dort z. B. die UME-Rollen abgelegt werden. UME-Rollen beinhalten eine Sammlung von Berechtigungen auf Web-Dynpro-Anwendungen und Daten. Detaillierte Informationen zu UME-Rollen finden Sie in Abschnitt 13.2.1, »UME-Rollen«.

Datenquelle eines AS-ABAP- und AS-Java-Systems

Bei einem SAP-System, das sowohl aus einem AS ABAP als auch einem AS Java besteht, wird das ABAP-System als Datenquelle festgelegt. Die dazugehörige Konfigurationsdatei ist *dataSourceConfiguration_abap.xml*.

Ändern von Datenquellen

Es gibt Möglichkeiten, die bestehenden Datenquellen in eingeschränktem Umfang zu ändern, da es zu Inkonsistenzen führen kann, wenn die Datenquellen nachträglich geändert werden. Ist die Systemdatenbank als Datenquelle konfiguriert, ist es möglich, zu einem LDAP-Verzeichnis oder einem AS ABAP als Datenquelle zu wechseln. Um Inkonsistenzen zu verhindern, müssen Sie darauf achten, dass die neuen Datenquellen keine Benutzer oder Gruppen mit demselben Namen enthalten.

Wenn Sie ein ABAP-System als Datenquelle konfiguriert haben, können Sie diese Einstellung nicht nochmals ändern. Möglichkeiten zur Änderung der Datenquelle bestehen für Sie jedoch, wenn Sie als Datenquelle ein LDAP-Verzeichnis angegeben haben. Sie können dieses durch ein anderes Verzeichnis ersetzen.

Konfiguration des ABAP-Systems/ LDAP-Verzeichnisses

Zur Konfiguration der verwendeten Datenquelle wählen Sie in der UME-Konfiguration die Registerkarte DATENQUELLEN aus. Ist als Datenquelle ein ABAP-System ausgewählt, müssen Sie zur Kommunikation zwischen AS ABAP und AS Java einen Systembenutzer angeben. Die Kommunikation zwischen ABAP und Java erfolgt über den *Java Connector* (JCo). Der JCo ist die Verbindung zwischen AS ABAP und AS Java und ermöglicht die Kommunikation. Die Zugangsdaten des Systembenutzers werden in dieser Konfigurationseinstellung hinterlegt. Gespeichert sind hier Benutzername, Passwort, Mandant sowie eine Anmeldesprache des Kommunikationsbenutzers. Dieser Kommunikationsbenutzer heißt SAPJSF und ist im AS ABAP mit den notwendigen Berechtigungen abgelegt. Dafür werden im AS ABAP zwei PFCG-Rollen (siehe Abschnitt 6.3.2, »Anlage und Pflege von Rollen«) ausgeliefert:

- **SAP_BC_JSF_COMMUNICATION_RO**
  Der Systembenutzer SAPJSF und somit die UME erhalten nur lesenden Zugriff auf die Benutzerdaten des ABAP-Systems.
- **SAP_BC_JSF_COMMUNICATION**
  Mittels dieser PFCG-Rolle erhält die UME ebenfalls schreibenden Zugriff auf die Benutzerdaten, die im AS ABAP abgelegt sind.

Ist ein LDAP-Verzeichnis als Datenquellen angegeben, müssen Zugriffsdaten auf dem Server des LDAP-Verzeichnisses hinterlegt werden. Dazu gehören u. a. der Servername, der Serverport und eine Benutzerkennung, die zur Verbindung zwischen AS Java und LDAP-Verzeichnis genutzt wird.

Konfiguration des Sicherheitskonzepts

In der Konfigurationseinstellung des Sicherheitskonzepts können Sie Einstellungen zur Länge der Benutzer-IDs sowie Passwortregeln hinterlegen. Teil der Passwortregeln ist die Länge des Passworts sowie dessen Zusammensetzung aus Groß- und Kleinbuchstaben und Sonderzeichen. Darüber hinaus können Sie die Gültigkeitsdauer des Passwortes festlegen und bestimmen, wie viele fehlgeschlagene Anmeldeversuche von einem Benutzer durchgeführt werden können.

Konfiguration der Benachrichtigungs-E-Mails

Beim Eintreten von bestimmten Ereignissen kann die UME so konfiguriert werden, dass Benachrichtigungs-E-Mails an den Administrator oder Benutzer verschickt werden. Auf der Registerkarte BENACHRICHTIGUNGS-E-MAILS können Sie die Konfiguration dafür vornehmen. Dazu gehören z. B. eine erfolgreiche Selbstregistrierung des Benutzers, das Anlegen, Löschen, Sperren oder Entsperren eines Benutzerkontos oder das Importieren eines Benutzers. Voraussetzung für das erfolgreiche Versenden von Benachrichtigungen ist, dass die E-Mail-Adressen in den Benutzerstammsätzen korrekt gepflegt sind.

Konfiguration des UIs zur Benutzerverwaltung

Über die Registerkarte BENUTZERVERWALTUNGS-UI können Sie Einstellungen, wie z. B. den Anmeldebildschirm für Endanwender, konfigurieren. Darüber hinaus kann die Suchergebnisliste für das Suchen nach Benutzern, Rollen oder Gruppen mittels Konfiguration angepasst werden.

Support

Um Änderungen in der Konfiguration nachvollziehen zu können, haben Sie die Möglichkeit, über die Registerkarte SUPPORT die Konfigurationsdateien in Form von XML-Dateien herunterzuladen. Diese Dateien geben Aufschluss über den aktuellen Stand der Konfiguration.

Aktivitäten nach der UME-Konfiguration

Nachdem Sie die Konfiguration der UME abgeschlossen haben, müssen alle betroffenen Java-Instanzen neu gestartet werden, damit die Änderungen aktiv werden.

Sobald die Konfiguration der UME abgeschlossen ist und somit die zu verwendende Datenquelle feststeht, können Sie ein Berechtigungskonzept umsetzen, das in allen angeschlossenen Systemen wirksam wird. Dafür sind Kenntnisse im Berechtigungskonzept des SAP NetWeaver AS Java notwendig.

13.2 Berechtigungskonzept des SAP NetWeaver AS Java

Komponenten des Berechtigungskonzepts im SAP NetWeaver AS Java

Wie im AS ABAP kann auch im AS Java der Zugriff auf Applikationen sowie Daten über Berechtigungen gesteuert werden. Das Berechtigungskonzept ist im AS Java ebenfalls rollenbasiert. Über die UME können UME-Rollen, UME-Aktionen sowie UME-Gruppen und Benutzer verwaltet werden. Das Berechtigungskonzept des AS Java beinhaltet außerdem noch J2EE-Sicherheitsrollen, die nicht über die UME verwaltet oder zugewiesen werden. Dieser Abschnitt erläutert diese Begriffe sowie deren Zusammenhang näher.

13.2.1 UME-Rollen

Um Benutzern Zugriff auf Java-Applikationen sowie deren Aktionen zu gewähren, werden ihnen Berechtigungen in Form von UME-Rollen zugewiesen (siehe SAP-Onlinehilfe – Stichwort *UME Role*). Das Identity Management dient der Vergabe der Berechtigungen und Pflege von Benutzern. Die UME-Rollen beinhalten Berechtigungen, die im Coding als Berechtigungsprüfungen hinterlegt werden.

Permission

Diese Berechtigungsprüfungen werden als *Permissions* im Coding definiert und sind analog zu den ABAP-Berechtigungsobjekten zu verstehen. Permissions werden innerhalb der Anwendungen bei der Ausführung von Aktionen, wie z. B. Ändern, als Berechtigungsprüfungen im Coding geprüft (siehe SAP-Onlinehilfe – Stichwort *UME Permission*). Permissions können dem Anwender nicht direkt zugewiesen werden.

UME-Rollen können sowohl Benutzern als auch Benutzergruppen zugewiesen werden. Diese Rollen können nur im Identity Management verwaltet werden. SAP liefert bereits einige Standard-UME-Rollen aus. Je nach verwendeter Applikation können diese variieren. Somit werden UME-Rollen z. B. für das SAP NetWeaver Portal oder Portalrollen für SAP SRM ausgeliefert.

UME-Standardrollen

Typische UME-Standardrollen sind z. B. *Administrator* oder *Everyone*. Zur Administration des AS Java benötigt der Benutzer die UME-Rolle *Administrator*. Grundlegende Berechtigungen im AS Java können jedem Benutzer über die Rolle *Everyone* zugewiesen werden.

UME-Rollen enthalten programmatische Berechtigungsprüfungen. Diese Prüfung ist im Coding eingebaut und wird jeweils beim Aufruf einer Java-Applikation geprüft. Darüber kann die Anzeige von Bedienelementen in der Java-Applikation gesteuert werden. Somit können einige Bedienelemente für die Benutzer mit den notwendigen Berechtigungen sichtbar und für die Benutzer, denen die Berechtigung fehlt, nicht sichtbar sein.

Programmatische Berechtigungsprüfung

13.2.2 UME-Aktionen

Die Berechtigungen werden in Form von Permissions den UME-Rollen zugewiesen. Diese Permissions werden jedoch nicht direkt den UME-Rollen zugeordnet, sondern sind Teil von UME-Aktionen. Die Permissions werden in XML-Dateien definiert. UME-Aktionen bündeln Permissions. Tabelle 13.1 stellt einige grundlegende UME-Aktionen dar:

UME-Aktion	Beschreibung
`Manage_All`	Administrationsberechtigungen für die gesamte Benutzer- und Rollenadministration sowie zur Konfiguration der UME
`Manage_Users`	Administrationsberechtigung, die den Benutzer nur die Benutzer verwalten lässt, die zum selben Unternehmen gehören wie der Benutzer selbst
`Read_All`	Leseberechtigungen auf alle Benutzer, Rollen und Gruppen in allen Unternehmen
`Selfregister_User`	Verwendung des Formulars zur Selbstregistrierung

Tabelle 13.1 Beispiele für UME-Aktionen

Sie können UME-Rollen und -Aktionen im Identity Management sehen, indem Sie sich über die Suche Rollen anzeigen lassen. Abbildung 13.4 zeigt die UME-Rolle SAP_JAVA_NWADMIN_LOCAL. Dieser Rolle sind auf der Registerkarte ZUGEORDNETE AKTIONEN 17 UME-Aktionen zugeordnet, u. a. die UME-Aktion `Manage_All`, die zum Service UME gehört.

Mittels UME-Rollen und somit UME-Aktivitäten erhalten Endanwender Zugriff auf Java-Applikationen sowie die Möglichkeit, Aktionen in ihnen auszuführen. Wenn Endanwender sich jedoch Daten aus einem Backend-System in einer Java-Applikation anzeigen lassen möchten, benötigen sie ebenfalls Zugriffsberechtigungen auf diese Daten im Backend-System. Für diese Zwecke werden UME-Gruppen benötigt.

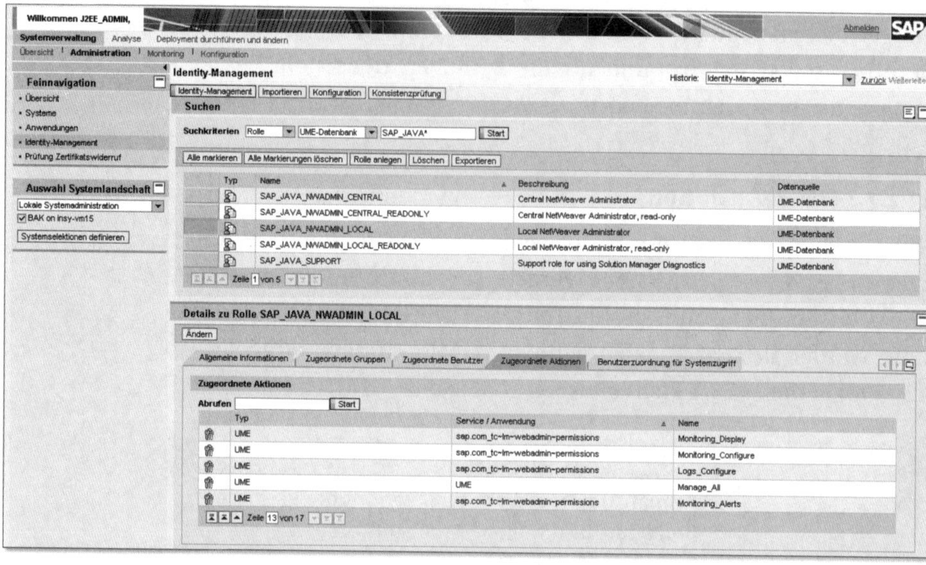

Abbildung 13.4 UME-Rollen und UME-Aktivitäten

13.2.3 UME-Gruppe

Zusammenhang zwischen UME-Rolle, UME-Aktivität und UME-Gruppe

UME-Gruppen sind Gruppen, denen sowohl Benutzer als auch UME-Rollen zugewiesen werden können. UME-Gruppen können sich hierarchisch aufbauen und können somit sowohl über- als auch untergeordnete Gruppen besitzen. Der Zusammenhang zwischen UME-Gruppen, UME-Rollen, UME-Aktionen und Permissions wird in Abbildung 13.5 deutlich.

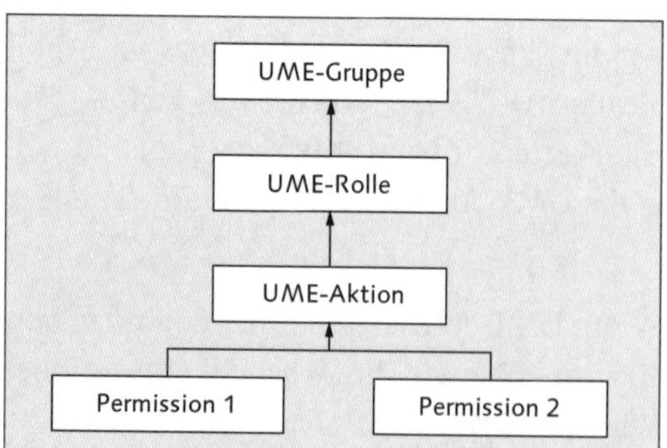

Abbildung 13.5 Aufbau einer UME-Gruppe

UME-Aktionen bestehen aus Permissions. Damit ein Benutzer Berechtigungen erhält, werden diese UME-Aktionen UME-Rollen zugewiesen. UME-Rollen können UME-Aktionen von einer oder mehreren Java-Applikationen enthalten. Die UME-Rolle kann dem Benutzer direkt zugewiesen werden oder über UME-Gruppen. Ist der Benutzer einer UME-Gruppe zugewiesen, die ebenfalls über UME-Rollen verfügt, erhält der Endanwender somit die in den UME-Rollen enthaltenen Berechtigungen.

Zugriff auf Daten im SAP NetWeaver AS ABAP

In SAP-Systemen, die aus einem AS ABAP und einem AS Java bestehen, müssen die Berechtigungen aus beiden Applikationsservern dem Anwender zugewiesen werden. Da in diesem Fall die Datenquelle der AS ABAP ist, muss sichergestellt werden, dass der Benutzer auch im AS Java mit den richtigen Berechtigungen versehen wird. Dazu können UME-Gruppen verwendet werden.

PFCG-Rollen

Um die PFCG-Rollen des AS ABAP in der UME darzustellen, werden diese als UME-Gruppen angezeigt. Ist ein Benutzer also einer oder mehreren PFCG-Rollen im ABAP-System zugewiesen, wird das in der UME so dargestellt, als wäre der Benutzer verschiedenen UME-Gruppen zugewiesen.

Zur Zuweisung von UME-Rollen über das ABAP-System müssen zwei Schritte vollzogen werden: Erstellen Sie im AS ABAP eine leere PFCG-Rolle. Diese wird im AS Java als UME-Gruppe angezeigt. Die UME-Rolle muss dieser UME-Gruppe zugewiesen werden. Diese PFCG-Rolle wird dem Endanwender zugewiesen. Wird diese PFCG-Rolle nun dem Benutzer im AS ABAP zugewiesen, erhält der Benutzer automatisch die dazugehörigen UME-Berechtigungen (siehe Abbildung 13.6).

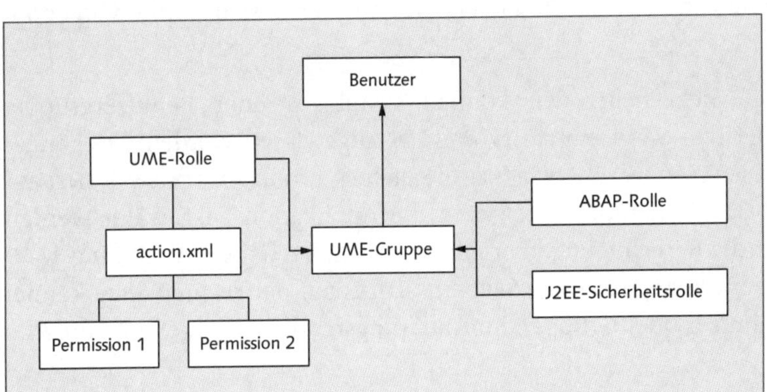

Abbildung 13.6 Zusammenhang zwischen UME-Rollen und PFCG-Rollen

Zuweisung von Rollen

Die Zuweisung von Benutzern zu UME-Gruppen, die PFCG-Rollen zugewiesen sind, funktioniert nur im AS ABAP. Im Identity Management sind diese Gruppen nur lesbar und können keinen Benutzern zugeordnet werden. Ihnen können lediglich weitere UME-Rollen oder J2EE-Sicherheitsrollen zugewiesen werden.

13.2.4 J2EE-Sicherheitsrollen

Deklarative Berechtigungen

Eine weitere Möglichkeit, Java-Applikationen oder Services zu schützen, ist das Verwenden von *J2EE-Sicherheitsrollen*. Diese gehören zum J2EE-Standard und sind nicht so fein steuerbar wie UME-Rollen (siehe SAP-Onlinehilfe – Stichwort *Security Role*). Die Berechtigungen der J2EE-Sicherheitsrollen sind nicht im Coding hinterlegt. Sie sind stattdessen als Rolle im Java-Container der Applikation definiert. Beim Aufruf der Applikation wird geprüft, ob der Anwender über die notwendigen Berechtigungen verfügt. Die Vergabe dieser Art von Berechtigungen wird als *deklarative Berechtigungsprüfung* bezeichnet.

Programmatische Berechtigungen

Eine weitere Vergabeart ist die programmatische Berechtigung. Im Quellcode werden beim Ausführen von Aktionen die Berechtigungen geprüft. Diese Berechtigungsprüfung kann somit auch sehr fein gesteuert werden. Die Permissions, die über UME-Aktionen in UME-Rollen zugewiesen sind, beruhen auf der programmatischen Berechtigungsvergabe.

Visual Administrator

J2EE-Sicherheitsrollen können nur über den *Visual Administrator* (Visual Admin) zugewiesen werden. Dieses Tool dient der Anzeige der Eigenschaften von Services und kann zum Starten und Stoppen von Anwendungen verwendet werden. Darüber hinaus kann die Benutzeradministration ebenfalls über den Visual Admin vorgenommen werden.

Zuweisen von J2EE-Sicherheitsrollen

J2EE-Sicherheitsrollen können Benutzern oder Benutzergruppen über den Service *Security Provider* zugewiesen werden. Sie können diesen Service über SERVER • SERVICES erreichen. Unter RUNTIME • POLICY CONFIGURATIONS kann die Applikation ausgewählt werden, für die Berechtigungen erteilt werden sollen (siehe Abbildung 13.7). Über die Registerkarte SECURITY ROLES auf der rechten Seite können Benutzer oder Gruppen im Änderungsmodus hinzugefügt werden.

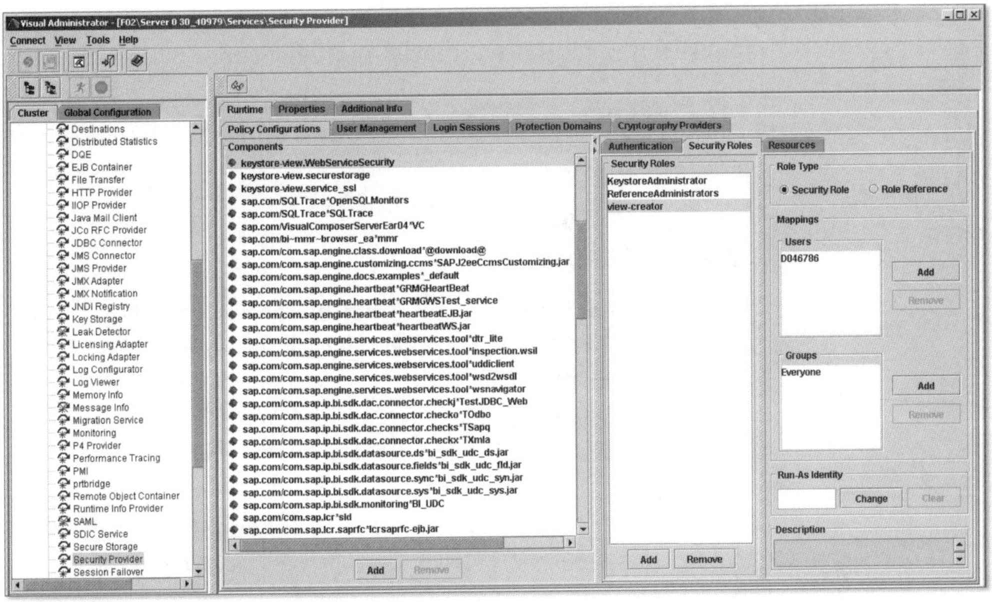

Abbildung 13.7 Zuweisen von J2EE-Sicherheitsrollen

13.3 Benutzer- und Rollenadministration mit der UME

Einfache Suche der UME

Benutzer und UME-Rollen können im Identity Management verwaltet werden. Sie haben im Identity Management die Möglichkeit, sich Benutzer, UME-Rollen oder UME-Gruppen über die einfache Suche anzeigen zu lassen und Einblicke in deren detaillierte Informationen und Zuordnungen untereinander zu erhalten. Benutzer können Sie ebenso in der erweiterten Suche finden.

Darüber hinaus können Sie Benutzer, UME-Rollen und UME-Gruppen selbst anlegen und untereinander zuweisen. Im Standard sind je nach installiertem SAP-System UME-Rollen und UME-Gruppen bereits enthalten. Dieser Abschnitt erläutert die grundlegenden Funktionen der Benutzer- und Rollenadministration.

13.3.1 Voraussetzungen zur Benutzer- und Rollenadministration

Administrationsberechtigungen

Damit Sie Benutzer, Rollen und Gruppen verwalten können, benötigen Sie die notwendigen Berechtigungen. SAP liefert hierfür einige UME-Aktionen, die dem Benutzer die notwendigen Berechtigungen geben. Diese können Sie beliebig kombinieren und einem Administrationsbenutzer zuweisen. Tabelle 13.2 zeigt einige Beispielaktionen.

UME-Aktion	Beschreibung
Manage_All	Pflegeberechtigungen für Benutzer, Rollen und Gruppen
Read_All	Leseberechtigungen für Benutzer, Rollen und Gruppen
Manage_All_Companies	Pflegeberechtigungen für Benutzer, unabhängig von deren Zuweisung zu einer Firma; Pflege und Zuweisung von Rollen und Gruppen ist nicht möglich
Manage_All_User_Passwords	Änderungsberechtigungen nur für das Passwort des Benutzers
Manage_Groups	Pflegeberechtigungen für Gruppen
Manage_Roles	Pflegeberechtigungen für Rollen

Tabelle 13.2 UME-Aktionen zur Verwaltung von Benutzern und Rollen

Vergabe von Administrationsberechtigungen über SAP NetWeaver AS ABAP

Ist ein ABAP-System als Datenquelle in der UME eingetragen, können einem Administrator auch über das ABAP-System Berechtigungen erteilt werden. Die PFCG-Rolle SAP_J2EE_ADMIN verweist auf die gleichnamige UME-Gruppe. Diese UME-Gruppe beinhaltet alle notwendigen UME-Administrationsrollen. Sobald alle notwendigen Berechtigungen zur Administration vergeben sind, können Sie Benutzer, UME-Rollen und UME-Gruppen verwalten.

13.3.2 Administration von Benutzern

Anlegen von Benutzern

Benutzer können im Identity Management angelegt und aktualisiert werden. Beim Anlegen von Benutzern können Sie auf der Registerkarte Allgemeine Informationen die Benutzer-ID angeben, das initiale Passwort festlegen sowie grundlegende Daten zum Benutzer, wie Name, E-Mail-Adresse oder Sprache, einstellen. Auf der Registerkarte Kontoinformationen stehen allgemeine Informationen zum Benutzerkonto. Ist ein Benutzer gesperrt oder ist die Gültigkeitsdauer des Benutzers abgelaufen, wird Ihnen dies auf dieser Registerkarte angezeigt. Die Adresse des Benutzers können Sie auf der Registerkarte Kontaktinformationen pflegen. Darüber hinaus kann die organisatorische Zuordnung auf der Registerkarte Zusätzliche Informationen verwaltet werden.

Zuordnen von Berechtigungen

Die eigentliche Zuordnung von Berechtigungen können Sie über die Registerkarte ZUGEORDNETE ROLLEN sowie ZUGEORDNETE GRUPPEN vornehmen. Zum Hinzufügen von weiteren Rollen klicken Sie auf den Button ÄNDERN. Die Sicht ändert sich, sodass bereits zugewiesene Rollen in der rechten Hälfte angezeigt werden und im System vorhandene Rollen in der linken Hälfte erscheinen. Zum Suchen von vorhandenen Rollen können Sie die Suchkriterien nach einer vorhandenen Datenquelle und einem Rollennamen nutzen. Die gefundenen Rollen werden in der Sucherergebnisliste angezeigt. Zum Hinzufügen einer Rolle markieren Sie diese und klicken auf den Button HINZUFÜGEN. Die zugewiesene Rolle wird nun in der rechten Spalte angezeigt (siehe Abbildung 13.8).

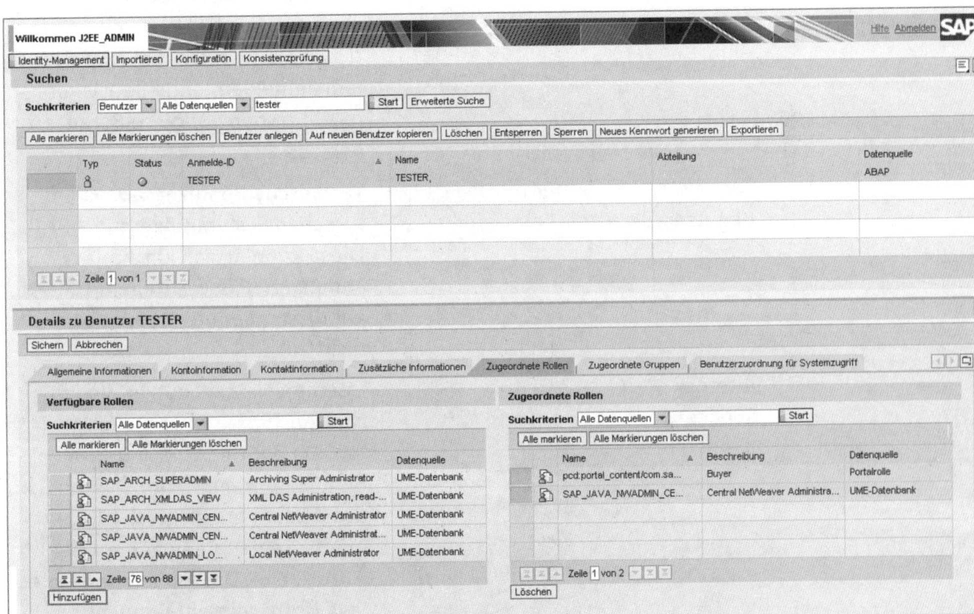

Abbildung 13.8 Verwalten von Benutzern

Stammt der Nutzer aus einem anderen System und wird lediglich in der UME angezeigt, wird das angeschlossene System auf der Registerkarte BENUTZERZUORDNUNG FÜR SYSTEMZUGRIFF angezeigt.

13.3.3 Benutzertypen

Mapping von Benutzertypen

Wie im AS ABAP unterscheidet man auch im AS Java Benutzertypen (siehe Abschnitt 6.1.1, »Benutzer/Berechtigung«). Die Benutzertypen können in der UME in jedem Benutzerstammsatz auf der Registerkarte ALLGEMEINE INFORMATIONEN angegeben werden. Ist ein ABAP-System als Datenquelle in der UME konfiguriert, werden neben den Benutzerdaten auch die Benutzertypen zwischen den jeweiligen Applikationsservern gemappt. Änderungen im AS ABAP werden in die UME übertragen. Je nach UME-Konfiguration können Änderungen in der UME in den AS ABAP geschrieben werden. Tabelle 13.3 zeigt die Benutzertypen, die Sie vergeben können.

Benutzertyp	Zugehöriger ABAP-Benutzertyp	Beschreibung
Standard	Dialog	Standardbenutzer im AS Java haben entsprechende Dialogbenutzer im AS ABAP. Somit können sich diese Benutzer am Java-System anmelden, und alle Passwortregeln treffen auf diese Benutzertypen zu.
Technischer Benutzer	System	Technische Benutzer in Java entsprechen Systemnutzern in ABAP. Diese können sich am AS Java anmelden. Passwortregeln treffen auf diesen Benutzertyp jedoch nicht zu.
Interner Servicebenutzer	–	Interne Servicebenutzer dienen zum Ausführen interner Tätigkeiten. Da der Benutzer mit diesem Benutzertyp nur in der Datenbank des AS Java angelegt ist, gibt es hierfür keinen Benutzer auf der ABAP-Seite. Die Anmeldung am AS Java ist mit diesem Benutzer jedoch nicht möglich.
Unbekannt	Kommunikation, Service, Referenz	Die ABAP-Benutzertypen Kommunikation, Service und Referenz existieren nur im ABAP-System. Je nach den Eigenschaften dieser Benutzertypen können sich diese Benutzer am ABAP-System anmelden, oder die dort definierten Passwortregeln treffen zu.

Tabelle 13.3 Benutzertypen im AS Java

13.3.4 Administration von UME-Rollen

Zuweisen von UME-Rollen

UME-Rollen enthalten Berechtigungen zum Ausführen von Aktionen in Applikationen sowie zum Zugriff auf Daten im AS Java. Diese Rollen können direkt oder indirekt, über die Verwendung von UME-Gruppen, Anwendern zugewiesen werden (siehe Abbildung 13.9).

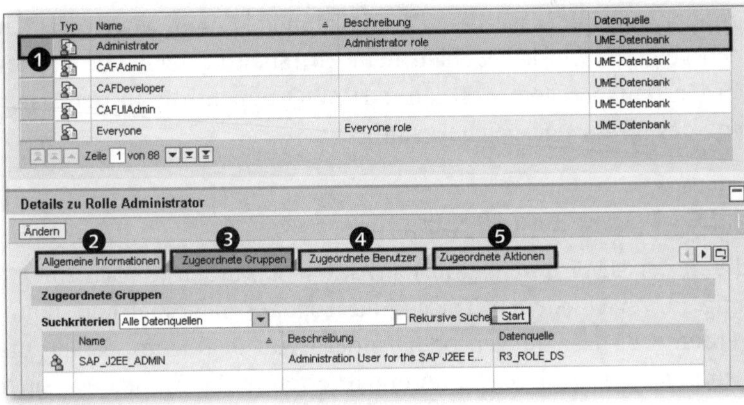

Abbildung 13.9 Komponenten einer UME-Rolle

Pflege von UME-Rollen

Beim Pflegen oder Anlegen neuer UME-Rollen ❶ können Sie folgende Informationen pflegen:

- **Allgemeine Informationen ❷**
  Auf dieser Registerkarte sind allgemeine Daten einer Rolle gespeichert, wie z. B. Name der Rolle, Rollenbeschreibung und Rollen-ID.
- **Zugeordnete Gruppen ❸**
  Gruppen können Rollen zugewiesen werden. Ob es sich um eine Gruppe zur Sammlung von Benutzern oder Rollen oder um eine ABAP-Rolle handelt, sehen Sie in der Spalte DATENQUELLE. Ist einer UME-Rolle eine Gruppe einer ABAP-Datenquelle zugewiesen, handelt es sich um eine PFCG-Rolle. Die Gruppe dient somit als Verbindung zwischen der UME-Rolle und der PFCG-Rolle.
- **Zugeordnete Benutzer ❹**
  Benutzer können UME-Rollen direkt zugewiesen werden. Die bereits zugewiesenen Benutzer können auf der Registerkarte ZUGEORDNETE BENUTZER angezeigt und ergänzt werden.
- **Zugeordnete Aktionen ❺**
  Die eigentlichen Berechtigungen sind in den Aktionen enthalten. Auf dieser Registerkarte können Sie einer Rolle weitere Aktionen hinzufügen oder bestehende entfernen.

13.3.5 Administration von UME-Gruppen

UME-Gruppen und PFCG-Rollen

Sobald Sie Ihre UME so konfiguriert haben, dass der AS ABAP als Datenquelle angegeben ist, werden alle PFCG-Rollen des AS ABAP als UME-Gruppe dargestellt. Es können sowohl Einzel- als auch Sammelrollen als Gruppe angezeigt werden. Die Zuweisung von Einzel- und Sammelrollen kann in der UME mittels über- und untergeordneter Gruppen abgebildet werden. Diese Gruppen können weder geändert noch gelöscht werden. Sobald neue Gruppen in der UME angelegt werden, entsprechen diesen nur UME-Gruppen, die in der Datenbank des AS Java gespeichert sind.

13.3.6 Tracing und Logging

Alle in der UME durchgeführten Aktionen werden je nach Anwendung in verschiedenen Trace- und Logdateien gespeichert. Somit werden z. B. das Anlegen oder Ändern von Benutzern, Rollen und Gruppen oder erfolgreiche und nicht erfolgreiche Anmeldeversuche protokolliert.

Trace- und Logdateien

Im Folgenden geben wir Ihnen eine Übersicht über die wichtigsten Trace- und Logdateien:

- **Security Log**
  Diese Log-Datei enthält allgemeine Informationen für erfolgreiche oder fehlgeschlagene Anmeldungen und Berechtigungsprüfungen. Darüber hinaus werden alle Änderungen an Benutzern, Rollen und Gruppen protokolliert. Diese Datei finden Sie im Betriebssystem unter dem Pfad *\usr\sap\<SID>\<Instanz_Nummer>\j2ee\cluster\server<X>\log\system\security.<n>.log*.
- **Security Audit Log**
  Das Anlegen, Ändern oder Löschen von Benutzern, Benutzerstammsätzen, Rollen und Gruppen wird im Security Audit Log protokolliert. Dieses Protokoll ist Teil des Security Logs und wird in der Protokolldatei als Kategorie `System/Security/Audit` markiert.
- **Trace-Dateien**
  Diese Dateien enthalten alle Trace-Informationen des Servers. Teile davon sind ebenfalls Informationen zu UME-Services. Protokolliert werden Ausnahmen und Warnungen. Die Datei finden Sie unter *\usr\sap\<SID>\<instance_number>\j2ee\cluster\server<X>\log\defaultTrace.<n>.trc*.

- **Directory Server Log**
  Haben Sie einen LDAP-Verzeichnisdienst als Datenquelle definiert, können Sie protokollierte Ereignisse, wie z. B. Zugriffe auf den Directory Server, im Directory Server Log lesen.

Zugriff auf Trace- und Logdateien über Log Viewer

Die Trace- und Logdateien werden auf Betriebssystemebene gespeichert. Diese können Sie sich jedoch auch unabhängig vom Zugriff auf das Betriebssystem im Log Viewer des Visual Administrators auf der Registerkarte CLUSTER: <SID> • SERVER • SERVICES • LOG VIEWER ansehen (siehe Abbildung 13.10).

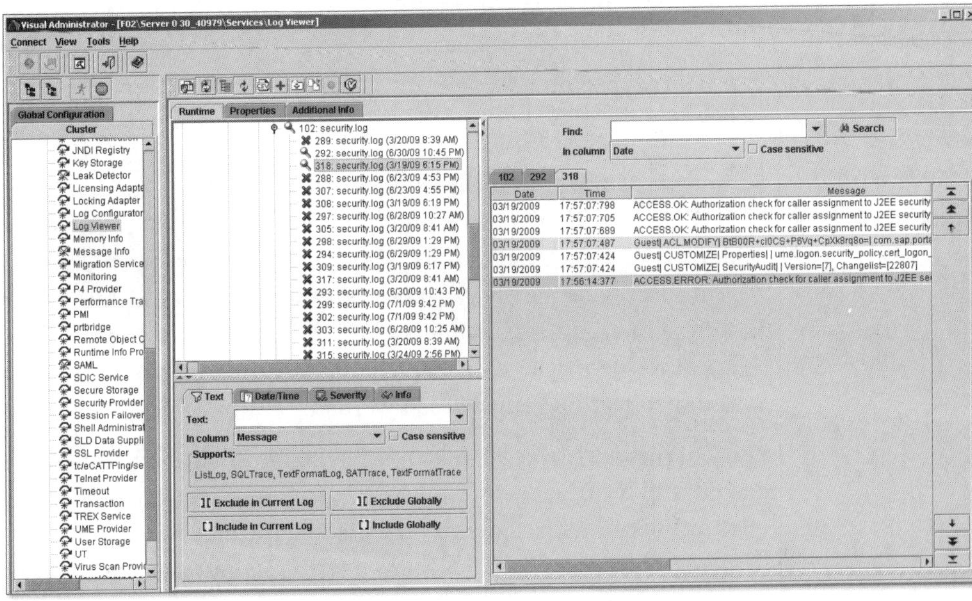

Abbildung 13.10 Log Viewer des Visual Administrators

Zugriff auf Trace- und Logdateien über NWA

Eine weitere Möglichkeit zur Ansicht von Protokoll- und Trace-Dateien haben Sie mittels der Nutzung des NWA. Sie gelangen zu den Log- und Trace-Dateien über SYSTEMVERWALTUNG • MONITORING. Wählen Sie in der Suche die vordefinierte Sicht EXPERTE aus. Im darunterliegenden Auswahlmenü können Sie die Security Logs und Trace-Dateien auswählen (siehe Abbildung 13.11).

Zentrale Verwaltung von Benutzern

Um sicherzustellen, dass Benutzer und Benutzerstammsätze in einer Systemlandschaft mit SAP-Systemen, die sowohl auf dem AS ABAP als auch auf dem AS Java basieren, konsistent bleiben, gibt es Möglichkeiten, Benutzer zentral zu verwalten. Zur Konfiguration bzw. Administration dient die UME, die ebenfalls ein Identity Management zur Verfügung stellt, um Benutzer, Rollen und Gruppen zu verwalten.

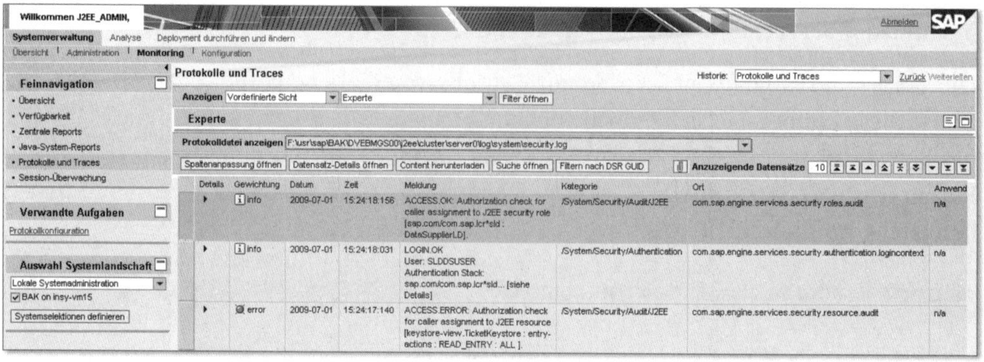

Abbildung 13.11 Security Log des NWA

Benötigen Benutzer Berechtigungen im Java-Umfeld, können ihnen UME-Rollen zugewiesen werden, die Java-Anwendungen sowie Datenzugriff berechtigen. In den meisten Fällen benötigen Benutzer Zugriff in verschiedenen Systemen. Werden Benutzer in ABAP- und Java-Systemen gepflegt, kann das ABAP-System als Datenquelle konfiguriert werden, d. h., dass Benutzer und deren Rollen nur im ABAP-System gepflegt und zugewiesen werden.

Zur Überprüfung von korrekten oder fehlgeschlagenen Anmeldungen oder Berechtigungsprüfungen werden diese Ereignisse in Logdateien protokolliert, auf die in verschiedenen Umgebungen, wie z. B. dem Log Viewer des Visual Admins oder im Monitoring des NetWeaver Administrators, zugegriffen werden kann.

13.4 Fazit

Die UME ist eine Softwarekomponente, die zur zentralen Benutzerverwaltung in Java-Systemlandschaften genutzt werden kann. In heterogenen Systemlandschaften kann die UME so konfiguriert werden, dass alle Benutzerstammsätze über Systemgrenzen hinweg in einem zentralen Mandanten eines AS ABAP gepflegt werden. Somit ist sichergestellt, dass die Benutzer und Benutzerstammsätze konsistent bleiben.

TEIL III
Berechtigungen in spezifischen SAP-Lösungen

In vielen Unternehmen und in vielen Projekten werden die allgemeinen Berechtigungen und die Berechtigungen in SAP ERP HCM getrennt betreut. Technisch und im Sinne des IKS ist das nicht nur unnötig, sondern auch gefährlich. In diesem Kapitel werden wir Ihnen einen Überblick über die Besonderheiten geben.

14 Berechtigungen in SAP ERP HCM

In diesem Kapitel gehen wir auf die besonderen Anforderungen der SAP ERP HCM-Berechtigungen ein. Zunächst wollen wir in Abschnitt 14.1, »Grundlagen«, einige Grundlagen darstellen, um dann in Abschnitt 14.2, »Besondere Anforderungen von SAP ERP HCM«, die besonderen Anforderungen darzustellen, die sich aus dem Umgang mit Personaldaten ergeben. In Abschnitt 14.3, »Berechtigungen und Rollen«, gehen wir auf die Pflege von Rollen im HCM-Umfeld ein, um dann in Abschnitt 14.4, »Berechtigungshauptschalter«, notwendige Einstellungen über die sogenannten *Hauptschalter* zu erläutern. Abschnitt 14.5, »Organisationsmanagement und indirekte Rollenzuordnung«, greift auf Kapitel 8, »Rollenzuordnung über das Organisationsmanagement«, zurück, um es in den Kontext von SAP ERP HCM zu stellen.

Die Abschnitte 14.6, »Strukturelle Berechtigungen«, und 14.7, »Kontextsensitive Berechtigungen«, gehen dann auf die strukturellen und kontextsensitiven Berechtigungen ein.

14.1 Grundlagen

Sonderfall HCM?

Berechtigungen in SAP ERP HCM werden in Unternehmen häufig losgelöst vom restlichen ERP-System betrachtet. Ihre Ursache hat diese gesonderte Betrachtung in verschiedenen Faktoren:

- Häufig wird HCM auf einem separaten System betrieben.
- Das Datenmodell von HCM ist komplex und weist eine Reihe von Spezifika auf.

- Im HR-Bereich werden Unterstützungsprozesse durchgeführt, die in vielen Organisationen scheinbar unabhängig von den sonstigen Prozessen stattfinden.
- Um die Besonderheiten von HCM in Berechtigungen abbilden zu können, sind detaillierte Kenntnisse der Prozesse im HR-Bereich vonnöten.
- Für den HR-Bereich gelten so viele gesetzliche Regelungen, dass eine regelkonforme Abbildung partiell deutlich höhere Anforderungen stellt als in anderen Applikationen.

Ohne diesen Faktoren widersprechen zu wollen, sind wir doch der Auffassung, dass Berechtigungen in HCM in weiten Teilen technisch der Berechtigungsadministration in SAP ERP entsprechen, in dem HCM einen funktionalen Teilbereich darstellt.

In der Tat gibt es im Berechtigungswesen von HCM eine Reihe von technischen Besonderheiten, die in diesem Kapitel dargestellt werden. Davon einmal abgesehen, stellt das betriebswirtschaftliche Teilberechtigungskonzept von HCM die gleichen Anforderungen wie das jeder anderen Applikation von SAP ERP.

Im nächsten Abschnitt werden wir einen wesentlichen Grund für die Besonderheiten anführen: den Umgang mit den sensiblen Personaldaten.

14.2 Besondere Anforderungen von SAP ERP HCM

Die besonderen Anforderungen von HCM liegen im Umgang mit den Personaldaten begründet. Personaldaten enthalten allgemeine Daten zur Person, aber auch sensible und unter Umständen sogar sensitive Daten im Sinne der EU-Direktive (siehe Abbildung 14.1).

Schutznormen

Der besondere Schutz aller personenbezogenen Daten ist eine gesetzliche Anforderung (siehe Kapitel 4, »Rechtlicher Rahmen – normativer Rahmen«). Die Daten müssen vor jedem ungewollten Zugriff geschützt sein. Dieser Schutz muss konkret sein, ein per se gewollter Zugriff auf mehrere 10.000 Mitarbeiter dürfte in den meisten Fällen nicht dieser Anforderung entsprechen. Es muss nachweisbar sein, wer warum zu welcher Zeit eine personenbezogene Information einsehen oder ändern konnte.

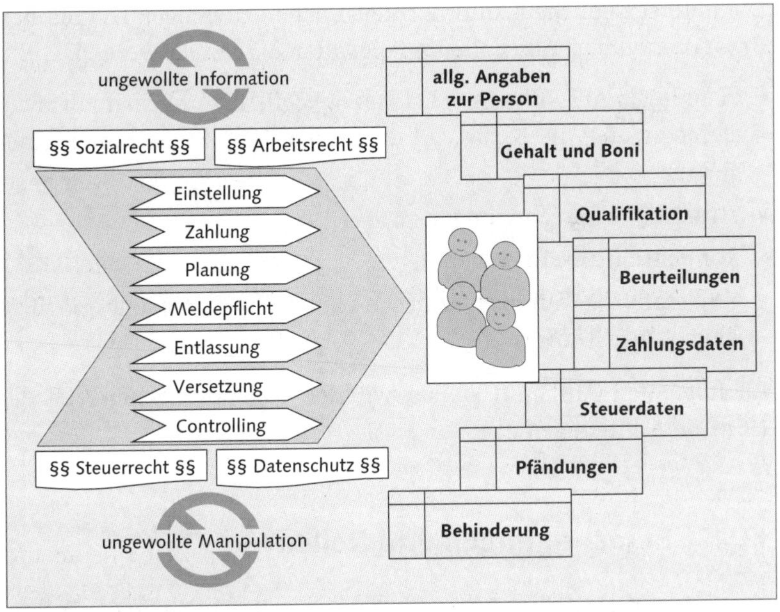

Abbildung 14.1 Normen, Prozesse und Daten von SAP ERP HCM

Meldepflichten

Neben der Einschränkung des Zugriffs für die Benutzer gibt es aber im HR-Bereich auch rechtliche Auflagen, dass bestimmte personenbezogene Daten an die Sozialversicherungen, die Finanzämter oder Aufsichtsbehörden zu melden sind. Geregelt wird das in einer Vielzahl von Rechtsquellen, die bereichsweise stark differieren kann (z. B. Meldepflichten in der Nahrungsmittelindustrie oder der Energiewirtschaft).

Selbstpflege

Die nächste nennenswerte Besonderheit ist die, dass die Daten, die verarbeitet werden, im Prinzip die eigenen Daten des Benutzers sein können. Der Mitarbeiter in der Lohnbuchhaltung erhält auch sein Gehalt über HCM und ist auch ein Mitarbeiter im System. Hier gilt es also sicherzustellen, dass niemand sein eigenes Einkommen oder vergleichbar kritische Daten pflegen kann.

Informationsmissbrauch

Schließlich möchten wir Sie auch noch auf die Besonderheit hinweisen, die teilweise dazu führt, dass Managementdaten und -bezüge durch Drittanbieter verwaltet werden: Personaldaten können durch missbräuchliche Nutzung den betrieblichen Frieden stören. Uns sind Beispiele bekannt, in denen das Einkommen von Betriebsangehörigen durch Mitarbeiter detailliert diskutiert wurde, die dazu nicht berufen waren.

Technische Besonderheiten

Die unterschiedlichen Anforderungen haben zu einigen technischen Besonderheiten geführt, die im Folgenden dargestellt werden:

- punktuelle Ausschlussmöglichkeit (anstelle der üblichen positiven Berechtigung) in Bezug auf die eigene Personalnummer eines Benutzers
- strukturelle Berechtigungen
- kontextsensitive Berechtigungen
- umfangreiche kundenspezifische technische Anpassungsmöglichkeiten über BAdIs

Im folgenden Abschnitt stellen wir den rollenbezogenen Teil der HCM-Berechtigungen dar.

14.3 Berechtigungen und Rollen

In HCM werden Rollen entsprechend den in den Kapiteln 6, »Technische Grundlagen der Berechtigungspflege«, und 7, »Systemeinstellungen und Customizing«, dargestellten Verfahren angelegt. Auch hier gilt es, eine möglichst hohe Vorschlagswertabdeckung (siehe Abschnitt 7.1, »Pflege und Nutzung der Vorschläge für den Profilgenerator«) zu erreichen. Auch in Bezug auf das HCM-System ist eine Ableitung möglich.

Zunächst werden wir wesentliche Unterscheidungsmerkmale von HCM in Berechtigungen darstellen.

14.3.1 Berechtigungsrelevante Attribute in SAP ERP HCM

Berechtigungsattribute in SAP ERP HCM

Da wir das technische Berechtigungskonzept in HCM in Ergänzung zum Standard vorstellen, erklären wir zunächst einige wichtige HCM-Begriffe, die in Tabelle 14.1 in Beziehung zu Berechtigungsobjekten gesetzt werden:

- **Infotyp (Informationstyp)**

  Personen-, organisationsbezogene und andere Daten von HR werden in sogenannten *Infotypen* hinterlegt. So werden die primären Daten zur Person im Infotyp 0002 hinterlegt, die Basisbezüge im Infotyp 0008, Familie und Bezugspersonen im Infotyp 0021 und die Qualifikationen im Infotyp 0024.

  Infotypen können zeitabhängig gespeichert werden.

Es gibt mehrere hundert Infotypen im Standard, viele davon sind länderspezifisch. Aus Sicht des betriebswirtschaftlichen Berechtigungskonzepts ist eine Einschränkung je Infotyp auf Grundlage einer Sensitivitätseinschätzung erforderlich.

- **Subtyp**
  Subtypen sind weitere Untergliederungen des Infotyps. Der oben angeführte Infotyp 0021 (Familie und Bezugspersonen) kann detailliert unterschieden werden über diverse Subtypen, z. B. Ehegatte, geschiedener Ehegatte, Lebensgefährte, Kind, Notruf.

  Berechtigungen müssen gegebenenfalls über eine genaue Kombination von Infotyp und Subtyp vergeben werden.

  Konkret ist es z. B. denkbar, dass für einen Notfall die Informationen unter *Notruf der Security* bereitgestellt sind, die keinen Grund hat, Daten über Kinder, geschiedenen Ehegatten o. Ä. einzusehen.
- **Objekttyp**
  Jedes Element einer Organisation kann als eigenständiges Objekt dargestellt werden. Wichtige Objekttypen sind: Organisationseinheit (Kürzel: O), Stelle (Kürzel: C), Planstelle (Kürzel: S) und Person (Kürzel: P). Für die indirekte Rollenzuordnung gilt auch noch: Rolle (AG), Benutzer (AG). Objekte werden im Infotyp 1000 gepflegt.
- **Planvariante**
  Da der Planung in HCM eine besondere Bedeutung zukommt, werden üblicherweise unterschiedliche Planvarianten definiert, die entsprechend geschützt werden können. Zukunftsbezogene Planungen in Bezug auf Personal sind in jedem Fall sensitiv. Sie werden allerdings eher selten durchgeführt.
- **Planungsstatus**
  Im Zusammenhang mit der Planung müssen die unterschiedlichen möglichen Status, die ein Objekt annehmen kann (*aktiv*, *geplant*, *beantragt*, *genehmigt*, *abgelehnt*), gegebenenfalls ebenfalls über Berechtigungen unterschieden werden. Planungsstatus spielen in der DFPS (Defense) eine erhebliche Rolle.
- **Personalbereich**
  Der Personalbereich ist ein organisatorisches Merkmal, um die Mitarbeiter einer Organisation nach administrativen Kriterien gliedern und die Berechtigungen auf bestimmte Bereiche einschränken zu können.

- **Mitarbeitergruppe**
  Die Mitarbeitergruppe ist ein weiteres, vom Personalbereich unabhängiges Gliederungsmerkmal. Üblicherweise werden zumindest Aktive, Rentner, Externe und Vorruheständler unterschieden.
- **Mitarbeiterkreis**
  Innerhalb der Mitarbeitergruppe werden Mitarbeiterkreise unterschieden, so können die Aktiven z. B. unterschieden werden nach Arbeitern, Angestellten und außertariflichen Angestellten.
- **Organisationsschlüssel**
  Der Organisationsschlüssel ist ein weiteres Merkmal zur Differenzierung der Personalstruktur, zusätzlich auch der Unternehmensstruktur. Die Vorschlagswerte für den Organisationsschlüssel sind definierbar.

Infotyptabellen

Die in den Infotypen hinterlegten Informationen können in den Infotyptabellen ausgewertet werden, unter anderem sind Infotypen in den Tabellen PA0000 (IT0000) bis PA0998 (IT0998), HRP1000 (IT1000) bis HRP1990 (IT1990), PA2001 (IT2001) bis PA3893 (IT3893) sowie HRP5003 (IT5003) bis HRP6200 (IT6200).

Inhalte der Infotypen prüfen

Die Einsichtnahme in diese Strukturen dient im Einzelfall der Überprüfung, welche Daten im Sinne einer Überprüfung der Sensitivität enthalten sind.

14.3.2 Beispiel Personalmaßnahme

In der Personaladministration können z. B. Daten zum Mitarbeiter über die Transaktion PA30 (Personalstammdaten pflegen) gepflegt werden. Alternativ steht die Transaktion PA40 (Pflege über Personalmaßnahmen) zur Verfügung. Mit der Transaktion PA30 sind die in Tabelle 14.1 ausgewiesenen Berechtigungsobjekte verbunden.

Objekt	Beschreibung	Feld	Beschreibung
PLOG	Personalplanung	INFOTYP	Infotyp
		ISTAT	Planungsstatus
		OTYPE	Objekttyp
		PLVAR	Planvariante
		PPFCODE	Funktionscode
		SUBTYP	Subtyp

Tabelle 14.1 Berechtigungsobjekte zur Transaktion PA30 (Personalstamm pflegen)

Objekt	Beschreibung	Feld	Beschreibung
P_ORGIN	Stammdaten	AUTHC	Berechtigungslevel
		INFTY	Infotyp
		PERSA	Personalbereich
		PERSG	Mitarbeitergruppe
		PERSK	Mitarbeiterkreis
		SUBTY	Subtyp
		VDSK1	Organisationsschlüssel
P_PCLX	HR: Cluster	AUTHC	Berechtigungslevel
		RELID	Bereichskennung für Cluster in den Tabellen PCLX
P_PERNR	Stammdaten – Personalnummernprüfung	AUTHC	Berechtigungslevel
		INFTY	Infotyp
		PSIGN	Interpretation einer zugeordneten Personalnummer
		SUBTY	Subtyp

Tabelle 14.1 Berechtigungsobjekte zur Transaktion PA30 (Personalstamm pflegen)

Infotypen in Berechtigungen

Damit Sie die Berechtigungen für eine Personalmaßnahme wie eine Einstellung festlegen können, müssen Sie angeben, welche Infotypen gepflegt werden sollen. Dies hängt von der Konfiguration der Arbeitsabläufe in HCM ab. In Bezug auf die Transaktion PA30 (Personalstammdaten pflegen) sind mindestens die folgenden Infotypen erforderlich:

- IT0000 (Maßnahmen)
- IT0001 (Organisatorische Zuordnung)
- IT0002 (Daten zur Person)

Häufig werden gleichzeitig auch folgende Infotypen im selben Prozessschritt mitgepflegt:

- IT0003 (Abrechnungsstatus)
- IT0007 (Sollarbeitszeit)
- IT0008 (Basisbezüge)
- IT0009 (Bankverbindung)
- IT0012 (Steuerdaten D)

- IT0013 (Sozialvers. D)
- IT0016 (Vertragsbestandteile)
- IT0021 (Familie/Bezugsperson)
- IT0105 (Kommunikation)

Weitere Infotypen können abhängig von der Konfiguration notwendig sein.

Subtypen in Berechtigungen

Sofern Sie den Infotyp IT0105 (Kommunikation) pflegen, müssen Sie über den Subtyp auch die Art der Kommunikation festlegen. Um zu einem Infotyp den Subtyp zu ermitteln, können Sie einfach in der Tabelle T591A (Infosubtypeigenschaften) über den Infotyp die zugeordneten Subtypen ermitteln (siehe Abbildung 14.2).

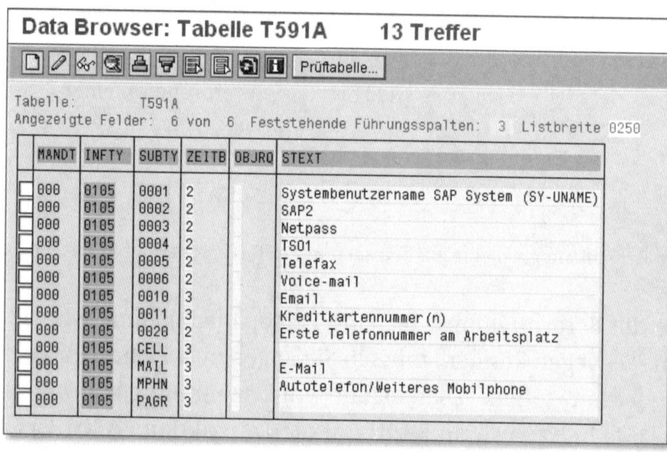

Data Browser: Tabelle T591A 13 Treffer

Prüftabelle...

Tabelle: T591A
Angezeigte Felder: 6 von 6 Feststehende Führungsspalten: 3 Listbreite 0250

MANDT	INFTY	SUBTY	ZEITB	OBJRQ	STEXT
000	0105	0001	2		Systembenutzername SAP System (SY-UNAME)
000	0105	0002	2		SAP2
000	0105	0003	2		Netpass
000	0105	0004	2		TS01
000	0105	0005	2		Telefax
000	0105	0006	2		Voice-mail
000	0105	0010	3		Email
000	0105	0011	3		Kreditkartennummer(n)
000	0105	0020	2		Erste Telefonnummer am Arbeitsplatz
000	0105	CELL	3		
000	0105	MAIL	3		E-Mail
000	0105	MPHN	3		Autotelefon/Weiteres Mobilphone
000	0105	PAGR	3		

Abbildung 14.2 Tabelle Infosubtypeigenschaften

Für die Personalmaßnahme werden dann noch die Angaben über den Personalbereich, Feld PERSA, die Mitarbeitergruppe, Feld PERSG, den Mitarbeiterkreis, Feld PERSK, und den Organisationsschlüssel, Feld VDSK1, benötigt. Damit hätten Sie alle Angaben für das Berechtigungsobjekt P_ORGIN (HR: Stammdaten) zusammen (Prüfung muss aktiviert sein, siehe Abschnitt 14.4, »Berechtigungshauptschalter«).

Einschränkung auf Personalnummern

Um die Berechtigungen der Personalmaßnahme weiterhin auszusteuern, können Sie – abhängig von weiteren Einstellungen – eine Festlegung in Bezug auf das Berechtigungsobjekt P_PERNR (HR: Stammdaten – Personalnummernprüfung) vornehmen. Dort wird über das Feld PSIGN (Interpretation einer zugeordneten Personalnummer) festgelegt, ob ein Mitarbeiter auf die Daten seiner eigenen Personalnummer zugreifen darf. Genau genommen, wird festgelegt, ob der Benutzer, der einer Personalnummer über den Infotyp 0105, Subtyp 0001, zugeordnet ist, auf diese zugreifen darf. Das Feld PSIGN kann folgende Ausprägungen haben:

- I: zusätzliche Berechtigungen für die eigene Personalnummer
- E: ausgeschlossene Berechtigungen für die eigene Personalnummer

Die Ausprägung E übersteuert die Ausprägung I. Die Ausprägung * wird nicht unterstützt. Dabei steuert das Feld AUTHC (Berechtigungslevel) die Art (lesen, schreiben, gesperrt schreiben).

Systematische Besonderheit: Berechtigungsobjekte P_PERNR und P_TCODE

Die Berechtigungsprüfung gegen das Berechtigungsobjekt P_PERNR stellt eine Ausnahme dar. Grundsätzlich wird in alle Programmablaufprüfungen geprüft, ob eine bestimmte Berechtigung vorhanden ist: Der Zugriff wird prinzipiell positiv berechtigt.

Mithilfe des Objekts P_PERNR kann allerdings die Berechtigung für den Zugriff auf Daten in Bezug auf die eigene Personalnummer sowohl infotyp- und aktivitätsweise gestattet (positive Berechtigung) als auch unterbunden werden (negative Berechtigung).

Eine weitere Besonderheit ist die, dass die HCM-spezifischen Transaktionscodes teilweise auch in das Berechtigungsobjekt P_TCODE (HR: Transaktionscode) eingetragen werden müssen.

Um die Prüfung der eigenen Personalnummer zu ermöglichen, muss ein sogenannter Berechtigungshauptschalter gesetzt werden. Den Berechtigungshauptschalter stellen wir Ihnen im nächsten Abschnitt vor.

14.4 Berechtigungshauptschalter

Berechtigungen in HCM werden zu einem erheblichen Anteil über sogenannte *Berechtigungshauptschalter* gesteuert.

Steuerungsfunktion der Hauptschalter

Berechtigungshauptschalter steuern im Wesentlichen die folgenden Abläufe:

- Stammdatenprüfung auf den Infotyp (siehe Abschnitt 14.3.2, »Beispiel Personalmaßnahme«)

- erweiterte Stammdatenprüfung auf den Infotyp (keine Erläuterung in diesem Buch)
- Prüfung auf die eigene Personalnummer (siehe Abschnitt 14.3.2, »Beispiel Personalmaßnahme«)
- strukturelle Berechtigungen (siehe Abschnitt 14.6, »Strukturelle Berechtigungen«)
- Kontextlösung (siehe Abschnitt 14.7, »Kontextsensitive Berechtigungen«)
- Toleranzzeitraum nach Versetzung (keine Erläuterung in diesem Buch)
- Prüfverfahren (keine Erläuterung in diesem Buch)
- Kombinationen verschiedener Prüfungen

Mit der Transaktion OOAC (HR: Berechtigungshauptschalter) stellen Sie die Berechtigungshauptschalter ein und aus. Diese werden in Tabelle 14.2 dargestellt.

Semantisches Kürzel	Beschreibung	Bedeutung
ADAYS	HR: Toleranzzeit der Berechtigungsprüfung	Angabe in Tagen, wie lange nach einem organisatorischen Wechsel eines Mitarbeiters die ehemals zuständigen Benutzer noch Zugriff auf die Daten haben.
APPRO	HR: Prüfverfahren	Über diesen Schalter wird die Prüfung des Infotyps 0130 (Datenprüfung des Mitarbeiters) aktiviert. Das Prüfverfahren muss dazu im Customizing der Personaladministration definiert sein.
DFCON	HR: Default-Planstelle (Kontext)	im Rahmen der Kontextlösung: Definition des Umgangs mit Personalnummern, die nicht mir der Organisationsstruktur von HCM-OM verknüpft sind, d. h. Personalnummern, die keiner Planstelle oder nur der Default-Planstelle zugeordnet sind
INCON	HR: Stammdaten (Kontext)	im Rahmen der Kontextlösung: Nutzung Berechtigungsobjekt P_ORGINCON aktivieren

Tabelle 14.2 Berechtigungshauptschalter

Semantisches Kürzel	Beschreibung	Bedeutung
NNCON	HR: Kundeneigene Berechtigungsprüfung (Kontext)	im Rahmen der Kontextlösung: Nutzung kundeneigener Berechtigungsobjekte aktivieren
NNNNN	HR: Kundeneigene Berechtigungsprüfung	Nutzung kundeneigener Berechtigungsobjekte aktivieren
ORGIN	HR: Stammdaten	Standardprüfung auf Infotypen Berechtigungsobjekt P_ORGIN aktivieren
ORGPD	HR: Strukturelle Berechtigungsprüfung	Aktivierung der strukturellen Berechtigungsprüfung
ORGXX	HR: Stammdaten – erweiterte Prüfung	erweiterte Prüfung auf Infotypen mit Berechtigungsobjekt P_ORGXX aktivieren
PERNR	HR: Stammdaten – Personalnummernprüfung	Prüfung auf eigene Personalnummer aktivieren
XXCON	HR: Stammdaten – erweiterte Prüfung (Kontext)	im Rahmen der Kontextlösung: erweiterte Prüfung auf Infotypen aktivieren

Tabelle 14.2 Berechtigungshauptschalter (Forts.)

Prüfungsrelevanz der Hauptschalter

Durch ihre Bedeutung für das technische und betriebswirtschaftliche Berechtigungskonzept müssen Sie die Berechtigungshauptschalter zwingend in eine Prüfung des Berechtigungskonzepts aufnehmen. Sowohl Datenschutzrisiken als auch kaufmännische Risiken sind unmittelbar mit diesen Schaltern verbunden. Wenn die Prüfung gegen die eigene Personalnummer in diesen Schaltern unterdrückt wird, laufen die entsprechenden Einstellungen in Rollen ins Leere, und der Sachbearbeiter kann seine Bezüge nach Gutdünken anpassen.

Im nächsten Abschnitt werden wir die Nutzung des Organisationsmanagement zu den Berechtigungen in HCM in Bezug setzen.

14.5 Organisationsmanagement und indirekte Rollenzuordnung

Die indirekte Rollenzuordnung haben wir bereits in Kapitel 8, »Rollenzuordnung über das Organisationsmanagement«, dargestellt. Dort haben wir bereits begründet, warum wir diesem Modell gegenüber der direkten Rollenzuordnung den Vorzug geben.

Bedeutung des Organisationsmanagements für Berechtigungen in HCM

Darüber hinaus hat dieses Verfahren für Berechtigungen in HCM gleich mehrfach eine besondere Bedeutung:

- Im Organisationsmanagement sind alle Mitarbeiter inklusive der Mitarbeiter der Stammdatenverwaltung gepflegt. Für die Nutzung der Prüfung auf die eigene Personalnummer muss mit der Personalnummer über Infotyp 0105 in Verbindung mit dem Subtyp 0001 die User-ID verknüpft sein: Technisch und organisatorisch müsste somit HCM in der Lage sein, das OM für die Rollenverwaltung der eigenen Rollen zu nutzen.
- Die strukturellen Berechtigungen (siehe Abschnitt 14.6, »Strukturelle Berechtigungen«) basieren auf dem Organisationsmanagement.
- Die Kontextlösung (Abschnitt 14.7, »Kontextsensitive Berechtigungen«) basiert auf dem Organisationsmanagement.

In Kapitel 8, »Rollenzuordnung über das Organisationsmanagement«, haben wir die Grundstruktur von OM dargestellt. Abbildung 8.2 stellte darauf basierend dar, dass einer Planstelle unterschiedliche Objekte wie Stelle, Organisationseinheit, Person und weitere zugeordnet sein können. Beide bilden die Grundlage für die Abschnitte 14.6, »Strukturelle Berechtigungen«, und 14.7, »Kontextsensitive Berechtigungen«.

Beziehungen – Auswertungswege

Um die Beziehungen deutlich zu machen, haben wir in Abbildung 14.3 eine einfache OM-Struktur mit der Systematik des Auswertungswegs (siehe Abschnitt 14.6.2, »Auswertungsweg«) versehen. Eine Organisationsstruktur kann aus einer beliebigen Zahl von hierarchisch gegliederten Organisationseinheiten bestehen. Den Organisationseinheiten sind Planstellen zugeordnet. Die Planstelle ist im Sinne einer fachlichen und technischen Beschreibung durch die Stelle beschrieben. Der Planstelle ist eine Person zugeordnet, der Person ein Benutzer. Weitere Objekte können zugeordnet sein, in der Abbildung sind sie der Planstelle zugeordnet.

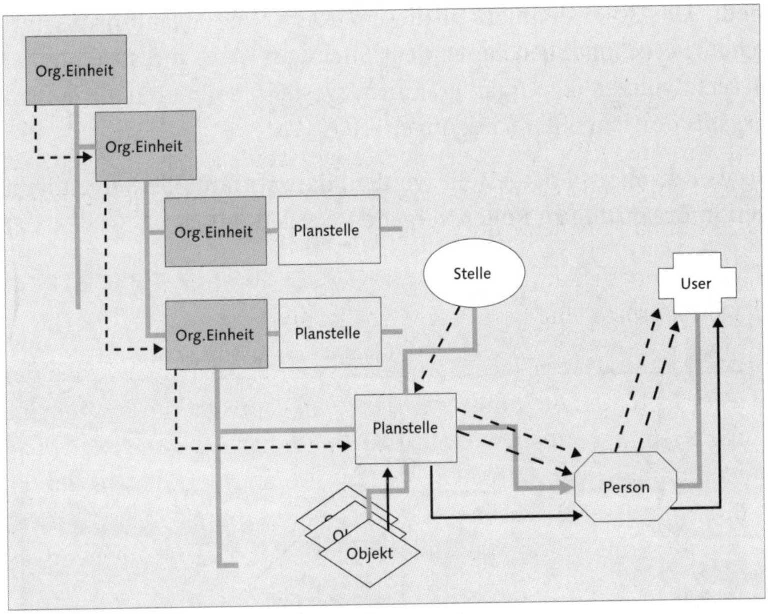

Abbildung 14.3 Aufbauorganisation/Auswertungsweg

Auswertungswege sind in der Lage, diese Informationen »entlang« der Struktur auszuwerten. In der Abbildung sind Auswertungswege durch die gebogenen Pfeile gekennzeichnet. Die definierten Auswertungswege werten die Informationen aller gezeigten Organisationseinheiten, einer Stelle, einer Planstelle, der (weiteren) Objekte und der Person in Bezug auf den Benutzer aus.

14.6 Strukturelle Berechtigungen

Strukturelle Berechtigungen sind ein Sonderweg der HCM-Berechtigungen, der allerdings später in anderen Lösungen aufgegriffen wurde. Ihre systematische Besonderheit besteht darin, dass die Zuweisung eines strukturellen Profils über eine eigene Transaktion in eine eigene Tabelle erfolgt und somit unabhängig von den Transaktionen SU01 (Benutzerpflege) und PFCG (Pflege von Rollen) ist.

Strukturelle Berechtigungen – Aufbauorganisation

Im Zusammenhang dieses Buches bieten sie jedoch ziemlich genau die Unterscheidungsmöglichkeit, die wir in Abschnitt 3.1, »Organisatorische Differenzierung am Beispiel«, vorgenommen haben. Wir unterscheiden dort aufbauorganisatorische Berechtigungen von ablauforganisatorischen. In Abbildung 14.4 ist dieses Prinzip dargestellt. Die Rolle definiert in diesem Ansatz die ablauforganisatorischen Berechtigungen unter dem Stichwort *Was*, die strukturellen Berechtigungen (als Organigramm dargestellt) definieren die aufbauorganisatorischen Berechtigungen – das *Wo*.

So weit kann also dargestellt werden, dass strukturelle Berechtigungen in Ergänzung zu Rollen vergeben werden müssen.

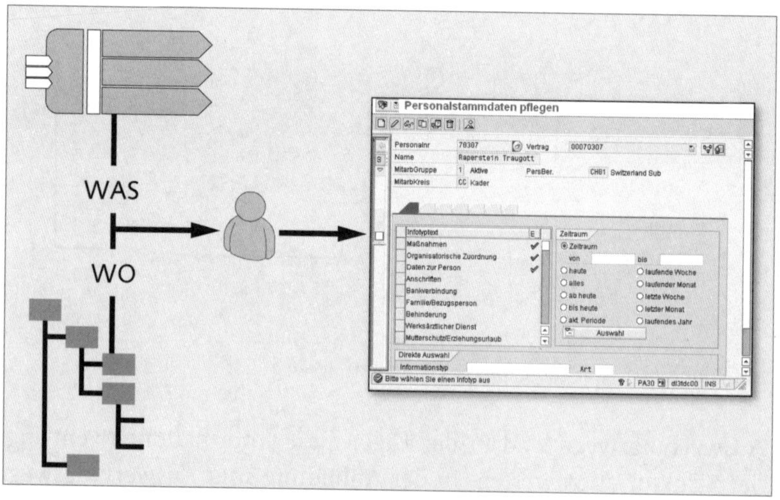

Abbildung 14.4 Strukturelle Berechtigungen und Rollen

14.6.1 Das strukturelle Berechtigungsprofil

Ein strukturelles Berechtigungsprofil kombiniert ein oder mehrere Auswertungswege (siehe Abschnitt 14.6.2, »Auswertungsweg«) mit dem designierten Startobjekt, Auswertungstiefen und Zeitraumbeschränkungen innerhalb einer oder mehrerer Planvarianten.

Sie können also definieren, auf welchen genauen Teil der Organisation im Ist oder Plan und für welche Zeiträume der Zugriff gestattet ist. Der so definierte aufbauorganisatorische Zugriff wird – abhängig von weiteren Einstellungen – zur Laufzeit konkretisiert, sodass zur Laufzeit ermittelt wird, welche Stellen, Planstellen, Personen etc. im Zugriff des Benutzers liegen.

Pflege des strukturellen Berechtigungsprofils

Zur Pflege eines strukturellen Berechtigungsprofils wird die Transaktion OOSP (Berechtigungsprofil ändern) verwendet. Tabelle 14.3 zeigt die Felder, die bei der Pflege eines strukturellen Profils gepflegt werden können.

Feld	Bedeutung
Profilname	Name des Profils
Nr.	fortlaufende Nummer der Zeilen des Profils
Planvar.	Angabe der berechtigten Planvariante
Objekttyp	Typ des HCM-Objekts (z. B. O, S, P)
ObjektId	ID des Startobjekts, dessen Typ durch den Objekttyp bestimmt wurde
Pflege	Wenn dieses Feld angekreuzt ist, berechtigt das Profil zur Pflege der Daten innerhalb des Auswertungsweges.
Ausw. Weg	ID des Auswertungsweges
Statusvek.	Bezieht sich auf den Status der Daten, z. B. *geplant*, *aktiv*.
Tiefe	Die Tiefe definiert die Anzahl der Ebenen, die, ausgehend vom Startobjekt, ausgewertet werden. Der Wert 0 bedeutet keine Einschränkung, der Wert 3, dass ab dem Startobjekt drei Ebenen ausgewertet werden.
Vorzeichen	Das Feld VORZEICHEN sollten Sie nur verwenden, wenn strukturelle Berechtigungsprofile angelegt werden sollen, die die Struktur »von unten nach oben« verarbeiten sollen. Beispiel: Ein Berechtigungsprofil soll nur erlauben, dass auf Personen innerhalb der Organisationsstruktur zugegriffen werden kann, jedoch nicht auf weitere Objekte des Auswertungsweges.
Zeitraum	Definiert wird, wie weit der Datenzugriff in die Vergangenheit oder Zukunft – ausgehend vom Tag des Zugriffs – gestattet ist.
Funktionsbaustein	Zur Ermittlung des Startobjekts kann ein Funktionsbaustein angegeben werden.

Tabelle 14.3 Elemente eines strukturellen Profils

Ein strukturelles Profil kann unterschiedliche Auswertungswege, unterschiedliche Planvarianten etc. enthalten.

Strukturelle Profile werden über die Transaktion OOSB (Benutzerberechtigungen ändern) Benutzern zugewiesen. Die entsprechende Tabelle ist T77UA (Benutzerberechtigungen).

14.6.2 Auswertungsweg

Ausprägung des Auswertungsweges

Ein Auswertungsweg enthält eine genaue Definition, in welcher Folge Objekte und Verknüpfungen von HCM-OM auszuwerten sind. In Tabelle 14.4 sind die Auswertungswege O_O_S_C (Stellen je Organisationseinheit) und O_S_C (Stellen einer Organisationseinheit) enthalten.

Das Feld *Nr.* in Tabelle 14.4 ist die fortlaufende Nummer. Der *Objekttyp* ist der HCM-Objekttyp (z. B. O, S, C) und definiert somit, ob es sich z. B. um eine Organisationseinheit, eine Stelle oder eine Planstelle handelt. Spalte *A/B* definiert die Art der Verknüpfung: A – top-down, B – bottom-up. Die Art der Verknüpfung und die Verknüpfung (Spalte *Verkn.*) selbst sind zusammengenommen der Subtyp eines Infotyps, der die aufbauorganisatorische Beziehung der Objekte definiert. Das Feld *Beschreib*, enthält die Beschreibung des Subtyps. Die Priorität (Spalte *Prio*) gliedert den Aufbau der ausgewerteten Information hierarchisch. Zur Priorität gibt die Feldhilfe folgende Auskunft: »Die Verwendung von Prioritäten in Auswertungswegen ergibt nur in Ausnahmefällen einen Sinn. Generell sollte '*' verwendet werden, um alle Verknüpfungen zu lesen.« Mit dem Feld *Skip* kann definiert werden, dass die definierte Verknüpfung in der Präsentation der Ergebnisse übersprungen wird. Sie ist also dort sinnvoll, wo eine Verknüpfung erforderlich ist, um eine weitere Untermenge zu erschließen, sie selbst aber nicht zur Ergebnismenge beitragen soll.

Auswertungsweg							
Nr.	**Objekttyp**	**A/B**	**Verkn.**	**Beschreib.**	**Prio**	**Typ verkn. Objekt**	**Skip**
O_O_S_C – Stellen je Organisationseinheit							
10	O	B	003	umfasst	*S		
20	O	B	002	ist Linienvorgesetzter von	*O		
30	S	B	007	wird beschrieben durch	*C		
O_S_C – Stellen einer Organisationseinheit							
10	O	B	003	umfasst	*S		
30	S	B	007	wird beschrieben durch	*C		

Tabelle 14.4 Auswertungswege

Unterschiede zwischen O_O_S_C und O_S_C

Die beiden Auswertungswege unterscheiden sich substanziell darin, dass der Auswertungsweg O_O_S_C (Stellen je Organisationseinheit) die Stellen aller Organisationseinheiten und der Auswertweg O_S_C (Stellen einer Organisationseinheit) nur die Stellen einer Organisationseinheit ausgibt. Dieser Unterschied wird erreicht, indem im O_O_S_C unter Nr. 20 auch die Auswertung untergeordneter Organisationseinheiten Objekt O und Typ des verknüpften Objekts O enthalten ist.

In so einem Fall »arbeitet sich« der Auswertungspfad »nach unten durch«. Das heißt, er analysiert alle Verknüpfungen entsprechend seiner Definition, springt von Organisationseinheit zu Organisationseinheit und wertet je Organisationseinheit alle Planstellen und Stellen aus. Dies ist in Abbildung 14.5 dargestellt. Der Auswertungsweg O_O_S_C wertet das ganze Bild aus, der Auswertungsweg O_S_C nur die Verknüpfungen der unmittelbaren Organisationseinheit.

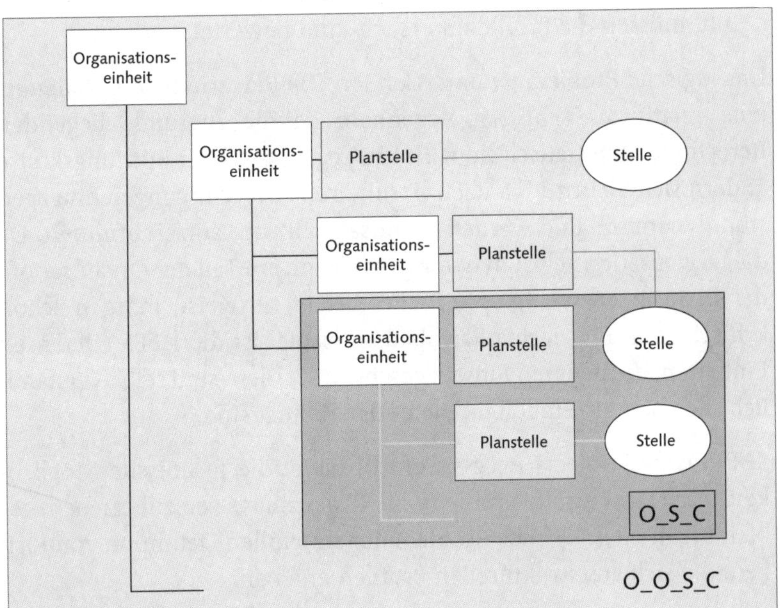

Abbildung 14.5 Auswertungswege O_S_C und O_O_S_C

14.6.3 Strukturelle Berechtigungen und Performance

Bei umfassender Nutzung struktureller Profile kann es zu erheblichen Performanceeinbußen kommen, da die aufbauorganisatorischen Berechtigungen zur Laufzeit ermittelt werden.

Report RHBAUS02

Zu diesem Zweck hat SAP den Report RHBAUS02 bereitgestellt, der die Ergebnisse benutzerbezogen puffert und es ermöglicht, diese Puffer über Nacht per Batch zu erneuern. Details hierzu finden Sie in der Onlinehilfe, unter dem Stichwort *RHBAUS02* oder in *Berechtigungen in SAP ERP HCM* von Esch/Junold (SAP PRESS).

14.6.4 Anmerkung zu strukturellen Berechtigungen

Strukturelle Berechtigungen stellen Zugriffsrisikoanalysen vor ein methodisches und ein logisches Problem.

Risikoanalyse: methodisches Problem

Das methodische Problem ist einfach beschrieben:

- Zusätzlich zu den Berechtigungen, die ein Benutzer über Rollen erhält, müssen die HCM-aufbauorganisatorischen Berechtigungen pro Benutzer separat abgeprüft werden.
- Zusätzlich zu den Rollen, die es zu untersuchen und zu bewerten gilt, müssen die Profile untersucht und bewertet werden.

Risikoanalyse: logisches Problem

Das logische Problem ist umfassender. Die Bewertung von Rollen ist eine relativ statische Angelegenheit, da die zugrunde liegenden Berechtigungen statisch sind, Einkäufergruppen oder Buchungskreise ändern sich nicht zur Laufzeit. Strukturelle Berechtigungen hingegen sind dynamisch und werden grundsätzlich zur Laufzeit ermittelt. Da die Organisation selbst dynamisch ist, kann ein Teil der Organisation, der heute noch wenig spezifische Risiken ausweist, morgen schon kritisch sein. Ein nachvollziehbares Beispiel ist die DFPS (Defense): Einheiten, die in einen Einsatz geschickt werden, sind selbstverständlich sensibler als Einheiten, die in der Heimat sind.

Access Control

SAP BusinessObjects Access Control bietet die technische Möglichkeit, auch strukturelle Profile in die Risikoanalyse einzubeziehen – es bleibt »nur« das logische Problem der sinnvollen Definition von Risiken, die sich aus strukturellen Profilen ergeben.

Die nachfolgend beschriebenen kontextsensitiven Berechtigungen basieren auf den strukturellen Berechtigungen.

14.7 Kontextsensitive Berechtigungen

Problem der strukturellen Berechtigungen

Die Kontextlösung wurde entwickelt, um unerwünschten Nebeneffekten der strukturellen Berechtigungen im Bereich der Stammdaten entgegenzuwirken. Es kann in bestimmten Konstellationen vorkommen, dass sich strukturelle Profile und Rollen unangemessen ergänzen, sodass fallweise zu umfassende Berechtigungen vorhanden sind. Dieser Effekt ergibt sich daraus, dass strukturelle Berechtigungen rein aufbauorganisatorisch wirken und den Zugriff nicht über einzelne Funktionen einschränken. Benötigt wird jedoch in vielen Fällen, funktional definieren zu können, was ein Benutzer darf, und in Bezug auf genau diese Funktion, wo der Mitarbeiter etwas darf.

Beispiel

Eine Führungskraft soll alle Beurteilungen aller Mitarbeiter einsehen können. Sie soll aber nur für die Mitarbeiter der eigenen Abteilung die Zielvereinbarungen pflegen dürfen.

Grundkonzept der Kontextlösung

Die Kontextlösung schafft in diesem Bereich Abhilfe, ist jedoch nicht in allen Bereichen von HCM anwendbar. Die Kontextlösung ist, in einfachen Worten ausgedrückt, die Kombination des rollenbasierten Konzepts mit den strukturellen Profilen. Strukturelle Profile werden in spezifische Berechtigungsobjekte eingetragen.

Dieses Prinzip ist in Abbildung 14.6 dargestellt. In der Rolle wird das strukturelle Profil aufgenommen, der Benutzer erhält die Rolle (direkt oder indirekt) und hat über die Rolle die ablauforganisatorischen und aufbauorganisatorischen Berechtigungen.

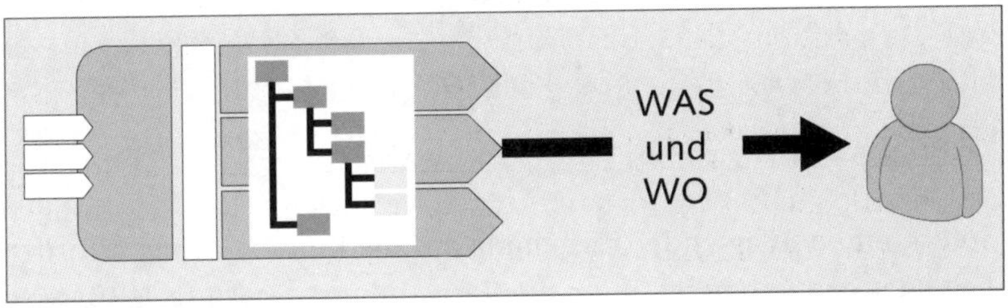

Abbildung 14.6 Kontextlösung

Berechtigungsobjekte der Kontextlösung

Tabelle 14.5 zeigt die Berechtigungsobjekte der Kontextlösung. Sie enthalten im Vergleich zu dem entsprechenden Berechtigungsobjekt ohne Kontextlösung ein zusätzliches Feld, das Feld PROFL (Berechtigungsprofil), in dem das strukturelle Profil eingetragen wird.

Objekt	Beschreibung	Feld	Beschreibung
P_ORGXX-CON	HR: Stammdaten – erweiterte Prüfung mit Kontext	SUBTY	Subtyp
		SBMOD	Sachbearbeitergruppe
		SACHZ	Sachbearbeiter für Zeiterfassung
		SACHP	Sachbearbeiter für Personalstammdaten
		SACHA	Sachbearbeiter für Abrechnung
		PROFL	strukturelles Profil
		INFTY	Infotyp
		AUTHC	Berechtigungslevel
P_ORGIN-CON	HR: Stammdaten mit Kontext	VDSK1	Organisationsschlüssel
		SUBTY	Subtyp
		PROFL	strukturelles Profil
		PERSK	Mitarbeiterkreis
		PERSG	Mitarbeitergruppe
		PERSA	Personalbereich
		INFTY	Infotyp
		AUTHC	Berechtigungslevel
PLOG_CON	Personalplanung mit Kontext	SUBTYP	Subtyp
		PROFL	strukturelles Profil
		PPFCODE	Funktionscode
		PLVAR	Planvariante
		OTYPE	Objekttyp
		ISTAT	Planungsstatus
		INFOTYP	Infotyp

Tabelle 14.5 Berechtigungsobjekte der Kontextlösung

BAdI HRBAS00_STRUAUTH

Sofern eine umfassende Umstellung auf die Kontextlösung erforderlich oder gewünscht ist, muss die Verwendung des BAdIs HRBAS00_STRUAUTH geprüft werden. Hierzu sei auf u. a. auf den SAP-Hinweis 510538 verwiesen. Das BAdI liest aus der dem Benutzer zugeordneten Rolle das Berechtigungsfeld PROFL und somit das strukturelle Profil.

14.8 Fazit

Vereinfachend kann festgestellt werden, dass Berechtigungen in HCM drei Besonderheiten haben:

- Es gibt die Möglichkeit des Ausschlusses – also der negativen Berechtigungsdefinition im Berechtigungsobjekt P_PERNR.
- Linienorganisatorische Zugriffe können durch strukturelle Berechtigungen gesteuert werden.
- Die strukturellen Berechtigungen können im Rahmen der Kontextlösung in Berechtigungsobjekten und somit in Rollen aufgenommen werden.

Der Rest, inklusive der indirekten Rollenzuordnung, ist bekannter Standard und steht umfassend zur Verfügung.

Dieses Kapitel gibt Ihnen einen Überblick über die Berechtigungsmöglichkeiten in SAP CRM. Diese Berechtigungen steuern die Sicht auf die Oberflächen und definieren den Zugriff auf Geschäftsdaten.

15 Berechtigungen in SAP CRM

SAP Customer Relationship Management (SAP CRM) ist eine Lösung zur Verwaltung von Kundenbeziehungen in der SAP Business Suite. Die Lösung umfasst die Geschäftsbereiche Vertrieb, Marketing und Service. SAP CRM unterstützt verschiedene Interaktionskanäle mit dem Kunden, wie z. B. das Internet, den IC Web Client, CRM Web Client oder Mobile Clients. Mit der Einführung des CRM Web Clients gibt es Berechtigungsmöglichkeiten auf Oberflächenebene. Dieses Kapitel befasst sich hauptsächlich mit den Berechtigungen wichtiger Business-Objekte sowie mit den Berechtigungen auf Oberflächenebene.

Mit Release 2006s wurden die Benutzeroberflächen von SAP CRM komplett erneuert. Anstelle des bekannten SAP GUIs oder des People-Centric UIs (PC UI) arbeiten die Anwender seither mit dem CRM Web Client. Administrative Aufgaben und das Customizing werden nach wie vor hauptsächlich über das SAP GUI ausgeführt. Das Customizing der Oberfläche des CRM Web Clients kann zum Teil über den CRM Web Client selbst realisiert werden.

Thema dieses Kapitels ist die Vergabe von Berechtigungen für den CRM Web Client, die sich im Vergleich zu älteren Releases anders gestaltet. Zuerst erhalten Sie einen Überblick über den Aufbau und das Customizing des CRM Web Clients. Anschließend werden Mechanismen zur Erstellung von PFCG-Rollen in Bezug auf den CRM Web Client erläutert. Im Anschluss folgen die Möglichkeiten der Berechtigung der Komponenten des CRM Web Clients sowie die Berechtigungen von CRM-Business-Objekten. Sind die Standardmöglichkeiten der Vergabe von Berechtigungen auf Daten ausgeschöpft, kann die Access Control Engine zum Einsatz kommen. Einen Überblick über den Aufbau und das Customizing dieses Frameworks geben wir Ihnen im letzten Abschnitt dieses Kapitels.

15.1 Grundlagen

Ab Release 2006s greifen Anwender nicht mehr über das SAP GUI oder über das PC UI, das eine Portalintegration nutzt, sondern über den CRM Web Client auf die benötigten CRM-Transaktionen zu[1]. Voraussetzung für die Berechtigungsvergabe ist das Erstellen der Oberfläche des CRM Web Clients. Anschließend werden die Funktionsweise und dessen Customizing beschrieben.

15.1.1 Die SAP CRM-Oberfläche: der CRM Web Client

Der CRM Web Client wird über einen Browser geöffnet. Endanwender arbeiten nur noch im Browser und benötigen das SAP GUI überhaupt nicht mehr.

Business Server Pages

Der CRM Web Client ist eine Webanwendung, die technisch mit *Business Server Pages* (BSPs) erstellt wird. BSPs repräsentieren die Präsentationsschicht des CRM Web Clients. Sogenannte *BSP-Applikationen* des CRM Web Clients werden genutzt, um HTML-Seiten zu generieren, die im Browser angezeigt werden.

Aufbau des CRM Web Clients

Der CRM Web Client besteht aus drei Bereichen (siehe Abbildung 15.1):

- einer Navigationsleiste mit einer Menüführung auf der linken Seite ❶
- einem Kopfbereich am oberen Rand ❷
- einem Arbeitsbereich auf der linken Seite ❸

Innerhalb dieser Bereiche sind verschiedene Oberflächenkomponenten (UI-Komponenten) des CRM Web Clients enthalten.

1 Seit dem Release SAP CRM 2007 ist eine Portalintegration des CRM Web Clients ebenfalls möglich.

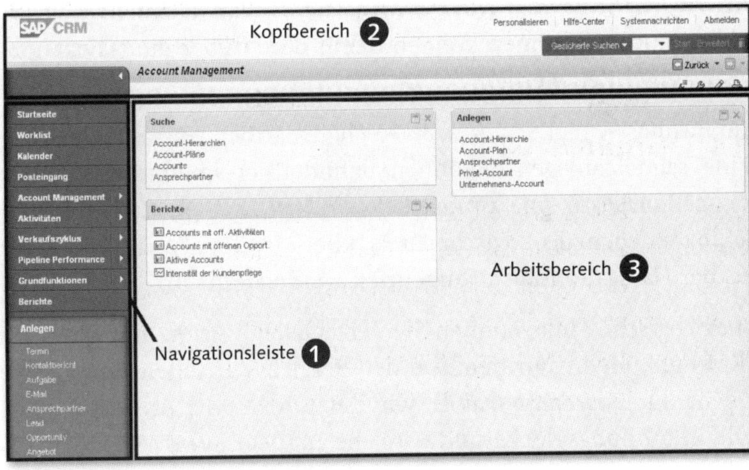

Abbildung 15.1 Aufbau des SAP CRM Web Clients

Navigationsleiste

Über die Navigationsleiste können Sie sich zwischen verschiedenen CRM-Anwendungen bewegen, um dann im Arbeitsbereich mit der gewählten Anwendung zu arbeiten. Die Navigationsleiste besteht aus einer zweistufigen Menüführung (siehe Abbildung 15.2). Auf der ersten Stufe, im oberen Bereich der Navigationsleiste, befinden sich die *Bereichsstartseiten* ❶. Wenn Sie auf die dort enthaltenen Buttons klicken, öffnet sich im Arbeitsbereich eine Bereichsstartseite. Auf dieser Bereichsstartseite befinden sich *Logische Links* ❷, über die Sie die CRM-Funktionen aufrufen können.

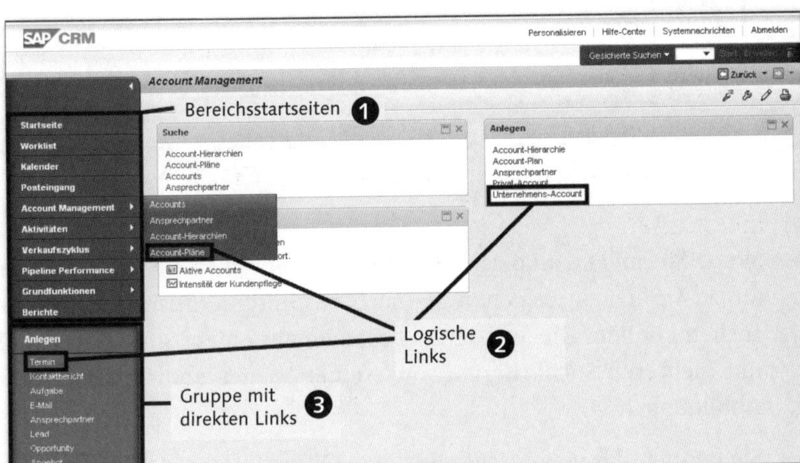

Abbildung 15.2 Komponenten des CRM Web Clients

Die zweite Stufe der Navigationsleiste enthält ebenfalls Logische Links. CRM-Funktionen können damit direkt über die Navigationsleiste aufgerufen werden.

Gruppe mit direkten Links

Um Business-Objekte, wie z. B. Geschäftspartner, Aufgaben oder Termine, schnell anlegen zu können, befindet sich am unteren Rand der Navigationsleiste eine *Gruppe mit direkten Links* ❸. Diese Gruppe beinhaltet ebenfalls Logische Links, über die CRM-Funktionen direkt aus der Navigationsleiste aufgerufen werden können.

Zuordnungsblöcke

Über Logische Links können Sie verschiedene Arten und Modi von CRM-Funktionen aufrufen. Auf den Bereichsstartseiten sind diese in sogenannte *Zuordnungsblöcke*, wie z. B. SUCHE oder ANLEGEN, eingeteilt. Zuordnungsblöcke sind Bereiche auf dem CRM Web Client, die Informationen zu einem Business-Objekt anzeigen. Abbildung 15.3 zeigt Zuordnungsblöcke ❶, die weiterführende Informationen zu einem Geschäftspartner enthalten.

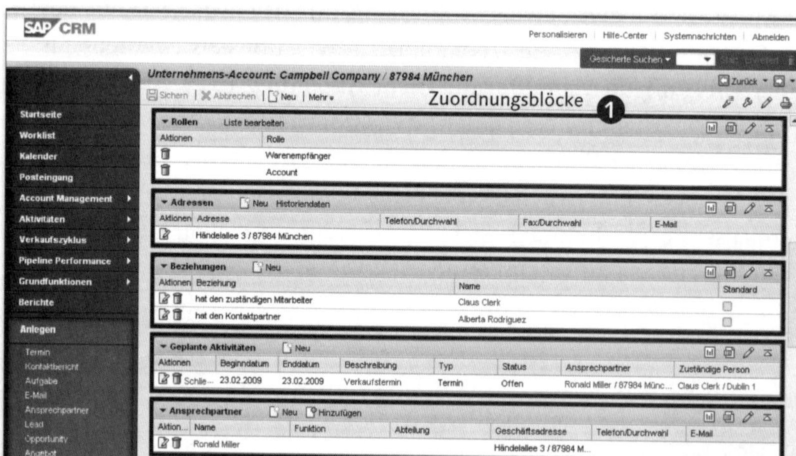

Abbildung 15.3 Zuordnungsblöcke

Suchseite

Wenn Sie auf einen Logischen Link im Suchbereich klicken, gelangen Sie zu *Suchseiten*, in denen Sie nach bestimmten Business-Objekten suchen können. Die Suchseiten bestehen aus einem Suchformular ❶ mit mehreren Suchkriterien sowie einer Suchergebnisliste ❷ (siehe Abbildung 15.4).

Übersichtsseite

Sie können das gewünschte Business-Objekt öffnen, indem Sie es in der Suchergebnisliste auswählen. Sie gelangen zu einer *Übersichtsseite*, die alle Informationen zu dem gewählten Business-Objekt enthält.

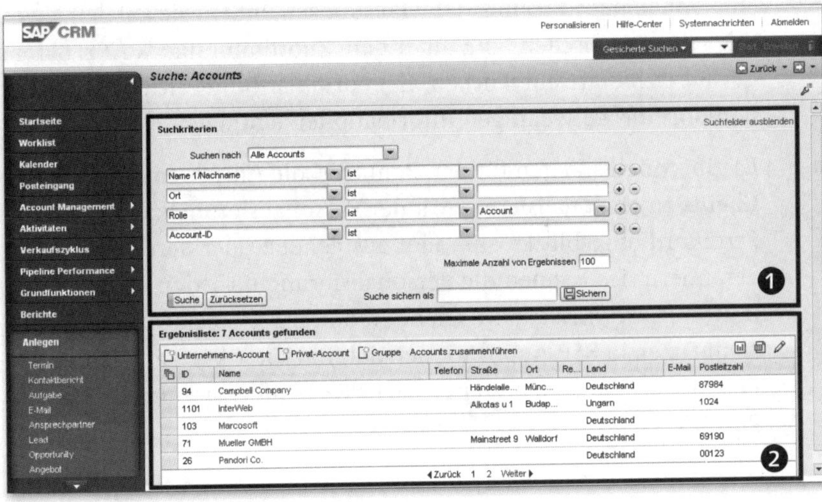

Abbildung 15.4 Suchseite

Allgemeine Informationen zu Business-Objekten finden Sie im *Kopfblock* ❶. Dem Business-Objekt zugewiesene Informationen oder weitere Business-Objekte sind in *Zuordnungsblöcken* ❷ sichtbar (siehe Abbildung 15.5).

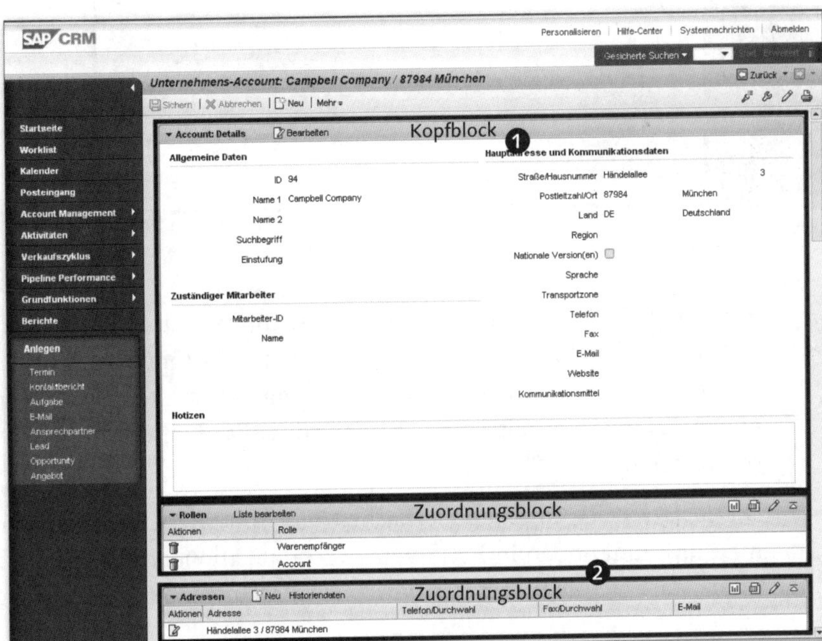

Abbildung 15.5 Übersichtsseite

Sie können neue Business-Objekte anlegen, indem Sie auf den jeweils relevanten Logischen Link unter dem Zuordnungsblock ANLEGEN auf der Bereichsstartseite klicken. Ein Formular öffnet sich, und Sie können dort die notwendigen Informationen eintragen.

Ansichten personalisieren

Es gibt Möglichkeiten für den Benutzer, die Ansichten des CRM Web Clients zu personalisieren. Mit der Personalisierung kann der Benutzer Zuordnungsblöcke ein- oder ausblenden oder deren Reihenfolge verändern. Sie können die Personalisierung für jeden *View* über den Button PERSONALISIERUNG (siehe Abbildung 15.6) aufrufen. Ein View stellt Daten in BSP-Applikationen dar. Ein View kann aus Feldern und Feldbeschreibungen bestehen (siehe RKT-Informationen zu SAP CRM 2007)[2].

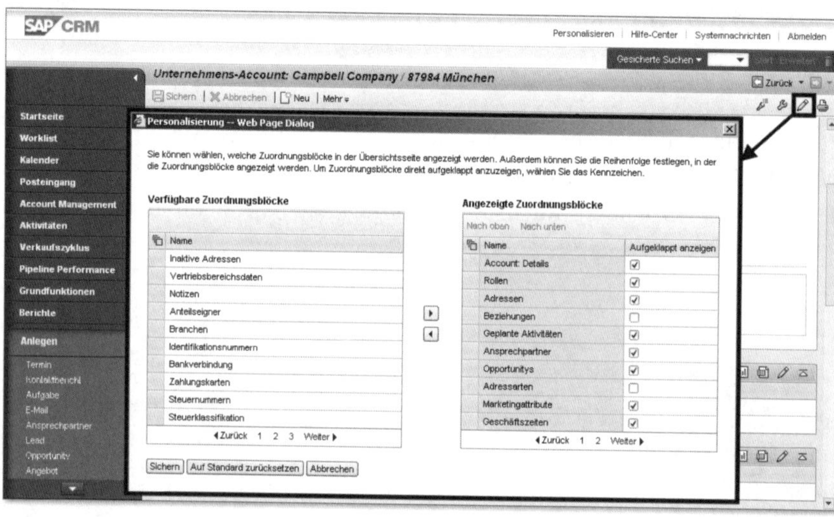

Abbildung 15.6 Personalisierung einer Übersichtsseite

Navigationsleistenprofil

Bereichsstartseiten, Logische Links sowie Gruppen mit direkten Links werden in einem *Navigationsleistenprofil* in Customizing-Tabellen gepflegt und zusammengefasst. Das Navigationsleistenprofil kann einem Benutzer mittels einer Benutzerrolle (*Business Role*) zugewiesen werden.

Benutzerrolle

Die *Benutzerrolle* ist eine Oberflächenrolle von SAP CRM und stellt die CRM-Funktionen in Form von BSP-Applikationen im CRM Web Client dar. Die Benutzerrolle wird dem Endanwender zugewiesen.

2 RKT-Informationen befinden sich in einem geschützten Bereich des SAP Service Marketplace.

Die Hauptaufgabe der Benutzerrolle ist die Darstellung von bestimmten CRM-Funktionen sowie deren Konfiguration. Für Berechtigungszwecke benötigen die Benutzer nach wie vor eine PFCG-Rolle (siehe Abschnitt 6.3.2, »Anlage und Pflege von Rollen«), um auf Business-Objekte zugreifen sowie bestimmte Funktionen in SAP CRM ausführen zu können.

Aufbau des Navigationsleistenprofils

Eine Komponente der Benutzerrolle ist das Navigationsleistenprofil. Dieses beinhaltet die zu verwendenden Bereichsstartseiten sowie Logische Links. Da nicht alle CRM-Anwendungen von jedem Endanwender genutzt werden sollen, kann für jede Anwendergruppe ein eigenes Navigationsleistenprofil angelegt werden. Abbildung 15.7 zeigt schematisch den Aufbau des Navigationsleistenprofils.

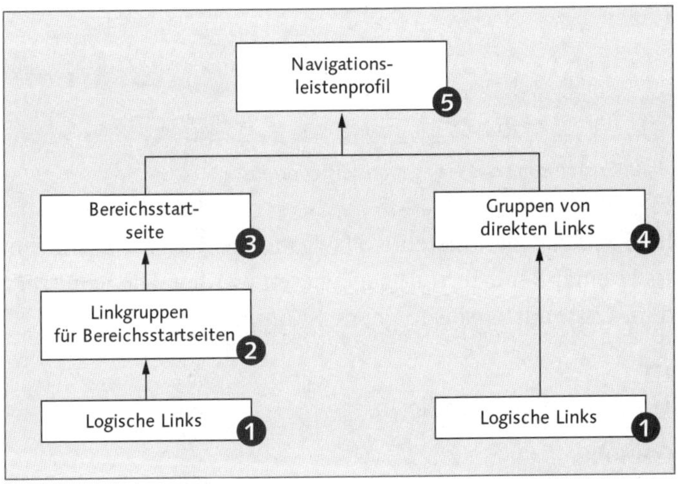

Abbildung 15.7 Zuordnen der Oberflächenelemente zum Navigationsleistenprofil

Das Navigationsleistenprofil wird in der Transaktion CRMC_UI_NBLINKS oder im IMG über den Pfad Customer Relationship Management • UI-Framework • Technische Rollendefinition • Navigationsleistenprofil erstellt.

Im Customizing des Navigationsleistenprofils können Sie Logische Links erstellen ❶ oder auf bestehende zurückgreifen. Diese Logischen Links werden in Linkgruppen eingeteilt ❷. Diese Linkgruppen dienen lediglich der Kategorisierung der Logischen Links und finden sich auf dem CRM Web Client nicht wieder. Schließlich werden die Linkgruppen, die die benötigten Logischen Links beinhalten, einer Bereichsstartseite zugeordnet ❸. Ähnlich funktioniert die Zuweisung von Logischen Links zu Gruppen von direkten Links ❹. Hier werden die Logischen Links jedoch direkt zugeordnet, ohne Linkgruppen zu verwenden. In einem letzen Schritt werden die benötigten Bereichsstartseiten sowie Gruppen direkter Links dem Navigationsleistenprofil zugewiesen ❺. Abbildung 15.8 zeigt die Customizing-Möglichkeiten des Navigationsleistenprofils.

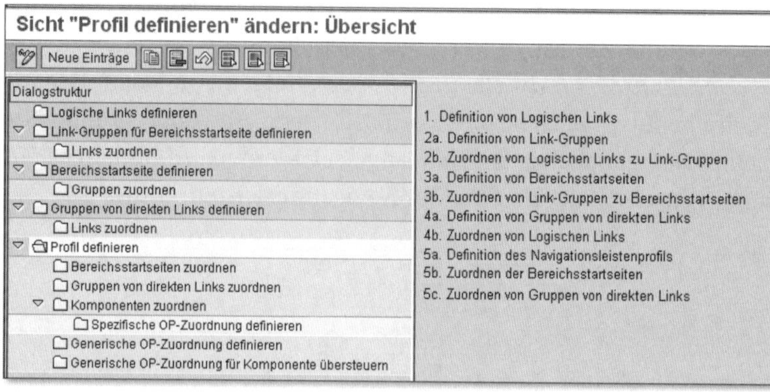

Abbildung 15.8 Customizing des Navigationsleistenprofils

Komponenten der Benutzerrolle

Damit ein Benutzer das erstellte Navigationsleistenprofil nutzen kann, muss er einer Benutzerrolle zugewiesen werden. Die Benutzerrolle wird im Customizing aus folgenden Komponenten erstellt:

- **Profilart**
  Gibt die Art der Benutzerrolle an.
- **Beschreibung**
  Beschreibt die Benutzerrolle.
- **Rollenkonfigurationsschlüssel**
  ID, die auf die Konfiguration von Views verweist
- **Navigationsleistenprofil**
  Beinhaltet ausgewählte CRM-Funktionen in Form von Bereichsstartseiten und Logischen Links.
- **Layoutprofil**
  Definiert den Navigationsrahmen des CRM Web Clients.
- **Technisches Profil**
  Definiert technische Parameter.
- **PFCG-Rollen-ID**
  Umfasst Berechtigungen, die ein Benutzer ausführen kann.

Aus Berechtigungssicht sind der Rollenkonfigurationsschlüssel, das Navigationsleistenprofil sowie die zugeordnete PFCG-Rollen-ID von zentraler Bedeutung.

Rollenkonfigurationsschlüssel

Der *Rollenkonfigurationsschlüssel* beinhaltet die Konfiguration der Bereichsstartseiten, Suchseiten, Übersichtsseiten, Kopfblöcke und Zuordnungsblöcke. Im Rollenkonfigurationsschlüssel sind sowohl die Platzierung der Zuordnungsblöcke, Felder und Feldbeschriftungen als auch die Eigenschaften von Feldern, wie z. B. *editierbar*, *nur lesbar* oder *Pflichtfeld*, definiert. Sie können somit kundeneigene Konfigurationen anlegen. Die Konfiguration von Feldern kann zur Berechtigung auf Feldebene genutzt werden. Somit können Felder mit kritischen Daten für bestimmte Benutzer ausgeblendet oder auf *nur lesbar* gesetzt werden.

Zusammenfassung

Eine Benutzerrolle ist eine Zusammenstellung von Oberflächenkomponenten wie die Auswahl von Bereichsstartseiten und Logischen Links oder die Zuweisung von bestimmten Konfigurationen für Views.

Funktion der PFCG-Rollen

Das bisherige Rollenkonzept der PFCG-Rollen wird um die Benutzerrollen erweitert, die die Sicht des Benutzers auf den CRM Web Client definieren (siehe Abbildung 15.9).

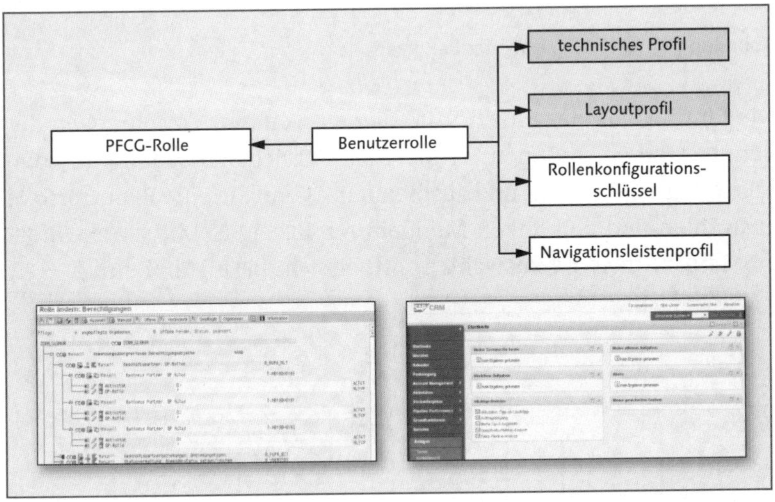

Abbildung 15.9 Erweitertes Rollenkonzept

Ziel eines Berechtigungskonzepts ist es, sowohl die PFCG-Rollen als auch die Benutzerrollen zu definieren, da der Endanwender nur Zugriff auf den CRM Web Client mittels beider Rollen erlangt.

15.1.2 Erstellen von Benutzerrollen für den CRM Web Client

Customizing von Benutzerrollen

Die Benutzerrolle, die den Aufbau des CRM Web Clients bestimmt, wird in der Transaktion CRMC_UI_PROFILE oder im IMG über den Pfad Customer Relationship Management • Benutzerrollen • Benutzerrolle definieren erstellt und gepflegt. In der Übersichtstabelle sind alle im System verfügbaren Benutzerrollen aufgelistet. Mit einem Doppelklick auf eine ausgewählte Benutzerrolle gelangen Sie in die Detailsicht (siehe Abbildung 15.10).

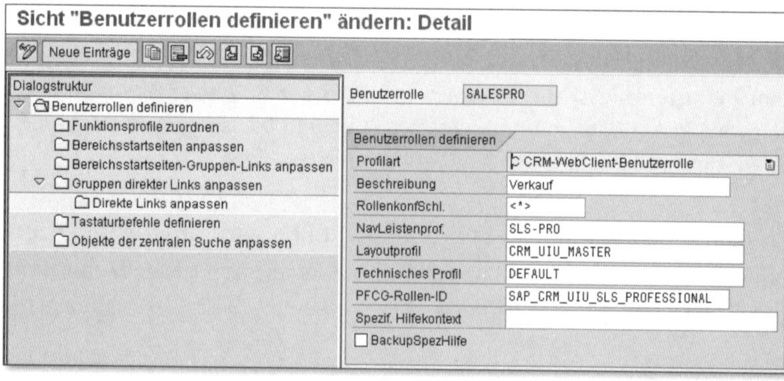

Abbildung 15.10 Customizing der Benutzerrolle

Die Einträge auf der linken Seite dienen weiteren Einstellungen der Benutzerrolle. So können Sie hier z. B. Bereichsstartseiten und Logische Links explizit ein- und ausblenden. Wenn Sie eine Benutzerrolle auswählen und den linken Menüeintrag Bereichsstartseiten-Gruppen-Links anpassen auswählen, öffnet sich die in Abbildung 15.11 gezeigte Sicht.

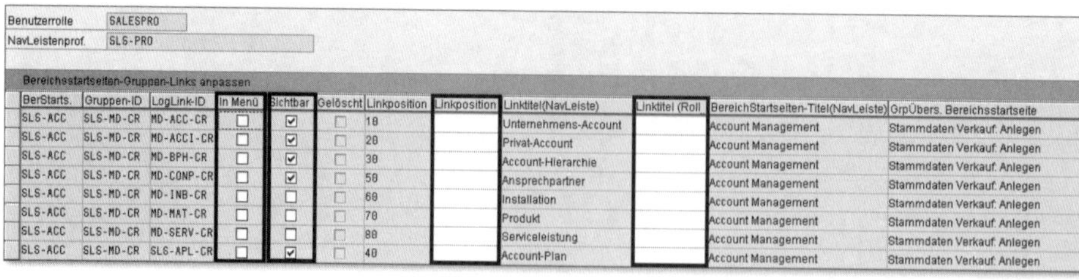

Abbildung 15.11 Anpassen von Logischen Links in der Benutzerrolle

Logische Links in der Benutzerrolle

In dieser Tabelle können Sie definieren, welche Links als zweite Stufe in der Navigationsleiste sichtbar sind. Setzen Sie dazu die Häkchen in der Spalte IN MENÜ. Soll ein Logischer Link nur auf der Bereichsstartseite und nicht in der zweistufigen Navigation sichtbar sein, setzen Sie das Häkchen in der Spalte SICHTBAR. Die nächste Spalte zeigt Ihnen die Reihenfolge pro Gruppen-ID an. Diese Reihenfolge können Sie über die editierbare Spalte LINKPOSITION ändern. Darüber hinaus finden Sie den Titel des Logischen Links, der ebenfalls änderbar ist, sowie den Titel der Bereichsstartseite.

Zum Ändern von Titeln der Bereichsstartseite markieren Sie ebenfalls die Benutzerrolle und wählen den Eintrag BEREICHSSTARTSEITEN ANPASSEN aus den linken Menüeinträgen aus. Nach Fertigstellung der Benutzerrolle ist der Grundstein zur Berechtigungsvergabe gelegt. Abhängig von den in der Benutzerrolle zugewiesenen CRM-Funktionen können Berechtigungen auf deren Zugriff über PFCG-Rollen definiert werden.

15.2 Abhängigkeiten zwischen der Benutzerrolle und PFCG-Rollen

Der Endanwender kann nur mit SAP CRM arbeiten, wenn dem Benutzer sowohl eine Benutzerrolle als auch eine PFCG-Rolle zugewiesen wird. Die Benutzerrolle definiert den Aufbau und somit die zur Verfügung gestellten CRM-Funktionen des CRM Web Clients. Die PFCG-Rolle wird benötigt, um diese CRM-Funktionen einzeln zu berechtigen. Im Folgenden wird der Zusammenhang zwischen der Benutzerrolle und der PFCG-Rolle beschrieben.

Voraussetzungen zum Erstellen von PFCG-Rollen

Bevor Sie die PFCG-Rollen erstellen, sollten die Benutzerrollen bereits vollständig definiert und gepflegt sein. Im letzten Abschnitt haben wir Ihnen den Zweck sowie das Customizing von Benutzerrollen vorgestellt, die über das zugewiesene Navigationsleistenprofil über alle notwendigen CRM-Funktionen verfügen. Darüber hinaus sind der Rollenkonfigurationsschlüssel sowie eine PFCG-Rolle dieser Benutzerrolle zugewiesen.

Sie können ein und dasselbe Navigationsleistenprofil verschiedenen Benutzerrollen zuweisen. Ähnlich verhält es sich auch mit PFCG-Rollen. Es besteht die Möglichkeit, eine PFCG-Rolle verschiedenen

Benutzerrollen zuzuweisen. Beim Speichern wird jedoch eine Warnung ausgegeben.

Zuweisung von PFCG-Rollen zu Benutzerrollen

SAP empfiehlt, jeweils nur eine PFCG-Rolle einer Benutzerrolle zuzuweisen. Für weitere Informationen lesen Sie dazu SAP-Hinweis 1165543.

Wir empfehlen Ihnen, beim Anlegen einer Benutzerrolle eine leere PFCG-Rolle zu erstellen und diese zuzuweisen. Diese PFCG-Rolle soll lediglich über einen Titel und eine Beschreibung verfügen. Es sollen jedoch kein Benutzermenü (siehe Abschnitt 7.1.4, »Customizing-Einstellungen zum Menükonzept«) bzw. Berechtigungsobjekte gepflegt sein.

Zusammenhang zwischen Benutzerrolle und PFCG-Rolle

Die Verbindung zwischen einer Benutzerrolle und der im Customizing zugewiesenen PFCG-Rolle gestaltet sich folgendermaßen:

- Die PFCG-Rolle mit den notwendigen Berechtigungen wird abhängig vom Customizing der Benutzerrolle erstellt.
- Benutzerrollen müssen dem Endanwender zugeordnet werden. Dies kann über die im Customizing der Benutzerrolle zugewiesene PFCG-Rolle realisiert werden.

Im Customizing der Benutzerrolle muss eine PFCG-Rolle zugewiesen werden. Ziel der Erstellung von PFCG-Rollen ist es, diese so zu gestalten, dass sie nur CRM-Funktionen berechtigen, die über die Benutzerrolle zur Verfügung gestellt werden. Dafür können Sie sich die Zuordnung zwischen Benutzerrolle und PFCG-Rolle zunutze machen. Somit soll die PFCG-Rolle die Berechtigungen vergeben, die die Funktionen der Benutzerrolle erlauben. Eine zweite Verbindung zwischen der Benutzerrolle und der PFCG-Rolle ist die Realisierung der Zuordnung der Benutzerrolle zu Endanwendern. Diese Aspekte der PFCG-Rolle im Zusammenhang mit der Benutzerrolle werden in den nächsten Abschnitten näher erläutert.

15.3 Erstellen von PFCG-Rollen abhängig von Benutzerrollen

PFCG-Rollen können erst erstellt werden, wenn die Funktionen, die die Endanwender in SAP CRM ausführen sollen, bestimmt worden sind. Diese Funktionen werden ihnen mittels der Benutzerrolle im

CRM Web Client zur Verfügung gestellt. Im Folgenden werden die Voraussetzungen für PFCG-Rollen sowie die Methodik zu ihrer Erstellung näher erläutert.

15.3.1 Voraussetzungen für das Erstellen von PFCG-Rollen

Damit Sie PFCG-Rollen in Abhängigkeit von Ihren angepassten Benutzerrollen erstellen können, müssen einige Voraussetzungen erfüllt sein: Zum einen muss die Benutzerrolle fertiggestellt sein, sodass alle zu berechtigenden CRM-Funktionen feststehen. Zum anderen müssen die Werte für die UI-Komponenten in den Tabellen USOBT_C sowie USOBX_C gepflegt werden.

Vorschlagswerte für Profilgenerator

Wie in Abschnitt 7.1, »Pflege und Nutzung der Vorschläge für den Profilgenerator«, beschrieben, werden in diesen Tabellen die zu prüfenden Berechtigungsobjekte und Vorschlagswerte für Berechtigungsfelder je Transaktion gepflegt. Da in SAP CRM keine Transaktionen mehr aufgerufen werden, sondern BSP-Komponenten auf dem CRM Web Client, stehen in dieser Tabelle zusätzlich Einträge für jede BSP-Komponente zur Verfügung.

Sie können diese Einträge prüfen, indem Sie die Transaktion SU22 (Pflege der Zuordnung von Berechtigungsobjekten) aufrufen. Diese Transaktion enthält die SAP-Standardwerte der Tabellen USOBT und USOBX. Im Feld Typ der Anwendung wählen Sie Externer Service aus. Im nächsten Feld – Typ des externen Service – suchen Sie den Eintrag UIU_COMP über die [F4]-Hilfe aus. Klicken Sie nun auf den Button Ausführen (siehe Abbildung 15.12).

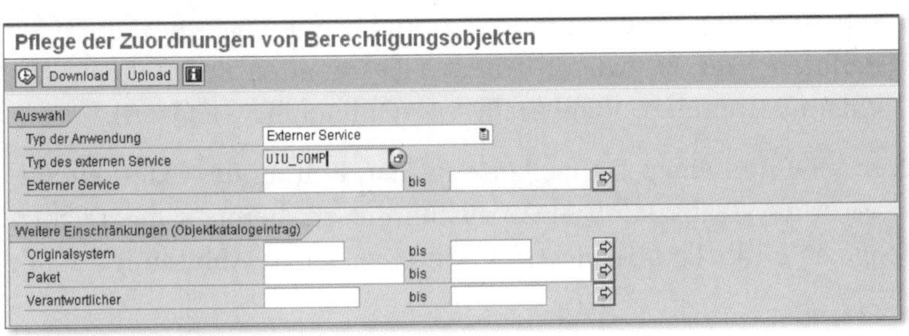

Abbildung 15.12 Auswahl der BSP-Applikationen von SAP CRM

Sie sehen eine Auswahl aller UI-Komponenten bzw. externen Services in der linken Spalte. Jeder Eintrag ist so aufgebaut, wie in

Tabelle 15.1 dargestellt. Das Beispiel in der Tabelle zeigt den Logischen Link ACCOUNTS.

UIU_COMP	UIU_COMP_	BP_HEAD_MAIN_	MainWindow_	SEARCH
Typ des externen Services	Typ der Anwendung	Komponentenname	Fenstername	Inbound-Plug

Tabelle 15.1 Name eines externen Services

Externe Services

Die im CRM Web Client angezeigten BSP-Applikationen entsprechen jeweils einem externen Service. Die Namen der externen Services setzen sich aus folgenden Bestandteilen zusammen:

- **Typ der Anwendung**
  Der Eintrag TYP DER ANWENDUNG definiert die Art der Anwendung, auf die der Nutzer zugreift, wie z. B. Transaktion oder externer Service.
- **Komponentenname**
  Der Komponentenname entspricht einer UI-Komponente und technisch einer BSP-Applikation.
- **Fensternamen**
  Fenster werden verwendet, um Views der Komponenten anzuzeigen. Sie erlauben, dass Views einer Komponente von anderen Komponenten wieder verwendet werden können. Views entsprechen einem Seitentyp einer BSP-Applikation und zeigen konfigurierte Daten in Form von Formularen, Tabellen oder Hierarchiebäumen an.
- **Inbound-Plug**
  Inbound-Plugs sind die Einstiegspunkte für Logische Links. Sie definieren die Navigation zu einer bestimmten Komponente mit einem bestimmten View (siehe SAP-Onlinehilfe – Glossar).

Berechtigen der externen Services

Wenn Sie nun einen Doppelklick auf den Eintrag des externen Services in der Transaktion SU22 ausführen, erscheint in der rechten Spalte eine Tabelle mit folgenden Einträgen (siehe Abbildung 15.13):

- **Status**
  Der Status gibt an, ob das Berechtigungsobjekt für den Eintrag gepflegt worden ist. Der Status ist über die Ampel gekennzeichnet. Eine grüne Ampel bedeutet, dass alle Werte gepflegt sind. Bei einer gelben oder roten Ampel sind entweder fehlerhafte oder keine Werte gepflegt.

- **Objekt**
  Die Spalte Objekt gibt alle Berechtigungsobjekte an, die für die ausgewählte UI-Komponente geprüft werden.
- **Objektbezeichnung**
  Die Objektbezeichnung ist die Beschreibung des Berechtigungsobjekts.
- **Prüfkennzeichen**
  Das Prüfkennzeichen gibt an, ob das Berechtigungsobjekt, wie vom Programmierer im Quellcode festgelegt, geprüft wird oder ob die Prüfung für die ausgewählte UI-Komponente ausgeschaltet ist.
- **Vorschlag**
  In der Spalte Vorschlag ist hinterlegt, ob von SAP Vorschlagswerte für das dazugehörige Berechtigungsobjekt gepflegt sind. Diese Vorschlagswerte werden samt Berechtigungsobjekt im Profilgenerator zur PFCG-Rolle hinzugefügt, die für die Applikation abgeprüft wird. Steht der Wert auf Ja, werden Berechtigungsobjekte und gepflegte Standardwerte in der PFCG-Rolle hinzugefügt. Ist der Vorschlagswert auf Nein gesetzt, werden keine Werte der PFCG-Rolle hinzugefügt. Sind Vorschlagswerte für Berechtigungsfelder gepflegt, können Sie sich diese anzeigen lassen, indem Sie auf den Button Feldwerte klicken.

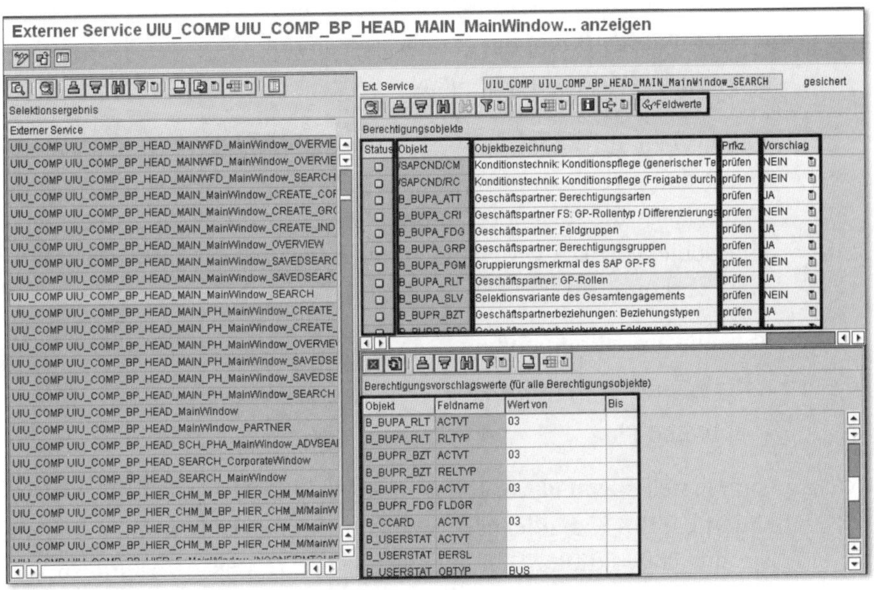

Abbildung 15.13 Gepflegte BSP-Applikationen

Pflege der Vorschlagswerte für externe Services

Die Tabellen USOBT und USOBX, deren Werte in der Transaktion SU22 sichtbar sind, sind Vorschlagswerte von SAP. Diese Werte können Sie in den Kundentabellen USOBT_C und USOBX_C anpassen. Analog zu Transaktion SU22 gibt es die Transaktion SU24, in der Sie die von SAP ausgelieferten Werte anpassen können.

Die Berechtigungsobjekte, die pro Komponente geprüft werden, entsprechen unter anderem den Berechtigungsobjekten, die im SAP GUI auf Transaktionsebene geprüft werden. Wenn Sie die geprüften Berechtigungsobjekte der Transaktion BP mit den geprüften Berechtigungsobjekten des externen Services UIU_COMP_BP_HEAD_MAIN_MainWindow_SEARCH, der dem Logischen Link ACCOUNTS entspricht, vergleichen, werden Sie feststellen, dass die grundlegenden Berechtigungsobjekte gleich sind. Im externen Service ist hingegen das Berechtigungsobjekt S_TCODE, das den Zugriff auf Transaktionen prüft, auf den Vorschlagswert NEIN gesetzt. Dies hat zur Folge, dass dieses Berechtigungsobjekt nicht automatisch im Profilgenerator der PFCG-Rolle übertragen wird. Stattdessen gibt es ein neues Berechtigungsobjekt, das den Zugriff auf UI-Komponenten samt Komponentenfenster und Inbound-Plug, also einem Logischen Link, prüft. Dieses Berechtigungsobjekt heißt UIU_COMP und besteht aus folgenden Berechtigungsfeldern:

- COMP_NAME (Name einer Komponente)
- COMP_WIN (Komponentenfenstername)
- COMP_PLUG (Inbound-Plug)

Vergleichen Sie die Felder des Berechtigungsobjekts UIU_COMP mit dem Namen von externen Services in Tabelle 15.1, werden Sie feststellen, dass die folgenden Informationen sowohl Teil des Berechtigungsobjekts UIU_COMP sind als auch im Namen des externen Services vorkommen:

- Name einer Komponente
- Komponentenfenstername
- Inbound-Plug

USOBT_C und USOBX_C

Zum Erstellen von PFCG-Rollen müssen die Kundentabellen USOBT_C und USOBX_C gepflegt sein. Sie können dieses überprüfen, indem Sie die Transaktion SU24 aufrufen, den TYP DER ANWENDUNG auf EXTERNER SERVICE setzen und beim TYP DES EXTERNEN SERVICES den

Eintrag UIU_COMP auswählen. Es öffnen sich, wie auch zuvor in Transaktion SU22, alle UI-Komponenten. Prüfen Sie nun, ob für diese Einträge Berechtigungsobjekte und Berechtigungsfelder gepflegt sind, indem Sie einzelne Services auswählen. Sind Vorschlagswerte gepflegt, können Sie diese anpassen. Sind jedoch keine Werte eingetragen (siehe Abbildung 15.14), müssen diese mit der Transaktion SU25 (Profilgenerator: Upgrade und Erstinstallation) aus den SAP-Standardtabellen kopiert werden.

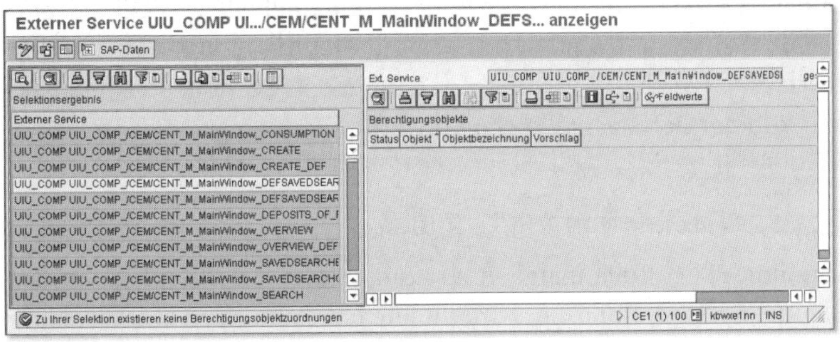

Abbildung 15.14 Leere Kundentabelle USOBT_C

Beachten Sie dabei, ob es sich um eine Neuinstallation des Systems handelt oder ein Upgrade auf das aktuelle Release vorgenommen worden ist. Wenn das System eine Neuinstallation ist und noch keine Werte in der Transaktion SU24 gepflegt worden sind, können Sie in der Transaktion SU25 (Profilgenerator: Upgrade und Erstinstallation), Schritt 1 – Initiales Füllen der Kundentabellen – ausführen (siehe Abbildung 15.15).

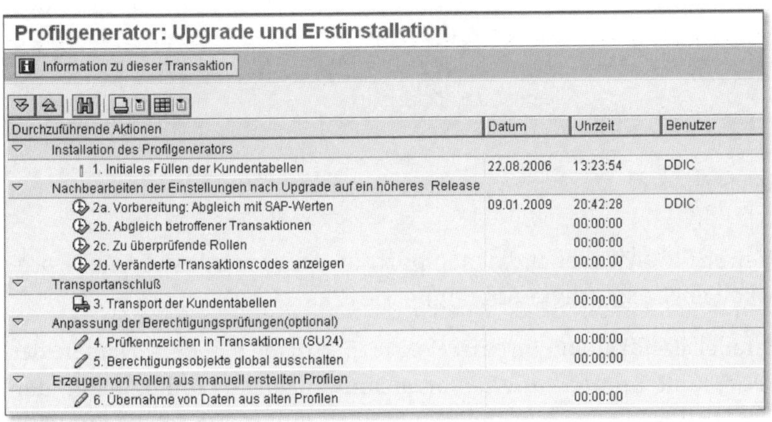

Abbildung 15.15 SU25 – Profilgenerator: Upgrade und Erstinstallation

Sind jedoch schon Werte in den Kundentabellen in früheren Releases oder für weitere Transaktionen gepflegt worden, sollten Sie Schritt 1 nicht ausführen, da auf diese Weise alle Werte der Kundentabelle mit den SAP-Vorschlagswerten überschrieben werden. Wenn Sie die bereits gepflegten Werte nicht überschreiben wollen, müssen Sie die Schritte 2a bis 2d ausführen. Diese einzelnen Schritte prüfen das Delta zum vorherigen Release und fügen diese den Kundentabellen USOBT_C und USOBX_C hinzu (siehe SAP-Onlinehilfe: Schlagwort *SU25*).

Mit dem Füllen und der Pflege der Kundentabellen USOBT_C und USOB_C sind die Voraussetzungen zur Definition von PFCG-Rollen geschaffen worden. Anschließend kann die PFCG-Rolle in Abhängigkeit von der Benutzerrolle erstellt werden.

15.3.2 Erstellen von PFCG-Rollen

Um eine PFCG-Rolle erstellen zu können, die Zugriff auf die in der Benutzerrolle definierten Funktionen hat, benötigen Sie die leere PFCG-Rolle, die Sie anfangs der Benutzerrolle zugewiesen haben.

Report CRMD_UI_ROLE_PREPARE

Öffnen Sie die Transaktion SA38, und führen Sie den Report CRMD_UI_ROLE_PREPARE aus. Sie können hier entscheiden, ob Sie den Namen der Benutzerrolle oder der zugewiesenen PFCG-Rolle eintragen. Geben Sie außerdem die Sprache an, in der die Benutzerrolle gepflegt ist (siehe Abbildung 15.16).

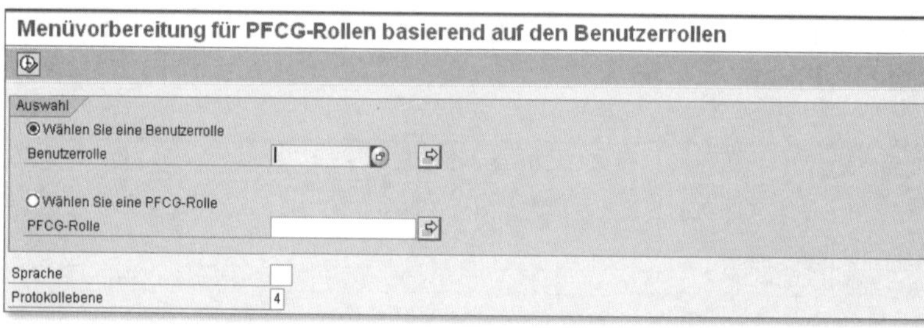

Abbildung 15.16 Report CRMD_UI_ROLE_PREPARE

Führen Sie anschließend den Report aus. Ihnen wird ein Ergebnisprotokoll angezeigt (siehe Abbildung 15.17).

SapWorkDir-Verzeichnis

Parallel ist lokal auf Ihrem PC eine Textdatei mit dem Namen der PFCG-Rolle im *SapWorkDir*-Verzeichnis angelegt worden. Sie finden das *SapWorkDir*-Verzeichnis gewöhnlich unter dem folgenden Pfad: *C:\Dokumente und Einstellungen\<Ihr Benutzer>\SapWorkDir*.

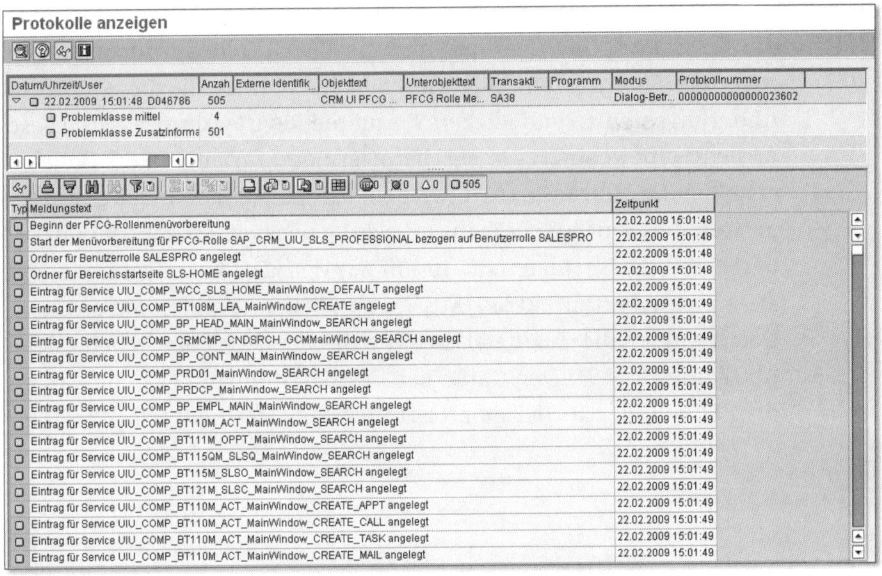

Abbildung 15.17 Ergebnisprotokoll des Reports CRMD_UI_ROLE_PREPARE

Wenn Sie die Textdatei öffnen, sehen Sie, dass diese Datei sowohl Hashwerte, die die externen Services eindeutig beschreiben, als auch die Namen der externen Services beinhaltet (siehe Abbildung 15.18).

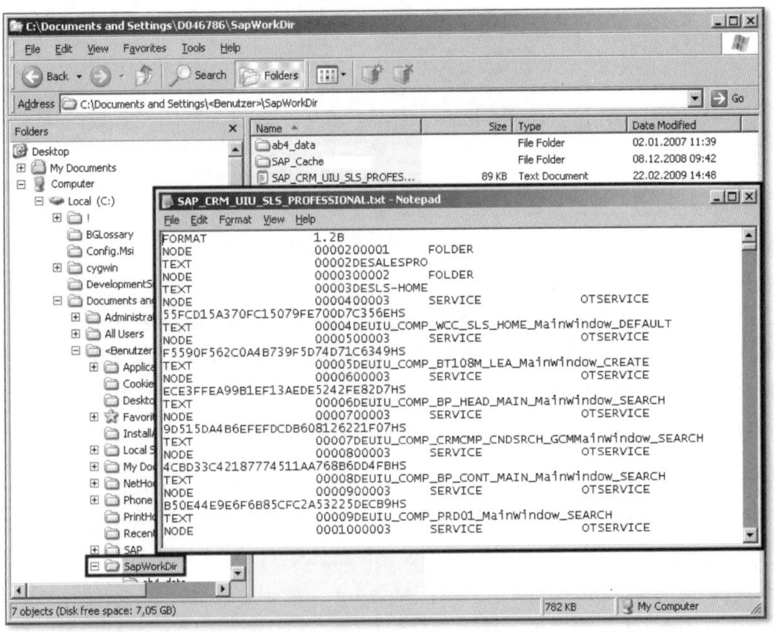

Abbildung 15.18 SapWorkDir-Verzeichnis

Erstellen des Rollenmenüs

Diese Datei wird in Ihrer leeren PFCG-Rolle hochgeladen, indem Sie die Transaktion PFCG öffnen und die PFCG-Rolle aufrufen, die Sie zuvor der Benutzerrolle zugewiesen haben. Öffnen Sie diese Rolle im Änderungsmodus, und klicken Sie auf die Registerkarte MENÜ. Diese Ansicht wird genutzt, um ein Benutzermenü für eine PFCG-Rolle zu erstellen. Da Nutzer in SAP CRM keine Transaktionen mehr aufrufen, müssen diese auch nicht mehr berechtigt werden. Stattdessen importieren Sie die Textdatei aus Ihrem *SapWorkDir*-Verzeichnis, indem Sie auf den Button IMPORT AUS DATEI klicken. Wählen Sie aus dem Dateibrowser die Textdatei aus, die Sie eben erzeugt haben (siehe Abbildung 15.19). Der Name der Textdatei entspricht dem Namen der PFCG-Rolle, die der Benutzerrolle zugewiesen ist.

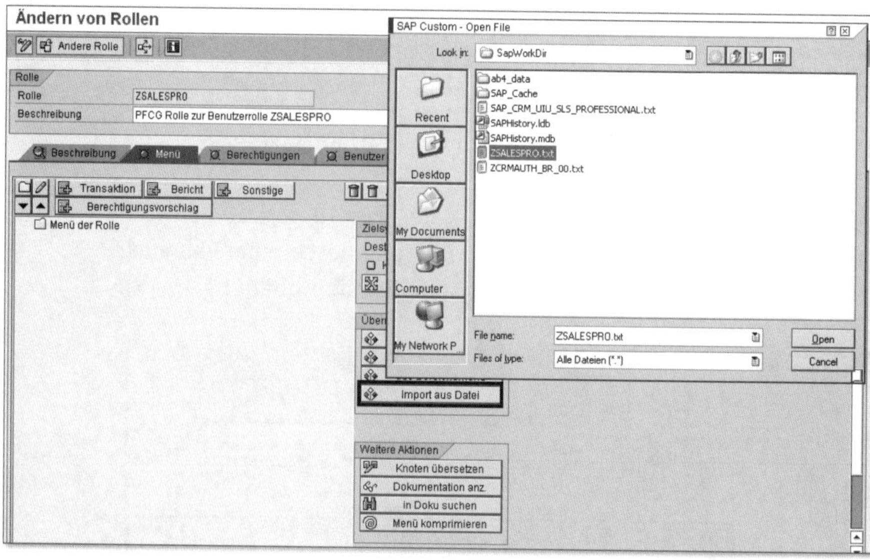

Abbildung 15.19 Hochladen der Menüstruktur in PFCG-Rolle

Struktur des Rollenmenüs

Ein Menübaum öffnet sich als Rollenmenü. Die Ordnerstruktur entspricht den Bereichsstartseiten der Benutzerrolle. Die darunter zugewiesenen Einträge entsprechen jeweils einer Bereichsstartseite oder einem Logischen Link in Form von externen Services.

Berechtigungsobjekt UIU_COMP

Speichern Sie diese PFCG-Rolle, und wechseln Sie zur Registerkarte BERECHTIGUNGEN. Hier können Sie die PFCG-Rolle wie gewohnt pflegen. Anstelle des Berechtigungsobjekts S_TCODE finden Sie das Berechtigungsobjekt UIU_COMP wieder, das alle in der Benutzerrolle definierten UI-Komponenten berechtigt (siehe Abbildung 15.21).

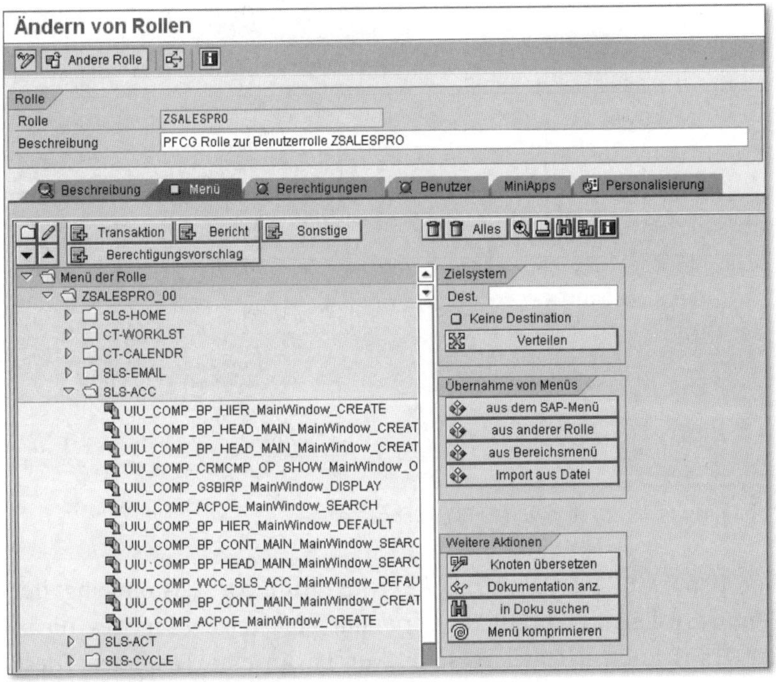

Abbildung 15.20 Struktur des Benutzermenüs

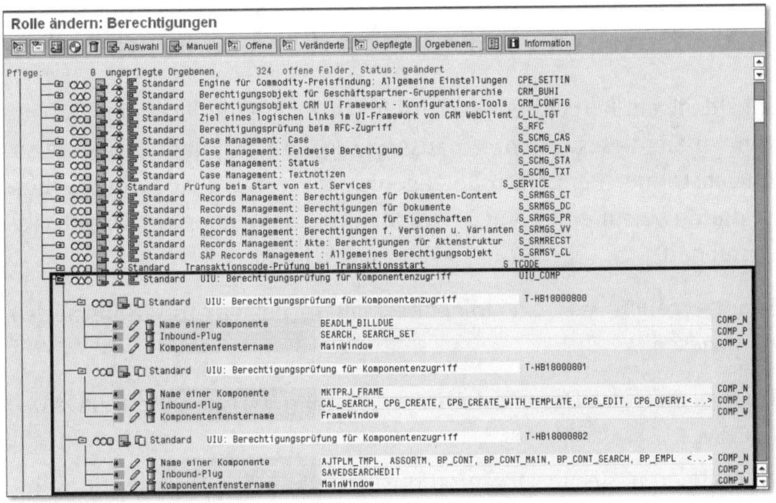

Abbildung 15.21 Berechtigungsobjekt UIU_COMP in PFCG-Rolle

Zusammenfassend zeigt Abbildung 15.22, wie Sie PFCG-Rollen aus Benutzerrollen erstellen.

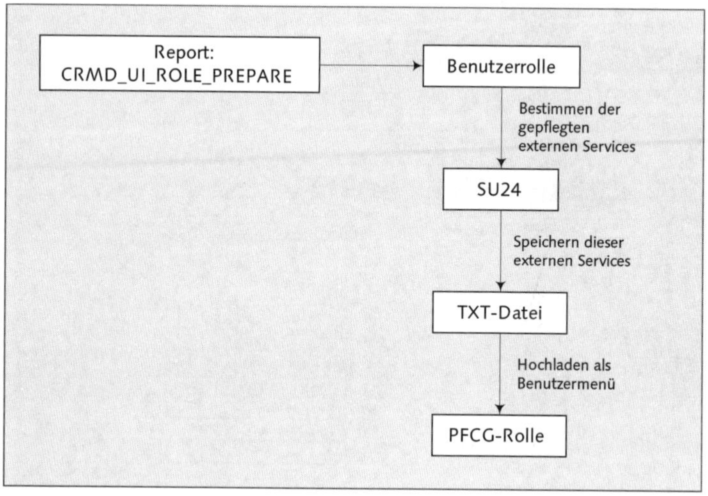

Abbildung 15.22 Erstellen von PFCG-Rollen

Funktion des Reports CRMD_UI_ROLE_PREPARE

Der Report CRMD_UI_ROLE_REPARE prüft das Customizing der Benutzerrolle und schreibt die verwendeten externen Services, die in der Transaktion SU24 dargestellt werden, in eine Textdatei. Diese Textdatei wird als Benutzermenü in die PFCG-Rolle hochgeladen.

15.4 Zuweisen von Benutzerrollen und PFCG-Rollen

Sobald Sie ein Berechtigungsprofil für Ihre PFCG-Rolle erstellt haben, können Sie dieses testen. Voraussetzung dafür ist, dass der Benutzer zunächst einer Benutzerrolle zugeordnet ist. Das Standardvorgehen ist die Zuweisung der Nutzer zur Benutzerrolle über das Organisationsmodell.

Benutzerrollenzuweisung über das Organisationsmodell

Benutzerrollen werden folgendermaßen im Organisationsmodell zugewiesen:

1. Öffnen Sie das Organisationsmodell mit der Transaktion PPOMA_CRM.
2. Navigieren Sie im Organisationsmodell zu der Organisationseinheit, unter der Sie eine Planstelle anlegen wollen.
3. Klicken Sie auf den Button ANLEGEN. Es erscheint ein neues Fenster.
4. Wählen Sie den zweiten Eintrag UMFASST aus (siehe Abbildung 15.23).

5. Geben Sie der Planstelle eine Beschreibung und ein Objektkürzel.
6. Speichern Sie Ihre Änderungen.

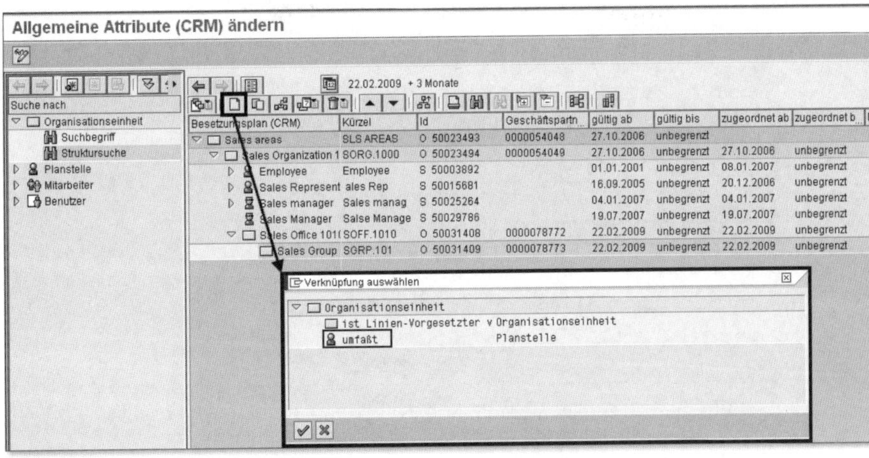

Abbildung 15.23 Erstellen einer Planstelle im Organisationsmodell

Sie können der Planstelle eine Benutzerrolle zuweisen. Markieren Sie dazu Ihre erstellte Planstelle. Wählen Sie im Menü den Menüpfad SPRINGEN • DETAILOBJEKT • ERWEITERTE OBJEKTBESCHREIBUNG (siehe Abbildung 15.24).

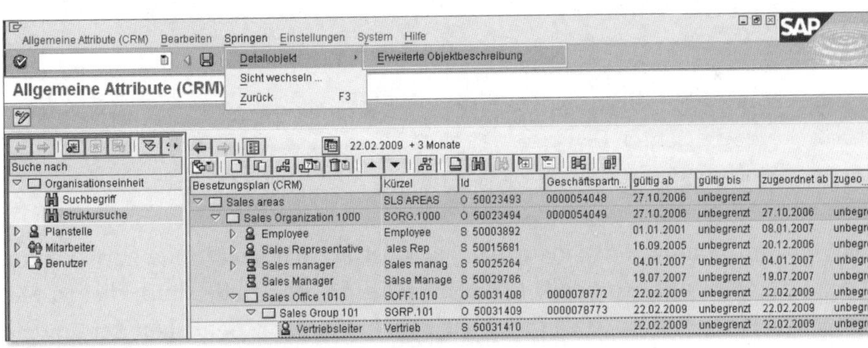

Abbildung 15.24 Zuweisen der Benutzerrolle (1)

Details einer Planstelle

Eine neue Oberfläche öffnet sich. Markieren Sie in der aktuell dargestellten Tabelle den Infotyp BUSINESS ROLE. Als Nächstes klicken Sie auf den Button INFOTYP ANLEGEN.

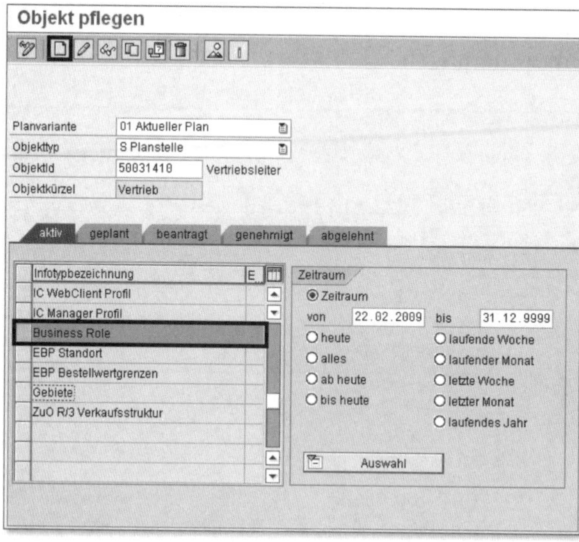

Abbildung 15.25 Zuweisen der Benutzerrolle (2)

Wählen Sie im Feld BENUTZERROLLE die Benutzerrolle aus, die Sie der Planstelle zuweisen möchten, und sichern Sie Ihre Änderungen.

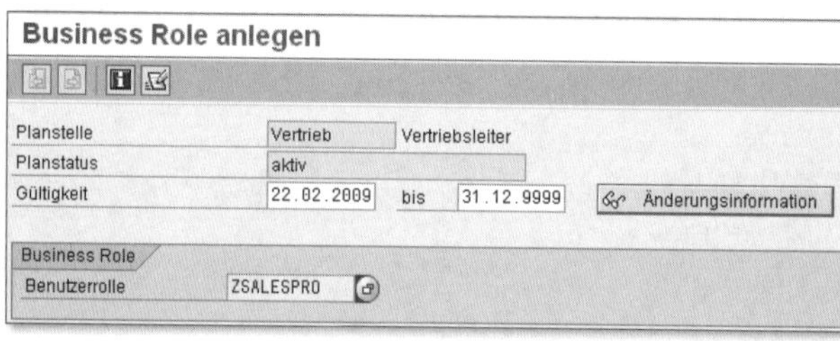

Abbildung 15.26 Auswahl der Benutzerrolle

Zuweisen der Benutzer zur Planstelle

Um Benutzer der Planstelle zuzuweisen, navigieren Sie zurück zum Organisationsmodell. Markieren Sie die Planstelle, und klicken Sie auf den Button ZUORDNEN. Sie haben nun die Möglichkeit der Zuweisung von Benutzern und Geschäftspartnern.

Benutzer und Geschäftspartner

Der Benutzer ist der in Abschnitt 6.1.1, »Benutzer/Berechtigung«, beschriebene Benutzer, der in der Transaktion SU01 angelegt wird. In SAP CRM jedoch benötigt jeder Benutzer, der als Endanwender Business-Objekte bearbeitet, einen Geschäftspartner, der mit dem SU01-Benutzer verknüpft ist. Geschäftspartner gehören zu Stammdaten und dienen zum Bearbeiten und Ausführen von Geschäftsvorgängen. Dazu dient der zweite Eintrag.

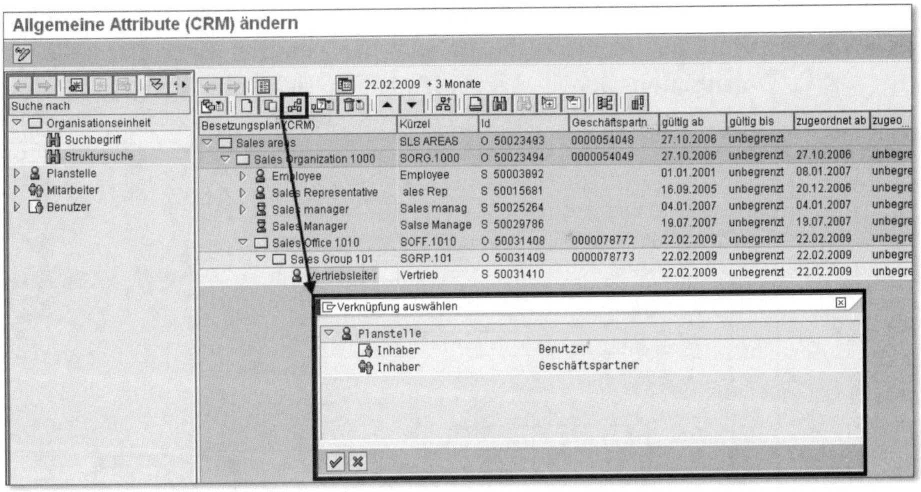

Abbildung 15.27 Zuweisen eines Benutzers oder eines Geschäftspartners

Zum Testen des CRM Web Clients ist es ausreichend, wenn ein Benutzer der Planstelle zugewiesen wird. Möchten Sie jedoch mit Testdaten arbeiten oder Berechtigungen auf Business-Objekte testen, benötigt der in Transaktion SU01 erstellte Benutzer zusätzlich einen Geschäftspartner.

Erstellen von Geschäftspartnern

Geschäftspartner sind ursprünglich mit der Transaktion BP erstellt worden. Da Transaktionen in dem Umfeld nicht mehr im SAP GUI unterstützt werden (siehe SAP-Hinweis 1118231), können Geschäftspartner im CRM Web Client über den Logischen Link MITARBEITER angelegt werden. Dort können Sie dem Mitarbeiter im Zuordnungsblock BENUTZER einen Benutzer zuweisen. Falls dieser Zuordnungsblock nicht sichtbar ist, können Sie diesen über die Personalisierung einblenden. Dieser Geschäftspartner kann, wie in Abbildung 15.28 dargestellt, einer Planstelle zugewiesen werden.

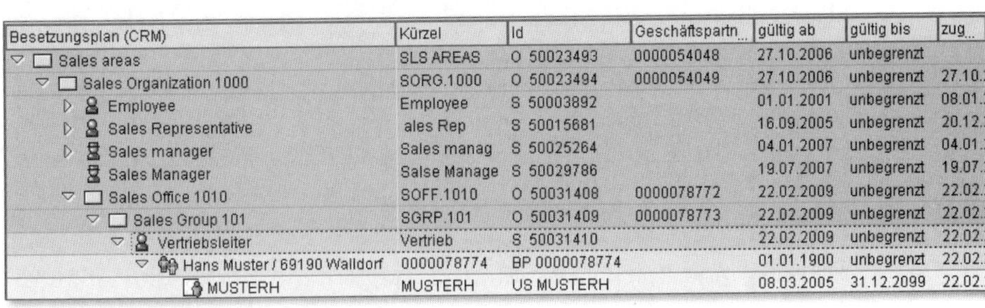

Abbildung 15.28 Zuweisung eines Geschäftspartners zu einer Planstelle

Sie haben die Benutzerrolle einem Benutzer zugewiesen, indem Sie sowohl die Benutzerrolle als auch den Benutzer einer Planstelle im Organisationsmodell zugewiesen haben (siehe Abbildung 15.29).

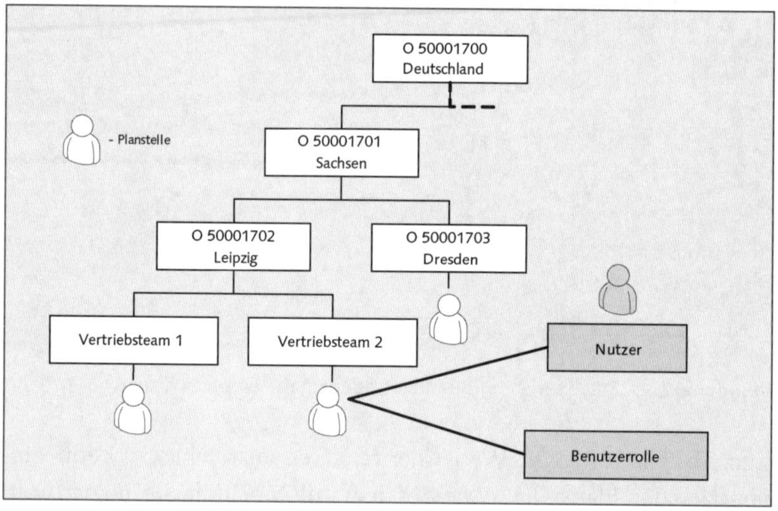

Abbildung 15.29 Zuordnung der Benutzerrolle zum Benutzer über die Planstelle

Da der Benutzer nun zwar der Benutzerrolle, aber noch nicht der PFCG-Rolle zugewiesen ist, können Sie einen zweiten Report ausführen, der diese Zuweisung ausführt.

Report CRMD_UI_ ROLE_ASSIGN

Rufen Sie dazu in der Transaktion SA38 den Report CRMD_UI_ ROLE_ASSIGN auf (siehe Abbildung 15.30).

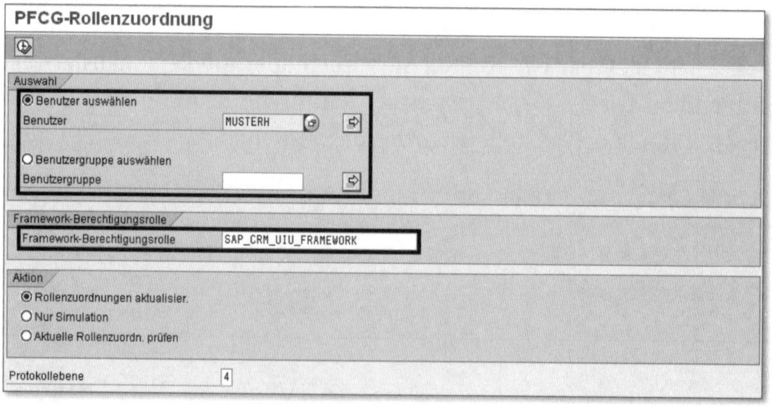

Abbildung 15.30 Report CRMD_UI_ROLE_ASSIGN

In diesem Report können Sie entweder einen Benutzer oder eine Benutzergruppe angeben. Sobald Sie auf AUSFÜHREN klicken, wird die richtige PFCG-Rolle dem angegebenen Benutzer oder der angegebenen Benutzergruppe zugewiesen. Dies funktioniert folgendermaßen:

1. Der Report prüft die Zuordnung des Benutzers zu einer Planstelle im Organisationsmodell.
2. Daraufhin wird geprüft, ob dieser Planstelle eine Benutzerrolle zugewiesen ist.
3. Der Report liest anschließend die PFCG-Rolle aus, die in der zugewiesenen Benutzerrolle gepflegt ist, und weist diese dem Benutzer zu (siehe Abbildung 15.31).

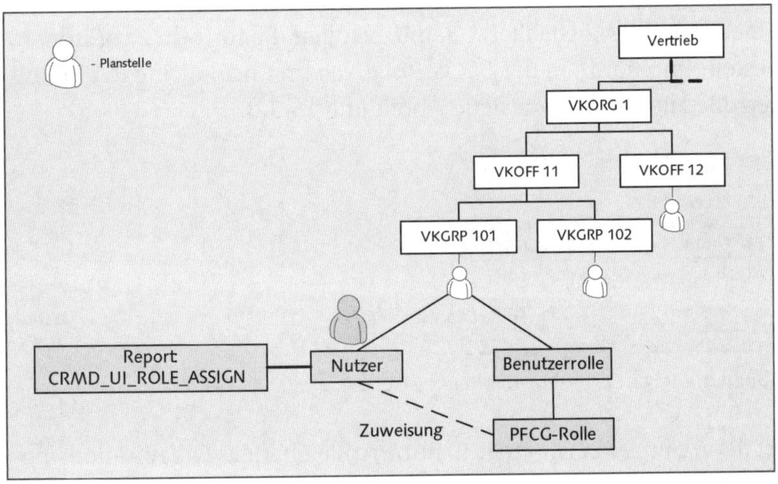

Abbildung 15.31 Zuweisen des Benutzers zur PFCG-Rolle

Die zugewiesene PFCG-Rolle kann im Benutzerstammsatz des Nutzers in der Transaktion SU01 überprüft werden.

SAP_CRM_UIU_FRAMEWORK

Sie sehen auf der Registerkarte ROLLEN der Transaktion SU01, dass der Report CRMD_UI_ROLE_ASSIGN dem Benutzer die Standardrolle SAP_CRM_UIU_FRAMEWORK ebenfalls zugewiesen hat. Diese Rolle beinhaltet alle grundlegenden Berechtigungen zum Zugriff auf das Framework des CRM Web Clients.

Die Standardrolle SAP_CRM_UIU_FRAMEWORK wird standardmäßig ohne Profil ausgeliefert. Wenn diese Rolle dem Benutzer zugewiesen ist, hat dieser noch keine Berechtigungen auf das Framework des CRM Web Clients. Damit Nutzer die notwendigen Berechtigungen erhalten, müssen Sie ein Profil für diese PFCG-Rolle generieren. Alternativ sollten Sie diese Rolle in Ihren Namensraum kopieren, ein Profil generieren und diese anstelle der Standardrolle zuweisen.

Zusammenfassung

Zur Nutzung des Reports CRMD_UI_ROLE_ASSIGN müssen zwei Voraussetzungen erfüllt sein:

- Der Benutzer sowie die Benutzerrolle sind im Organisationsmodell zugewiesen.
- Die der CRM-Benutzerrolle zugeordnete PFCG-Rolle enthält genau die Berechtigungen, die der Benutzer auch benötigt.

Die Nutzung des Zuweisungsreports ist keine Pflicht. Sie können die korrekten PFCG-Rollen über die gewohnten Transaktionen zuweisen.

Eine weitere Möglichkeit, Benutzerrollen Benutzern zuzuordnen, besteht im Zuordnen der PFCG-Rolle, die im Customizing der Benutzerrolle zugewiesen ist (siehe Abbildung 15.32).

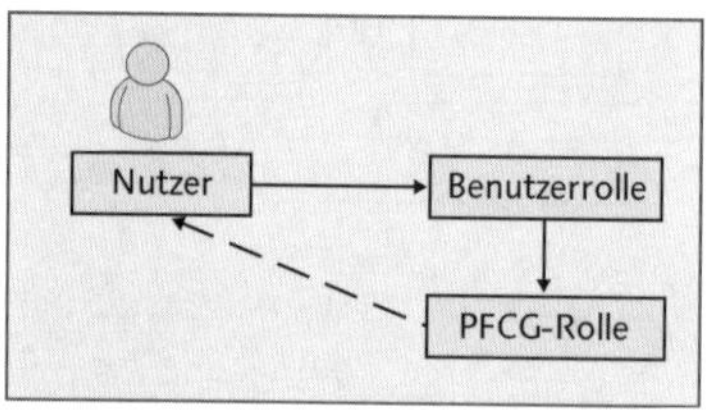

Abbildung 15.32 Zuweisung der Benutzerrolle über die PFCG-Rolle

Weitere Möglichkeiten zur Zuweisung der Benutzerrolle

Ist der Benutzer zuvor einer Benutzerrolle über das Organisationsmodell zugewiesen worden, wird diese zweite Zuordnung nicht mehr gelesen. Die Abprüfreihenfolge ist wie folgt:

1. Zuerst wird geprüft, ob ein Benutzer im Organisationsmodell einer Planstelle zugewiesen ist, der eine Benutzerrolle zugewiesen ist. Wird hier ein Ergebnis gefunden, wird nicht nach weiteren Zuordnungen über die PFCG-Rolle gesucht.
2. Ist die erste Prüfung nicht erfolgreich, wird geprüft, ob sich im Benutzerstamm des Benutzers eine PFCG-Rolle befindet, die einer Benutzerrolle zugewiesen ist.
3. Eine Ausnahme von dieser Zuweisung ist die Benutzerrollenzuweisung über den Benutzerparameter CRM_UI_PROFILE. Ist dieser Benutzerparameter mit der Benutzerrolle als Wert im Benutzerstammsatz gesetzt, wird nur dieser ausgelesen, und alle weiteren Ergebnisse werden ignoriert.

Nutzungshinweis für den Benutzerparameter CRM_UI_PROFILE

SAP empfiehlt, die Benutzerrollenzuordnung über das Organisationsmodell umzusetzen und den Benutzerparameter nur für Testzwecke zu verwenden.

Die Vorteile der Zuweisung von Benutzerrollen über das Organisationsmodell sind:

- Die Benutzerrollenzuweisung wird im Organisationsmodell auf die unteren Ebenen vererbt. Somit kann eine Benutzerrolle mehreren Benutzern, die nicht derselben Planstelle zugeordnet sind, zugewiesen werden, indem diese nur einer übergeordneten Planstelle zugeordnet wird.
- Da im CRM jeder Benutzer im Organisationsmodell zugeordnet ist, ist es weniger Aufwand, die Benutzerrollen dort auch zuzuweisen.

Dem steht allerdings auch ein Nachteil gegenüber: Bei vielen Benutzerrollen müssen die Planstellen so organisiert werden, dass die Benutzer mit derselben Benutzerrolle unter einer Planstelle organisiert sind.

Die Vorteile der Zuweisung über die PFCG-Rolle sind:

- Bei wenigen Benutzerrollen kann die PFCG-Rolle zur Benutzerrolle als Einzelrolle in verschiedenen Sammelrollen definiert sein. Beim Zuweisen von Sammelrollen (siehe Abschnitt 6.5.1, »Sammelrolle«) wird diese PFCG-Rolle somit immer automatisch mit zugewiesen.
- Die Zuweisung der PFCG-Rolle und der Benutzerrolle erfolgt in einem Schritt.

Der Nachteil ist aber: Je mehr Benutzerrollen, desto mehr PFCG-Rollen müssen den Benutzern zugewiesen werden. Wenn der Benutzer über mehrere PFCG-Rollen verfügt, muss ein Rollenkonzept die Zuweisung von PFCG-Rollen sowie die Zuweisung der Benutzerrollen über PFCG-Rollen abdecken, damit es nicht unübersichtlich wird.

Anmeldung am CRM Web Client

Da Sie sowohl eine Benutzerrolle als auch eine PFCG-Rolle angelegt und diese einem Benutzer zugewiesen haben, können Sie sich am CRM Web Client anmelden. Der CRM Web Client kann über eine URL oder das SAP GUI aufgerufen werden. Im SAP GUI können Sie sich einen neuen Favoriten in Ihrem Benutzermenü anlegen. Wählen Sie dort SONSTIGE OBJEKTE EINFÜGEN aus.

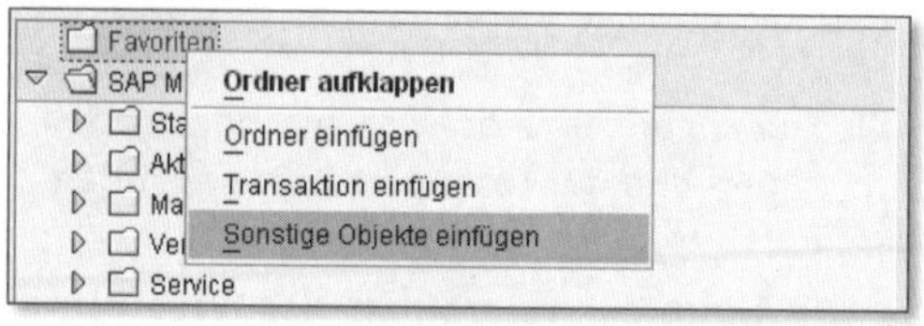

Abbildung 15.33 Favorit anlegen

Es öffnet sich eine Tabelle. Wählen Sie den Eintrag BSP ANWENDUNG aus.

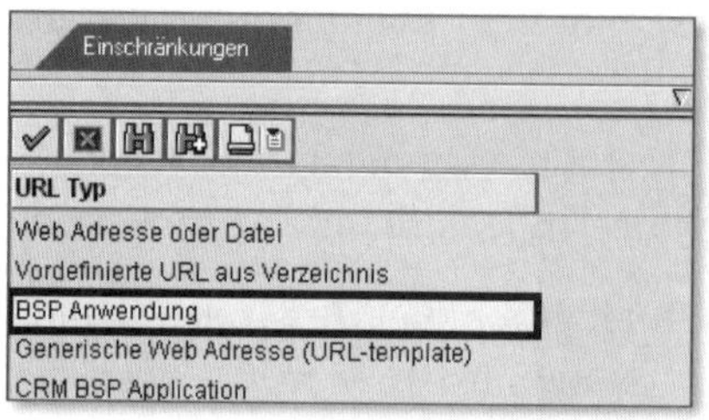

Abbildung 15.34 Auswahl »BSP Anwendung«

Füllen Sie das Formular wie in Abbildung 15.35 aus, und tragen Sie die Werte für die folgenden Felder ein:

- BSP-ANWENDUNG mit dem Wert »CRM_UI_FRAME«
- BESCHREIBUNG mit einem beschreibenden Text
- START-SEITE mit dem Wert »default.htm«

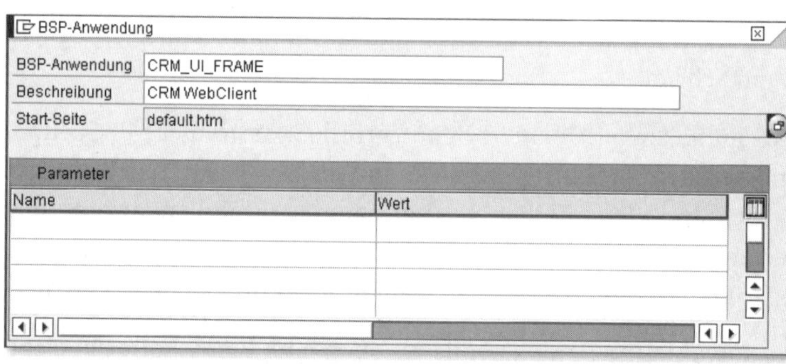

Abbildung 15.35 BSP-Anwendung für CRM Web Client

Aufruf des CRM Web Clients vom SAP GUI

Mit diesen Einstellungen können Sie direkt vom Favoriten im Benutzermenü des SAP GUIs den CRM Web Client aufrufen und die URL abspeichern.

15.5 Beispielszenarien für Berechtigungen in SAP CRM

In den bisherigen Abschnitten ist das Erstellen von Benutzerrollen und davon abhängigen PFCG-Rollen detailliert erläutert worden. Im Anschluss möchten wir Ihnen die Pflege einzelner Berechtigungen in der PFCG-Rolle näher erläutern. Dabei gehen wir insbesondere auf die Berechtigung des CRM Web Clients sowie die Berechtigung auf Datenebene – etwa Geschäftspartner, Geschäftsvorgänge, Attributgruppen und Marketingelemente – ein.

15.5.1 Berechtigen von Oberflächenkomponenten

CRM-Funktionen des CRM Web Clients werden mit dem Berechtigungsobjekt UIU_COMP berechtigt. Durch Ausführen des Reports CRMD_UI_ROLE_PREPARE und der Erstellung des Benutzermenüs werden alle notwendigen Einträge in das Berechtigungsobjekt vorgenommen.

Migration von PFCG-Rollen

Führen Sie jedoch ein Upgrade eines früheren SAP CRM-Releases auf SAP CRM 2007 oder SAP CRM 7.0 durch, können Sie die Rollen aus den früheren Releases migrieren. Dazu müssen die Einträge manuell in das Berechtigungsobjekt UIU_COMP hinzugefügt werden. Nähere Informationen dazu finden Sie im SAP-Hinweis 1259665. Dafür muss bekannt sein, welcher Eintrag im Berechtigungsobjekt welchem Logischen Link auf der Oberfläche des CRM Web Clients entspricht.

Hierfür gibt es einige Hilfsmöglichkeiten. Nach der Anmeldung am CRM Web Client haben Sie die Möglichkeit, sich anzeigen zu lassen, in welcher UI-Komponente Sie sich befinden. Navigieren Sie dazu entweder auf eine Bereichsstartseite, oder öffnen Sie einen Logischen Link.

Praxisbeispiel: Informationen zu UI-Komponenten

Details zur UI-Komponente im CRM Web Client

Dieses Beispiel zeigt Ihnen, wie Sie abhängig von der Oberflächenkomponente die korrekten Einträge für das Berechtigungsobjekt UIU_COMP bestimmen. Dazu gehen Sie folgendermaßen vor:

1. Weisen Sie sich die Benutzerrolle SALESPRO zu. Diese verfügt über CRM-Funktionen aus dem Vertriebsumfeld.
2. Wählen Sie die Bereichsstartseite ACCOUNT MANAGEMENT aus. Klicken Sie in den Arbeitsbereich dieser Bereichsstartseite, und nutzen Sie den Tastaturbefehl [F2].

3. Ein weiteres Fenster öffnet sich mit detaillierten Informationen zu dieser UI-Komponente (siehe Abbildung 15.36).

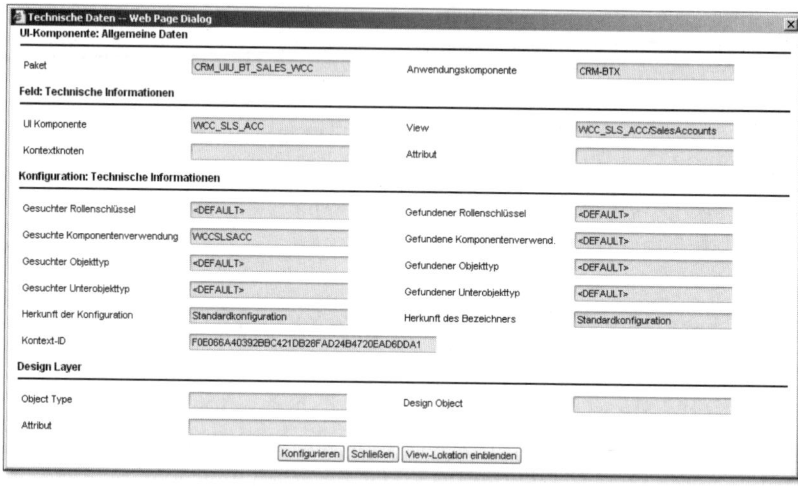

Abbildung 15.36 F2-Hilfe des CRM Web Clients

Informationen der F2-Hilfe

Sie finden hier Informationen zum Namen der Komponenten, dem verwendeten View sowie auch dem dargestellten Rollenkonfigurationsschlüssel. Da im Berechtigungsobjekt UIU_COMP die Informationen zu Komponentennamen, Komponentenfenster sowie Inbound-Plug benötigt werden, sind die in der [F2]-Hilfe dargestellten Informationen noch nicht ausreichend. Die notwendigen Informationen stehen im Customizing der Benutzerrollen sowie der Navigationsleistenprofile. Die notwendigen Schritte sind in Abbildung 15.37 dargestellt und werden im Anschluss detailliert beschrieben.

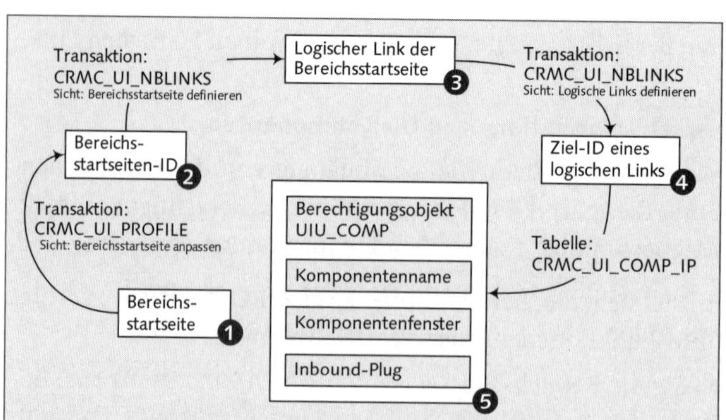

Abbildung 15.37 Informationen zum Berechtigungsobjekt UIU_COMP

Informationen zu Bereichsstartseiten, z. B. ACCOUNT MANAGEMENT, können Sie wie folgt bestimmen:

❶ **Bereichsstartseite identifizieren**
Identifizieren Sie die zu berechtigende Bereichsstartseite auf dem CRM Web Client, hier ACCOUNT MANAGEMENT.

❷ **Bereichsstartseiten-ID der Benutzerrolle**
Bestimmen Sie nun den technischen Namen der Bereichsstartseite. Öffnen Sie dazu das Customizing für Benutzerrollen über die Transaktion CRMC_UI_PROFILE oder über den IMG-Pfad CUSTOMER RELATIONSHIP MANAGEMENT • BENUTZERROLLEN • BENUTZERROLLE DEFINIEREN, und markieren Sie die Benutzerrolle SALESPRO. Klicken Sie doppelt auf den Eintrag BEREICHSSTARTSEITE ANPASSEN der linken Spalte. Dem nächsten Fenster (siehe Abbildung 15.38) können Sie die Bereichsstartseiten-ID der Bereichsstartseite der Spalte BERSTARTS. entnehmen. Für die Bereichsstartseite ACCOUNT MANAGEMENT ist dies die Bereichsstartseiten-ID SLS-ACC. Verlassen Sie nun diese Customizing-Tabelle.

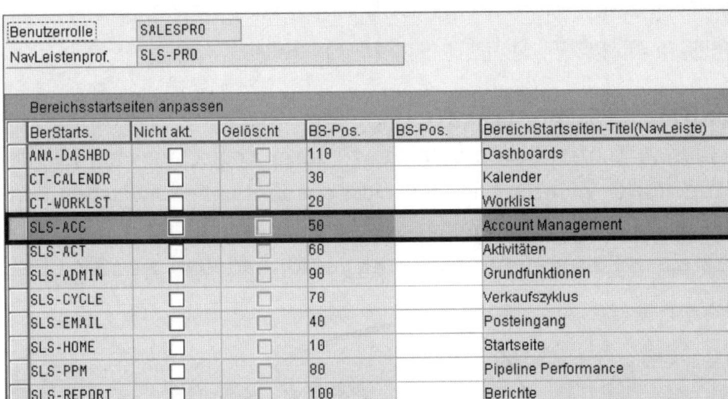
Benutzerrolle: SALESPRO
NavLeistenprof.: SLS-PRO

Bereichsstartseiten anpassen

BerStarts.	Nicht akt.	Gelöscht	BS-Pos.	BS-Pos.	BereichStartseiten-Titel(NavLeiste)
ANA-DASHBD	☐	☐	110		Dashboards
CT-CALENDR	☐	☐	30		Kalender
CT-WORKLST	☐	☐	20		Worklist
SLS-ACC	☐	☐	50		Account Management
SLS-ACT	☐	☐	60		Aktivitäten
SLS-ADMIN	☐	☐	90		Grundfunktionen
SLS-CYCLE	☐	☐	70		Verkaufszyklus
SLS-EMAIL	☐	☐	40		Posteingang
SLS-HOME	☐	☐	10		Startseite
SLS-PPM	☐	☐	80		Pipeline Performance
SLS-REPORT	☐	☐	100		Berichte

Abbildung 15.38 Bereichsstartseiten-ID

❸ **Logische-Link-ID je Bereichsstartseite**
Dieser Schritt dient zur Bestimmung der Logischen-Link-ID, die der Bereichsstartseite zugewiesen ist. Öffnen Sie dazu das Customizing für Navigationsleistenprofile über die Transaktion CRMC_UI_NBLINKS oder über den IMG-Pfad CUSTOMER RELATIONSHIP MANAGEMENT • UI-FRAMEWORK • TECHNISCHE ROLLENDEFINITION • NAVIGATIONSLEISTENPROFIL DEFINIEREN. Sie können in diesem Schritt herausfinden, welche Logische-Link-ID der Bereichsstart-

seite ACCOUNT MANAGEMENT zugeordnet ist. Jeder Bereichsstartseite ist ein Logischer Link zugewiesen, damit sich bei Klick auf eine Bereichsstartseite in der Navigationsleiste die dazugehörigen Informationen im Arbeitsbereich öffnen. Klicken Sie dazu doppelt auf BEREICHSSTARTSEITE DEFINIEREN in der linken Spalte. Es erscheinen alle im System zur Verfügung stehenden Bereichsstartseiten. Suchen Sie nach der ID SLS-ACC in der Spalte BERSTARTS. Wie in Abbildung 15.39 dargestellt, finden Sie in der Spalte LOGLINK-ID die Logische-Link-ID der Bereichsstartseite.

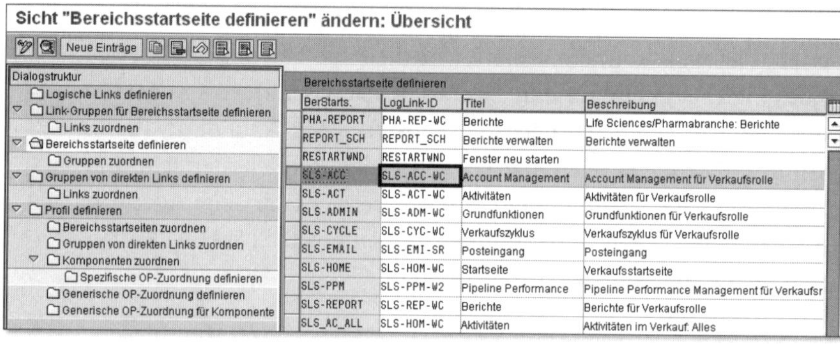

Abbildung 15.39 Logische-Link-ID einer Bereichsstartseite

❹ Ziel-ID je Logischer-Link-ID

In diesem Schritt bestimmen Sie zu Ihrer Logischen-Link-ID die dazugehörige Ziel-ID. Die Ziel-ID ist das Bindeglied zwischen den im Customizing pflegbaren Logischen Links und dem Inbound-Plug einer Komponente (siehe RKT-Informationen zu SAP CRM 2007).[3]

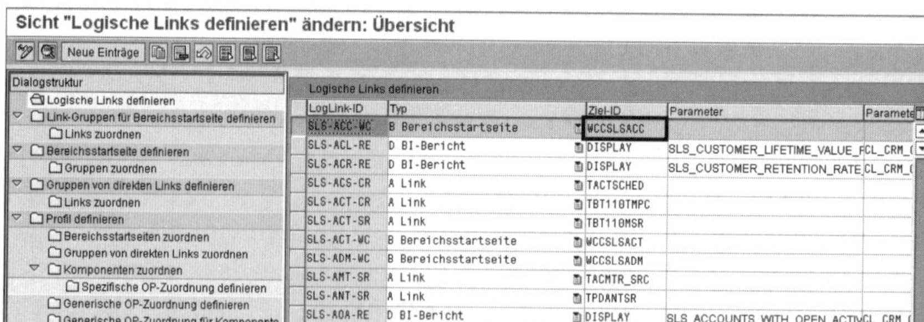

Abbildung 15.40 Ziel-ID eines Logischen Links

3 RKT-Informationen befinden sich in einem geschützten Bereich des SAP Service Marketplace.

Bleiben Sie in dieser Transaktion. Wechseln Sie jedoch die Sicht, indem Sie doppelt auf Logische Links definieren in der linken Spalte klicken. In dieser Sicht werden alle im System zur Verfügung stehenden Logischen Links angezeigt. Suchen Sie nach der Logischen-Link-ID SLS-ACC-WC. Die Spalte Ziel-ID gibt Ihnen die dazugehörige Ziel-ID an. Die Ziel-ID für die Bereichsstartseite Account Management ist WCCSLSACC. Verlassen Sie nun diese Transaktion.

❺ UI-Komponente, Komponentenfenster, Inbound-Plug je Ziel-ID
Im letzten Schritt können Sie sich mittels der Ziel-ID die Werte für das Berechtigungsobjekt UIU_COMP angeben lassen. Öffnen Sie hierfür die Transaktion SE16, und öffnen Sie die Tabelle CRMC_UI_COMP_IP. Im Feld Target_ID tragen Sie die Ziel-ID WCCSLSACC ein und klicken auf den Button Ausführen. Als Ergebnis erhalten Sie eine Tabelle mit den Informationen zu Komponentennamen (Component), Fensternamen (window), Ziel-ID (Target_ID), Inbound-Plug (Inbound-Plug), Objekttyp (Object Type), Objektaktion (Object Action) sowie Beschreibung (Description). Für das Berechtigungsobjekt UIU_COMP benötigen Sie die Felder Component, Window sowie Inbound-Plug.

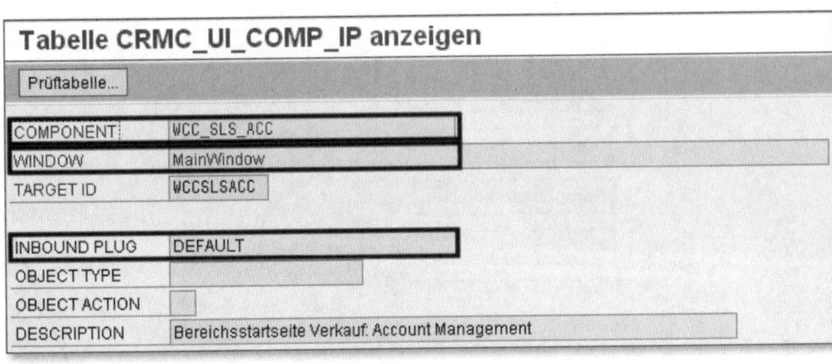

Abbildung 15.41 Tabelle CRMC_UI_COMP_IP

Um die Bereichsstartseite Account Management zu berechtigen, müssen Sie das Berechtigungsobjekt UIU_COMP folgendermaßen ausprägen:

- COMP_NAME: WCC_SLS_ACC
- COMP_PLUG: DEFAULT
- COMP_WIN: MainWindow

Achten Sie beim Füllen des Berechtigungsobjekts UIU_COMP auf die korrekte Groß- und Kleinschreibung.

Externe Services als Teil des Benutzermenüs

Eine bessere Alternative zur manuellen Pflege des Berechtigungsobjekts UIU_COMP ist die Pflege des Benutzermenüs der PFCG-Rolle. Das Benutzermenü kann so anpasst werden, dass der entsprechende externe Service Teil des Benutzermenüs ist. In diesem Beispiel entspricht das dem externen Service UIU_COMP UIU_COMP_WCC_SLS_ACC_MainWindow_DEFAULT.

Zum Bestimmen der Werte Komponentenname, Komponentenfenster und Komponenten-Plug für Logische Links für das Berechtigungsobjekt UIU_COMP oder den jeweiligen externen Service können Sie ähnlich verfahren wie zur Bestimmung der Werte für Bereichsstartseiten. Komponentennamen können mittels der [F2]-Hilfe in der Komponente gelesen werden. Alternativ zur [F2]-Hilfe können Sie die Schritte ausführen, die in Abbildung 15.42 dargestellt sind. Alle Schritte werden anschließend detailliert erläutert.

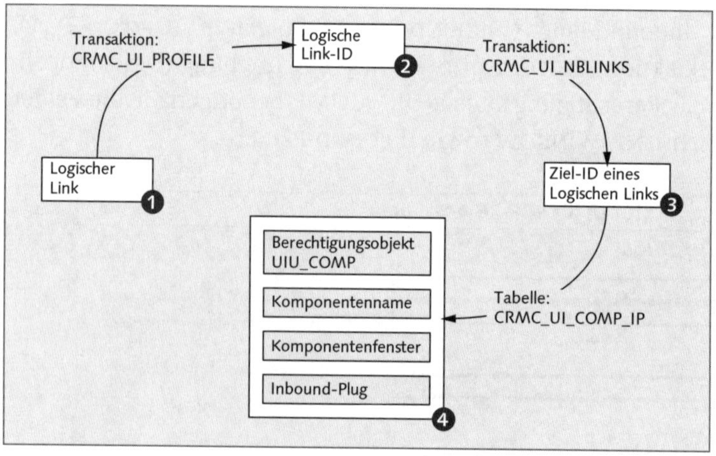

Abbildung 15.42 Vom Logischen Link zum Inhalt für UIU_COMP

❶ Informationen zum Logischen Link

Legen Sie den Logischen Link auf dem CRM Web Client fest, den Sie berechtigen möchten. In diesem Beispiel soll der Logische Link ACCOUNTS berechtigt werden.

❷ Logische-Link-ID je Logischem-Link-Titel des CRM Web Clients

Bestimmen Sie die Logische-Link-ID im Customizing der Benutzerrolle über die Transaktion CRMC_UI_PROFILE oder über den IMG-Pfad CUSTOMER RELATIONSHIP VMANAGEMENT • BENUTZERROLLEN • BENUTZERROLLE DEFINIEREN. Markieren Sie die Benutzerrolle SALESPRO, und wählen Sie den Eintrag BEREICHSSTARTSEITEN-GRUPPEN-LINKS ANPASSEN in der linken Spalte aus.

Suchen Sie in der sich öffnenden Tabelle zuerst nach den Einträgen für die Bereichsstartseite ACCOUNT MANAGEMENT. Sie finden diese Einträge in der Spalte BERSTARTS. Die Logischen Links, die der Bereichsstartseite SLS-ACC zugeordnet sind und einen Haken in der Spalte SICHTBAR haben, sind die Links, die auf der Bereichsstartseite sichtbar sind. Die Bezeichnung des Logischen Links finden Sie in der Spalte LINKTITEL(NAVLEISTE). Die für Sie notwendige Logische-Link-ID steht in der Spalte LOGLINK-ID (siehe Abbildung 15.43). Für ACCOUNTS ist diese MD-BP-SR. Verlassen Sie die Transaktion.

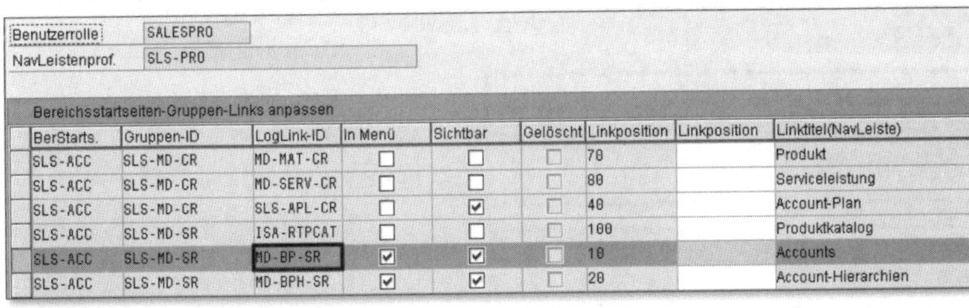

BerStarts.	Gruppen-ID	LogLink-ID	In Menü	Sichtbar	Gelöscht	Linkposition	Linkposition	Linktitel(NavLeiste)
SLS-ACC	SLS-MD-CR	MD-MAT-CR	☐	☐	☐	70		Produkt
SLS-ACC	SLS-MD-CR	MD-SERV-CR	☐	☐	☐	80		Serviceleistung
SLS-ACC	SLS-MD-CR	SLS-APL-CR	☐	☑	☐	40		Account-Plan
SLS-ACC	SLS-MD-SR	ISA-RTPCAT	☐	☐	☐	100		Produktkatalog
SLS-ACC	SLS-MD-SR	MD-BP-SR	☑	☑	☐	10		Accounts
SLS-ACC	SLS-MD-SR	MD-BPH-SR	☑	☑	☐	20		Account-Hierarchien

Abbildung 15.43 Logische-Link-ID des Logischen Links »Accounts«

❸ Ziel-ID je Logischer-Link-ID

Öffnen Sie das Customizing der Navigationsleistenprofile über die Transaktion CRMC_UI_NBLINKS oder im IMG über CUSTOMER RELATIONSHIP MANAGEMENT • UI-FRAMEWORK • TECHNISCHE ROLLENDEFINITION • NAVIGATIONSLEISTENPROFIL DEFINIEREN. Öffnen Sie anschließend die Sicht für Logische Links über den Eintrag LOGISCHE LINKS DEFINIEREN in der linken Spalte, und suchen Sie die Logische-Link-ID MD-BP-SR. Der Spalte ZIEL-ID können Sie die Ziel-ID MD-BP-SR für den Logischen Link ACCOUNTS entnehmen.

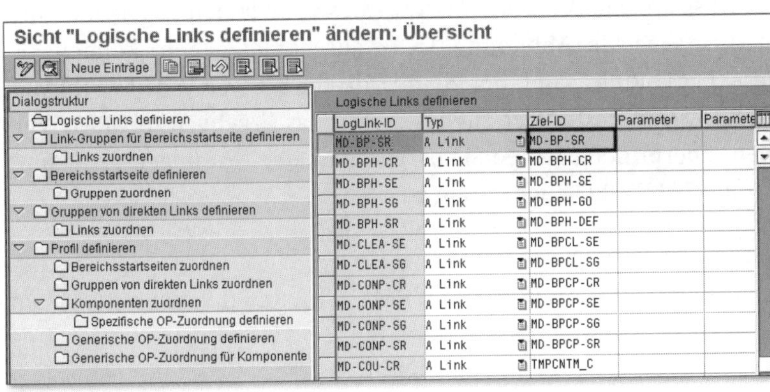

LogLink-ID	Typ	Ziel-ID	Parameter	Paramete
MD-BP-SR	A Link	MD-BP-SR		
MD-BPH-CR	A Link	MD-BPH-CR		
MD-BPH-SE	A Link	MD-BPH-SE		
MD-BPH-SG	A Link	MD-BPH-GO		
MD-BPH-SR	A Link	MD-BPH-DEF		
MD-CLEA-SE	A Link	MD-BPCL-SE		
MD-CLEA-SG	A Link	MD-BPCL-SG		
MD-CONP-CR	A Link	MD-BPCP-CR		
MD-CONP-SE	A Link	MD-BPCP-SE		
MD-CONP-SG	A Link	MD-BPCP-SG		
MD-CONP-SR	A Link	MD-BPCP-SR		
MD-COU-CR	A Link	TMPCNTM_C		

Abbildung 15.44 Ziel-ID des Logischen Links »Accounts«

❹ UI-Komponente, Komponentenfenster, Inbound-Plug je Ziel-ID
Der letzte Schritt beinhaltet wieder das Bestimmen des Komponentennamens, Komponentenfensters und des Inbound-Plugs mithilfe der Tabelle CRMC_UI_COMP_IP. Öffnen Sie diese Tabelle in der Transaktion SE16, und füllen Sie das Feld TARGET_ID mit der Ziel-ID MD-BP-SR. Klicken Sie auf den Button AUSFÜHREN. Sie erhalten nun mehrere Informationen zu dieser Ziel-ID, u. a. Komponentenname, Komponentenfenster sowie Inbound-Plug.

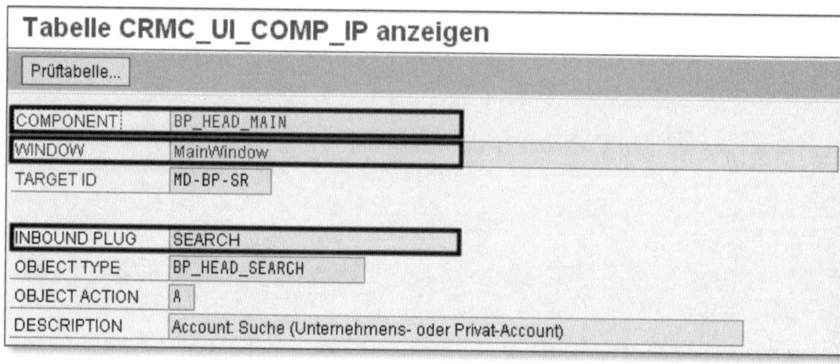

Abbildung 15.45 Eintrag in Tabelle CRMC_UI_COMP_IP für Accounts

Sie können mit den Ihnen angezeigten Informationen das Berechtigungsobjekt UIU_COMP nun so ausprägen, dass die Felder folgendermaßen ausgefüllt sind:

- COMP_NAME: BP_HEAD_MAIN
- COMP_PLUG: SEARCH
- COMP_WIN: MainWindow

Wenn Sie eine Beispiel-PFCG-Rolle mit den zwei Einträgen für die Bereichsstartseite ACCOUNT MANAGEMENT sowie den Logischen Link ACCOUNTS wie in Abbildung 15.46 ausgeprägt haben, können Sie diese PFCG-Rolle samt der Standardrolle SAP_CRM_UIU_FRAMEWORK einem Testnutzer zuweisen und das Ergebnis im CRM Web Client überprüfen. Achten Sie darauf, dass der Testnutzer der Benutzerrolle SALESPRO zugewiesen ist.

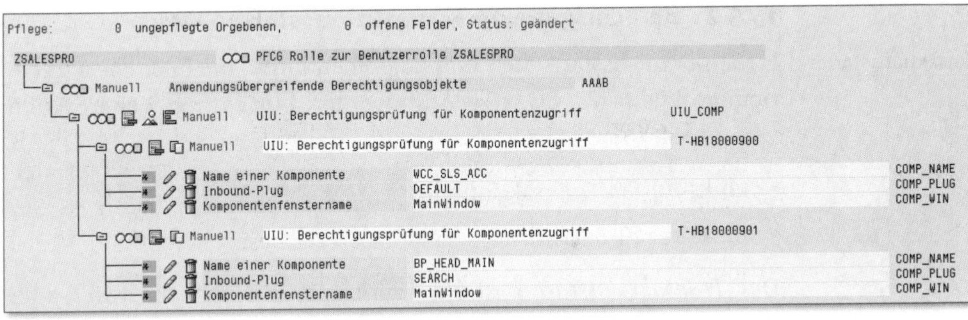

Abbildung 15.46 Beispiel-PFCG-Rolle

Eingeschränkte Sicht auf den CRM Web Client durch Berechtigungen

Mit den oben gepflegten Berechtigungen sieht der Testnutzer den CRM Web Client wie in Abbildung 15.47.

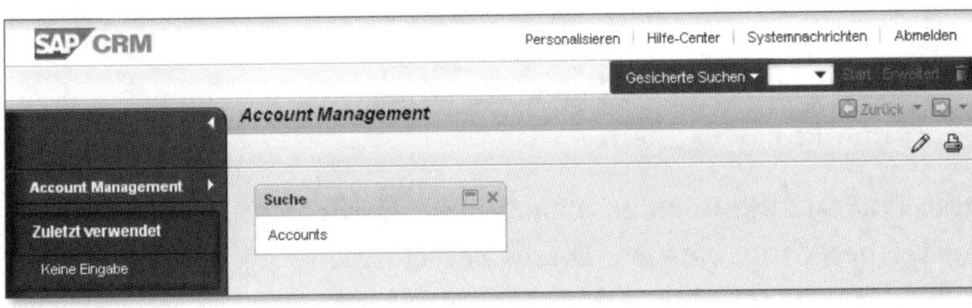

Abbildung 15.47 Durch Berechtigungen eingeschränkter CRM Web Client

Wie Sie sehen, können Sie die Anzeige von in Benutzerrollen gepflegten CRM-Funktionen mithilfe von Berechtigungen einschränken. Trotz der im Customizing festgelegten Bereichsstartseiten und Logischen Links werden nur jene angezeigt, die explizit in der PFCG-Rolle definiert sind. Dies kann Auswirkungen auf den Aufbau Ihres Berechtigungskonzepts haben.

Funktion der generischen Links

Beachten Sie beim Einschränken von UI-Komponenten, dass Sie die generischen Links zu berechtigenden Komponenten mit berechtigen. Generische Links werden zur Cross-Navigation zwischen einzelnen Komponenten sowie zur Speicherung und zum Aufruf von Suchen genutzt. Generische Links finden Sie im Benutzermenü der PFCG-Rolle im Ordner *GENERIC_OP_LINKS*.

15.5.2 Berechtigen von Transaktionsstarter-Links

Transaktionsstarter

Neben Bereichsstartseiten und Logischen Links, die über das Berechtigungsobjekt UIU_COMP geprüft werden, gibt es zwei weitere Arten von Links:

- Links für Starttransaktionen
- Links für BI-Berichte

Der *Transaktionsstarter* ist ein Werkzeug, mit dem Sie URLs oder Transaktionen anderer Systeme in den CRM Web Client einbinden können. Auf dem CRM Web Client ist lediglich ein Logischer Link sichtbar, der bei Klick z. B. eine Internetseite öffnet oder eine Transaktion in einem angeschlossenen SAP ERP-System ausführt.

Darüber hinaus können BI-Reports in den CRM Web Client eingebunden werden. Auch diese sind als Logische Links auf der CRM-Oberfläche sichtbar. Erst bei Klick öffnet sich der eingebundene Report im CRM Web Client.

Berechtigungsobjekt C_LL_TGT

Beide Linkarten können zusätzlich über das Berechtigungsobjekt C_LL_TGT berechtigt werden. Dieses Berechtigungsobjekt verfügt über die Felder:

- LL_TYPE (Logischer Link-Typ)
- LL_TGT (Link-Parameter)

Über das Feld LOGISCHER LINK-TYP (LL_TYPE) können Sie definieren, ob Sie Links für Starttransaktionen oder Links für BI-Berichte berechtigen möchten. Den einzelnen Link können Sie über das Feld LINK-PARAMETER (LL_TGT) berechtigen. Die Link-IDs für Starttransaktionen finden Sie in der Tabelle CRMC_IC_LTX_ID im Feld LTX_ID. Gültige IDs für BI-Reports finden Sie hingegen im Feld REPID der Tabelle CRMC_BI_REPORTS.

Als Voraussetzung zur Nutzung des Berechtigungsobjekts C_LL_TGT müssen die Komponenten des Transaktionsstarters im CRM Web Client berechtigt werden. Diese Komponenten werden jedes Mal aufgerufen, sobald entweder ein Link für Starttransaktionen oder ein Link für BI-Reports aufgerufen wird. Sie berechtigen diese Komponenten ebenfalls mit dem Berechtigungsobjekt UIU_COMP. Das Berechtigungsobjekt muss wie folgt ausgeprägt sein, damit die Komponente des Transaktionsstarters berechtigt ist:

Kombination von Berechtigungen für den Transaktionsstarter

- UIU_COMP
  - COMP_NAME: UICMP_LTX
  - COMP_PLUG: LAUNCH_TRANSACTION
  - COMP_WIN: MainWindow

Ist ein Link ins Internet, z. B. URL *http://www.sap.com*, über den Transaktionsstarter eingebunden und die Link-ID für diese URL lautet ZSAP, ist das Berechtigungsobjekt C_LL_TGT wie folgt ausgeprägt:

- C_LL_TGT
  - LL_TGT: ZSAP
  - LL_TYPE: C (Starttransaktion)

Die PFCG-Rolle ist wie in Abbildung 15.48 gepflegt.

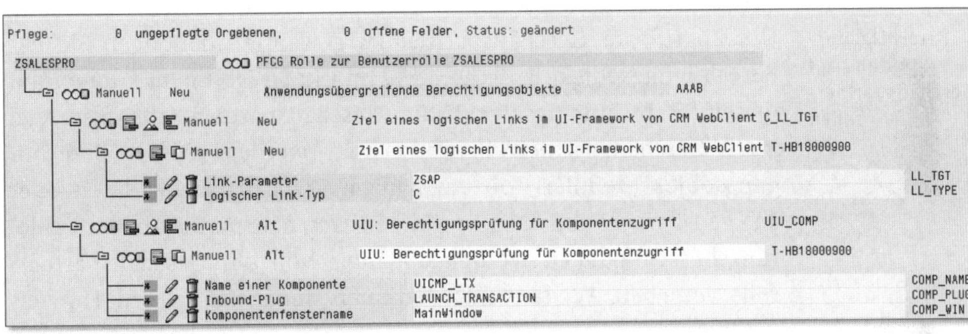

Abbildung 15.48 Ausgeprägte PFCG-Rolle für Link für Starttransaktionen

Zur Anzeige der BI-Berichte wird ebenfalls eine UI-Komponente berechtigt. Das Berechtigungsobjekt UIU_COMP wird wie folgt ausgeprägt:

- UIU_COMP
  - COMP_NAME: GSBIRP
  - COMP_PLUG: DISPLAY
  - COMP_WIN: MainWindow

Zur eigentlichen Berechtigung der Berichte-ID wird das Berechtigungsobjekt C_LL_TGT genutzt:

- C_LL_TGT
  - LL_TGT: Berichte-ID
  - LL_TYPE: D (BI-Bericht)

Für ein vollständiges Berechtigungskonzept benötigen Sie neben der Berechtigungsvergabe auf Oberflächenebene ebenfalls die Berechtigung zum Zugriff auf die Daten in SAP CRM.

15.5.3 Berechtigen von Stammdaten

Die Berechtigungsobjekte UIU_COMP und C_LL_TGT berechtigen den Zugriff auf verschiedene CRM-Funktionen auf der Oberfläche des CRM Web Clients. Der Zugriff auf CRM-Business-Objekte wird über weitere Berechtigungsobjekte gesteuert, die zum größten Teil in früheren Releases zum Einsatz kamen.

Zu den Stammdaten gehören u. a. Geschäftspartner und Produkte. Der Zugriff auf diese Business-Objekte kann über verschiedene Berechtigungsobjekte eingeschränkt werden.

Berechtigungsprüfung auf Geschäftspartnerrollen

Um Zugriff auf Geschäftspartner zu gewähren, benötigen Sie das Berechtigungsobjekt B_BUPA_RLT. Im CRM Web Client können mit diesem Berechtigungsobjekt die Geschäftspartner, abhängig von ihrer Geschäftspartnerrolle, berechtigt werden. Dieses Berechtigungsobjekt definiert, ob ein Nutzer Geschäftspartner lesen oder anlegen darf, unabhängig von deren Geschäftspartnerrollen. Änderungsberechtigungen werden abhängig von der Geschäftspartnerrolle vergeben. Weitere Informationen finden Sie im SAP-Hinweis 1259940.

Berechtigungsprüfung im Geschäftspartnerlebenszyklus

Um die Sicht auf Geschäftspartnerrollen im Geschäftspartnerlebenszyklus einzuschränken, benötigen Sie das Berechtigungsobjekt CRM_BPROLE. Der Nutzer hat in diesem Geschäftspartner nur Berechtigungen auf die Geschäftspartnerrollen, die im Berechtigungsobjekt CRM_BPROLE definiert sind. Möchte der Nutzer Geschäftspartnerrollen zuordnen, ändern oder löschen, für die er nicht berechtigt ist, kann er diese Aktion nicht ausführen, und eine Warnung wird ausgegeben. Weitere Informationen zum Einsatz des Berechtigungsobjekts CRM_BPROLE finden Sie in SAP-Hinweis 1129682.

Berechtigungsprüfung aufgrund von Berechtigungsgruppen

Um die Sicht auf Geschäftspartner einzuschränken, können Sie sich des Berechtigungsobjekts B_BUPA_GRP bedienen. Dieses Berechtigungsobjekt schränkt Geschäftspartner, abhängig von der ihnen zugeordneten Berechtigungsgruppe, ein. Als Voraussetzung dafür müssen Sie Berechtigungsgruppen für Geschäftspartner im Customizing definieren (siehe Abbildung 15.49). Wählen Sie dafür im IMG folgenden Pfad: ANWENDUNGSÜBERGREIFENDE KOMPONENTEN • SAP-GESCHÄFTSPARTNER • GESCHÄFTSPARTNER • GRUNDEINSTELLUNGEN • BERECHTIGUNGSVERWALTUNG • BERECHTIGUNGSGRUPPEN PFLEGEN.

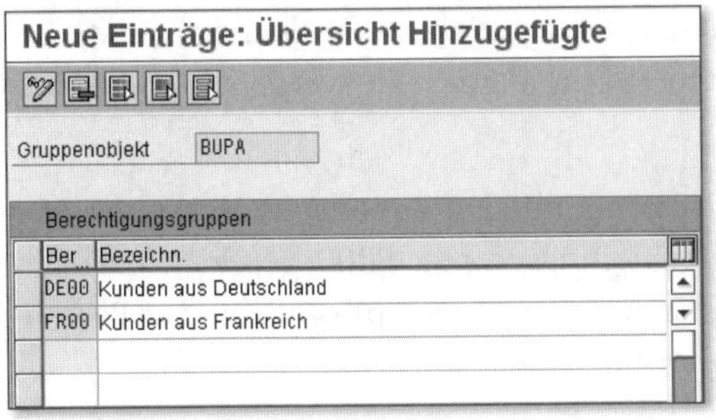

Abbildung 15.49 Berechtigungsgruppen für Geschäftspartner

Customizing von Berechtigungsgruppen für Geschäftspartner

Die dort definierten Berechtigungsgruppen werden im Berechtigungsobjekt B_BUPA_GRP in der PFCG-Rolle so ausgeprägt, dass der Nutzer nur Zugriff auf die Geschäftspartner hat, die der Berechtigungsgruppe in der PFCG-Rolle zugewiesen sind.

Anwendungsbeispiel zur Berechtigung auf Geschäftspartner in Abhängigkeit von der Berechtigungsgruppe

B_BUPA_GRP im Beispiel

Dieses Beispiel zeigt, wie abhängig von Berechtigungsgruppen in Geschäftspartnern der Zugriff auf Geschäftspartner eingeschränkt werden kann.

Die Berechtigungsgruppen für Geschäftspartner sind gepflegt wie in Abbildung 15.49. Der Nutzer soll nur Zugriff auf Kunden haben, die der Berechtigungsgruppe DE00 zugewiesen sind. Die PFCG-Rolle ist dann so ausgeprägt, wie in Abbildung 15.50 dargestellt.

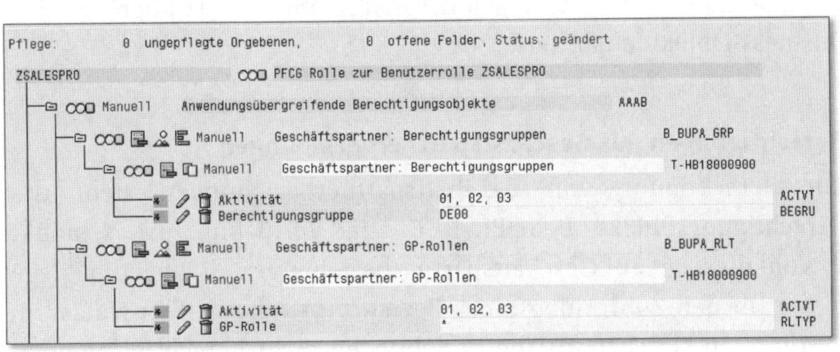

Abbildung 15.50 Ausprägung des Berechtigungsobjekts B_BUPA_GRP

Feld »Berechtigungsgruppe« auf CRM Web Client

Damit die korrekten Geschäftspartner angezeigt werden, ist es Voraussetzung, dass die Berechtigungsgruppe der einzelnen Geschäftspartner gepflegt ist. In den Standard-Views des CRM Web Clients ist das Feld BERECHTIGUNGSGRUPPE nicht sichtbar. Dieses kann jedoch über die Konfiguration und einen eigenen Rollenkonfigurationsschlüssel auf der CRM-Oberfläche dargestellt werden (siehe Abbildung 15.51).

Sind nun einige Geschäftspartner mit der Berechtigungsgruppe DE00 und andere mit der Berechtigungsgruppe FR00 gepflegt, darf der Benutzer nur die Geschäftspartner lesen und pflegen, die der Berechtigungsgruppe DE00 zugeordnet sind.

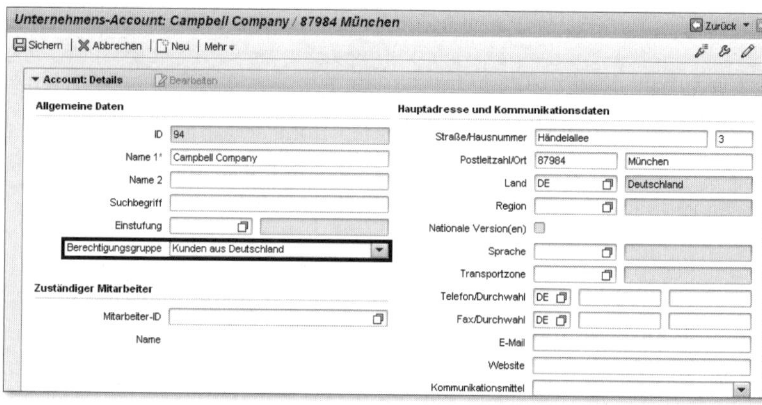

Abbildung 15.51 Berechtigungsgruppe des Geschäftspartners

Suchergebnisliste im CRM Web Client

Ein großer Unterschied zum SAP GUI ist die Darstellung der Standard-Suchergebnislisten von Business-Objekten im CRM Web Client. Ist ein Benutzer nicht berechtigt zum Zugriff auf bestimmte Business-Objekte, werden diese erst gar nicht in den Suchergebnislisten angezeigt. Somit sind die Suchergebnislisten schon nach den berechtigten Business-Objekten gefiltert.

Berechtigungen auf Geschäftspartnerbeziehungen

Berechtigungsprüfung auf Geschäftspartnerbeziehungen

Zur Berechtigung von Geschäftspartnerbeziehungen steht das Berechtigungsobjekt B_BUPR_BZT zur Verfügung. Es schränkt sowohl die Sicht auf Geschäftspartnerbeziehungen als auch die Pflege dieser für den Zuordnungsblock BEZIEHUNGEN ein. Ist ein Nutzer zu bestimmten Geschäftspartnerbeziehungen nicht berechtigt, werden diese im Zuordnungsblock BEZIEHUNGEN nicht angezeigt.

Berechtigungen auf Produkte

Berechtigungsprüfung auf Produkte

Für Produkte gibt es u. a. die Berechtigungsobjekte COM_PRD und COM_PRD_CT. COM_PRD steuert, welche Aktionen ein Benutzer auf Produkte ausführen darf. Das Berechtigungsobjekt COM_PRD_CT schränkt den Zugriff auf Produkte abhängig von einer bestimmten Kategorie ein. Über den IMG-Pfad ANWENDUNGSÜBERGREIFENDE KOMPONENTEN • SAP-PRODUKT • GRUNDEINSTELLUNGEN • BERECHTIGUNGSGRUPPEN DEFINIEREN können Berechtigungsgruppen für Produkte definiert werden.

15.5.4 Berechtigen von Geschäftsvorgängen

OneOrder-Objekte

Berechtigungen werden auch in Bewegungsdaten, in sogenannten *OneOrder-Objekten*, die Geschäftsvorgänge abbilden, vergeben. Zu diesen Daten gehören z. B. Aktivitäten, Opportunities, Leads, Angebote oder Aufträge. Alle Geschäftsprozesse werden in einer bestimmten Prüfabfolge abgeprüft (siehe Abbildung 15.52).

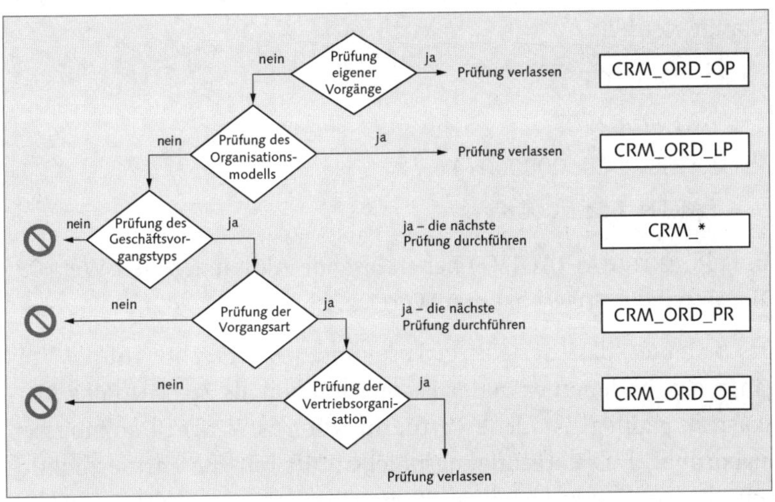

Abbildung 15.52 Prüfreihenfolge in Geschäftsvorgängen

Die Prüfung von Geschäftsvorgängen bedient sich der Prüfung von Berechtigungsobjekten, die in einer bestimmten Reihenfolge erfolgt.

Prüfung eigener Vorgänge

Die Prüfung des eigenen Vorgangs bestimmt, ob ein Benutzer als Partner in einer Partnerfunktion im Beleg gespeichert ist. Partnerfunktionen definieren die Rolle eines beteiligten Benutzers im Vorgang (siehe SAP-Onlinehilfe – Stichwort *Partnerfunktion*). Sie finden Partner von Vorgängen in den Zuordnungsblöcken BETEILIGTE PERSONEN/ORGANISATIONEN oder VERKAUFSTEAM.

Berechtigungsprüfung auf Partnerfunktionen

Das Berechtigungsobjekt CRM_ORD_OP können Sie nutzen, um zu definieren, in welcher konkreten Partnerfunktion ein Benutzer welche Rechte im Vorgang hat. Diese dynamische Berechtigungsvergabe kann also von Vorgang zu Vorgang abweichen.

Ein Beispiel: Ein Nutzer ist Partner in einer Opportunity und ist Mitglied des Verkaufsteams. Er ist für die Opportunity zuständig und als zuständiger Mitarbeiter gepflegt. Sie können sich im Customizing alle Partnerfunktionen unter dem IMG-Pfad CUSTOMER RELATIONSHIP MANAGEMENT • GRUNDFUNKTIONEN • PARTNERVERARBEITUNG • PARTNERFUNKTIONEN DEFINIEREN anschauen. Die Partnerfunktion ZUSTÄNDIGER MITARBEITER hat die Funktions-ID 00000014. Soll der zuständige Mitarbeiter nun Schreibrechte für diesen Vorgang erhalten, muss das Berechtigungsobjekt CRM_ORD_OP folgendermaßen ausgeprägt werden:

- CRM_ORD_OP
  - ACTVT: 02, 03
  - PARTN_FCT: 00000014
  - PARTN_FCTT:0008

Im Feld AKTIVITÄT (ACTVT) haben lesende Aktivitäten den Wert 03. Die Aktivität ÄNDERN hat den Wert 02.

Das bedeutet, dass der Nutzer Lese- und Schreibrechte auf die Vorgänge hat, in denen er in der Partnerfunktion als ZUSTÄNDIGER MITARBEITER gepflegt ist. Jede Partnerfunktion ist einem Funktionstyp zugeordnet. Das Berechtigungsobjekt prüft nur die Partnerfunktionen, die den Funktionstypen 0005 (Mitarbeiter) und 0008 (Zuständige Person) zugeordnet sind.

Soll der Nutzer auch Zugriff auf andere Belege aufgrund anderer Partnerfunktionen bekommen, ist dieses möglich durch die Pflege des Berechtigungsobjekts mit weiteren Werten.

Derselbe Nutzer ist auch als Partner in einem Lead gepflegt, soll dort aber andere Aufgaben übernehmen. Er ist als Vertriebsleiter (Funktions-ID 00000010) hinterlegt und benötigt lediglich Leserechte. In diesem Fall muss das Berechtigungsobjekt wie folgt ausgeprägt werden:

- CRM_ORD_OP
  - ACTVT: 03
  - PARTN_FCT: 00000010
  - PARTN_FCTT: 0005

Das Berechtigungsobjekt CRM_ORD_OP kann für alle Vorgänge eingesetzt werden und prüft die Zugriffsrechte, abhängig von der Rolle, die als Partnerfunktion definiert ist. Auch hier gilt wieder: Die Suchergebnislisten sind für Vorgänge bereits berechtigt. Ein Nutzer wird also keine Vorgänge finden, die er nicht lesen oder pflegen darf.

Art und Umfang der erlaubten Aktivität (z. B. Anlegen oder Ändern von Vorgängen) können pro Partnerfunktion und Partnerfunktionstyp gesteuert werden (siehe SAP-Onlinehilfe – Stichwort: *Berechtigungsprüfung im Geschäftsvorgang*).

Prüfung des Organisationsmodells

Berechtigungsprüfung je nach Zugehörigkeit im Organisationsmodell

Sucht ein Nutzer nach einem Vorgang, wird zuerst die Prüfung auf eigene Vorgänge durchgeführt. Ist diese Prüfung erfolgreich, wird der Vorgang angezeigt, und die Berechtigungsprüfung wird verlassen. Ist die Prüfung jedoch nicht erfolgreich, wird das nächste Berechtigungsobjekt geprüft. Das Berechtigungsobjekt CRM_ORD_LP vergleicht Zugehörigkeiten des Benutzers im Organisationsmodell mit den Organisationsdaten des Vorgangs. In jedem Vorgang sind Organisationsdaten gespeichert. Diese werden beim Anlegen automatisch gefunden oder manuell gepflegt, abhängig von den Regeln, die im Customizing hinterlegt sind.

Das Berechtigungsobjekt CRM_ORD_LP ist aus folgenden Berechtigungsfeldern aufgebaut:

- CHECK_LEV (Umfang der bearbeitbaren Objekte)
- PR_TYPE (Geschäftsvorgangsart)
- ACTVT (Aktivität)

Berechtigungsprüfung auf Organisationsebene

Sie können mit diesem Berechtigungsobjekt Benutzern Zugriff auf Vorgänge gewähren, die einer bestimmten Ebene im Organisationsmodell zugewiesen sind. Diese Ebene definieren Sie mit dem Feld CHECK_LEV. Folgende Ebenen stehen zur Auswahl:

- eigene Verkaufsorganisation
- eigene Serviceorganisation

- eigenes Verkaufsbüro
- eigene Verkäufergruppe
- eigener Vertriebsweg
- übergeordnete Knoten 1–10

Mit dem Feld CHECK_LEV definieren Sie, in oder unterhalb welcher Ebene im Organisationsmodell der Benutzer Zugriff auf Vorgänge hat. Hier wird geprüft, unter welcher Planstelle und somit welcher Organisationseinheit der Mitarbeiter im Organisationsmodell zugewiesen ist. Ist der Benutzer für diese Ebenen über das Berechtigungsobjekt CRM_ORD_LP berechtigt, hat er Zugriff auf alle Geschäftsvorgänge, die in oder unterhalb dieser Ebene liegen. Über die Auswahl der übergeordneten Knoten 1–10 werden die Organisationseinheiten, abhängig von der Planstelle, zu der der Benutzer zugewiesen ist, geprüft. Ausgehend davon, werden die Knoten in der Hierarchie nach oben gelesen. Durch den Eintrag im Berechtigungsobjekt werden die Anzahl der Knoten, ausgehend von der Planstelle, gelesen und alle darunterliegenden Knoten berechtigt. Der Benutzer hat Zugriff auf alle Belege, die für diese Knoten angelegt worden sind (siehe SAP-Onlinehilfe – Stichwort: *Sichtbarkeit im Organisationsmodell*).

Die im Geschäftsvorgang zugewiesenen Organisationsdaten finden Sie im jeweiligen Business-Objekt unter dem Zuordnungsblock ORGANISATIONSDATEN (siehe Abbildung 15.53).

Abbildung 15.53 Zuordnungsblock »Organisationsdaten« in Vorgängen

Mit dem Feld ACTVT bestimmen Sie, welche Aktivität der Nutzer auf einen Geschäftsvorgang ausführen darf.

Berechtigungsprüfung auf Geschäftsvorgangsart

Geschäftsvorgangsarten bestimmen die Eigenschaften eines Geschäftsvorgangs und definieren Steuerattribute (siehe SAP-Onlinehilfe, Glossar, Stichwort: *Vorgangsart*). Geschäftsvorgangsarten werden im Customizing bestimmt. Sie definieren den Zugriff auf

Geschäftsvorgangsarten mit dem Berechtigungsfeld PR_TYPE. Sie können sich alle Geschäftsvorgangsarten im Customizing über den IMG-Pfad CUSTOMER RELATIONSHIP MANAGEMENT • VORGÄNGE • GRUNDEINSTELLUNGEN • VORGANGSARTEN DEFINIEREN anzeigen lassen.

Mit der Kombination aus den drei Berechtigungsfeldern CHECK_LEV, PR_TYPE und ACTVT können Sie bestimmen, zu welchen Arten von Geschäftsvorgängen ein Benutzer, abhängig von der definierten Organisationseinheit, Zugriff hat und welche Aktionen dieser auf dem Geschäftsvorgang ausführen kann.

Prüfung auf Ebene im Organisationsmodell

Geben Sie im Berechtigungsfeld CHECK_LEV nur die Organisationseinheit auf der obersten Ebene an, für die der Benutzer berechtigt sein soll, um die Performance nicht einzuschränken. Die darunterliegenden Organisationseinheiten werden automatisch geprüft. Weitere Informationen finden Sie in der SAP-Onlinehilfe unter dem Stichwort *Berechtigungsprüfung im Geschäftsvorgang*.

Beispiel zur Prüfung des Zugriffs auf Leads abhängig von der eigenen Verkaufsorganisation

Für den Benutzer A sollen Lese- und Änderungsrechte auf alle Leads, die für seine Verkaufsorganisation angelegt worden sind, definiert werden. Benutzer A ist im Organisationsmodell der Planstelle *Vertriebsleiter* zugeordnet und hängt unter der Ebene *Verkäufergruppe 102* (siehe Abbildung 15.54).

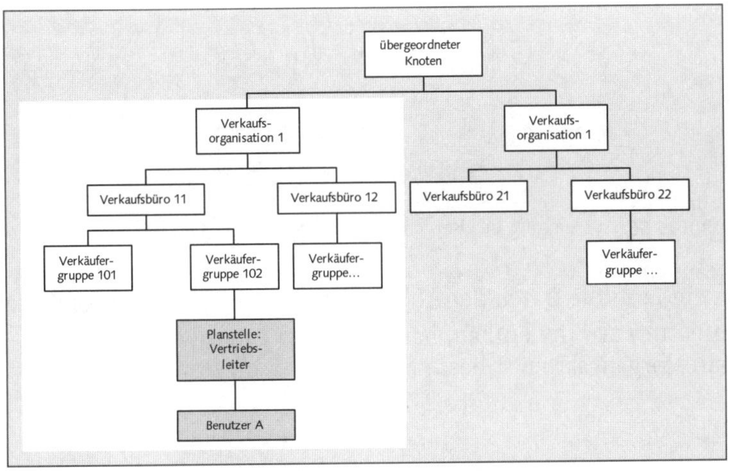

Abbildung 15.54 Beispiel 1: Berechtigungen für Verkaufsorganisation

Zugriff auf Leads der eigenen Verkaufsorganisation

Sie müssen im Berechtigungsobjekt festlegen, auf welche Geschäftsvorgangsart der Benutzer Zugriff hat. Den Wert der Geschäftsvorgangsart tragen Sie im Feld PR_TYPE ein. Sie können die [F4]-Hilfe nutzen. Achten Sie hier darauf, die richtige Vorgangsart auszuwählen, da eigene Vorgangsarten für Leads definiert sein können. In Abbildung 15.55 ist die Standardvorgangsart LEAD für Leads ausgewählt. Darüber hinaus definieren Sie die Aktivitäten für Lesen und Schreiben im Feld ACTVT.

Schließlich legen Sie die Organisationsebene fest. Der Benutzer soll Zugriffsrechte für seine Verkaufsorganisation und die darunterliegenden Organisationseinheiten erhalten. Die [F4]-Hilfe des Feldes CHECK_LEV zeigt, wie in Abbildung 15.55 dargestellt, mehrere Auswahlmöglichkeiten. Der Eintrag A EIGENE VERKAUFSORGANISATION gewährt dem Benutzer Zugriff auf die Vorgänge, die dieser Verkaufsorganisation oder den darunterliegenden Organisationseinheiten zugeordnet sind.

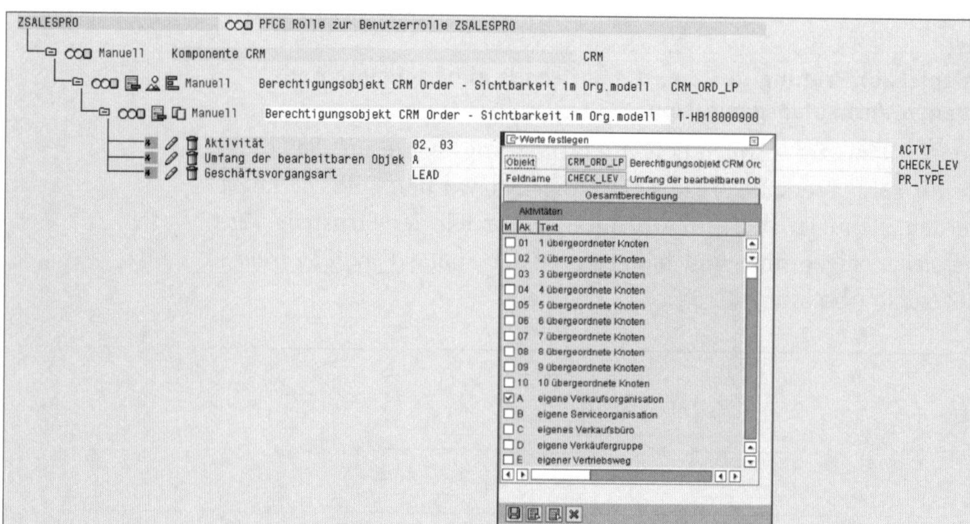

Abbildung 15.55 Ausprägung des Berechtigungsobjekts CRM_ORD_LP

Wenn ein Lead die Daten der Abbildung 15.56 im Zuordnungsblock ORGANISATIONSDATEN enthält, hat der Nutzer Zugriff auf dieses Business-Objekt.

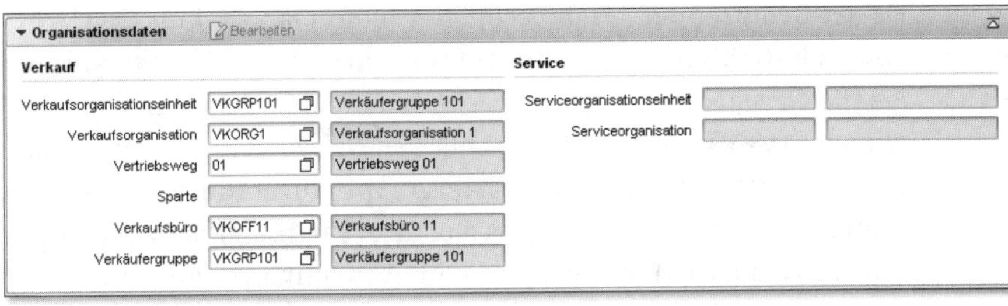

Abbildung 15.56 Beispiel 1: Lead ist Verkäufergruppe 101 zugeordnet

Zugriff auf Leads anderer Verkaufsorganisation

Obwohl das Business-Objekt einer anderen Verkäufergruppe zugeordnet ist, hat der Nutzer Zugriff, da diese Verkäufergruppe auch zur VERKAUFSORGANISATION 1 gehört. Der Nutzer hat Zugriff auf alle Leads, die in oder unterhalb dieser Verkaufsorganisation angelegt worden sind.

Benutzer B hingegen soll Opportunities nur für seine Verkäufergruppe lesen dürfen. Wie in Abbildung 15.57 dargestellt, ist dieser auch VERKAUFSORGANISATION 1, aber dort der VERKÄUFERGRUPPE 101 als Vertriebsmitarbeiter zugeordnet.

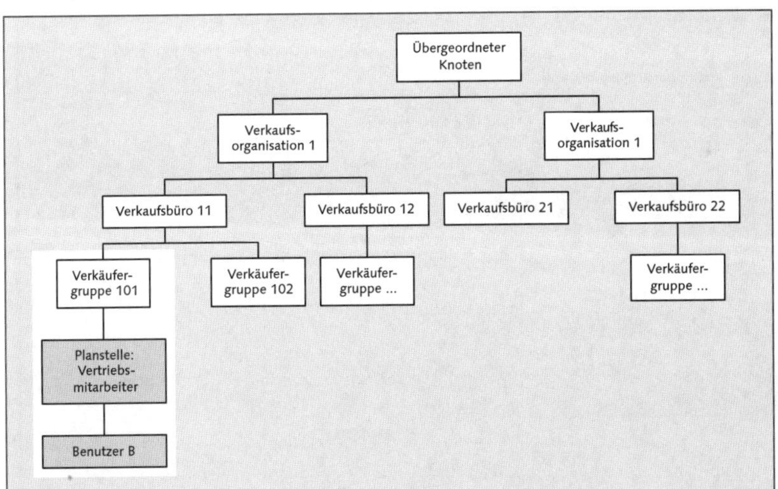

Abbildung 15.57 Beispiel 2: Berechtigungen für Verkaufsgruppe

Zugriff auf Opportunities der eigenen Verkäufergruppe

Legen Sie nun im Berechtigungsobjekt CRM_ORD_LP die Geschäftsvorgangsart im Feld PR_TYPE fest. Die Standardvorgangsart für Opportunities ist OPPT. Achten Sie wieder darauf, dass es auch eigene Vorgangsarten geben kann.

Da der Benutzer nur Leseberechtigungen für Opportunities hat, wird das Feld ACTVT mit dem Wert 03 für Lesen gepflegt. Als Letztes legen Sie die Organisationsebene im Feld CHECK_LEV fest. Der Eintrag D EIGENE VERKÄUFERGRUPPE berechtigt den Nutzer zum Lesen von Vorgängen, die nur seiner Verkäufergruppe zugeordnet sind (siehe Abbildung 15.58). Somit hat der Benutzer Zugriff auf Opportunities, die die Organisationsdaten, wie in Abbildung 15.56 dargestellt, gepflegt haben.

Alternativ können Sie im Feld CHECK_LEV auch mit den Einträgen der übergeordneten Knoten arbeiten. Wählen Sie 01 1 ÜBERGEORDNETER KNOTEN, wird ein Knoten in der Hierarchie, ausgehend von der Planstelle des Benutzers, nach oben gelesen.

Vorteil des Berechtigungsobjekts CRM_ORD_LP ist, dass es ebenfalls eine generische Prüfung ist. Selbst wenn der Nutzer im Organisationsmodell einer anderen Organisationseinheit zugeordnet ist, die zu berechtigende Ebene aber dieselbe bleibt, muss die PFCG-Rolle des Nutzers nicht nochmals geändert werden.

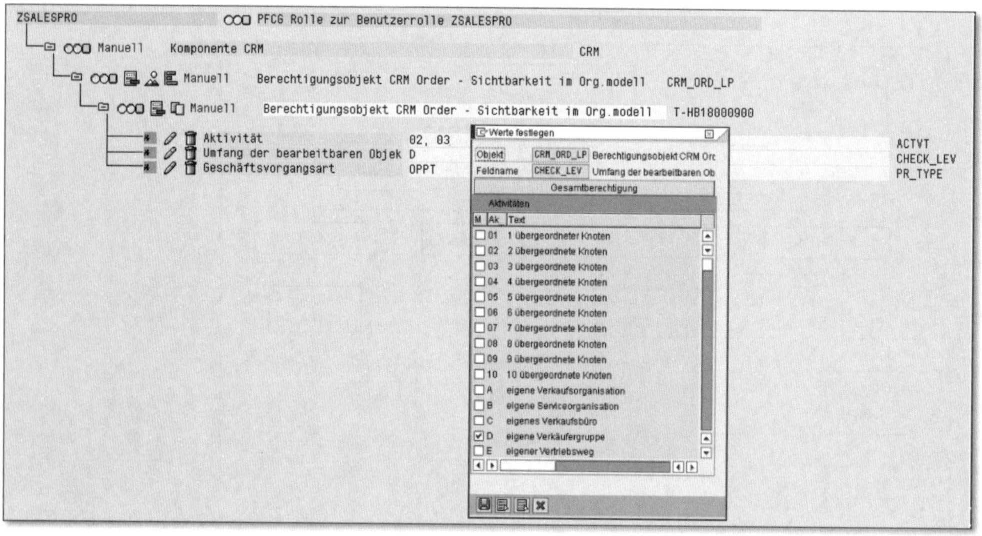

Abbildung 15.58 Ausprägung des Berechtigungsobjekts CRM_ORD_LP

Prüfung des Geschäftsvorgangstyps

Berechtigungsprüfung in Abhängigkeit vom Geschäftsvorgangstyp

Schlägt die Prüfung auf das Organisationsmodell auch fehl, bekommt ein Nutzer nur Zugriff, wenn die folgenden drei Prüfungen erfolgreich sind. Zur Prüfung des Geschäftsvorgangstyps gibt es pro Geschäftsvorgangstyp ein eigenes Berechtigungsobjekt. Tabelle 15.2 zeigt die Berechtigungsobjekte pro Geschäftsvorgangstyp.

Berechtigungsobjekt	Beschreibung
CRM_ACT	Berechtigungsobjekt CRM-Vorgang – Geschäftsvorgangstyp *Aktivität*
CRM_CO_PU	Berechtigungsobjekt CRM-Vorgang – Geschäftsvorgangstyp *Einkaufskontrakt*
CRM_CO_SL	Berechtigungsobjekt CRM-Vorgang – Geschäftsvorgangstyp *Verkaufskontrakt*
CRM_CO_SE	Berechtigungsobjekt CRM-Vorgang – Geschäftsvorgangstyp *Servicekontrakt*
CRM_CON_SE	Berechtigungsobjekt CRM-Vorgang – Geschäftsvorgangstyp *Servicerückmeldung*
CRM_OPP	Berechtigungsobjekt CRM-Vorgang – Geschäftsvorgangstyp *Opportunity*
CRM_LEAD	Berechtigungsobjekt CRM-Vorgang – Geschäftsvorgangstyp *Lead*
CRM_CMP	Berechtigungsobjekt CRM-Vorgang – Geschäftsvorgangstyp *Reklamation*
CRM_CO_SA	Berechtigungsobjekt CRM-Vorgang – Geschäftsvorgangstyp *Finanzierungsvertrag*
CRM_SAO	Berechtigungsobjekt CRM-Vorgang – Geschäftsvorgangstyp *Verkaufsvorgang*
CRM_SEO	Berechtigungsobjekt CRM-Vorgang – Geschäftsvorgangstyp *Servicevorgang*

Tabelle 15.2 Berechtigungsobjekte für Geschäftsvorgangstypen

Prüfung der Vorgangsart

Berechtigungsprüfung in Abhängigkeit von der Vorgangsart

Ist die Prüfung des Geschäftsvorgangstyps über eines der Berechtigungsobjekte aus Tabelle 15.2 erfolgreich, wird die nächste Prüfung angestoßen. Das Berechtigungsobjekt CRM_ORD_PR prüft die Vorgangsart des Geschäftsvorgangstyps ab. Sie können in diesem Berechtigungsobjekt definieren, welche Aktionen ein Benutzer auf welcher Vorgangsart ausführen darf.

Prüfung der Vertriebsorganisation

Berechtigungsprüfung in Abhängigkeit von der Vertriebsorganisation

Ist auch die Prüfung auf die Vorgangsart erfolgreich, wird eine letzte Prüfung durchgeführt, die die Vertriebsorganisation des Vorgangs prüft. Im Berechtigungsobjekt CRM_ORD_OE können Organisationseinheiten direkt über ihre ID berechtigt werden. Die Felder dieses Berechtigungsobjekts sind folgende:

- SALES_ORG (Verkaufsorganisation ID)
- SERVICE_OR (Serviceorganisation)
- DIS_CHANNE (Vertriebsweg)
- SALES_OFFI (Verkaufsbüro)
- SALES_GROU (Verkäufergruppe)
- ACTVT (Aktivität)

In diesen Feldern können die IDs von Organisationseinheiten eingetragen werden. Der Nutzer ist für die Vorgänge berechtigt, wenn der Geschäftsvorgangstyp, die Vorgangsart sowie die im Vorgang zugewiesene Organisationseinheit mit den Werten der oben genannten Berechtigungsobjekte übereinstimmen (siehe SAP-Onlinehilfe – Stichwort: *Berechtigungsprüfung im Geschäftsvorgang*).

15.5.5 Berechtigen von Attributgruppen

Mit den Berechtigungsobjekten der Klassifikation können Sie Attribute und Attributgruppen berechtigen. Attribute sind Merkmale von Geschäftspartnern oder Produkten. Darüber hinaus können Attribute als Filterkriterien für die Segmentierung genutzt werden. Im Marketingumfeld werden ebenfalls Attribute verwendet. Diese heißen Marketingmerkmale und sind in Attributgruppen, als Sammlung von Attributen, zusammengefasst (siehe SAP-Onlinehilfe – Stichwort: *Attribute*).

Die Pflege und das Zuweisen dieser Attribute lassen sich über Berechtigungsobjekte prüfen. Die allgemeine Pflege von Attributen wird über das Berechtigungssystem C_CABN geprüft.

Berechtigungsprüfung von Attributen in Abhängigkeit von Berechtigungsgruppen

Für die Pflege von Attributen, abhängig von Berechtigungsklassen, benötigen Sie das Berechtigungsobjekt C_KLAH_BKP. Dieses Berechtigungsobjekt findet z. B. Einsatz bei der Pflege von Marketingattributen. Das Feld für die Bearbeitungsberechtigung können Sie über die Konfiguration einblenden. Ist dieses Feld im Marketingattribut gepflegt und der Inhalt stimmt mit dem Inhalt des Feldes BGRKP (Berechtigungsgruppe Klassenpflege) des Berechtigungsobjekts C_KLAH_BKP der PFCG-Rolle überein, hat der Nutzer Zugriff auf diese Gruppe von Marketingattributen.

Die gepflegten Attribute und Attributgruppen können Geschäftspartnern oder Produkten zugewiesen werden. Welche Nutzer, abhängig von der Berechtigungsgruppe, diese Attribute zuweisen dürfen, wird bereits bei der Pflege von Attributgruppen definiert. Für Marketingattribute können Sie das Feld ZUORDNUNGSBERECHTIGUNG über die Konfiguration einblenden. Dieses Feld wird im Berechtigungsfeld BGRKL des Berechtigungsobjekts C_KLAH_BKL abgeprüft. Stimmt der Inhalt im Feld Zuordnungsberechtigung im Marketingattribut mit dem Wert im Berechtigungsobjekt C_KLAH_BKL überein, darf der Nutzer die Marketingattribute am Geschäftspartner lesen oder pflegen.

Attribute sind Klassenarten zugewiesen. Diese Klassenarten enthalten steuernde Eigenschaften für die Klassifikation. Sie können berechtigen, auf welche Klassenart ein Nutzer Zugriff hat. Nutzen Sie dafür das Berechtigungsobjekt C_TCLA_BKA (siehe SAP-Onlinehilfe – Stichwort: *Attributgruppen*).

15.5.6 Berechtigen von Marketingelementen

Im Marketingumfeld kann der Zugriff z. B. auf Kampagnen, Segmente und Marketingpläne mithilfe von Berechtigungsobjekten eingeschränkt werden. Zur Einschränkung von Kampagnen können Sie folgende Berechtigungsobjekte nutzen:

Allgemeine Berechtigungsprüfung auf Kampagnen

Allgemeine Berechtigungen zur Pflege von Kampagnen vergeben Sie mit dem Berechtigungsobjekt CRM_CPG. In diesem Berechtigungsobjekt definieren Sie lediglich allgemeine Aktionen auf Kampagnen. Möchten Sie nun den Zugriff auf Kampagnen, abhängig von einigen Attributen, einschränken, können Sie die Berechtigungsobjekte CRM_CPGRES, CRM_CPGAGR sowie CRM_CPGCTP nutzen.

Das Berechtigungsobjekt CRM_CPGRES berechtigt den Zugriff auf Kampagnen abhängig von dem in der Kampagne gepflegten zuständigen Mitarbeiter. Soll der Nutzer nur Kampagnen bearbeiten dürfen, für die ein bestimmter Mitarbeiter als zuständiger Mitarbeiter gepflegt ist, tragen Sie die Geschäftspartnernummer des zuständigen

Mitarbeiters im Feld MKTPL_RESP des Berechtigungsobjekts CRM_CPGRES ein (siehe Dokumentation des Berechtigungsobjekts in der Transaktion SU21).

Berechtigung in Abhängigkeit von Berechtigungsgruppen

Sie können Kampagnen auch abhängig von der gepflegten Berechtigungsgruppe einschränken. Pflegen Sie dafür zuerst die Berechtigungsgruppen im Customizing über den IMG-Pfad Customer Relationship Management • Marketing • Marketingplanung und Kampagnenmanagement • Allgemeine Einstellungen • Berechtigungsgruppe definieren. Sind die Berechtigungsgruppen definiert, können diese in den Kampagnen im Feld Berechtigungsgruppe gepflegt werden. Analog zur Verwendung der Berechtigungsgruppe für Geschäftspartner müssen Sie nun das Berechtigungsobjekt CRM_CPGAGR in der PFCG-Rolle des Nutzers pflegen und diese nur für die Berechtigungsgruppen berechtigen, die der Nutzer lesen und pflegen darf.

In Kampagnen kann die Kampagnenart gepflegt sein. Sie können den Zugriff auf Kampagnen, abhängig von der zugewiesenen Kampagnenart, über das Berechtigungsobjekt CRM_CPGCTP einschränken. Die Kampagnenart wird über das Customizing bestimmt. Füllen Sie dazu das Feld MKTPL_CPTY des Berechtigungsobjekts aus, und bestimmen Sie die für den Nutzer notwendigen Aktionen.

Berechtigungsprüfung für Marketingpläne

Ähnlich verhalten sich die Berechtigungen auf Marketingpläne. Zur allgemeinen Vergabe von Berechtigungen auf Marketingpläne können Sie das Berechtigungsobjekt CRM_MPT nutzen und die grundlegenden Aktionen festlegen. Möchten Sie den Zugriff auf Marketingpläne, abhängig von einem zuständigen Mitarbeiter oder der Berechtigungsgruppe, einschränken, stehen Ihnen die Berechtigungsobjekte CRM_MPLRES und CRM_MPLAGR zur Verfügung.

Das Feld MKTPL_RESP und die jeweilige Aktion des Berechtigungsobjekts CRM_MPLRES werden gepflegt, um den Nutzer nur für Marketingpläne des im Marketingplan gepflegten zuständigen Mitarbeiters zu berechtigen. Um Marketingpläne aufgrund von Berechtigungsgruppen zu berechtigen, müssen Sie die Berechtigungsgruppen nicht nochmals pflegen. Sie greifen hier auf die bereits gepflegten Berechtigungsgruppen für Kampagnen zurück. Pflegen Sie die Aktionen sowie das Feld MKTPL_AUGR im Berechtigungsobjekt CRM_MPLAGR, um den Benutzer für bestimmte Berechtigungsgruppen in Marketingplänen zu berechtigen.

Zur Einschränkung in der Segmentierung können Sie das Berechtigungsobjekt CRM_SEGTYP zur Berechtigung von Zielgruppen, Profilen und Profilgruppen abhängig vom Segmentierungstyp nutzen. Das Berechtigungsobjekt greift dabei auf die definierten Verwendungen von Segmenten im Customizing zurück. Über den IMG-Pfad Customer Relationship Management • Marketing • Segmentierung • Verwendung für Segmente definieren sehen Sie die definierten Verwendungen, die im Feld TYPE_ID des Berechtigungsobjekts CRM_SEGTYP geprüft werden.

Berechtigungsprüfung für Segmente

Zur Berechtigungsvergabe auf Business-Objekte gibt es noch weitere Berechtigungsobjekte. Die Anwendung dieser wird in der Dokumentation der Transaktion SU21 (Pflege der Berechtigungsobjekte) beschrieben.

15.6 Fehlersuche im CRM Web Client

Sobald Sie einschränkende Berechtigungen für den CRM Web Client vergeben haben, benötigen Sie Werkzeuge, um fehlende Berechtigungen bzw. zu viel erteilte Berechtigungen zu ermitteln. Im Folgenden beschreiben wir, wie Sie mittels des Berechtigungstraces und der Nutzung von aktvierbaren Checkpoints Oberflächenberechtigungen auswerten können.

Berechtigungstrace für den CRM Web Client

Damit Sie sich die abgeprüften Berechtigungsobjekte während der Ausführung von Aktionen in Business-Objekten anzeigen lassen können, verwenden Sie den Berechtigungstrace im System-Trace der Transaktion ST01. Die Nutzung des System-Traces ist in Abschnitt 6.4.2, »Analyse im Programmablauf System-Trace/Berechtigungstrace«, beschrieben. Der Berechtigungstrace funktioniert auch für die UI-Komponenten des CRM Web Clients. Gehen Sie hier wie folgt vor:

Verwendung des Berechtigungstraces

1. Schränken Sie den Berechtigungstrace für den Nutzer ein, für den Sie die Berechtigungen prüfen möchten. Nutzen Sie dazu den Button Allgemeine Filter.

Hinweis zur Nutzung des Berechtigungstraces

Starten Sie den Berechtigungstrace erst, nachdem sich der Benutzer am CRM Web Client angemeldet hat. Während der Anmeldung werden alle UI-Komponenten der zugewiesenen Benutzerrolle abgeprüft, sodass der Berechtigungstrace unübersichtlich werden kann.

2. Starten Sie den Berechtigungstrace, bevor der Benutzer die Aktionen im CRM Web Client ausführt.
3. Führen Sie mit dem Benutzer die zu tracenden Aktionen im CRM Web Client aus.
4. Nachdem dieser fertig ist, stoppen Sie den Berechtigungstrace.
5. Wechseln Sie in die Analysesicht, indem Sie den Button AUSWERTUNG anklicken.
6. Achten Sie in der Auswertung darauf, dass die Felder BENUTZERNAME, MANDANT und die UHRZEITEN während der Aktionsausführung richtig gepflegt sind. Sie gelangen zur Auswertung über den Button AUSWERTUNG STARTEN.
7. In der Auswertung des Berechtigungstraces erkennen Sie, dass das Berechtigungsobjekt UIU_COMP geprüft worden ist. Sie sehen auch, welche UI-Komponenten, Komponentenfenster und Inbound-Plugs abgeprüft werden. In Abbildung 15.59 ist das Berechtigungsobjekt UIU_COMP mit den folgenden Werten gepflegt:
   - COMP_NAME: BT108M_LEA
   - COMP_WIN: MainWindow
   - COMP_PLUG: SEARCH

   Diese Werte entsprechen dem Logischen Link LEADS.

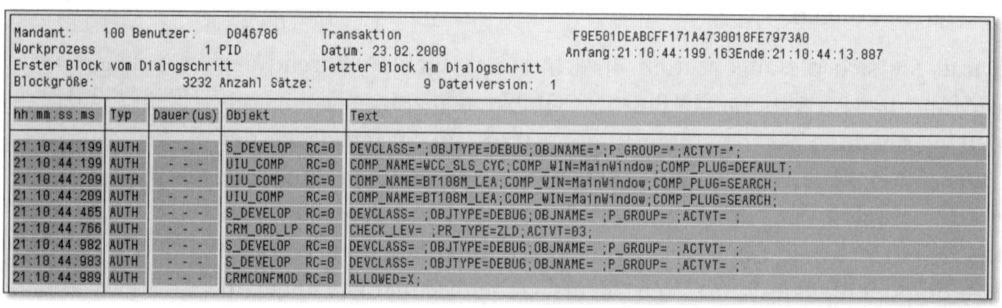

Abbildung 15.59 Auswertung eines Berechtigungstraces

Für die Fehlersuche bietet sich dieser Berechtigungstrace an. Darüber hinaus können Sie bei der Suche nach zugewiesenen Berechtigungsobjekten das Benutzerinformationssystem der Transaktion SUIM verwenden. Die Transaktion SU53, die die Berechtigungsdaten des angemeldeten Anwenders sowie die letzte nicht erfolgreiche Berechtigungsprüfung anzeigt, funktioniert im Zusammenhang mit dem CRM Web Client nicht.

Möchten Sie sich jedoch Informationen zu fehlenden Berechtigungen auf dem CRM Web Client anzeigen lassen, muss der Anwender die Checkpoint-Gruppe CRM_UIF_NAV_AUTH in der Transaktion SAAB aktivieren.

Verwendung von Checkpoints

Gehen Sie dabei wie folgt vor:

1. Melden Sie sich am SAP GUI an, und öffnen Sie die Transaktion SAAB. Dort aktivieren Sie die Checkpoint-Gruppe CRM_UIF_NAV_AUTH.

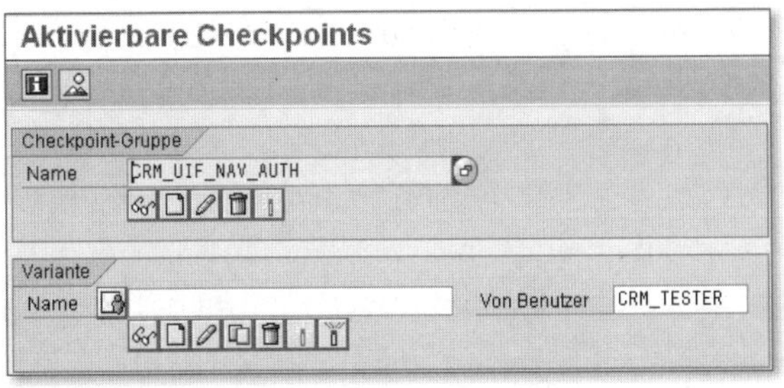

Abbildung 15.60 Checkpoint-Gruppe CRM_UIF_NAV_AUTH aktivieren

2. Aktivieren Sie hier Ihre Checkpoints, indem Sie den Radio-Button im Bereich BREAKPOINTS auf ANHALTEN, im Bereich LOGPOINTS auf PROTOKOLLIEREN und bei ASSERTIONS den Breakpoint auf ANHALTEN setzen.

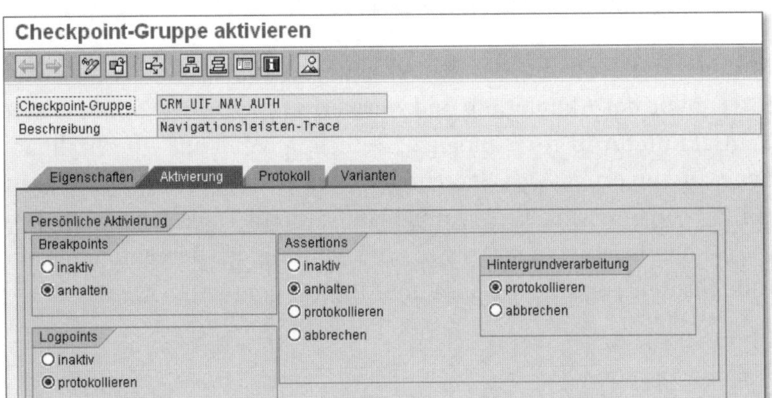

Abbildung 15.61 Aktivierung der Checkpoints

3. Verfügen Sie über zu wenige Berechtigungen auf dem CRM Web Client, werden Sie die Informationen auf der Registerkarte PROTO-

Protokoll der nicht berechtigten Logischen Links

Koll finden. Melden Sie sich davor am CRM Web Client an, damit genügend Berechtigungen geprüft werden können. Klicken Sie nun auf die Registerkarte Protokoll. Sie finden die nicht berechtigten Logischen Links pro Benutzerrolle und Navigationsleistenprofil mit der Aussage No Authorization for logical link <LinkID> target <Ziel-ID>(Komponentenname/Fenstername ->Inbound-Plug).

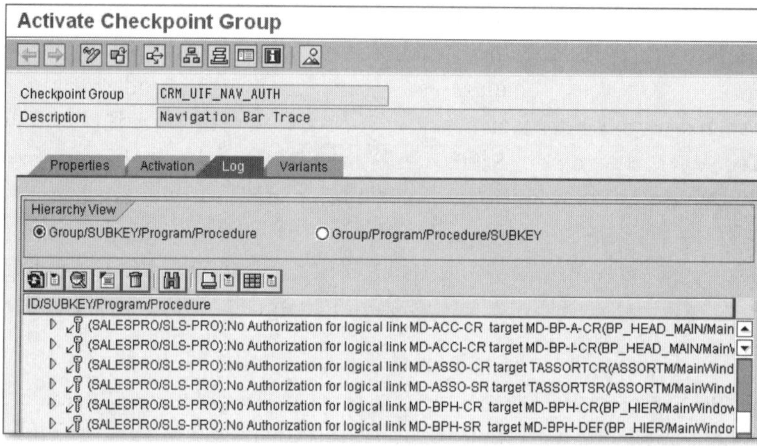

Abbildung 15.62 Protokoll der nicht berechtigten Logischen Links

Informationen zur Fehlersuche im CRM Web Client

Weitere Hinweise zur Fehlersuche im Bereich der Berechtigungen für den CRM Web Client finden Sie im SAP-Hinweis 1244321.

Mithilfe der Nutzung des Berechtigungstraces in der Transaktion ST01 sowie der Aktivierung und Auswertung von Checkpoints in der Transaktion SAAB ist es möglich, Berechtigungen auf Oberflächenebene auszuwerten. Der Berechtigungstrace kann, wie in Abschnitt 6.4.2, »Analyse im Programmablauf System-Trace/Berechtigungstrace«, beschrieben, ebenfalls zur Auswertung der Berechtigungsvergabe für den Zugriff auf Daten in SAP CRM genutzt werden.

15.7 Access Control Engine

Weitere Berechtigungsmöglichkeiten

Wenn die Berechtigungsmöglichkeiten, die SAP anbietet, für Ihre Anforderungen nicht ausreichend sind, haben Sie mehrere Möglichkeiten, weitere Berechtigungsprüfungen zu implementieren. Sie können eigene Berechtigungsobjekte erstellen (siehe Abschnitt 7.9,

»Berechtigungsfelder und -objekte anlegen«) oder Schnittstellen nutzen, die SAP ausliefert, um kundeneigenen Quellcode zu implementieren. Diese Schnittstellen heißen *Business Add-ins* (BAdIs).

SAP bietet darüber hinaus ein Framework an, mit dem komplexe Regeln erstellt werden können. Dieses Framework ist die *Access Control Engine* (ACE). Es stellt Customizing-Tabellen sowie Schnittstellen zur Verfügung, um komplexe und dynamische Berechtigungsregeln zu definieren. Diese Regeln schränken den Zugriff und die Aktionen auf Business-Objekte, abhängig von festgelegten Regeln und Attributen, für bestimmte Benutzer ein. Die ACE ist ursprünglich für Partner-Channel-Management-Szenarien erstellt worden, kann aber auch zur Berechtigungsprüfung anderer Szenarien genutzt werden. Für das Partner Channel Management liefert SAP Standardprüfungen aus. Für andere Szenarien, wie z. B. Sales oder Services, können die bestehenden Schnittstellen genutzt werden, um eigene Prüfungen zu erstellen.

PFCG-Rollen und ACE

Die ACE kann nur im Zusammenspiel mit der PFCG-Rolle ausgeführt werden. Die PFCG-Rolle muss den Zugriff auf Business-Objekte erst erlauben. Die Einschränkung auf diese Business-Objekte, abhängig von vorbestimmten Regeln, wird anschließend über die ACE umgesetzt (siehe Abbildung 15.63).

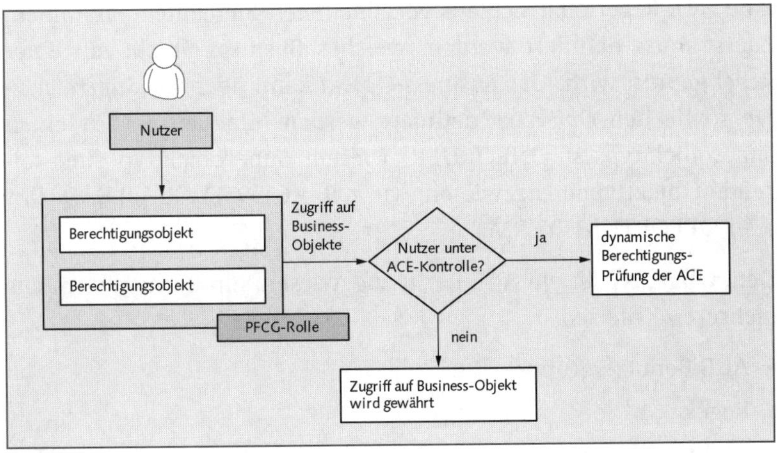

Abbildung 15.63 Berechtigungsprüfungen im Zusammenspiel mit ACE und PFCG-Rollen

Ziel der ACE ist es, zur Standardprüfung mittels PFCG-Rollen eine dynamische, objektorientierte Prüfung über ein Standardframework anzubieten.

Aufbau von ACE-Regeln

Um ACE-Regeln einsetzen zu können, ist es wichtig, zu verstehen, wie diese aufgebaut sind. Abbildung 15.64 zeigt die Zusammenhänge zwischen den einzelnen pflegbaren Elementen.

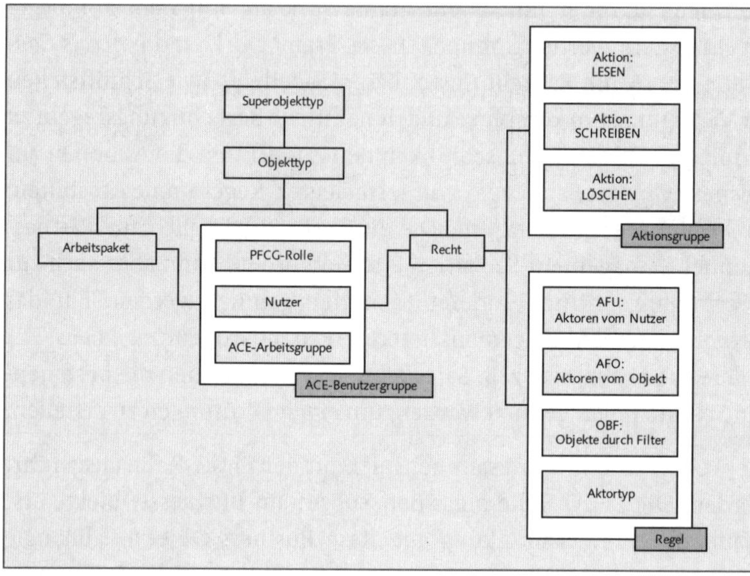

Abbildung 15.64 Bestandteile der ACE

Eine ACE-Regel setzt sich aus verschiedenen Elementen zusammen. Zuerst muss definiert werden, welches Business-Objekt mit einer Regel geprüft wird. Das Business-Objekt kann über den *Superobjekttyp* sowie den *Objekttyp* definiert werden. Ein Beispiel für einen Superobjekttyp ist ONEORDER. Diesem Superobjekttyp sind folgende Objekttypen zugewiesen, wie z. B. ACTIVITYCRM, LEADCRM oder OPPORTUNITYCRM.

ACE-Recht

Dem Objekttyp ist ein ACE-Recht zugewiesen. Ein Recht besteht aus mehreren Kriterien:

- ACE-Benutzergruppe
- Regel
- Aktionsgruppe

ACE-Benutzergruppe

Die ACE-Benutzergruppe definiert, welche Benutzer unter der Kontrolle der ACE stehen. Ist die ACE aktiv, heißt das, dass nicht alle Regeln für alle Benutzer im System gleich sind. Administratoren oder Key User stehen meist nicht unter der Kontrolle der ACE. Um einen Benutzer einer Regel der ACE zuzuweisen, gibt es mehrere Möglichkeiten:

- Zuweisung über eine PFCG-Rolle
- Zuweisung des Benutzers direkt zum ACE-Recht
- Zuweisung über eine bereits bestehende ACE-Benutzergruppe

Benutzer werden einem ACE-Recht über eine ACE-Benutzergruppe zugeordnet. Die ACE-Benutzergruppe kann aus Benutzern bestehen, die einer bestimmten PFCG-Rolle zugeordnet sind. Benutzer können einer ACE-Benutzergruppe auch direkt oder über eine bereits bestehende ACE-Benutzergruppe zugewiesen werden.

ACE-Regel

Ein ACE-Recht besteht darüber hinaus aus einer *ACE-Regel*. Diese beinhaltet die eigentliche Logik der Berechtigungsprüfung. Eine ACE-Regel ist aus vier Bestandteilen aufgebaut:

- Aktortyp
- Regel: Aktoren vom Nutzer
- Regel: Aktoren vom Objekt
- Regel: Objekte durch Filter

Aktortyp

Aktortypen sind Kriterien von Benutzergruppen und Business-Objekten, an denen der Zugriff auf die Business-Objekte bestimmt wird. Typische Beispiele von Aktortypen sind Organisationseinheiten oder Gebiete im Gebietsmanagement. Aktoren sind die eigentlichen Kriterien, die in der Berechtigungsprüfung herangezogen werden, und können frei definiert werden.

Mit dem Aktortyp ist jedoch nur das Berechtigungskriterium festgelegt. Die Logik, die den Aktoren bestimmt, setzt sich aus folgenden Regeln zusammen:

- Aktoren vom Nutzer (AFU: *Actors from User*)
- Aktoren vom Objekt (AFO: *Actors from Object*)
- Objekte durch Filter (OBF: *Objects by Filter*)

Die Regel *Aktoren vom Nutzer* bestimmt den Aktor vom Benutzer, unter Berücksichtigung des vorher im Customizing festgelegten Aktortyps. Die Regel *Aktoren vom Objekt* bestimmt den Aktor objektseitig. Stimmen die beiden gefundenen Aktoren überein, hat der Nutzer Zugriff auf das gewünschte Objekt. Damit nicht alle Objekte mit diesen Regeln geprüft werden, kann ein Objektfilter mit der Regel *Objekte durch Filter* definiert werden.

Aktionsgruppe Die Regeln reichen jedoch noch nicht aus, um die Aktionen des Benutzers auf das Objekt einzuschränken. Dafür kann eine Aktionsgruppe genutzt werden. Eine Aktionsgruppe beinhaltet die einzelnen Aktionen Lesen, Schreiben und Löschen. Somit können für jedes Recht eine bzw. mehrere bestimmte Aktion definiert werden.

Die Aktion ANLEGEN wird nicht mit der ACE geprüft. Die Berechtigungen zum Anlegen von Business-Objekten werden über PFCG-Rollen geprüft.

Arbeitspaket Der letzte Bestandteil einer ACE-Regel ist das Arbeitspaket. Dem Arbeitspaket werden alle Bestandteile einer ACE-Regel zugewiesen, und somit wird die zu prüfende Benutzergruppe mit dem zu prüfenden Objekt und der ACE-Regel verbunden.

Berechnung des Benutzerkontextes Bei der Prüfung des Benutzerkontextes wird bestimmt, welche Benutzer unter der Kontrolle der ACE stehen. Dafür werden die ACE-Benutzergruppen herangezogen. In der ACE-Benutzergruppe ist definiert, welche Benutzer dieser Benutzergruppe zugewiesen sind. Im Customizing der ACE-Benutzergruppe ist definiert, ob die Benutzer über PFCG-Rollen, direkt oder über bestehende ACE-Benutzergruppen zugeordnet sind. Ist der Benutzer einer PFCG-Rolle zugewiesen, wie in Abbildung 15.65 dargestellt, die einer ACE-Benutzergruppe zugeordnet ist, so ist der Benutzer automatisch unter der Kontrolle der ACE. Damit stehen die Benutzer fest, die für ein bestimmtes ACE-Recht geprüft werden (siehe Abbildung 15.65).

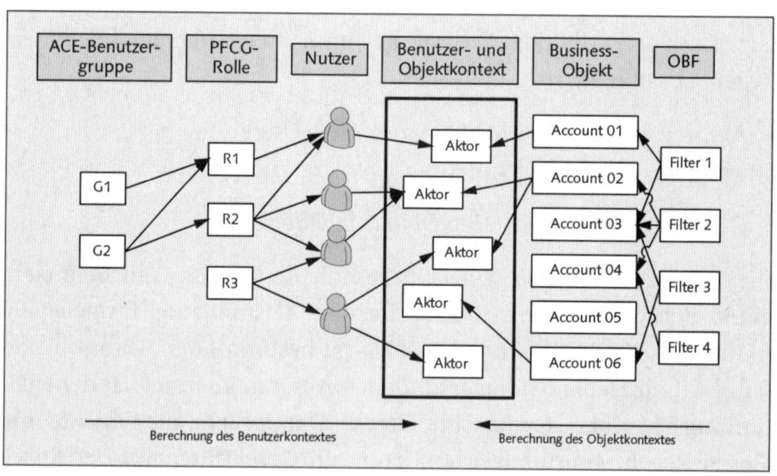

Abbildung 15.65 Prüfung des Benutzer- und Objektkontextes

Berechnung des Objektkontextes

Im nächsten Schritt werden die Business-Objekte ermittelt, die mit der ACE geprüft werden sollen. Über den Superobjekttyp und Objekttyp sind die zu prüfenden Objekte festgelegt. Diese können jedoch noch einmal mit der Regel *Objekte durch Filter* eingeschränkt werden.

Die eigentliche Berechtigungsprüfung findet nun mit den gefundenen Nutzern sowie gefilterten Objekten statt. Um die Aktoren zu bestimmen, werden die Regeln *Aktoren vom Nutzer* und *Aktoren vom Objekt* berechnet. Abbildung 15.66 zeigt, dass diese beiden Regeln die Aktoren aus zwei verschiedenen Blickwinkeln bestimmen. Die Regel *Aktoren vom Nutzer* bestimmt den Aktor im Benutzer. Bei diesen Prüfungen werden die Beziehungen zwischen den einzelnen Objekten genutzt. Die Regel *Aktoren vom Objekt* bestimmt den Aktor aus den Informationen des Objekts. Stimmen beide Aktoren überein, hat der Benutzer Zugriff auf das Business-Objekt.

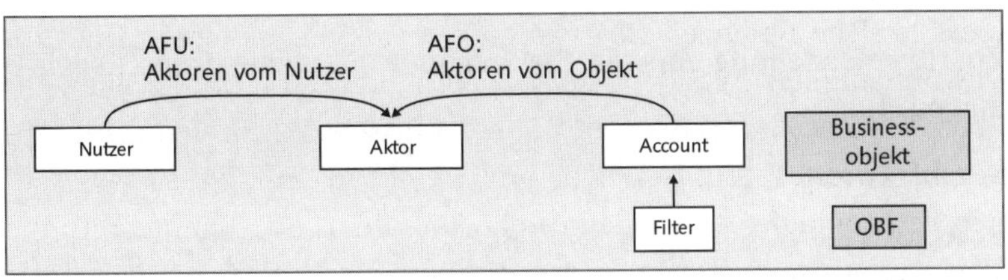

Abbildung 15.66 Regelkalkulation der ACE

Access Control List

Zur Reduzierung der Last während der Regelkalkulation werden die Regeln schon im Vorfeld kalkuliert. Die Ergebnisse dieser Kalkulation werden in der *Access Control List* (ACL) gespeichert. Sobald der Nutzer auf ein Business-Objekt zugreift, das durch die ACE berechtigt ist, wird die Regelkalkulation nicht zur Laufzeit durchgeführt. Stattdessen wird in der ACL geprüft, ob der Nutzer Zugriff auf das Objekt hat und welche Aktion dieser auf das Objekt ausführen darf.

Werkzeuge

Zur Implementierung oder Nutzung bestehender ACE-Regeln gibt es einige Werkzeuge. Diese können Sie im IMG unter Customer Relationship Management • Grundfunktionen • Access-Control-Engine finden.

Unter dem Eintrag Regeln • Regeln anlegen können Sie prüfen, ob die von Ihnen benötigten Superobjekttypen und Objekttypen im Standard-Customizing vorhanden sind. Darüber hinaus können Sie in dem Pflege-View Aktortypen bestimmen und Regeln definieren. Dabei können Sie auf die bestehenden Aktortypen und Regeln zurückgreifen. Können Sie Ihre Regel nicht aus dem bestehenden Satz zusammenfügen, haben Sie die Möglichkeit, eigene Regeln zu definieren. Sie definieren die Regel-IDs im Customizing. Um Ihre eigene Logik zu implementieren, können Sie folgende Interfaces verwenden:

- **IF_CRM_ACE_ACTORS_FROM_OBJECT**
  Findet alle Aktoren, ausgehend von einem Objekt.
- **IF_CRM_ACE_ACTORS_FROM_USER**
  Findet alle Aktoren, ausgehend von einem Benutzer.
- **IF_CRM_ACE_OBJECTS_BY_FILTER**
  Findet alle Objekte, die über einen speziellen Filter definiert wurden.

Weitere Hinweise zur Schnittstellenimplementierung finden Sie in der IMG-Dokumentation über den Pfad CUSTOMER RELATIONSHIP MANAGEMENT • GRUNDFUNKTIONEN • ACCESS-CONTROL-ENGINE • REGELN • INTERFACE-IMPLEMENTIERUNG.

Bestandteile eines ACE-Rechts

Zur Regelerstellung müssen Sie folgende Elemente Ihrer Regel-ID zuweisen:

- Objekttyp
- Aktortyp
- ID der AFU-Klasse (Referenz auf die Schnittstellenimplementierung der Regel *Aktoren vom Benutzer*)
- ID der AFO-Klasse (Referenz auf die Schnittstellenimplementierung der Regel *Aktoren vom Objekt*)
- ID der OBF-Klasse (Referenz auf die Schnittstellenimplementierung der Regel *Objekte durch Filter*)

In der Customizing-Tabelle RECHTE ANLEGEN über den IMG-Pfad CUSTOMER RELATIONSHIP MANAGEMENT • GRUNDFUNKTIONEN • ACCESS-CONTROL-ENGINE • RECHTE ANLEGEN legen Sie ein eigenes ACE-Arbeitspaket an und weisen Ihren zu prüfenden Objekttyp zu. Um den Benutzerkontext zu berechnen, legen Sie eine neue ACE-Benutzergruppe an und weisen Ihr ACE-Arbeitspaket zu. Anschließend definieren Sie, wie der Nutzer gefunden wird, der dieser Benutzergruppe zugeordnet wird. Im Feld BENUTZERGRUPPENELEMENTTYP können Sie zwischen Rolle, Benutzer und Benutzergruppe auswählen. Den Namen des Elements tragen Sie im Feld ELEMENT BENUTZERGRUPPE ACE ein (siehe Abbildung 15.67).

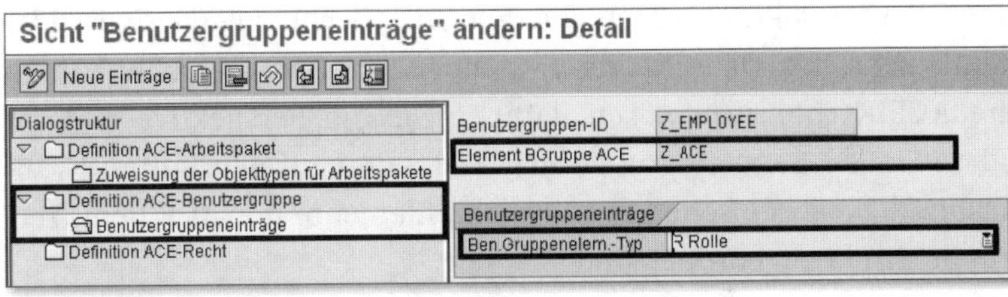

Abbildung 15.67 Definition einer ACE-Benutzergruppe

Schließlich können Sie Ihr eigenes ACE-Recht mittels einer eigenen ACE-Rechte-ID anlegen. Dabei weisen Sie folgende Elemente zu:

- Objekttyp
- Regel-ID
- ACE-Benutzergruppe
- Aktionsgruppe
- Gültigkeitszeitraum

ACE Design Report

Im *Design Report* der ACE können Sie sich die Zusammenhänge zwischen den einzelnen Elementen in einer Baumstruktur anzeigen lassen. Voraussetzung ist, dass Sie eine Regel und eine ACE-Benutzergruppe definiert und einem ACE-Recht zugewiesen haben. Wählen Sie nun im Auswahlfenster, aus welcher Perspektive Sie Ihr erstelltes ACE-Recht anschauen möchten. Sie haben die Möglichkeit, das Recht, die Benutzergruppe oder den Objekttyp auszuwählen. Eine Änderung der Perspektive ist ebenfalls in der Ergebnisliste möglich.

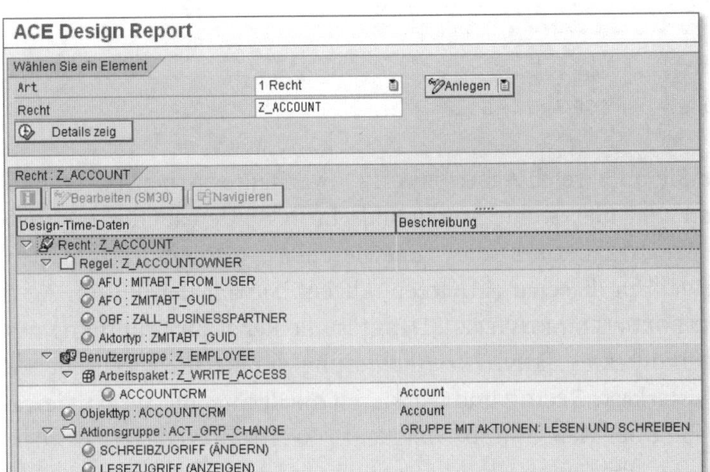

Abbildung 15.68 ACE Design Report

In der Baumstruktur werden alle dem ACE-Recht zugewiesenen Elemente angezeigt. Da es möglich ist, einer ACE-Benutzergruppe mehrere ACE-Rechte zuzuweisen, können Sie die Perspektive ändern, indem Sie die Benutzergruppe markieren und auf den Button NAVIGIEREN klicken. Sie sehen nun, welche Elemente der ACE-Benutzergruppe direkt zugeordnet sind.

Sie haben außerdem die Möglichkeit, Ihr Customizing über diesen Report zu editieren. Sie können direkt in die Pflege-Views der Regeln, Rechte oder Benutzergruppen navigieren, indem Sie das zu bearbeitende Element markieren und auf den Button BEARBEITEN (SM30) klicken.

ACE-Aktivierungs-Tool

Mit Fertigstellung des Customizings Ihrer ACE-Rechte sind diese im System noch nicht einsetzbar. Sie müssen sie zunächst aktivieren. Arbeitspakete und ACE-Rechte aktivieren Sie im IMG unter CUSTOMER RELATIONSHIP MANAGEMENT • GRUNDFUNKTIONEN • ACCESS-CONTROL-ENGINE • ARBEITSPAKETE UND RECHTE AKTIVIEREN/DEAKTIVIEREN.

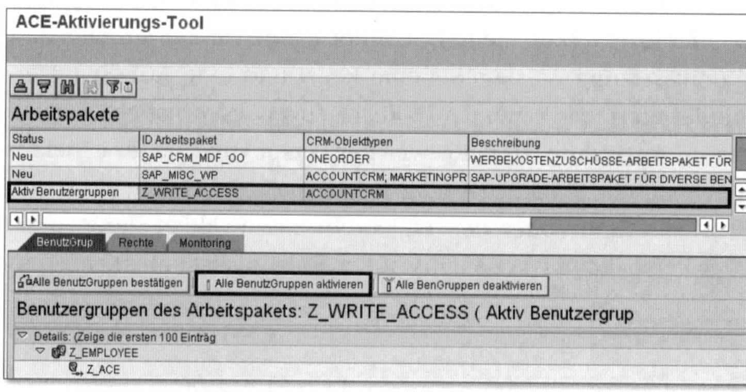

Abbildung 15.69 ACE-Aktivierungs-Tool

Suchen Sie im Bereich ARBEITSPAKETE Ihr erstelltes Arbeitspaket, und markieren Sie dieses. Im unteren Bildschirm werden auf der Registerkarte BENUTZERGRUPPE die zugewiesenen ACE-Benutzergruppen angezeigt. Um diese zu aktivieren, klicken Sie auf den Button ALLE BENUTZERGRUPPEN AKTIVIEREN. Damit ist die Regel zur Ermittlung des Benutzerkontextes aktiv. Zur Aktivierung der Rechte wechseln Sie zur Registerkarte RECHTE und markieren die Rechte, die Sie aktivieren möchten. Über den Button MARKIERTE RECHTE AKTIVIEREN werden diese aktiv. Über einen Hintergrundjob werden die Ergebnisse kalkuliert und in die Access Control List geschrieben. Über die Registerkarte MONITORING können Sie alle Informationen zur Rechteaktivierung einsehen.

ACE-Laufzeit-Report

Zur Überprüfung der gefundenen Ergebnisse für einen Benutzer können Sie das Programm *ACE-Laufzeit-Report* aufrufen. Sie finden diesen Report im IMG unter CUSTOMER RELATIONSHIP MANAGEMENT • GRUNDFUNKTIONEN • ACCESS-CONTROL-ENGINE • LAUFZEITDATEN ANALYSIEREN. Es ist wichtig, dass die Ergebnissuche eingeschränkt wird. Wählen Sie in der Suchmaske somit den Superobjekttyp, das ACE-Recht sowie einen Benutzer, der unter der Kontrolle der ACE steht.

Die in Abbildung 15.70 angezeigte Ergebnisliste zeigt den Nutzer der ACE-Prüfung an sowie die Objekte, auf die der Nutzer Zugriff hat, und die Aktion, die dieser auf das Objekt ausüben darf.

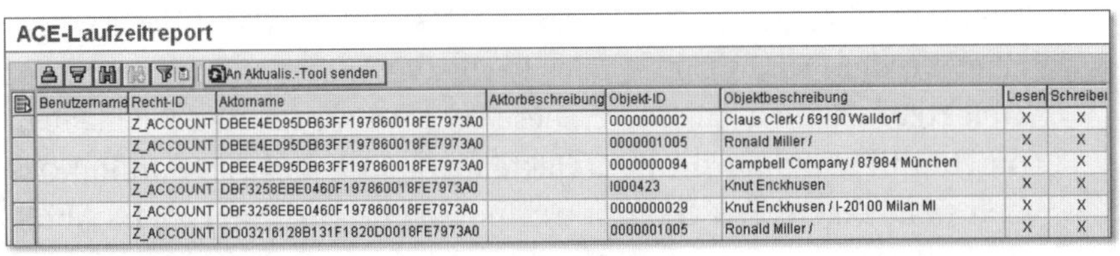

Benutzername	Recht-ID	Aktorname	Aktorbeschreibung	Objekt-ID	Objektbeschreibung	Lesen	Schreibe
	Z_ACCOUNT	DBEE4ED95DB63FF197860018FE7973A0		0000000002	Claus Clerk / 69190 Walldorf	X	X
	Z_ACCOUNT	DBEE4ED95DB63FF197860018FE7973A0		0000001005	Ronald Miller /	X	X
	Z_ACCOUNT	DBEE4ED95DB63FF197860018FE7973A0		0000000094	Campbell Company / 87984 München	X	X
	Z_ACCOUNT	DBF3258EBE0460F197860018FE7973A0		I000423	Knut Enckhusen	X	X
	Z_ACCOUNT	DBF3258EBE0460F197860018FE7973A0		0000000029	Knut Enckhusen / I-20100 Milan MI	X	X
	Z_ACCOUNT	DD03216128B131F1820D0018FE7973A0		0000001005	Ronald Miller /	X	X

Abbildung 15.70 Ergebnisliste des ACE-Laufzeit-Reports

ACE-Aktualisierungs-Tool

Sobald neue Objekte angelegt oder neue Benutzer der ACE-Regel hinzugefügt worden sind, werden sowohl der Benutzer- als auch der Objektkontext aktualisiert. Zur manuellen Aktualisierung kann das *ACE-Aktualisierungs-Tool* verwendet werden. Sie finden dieses ebenfalls im IMG unter CUSTOMER RELATIONSHIP MANAGEMENT • GRUNDFUNKTIONEN • ACCESS-CONTROL-ENGINE • BENUTZER- UND OBJEKTKONTEXT AKTUALISIEREN. Auf der Registerkarte BENUTZERKONTEXT können Benutzer nach folgenden Kriterien ausgewählt werden:

- Arbeitspaket
- Benutzergruppe
- Rolle
- Benutzer

Abhängig von diesen Kriterien werden die Benutzer sowie deren Status in der ACE angezeigt. Sind z. B. neue Benutzer einer ACE-Benutzergruppe oder einer PFCG-Rolle zugewiesen oder die Zuweisung ist gelöscht worden, kann der Benutzerkontext neu berechnet werden, indem Sie die Benutzer markieren und auf den Button KONTEXT DER MARKIERTEN BENUTZER AKTUALISIEREN klicken (siehe Abbildung 15.71).

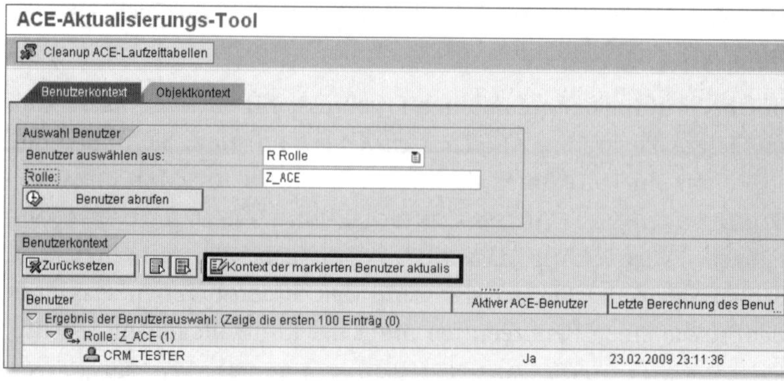

Abbildung 15.71 Aktualisierung des Benutzerkontextes

Auf der Registerkarte OBJEKTKONTEXT können alle kalkulierten Objekte, abhängig von den Kriterien Objekttyp und ACE-Recht, angezeigt werden. Sind Objekte oder Rechte verändert worden, wird der Objektkontext neu kalkuliert. Diese Berechnung können Sie manuell durchführen, indem Sie die Objekte markieren und den Button KONTEXT DER MARKIERTEN OBJEKTE AKTUALISIEREN anklicken (siehe Abbildung 15.72).

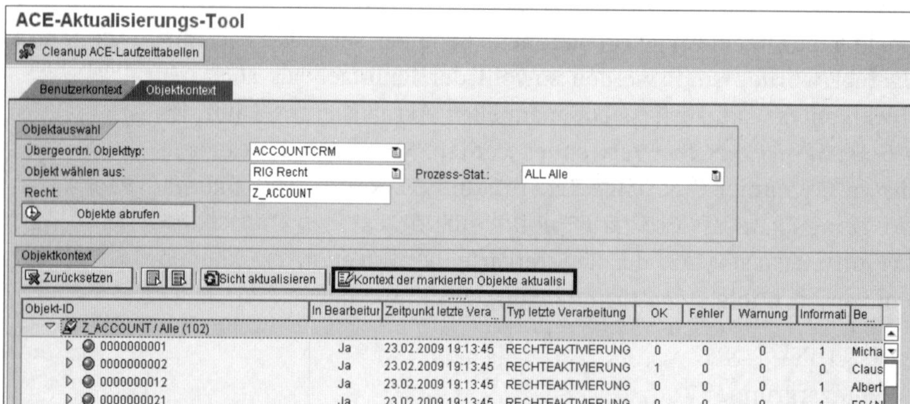

Abbildung 15.72 Aktualisierung des Objektkontextes

Voraussetzung zur ACE-Implementierung

Voraussetzung zur Erstellung von Regeln mittels der ACE ist, dass Sie über die Berechtigungsobjekte S_TABU_DIS sowie CRM_ACE_MD verfügen. Sie benötigen S_TABU_DIS zum Pflegen der ACE-Customizing-Tabellen. Das Berechtigungsobjekt CRM_ACE_MD wird benötigt zur Ausführung aller ACE-Werkzeuge.

Zur Regelkalkulation wird ein Hintergrundjob definiert, der regelmäßig die ACLs neu kalkuliert bzw. von einem Event ausgelöst werden kann. Sobald ein neues Business-Objekt angelegt wird, löst ein Event die Ausführung des Hintergrundjobs aus. Weitere Informationen zum Anlegen des Hintergrundjobs finden Sie in der IMG-Dokumentation unter Customer Relationship Management • Grundfunktionen • Access Control Engine • Voraussetzungen.

Anwendungsbeispiel im Channel Management

Ein typisches Beispiel zur Verwendung der ACE ist die Nutzung eines Channel-Management-Szenarios. Im Channel Management bekommen externe Vertriebspartner Zugriff auf das CRM-System. Deren Zugriff auf Daten muss restriktiver vergeben werden. Das Standard-ACE-Recht LEAD_CHP_ENDCUST_EMP schränkt standardmäßig den Zugriff auf Geschäftspartner in Abhängigkeit vom Vertriebsunternehmen ein. Diese ACE-Regel unterstützt das Channel-Management-Szenario und bedient sich der bestehenden Beziehungen zwischen den Business-Objekten. Die ACE-Regel LEAD_CHP_END_CUST, die dem ACE-Recht zugewiesen ist, hat den Aktortyp PARTNER_COMPANY. Die PARTNER_COMPANY entspricht dem externen Vertriebsunternehmen, dem externe Mitarbeiter über die Beziehung »ist Ansprechpartner von« zugewiesen sind. Die Geschäftspartner, die als Endkunden vom Vertriebspartner im System gepflegt werden, sind mit der Beziehung »ist Endkunde von« dem Vertriebspartner, also der PARTNER_COMPANY, zugewiesen. Die ACE-Regel prüft somit die PARTNER_COMPANY des angemeldeten Benutzers in der Regel *Aktor vom Nutzer* über die Beziehung »ist Ansprechpartner von«. Objektseitig wird der Aktor vom Endkunden über die Beziehung »ist Endkunde von« geprüft. Stimmen die beiden Aktoren überein, hat der Nutzer sowohl Lese- als auch Schreibrechte auf den Geschäftspartner. Somit können Standard-ACE-Rechte im System verwendet werden, indem sie aktiviert werden.

Anwendungsbeispiel für ein Sales-Szenario

Ein weiteres Beispiel zur Nutzung der ACE ist die Zugriffsbeschränkung auf Geschäftspartner in einem Sales-Szenario. Wenn die Endanwender z. B. nur Geschäftspartner lesen und editieren dürfen, die zu ihrem Vertriebsbereich gehören, kann das mit Standardberechtigungsmitteln nicht umgesetzt werden. Da es hier kein ausgeliefertes ACE-Recht gibt, das genutzt werden kann, muss diese Regel selbst umgesetzt werden. Bei der Definition dieses ACE-Rechts gehen Sie wie folgt vor: Definieren Sie an erster Stelle den Aktor, da dieser Kern der Berechtigungsprüfung ist. Der Aktor ist in diesem Beispiel die Verkaufsorganisation. Um den Aktor zu bestimmen, werden Regeln erstellt.

- **Aktoren vom Nutzer**
  In dieser Regel wird der Geschäftspartner des Benutzers bestimmt und geprüft, unter welcher Verkaufsorganisation dieser im Organisationsmodell hängt.
- **Aktoren vom Objekt**
  In dieser Regel wird der Aktor vom Objekt geprüft. In den Vertriebsbereichsdaten des Geschäftspartners wird die Verkaufsorganisation gepflegt. Es wird die Verkaufsorganisation der Geschäftspartner bestimmt.
- **Objekte durch Filter**
  Mit dem Objektfilter kann die Auswahl der Geschäftspartner nochmals, z. B. auf Accounts und Ansprechpartner, eingeschränkt werden.

Vorgehensweise zur Regelimplementierung

Legen Sie diesen Aktor und die Regeln in der ACE-Regeldefinition im Customizing über den IMG-Pfad Customer Relationship Management • Grundfunktionen • Access-Control-Engine • Regeln • Regeln anlegen fest. Die einzelnen Regeln definieren Sie, indem Sie die Schnittstellen `IF_CRM_ACE_ACTORS_FROM_OBJECT`, `IF_CRM_ACE_ACTORS_FROM_USER` sowie `IF_CRM_ACE_OBJECTS_BY_FILTER` implementieren.

Um diese Regeln für einen bestimmten Benutzerkreis zu definieren, müssen Sie ein ACE-Recht definieren. Sie definieren ACE-Rechte über den IMG-Pfad Customer Relationship Management • Grundfunktionen • Access-Control-Engine • Rechte anlegen. Definieren Sie dort ein Arbeitspaket im Kundennamensraum, und weisen Sie den Objekttyp ACCOUNTCRM für Geschäftspartner zu. Definieren Sie anschließend eine eigene Benutzergruppe. Um Benutzer einer ACE-Regel über eine PFCG-Rolle zuzuweisen, legen Sie eine neue PFCG-Rolle an und weisen diese der ACE-Benutzergruppe als Benutzergruppenelement Rolle zu. Schließlich wird das ACE-Recht zusammengesetzt. Definieren Sie dafür eine eigene Rechte-ID, und weisen Sie den Objekttyp ACCOUNTCRM, die erstellte Regel und Benutzergruppe sowie eine Aktionsgruppe zu.

Sobald das ACE-Recht erstellt ist, aktivieren Sie die Benutzergruppe und das ACE-Recht im ACE-Aktivierungs-Tool.

Sie können Ihr ACE-Recht überprüfen, indem Sie einen Testnutzer anlegen. Dieser benötigt das Recht, Geschäftspartner zu lesen und zu pflegen. Weisen Sie dem Benutzer zusätzlich die PFCG-Rolle der ACE-Benutzergruppe zu. Erstellen Sie einen Geschäftspartner mit der Geschäftspartnerrolle *Mitarbeiter* für den Benutzer. Weisen Sie diesen einer Verkaufsorganisation im Organisationsmodell zu. Prüfen Sie nun, ob der Testnutzer nur die Geschäftspartner lesen kann, die die Verkaufsorganisation des Benutzers als Vertriebsbereichsdaten zugewiesen haben.

Die Access Control Engine bietet eine flexible Möglichkeit, um komplexe Berechtigungsprüfungen, abhängig von Kriterien in Benutzern und Objekten, umzusetzen. Die Implementierung erfolgt über Schnittstellen und Customizing-Tabellen. Damit die Berechtigungsprüfung transparent bleibt, können Sie die ACE-Werkzeuge, wie z. B. den ACE-Laufzeit-Report, nutzen.

15.8 Fazit

Die Möglichkeiten der Vergabe von Berechtigungen in SAP CRM sind vielseitig. Zur Erstellung eines Berechtigungskonzepts ist der komplexe Zusammenhang zwischen der Benutzerrolle und der PFCG-Rolle zu beachten. Somit müssen Sie für ein Berechtigungskonzept sowohl die Berechtigungen für den CRM Web Client als auch für den Zugriff auf die Daten festlegen. Sie haben die Möglichkeit, mehrere PFCG-Rollen pro Benutzerrolle zu definieren und den Benutzern zur Verfügung zu stellen. Das wird ermöglicht durch die einzelne Berechtigung von Logischen Links, die CRM-Funktionen in SAP CRM darstellen. Soll ein Anwender keine Berechtigung für eine solche Funktion erhalten, wird dieser Logische Link nicht über die PFCG-Rolle berechtigt, obwohl dieser im Customizing der Benutzerrolle festgelegt ist. Sind die Standardfunktionen zur Berechtigungsvergabe auf Business-Objekte ausgeschöpft, können mittels des Frameworks der Access Control Engine eigene dynamische Zugriffsregeln erstellt werden.

SAP SRM wird sowohl von internen Mitarbeitern, die Waren bestellen, als auch von externen Lieferanten im Beschaffungszyklus verwendet. Jede dieser verschiedenen Benutzergruppen benötigt einen anderen Zugriff auf Kunden- und Belegdaten. Dieses Kapitel beschreibt zentrale Berechtigungsprüfungen, die in einem Berechtigungskonzept für SRM zu berücksichtigen sind.

16 Berechtigungen in SAP SRM

Personen in den unterschiedlichsten Funktionen, wie z. B. in der Rolle des Einkäufers oder als Lieferant einer externen Firma, greifen auf *SAP Supplier Relationship Management* (SAP SRM) zu. Mit SAP SRM ist es auch einem externen Benutzerkreis, z. B. Lieferanten, möglich, auf das SAP-System zuzugreifen. Es bedarf deshalb eines Berechtigungskonzepts, das diese unterschiedlichen Funktionen abdeckt und nur auf bestimmte Daten einen Zugriff erlaubt.

Ziel dieses Kapitels ist es, die Berechtigungsmechanismen in SAP SRM grundlegend zu erklären. Wir gehen zunächst auf die verschiedenen SRM-Szenarien ein, die sich im Hinblick auf die Berechtigungsvergabe voneinander unterscheiden können. Anschließend beschreiben wir wesentliche SRM-Standardrollen und ihre Funktionen. Im letzten Teil des Kapitels gehen wir näher auf die Berechtigung der SRM-Oberfläche sowie auf die Berechtigung von Daten in typischen SRM-Szenarien ein. Wenn ein Berechtigungskonzept erstellt werden soll, müssen sowohl die zu nutzenden Geschäftsszenarien als auch der Zugriff auf die Weboberfläche geklärt werden, da diese Faktoren maßgeblichen Einfluss auf die Berechtigungsvergabe haben.

16.1 Grundlagen

Geschäftsprozesse in SAP SRM

SAP SRM verwaltet Lieferantenbeziehungen und deckt den gesamten Beschaffungszyklus ab. Im Zusammenspiel mit anderen SAP-Lösungen, wie z. B. SAP ERP oder SAP NetWeaver Business Warehouse (BW), stehen Ihnen folgende Geschäftsprozesse zur Verfügung:

- **Beschaffung per Self-Service (Self-Service Procurement)**
  Mit dem Self-Service können Mitarbeiter eigene Bestellungen durchführen. Dabei wird in SAP SRM ein Einkaufswagen angelegt. Zur Verwaltung der Bestellungen und Rechnungen wird ein Backend-System benötigt.
- **Planungsgesteuerte Beschaffung (Plan-Driven Procurement)**
  Mittels der planungsgesteuerten Beschaffung können über SAP ERP Direktmaterialien beschafft werden. In diesen Prozess können Lieferanten eingebunden sein.
- **Dienstleistungsbeschaffung (Service Procurement)**
  Mit diesem Szenario kann der gesamte Dienstleistungsbeschaffungsprozess verwaltet werden. SAP SRM erhält dabei die in der Materialwirtschaft (MM) von SAP ERP erstellten Bestellanforderungen.
- **Strategische Bezugsquellenfindung (Strategic Sourcing)**
  Zur Beschaffung von Waren über Ausschreibungen kann die strategische Bezugsquellenfindung genutzt werden. Es besteht darüber hinaus die Möglichkeit, Bezugsquellen von Waren über Auktionen zu finden.
- **Verwaltung operativer Kontrakte (Operational Contract Management)**
  Mit der Kontraktverwaltung können die Mitarbeiter des Einkaufs die Bedingungen global ausgehandelter Verträge für bestimmte Produktkategorien sehen. Dabei werden stufenweise Berechtigungen für Kontrakte gegeben.
- **Lieferantenqualifizierung (Supplier Qualification)**
  Über die Lieferantenqualifizierung wird Lieferanten die Möglichkeit gegeben, sich über das Internet selbst zu registrieren und sich dabei Produktkategorien zuzuordnen.
- **Verwaltung von Kataloginhalten (Catalog Content Management)**
  Mit der Verwaltung von Kataloginhalten können Daten zu Produkten gepflegt werden. Die Daten des Katalogs können über SAP SRM abgerufen werden.

- **Analytische Funktionen (Analytics)**
  Zusammen mit den Funktionen von SAP NetWeaver BW werden Daten aus allen Geschäftsbereichen des Unternehmens analysiert. Die Daten können sich auch in angebundenen Backend-Systemen befinden. Mittels der Supplier Evaluation ist es möglich, Lieferanten aufgrund von Umfragen zu bewerten.

Oberfläche von SAP SRM

Endanwender greifen mit dem Browser auf SAP SRM zu. Die Technologien, in denen die Oberfläche dargestellt wird, variieren je nach Releasestand und Geschäftsprozess. In SAP SRM 4.0 werden die SRM-Funktionen mittels des *Internet Transaction Servers* (ITS) im Browser angezeigt. Der ITS wird benötigt, um den Datenstrom vom SAP NetWeaver Application Server in HTML umzuwandeln. Mittels ITS-Services kann der Endnutzer Dynpro-basierte Internetanwendungen im Webbrowser ausführen. Diese ITS-Services entsprechen SAP-Transaktionen (siehe SAP-Onlinehilfe – Stichwort *Internet Transaction Server*). Im Geschäftsprozess *Planungsgesteuerte Beschaffung mit Lieferantenintegration* besteht die Oberfläche, auf die der Lieferant zugreift, aus der Technologie der Business Server Pages.

Seit Release SAP SRM 2007 greift der Nutzer auf SRM-Funktionen ebenfalls über den Browser zu. Diese Funktionen sind jedoch über Web Dynpro für ABAP dargestellt und können über das SAP NetWeaver Portal aufgerufen werden. Um sich am SAP NetWeaver Portal anmelden zu können, benötigt der Endnutzer zusätzlich Portalberechtigungen, die den Zugriff auf die im Portal angezeigten Applikationen erlauben. Die Berechtigungsprüfung zum Zugriff auf die Weboberfläche wird je nach Technologie anders gesteuert.

PFCG-Rollen

Die Berechtigungssteuerung beim Zugriff auf Daten in SAP SRM wird über die PFCG-Rollen im SAP NetWeaver AS ABAP realisiert. Die PFCG-Rollen berechtigen einen Nutzer mittels Berechtigungsobjekten zum Zugriff auf die Daten von SAP SRM. Mittels der Vergabe von Berechtigungsobjekten kann der Zugriff von Daten abhängig von bestimmten Kriterien, wie z. B. den Daten des Organisationsmodells sowie den Änderungsberechtigungen auf Daten, gesteuert werden. SAP SRM verfügt über eigene Berechtigungsobjekte.

Voraussetzungen für Benutzeradministration

Voraussetzungen für die Berechtigungsvergabe sind wie in SAP CRM das Nutzen und Zuweisen von Geschäftspartnern zu Nutzern (siehe Abschnitt 15.4, »Zuweisen von Benutzerrollen und PFCG-Rollen«). Diese werden im Organisationsmodell einer Einkaufsorganisation oder Einkäufergruppe zugeordnet. Abhängig von der Position des Endanwenders im Organisationsmodell werden Berechtigungsprüfungen gesteuert. Die Zuordnung der Mitarbeiter zum Organisationsmodell wird über die Transaktion PPOMA_BBP realisiert. Die Mitarbeiter werden dort einer Einkaufsorganisation oder Einkäufergruppe zugeordnet.

Im Gegensatz zu SAP CRM benötigt der Nutzer keine weiteren Rollen, die im Customizing die Weboberfläche definieren. Beim Zugriff auf SAP SRM mittels ITS benötigt der Endanwender lediglich Berechtigungen über PFCG-Rollen. Greift der Nutzer auf das SAP SRM über das SAP NetWeaver Portal zu, werden zusätzlich noch Portalberechtigungen benötigt. In diesem Kapitel werden die Mechanismen zur Berechtigung der Weboberfläche sowie zur Berechtigung der einzelnen Business-Objekte näher erläutert.

16.2 Berechtigungsvergabe in SAP SRM

In SAP SRM werden anhand der SRM-Szenarien PFCG-Rollen ausgeliefert. Diese können angepasst werden und nehmen dann, je nach Szenario, die passenden Funktionen ein. Im Folgenden werden die wesentlichen PFCG-Rollen und deren Funktionen kurz erläutert. Im Anschluss werden die Berechtigungsmechanismen für die SRM-Weboberfläche sowie den Zugriff auf SRM-Daten dargestellt.

Die ausgelieferten Standard-PFCG-Rollen erlauben es dem Anwender, je nach Tätigkeit auf bestimmte Funktionen und Daten zuzugreifen. Als Voraussetzung muss jeder Benutzer im Organisationsmodell einer Einkaufsorganisation in der Transaktion PPOMA_BBP zugeordnet sein. Durch diese Zuweisung erbt der Benutzer Attribute, die Zugriffe auf Daten bestimmen. So dürfen Mitarbeiter z. B. Bestellungen nur der eigenen Kostenstelle zuweisen.

Die von SAP ausgelieferten PFCG-Rollen können Sie als Kopiervorlage verwenden und den eigenen Bedürfnissen anpassen. Da die Standardrollen über keine datentrennende Ausprägung verfügen, müssen Sie diese, je nach Anforderung, selbst definieren.

Rollen in SAP SRM

Zugriff auf die Geschäftsprozesse von SAP SRM und somit auf Transaktionen und Daten haben Endanwender mittels der SAP-Standardrollen bzw. der angepassten PFCG-Rollen:

- **Mitarbeiter**
  Die PFCG-Rolle SAP_EC_BBP_EMPLOYEE kann für Mitarbeiter im Geschäftsszenario *Beschaffung per Self-Service* verwendet werden. Der Mitarbeiter ist für den Wareneinkauf verantwortlich und hat somit Zugriff auf Produktkataloge, um Waren oder Serviceleistungen zu bestellen. Nach dem Abschicken der Bestellung kann der Mitarbeiter den Bestellstatus überprüfen. Ist ein Produkt nicht im Produktkatalog vorhanden, besteht die Möglichkeit, Anfragen an die Verkäufer zu stellen. Ist die Bestellung eingetroffen, kann der Mitarbeiter den Empfang bestätigen und die Rechnung oder eine Gutschrift erfassen.
- **Manager**
  Der Manager des Mitarbeiters kann über die PFCG-Rolle SAP_EC_BBP_MANAGER sowohl Benutzerstammsätze als auch Einkaufswagen der ihm im Organisationsmodell zugewiesenen Mitarbeiter bestätigen. Der Manager ist für die Abrechnung der Einkäuferkarten seiner Mitarbeiter zuständig. Einkäuferkarten werden Mitarbeitern im Einkauf ausgegeben, um Posten bis zu einem festgelegten Betrag oder von bestimmten Händlern zu erwerben (siehe SAP-Onlinehilfe – Glossar).

Rollen im Beschaffungsprozess

Es gibt folgende Rollen im Beschaffungsprozess:

- **Operativer Einkäufer**
  Die Rolle des operativen Einkäufers (PFCG-Rolle SAP_EC_BBP_OP_PURCHASER) erlaubt das Bearbeiten und Ausgeben von Bestellungen sowie die Erstellung von Ausschreibungen und Vergleichen von eingehenden Angeboten. Der operative Einkäufer kann darüber hinaus Standardvorlagen für Beschaffungsvorgänge für Mitarbeiter definieren und stellvertretend für weitere Mitarbeiter einkaufen. Er kann sich Kontrakte anzeigen lassen und verfügt über die Berechtigung zum Anzeigen von Berichten für die Auswertung.
- **Strategischer Einkäufer**
  Der strategische Einkäufer (PFCG-Rolle SAP_EC_BBP_ST_PURCHASER) ist für die strategische Beschaffung zuständig. Dazu gehören das Erstellen von Ausschreibungen und der Vergleich von Angeboten. Der strategische Einkäufer kann jedoch zusätzlich Kontrakte erstellen, Geschäftspartnerstammdaten pflegen sowie Lieferantenlisten zusammenstellen. Zur Entscheidungsunterstüt-

zung im strategischen Sinne hat diese Rolle Berechtigungen auf SAP NetWeaver BW-Auswertungsreports.

- **Warenzusteller**
  Die Rolle des Warenzustellers ist die PFCG-Rolle SAP_EC_BBP_RECIPIENT. Warenzusteller nehmen Warenlieferungen entgegen und verteilen diese an die Empfänger. Somit können sie den Wareneingang zentral bestätigen.
- **Kreditorenbuchhalter**
  Eine weitere Rolle ist der Kreditorenbuchhalter mit der PFCG-Rolle SAP_EC_BBP_ACCOUNTANT. Kreditorenbuchhalter können Rechnungen für Mitarbeiter erfassen.
- **Bieter**
  Bieter mit der PFCG-Rolle SAP_EC_BBP_BIDDER sind keine Mitarbeiter des Einkaufs. Es sind potenzielle Lieferanten. Nach erfolgter Ausschreibung kann der Bieter ein Angebot abgeben. Erhält dieser den Zuschlag für das Angebot, wird eine Lieferantenbeziehung erstellt.
- **Lieferant**
  Mitarbeiter und Einkäufer beziehen Waren von Lieferanten. Diese können über die PFCG-Rolle SAP_EC_BBP_VENDOR Rechnungen zu ihren Bestellungen erfassen sowie das Liefern der Ware oder Dienstleistung bestätigen.

Rollen im Supplier Self-Service

Folgende Rollen stehen im Geschäftsszenario *Supplier Self-Service* zur Verfügung:

- **Supplier Self-Service**
  In den Geschäftsszenarien *Beschaffung per Self-Service* und *Planungsgesteuerte Beschaffung mit Lieferantenintegration* wird dem Lieferanten die Möglichkeit gegeben, sich an SAP SRM über die Supplier Self-Services anzumelden. SAP liefert auch hierfür standardmäßig PFCG-Rollen aus.

  Rollen in beiden Szenarien sind Einkäufer-Administrator, Lieferantenadministrator, Auftragsbearbeiter, Rechnungssteller, Bieter sowie Manager.
- **Einkäufer-Administrator**
  Die PFCG-Rolle SAP_EC_SUS_ADMIN_PURCHASER wird dem Einkäufer-Administrator zugewiesen. Dieser verfügt über die Berechtigung, Benutzer anzulegen sowie sich und Benutzern Rol-

len zuzuordnen. Darüber hinaus kann er sich Dokumente anzeigen lassen, Kundendaten bearbeiten sowie Nachrichten im System erfassen und lesen.

- **Lieferanten-Administrator**
  Der Lieferanten-Administrator (PFCG-Rolle SAP_EC_SUS_ADMIN_VENDOR) ist Administrator für Lieferanten und kann ebenfalls Benutzer anlegen, sich und Lieferanten-Nutzern Rollen zuweisen sowie Kundendaten anzeigen lassen und Nachrichten lesen.
- **Auftragsbearbeiter**
  Die Rolle des Auftragsbearbeiters (PFCG-Rolle SAP_EC_SUS_ORDER_PROCESSOR) verfügt über die Berechtigungen, Bestellungen anzuzeigen, diese zu bearbeiten sowie Kundendaten und Nachrichten zu lesen.
- **Rechnungssteller**
  Der Rechnungssteller (PFCG-Rolle SAP_EC_SUS_INVOICER) erfasst in SAP SRM Rechnungen und kann sich ebenfalls Kundendaten und Nachrichten anzeigen lassen.
- **Bieter**
  Mit der PFCG-Rolle SAP_EC_SUS_BIDDER können Bieter bei einer Ausschreibung in SAP SRM ihre Angebote abgeben.
- **Manager**
  Der Manager kann sich über die PFCG-Rolle SAP_EC_SUS_MANAGER im Supplier Self-Service Reporting-Daten anzeigen lassen.
- **Leistungserbringer**
  Die Rolle des Leistungserbringers (PFCG-Rolle SAP_EC_SUS_SERVICE_AGENT) verfügt, neben Leseberechtigungen für Nachrichten und Kundendaten, über Schreibrechte zum Bearbeiten von Bestätigungen.
- **Warenversender**
  Warenversender können mittels der PFCG-Rolle SAP_EC_SUS_DISPATCHER Versandmitteilungen bearbeiten und Lieferungen bestätigen.

Einsatz der Standardrollen

Sie können diese Standardrollen im ausgelieferten Zustand bereits einsetzen. Da diese Rollen als Vorlagen genutzt werden sollen und Änderungen jederzeit über das Einspielen von Support Packages an den Rollen vorgenommen werden können, raten wir Ihnen, die Standardrollen immer zu kopieren, das Profil zu generieren und erst anschließend dem Nutzer zuzuweisen. Die Standardrollen sind so ausgeprägt, dass die Nutzer uneingeschränkten Zugriff auf die jeweiligen Belegdaten erhalten. Möchten Sie jedoch diesen Zugriff, z. B. abhängig von der zugewiesenen Einkaufsorganisation, einschränken, müssen Sie die dafür notwendigen Berechtigungsobjekte entsprechend anpassen. Die einschränkende Berechtigungsvergabe auf die Oberfläche sowie auf die Daten von SAP SRM wird in den nächsten Abschnitten erläutert.

16.2.1 Berechtigen der Oberflächenmenüs

Die Oberfläche von SAP SRM ist webbasiert und wird in älteren Releaseständen (bis SAP SRM 5.0) mittels des ITS aufgerufen. Abbildung 16.1 zeigt den grundlegenden Aufbau dieser Oberfläche.

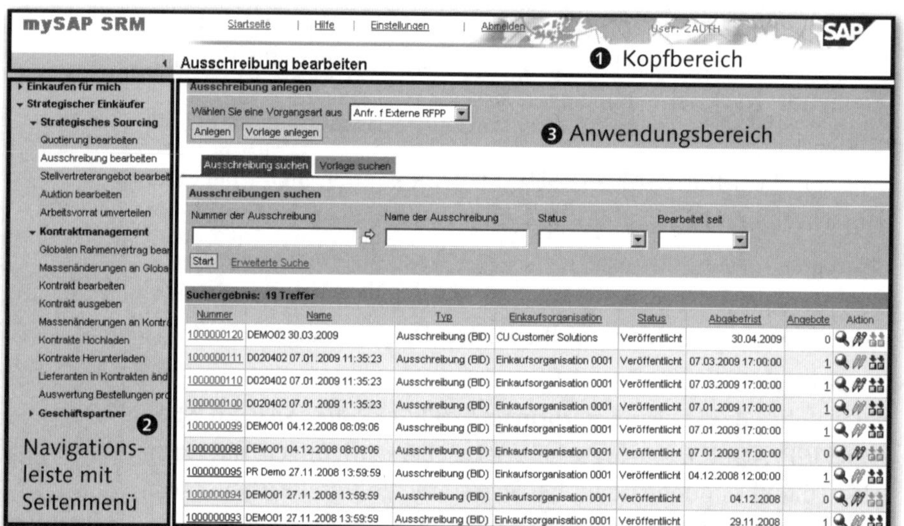

Abbildung 16.1 Oberfläche von SAP SRM

Komponenten der Oberfläche

Der Kopfbereich ❶ beinhaltet neben generellen Links zur Start- oder Hilfeseite den Titel der aufgerufenen Funktion.

Das Seitenmenü in der Navigationsleiste ❷ stellt Transaktionen zur Verfügung, die der Endanwender auswählen kann, wie z. B. das Überprüfen eines Bestellstatus oder das Bearbeiten einer Ausschreibung. Abhängig von der PFCG-Rolle ändern sich die Einträge im Seitenmenü. Das Menü von SAP SRM im Browser wird durch PFCG-Rollen gesteuert. Das Berechtigungsobjekt S_TCODE, das die Transaktionscodes abprüft, berechtigt auch die dazugehörigen Einträge. Diese Transaktionen können nicht im SAP GUI gestartet werden, sondern stehen nur im Browser zur Verfügung. Die im Browser angezeigten Menüs sind ebenfalls im Rollenmenü der jeweiligen PFCG-Rolle gepflegt.

Im Anwendungsbereich ❸ werden die aufgerufenen Funktionen ausgeführt. Belege werden mit Kopf- und Positionsdaten angezeigt und können dort bearbeitet werden.

Seit Release SAP SRM 2007 wird ein Großteil der Geschäftsszenarien über das SAP NetWeaver Portal angezeigt. Lieferanten greifen nach wie vor auf die SAP SRM-Weboberfläche zu, die mittels Business Server Pages realisiert worden ist. Um einem Nutzer Zugriff auf die Inhalte des Portals zu gewähren, benötigt dieser zusätzlich eine Portalrolle, die die Berechtigungen auf die iViews im Portal steuert. Die iViews sind Bereiche im Portal, die Daten aus Applikationen anzeigen (siehe SAP-Onlinehilfe – Glossar). Abbildung 16.2 stellt den Zusammenhang zwischen PFCG-Rollen in SAP SRM und Portalrollen im jeweils angeschlossenen SAP NetWeaver Portal dar.

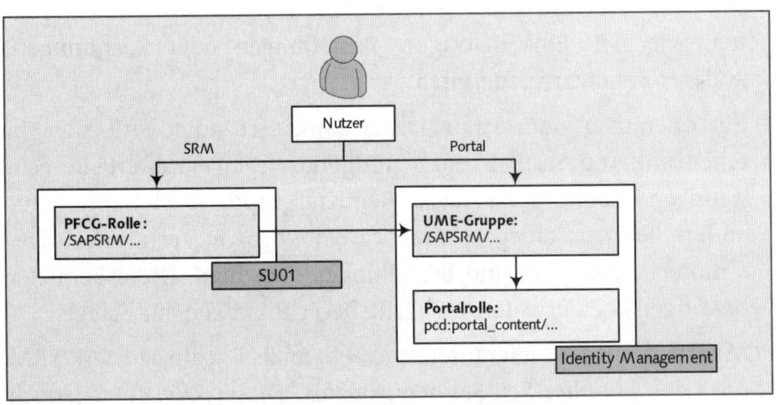

Abbildung 16.2 Rollen in SAP SRM und SAP NetWeaver Portal

Zuweisung von Portalrollen über PFCG-Rollen

Die Benutzeradministration wird in SAP SRM über die Transaktion SU01 vorgenommen. Seit dem Release SAP SRM 7.0 werden PFCG-Rollen in einem neuen Namensraum ausgeliefert. Diese beginnen mit dem Präfix /SAPSRM/. Die Rollen entsprechen den in Abschnitt 17.2, »Analyseberechtigungen«, beschriebenen Rollen und enthalten alle notwendigen Berechtigungen. Der Endanwender benötigt zusätzlich

Berechtigungen für das Portal. Ist die Benutzerverwaltung im Portal so konfiguriert, dass der AS ABAP, hier also der SRM-Server, als zentrale Datenquelle dient, werden PFCG-Rollen des AS ABAP als UME-Gruppen (siehe Abschnitt 13.2.3, »UME-Gruppe«) im SAP NetWeaver AS Java des Portals erkannt. Mittels der Standardrollen erhält der Benutzer automatisch die dazugehörigen Berechtigungen im SAP NetWeaver Portal, da die ausgelieferten PFCG-Rollen jeweils einer UME-Gruppe im Portal zugewiesen sind. Der UME-Gruppe ist dann die eigentliche Portalrolle zugewiesen. Über die Portalrolle erhält der Benutzer die Berechtigung zum Zugriff auf die Navigationsleiste und die zugewiesenen iViews des Portals.

16.2.2 Berechtigen typischer Geschäftsvorgänge

Benutzergruppen

Verschiedene Arten von Benutzern greifen auf SAP SRM in verschiedenen Funktionen zu. Möchten Sie den Zugriff auf Daten für die verschiedenen Benutzergruppen einschränken, müssen Sie die entsprechenden Berechtigungsobjekte für diese Business-Objekte anpassen.

- Im Geschäftsprozess *Beschaffung per Self-Service* kann der Benutzer für den eigenen Bedarf mittels des Einkaufswagens bestellen. Der Self-Service-Benutzer hat jedoch keine Möglichkeit, auf Belegdaten, wie z. B. Einkaufswagen, Bestellungen oder Rechnungen, anderer Benutzer zuzugreifen.
- Ein operativer oder strategischer Einkäufer nutzt SAP SRM in einem anderen Ausmaß und benötigt deswegen erweiterte Berechtigungen. Somit kann diese Benutzergruppe Bestellungen für andere Benutzer anlegen bzw. bearbeiten sowie Verträge mit Lieferanten verhandeln und Bestellungen zuordnen. Diese Benutzer benötigen dazu erweiterte Zugriffsberechtigungen auf Belege.
- Mitarbeitern der Lieferanten wird ebenfalls Zugriff auf SAP SRM oder den Supplier Self-Service gewährt. Dieser Zugriff ist jedoch nur auf eigene Belege beschränkt.
- Eine weitere Benutzergruppe beschränkt sich auf Administratoren oder Controller, die Zugriff auf SAP SRM benötigen, um Administrationsfunktionen oder Monitoring-Aktivitäten durchzuführen.

Alle Benutzer werden sowohl als Benutzer in der Transaktion SU01 als auch als Geschäftspartner im SRM-System angelegt und im Organisationsmodell zugewiesen. Der Geschäftspartner wird benötigt, um regelbasierte Prüfungen, abhängig von zugewiesenen Attributen, durchführen zu können.

Berechtigungsprüfungen

Die Berechtigungsvergabe in SAP SRM umfasst neben der Prüfung des Seitenmenüs folgende Berechtigungsprüfungen:

- **Berechtigungsprüfungen in Abhängigkeit vom Organisationsmodell**
  Über die im Organisationsmodell definierten Attribute können ebenfalls Berechtigungen für Endanwender, abhängig von deren Position und Planstelle, gesteuert werden.
- **Berechtigungsvergabe in Belegen**
  Mit der Berechtigungsprüfung auf Belege können der Zugriff auf Belege sowie die Aktion, die der Nutzer in Belegen ausführen darf, definiert werden. Darüber hinaus wird gesteuert, wie Lieferanten auf SAP SRM Zugriff über den Supplier Self-Service bzw. ohne die Nutzung des Supplier Self-Services haben.
- **Berechtigungsvergabe bei Stammdaten**
  Mittels der Vergabe von Berechtigungsobjekten wird definiert, welche Nutzer Zugriffs- und Änderungsberechtigungen für Geschäftspartner und Produkte erhalten.
- **Weitere Berechtigungsprüfungen mit Berechtigungsobjekten**
  Mittels weiterer Berechtigungsobjekte können Berechtigungen auf Budgets, Einkäuferkarten oder Konditionen festgelegt werden. Darüber hinaus können Prüfungen für Workflows oder Genehmigungsprozesse definiert werden.

Einige der Berechtigungsmechanismen lassen sich mit den Berechtigungsprüfungen anderer SAP-Lösungen vergleichen. So wird z. B. in SAP CRM ebenfalls abhängig von der Zugehörigkeit des Nutzers im Organisationsmodell der Zugriff auf Belegdaten eingeschränkt. Die folgenden Abschnitte erläutern die aufgezählten Berechtigungsprüfungen detaillierter.

Prüfung durch die Verwendung des Organisationsmodells

Berechtigungsprüfung auf das Organisationsmodell

SAP SRM benötigt das Organisationsmodell zur Organisation des Unternehmens sowie der Einkaufsorganisationen (siehe Abbildung 16.3).

Das Organisationsmodell steuert mittels der den Organisationseinheiten zugewiesenen Attribute Berechtigungsprüfungen sowie für

Vorschlagswerte bzw. Wertehilfen in verschiedenen Funktionen. Diese Attribute sind z. B. Kostenstelle, Werk oder Buchungskreis (siehe Abbildung 16.4).

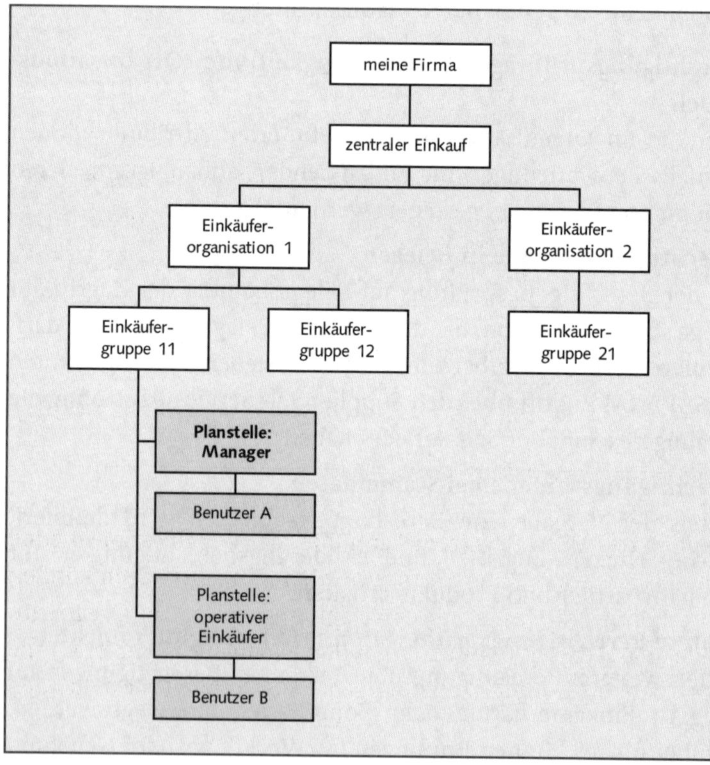

Abbildung 16.3 Aufbau eines Organisationsmodells in SAP SRM

Über die im Organisationsmodell gepflegten Planstellen werden weitere Prüfungen für Genehmigungsworkflows gesteuert. So kann der Benutzer, der der Planstelle *Manager* zugewiesen ist, für sein Team Einkaufswagen bestätigen.

Pflege des Organisationsmodells

Das Organisationsmodell wird in der Transaktion PPOCA_BBP angelegt und mit der Transaktion PPOMA_BBP gepflegt (siehe Abbildung 16.4).

Das Organisationsmodell dient darüber hinaus zum Anlegen von Benutzerstammsätzen in Self-Service-Szenarien, zur Ermittlung von Mitarbeitern, die für die Genehmigung zuständig sind, sowie für die Ermittlung der Einkaufsorganisation und Einkäufergruppe, die in Belegdaten gespeichert werden.

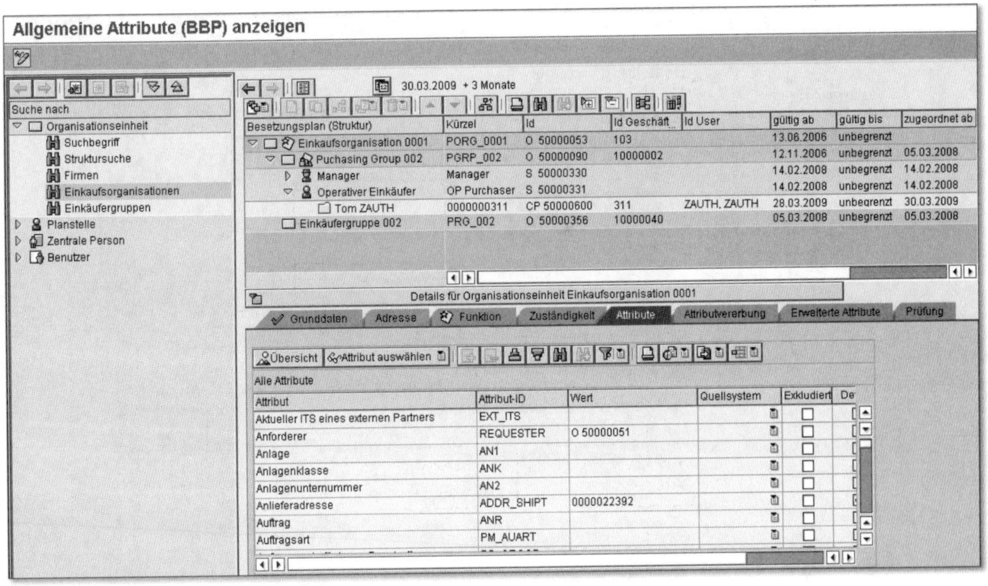

Abbildung 16.4 Attribute im Organisationsmodell

Die Prüfung des Einkaufswagens kann über das Organisationsmodell mit einer Vertreterregelung ergänzt werden. Einkaufswagen können nur vom Benutzer gelesen und angelegt werden. Ist im Organisationsmodell das Attribut REQUESTER gepflegt, kann ein Benutzer für die Benutzer der dort hinterlegten Organisationseinheit Bestellungen anlegen.

Berechtigungsvergabe in Belegen

Berechtigungsprüfung auf Belege

Der Zugriff auf Belegdaten wird über die im Beleg gepflegte *Einkaufsorganisation*, die *Einkäufergruppe* sowie die *Vorgangsart* geprüft (siehe Abbildung 16.5). Zusätzlich definiert das Berechtigungsfeld ACTVT (Aktivität) in den einzelnen Belegprüfungen, welche Aktionen, wie z. B. Lesen, Schreiben oder Löschen, ein Benutzer auf dem Beleg ausführen kann.

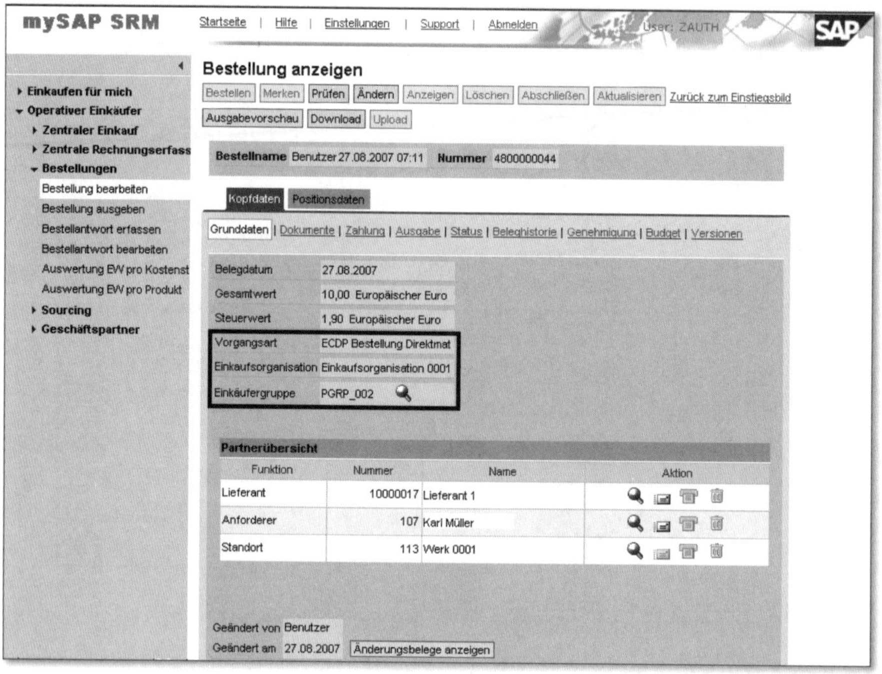

Abbildung 16.5 Organisationsdaten im Beleg

Berechtigungsprüfung in Abhängigkeit von der Einkaufsorganisation

Mit der Prüfung auf Einkaufsorganisationen und Einkäufergruppen ist es möglich, komplexe Prüfungen auszuführen. Somit kann definiert werden, dass ein Benutzer z. B. Lese- und Schreibrechte auf die Belege der eigenen Einkäufergruppe erhält, jedoch nur Leserechte auf die Belege einer anderen Einkaufsorganisation.

Mit dem Einsatz dieser Berechtigungsprüfungen kann Zugriff auf Belegdaten, unabhängig von der Funktion bzw. Zuständigkeit des Benutzers, vergeben werden. Voraussetzung zur Nutzung dieser Belegprüfung ist die Pflege des Organisationsmodells samt der Attribute *Einkaufsorganisation* bzw. *Einkäufergruppe*.

Da die Felder EINKAUFSORGANISATION und EINKÄUFERGRUPPE als Organisationsebenen definiert sind, ergibt sich die Möglichkeit, *abgeleitete Rollen* für jede Einkaufsorganisation zu erstellen. Weitere Informationen zum Thema *abgeleitete Rollen* finden Sie in Abschnitt 6.3.2, »Anlage und Pflege von Rollen«.

Berechtigungsprüfung in Belegen

Tabelle 16.1 gibt eine Übersicht über die in SAP SRM verwendeten Berechtigungsobjekte zur Prüfung von Belegen:

Belegart	Berechtigungsobjekt	Beschreibung
Kontrakt	BBP_PD_CTR	Der Endanwender hat Zugriff auf die Kontrakte, die einer bestimmte Einkaufsorganisation bzw. Einkäufergruppe zugewiesen sind.
Live-Auktion	BBP_PD_AUC	Auktionen können nur für eine bestimmten Einkaufsorganisation oder Einkäufergruppe angezeigt oder angelegt werden.
Ausschreibung	BBP_PD_BID	Ausschreibungen werden, ähnlich wie Auktionen, abhängig von Einkaufsorganisation, Einkäufergruppe sowie bestimmten Vorgangsarten berechtigt.
Angebote	BBP_PD_QUO	Benutzer erhalten Zugriff auf Angebote, abhängig von der berechtigten Einkaufsorganisation, Einkäufergruppe und Vorgangsart.
Bestellantwort	BBP_PD_PCO	Die im Beleg zugewiesene Einkaufsorganisation oder Einkäufergruppe berechtigt den Benutzer zum Zugriff auf Bestellantworten.
Bestellung	BBP_PD_PO	Der Nutzer darf Bestellungen lesen oder bearbeiten, wenn dieser für die im Beleg gepflegte Einkaufsorganisation oder Einkäufergruppe berechtigt ist.
Auftragsbestätigung	BBP_PD_CNF	Auftragsbestätigungen werden nur über die Aktivität geprüft.
Einkaufswagen	BBP_PD_SC	Beim Anlegen und Ändern des Einkaufswagens werden keine Berechtigungsprüfungen durchgeführt, stattdessen wird eine andere Prüfung ausgeführt, die nur die Einkaufswagen des jeweiligen Nutzers anzeigt bzw. durch die Pflege des Attributs REQUESTER im Organisationsmodell Zugriff auf Einkaufswagen der dort zugewiesenen Nutzer erlaubt.

Tabelle 16.1 Berechtigungsobjekte für die Belegprüfung

Belegart	Berechtigungs-objekt	Beschreibung
Lieferanten-liste	BBP_PD_VL	Nutzer haben auf Lieferantenlisten Zugriff, wenn sie für die Einkaufsorganisation oder Einkäufergruppe berechtigt sind.
Rechnung	BBP_PD_INV	Berechtigungen werden für Rechnungen unabhängig von Einkaufsorganisation oder Einkäufergruppe gewährt.

Tabelle 16.1 Berechtigungsobjekte für die Belegprüfung (Forts.)

Berechtigungsfelder der Belegprüfung

Diese Berechtigungsobjekte prüfen Belege nach einem bestimmten Muster. Alle Berechtigungsobjekte bestehen aus folgenden Feldern:

- BBP_PURORG (Zuständige Einkaufsorganisation)
- BBP_PURGRP (Zuständige Einkäufergruppe)
- BBP_PROCTY (Geschäftsvorgangsart)
- ACTVT (Aktivität)

Mit der Nutzung dieser Felder ist es möglich, komplexe Prüfungen auf Belege mittels der Kombination von Feldern durchzuführen. Weitere Informationen zu den Berechtigungsobjekten der Belegprüfung finden Sie in der Transaktion SU21 (Pflege der Berechtigungsobjekte).

Anwendungsbeispiel

Sie möchten Ihre Endanwender berechtigen, nur bestimmte Ausschreibungen für eine Einkaufsorganisation anzulegen und zu bearbeiten. Im folgenden Beispiel (siehe Abbildung 16.6) gibt es die beiden Einkaufsorganisationen PORG_001 und PORG_002. Jeder Einkaufsorganisation sind Einkäufergruppen untergeordnet. Der zu berechtigende Benutzer ist der Einkäufergruppe PGRP_001 zugewiesen, die organisatorisch der Einkaufsorganisation PORG_001 zugeordnet ist.

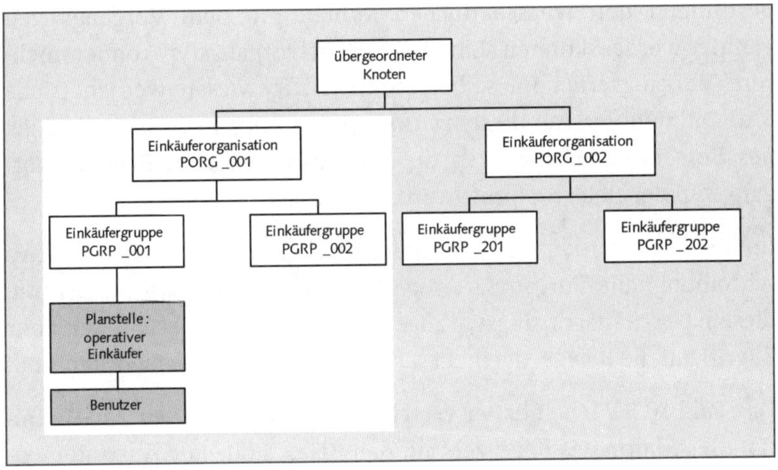

Abbildung 16.6 Beispiel: Zuweisung des Benutzers im Organisationsmodell

Der Endanwender soll nun nur Ausschreibungen einer bestimmten Vorgangsart, die der Einkaufsorganisation PORG_001 zugewiesen sind, lesen und bearbeiten sowie Ausschreibungen für diese Einkaufsorganisation anlegen.

Belegprüfung mittels des Berechtigungsobjekts BBP_PD_BID

Zur Berechtigung von Ausschreibungen wird das Berechtigungsobjekt BBP_PD_BID genutzt. Sie müssen die Berechtigungsfelder wie folgt pflegen, um die Anforderung zu erfüllen:

- BBP_PURORG: PORG_001
- BBP_PURGRP: PGRP_001 oder *
- BBP_PROCTY: BID
- ACTVT: 01, 02, 03

Der Endanwender findet in der Suchergebnisliste nun nur die Ausschreibungen, die entweder der Einkaufsorganisation PORG_001 oder aber sowohl der Einkaufsorganisation PORG_001 als auch den darunterliegenden Einkäufergruppen PGRP_001 und PGRP_002 zugeordnet sind. Somit ist eine Differenzierung auf Organisationsebenen möglich.

Darüber hinaus hat der Nutzer keinen Zugriff auf die Ausschreibungen, die zwar ebenfalls der Einkaufsorganisation PORG_001 zugewiesen sind, aber nicht der Vorgangsart BID entsprechen.

Die Prüfung auf die Vorgangsart wird in jedem Beleg abhängig von den Geschäftsvorgangstypen durchgeführt. Geschäftsvorgangstypen bestimmen den wirtschaftlichen Kontext, in dem Vorgangsarten genutzt werden können. Einem Geschäftsvorgangstyp können mehrere Vorgangsarten im selben Kontext zugewiesen werden (siehe SAP-Onlinehilfe). Aus diesem Grund gibt es für jede Belegart ein eigenes Berechtigungsobjekt, da die Vorgangsarten vom Geschäftsvorgangstyp des Belegs geprüft werden.

Im Beispiel werden für den Geschäftsvorgangstyp BUS2200 (Ausschreibung) alle Vorgangsarten geprüft. Die Vorgangsart BID ist u. a. diesem Geschäftsvorgangstyp zugewiesen. Der Nutzer erhält somit nur Zugriff auf die Belege, die in dieser Vorgangsart angelegt worden sind.

Das Feld ACTVT beinhaltet verschiedene Möglichkeiten zur Definition der Aktion des Benutzers auf den Beleg. Folgende Auswahlmöglichkeiten stehen Ihnen in diesem Feld zur Verfügung:

- 01 (Hinzufügen oder Erzeugen)
- 02 (Ändern)
- 03 (Anzeigen)
- 04 (Drucken, Nachrichten bearbeiten)
- 06 (Löschen)
- 33 (Anlagen lesen)
- C5 (Veröffentlichte Ausschreibungen ändern)
- G7 (Stornieren von Anlagen)
- PU (Publizieren)

Berechtigungsprüfung für Kontrakte

Die Berechtigungsprüfung für Kontrakte enthält erweiterte Prüfungen. Das Berechtigungsobjekt BBP_PD_CTR enthält dieselben zu prüfenden Felder wie andere Belege:

- BBP_PURORG (Zuständige Einkaufsorganisation)
- BBP_PURGRP (Zuständige Einkäufergruppe)
- BBP_PROCTY (Geschäftsvorgangsart)
- ACTVT (Aktivität)

Seit SAP SRM 5.0 gibt es jedoch eine zusätzliche Prüfung auf Kontrakte über das Berechtigungsobjekt BBP_CTR_2. Dieses Berechtigungsobjekt verfügt neben den bereits im Berechtigungsobjekt BBP_PD_CTR definierten Berechtigungsfeldern über zwei neue Berechtigungsfelder:

- BBP_SECTN (Kontraktabschnitte)
- BBP_SENSTV (Vertraulich-Stufe des BBP-Belegs)

Für das Feld BBP_SECTN (Kontraktabschnitte) können folgende Werte ausgewählt werden:

- 01 (Hauptangaben)
- 02 (Belege)
- 03 (Konditionen)
- 04 (Berechtigungen)

Abhängig von diesen Werten hat der Nutzer Zugriff auf diese Details in Kontrakten und globalen Rahmenverträgen. In Abbildung 16.7 hat der Nutzer nur Zugriff auf die Bereiche HAUPTANGABEN und BELEGE. Die Bereiche KONDITIONEN und BERECHTIGUNGEN darf er nicht lesen. Diese beiden Einträge können somit auch nicht gewählt werden.

Schützen vertraulicher Kontrakte

Das Feld BBP_SENSTV definiert, ob der Nutzer vertrauliche Kontrakte lesen oder bearbeiten darf. Dazu muss der Benutzer im Beleg im Bereich BERECHTIGUNGEN mit den notwendigen Zugriffsberechtigungen gepflegt sein.

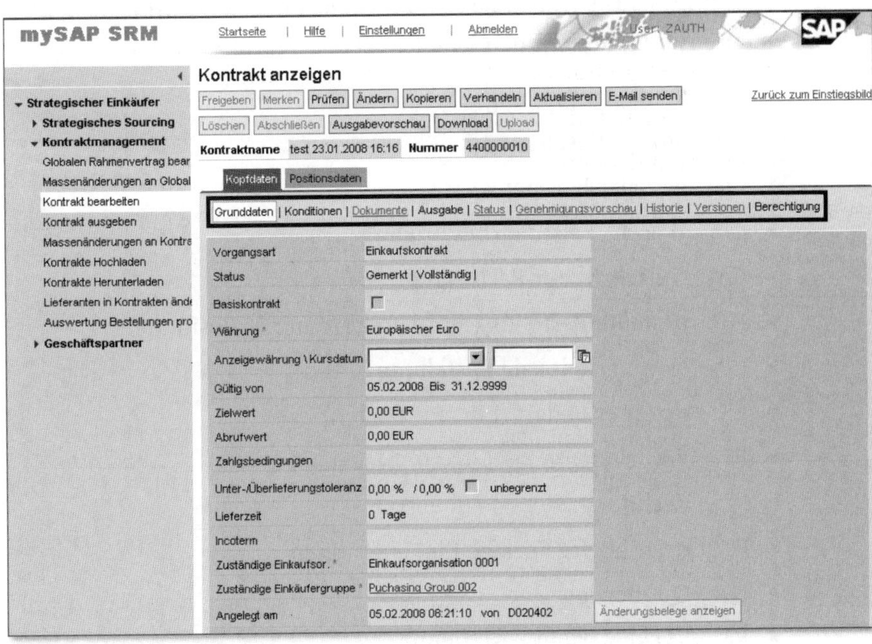

Abbildung 16.7 Erweiterte Berechtigungsprüfung in Kontrakten

Die erweiterte Berechtigungsprüfung für Kontrakte muss zur Nutzung im IMG aktiviert werden. Diese Aktivierung können Sie über folgenden Pfad vornehmen: IMG • Supplier Relationship Management • SRM Server • Anwendungsübergreifende Grundeinstellungen • Erweiterte Berechtigungen für Kontrakte aktivieren.

Berechtigungsvergabe für Belege im SUS

Für den Zugriff auf Belege im Supplier Self-Service können Sie die Berechtigungsobjekte BBP_SUS_PD sowie BBP_SUS_P2 verwenden. Das Berechtigungsobjekt BBP_SUS_PD wird zur allgemeinen Prüfung von SUS-Belegen in Abhängigkeit von Geschäftsvorgangstypen mit folgenden Feldern verwendet:

- BBP_OBJTYP (Geschäftsvorgangstyp)
- ACTVT (Aktivität)

Da das Berechtigungsobjekt jedoch veraltet ist und eine detaillierte Berechtigung möglich ist, raten wir Ihnen zur Nutzung des folgenden Berechtigungsobjekts.

Zur detaillierteren Berechtigungsprüfung auf Belegebene kann das Berechtigungsobjekt BBP_SUS_P2 genutzt werden, das zusätzlich zum Geschäftsvorgangstyp die Ausprägung des Belegs berechtigt. Das Feld BBP_SUBTY (Ausprägung eines Einkaufsbelegs) prüft die Dokumentensubtypen und beinhaltet folgende Werte zur Auswahl:

- ' ': keine Ausprägung
- CA: Storno-Bestätigung
- CC: globaler Rahmenvertrag
- CF: Waren-/Leistungsbestätigung
- CM: Gutschrift zur Rechnung
- DP: bestellte Bestellung mit Direkt-Material-Positionen
- EP: erweiterte lokale Bestellung
- ER: externer Bedarf (Einkaufswagen)
- FT: Favoritenvorlage Einkaufswagen
- IV: Rechnung
- PT: persönliche Vorlage Einkaufswagen
- QA: Quotierung
- RT: Rücklieferung Bestätigung
- SR: Lieferplanabruf

- ST: Standardvorlage Einkaufswagen
- TO: temporäres Objekt mit Einkaufswagen-Pos. für das Sourcing

Abhängig vom Dokumentensubtyp kann der Zugriff auf Belege detaillierter eingeschränkt werden.

Berechtigungsvergabe bei Stammdaten

Produkte und Geschäftspartner gehören zu den Stammdaten. Der Zugriff auf Produkte und Geschäftspartner sowie die Pflegeberechtigungen stehen nur ausgewählten Nutzern zur Verfügung.

Produktstammpflege

Produkte werden in der Transaktion COMMPR01 gepflegt. Die Zugriffsberechtigungen auf Produkte werden mit dem Berechtigungsobjekt COM_PRD festgelegt. Das Berechtigungsobjekt beinhaltet nur das Feld ACTVT (Aktivität), das die allgemeine Zugriffsberechtigung auf Aktionsebene zuordnet.

Mit dem Berechtigungsobjekt COM_ASET kann die Pflegeberechtigung auf Attribute oder Settypen gesteuert werden.

Konditionenpflege

Der Zugriff auf sowie die Pflege von Konditionen kann ebenfalls geschützt werden. Mit dem Berechtigungsobjekt /SAPCND/CM werden sowohl die Leseberechtigung als auch die Pflegeberechtigungen definiert. Folgende Berechtigungsfelder sind dem Berechtigungsobjekt /SAPCND/CM zugewiesen:

- ACTVT (Aktivität)
- /SAPCND/AP (Applikation im Sinne der Konditionstechnik)
- /SAPCND/US (Verwendung im Sinne der Konditionstechnik)
- /SAPCND/CT (Konditionstabelle)
- /SAPCND/TY (Konditionsart)

Über das Feld ACTVT wird gesteuert, welche Aktionen ein Benutzer auf Konditionen ausführen darf.

Da das Berechtigungsobjekt /SAPCND/CM der Objektklasse *Anwendungsübergreifende Berechtigungsobjekte* zugeordnet ist, kann abgeleitet werden, dass es in verschiedenen Anwendungskomponenten genutzt wird. Das Feld /SAPCND/AP definiert die Anwendungskomponente, in der das Berechtigungsobjekt geprüft werden muss. Die genutzte Konditionstechnik wird mit dem Feld /SAPCND/US definiert. Ein typisches Beispiel ist hier die Preisfindung mit dem Wert

»PR«. Zur Einschränkung der Konditionstabelle kann das Berechtigungsfeld /SAPCND/CT genutzt werden. Der Zugriff auf Konditionsarten wird über das Feld /SAPCND/TY gewährt.

Partnerpflege

Zugriff auf Geschäftspartner kann ebenfalls berechtigt werden. Eine Kombination aus den Berechtigungsobjekten BBP_FUNCT und B_BUPA_RLT ist hierfür notwendig. Das Berechtigungsobjekt BBP_FUNCT ist ein allgemeines Berechtigungsobjekt für SRM-Funktionen. Ist der Feldwert des Berechtigungsfeldes BBP_FUNCT auf CR_COMPANY gesetzt, darf der Nutzer Geschäftspartner anlegen. Das Berechtigungsobjekt B_BUPA_RLT prüft, welche Geschäftspartnerrollen bearbeitet werden können.

Sonstige Prüfungen

Neben Prüfungen auf Stammdaten und Belegen gibt es noch weitere Prüfungen, die den Zugriff bzw. die Pflege auf Business-Objekte definieren.

Berechtigung von Budgetanzeigen

Budgetanzeigen von bestimmten Konten werden über das Berechtigungsobjekt BBP_BUDGET eingeschränkt. Das Berechtigungsobjekt besteht aus folgenden Feldern:

- ACTVT (Aktivität)
- BBPACCTYPE (Kontierungstyp in Enterprise Buyer)
- BBPACCOBJ (Generische Kontierung)

Dem Nutzer können zwei verschiedene Aktivitäten zugewiesen werden. Über den Wert 03 kann dieser sich eine Übersichtseite anzeigen lassen, die über einen RFC-Aufruf in die Controlling-Komponente des SAP ERP-Backend-Systems die Daten anzeigt. Der Wert 28 stellt eine Detailanzeige über einen BW-Report dar.

Der Kontierungstyp sowie das Kontierungsobjekt werden über die Berechtigungsfelder BBPACCTYPE sowie BBPACCOBJ abgeprüft.

Berechtigungen von Einkäuferstammdaten

Einkäuferstammdaten samt Einkäuferkarten werden in der Transaktion BBM1 angezeigt. Über das Berechtigungsobjekt M_BBP_PC wird eingeschränkt, ob ein Benutzer Zugriff oder Pflegeberechtigungen auf Einkäuferstammdaten hat. Das Berechtigungsobjekt besteht aus folgenden Werten:

- PCMAS_ACT (Berechtigungsaktivität für Einkäuferkartenstamm)
- PCINS (Einkäuferkarteninstitut)

- PCNUM (Nummer der Einkäuferkarte)
- PCBEGRU (Berechtigungsgruppe Produktkatalog)

Stammsätze können über die Einschränkung der Einkäuferkarteninstitute, die Nummer der Einkäuferkarte sowie die Berechtigungsgruppe der Produktkataloge eingeschränkt werden.

Zugriff auf Funktionen mittels BBP_FUNCT

Zugriff auf Funktionen und Transaktionen wird mit dem Berechtigungsobjekt S_TCODE gewährt. Dieses steuert ebenfalls das Seitenmenü. Eine Ausnahme ist jedoch das Berechtigungsobjekt BBP_FUNCT. Dieses gewährt weiteren Zugriff auf bestimmte Transaktionen bzw. Funktionen in SAP SRM. Das Berechtigungsobjekt besteht lediglich aus dem Berechtigungsfeld BBP_FUNCT. In diesem Feld können folgende Funktionen ausgewählt werden:

- CR_COMPANY: Erlaubt das Anlegen von Geschäftspartnern.
- MON_ALERTS: Erlaubt die Verwendung von Monitoring-Funktionalitäten.
- CR_ASSETS: Erlaubt das Erstellen von Anlagenstammdaten.
- BE_F4_HELP: Mit dem Wert können Wertehilfen, die sich im Backend-System befinden, aufgerufen werden.
- EVAL_VEND: Erlaubt das Auswerten von Lieferanten.
- CTR_NOV: Erlaubt Massenänderungen eines Lieferanten in allen betroffenen Kontrakten.
- PO_NOV: Gewährt Massenänderungen eines Lieferanten in allen betroffenen Bestellungen.
- GLOB_ACCSS: Berechtigt den Benutzer zur Bestätigung von Bestellungen anderer Benutzer.

Prüfung während des Lieferantenzugriffs

Wenn Lieferanten sich nicht über den Supplier Self-Service am SAP SRM anmelden, haben sie trotzdem die Möglichkeit, Waren zu bestätigen, Rechnungen anzulegen oder Angebote abzuschicken. Lieferanten sind nicht im Organisationsmodell einer Einkaufsorganisation oder Einkäufergruppe zugewiesen. Eine Berechtigungsprüfung ermöglicht Lieferanten trotzdem, diese Aktivitäten durchzuführen. Dafür werden im Berechtigungsobjekt BBP_VEND folgende Felder zur Prüfung herangezogen:

- BBP_OBJTYP (Geschäftsvorgangstyp)
- ACTVT (Aktivität)

Das Feld Geschäftsvorgangstyp kann die folgenden Einträge annehmen:

- BUS2203 (Bestätigung)
- BUS2205 (Rechnung)
- BUS2202 (Angebot)

Die Prüfung auf Aktivitäten in den Geschäftsvorgangstypen wird über das Feld ACTVT gesteuert.

Personalisierung

Über die Registerkarte Personalisierung der Benutzerpflege der Transaktion SU01 ist es möglich, weitere Berechtigungen einzuschränken bzw. Wertegrenzen zu definieren und Genehmigungsworkflows zu steuern. Folgende Personalisierungsobjekte ermöglichen diese Einschränkung:

- BBP_APPROVAL_LIMIT: Wert des Einkaufskorbs, den man höchstens genehmigen darf
- BBP_SPENDING_LIMIT: Wert, ab dem der Einkaufswagen genehmigt werden muss
- BBP_USER_BUDGET: Betrag, den der Mitarbeiter zur Verfügung hat
- BBP_WFL_SECURITY: Gibt die Berechtigungsstufe des Benutzers in der Genehmigung an.

Diese Werte sind nicht rollenabhängig, sondern können individuell für jeden Nutzer erteilt werden.

Mit den in diesem Kapitel erläuterten Mechanismen zur Berechtigungsverwaltung können Sie sowohl internen Mitarbeitern als auch externen Lieferanten Zugriff auf Ihr SAP SRM gewähren und sicherstellen, dass alle beteiligten Benutzergruppen nur Zugriff auf die Funktionen und die Daten erhalten, für deren Funktion sie vorgesehen sind. Dazu stehen Ihnen die Mittel der Berechtigungsprüfung auf Oberflächenebene, entweder über die Berechtigung der Dynpro-basierten Transaktionscodes oder über Portalrollen, zu. Zur Einschränkung auf Datenebene werden wie in anderen SAP-Lösungen PFCG-Rollen genutzt, die den Zugriff auf Daten abhängig von bestimmten Attributen, wie z. B. der Einkaufsorganisation, erlauben. Benutzerspezifische Wertegrenzen können über die Personalisierung der Benutzerstammpflege umgesetzt werden.

16.3 Fazit

Die Berechtigungsvergabe in SAP SRM unterscheidet sich seit dem Release SAP SRM 2007. Der Zugriff auf SAP SRM gestaltet sich beim Releasestand SAP SRM 2007 wie auch den früheren Releases gleich. Der Benutzer benötigt einen Browser, um auf die Inhalte von SAP SRM zugreifen zu können. In den früheren Releases wurden die Oberflächenberechtigungen jedoch über die Abprüfung von Transaktionscodes bestimmt. Mit dem Release SAP SRM 2007 wird ein weiteres SAP-System benötigt: das SAP NetWeaver Portal. Dieses SAP-System basiert auf einem SAP NetWeaver AS Java. In dieser heterogenen Systemlandschaft müssen dem Benutzer nun sowohl Berechtigungen in SAP SRM, in Form von PFCG-Rollen, als auch im Portal mittels Portalrollen gewährt werden. Die Oberflächenberechtigungen werden nun über Portalrollen vergeben. Der Zugriff auf die Daten von SAP SRM wird nach wie vor über PFCG-Rollen bestimmt. Die Berechtigungsvergabe wird mit steigender Anzahl und Integration von SAP-Systemen in der Systemlandschaft komplexer.

In diesem Kapitel geben wir Ihnen einen Überblick über den Funktionsumfang des Berechtigungswesens in SAP NetWeaver BW und legen dabei besonderes Augenmerk auf die Analyseberechtigungen.

17 Berechtigungen in SAP NetWeaver BW

SAP NetWeaver BW lebt in zwei Welten: Erstens gibt es eine transaktionale OLTP-Welt, in der Objekte z. B. angelegt, angezeigt und verändert werden können, und zweitens den Anwendungsbereich im Reporting (OLAP), in dem interaktiv veränderliche Sichten auf Daten möglich sind. Um bestimmte Sichten zu berechtigen und gleichzeitig andere Sichten nicht, ist bei jedem Navigationsschritt eine erneute Berechtigungsprüfung erforderlich, die die jeweilige Sicht berücksichtigt. Die berechtigungsrelevante Struktur ist sehr dynamisch und durch die Meta-Data-Objekte von BW gegeben, insbesondere InfoProvider und InfoObjects. Da dies nur sehr unzulänglich durch Berechtigungsobjekte abgebildet werden kann, wurde mit Release SAP NetWeaver BW 7.0 das Konzept der *Berechtigungen für Analyse und Reporting*, kurz *Analyseberechtigungen*, geschaffen.

In diesem Kapitel können wir Ihnen nur einen Einblick in das umfangreiche Thema der Berechtigungen in SAP NetWeaver BW geben. Eine ausführliche Darstellung des Themas finden Sie in dem Buch *SAP NetWeaver BW-Berechtigungen* von Peter John und Peter Kiener, das bei SAP PRESS erscheint.

Wir werden Ihnen in diesem Kapitel einen kurzen Überblick über die Berechtigungsobjekte von SAP NetWeaver BW geben. Der größere Teil des Kapitels wird sich anschließend mit den Analyseberechtigungen befassen.

Wir werden die wichtigsten Transaktionen wie die Berechtigungspflege und die Berechtigungszuordnung besprechen und im Anschluss genauer die grundlegende Funktionsweise und Anwendung der Analyseberechtigungen. Sie werden auch Analysefunktionen, insbesondere das Berechtigungsprotokoll, kennenlernen.

Wir werden auch das Thema Migration von einem alten Releasestand auf SAP NetWeaver BW 7.0 beleuchten und zum Abschluss noch einen Einblick in die typischen Modellierungsszenarien im Projekt geben.

17.1 OLTP-Berechtigungen

Neue Berechtigungsobjekte in Release 7.0

Wie bereits erwähnt, kann man SAP NetWeaver BW in eine transaktionale und eine datengetriebene Welt aufteilen, deren zentrale Funktion das interaktive Prozessieren von Datensichten ist. Die transaktionale (OLTP-) Welt hingegen steuert die Bearbeitung von BW-Objekten wie das Anlegen und Ändern von InfoCubes und Ähnliches.

Mit dem Release 7.0 wurde BW im Vergleich zu den Vorgängerversionen um zahlreiche neue Berechtigungsobjekte erweitert. Einige davon beziehen sich auf die neuen Funktionen im Warehouse Management: So ist etwa das Berechtigungsobjekt S_RS_ISNEW für die InfoSources ab Release 7.0 hinzugefügt worden. Rund zwanzig Berechtigungsobjekte regeln den Zugriff auf Objekte und Funktionen der Planung in BW-BPS. Zudem ist eine ganze Reihe neuer Objekte mit der neuen Integrierten Planung hinzugekommen, wie S_RS_ALVL für die Aggregationsebenen, S_RS_PLSE für die Planungsfunktionen und S_RS_PLSQ für Planungssequenzen.

Dass so viele neue Berechtigungsobjekte hinzugekommen sind, liegt in der Zunahme der Funktionen durch Neuentwicklung und Integration einerseits, aber andererseits auch in einem wachsenden Bewusstsein für die zunehmenden Sicherheitsanforderungen begründet.

Zusammen mit dem neuen Konzept der Analyseberechtigungen und dem aktuellen Umfang an Berechtigungsobjekten ist es Administratoren möglich, sehr fein abgestufte Verantwortlichkeiten zu verwalten.

Trennung von Backend und Reporting

Einige Berechtigungsobjekte haben ihre Bedeutung für das Reporting eingebüßt und sind durch andere, passendere Mechanismen ersetzt worden: So haben die Objekte S_RS_ICUBE (InfoCube), S_RS_ISET (InfoSet), S_RS_MPRO (MultiProvider) und S_RS_ODSO (DataStore-Objekt) keine Funktion mehr bei der Regelung des Datenzugriffs beim Reporting. Diese Funktion wird vollständig durch die Analyseberechtigungen abgebildet. Die genannten Objekte beziehen sich nun ausschließlich auf die Pflege und Verwaltung der zugehörigen InfoProvider.

RS	Business Information Warehouse	Objektklasse
S_RS_BCS	BEx Broadcasting Berechtigung zum Einplanen	Berechtigungsobjekt
S_RS_AUTH	BI Analysberechtigungen in Rolle	Berechtigungsobjekt
R_WEBITF	Benutzung des Web Interface Builders	Berechtigungsobjekt
RSANPR	Berechtigung für Analyseprozess	Berechtigungsobjekt
RSCRMEXTR	Berechtigung zum Anlegen von Tabellen- und Dateiextrakten	Berechtigungsobjekt
S_RS_RSTT	Berechtigungsobjekt für das RS-Trace-Tool	Berechtigungsobjekt
S_RS_PPM	Berechtigungsobjekt zum BI Planungsprozessmanagement	Berechtigungsobjekt
S_RS_RSFC	Berechtigungsprüfung für RSFC	Berechtigungsobjekt
S_RS_BTMP	Business Explorer - BEx Web Templates (NW 7.0+)	Berechtigungsobjekt
S_RS_BITM	Business Explorer - BEx Wiederverwendb. Web Items (NW 7.0+)	Berechtigungsobjekt
S_RS_BEXTX	Business Explorer - BEx-Texte (Pflege)	Berechtigungsobjekt
S_RS_DAS	Business Explorer - DataAccessServices	Berechtigungsobjekt
S_RS_EREL	Business Explorer - Enteprise Report reusable elements	Berechtigungsobjekt
S_RS_ERPT	Business Explorer - Enterprise Reports	Berechtigungsobjekt
S_RS_COMP	Business Explorer - Komponenten	Berechtigungsobjekt
S_RS_COMP1	Business Explorer - Komponenten: Erweiterung auf Owner	Berechtigungsobjekt
S_RS_FOLD	Business Explorer - Ordnersicht ein/aus	Berechtigungsobjekt
S_RS_TOOLS	Business Explorer - einzelne Werkzeuge	Berechtigungsobjekt
S_RS_DTP	Data Warehousing Workbench - Data Transfer Process	Berechtigungsobjekt
S_RS_DS	Data Warehousing Workbench - DataSource (Release > BW 3.x)	Berechtigungsobjekt
S_RS_ODSO	Data Warehousing Workbench - DataStore-Objekt	Berechtigungsobjekt
S_RS_HIER	Data Warehousing Workbench - Hierarchie	Berechtigungsobjekt
S_RS_ICUBE	Data Warehousing Workbench - InfoCube	Berechtigungsobjekt
S_RS_IOBJ	Data Warehousing Workbench - InfoObject	Berechtigungsobjekt
S_RS_IOBC	Data Warehousing Workbench - InfoObjectCatalog	Berechtigungsobjekt
S_RS_ISET	Data Warehousing Workbench - InfoSet	Berechtigungsobjekt
S_RS_ISNEW	Data Warehousing Workbench - InfoSource (Release > BW 3.x)	Berechtigungsobjekt
S_RS_ISRCM	Data Warehousing Workbench - InfoSource (direkte Fortschr.)	Berechtigungsobjekt
S_RS_ISOUR	Data Warehousing Workbench - InfoSource (flex. Fortschr.)	Berechtigungsobjekt
S_RS_UOM	Data Warehousing Workbench - Mengenumrechnungsart	Berechtigungsobjekt
S_RS_MPRO	Data Warehousing Workbench - MultiProvider	Berechtigungsobjekt
S_RS_ADMWB	Data Warehousing Workbench - Objekte	Berechtigungsobjekt
S_RS_OHDST	Data Warehousing Workbench - Open Hub Destination	Berechtigungsobjekt
S_RS_PC	Data Warehousing Workbench - Prozessketten	Berechtigungsobjekt
S_RS_IOMAD	Data Warehousing Workbench - Stammdaten pflegen	Berechtigungsobjekt
S_RS_THJT	Data Warehousing Workbench - Stichtags -Ableitungs Art	Berechtigungsobjekt
S_RS_TR	Data Warehousing Workbench - Transformation	Berechtigungsobjekt
S_RS_CTT	Data Warehousing Workbench - Währungsumrechnungsart	Berechtigungsobjekt
R_UPX_MNTN	Einstellungen zur Vertriebsplanung	Berechtigungsobjekt
S_RSEC	Infrastruktur der Analyseberechtigungen	Berechtigungsobjekt
S_RS_LOPD0	LOPD: Berechtigungen Customizing	Berechtigungsobjekt
S_RS_PPMAD	OBSOLET - DO NOT USE!	Berechtigungsobjekt
R_STS_PT	Planung - Berechtigung für Planungsrunde und Teilplan	Berechtigungsobjekt
R_STS_CUST	Planung - Customizing zum Status und Tracking	Berechtigungsobjekt
R_PARAM	Planung - Parametergruppe	Berechtigungsobjekt
R_PLEVEL	Planung - Planungsebene	Berechtigungsobjekt
R_METHOD	Planung - Planungsfunktion	Berechtigungsobjekt
R_AREA	Planung - Planungsgebiet	Berechtigungsobjekt
R_PM_NAME	Planung - Planungsmappe	Berechtigungsobjekt
R_PACKAGE	Planung - Planungspaket	Berechtigungsobjekt
R_PROFILE	Planung - Planungsprofil	Berechtigungsobjekt
R_STS_SUP	Planung - Sonderzugriff Status und Tracking-System	Berechtigungsobjekt
R_CT_SET	Planung - Währungsumrechnungseinstellungen	Berechtigungsobjekt
R_BUNDLE	Planung - globale Planungssequenz	Berechtigungsobjekt
R_STS_ST	Planung - nicht mehr verwenden, bitte R_STS_PT verwenden!	Berechtigungsobjekt
S_RS_ALVL	Planung: Aggregationsebene	Berechtigungsobjekt
S_RS_PLSQ	Planungs-Sequenz	Berechtigungsobjekt
S_RS_PLST	Planungs-Servicetyp	Berechtigungsobjekt
S_RS_PLSE	Planungsfunktion	Berechtigungsobjekt
S_RS_PLENQ	Sperr-Einstellungen	Berechtigungsobjekt
R_UPX_EXEC	Vertriebsplanung ausführen	Berechtigungsobjekt
RSR	Business Information Warehouse - Reporting	Objektklasse

Abbildung 17.1 Berechtigungsobjekte von SAP NetWeaver BW

Durch diese stärkere Trennung zwischen Backend (OLTP) und Reporting (OLAP) können die Verantwortlichkeiten technisch, durch entsprechende Rollen und Profile, und in größeren Projekten unter Umständen auch personell besser geteilt werden.

Zwei neue Berechtigungsobjekte sind im Zusammenhang mit den Analyseberechtigungen entstanden: S_RS_AUTH (BI-Analyseberechtigungen in Rollen) für die Einbindung der Analyseberechtigungen in ein Rollenkonzept und S_RSEC (Infrastruktur Analyseberechtigungen) für die Steuerung der Zugriffsberechtigungen auf Analyseberechtigungen und verschiedene Aktivitäten in den zugehörigen Transaktionen. Auch die Berechtigung, ein InfoObject berechtigungsrelevant zu machen, wird mit S_RSEC gesteuert.

In jedem Fall empfiehlt es sich, die Dokumentationen der Berechtigungsobjekte zu studieren. Die Transaktion SU21 bietet eine Übersicht über alle Berechtigungsklassen in SAP NetWeaver BW, so auch die Klasse RS (Business Information Warehouse) für BW. In Abbildung 17.1 sind die Berechtigungsobjekte von SAP NetWeaver 7.0 aufgeführt.

Die Berechtigungsklasse RSR (Business Information Warehouse – Reporting) ist nur im Zusammenhang mit den alten Reporting-Berechtigungen relevant. Dort wurden kundeneigene Berechtigungsobjekte des alten Konzepts abgelegt.

17.2 Analyseberechtigungen

Die Analyseberechtigungen regeln den Datenzugriff auf Bewegungsdaten von BW. Dazu gehören das Anzeigen der Daten, das Ändern der Daten bei Nutzung der Integrierten Planung sowie das Anlegen und Ändern von Dokumenten zu Bewegungsdaten. In den meisten Fällen wird es sich bei den Zugriffen um BW Querys handeln. Allerdings finden auch beim Staging, bei der Archivierung und auch beim Zugriff mit anderen Anzeigewerkzeugen wie der Transaktion LISTCUBE oder mit MDX Prüfungen auf ausreichende Analyseberechtigungen statt.

Das Konzept der Analyseberechtigungen basiert vollständig auf BW-eigenen Strukturen und überhaupt nicht mehr auf Berechtigungsobjekten, wie dies in der Vergangenheit (ab Release BW 1.2) der Fall war. Die Analyseberechtigungen können aber wiederum in ein Berechtigungsobjekt aufgenommen werden.

Die Entwicklung der Analyseberechtigungen ist das Ergebnis der gewachsenen Anforderungen an das Berechtigungswesen für das Reporting und der Versuch, die Unzulänglichkeiten der Berechtigungsobjekte als dessen Grundlage zu umgehen. Dennoch werden wir sehen, dass über das Berechtigungsobjekt S_RS_AUTH auch hier eine Integration in das Rollenkonzept vorgesehen ist, was wir im Projekt auch im Allgemeinen empfehlen.

Mit den Analyseberechtigungen kommt eine eigene Infrastruktur ins Spiel, die über eine Verwaltungstransaktion erreichbar ist, und für die Analyse von Berechtigungsprüfungen wurde ein sehr umfangreiches Berechtigungsprotokoll für die Analyse geschaffen.

Neben der manuellen Pflege, die wir an einem Beispiel vorführen werden, ist auch eine automatische Generierung von (Massen-) Berechtigungen vorgesehen. Das ermöglicht zum Beispiel die Integration von Fremddaten, die in SAP NetWeaver BW analysiert werden sollen.

17.2.1 Grundlagen

Grundsätzlich basieren alle Berechtigungen auf InfoObjects, die in der InfoObject-Pflege (Transaktion RSD1, Registerkarte BUSINESSEXPLORER) berechtigungsrelevant geschaltet werden können. Dies können auch Navigationsattribute sein, die unabhängig von ihren Grundmerkmalen berechtigungsrelevant gemacht werden können. Sind InfoObjects berechtigungsrelevant, werden sie immer systemweit geprüft.

Es gibt vier Spezialmerkmale, die keine modellierten Merkmale sind, sondern übergreifende Funktionen haben. Die ersten drei davon werden *immer* geprüft, unabhängig davon, ob sie berechtigungsrelevant geschaltet werden oder nicht. Es wird jedoch dringend empfohlen, sie berechtigungsrelevant zu machen, um Inkonsistenzen bei der Systemkonfiguration zu vermeiden.

Spezialmerkmale

Es handelt sich um die folgenden Merkmale:

- 0TCAACTVT für Aktivität
- 0TCAVALID für die Gültigkeitsperiode einer Berechtigung als Ganzes
- 0TCAIPROV für die Regelung des Zugriffs auf alle Arten von InfoProvidern

Darüber hinaus gibt es ein viertes Merkmal, das berechtigungsrelevant sein *kann*, aber nicht muss:

- 0TCAKYFNM für die Unterscheidung der Berechtigungsrelevanz von verschiedenen Kennzahlen

Diese vier Merkmale müssen immer aktiv sein. Das geschieht normalerweise automatisch während des Upgrades oder nach einmaligem Ausführen der Transaktion RSA1, die alle notwendigen Objekte aktiviert. Sollte dies fehlgeschlagen sein, können Sie sie jedoch selbst in der Transaktion RSA1 aus dem Content übernehmen und aktivieren.

Kennzahlberechtigung

Schalten Sie das Merkmal 0TCAKYFNM berechtigungsrelevant, müssen Sie sich darüber im Klaren sein, dass damit eine Prüfung auf Kennzahlen *systemweit* neu eingeschaltet wird. Das bedeutet, dass nun z. B. jede Kennzahl, die in irgendeiner Query auftaucht, für jeden Benutzer geprüft wird und berechtigt sein muss!

Zusätzlich zu den Möglichkeiten der Berechtigungsvergabe bei InfoObjects ist es möglich, selektiv bestimmte Anzeigeattribute aus dem System auszublenden. Wenn solche Attribute berechtigungsrelevant sind und ein Benutzer nicht die *volle* Berechtigung hat (*), werden sie nirgendwo angezeigt. Das gilt nicht nur für Querys, sondern auch etwa im Query Designer, der nur alle berechtigten sowie die nicht berechtigungsrelevanten Attribute anzeigt. Typischer Anwendungsfall sind Attribute aus dem Personalwesen, die nicht für jedermann sichtbar sein sollen, der bestimmte Querys ausführt, auch wenn die zugehörigen Bewegungsdaten sichtbar sein sollen.

17.2.2 Schrankenprinzip

Die Berechtigungsprüfung von SAP allgemein und insbesondere das Berechtigungswesen der Analyseberechtigungen in BW verfahren nach dem *Schrankenprinzip*. Das bedeutet, dass jede Datenselektion, also jede angefragte Datenmenge, die Berechtigungsprüfung erfolgreich bestehen muss, bevor überhaupt Daten angezeigt werden. Da bei den Analyseberechtigungen im Gegensatz zu den Standardprüfungen mit Berechtigungsobjekten nicht nur konkrete einzelne Kombinationen geprüft werden, sondern ganze Datenmengen, muss hier genauer gesagt werden, dass jede Anfrage von Datenmengen *vollstän-*

dig erfolgreich sein muss. Anderenfalls wird die Meldung *keine ausreichende Berechtigung* ausgegeben. Wir haben es also mit einer Barriere und *nicht* mit einem Filter auf »die berechtigten Daten« zu tun.

Schranken- versus Filterprinzip und Konsistenz

Der Grund dafür ist Konsistenz über Benutzer hinweg. Geschäftsdaten sollen niemals benutzerabhängig sein, wenn sie dieselbe Sicht betreffen. Es ist ja nicht immer transparent, welche Daten und Berechtigungen eingehen. Da eine solche Benutzerabhängigkeit zu falschen Entscheidungen führen kann, wird dieses Prinzip in SAP NetWeaver BW abgelehnt. Das führt jedoch im Allgemeinen öfter zu unerwarteten negativen Ergebnissen bei der Berechtigungsprüfung als das *Filterprinzip*.

Ein weiteres wichtiges Argument, insbesondere bei den typischen großen Datenmengen in BW, ist die Performance, die erheblich leiden würde, wenn erst alle Daten gelesen würden, um anschließend ausgefiltert zu werden. Es ist im Normalfall auch nicht möglich, die Einschränkung durch die Berechtigung direkt an die Datenbank weiterzureichen.

Es gibt jedoch einige Ausnahmen vom reinen Schrankenprinzip, die im Einklang mit der Konsistenzforderung stehen. Diese Ausnahmen sind Hierarchieberechtigungen und Variablen, die »aus Berechtigungen gefüllt« werden.

17.2.3 Transaktion RSECADMIN

Die Transaktion RSECADMIN ist der Dreh- und Angelpunkt der Berechtigungsverwaltung in BW. Auf den drei Registerkarten Berechtigungen, Benutzer und Analyse finden sich verschiedene Werkzeuge für die Berechtigungspflege, Benutzerzuordnungen (BW und Rollenpflege) sowie Analysewerkzeuge für Berechtigungsprüfungen und Massengenerierung. Außerdem gibt es eine Möglichkeit, zu Test- und Analysezwecken bestimmte Transaktionen als ein anderer Benutzer auszuführen.

17.2.4 Berechtigungspflege

In der Berechtigungspflege, die Sie auch über die Transaktion RSECAUTH direkt erreichen, können Sie Berechtigungen anlegen und verändern.

Wir legen als Beispiel die Berechtigung ERSTE an. Wenn Sie das Beispiel nachvollziehen, sehen Sie am Ende des Abschnitts (Abbildung 17.4) das Ergebnis. Nachdem wir Texte gepflegt haben, fügen wir als Erstes die Spezialmerkmale 0TCAACTVT, 0TCAIPROV und 0TCAVALID in die Berechtigung ein. Dafür können Sie den Button SPEZIALMERKMALE EINFÜGEN verwenden, der Werteberechtigungen mit sinnvollen Voreinstellungen vergibt.

Wir fügen ein weiteres berechtigungsrelevantes Merkmal ein (0CALYEAR) und definieren mithilfe des Buttons DETAILS (oder per Doppelklick) ein berechtigtes Intervall 1999 bis 2000. Bei Rückkehr in die Übersicht sehen wir ein Intervallsymbol, das andeutet, dass es eine Intervallberechtigung zu diesem Merkmal gibt.

Intervallberechtigungen

Werte, Intervalle und Muster

Als *Intervallberechtigungen* oder auch *Werteberechtigungen* werden allgemein auch Intervalle und sogenannte *Muster* (*Patterns*) bezeichnet. Als Muster sind * für beliebige Zeichenketten und + für ein einziges Zeichen erlaubt. Muster sind nur mit angehängtem Musterzeichen erlaubt. Nicht erlaubt sind Muster innerhalb von Zeichen, also etwa A*A+ oder *A. *Nicht* erlaubt sind auch Intervalle mit Mustern wie [A*, B*]. Was man damit meint, muss man anders ausdrücken, z. B. mit [A,BZZZZZZZ] bei achtstelligen Merkmalswerten. Auch *nicht* möglich sind im Allgemeinen Ausdrücke mit Größer- oder Kleiner-Relationen (GT, GE, LE, LT), Ungleich-Ausdrücke (NE, NP) sowie Ausdrücke mit *Excluding*, die Werte ausschließen würden.

Das einzige Merkmal, bei dem Excluding und Größer- und Kleiner-Relationen möglich sind, ist das Merkmal für die Gültigkeit 0TCAVALID. Nur dort kann das I für »Including« in ein E für »Excluding« geändert werden.

Eine genauere Aufstellung der Möglichkeiten finden Sie, außer in der Dokumentation, auch in verschiedenen Fehlermeldungen sowie im OSS-Hinweis 1053989.

Aggregationsberechtigung

Wenn ein berechtigungsrelevantes Merkmal nicht im Detail angezeigt wird, sondern darüber verdichtet (aggregiert) wird, ist die *Aggregationsberechtigung* notwendig. Dies gilt auch, wenn das Merkmal nicht einmal in einer Query enthalten, jedoch im InfoProvider vorhanden ist und deshalb darüber aggregiert wurde.

In der Detailpflege können Sie einfach den Doppelpunkt eintragen oder in der Übersicht den Button AGGREGATIONSBERECHTIGUNG verwenden.

Hierarchieberechtigungen

Die Hierarchieberechtigungen bieten eine große Vielfalt von Möglichkeiten. Allgemein kann man aus einer Hierarchie beliebig viele Knoten berechtigen und zusätzlich zu dem Knoten noch angeben, wie viele Ebenen unterhalb des Knotens erlaubt sind. In der Detailpflege zu einem Merkmal findet sich auf der Registerkarte HIERARCHIEBERECHTIGUNGEN die Möglichkeit, solche Definitionen vorzunehmen (siehe Abbildung 17.2). Wir wählen zuerst die Hierarchie aus, danach den oder die Knoten. Dann können wir noch aus vier Typen und vier Gültigkeitsbereichen auswählen.

Der TYP DER BERECHTIGUNG bezieht sich auf die erlaubten Ebenen unterhalb der ausgewählten Knoten, die auch berechtigt sind, und der GÜLTIGKEITSBEREICH auf die »Strenge der Prüfung«, d. h., wie genau die Hierarchie des berechtigten Knotens später mit den selektierten Knoten übereinstimmen muss.

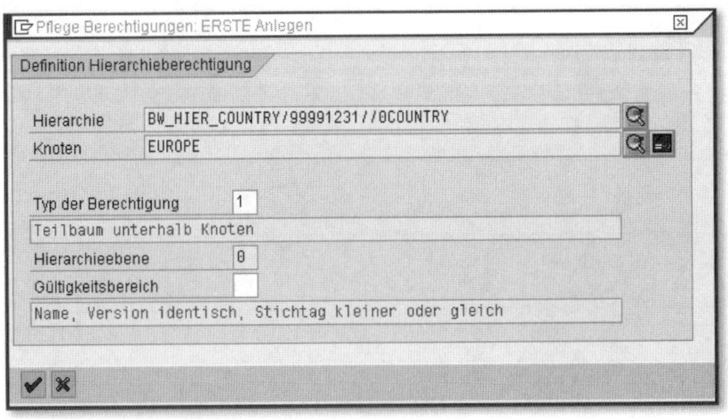

Abbildung 17.2 Definition einer Hierarchieberechtigung

Hierarchieknotenberechtigungen

Abbildung 17.3 veranschaulicht die Hierarchieberechtigungstypen. Der oberste sichtbare Knoten hat die Ebene 1. Auf Ebene 3 ist ein einzelner Knoten allein definiert (Typ 0). Auf Ebene 3 ist ebenfalls ein Knoten mit einer weiteren Ebene definiert. Dazu verwenden Sie Typ 4, der einen Teilbaum mit relativer Angabe für die Ebenentiefe enthält, also hier Tiefe 1. Auf Ebene 5 sind wiederum ein einzelner Knoten und ein Teilbaum definiert, analog zu denen auf Ebene 3. Beachten Sie aber hier, dass der Teilbaum auf Ebene 6 ein Unterknoten des Einzelknotens auf Ebene 5 ist und der Teilbaum auf Ebene 5 ein Unterbaum des Teilbaums, der auf Ebene 3 beginnt. Diese Teile werden als zusammenhängend erkannt und dargestellt. Der Knoten auf Ebene 6 könnte mit Typ 1 definiert sein, der alles unterhalb des Knotens enthält, da er bis nach unten läuft. Dann wären auch alle eventuell in Zukunft hinzukommenden Knoten bereits erfasst. Typ 3 bedeutet die Berechtigung der ganzen Hierarchie. Das ist keineswegs dasselbe wie die Gesamtberechtigung, da die Hierarchie an eine Struktur gebunden ist und die Analyseberechtigungen diese *Hierarchiestruktur* als schützenswert ansehen. Deshalb werden untereinanderliegende Teilbäume nur dann untereinander dargestellt, wenn sie auch zusammenhängen, wie im Beispiel in Abbildung 17.3 gezeigt.

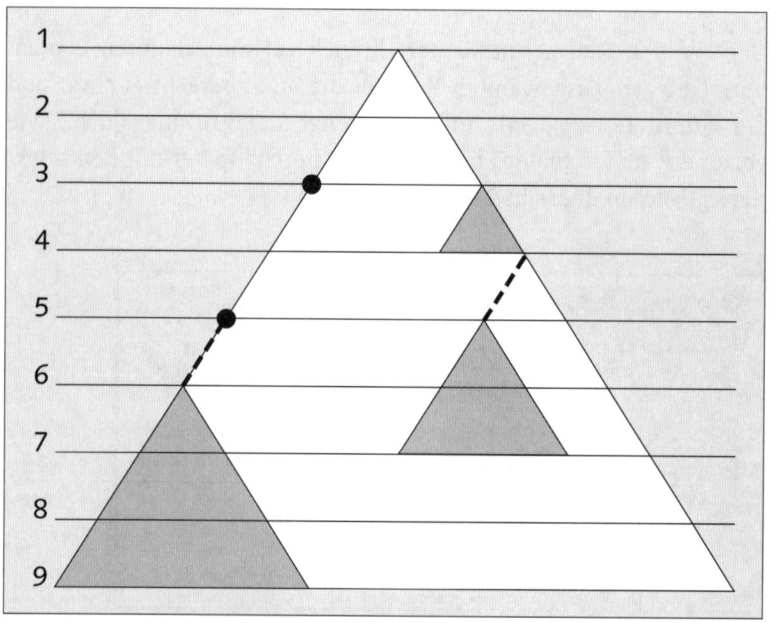

Abbildung 17.3 Hierarchieberechtigungstypen

Variablen

Über den Button für Variablen können Sie auch eine Variable anstelle eines konkreten Wertes oder Knotens angeben. Die Variable muss dann im Kunden-Exit durch eigenes Coding »befüllt« werden. Das macht es sehr flexibel, aber auch schwieriger zu analysieren und zu warten.

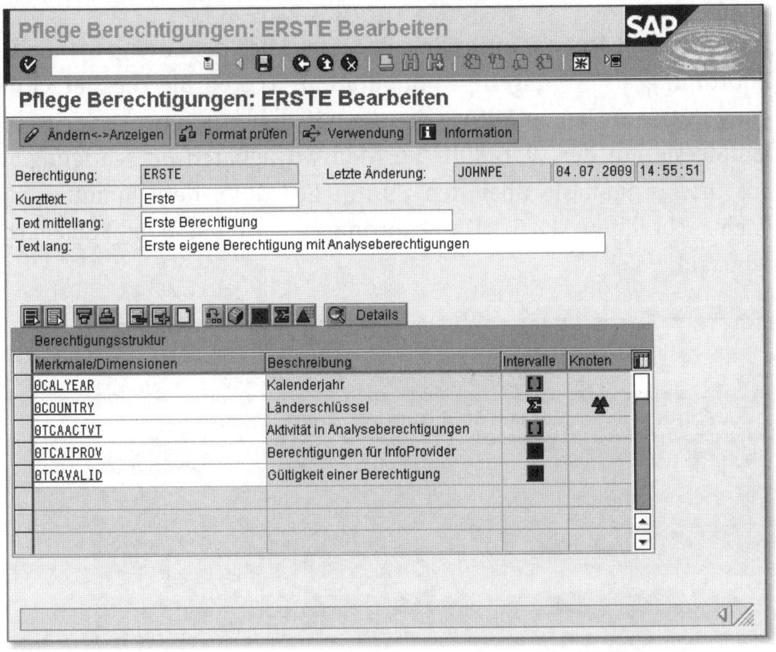

Abbildung 17.4 Übersicht in der Berechtigungspflege mit InfoObjects und Merkmalen mit Intervall-, Hierarchie- und Aggregationsberechtigung

17.2.5 Zuordnung zu Benutzern: Transaktion RSU01 und SU01

Aus der Verwaltungstransaktion RSECADMIN gelangen Sie in die Zuordnung von Berechtigungen zu Benutzern. Hier haben Sie die vollständige Übersicht über die zugeordneten Analyseberechtigungen und darüber hinaus einfache Absprünge in die allgemeinen Benutzer- und Rollenpflege-Transaktionen.

Wir haben bereits erwähnt, dass es zwei Arten der Zuordnung von Analyseberechtigungen gibt: die reine BW-Zuordnung und die Zuordnung über Rollen und Profile. Mit beiden werden wir uns nun beschäftigen und auch den Zusammenhang zwischen voller systemweiter Berechtigung über SAP_ALL und voller Datenberechtigung über die Analyseberechtigung 0BI_ALL klären.

BW-Zuordnung

In der Transaktion RSU01 können Sie die Berechtigungen, die ein Benutzer zugeordnet hat, betrachten und teilweise ändern. Es gibt die beiden Registerkarten MANUELL UND GENERIERT und ROLLENBASIERT.

Für einfache Tests wie unser Beispiel eignet sich die direkte manuelle Zuordnung als BW-eigene Konfiguration. Tragen Sie die Berechtigung mit dem Namen ERSTE ein, die wir angelegt haben, oder wählen Sie sie mit der Wertehilfe aus den verfügbaren Berechtigungen aus und ordnen sie über den Button EINFÜGEN dem Benutzer zu (siehe Abbildung 17.5). Die Zuordnung wird mit dem Speichern wirksam.

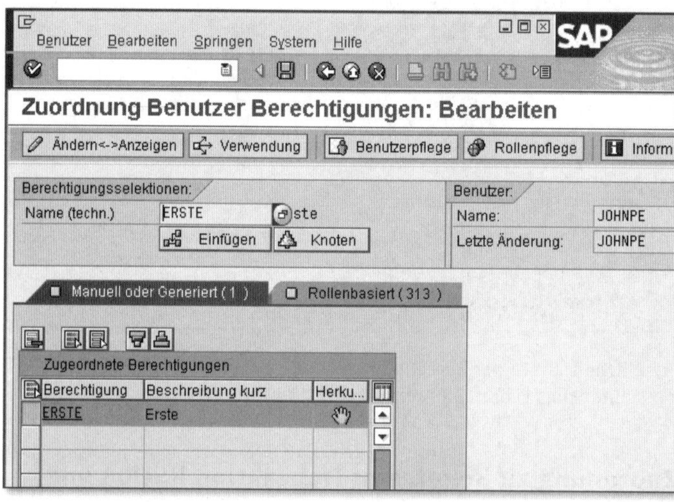

Abbildung 17.5 BW-eigene Benutzerzuordnung

Sie sehen, dass der Benutzer JOHNPE auf der zweiten Registerkarte noch 297 Berechtigungen zugeordnet hat (siehe Abbildung 17.5). Die erste der zugeordneten Berechtigungen ist die Spezialberechtigung OBI_ALL.

Gesamtberechtigung OBI_ALL

Diese Universalberechtigung enthält automatisch immer alle berechtigungsrelevanten InfoObjects mit der vollen Berechtigung. Jeder Benutzer, der diese Berechtigung zugeordnet hat, darf also alle Daten sehen. Alle anderen Berechtigungen sind in dem Augenblick irrelevant, da sie ja niemals mehr als OBI_ALL enthalten können. Wie kommt es nun zu diesen rollenbasierten Zuordnungen? Dies geschieht mithilfe des speziellen Berechtigungsobjekts S_RS_AUTH.

Zuordnung über Rollen und Profile

Bereits bei der Aufstellung der Berechtigungsobjekte in Abschnitt 17.1, »OLTP-Berechtigungen«, haben wir das Berechtigungsobjekt S_RS_AUTH erwähnt (Vergleiche auch Abbildung 17.1). Es hat nur ein Feld BIAUTH (BI-Analyseberechtigungen: Name einer Berechtigung). In diesem Feld können Sie Namen von Analyseberechtigungen angeben und in Rollen und Profile einbinden. Die Prüfung der Analyseberechtigungen berücksichtigt diese Art der Zuordnung bei der Prüfung genauso wie die manuelle Zuordnung. Damit ist es möglich, die Analyseberechtigungen, ebenso wie jedes klassische Berechtigungskonzept, das nur auf Berechtigungsobjekten beruht, in die gesamte Infrastruktur der Berechtigungsverwaltung zu integrieren und die beiden Welten zu vereinen.

Im produktiven Einsatz empfiehlt sich die Verwendung von Rollen. Das vereinfacht auch den Gebrauch von Risikoanalysetools wie SAP BusinessObjects Access Control. Für Testszenarien ist die direkte Zuordnung jedoch durchaus angemessen. Da dabei auch keine Rollen verändert werden müssen, kann damit auch ohne Wechselwirkung mit anderen Benutzern und üblicherweise auch mit geringerem organisatorischen Aufwand wie Genehmigungsverfahren lokal modifiziert und getestet werden. Sobald häufig oder viele Berechtigungen automatisch generiert werden, ist diese Zuordnung sogar die einzig gegebene Variante. Dieses Verfahren wird in Abschnitt 17.2.7, »Generierung«, besprochen.

SAP_ALL und 0BI_ALL

Diese Art der Zuordnungsmöglichkeit mit S_RS_AUTH hat noch einen erwünschten Nebeneffekt: Durch dieses Berechtigungsobjekt hat jeder Benutzer mit dem Profil SAP_ALL automatisch die Gesamtberechtigung (*) eingetragen. Das bedeutet, dass alle Analyseberechtigungen, die im System existieren, dem betreffenden Benutzer zugeordnet sind. Darunter ist aber auch *immer* die Spezialberechtigung für vollen Datenzugriff 0BI_ALL.

Das erklärt auch, warum der Benutzer JOHNPE aus dem Beispiel 313 Berechtigungen über Rollen zugeordnet hat: Er ist ein Benutzer mit SAP_ALL, und im System gibt es 313 verschiedene Berechtigungen.

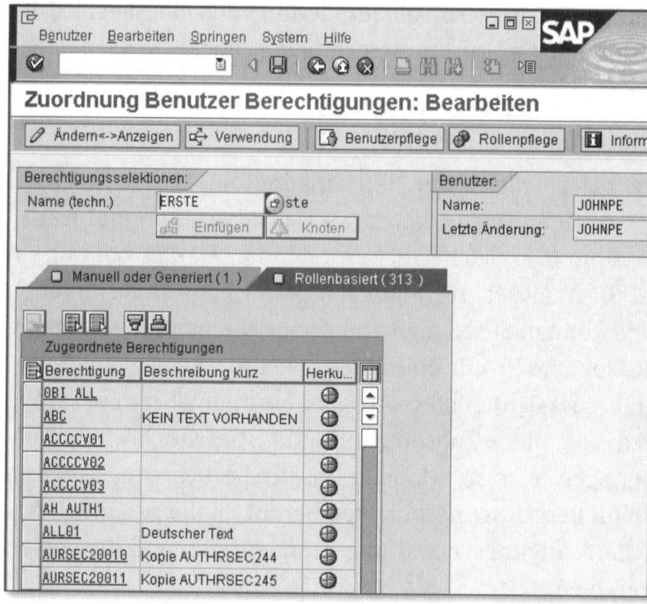

Abbildung 17.6 Rollenbasierte Zuordnung mit der Gesamtberechtigung 0BI_ALL für alle Daten

Zu Beginn einer jeden Prüfung wird vom System als Erstes geprüft, ob der Benutzer 0BI_ALL zugeordnet hat. Wenn ja, können alle anderen Berechtigungen getrost ignoriert werden. Man muss also nicht alle Berechtigungen kennen, um zu wissen, dass Benutzer JOHNPE alle Daten sehen darf. Wenn nicht, muss natürlich im Detail geprüft werden. Da diese erste Prüfung auf 0BI_ALL mithilfe des ABAP-Befehls `authority-check` durchgeführt wird, kommt es immer wieder zu einem Missverständnis (siehe Kasten).

SU53 und 0BI_ALL

Die ABAP-Prüfung hinterlässt eine Meldung in der Transaktion SU53, die besagt, dass 0BI_ALL nicht vorliegt. Das hat keinerlei echte Relevanz, denn es besagt nur, dass eben nicht volle Berechtigung vorliegt, was völlig korrekt ist. Dies ist ein allein technisch begründeter Nebeneffekt. Er kann einfach ignoriert werden.

Die Berechtigung 0BI_ALL wird immer dann aktualisiert, wenn ein InfoObject verändert wird, und enthält dadurch immer alle aktuell berechtigungsrelevanten Merkmale, auch wenn sich diese ändern. Im Menü ZUSÄTZE der Transaktion RSECADMIN finden Sie den Eintrag BERECHTIGUNG 0BI_ALL AKTUALISIEREN, der das Gleiche bewirkt.

17.2.6 Analyse und Berechtigungsprotokoll

Die Analyseberechtigungen bringen einige mächtige Werkzeuge zur Analyse von Berechtigungsprüfungen und für das Auditing mit. Die wichtigsten Werkzeuge während des Projekts und teilweise auch in der Produktivphase sind die Möglichkeit, Transaktionen als anderer Benutzer mit dessen Berechtigungen auszuführen und etwa Query-Ergebnisse oder das Berechtigungsprotokoll, das alle relevanten Informationen einer Berechtigungsprüfung im HTML-Format aufbereitet, zu betrachten.

Ausführen als anderer Benutzer

Ausführung und Test für andere Benutzer

Aus der Transaktion RSECADMIN können Sie über die Registerkarte ANALYSE die Funktion AUSFÜHREN ALS (Transaktion RSUDO) erreichen. Diese Transaktion ermöglicht die Ausführung einiger typischer Transaktionen, bei denen Analyseberechtigungen stattfinden, mit einem anderen Benutzer als dem angemeldeten Benutzer. Wenn ausreichende Berechtigungen zum Objekt S_RSEC vorliegen, kann dies ohne Passworteingabe des anderen Benutzers geschehen, typischerweise zu Testzwecken während der Modellierungs- und Testphasen, aber eventuell auch im Vertretungsfall. Dabei ist zu bedenken, dass diese Funktion nur im Backend funktioniert und bei Customer-Exits nur mit besonderen Maßnahmen, die den Benutzernamen in `sy-uname` umgehen. Es gibt die Möglichkeit, ein Berechtigungsprotokoll aufzuzeichnen. Es ist auch möglich, für eingetragene Benutzer permanent Protokolle aufzuzeichnen. Das sollte im produktiven Falle aus datenschutzrechtlichen Gründen vermieden werden und kostet außerdem Laufzeit und kann somit performancerelevant sein.

Die Benutzung der Funktion wird in der Tabelle RSUDOLOG protokolliert, die auch Fehlversuche bei der Passworteingabe protokolliert.

Berechtigungsprotokoll

Zeichnen Sie ein Berechtigungsprotokoll auf und lassen es sich anzeigen, sieht es prinzipiell aus wie das Protokoll in Abbildung 17.7. Im Protokollkopf stehen Informationen über Zeit, Ort und ausgeführte Transaktion sowie den ausführenden Benutzer und den eingeschränkten Benutzer, als der die Transaktion ausgeführt wurde. Außerdem werden für Support und Korrekturen wichtige Informationen über den Systemzustand aufgeführt.

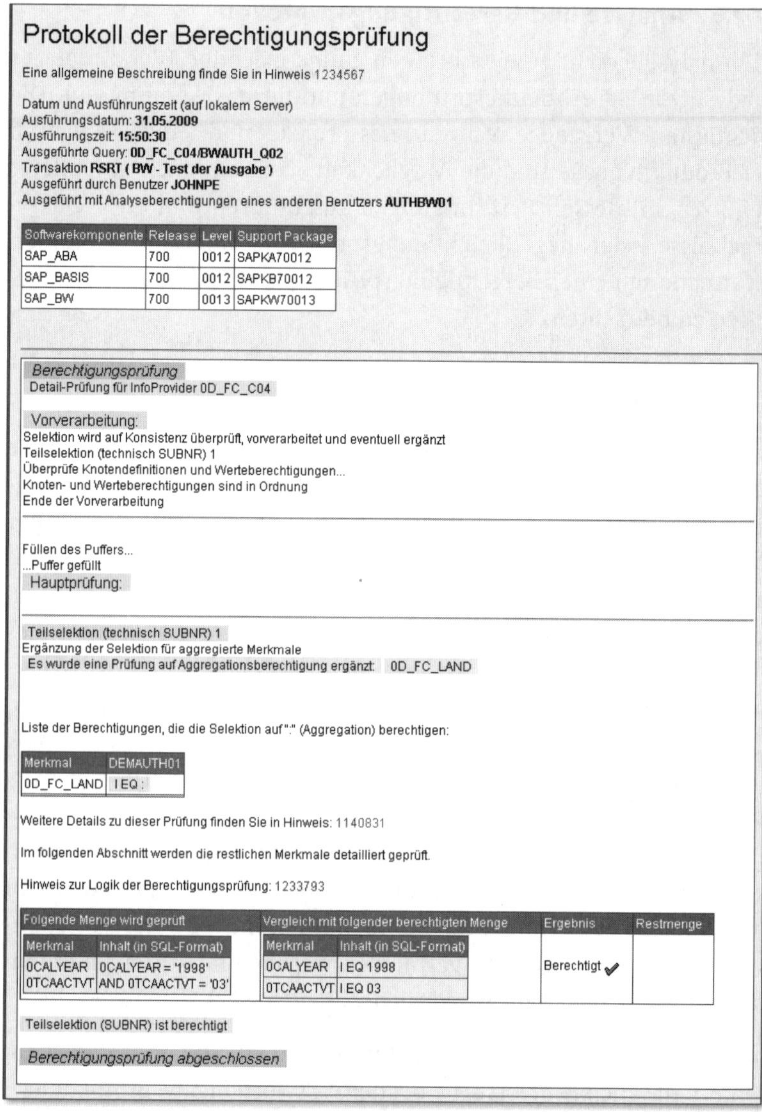

Protokoll der Berechtigungsprüfung

Eine allgemeine Beschreibung finde Sie in Hinweis 1234567

Datum und Ausführungszeit (auf lokalem Server)
Ausführungsdatum: **31.05.2009**
Ausführungszeit: **15:50:30**
Ausgeführte Query: **0D_FC_C04/BWAUTH_Q02**
Transaktion **RSRT (BW - Test der Ausgabe)**
Ausgeführt durch Benutzer **JOHNPE**
Ausgeführt mit Analyseberechtigungen eines anderen Benutzers **AUTHBW01**

Softwarekomponente	Release	Level	Support Package
SAP_ABA	700	0012	SAPKA70012
SAP_BASIS	700	0012	SAPKB70012
SAP_BW	700	0013	SAPKW70013

Berechtigungsprüfung
Detail-Prüfung für InfoProvider 0D_FC_C04

Vorverarbeitung:
Selektion wird auf Konsistenz überprüft, vorverarbeitet und eventuell ergänzt
Teilselektion (technisch SUBNR) 1
Überprüfe Knotendefinitionen und Werteberechtigungen...
Knoten- und Werteberechtigungen sind in Ordnung
Ende der Vorverarbeitung

Füllen des Puffers...
...Puffer gefüllt
Hauptprüfung:

Teilselektion (technisch SUBNR) 1
Ergänzung der Selektion für aggregierte Merkmale
Es wurde eine Prüfung auf Aggregationsberechtigung ergänzt: 0D_FC_LAND

Liste der Berechtigungen, die die Selektion auf ":" (Aggregation) berechtigen:

Merkmal	DEMAUTH01
0D_FC_LAND	I EQ :

Weitere Details zu dieser Prüfung finden Sie in Hinweis: 1140831

Im folgenden Abschnitt werden die restlichen Merkmale detailliert geprüft.

Hinweis zur Logik der Berechtigungsprüfung: 1233793

Folgende Menge wird geprüft: Merkmal	Inhalt (in SQL-Format)	Vergleich mit folgender berechtigten Menge: Merkmal	Inhalt (in SQL-Format)	Ergebnis	Restmenge
0CALYEAR 0TCAACTVT	0CALYEAR = '1998' AND 0TCAACTVT = '03'	0CALYEAR 0TCAACTVT	I EQ 1998 I EQ 03	Berechtigt ✔	

Teilselektion (SUBNR) ist berechtigt

Berechtigungsprüfung abgeschlossen

Abbildung 17.7 Einfaches Berechtigungsprotokoll einer erfolgreichen Prüfung

Eingebettet in das Protokoll finden sich an verschiedenen Stellen Hyperlinks auf Hinweise mit Erläuterungen zum entsprechenden Abschnitt. Weitere Details finden Sie z. B. im OSS-Hinweis mit der leicht zu merkenden Nummer 1234567.

Ein wesentlicher Abschnitt ist die Protokollierung der detaillierten Berechtigungsprüfung. Hier wird beschrieben, was genau selektiert wurde und was berechtigt ist. Die einzelnen Schritte hin zum positiven (berechtigt) oder negativen Ergebnis (nicht berechtigt) werden detailliert aufgeführt. In Abbildung 17.7 sehen Sie im betreffenden Abschnitt, dass zunächst geprüft wird, ob alle Merkmale über die Aggregationsberechtigung berechtigt werden, die nicht detailliert angefragt werden (0D_FC_LAND), sondern über die aggregiert wird. Die Prüfung ist bis dahin erfolgreich, weil in der Berechtigung DEMAUTH01 ein Doppelpunkt verfügbar ist. Dies wird grün unterlegt. Hier könnten auch ein oder mehrere Werte rot unterlegt stehen, wenn zwar Werte in der betrachteten Berechtigung vorhanden sind, sie aber nicht die Aggregationsberechtigung umfassen. Auch hier gibt es einen Beratungshinweis mit Details (OSS-Hinweis 1140831).

Berechtigungsprotokoll: Berechtigungsprüfung

Danach findet die eigentliche Prüfung statt, die im angegebenen Beispiel sehr einfach ist. Geprüft wird eine Menge mit zwei Merkmalen, 0CALYEAR (Jahr) und 0TCAACTVT (Aktivität). Für 0CALYEAR wird 1998 angefragt und für die Aktivität *Lesen* (03). Dies wird verglichen mit einer berechtigten Menge, die aber genau diese Werte beinhaltet. Damit ist das Ergebnis »berechtigt«, und es gibt keinen Rest, der nicht berechtigt wäre. Die Teilselektion ist berechtigt, was grün unterlegt angezeigt wird. Natürlich ist nicht jede Berechtigungsprüfung so einfach, es kann mehrere Selektionen und Berechtigungen geben, die stückweise zur Gesamtberechtigung beitragen können. Dann kann es unter Umständen erst nach vielen Schritten zum Endergebnis kommen. Auch Hierarchiekontenselektionen und -berechtigungen können das Geschehen komplexer machen.

Über diese zentralen Informationen hinaus enthält das Protokoll noch weitere wichtige Informationen, die in bestimmten Situationen wesentlich sein können. Dazu zählen die Voroptimierung und Pufferung von Berechtigungen, die Auflistung der effektiv noch berechtigungsrelevanten Merkmale, die Auflistung der berechtigten Anzeigeattribute, das Ergebnis aus Variablenprozessierung und einiges mehr.

17.2.7 Generierung

Oftmals gibt es Situationen, in denen es beinahe unmöglich ist, alle notwendigen Berechtigungen manuell anzulegen und anschließend den Benutzern zuzuordnen. Das mag beispielsweise daran liegen, dass recht häufig oder sehr viele Berechtigungen erzeugt werden, etwa bei Datenmodellen, die aus SAP ERP HCM-Systemen importiert werden.

In SAP NetWeaver BW ist es deshalb auch möglich, Berechtigungen nicht nur manuell anzulegen, sondern alternativ auch zu generieren. Dies geschieht über *DataStore-Objekte* (DSO). Es gibt fünf DSO als Vorlagen (siehe Tabelle 17.1).

DS-Objekt (DSO)	Funktion
0TCA_DS01	Werteberechtigungen
0TCA_DS02	Hierarchieberechtigungen
0TCA_DS03	sprachabhängige Texte
0CTA_DS04	Benutzerzuordnungen
0TCA_DS05	Erzeugung von Benutzern

Tabelle 17.1 DataStore-Objekte als Vorlagen zur Generierung

Aktivieren Sie diese Objekte aus dem Content, und kopieren Sie diese Vorlagen für die konkrete Anwendung. Dabei muss die Namenskonvention eingehalten werden, die ein beliebiges Präfix und eine Endziffer erfordert. Für spezielle Anwendungen wie SAP ERP HCM werden bereits vorkonfektionierte Objekte ausgeliefert.

Verschiedene Generierungsszenarien

Diese DSO müssen vorab gefüllt werden. Dazu können eigene oder ausgelieferte Extraktoren verwendet werden, die sie befüllen.

Es gibt zwei grundsätzliche Szenarien, die natürlich beliebig kombiniert werden können:

- Es werden sehr viele individuelle Berechtigungen erzeugt, die immer nur einem oder sehr wenigen Benutzern zugeordnet werden.
- Es werden wenige generische Berechtigungen erzeugt, die vielen verschiedenen Benutzern zugeordnet werden.

Im ersten Fall werden nur die ersten beiden DSO für Werte- und Hierarchieberechtigungen gefüllt, gegebenenfalls, aber eher selten, noch die Texte. Hier wird die Benutzerzuordnung direkt im DSO bei jeder neuen Berechtigung vorgenommen, indem der Benutzername hinzugefügt wird. Die Zahl der einzelnen Berechtigungen kann sehr groß sein.

Im zweiten Fall füllt man den Benutzernamen im ersten DSO nicht, dafür aber zusätzlich das DSO für die Benutzerzuordnung. Diese drei DSO sind auch die im HR ausgelieferten drei DSO 0PA_DS01, 0PA_

DS02 und 0PA_DS03 (mit anderer Nummerierung als im Original-BW).

Der Prozess der Generierung kann entweder manuell über die Transaktion RSECADMIN oder im Hintergrund (Batch) mithilfe des Programms RSEC_GENERATE_AUTHORIZATIONS gestartet oder eingeplant werden (siehe Abbildung 17.8).

Während des Generierungsprozesses wird ein Anwendungsprotokoll erzeugt, das den Fortschritt und eventuelle Fehler und Probleme anzeigt. Alte Protokolle zu vergangenen Generierungsprozessen können auch unabhängig im Anwendungsprotokoll eingesehen werden. Dazu starten Sie die Transaktion SLG1 mit dem Objekt RSEC_BW_AUTH und dem Unterobjekt GENERATE.

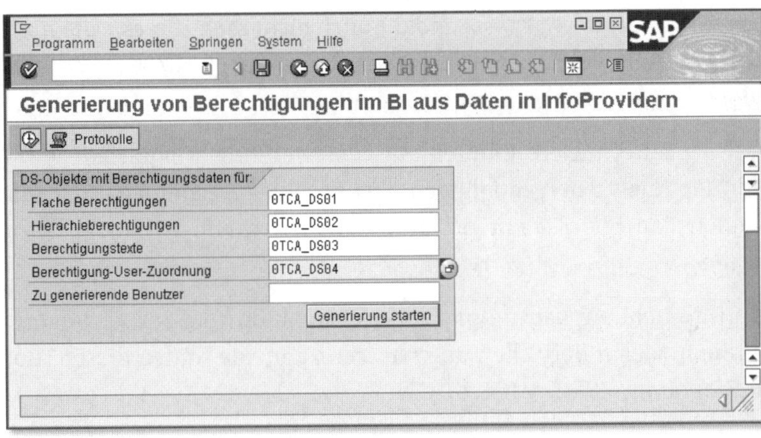

Abbildung 17.8 Generierung von Berechtigungen: Einstieg

Namenkonvention bei der Generierung

Wenn Sie keine konkreten Namen für die Berechtigungen vergeben, werden automatisch Namen aus dem Präfix RSR und acht Ziffern generiert. Beim Versuch, eine solche Berechtigung manuell zu ändern, erhalten Sie eine Warnung, die Sie darauf hinweist, dass diese Änderungen beim nächsten Generieren überschrieben werden. Man erkennt solche Berechtigungen in der Benutzerzuordnung am Symbol für GENERIERTE BERECHTIGUNG. Natürlich können Sie sie trotzdem ändern, indem sie die Warnung mit der Eingabetaste übergehen.

In der Tat werden bei der nächsten Generierung alle Berechtigungen von den Benutzern, die neue Berechtigungen erhalten sollen, erst gelöscht und dann die neuen aus dem DSO, gegebenenfalls sogar mit neuem Namen, angelegt.

17.2.8 Berechtigungsmigration

Mit BW 7.0 wurde das aktuelle Konzept der Analyseberechtigungen eingeführt. Falls Sie von einem niedrigeren Release kommen, müssen Sie eine Strategie zum Upgrade oder zur Migration auf das neue Konzept planen, da das alte Konzept der Reporting-Berechtigungen nicht weiter unterstützt wird. Das bedeutet auch, dass der Support eingestellt wird.

Für eine Übergangszeit während des technischen Upgrades kann das alte Konzept noch eine Weile weitergenutzt werden, um die Migration vom technischen Upgrade zu trennen. Das ist jedoch nur eine Hilfestellung, um den Upgrade-Prozess zu vereinfachen. Es führt kein Weg an der Umstellung vorbei. Es gibt bereits mit BW 7.0 neue Funktionalität wie z. B. die Integrierte Planung, die nicht mehr zum alten Berechtigungskonzept passt und die auch nicht mehr für das alte Konzept getestet wurde. Vieles funktioniert zwar weiterhin, es gibt jedoch keinen Anspruch auf Vollständigkeit.

Neuimplementierung oder automatische Migration?

Deshalb lautet unsere Empfehlung, das wesentlich einfachere Konzept der Analyseberechtigungen, das in enger Zusammenarbeit mit Kunden von BW 3.x entwickelt wurde, so schnell wie möglich zu nutzen.

Als Hilfe steht ein halb automatisches Migrationstool zur Verfügung, das Sie in vielen Bereichen unterstützen kann. Sie finden dieses Tool im Programm RSEC_MIGRATION.

Um dieses Programm zu nutzen und seine Auswirkungen vollständig zu verstehen, müssen Sie sich allerdings über das Verhalten des alten Konzepts und das Verhalten des neuen Konzepts sowie den Migrationsprozess selbst genau im Klaren sein.

Automatische Migration

Die automatische Migration bietet einige Konfigurationsmöglichkeiten zur Einflussnahme auf das Ergebnis. Sie kann jedoch nicht jedes mögliche Szenario vollständig abbilden, sodass in jedem Falle Projektarbeit und Prüfung auf die gewünschte Funktionalität und gegebenenfalls Anpassungen nötig werden.

Sie sollten sich also die Frage stellen, ob es sich nicht eher lohnt, von Grund auf neu zu beginnen und das Konzept neu aufzusetzen.

Die Verringerung der Kosten für Betrieb und Wartung eines Analyseberechtigungskonzepts macht den einmaligen Umstellungsaufwand vom alten Konzept nach kurzer Zeit erfahrungsgemäß mehr als wett. Auch aus Revisions- und Sicherheitsgründen ist eine Neuimplementierung vorzuziehen. Nur so stellen Sie sicher, dass Sie nicht immer weiter alte Konzepte übernehmen, die unter Umständen aus noch älteren Releases stammen und zumindest teilweise eigentlich nur Workarounds zu den Schwächen alter Funktionen sind.

17.3 Modellierung von Berechtigungen in SAP NetWeaver BW

Die in der Praxis eingesetzten Berechtigungsmodelle sind meistens Varianten von einigen Grundkonzepten. Dieser Abschnitt stellt Ihnen diese Grundkonzepte kurz vor.

Modellierungskonzepte – Analyseberechtigungen

Als Ausgangssituation enthält eine Anzahl von InfoProvidern eine Anzahl von berechtigungsrelevanten Merkmalen. Wir nehmen der Einfachheit halber einmal an, dass z. B. in drei InfoProvidern drei berechtigungsrelevante Merkmale M1, M2 und M3 vorkommen. In jedem Provider sind die relevanten Merkmale mit * markiert (siehe Abbildung 17.9). Diese Merkmale sind diejenigen, die schützenswerte Inhalte ausmachen, während die anderen nur in anderen Zusammenhängen relevant und deshalb berechtigungsrelevant sind.

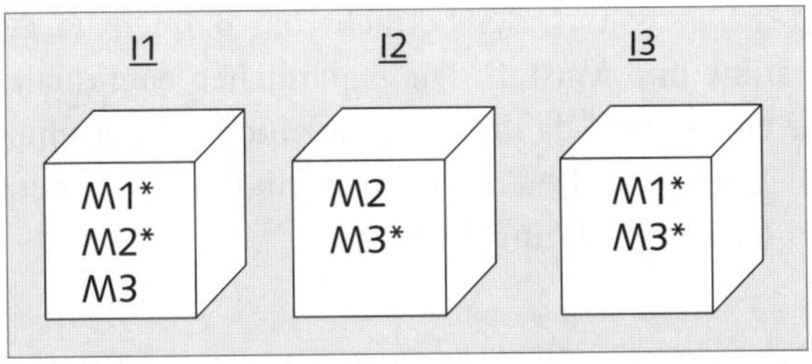

Abbildung 17.9 Berechtigungsrelevante Merkmale in InfoProvidern

17.3.1 InfoProvider-basierte Modelle

Eine Art der Sicht auf Berechtigungen ist durch die InfoProvider strukturiert. Das bedeutet, dass immer nur die Merkmale, die in einem InfoProvider eigentlich inhaltlich berechtigungsrelevant sind, mit Berechtigungen versehen werden. Die restlichen Merkmale können mit der Gesamtberechtigung versehen werden, weil sie eben *nicht* berechtigungsrelevant sind. Gesteuert wird die InfoProvider-spezifische Relevanz mit dem Merkmal 0TCAIPROV, das jeweils durch den entsprechenden InfoProvider spezifiziert ist (siehe Abbildung 17.10).

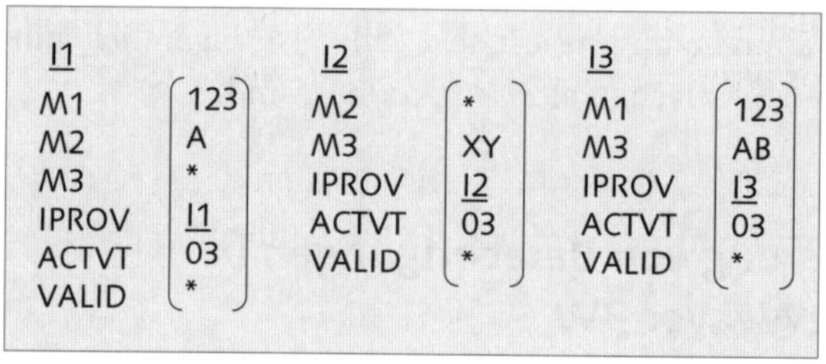

Abbildung 17.10 InfoProvider-spezifische Berechtigungen im InfoProvider-basierten Modell

In diesem Szenario ist es so, dass bestimmte Merkmalsgruppen nur in bestimmten InfoProvidern eine Berechtigungsfunktion haben.

17.3.2 Merkmalsbasierte Modelle

Anders als beim InfoProvider-basierten Modell ist es beim InfoObject-basierten Modell, bei dem der InfoProvider irrelevant ist und es nur um die übergreifenden Inhalte geht. Die fehlende Relevanz des InfoProviders wird dann immer mit der Gesamtberechtigung ausgeprägt (*) – und damit effektiv als nicht berechtigungsrelevant angesehen – oder mit allen InfoProvidern des betrachteten Bereichs (z. B. auch durch Namensräume und Muster). Die eigentlichen Merkmale hingegen werden alle ausgeprägt, da ihre Relevanz nicht an einzelne InfoProvider gebunden ist. Die Berechtigungen sind hier an den Merkmalen orientiert (siehe Abbildung 17.11).

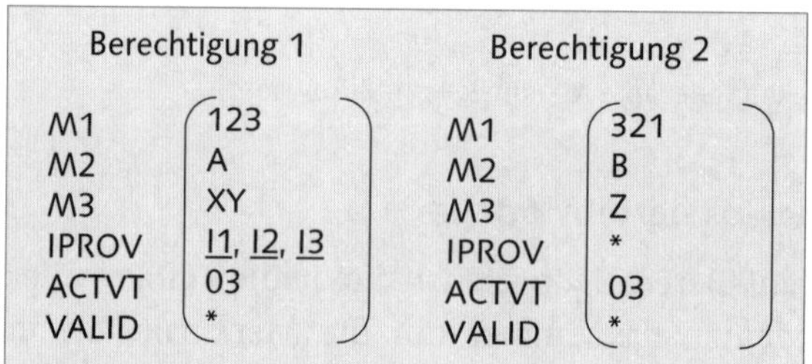

Abbildung 17.11 Berechtigungen im InfoProvider-übergreifenden, merkmalsbasierten Modell

17.3.3 Gemischte Modelle

Ein gemischter Ansatz kann Bestandteile sowohl von InfoProvider-basierten Modellen als auch von InfoObject-basierten Modellen enthalten oder zum Beispiel bereichsabhängig verschieden modelliert werden.

Es gibt natürlich vielfältige Anforderungen und Randbedingungen an ein Berechtigungskonzept, auf die wir hier nicht weiter eingehen können, aber ein gutes Konzept zu Beginn ist entscheidend für den Erfolg eines Projekts. Die vorgestellten Ansätze stellen den typischen Zugang zu den Berechtigungsmodellen dar, die dann in der Praxis stark variieren.

17.4 Fazit

Verbesserte Sicherheitsstandards mit SAP NetWeaver BW 7.0

Mit SAP NetWeaver 7.0 wurde das BW stark weiterentwickelt. Im Zuge dessen wurde auch ein verbessertes Sicherheitskonzept erarbeitet, das sich durch viele neue Berechtigungsobjekte und den größten Bestandteil, die neu entwickelten Analyseberechtigungen, manifestiert. Die Migration ist zwar beim Upgrade eine Einstiegshürde, die sich aber sehr bald durch den geringeren Wartungsaufwand lohnt. Durch die Loslösung der Analyseberechtigungen von den Berechtigungsobjekten als Ablage für die Datenberechtigungen wurde ein Konzept möglich, das wesentlich besser an die Anforderungen mehrdimensionaler Berechtigungsprüfungen angepasst ist. Dennoch ist eine Integration in das grundlegende SAP-Rollenkonzept nicht nur möglich, sondern auch empfehlenswert, etwa um die Nutzung BW-externer Security-Tools wie SAP NetWeaver IdM und SAP BusinessObjects Access Control zu ermöglichen.

Dieses Kapitel beschreibt die Zusammenhänge zwischen betriebswirtschaftlichen und technischen Konzepten, Konfiguration und Berechtigungen. Dazu betrachten wir die zentralen Geschäftsprozesse in Rechnungswesen und Logistik sowie der Systemadministration.

18 Prozesse in SAP ERP – spezifische Berechtigungen

In diesem Kapitel wird gezeigt, welche funktionalen und organisatorischen Differenzierungskriterien in Bezug auf die in Kapitel 5, »Berechtigungen in der Prozesssicht«, dargestellten Prozessanteile sinnvoll sind und wie diese im Customizing umgesetzt werden können. Als Erstes rekapitulieren wir die Grundkonzepte von Stamm- und Bewegungsdaten sowie Organisationsebenen und wenden uns dann den Berechtigungen in den folgenden Bereichen zu:

- Finanzwesen
- Controlling
- Logistik (allgemein)
- Einkauf
- Vertrieb
- technische Prozesse

Wir geben Ihnen einen exemplarischen Überblick über die zentrale Funktionalität und die Differenzierungsmöglichkeiten in SAP ERP im Hinblick auf das Berechtigungswesen. Dazu stellen wir eine Auswahl von exemplarischen Transaktionen und Berechtigungsobjekten der ERP-Komponenten vor. Die Funktionalität und die technischen Gegebenheiten der Applikationen müssen jeweils in den Kontext des Fachkonzepts und, im Bereich der technischen Berechtigungen, in den Kontext des Betriebsführungskonzepts und der Schnittstellenkonzepte gestellt werden, die nicht Thema dieses Buches sind.

18.1 Grundlagen

Dieser Abschnitt stellt zum einen den Zusammenhang zwischen Stamm- und Bewegungsdaten vor und skizziert anschließend die Pflege von Organisationsebenen. Die Pflege dieser Datenstrukturen gehört ausdrücklich nicht zu den Aufgaben des Berechtigungskonzepts. In einigen Fällen ist es jedoch sinnvoll, wenn sich Fachseite und Berechtigungsadministration in Bezug auf diese Datenstrukturen abstimmen. Für das betriebswirtschaftliche Berechtigungskonzept ist es allerdings unerlässlich, dass diese Strukturen und Einstellungen bekannt sind, denn sie bilden die Grundlage für die funktionale und organisatorische Differenzierung.

18.1.1 Stamm- und Bewegungsdaten

Stammdaten sind Informationen, die dauerhaft hinterlegt und in Geschäftsprozesse eingebunden werden. Sie werden mit Bezug auf Organisationsebenen und auf Basis eines Ordnungs- und Steuerungsmerkmals wie z. B. der Materialart, der Art der Kostenstelle oder der Kontengruppe angelegt. Die Beschreibung von Stammdaten folgt der jeweiligen Komponentensicht auf die Stammdaten, da ein Stammdatum aus verschiedenen Komponenten gepflegt werden kann.

Beziehung Stammdaten – Bewegungsdaten

In Abbildung 18.1 sehen Sie, dass die Stammdaten *Material*, *Lieferant*, *Sachkonto* und *Kostenstelle* in einem Einkaufsbeleg, in diesem Fall einer Bestellung, zusammengebracht werden. Die Kostenstelle steht hierbei stellvertretend für ein Kontierungsobjekt. Stammdaten liefern u. a. Steuerungsschlüssel, Vorschlagsdaten und verbindliche Daten. Sie gewährleisten Eindeutigkeit und Redundanzfreiheit, z. B. in der Kundenpflege.

Nutzung von Stammdaten im Berechtigungskonzept

Stammdaten stellen eine erhebliche Herausforderung an das betriebswirtschaftliche Berechtigungskonzept dar, u. a. weil viele Stammdaten gemeinsam von unterschiedlichen Applikationen genutzt werden.

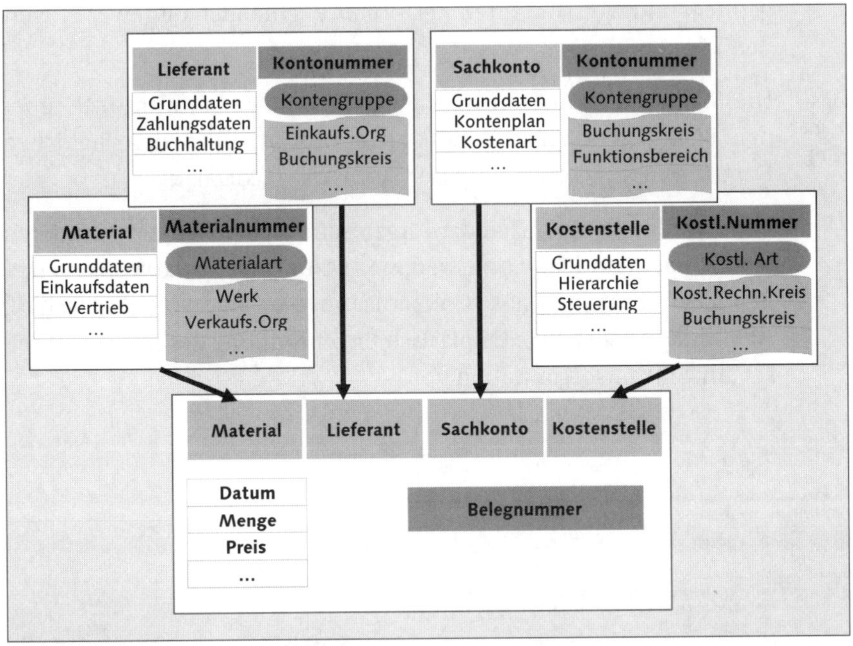

Abbildung 18.1 Beziehung zwischen Stammdaten und Bewegungsdaten (im Beleg)

Wird eine Bestellung angelegt, dann wird auf eine Reihe von Stammdaten Bezug genommen, die viele Felder in der Bestellung mit Vorschlägen oder mit nicht änderbaren Werten füllen. Weitere (zeitpunkt- oder fallbezogene) Daten werden manuell hinzugefügt. Die Bestellung wird angelegt, sobald alle Daten eingegeben worden sind; dabei wird ein Beleg erzeugt, der neben den Stammdaten fallbezogene Daten enthält. Weitere Belege in anderen Modulen werden erzeugt (und bleiben dauerhaft diesem Geschäftsvorfall zugeordnet). Die so erzeugten Belege repräsentieren Bewegungsdaten.

Stammdaten sind also auf Dauer angelegte, wiederverwendbare Daten, die oft applikationsübergreifend statische Objekte darstellen. Bewegungsdaten hingegen entstehen im Prozess und werden durch Belege dokumentiert.

18.1.2 Organisationsebenen

Organisationsebenen haben wir bereits in Abschnitt 3.7, »Organisationsebenen und -strukturen in SAP ERP«, diskutiert. In diesem Abschnitt stellen wir kurz dar, wo die Standardorganisationsebenen gepflegt und wo sie in ihren Relationen zueinander ausgewertet werden können.

Organisationsebenen im Customizing

Die Standardorganisationsebenen definieren Sie u. a. im IMG über den Pfad UNTERNEHMENSSTRUKTUR • DEFINITION in den Bereichen FINANZWESEN, CONTROLLING und LOGISTIK ALLGEMEIN.

Die Zuordnung einer Standardorganisationsebene zu einer anderen erfolgt über den Pfad UNTERNEHMENSSTRUKTUR • ZUORDNUNG in den Bereichen FINANZWESEN, CONTROLLING und LOGISTIK ALLGEMEIN. Abbildung 18.2 stellt exemplarisch die Zuordnung des Buchungskreises zur Einkaufsorganisation vor.

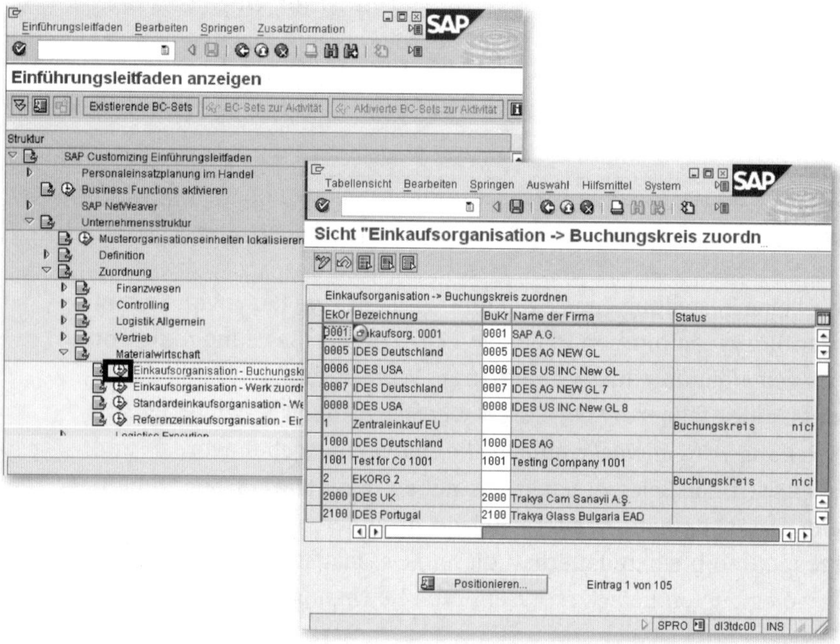

Abbildung 18.2 Zuordnung »Einkaufsorganisation – Buchungskreis«

In den folgenden Abschnitten werden wir uns auf einzelne Komponenten beziehen. Zunächst beginnen wir mit dem Finanzwesen.

18.2 Berechtigungen im Finanzwesen

Das SAP-Finanzwesen steht im besonderen Fokus der Berechtigungsdifferenzierung, des internen Audits und der Wirtschaftsprüfung.

Gründe dafür sind die hohe Integration mit den anderen SAP-Komponenten und -Lösungen sowie die besonderen Risiken, die sich im Zahlungsverkehr und dem Umgang mit dem Vermögen und den Bilanzdaten ergeben. Wir werden im Folgenden Differenzierungskriterien, Stammdaten, Buchungen und den Zahllauf betrachten.

18.2.1 Organisatorische Differenzierungskriterien

Buchungskreis

Der Buchungskreis ist die zentrale organisatorische Einheit des Rechnungswesens und gliedert das Unternehmen aus Sicht der Finanzbuchhaltung (siehe auch die Abschnitte 3.6, »Sichten der Aufbauorganisation in SAP-Systemen«, und 3.7, »Organisationsebenen und -strukturen in SAP ERP«). Der Buchungskreis ist die Organisationsebene, die in SAP ERP am häufigsten verwendet wird. Sie ist somit das mächtigste organisatorische Differenzierungsmerkmal, das grundsätzlich immer dann greift, wenn eine Buchung im Hauptbuch oder den Nebenbüchern erfolgt.

Viele Prozesse und alle Geschäftsvorfälle finden in die Buchhaltung Eingang. Konkret: Sowohl Bestellungen als auch Kundenaufträge werden zu einem bestimmten Zeitpunkt in die Bücher der Finanzbuchhaltung gebucht.

Der Buchungskreis kommt als Feld BUKRS in mehr als 300 Berechtigungsobjekten zum Einsatz. Er ist somit eines der am häufigsten bereitgestellten Unterscheidungsmerkmale.

Der Buchungskreis kann natürlich nur dort als Differenzierungsmerkmal genutzt werden, wo es mehr als einen Buchungskreis gibt. Buchungskreise werden über den Pfad UNTERNEHMENSSTRUKTUR • DEFINITION • FINANZWESEN • BUCHUNGSKREIS BEARBEITEN, KOPIEREN, LÖSCHEN, PRÜFEN angelegt und überprüft.

Gesellschaft

Darüber hinaus können Sie Gesellschaften einrichten, die das Unternehmen gemäß den Anforderungen der Handelsgesetzgebung gliedern können. Die Einrichtung von Gesellschaften ist optional und spielt vor allem in der Konsolidierung eine Rolle. Im SAP-System werden die Konsolidierungsfunktionen der Finanzbuchhaltung auf Basis von Gesellschaften durchgeführt. Eine Gesellschaft kann einen oder mehrere Buchungskreise umfassen. Der Gesellschaft entspricht in Berechtigungsobjekten das Feld RCOMP. Die Gesellschaft ist in wenigen Berechtigungsobjekten enthalten, und teilweise ist die Prüfung optional. Gesellschaften können Sie unter IMG • UNTERNEHMENSSTRUKTUR • DEFINITION • FINANZWESEN • GESELLSCHAFT DEFINIEREN anlegen und überprüfen.

Funktionsbereich

Es können darüber hinaus Funktionsbereiche eingerichtet werden, die die Aufgabe haben, betriebliche Aufwendungen nach aufbauorganisatorischen Gesichtspunkten zu gliedern, z. B. Vertrieb oder Einkauf. Sie können Funktionsbereiche als Organisationsebenen für Berechtigungen anlegen. Der Funktionsbereich ist keine Standardorganisationsebene aus Sicht des Berechtigungswesens. Sofern im betriebswirtschaftlichen Berechtigungskonzept eine Differenzierung auf Funktionsbereichen erforderlich ist, müssen hierfür Berechtigungsgruppen gepflegt werden. Nutzen Sie dazu die Transaktion FM_FUNCTION (Change Funktional Area) (siehe Abbildung 18.3). Sie müssen dort eine maximal zehnstellige Berechtigungsgruppe eintragen. Diese Prüfung ist eine optionale Prüfung gegen das Berechtigungsobjekt F_FMMD_FAR (Haushaltsmanagement: Funktionsbereich (Berechtigungsgruppe)).

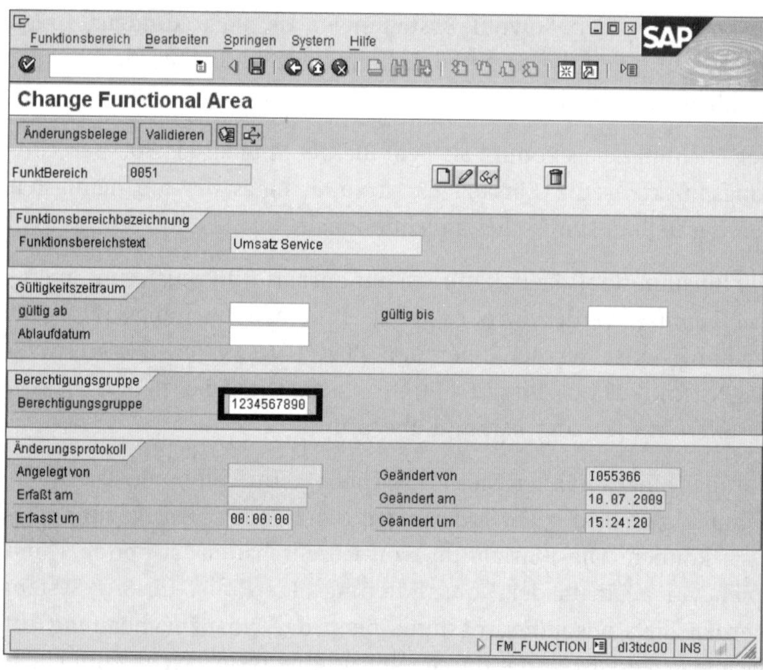

Abbildung 18.3 Berechtigungsgruppe im Funktionsbereich

Geschäftsbereich

Schließlich ist es möglich, Geschäftsbereiche einzurichten, die ebenfalls eine aufbauorganisatorische Gliederung erlauben.

Lediglich der Buchungskreis ist obligatorisch; Gesellschaft, Funktions- und Geschäftsbereich sind optional. Sie unterscheiden sich in ihrer Verwendung innerhalb von FI: Aus Sicht des Berechtigungswesens ist der Geschäftsbereich ein Merkmal, das eine detaillierte technische Differenzierung erlaubt, da der Geschäftsbereich in nahezu allen Aktivitäten des Rechnungswesens abgeprüft wird. Geschäftsbereiche können Sie über den Pfad UNTERNEHMENSSTRUKTUR • DEFINITION • FINANZWESEN • GESCHÄFTSBEREICH DEFINIEREN anlegen und überprüfen.

Zuordnung der Organisationsebenen

Einige Organisationsebenen müssen anderen zugeordnet werden. Dies müssen Sie unter IMG • UNTERNEHMENSSTRUKTUR • ZUORDNUNG • FINANZWESEN für die möglichen und gewollten Kombinationen im Finanzwesen ausführen und überprüfen.

Im Folgenden werden wir Stammdaten des Finanzwesens darstellen.

18.2.2 Stammdaten

In diesem Abschnitt erläutern wir die drei wichtigsten Stammdaten, Sachkonten, Debitoren und Kreditoren.

Sachkonto

Ein *Sachkonto* ist ein Konto des Hauptbuches, das direkt in die Bilanz oder die Gewinn- und Verlustrechnung eingeht. Ein Sachkonto kann entweder ein Bestands- oder ein Erfolgskonto sein: In den Bestandskonten werden Bestände, wie z. B. Anlagevermögen oder Rohstoffe, geführt. In den Erfolgskonten werden der Aufwand und die Erträge des Geschäftsjahres dokumentiert. Sie werden über die Gewinn- und Verlustrechnung abgeschlossen.

Ein Sachkonto ist immer einer Kontengruppe zugeordnet. Über diese werden Eingabe- und Änderungsmöglichkeiten ausgesteuert. Ein Sachkonto ist ebenfalls immer einem Kontenplan zugeordnet. Einem Kontenplan können mehrere Buchungskreise zugeordnet sein.

Die in Bezug auf den Sachkontenstammsatz primär zur Verfügung stehenden Berechtigungsobjekte sind in Tabelle 18.1 aufgeführt.

Berechtigungsobjekt	Beschreibung
F_SKA1_AEN	Sachkonto: Änderungsberechtigung für bestimmte Felder
F_SKA1_BES	Sachkonto: Kontenberechtigung
F_SKA1_BUK	Sachkonto: Berechtigung für Buchungskreise
F_SKA1_KTP	Sachkonto: Berechtigung für Kontenpläne

Tabelle 18.1 Berechtigungsobjekte für den Sachkontenstammsatz

Über das Berechtigungsobjekt F_SKA1_BES (Sachkonto: Kontenberechtigung) können Sie Berechtigungsgruppen auf Sachkonten nutzen.

Die Systematik der optionalen Prüfung einiger Berechtigungsgruppen wurde in Bezug auf die Berechtigungsgruppe im Debitoren- und Kreditorenstammsatz in Abschnitt 7.5, »Berechtigungsgruppen«, diskutiert.

Debitoren

Die Stammdatenpflege der *Debitoren* und Kreditoren entspricht sich in weiten Teilen. Deswegen stellen wir sie am Debitor exemplarisch dar. Sinngemäß können diese Einstellungen auch auf Kreditoren vorgenommen werden. Die Pflege des Debitors taucht in Bezug auf unsere Prozessdarstellung in Kapitel 5, »Berechtigungen in der Prozesssicht«, bereits abstrakt auf. Im Folgenden werden wir einige Details entwickeln.

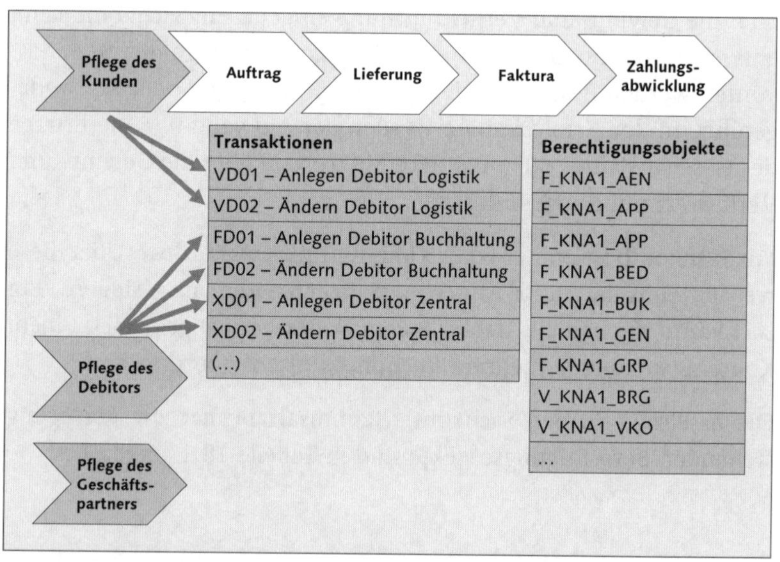

Abbildung 18.4 Stammdatenpflege in FI: Debitoren

Die Stammdatenpflege des Debitors kann über Transaktionen der Logistik, des Rechnungswesens und über als »zentral« bezeichnete Pflegetransaktionen ausgeführt werden (siehe Abbildung 18.4). Das ermöglicht es Ihnen, die Änderungsmöglichkeiten auf einzelnen Feldern detailliert für die Logistik, die Buchhaltung und die zentrale Sicht festzulegen.

Die Felder können über Feldstatusgruppen unterschiedlich ausgesteuert werden. Die Berechtigungsobjekte, die zur Pflege und Anzeige benötigt werden, stammen aus den Komponenten, die eine bestimmte logistische Sicht oder eine bestimmte Sicht des Rechnungswesens steuern.

Kreditoren

Vergleichbar gilt dies auch für die Pflege des Kreditors (siehe Abbildung 18.5).

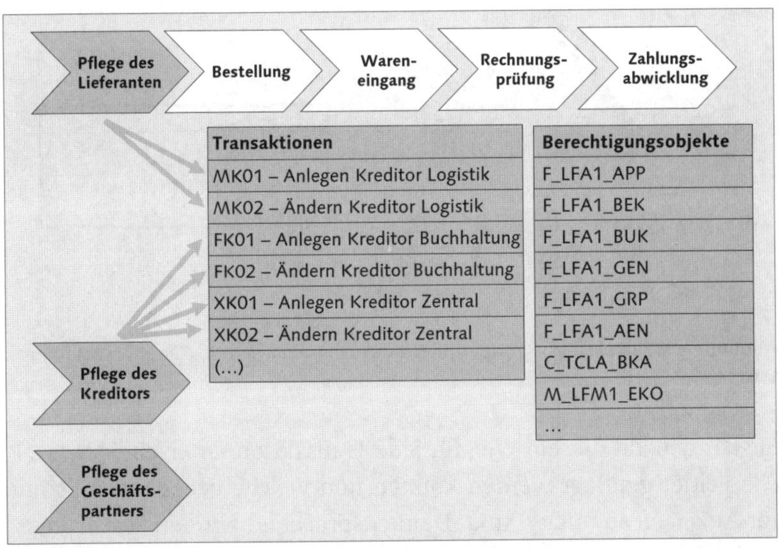

Abbildung 18.5 Stammdatenpflege in FI: Kreditoren

Feldstatus-gruppenpflege

Um die unterschiedliche Verwendung der Transaktionen zu konfigurieren, nutzen Sie die Feldstatusgruppenpflege über BILDAUFBAU PRO AKTIVITÄT DEFINIEREN im Referenz-IMG: FINANZWESEN • DEBITOREN- UND KREDITORENBUCHHALTUNG • DEBITORENKONTEN • STAMMDATEN • ANLEGEN DER DEBITORENSTAMMDATEN VORBEREITEN • BILDAUFBAU PRO AKTIVITÄT DEFINIEREN (DEBITOREN).

In Abbildung 18.6 ist durch die Pfeile dargestellt, wie Sie aus der Sicht AKTIVITÄTSABHÄNGIGE FELDAUSWAHL DEBITOR ZUR PFLEGE der konkreten Feldaussteuerung gelangen. In dieser legen Sie fest, ob ein Feld im Status *Musseingabe*, *Kanneingabe*, *Anzeige* oder *Ausblenden* definiert ist.

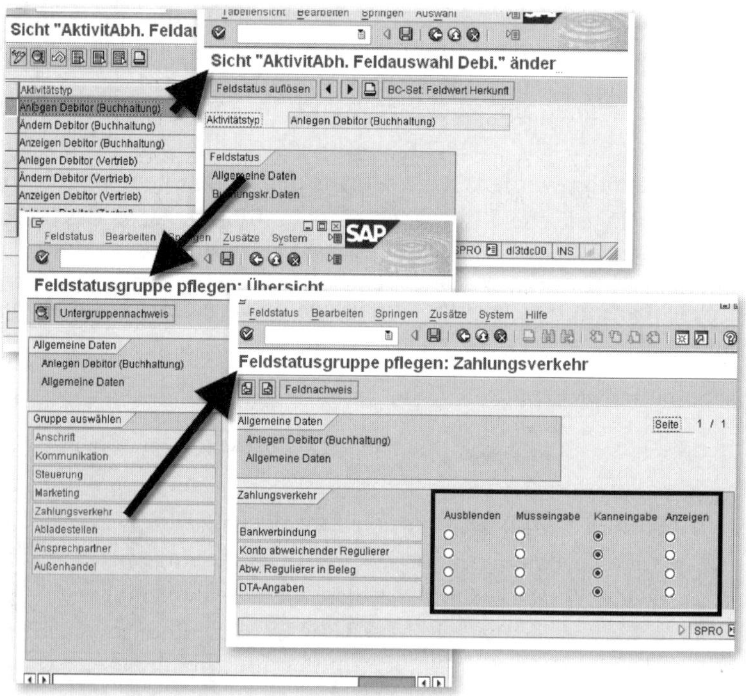

Abbildung 18.6 Feldstatusgruppenpflege der Transaktionen des Debitorenstammsatzes

Sie können auf diesem Weg für jede Transaktion unterscheiden, welche Felder gepflegt werden können und welche gegebenenfalls nur für Anzeigen zu nutzen sind. Dementsprechend können Sie die logistischen Transaktionen der Debitorenpflege und die des Rechnungswesens unterschiedlich aussteuern und gewährleisten somit, dass diese nur für ganz bestimmte Zwecke genutzt werden können. Sinngemäß können Sie auch die Feldstatusgruppen pro Buchungskreis und/oder pro Kontengruppe unterschiedlich aussteuern.

Für die entsprechende Festlegung der Kreditorenpflege nutzen Sie den Menüpfad IMG • FINANZWESEN • DEBITOREN- UND KREDITORENBUCHHALTUNG • DEBITORENKONTEN • STAMMDATEN • ANLEGEN DER KREDITORENSTAMMDATEN VORBEREITEN • BILDAUFBAU PRO AKTIVITÄT DEFINIEREN (KREDITOREN).

Kontengruppe

Jeder Debitor ist einer Kontengruppe zugeordnet. Kontengruppen sind Gruppierungsmerkmale für Debitoren, um sowohl die Feldstatusgruppen auf die jeweilige Verwendung abstimmen zu können als auch eine logische Gruppierung für Geschäftsvorfälle bereitzustellen. Kontengruppen dienen auch zur Berechtigungsdifferenzierung. Die Kontengruppe wird definiert und kontrolliert über KONTENGRUPPE MIT BILDAUFBAU DEFINIEREN (DEBITOREN) im Referenz-IMG: FINANZWESEN • DEBITOREN- UND KREDITORENBUCHHALTUNG • DEBITORENKONTEN • STAMMDATEN • ANLEGEN DER DEBITORENSTAMMDATEN VORBEREITEN • KONTENGRUPPE MIT BILDAUFBAU DEFINIEREN (DEBITOREN).

Für die vergleichbare Festlegung der Kreditorenpflege nutzen Sie den Menüpfad IMG • FINANZWESEN • DEBITOREN- UND KREDITORENBUCHHALTUNG • KREDITORENKONTEN • STAMMDATEN • ANLEGEN DER KREDITORENSTAMMDATEN VORBEREITEN • KONTENGRUPPE MIT BILDAUFBAU DEFINIEREN (KREDITOREN).

Vier-Augen-Prinzip

Sie können sensible Felder, die dem Vier-Augen-Prinzip unterworfen sind, im Debitorenstammsatz definieren. Eine Änderung eines sensiblen Feldes bewirkt, dass der Debitor so lange für den Zahllauf gesperrt bleibt, bis eine zweite Person die Änderungen freigegeben hat. Die zweite Person muss über entsprechende Berechtigungen verfügen. Beide beteiligten Personen können auch über die gleichen Berechtigungen verfügen, da die Freigabe nur durch einen Benutzer möglich ist, der nicht selbst die Änderung vorgenommen hat.

Das Vier-Augen-Prinzip können Sie in der Stammdatenpflege über folgenden Menüpfad einrichten: IMG • FINANZWESEN • DEBITOREN- UND KREDITORENBUCHHALTUNG • DEBITORENKONTEN • STAMMDATEN • ANLEGEN DER DEBITORENSTAMMDATEN VORBEREITEN • SENSIBLE FELDER FÜR 4-AUGEN-PRINZIP DEFINIEREN (DEBITOREN).

Wie Sie Abbildung 18.7 entnehmen können, können Sie alle Felder des Debitorenstammsatzes als sensibel definieren, indem Sie über die Werthilfe das entsprechende Feld suchen und es in die Tabelle eintragen.

Ergänzend sei an dieser Stelle erneut auf die Berechtigungsgruppe im Debitoren- und Kreditorenstammsatz hingewiesen (siehe Abschnitt 7.5, »Berechtigungsgruppen«). Diese gestattet weitere Berechtigungsdifferenzierungen.

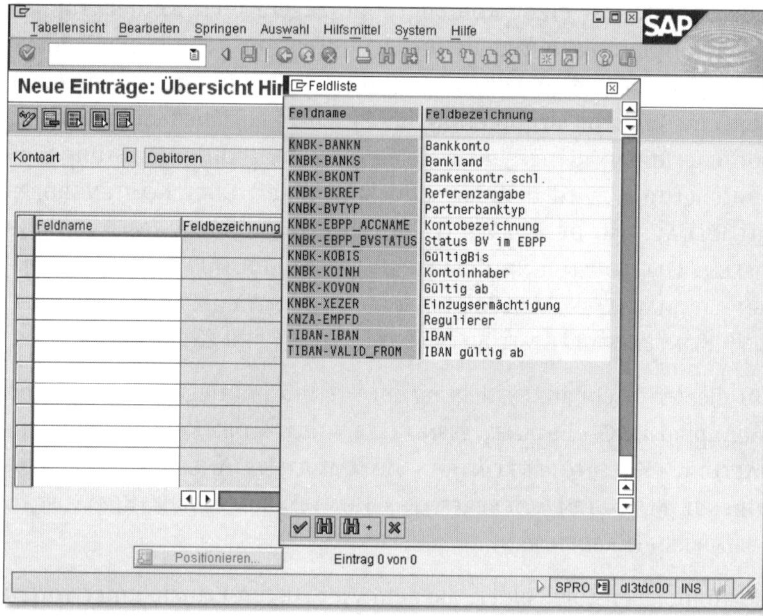

Abbildung 18.7 Sensible Felder für Vier-Augen-Prinzip definieren

Tabellen des Kundenstamms

In Tabelle 18.2 finden Sie einige Tabellen, in denen Teile des Kundenstammsatzes enthalten sind. Die angeführten Tabellen sind nützlich für Analysen von Inhalten und Änderungen. So können Sie dort u. a. die Berechtigungsgruppen nachweisen.

Tabellenname	Beschreibung
KNA1	Kundenstamm (allgemeiner Teil)
KNB1	Kundenstamm (Buchungskreis)
KNB5	Kundenstamm (Mahndaten)
KNBK	Kundenstamm (Bankverbindungen)
KNBW	Kundenstamm (Quellensteuertypen)
KNEA	Zuordnung der Bankverbindungen und Zahlwege
KNKA	Kundenstamm Kreditmanagement: Zentraldaten
KNKK	Kundenstamm Kreditmanagement: Kontrollbereich

Tabelle 18.2 Tabellen des Kundenstamms (Auszug)

In Abbildung 18.8 sehen Sie eine mögliche Auswertung über den Kundenstamm (allgemeiner Teil). Die Anzeige ist eingeschränkt auf berechtigungsrelevante Daten, in diesem Fall Name, CPD-Konto (Konto pro

Diverse, sinngemäß Einmalkonto), Berechtigung(-sgruppe), Kontengruppe und Konditionsgruppe.

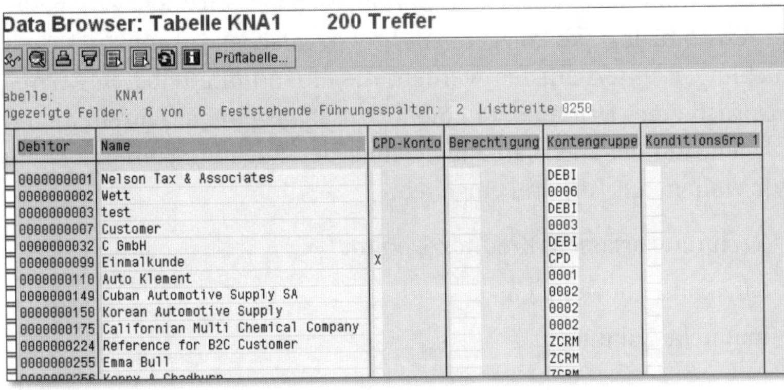
Data Browser: Tabelle KNA1 200 Treffer

Prüftabelle...

Tabelle: KNA1
Angezeigte Felder: 6 von 6 Feststehende Führungsspalten: 2 Listbreite 0250

Debitor	Name	CPD-Konto	Berechtigung	Kontengruppe	KonditionsGrp 1
0000000001	Nelson Tax & Associates			DEBI	
0000000002	Wett			0006	
0000000003	test			DEBI	
0000000007	Customer			0003	
0000000032	C GmbH			DEBI	
0000000099	Einmalkunde	X		CPD	
0000000110	Auto Klement			0001	
0000000149	Cuban Automotive Supply SA			0002	
0000000150	Korean Automotive Supply			0002	
0000000175	Californian Multi Chemical Company			0002	
0000000224	Reference for B2C Customer			ZCRM	
0000000255	Emma Bull			ZCRM	

Abbildung 18.8 Auswertung über Tabelle KNA1 Kundenstamm (allgemeiner Teil)

In Tabelle 18.3 finden Sie einige Tabellen, in denen Teile des Lieferantenstammsatzes enthalten sind. Die angeführten Tabellen sind nützlich für Analysen von Inhalten und Änderungen. So können Sie dort u. a. die Berechtigungsgruppen nachweisen.

Tabellenname	Beschreibung
LFA1	Lieferantenstamm (allgemeiner Teil)
LFAS	Lieferantenstamm (allgemeiner Teil EG-Steuer)
LFB1	Lieferantenstamm (Buchungskreis)
LFBK	Lieferantenstamm (Bankverbindungen)
LFINF	Lieferinformationen Projektsystem
LFLR	Lieferantenstamm: Lieferregionen
LFM1	Lieferantenstamm Einkaufsorganisationsdaten
LFM2	Lieferantenstamm: Einkaufsdaten
LFMC	Lieferantenstamm (Kurztexte zu Konditionsarten)
LFMH	Lieferantenhierarchie
LFZA	Zulässige abweichende Zahlungsempfänger

Tabelle 18.3 Tabellen des Lieferantenstamms

Im Folgenden werden wir auf Buchungen im Finanzwesen eingehen.

18.2.3 Buchungen

In der Finanzbuchhaltung gibt es verschiedene Buchungen, wie z. B. die Sachkontenbuchung. Diese werden gesteuert über Belegarten, die im Customizing festzulegen sind. Vereinfachend kann zwischen Buchungen unterschieden werden, die einen unmittelbaren Rechtsanspruch eines Dritten oder einem Dritten gegenüber betreffen, und solchen, die der internen Abwicklung des Buchungsstoffes dienen. Wir wollen kurz auf drei eingehen:

- Rechnung erfassen: Kreditor/Debitor
- Sachkontenbuchungen
- manuelle Zahlungen

Rechnung erfassen: Kreditor/Debitor

In Kapitel 5, »Berechtigungen in der Prozesssicht«, sind wir in Bezug auf den Verkaufsprozess davon ausgegangen, dass die Fakturierung über die Transaktionen VF01 (Anlegen Faktura) und VF02 (Ändern Faktura) erfolgt. Auf diese Weise ist sichergestellt, dass jede Fakturierung einen unmittelbaren Bezug zu den Geschäftsvorfällen und dem Prozess des Vertriebs hat. Sinngemäß haben wir in Bezug auf den Bestellprozess dargestellt, dass eine Rechnung mit Bezug zu einem Wareneingang erfasst wird (Transaktion MIRO (Eingangsrechnung erfassen)).

Beides kann allerdings auch unmittelbar in der Finanzbuchhaltung erfasst werden, und zwar über die Transaktionen FB70 (Debitorenrechnung erfassen) und FB60 (Kreditorenrechnung erfassen). Die Tabellen 18.4 und 18.5 zeigen die Berechtigungsobjekte, die jeweils unter der Transaktion verprobt werden (optionale Prüfungen eingeschlossen).

Berechtigungsobjekt	Beschreibung
F_BKPF_BUK	Buchhaltungsbeleg: Berechtigung für Buchungskreise
F_BKPF_GSB	Buchhaltungsbeleg: Berechtigung für Geschäftsbereiche
F_BKPF_KOA	Buchhaltungsbeleg: Berechtigung für Kontoarten
F_FAGL_SEG	Hauptbuch: Berechtigung für Segment

Tabelle 18.4 Berechtigungsprüfung der Transaktion »Erfassung Eingangsrechnung« (FB60)

Berechtigungsobjekt	Beschreibung
F_LFA1_APP	Kreditor: Anwendungsberechtigung
F_LFA1_BEK	Kreditor: Kontenberechtigung (optional)
F_LFA1_GEN	Kreditor: Zentrale Daten
F_LFA1_GRP	Kreditor: Kontengruppenberechtigung

Tabelle 18.4 Berechtigungsprüfung der Transaktion »Erfassung Eingangsrechnung« (FB60) (Forts.)

Berechtigungsobjekt	Beschreibung
F_BKPF_BUK	Buchhaltungsbeleg: Berechtigung für Buchungskreise
F_BKPF_GSB	Buchhaltungsbeleg: Berechtigung für Geschäftsbereiche
F_BKPF_KOA	Buchhaltungsbeleg: Berechtigung für Kontoarten
F_FAGL_SEG	Hauptbuch: Berechtigung für Segment
F_KNA1_APP	Debitor: Anwendungsberechtigung
F_KNA1_BEK	Debitor: Kontenberechtigung (optional)
F_KNA1_GEN	Debitor: Zentrale Daten
F_KNA1_GRP	Debitor: Kontengruppenberechtigung

Tabelle 18.5 Berechtigungsprüfung der Transaktion »Erfassung Ausgangsrechnung« (FB70)

Die Rechnungsbearbeitung kann über einen Workflow einer Freigabestrategie, die an Buchungsbeträgen ausgerichtet ist, einer zwingenden Funktionstrennung unterworfen werden.

Für das betriebswirtschaftliche Berechtigungskonzept ergibt sich somit die Fragestellung, wer überhaupt in der Organisation das Recht haben soll, Rechnungen ohne zwingenden Bezug zu einer Bestellung oder einem Kundenauftrag buchen zu sollen. Das Risiko dieser Buchungen ist erheblich.

Sachkontenbuchung

Eine Sachkontenbuchung ist eine Buchung, bei der ausschließlich Konten im Hauptbuch angesprochen werden, also weder die Debitoren-, Kreditoren- noch die Anlagenkonten der entsprechenden Nebenbücher berührt werden. Sachkontenbuchungen haben unmittelbaren Einfluss auf die Bilanz, da sie immer gegen Bestands- oder Erfolgskonten erfolgen.

Sachkontenbuchungen sind u.a. über die Transaktion FB50 (Sachkontenbeleg erfassen) möglich. Tabelle 18.6 weist einige Berechtigungsobjekte nach, die im Programmablauf dieser Transaktion geprüft werden.

Berechtigungsobjekt	Beschreibung
F_BKPF_BES	Buchhaltungsbeleg: Kontenberechtigung für Sachkonten
F_BKPF_BLA	Buchhaltungsbeleg: Berechtigung für Belegarten
F_BKPF_BUK	Buchhaltungsbeleg: Berechtigung für Buchungskreise
F_BKPF_GSB	Buchhaltungsbeleg: Berechtigung für Geschäftsbereiche
F_BKPF_KOA	Buchhaltungsbeleg: Berechtigung für Kontoarten
F_FAGL_SEG	Hauptbuch: Berechtigung für Segment

Tabelle 18.6 Berechtigungsprüfung Sachkontenbuchung (FB50)

Zahlungsfreigabe

Sämtliche anstehenden Zahlungen können einem workflowgestützten Freigabeverfahren unterworfen werden.

Manuelle Zahlungen

Manuelle Zahlungsausgänge benötigen grundsätzlich eine im System vorhandene Verbindlichkeit, manuelle Zahlungseingänge eine bestehende Forderung.

Der manuelle Zahlungsausgang wird über die Transaktion F-53 (Zahlungsausgang buchen) erfasst, der Zahlungseingang über die Transaktion F-28 (Zahlungseingang buchen). Einige zu den Transaktionen gehörige Berechtigungsobjekte sind in den Tabellen 18.7 und 18.8 aufgeführt.

Berechtigungsobjekt	Beschreibung
F_BKPF_BED	Buchhaltungsbeleg: Kontenberechtigung für Debitoren
F_BKPF_BEK	Buchhaltungsbeleg: Kontenberechtigung für Kreditoren
F_BKPF_BES	Buchhaltungsbeleg: Kontenberechtigung für Sachkonten

Tabelle 18.7 Berechtigungsobjekte für das manuelle Buchen eines Zahlungseingangs

Berechtigungsobjekt	Beschreibung
F_BKPF_BLA	Buchhaltungsbeleg: Berechtigung für Belegarten
F_BKPF_BUK	Buchhaltungsbeleg: Berechtigung für Buchungskreise
F_BKPF_GSB	Buchhaltungsbeleg: Berechtigung für Geschäftsbereiche
F_BKPF_KOA	Buchhaltungsbeleg: Berechtigung für Kontoarten
F_FAGL_LDR	Hauptbuch: Berechtigung für Ledger
F_FAGL_SEG	Hauptbuch: Berechtigung für Segment
F_SKA1_BUK	Sachkonto: Berechtigung für Buchungskreise

Tabelle 18.7 Berechtigungsobjekte für das manuelle Buchen eines Zahlungseingangs (Forts.)

Berechtigungsobjekt	Beschreibung
A_B_ANLKL	Anlagen-Buchungen: Buchungskreis/Anlagenklasse
A_B_BWART	Anlagen-Buchungen: Anlagenklasse/Bewegungsart
F_BKPF_BEK	Buchhaltungsbeleg: Kontenberechtigung für Kreditoren
F_BKPF_BES	Buchhaltungsbeleg: Kontenberechtigung für Sachkonten
F_BKPF_BLA	Buchhaltungsbeleg: Berechtigung für Belegarten
F_BKPF_BUK	Buchhaltungsbeleg: Berechtigung für Buchungskreise
F_BKPF_GSB	Buchhaltungsbeleg: Berechtigung für Geschäftsbereiche
F_BKPF_KOA	Buchhaltungsbeleg: Berechtigung für Kontoarten
F_FAGL_LDR	Hauptbuch: Berechtigung für Ledger
F_FAGL_SEG	Hauptbuch: Berechtigung für Segment

Tabelle 18.8 Berechtigungsobjekte für das manuelle Buchen eines Zahlungsausgangs

Manuelle Zahlungseingänge und Zahlungsausgänge sind einer besonders kritischen Prüfung zu unterziehen, da dabei erhebliches Manipulationspotenzial besteht. Im Folgenden geht es um den automatischen Zahllauf, der in vielen Unternehmen die Regel darstellt.

18.2.4 Zahllauf

Im Customizing des Zahlungsprogramms/Zahllaufs wird festgelegt, welche Buchungskreise, Zahlwege und Regeln für den Zahllauf gelten. Der Zahllauf erzeugt am Ende den (elektronischen) Zahlungsträger, der an die Bank übergeben werden kann. Häufig werden für den Verkehr mit der Bank Non-SAP-Lösungen eingesetzt, die diese Daten weiterverarbeiten. Für die Risikodarstellung ergeben sich dadurch Funktionstrennungskonflikte zwischen zwei unterschiedlichen Systemen.

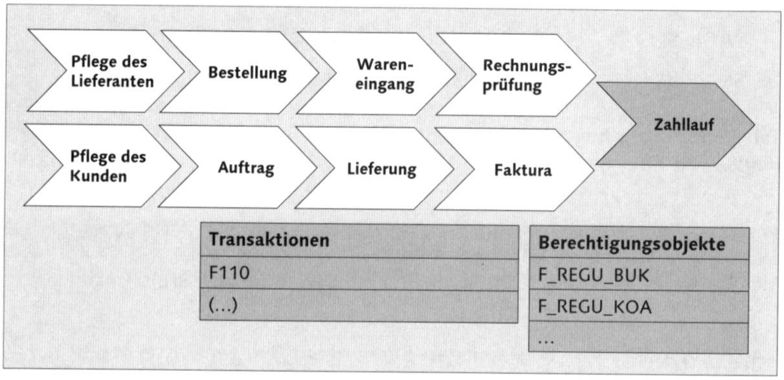

Abbildung 18.9 Berechtigungen im Zahllauf

Zahllauf – Berechtigungsobjekte

Die Berechtigungen im Zahllauf werden über die folgenden Berechtigungsobjekte ausgesteuert: F_REGU_BUK (Automatische Zahlung: Aktionsberechtigung für Buchungskreise) und F_REGU_KOA (Automatische Zahlung: Aktionsberechtigung für Kontoarten) (siehe Abbildung 18.9). Somit ist eine Differenzierung über Buchungskreise und Kontoarten möglich. Funktional kann über das Feld FBTCH (Aktion für automatische Abläufe in der Finanzwirtschaft) unterschieden werden, die möglichen Werte finden Sie in Tabelle 18.9. Die Differenzierung auf der Kontoart ist zwischen Kreditoren, Debitoren und Sachkonten möglich.

Wert	Bedeutung
02	Parameter bearbeiten
03	Parameter anzeigen
11	Vorschlag ausführen
12	Vorschlag bearbeiten
13	Vorschlag anzeigen

Tabelle 18.9 Funktionale Berechtigungen im Zahllauf

Wert	Bedeutung
14	Vorschlag löschen
15	Vorschlag Zahlungsträger erstellen
21	Zahllauf ausführen
23	Zahllauf anzeigen
24	Zahllauf Zahlungsdaten löschen
25	Zahllauf Zahlungsträger erstellen
26	Zahllauf Zahlungsaufträge löschen
31	Zahlungsträger drucken manuell

Tabelle 18.9 Funktionale Berechtigungen im Zahllauf (Forts.)

Als minimale Unterscheidung bietet sich die Unterscheidung zwischen der Vorschlagserstellung und der Zahllaufausführung oder zwischen der Ausführung und der Erstellung der Zahlungsträger an.

In Abschnitt 3.4.1, »Spezialisierung (Arbeitsteilung)«, haben wir eine mögliche Funktionstrennung im Zahllauf dargestellt, die hier noch einmal aufgegriffen werden soll. In Abbildung 18.10 ergibt sich durch die Verbindung organisatorischer Differenzierung (im Bild »Organisationsteil«) mit der funktionalen Differenzierung (im Bild »vorbereiten« oder »ausführen«) die Möglichkeit der »kreuzweisen« Funktionstrennung.

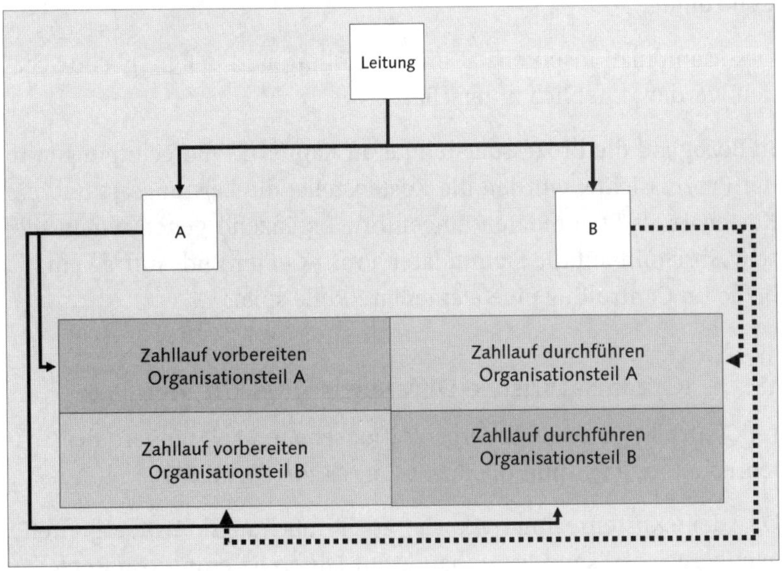

Abbildung 18.10 Funktionstrennung im Zahllauf

Benutzer A darf einen Zahllauf im Buchungskreis A anlegen und einen anderen Zahllauf im Buchungskreis B ausführen. Benutzer B darf anlegen im Buchungskreis B und ausführen im Buchungskreis A. In ähnlicher Weise kann das auch für die Kontoart genutzt werden.

Im Folgenden werden wir das eng mit dem Finanzwesen verbundene Controlling darstellen.

18.3 Berechtigungen im Controlling

Dem Controlling kommt für die Steuerung einer Organisation eine elementare Bedeutung zu, da nur mit den Methoden des Controllings eine korrekte und schnelle Darstellung der Ist-Situation, eine sinnvolle Preisgestaltung und schließlich gute Planungen möglich sind.

Die Stammdatenstrukturen des Controllings haben in vielen weiteren Komponenten eine erhebliche Bedeutung für Buchungen in anderen SAP-Komponenten. Tatsächlich bucht die Finanzbuchhaltung auf Kontierungsobjekte, die zu großen Teilen originär im Controlling verortet sind.

Schließlich liefert das Controlling in einigen Organisationen Berichte, die als Anlage zur Bilanz veröffentlicht werden. Für diesen Fall gelten die Anforderungen des »True-and-Fair-View«-Prinzips auch für das Controlling.

Das Manipulationspotenzial im Controlling und der mögliche Schaden werden erheblich unterschätzt.

In Bezug auf die Prozessdarstellung in Kapitel 5, »Berechtigungen in der Prozesssicht«, wurden die Kostenstelle, die Leistungsart und die Kostenart als Stammdaten eingeführt. Ergänzend gehen wir in diesem Abschnitt auf die Stammdaten Profit-Center und Auftrag ein, da beide im Controlling eine elementare Rolle spielen.

18.3.1 Organisatorische Differenzierungskriterien

Im Controlling stehen als Organisationsebenen im Standard der Kostenrechnungskreis und die Profit-Center zur Verfügung.

Kostenrechnungskreis

Da der Kostenrechnungskreis auch buchungskreisübergreifend genutzt werden kann, ist er häufig zur Differenzierung von Berechtigungen nicht geeignet. Er steht allerdings als Feld KOKRS in 45 Berechtigungsobjekten zur Verfügung. Gepflegt wird er über den IMG-Pfad Unternehmensstruktur • Definition • Controlling • Kostenrechnungskreis pflegen. Die Zuordnung erfolgt über Unternehmensstruktur • Zuordnung • Controlling in Bezug auf den Buchungskreis oder den Ergebnisbereich.

Mit den Profit-Centern, die in eine Profit-Center-Standardhierarchie eingebunden sind, stehen differenzierte aufbauorganisatorische Elemente zur Differenzierung über Organisationsebenen zur Verfügung.

Eine detaillierte aufbauorganisatorische Darstellung des Unternehmens ist ebenfalls über die Kostenstellenhierarchie möglich. Die Kostenstelle ist im Standard allerdings keine Organisationsebene.

Unternehmensorganisation

In Kapitel 8, »Rollenzuordnung über das Organisationsmanagement«, haben wir das Organisationsmanagement von SAP ERP HCM erläutert. Auch das Organisationsmanagement haben wir als eine aufbauorganisatorische Struktur dargestellt. Somit stehen drei Darstellungen der Aufbauorganisation zur Verfügung, die in vielen Organisationen auch genutzt werden: Kostenstellenstandardhierarchie, Profit-Center-Hierarchie und Organisationsmanagement. Mithilfe der Unternehmensorganisation werden diese drei Strukturen kombiniert und einer gemeinsamen Pflege zugeführt. Aus Sicht des betriebswirtschaftlichen Berechtigungskonzepts ist somit eine sehr einheitliche Definition aufbauorganisatorischer Merkmale übergreifend möglich.

Im nächsten Abschnitt werden wir auf die Stammdaten eingehen.

18.3.2 Stammdatenpflege

Kostenart

Eine Kostenart entspricht als Primärkostenart einem Konto der Buchhaltung und als Sekundärkostenart einem controllinginternen »Konto« zur Verrechnung von Kosten, die im Controlling ausgewiesen werden. Sekundäre Kosten entstehen z. B. durch die Verrechnung von Leistungen oder durch Umlagen.

Kostenarten werden über die Transaktionen KA01 (Kostenart anlegen), KA02 (Kostenart ändern) und KA06 (Kostenart sekundär: anlegen) gepflegt.

Das Feld KSTAR (Kostenart) ist in den in Tabelle 18.10 nachgewiesenen Berechtigungsobjekten enthalten.

Objekt	Beschreibung	Feld	Beschreibung
K_PCA	EC-PCA: Verantwortungsbereich Profit-Center	CO_ACTION	Aktionen der Berechtigungsprüfung CO-OM
		KSTAR	Kostenart
		RESPAREA	Verantwortungsbereich
K_PCAR_REP	EC-PCA: Summen- und Einzelpostenberichte	ACTVT	Aktivität
		BUKRS	Buchungskreis
		KSTAR	Kostenart
		PRCTR	Profit-Center
K_REPO_CCA	CO-CCA: Reporting auf Kostenstellen/Kostenarten	ACTVT	Aktivität
		KOKRS	Kostenrechnungskreis
		KOSTL	Kostenstelle
		KSTAR	Kostenart
K_REPO_OPA	CO-CCA: Kostenartenstamm	ACTVT	Aktivität
		AUFART	Auftragsart
		KOKRS	Kostenrechnungskreis
		KSTAR	Kostenart
K_ABC	CO-ABC: Allgemeines Berechtigungsobjekt Geschäftsprozesse	AUTHAREA	Berechtigungsbereich für Geschäftsprozesse
		CO_ACTION	Aktionen der Berechtigungsprüfung CO-OM
		KSTAR	Kostenart
K_CCA	CO-CCA: Allg. Berechtigungsobjekt für Kostenstellenrechnung	CO_ACTION	Aktionen der Berechtigungsprüfung CO-OM
		KSTAR	Kostenart
		RESPAREA	Verantwortungsbereich

Tabelle 18.10 Kostenart in Berechtigungsobjekten

Objekt	Beschreibung	Feld	Beschreibung
K_CSKB_PLA	CO-CCA: Kostenartenplanung	ACTVT	Aktivität
		KOKRS	Kostenrechnungskreis
		KSTAR	Kostenart
K_ORDER	CO-OPA: Allgemeines Berechtigungsobjekt für Innenaufträge	AUFART	Auftragsart
		AUTH-PHASE	Berechtigung Innenauftrag: Berechtigungsphase
		CO_ACTION	Aktionen der Berechtigungsprüfung CO-OM
		KSTAR	Kostenart
		RESPAREA	Verantwortungsbereich

Tabelle 18.10 Kostenart in Berechtigungsobjekten (Forts.)

Kostenarten werden bei Buchungen, Planungen und Auswertungen benötigt. In Bezug auf die Planung muss festgelegt werden, welche Kostenarten durch eine Person geplant werden dürfen, bei der Auswertung, wer welche Kosten sehen darf. Wenn ein Unternehmen z. B. die Reisekosten vertraulich halten will, ist es nicht nur erforderlich, das entsprechende Konto in der Finanzbuchhaltung zu schützen, darüber hinaus muss auch die Kostenart geschützt werden.

Kostenstelle

Eine Kostenstelle ist eine organisatorische Einheit innerhalb eines Kostenrechnungskreises, die einen eindeutig abgegrenzten Ort der Kostenentstehung darstellt. Aus der Einleitung dieses Abschnitts wurde bereits deutlich, dass die Kostenstellen eine Abbildung der Aufbauorganisation sind (genau genommen: sein können, es gibt zumindest in der betriebswirtschaftlichen Literatur auch andere Modelle). Die Kostenstelle wird in der Kostenstellenstandardhierarchie einem Standardhierarchieknoten zugeordnet. Kostenstellen werden entweder über die Transaktionen KS01 (Kostenstelle anlegen) und KS02 (Kostenstelle ändern) oder über die Transaktion OKEON (Kostenstellenstandardhierarchie ändern) unmittelbar in der Kostenstellenstandardhierarchie gepflegt.

Abbildung 18.11 zeigt einen Ausschnitt aus der Kostenstellenstandardhierarchie. Die mit ❶ gekennzeichneten Elemente sind Knoten oder Hierarchiebereiche. Das mit ❷ gekennzeichnete Element ist die Kostenstelle.

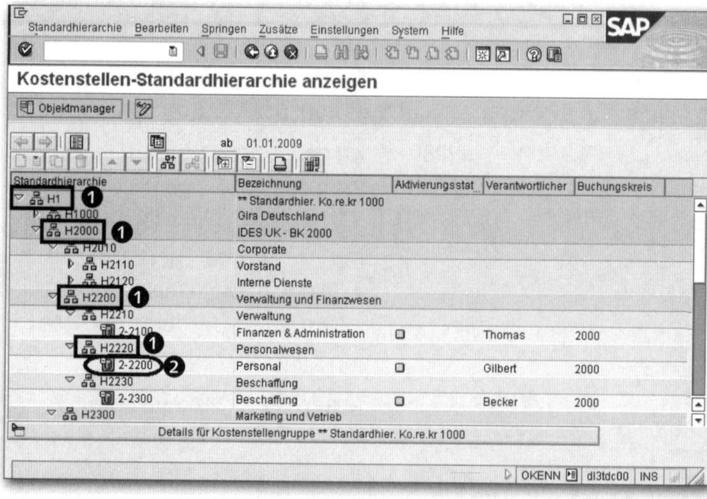

Abbildung 18.11 Kostenstellenstandardhierarchie

Ein Knoten in der Kostenstellenstandardhierarchie ist aus Sicht von Berechtigungen ein Hierarchiebereich. Für das Controlling ist ein Knoten in der Kostenstellenstandardhierarchie gleichzeitig eine Kostenstellengruppe.

Eine Kostenstellengruppe hingegen kann auch zusätzlich zur Standardhierarchie angelegt werden über die Transaktion KSH1 (Kostenstellengruppe anlegen). Das heißt, eine Kostenstelle kann zusätzlich zu ihrer Gruppenzugehörigkeit in der Standardhierarchie beliebig vielen weiteren Gruppen zugeordnet sein (siehe Tabelle 18.11).

Kostenstelle	Standardhierarchieknoten	Kostenstellengruppe 1	Kostenstellengruppe 2
2-2200	H2200	Planung-H2	Unkritische KS
2-2300	H2200	Planung-H2	Unkritische KS
2-2400	H2200	Planung-H2	Kritische KS

Tabelle 18.11 Zuordnung von Kostenstellen zu Knoten und Gruppen

Diese Zuordnungsmöglichkeiten können im betriebswirtschaftlichen Berechtigungskonzept zur Differenzierung des Zugriffs auf Kostenstellen genutzt werden.

Der Zugriff auf Kostenstellen wird unter Nutzung des Feldes KOSTL (Kostenstelle) über die Berechtigungsobjekte gesteuert (siehe Tabelle 18.12). In Tabelle 18.12 verzichten wir auf eine Darstellung der im Berechtigungsobjekt enthaltenen Felder.

Berechtigungsobjekt	Beschreibung
A_S_KOSTL	Anlagen-Stammpflege: Buchungskreis/Kostenstelle
F_TRAVL	Reiseplanung
F_TRAVL_TG	Trennungsgeld
F_TRAVL_TP	Pflege der Trennungsgeldperioden
I_KOSTL	PM: Kostenstellen
K_CSKS	CO-CCA: Kostenstellenstamm
K_CSKS_BUD	CO-CCA: Kostenstellenetatplanung
K_CSKS_PLA	CO-CCA: Kostenstellenplanung
K_FCO	CO-PC: Fehlerkostenabwicklung
K_REPO_CCA	CO-CCA: Reporting auf Kostenstellen/Kostenarten
P_CATSXT	HR: Arbeitszeitblatt für Dienstleister Typ/Stufenprüfung
P_DRL_COST	P_DRL_COST
P_TRAVL	Reiseabrechnung

Tabelle 18.12 Berechtigungsobjekte mit Feld KOSTL

Zusätzlich wird der Zugriff über das Feld RESPAREA (Verantwortungsbereich) geschützt.

Verantwortungsbereich

Der Verantwortungsbereich wurde mit dem R/3-Release 4.0 erstmalig eingeführt und dient der Gruppierung von Zugriffsrechten auf mehrere enthaltene Objekte, also z. B. mehrere Kostenstellen. Für diese Gruppierung die bestehende Kostenstellenstandardhierarchie zu nutzen ist unmittelbar einleuchtend. Der Zugriff eines Benutzers in der Organisation kann somit über die Struktur der Organisation selbst kontrolliert werden, natürlich nur dort, wo dieses Konzept greift. Das gesamte Konzept wird im SAP-Hinweis 370082 erläutert.

Der Verantwortungsbereich findet in weiteren Berechtigungsobjekten Verwendung und kann jeweils unterschiedlich mit Werten gefüllt werden. In den in Tabelle 18.13 aufgeführten Objekten ist das Feld RESPAREA (Verantwortungsbereich) enthalten.

Objekt	Beschreibung	Feld	Beschreibung
A_IMA_REQU		RESPAREA	Verantwortungsbereich
		CO_ACTION	Aktionen der Berechtigungsprüfung CO-OM
A_IMA_RESP		RESPAREA	Verantwortungsbereich
		CO_ACTION	Aktionen der Berechtigungsprüfung CO-OM
K_PCA	EC-PCA: Verantwortungsbereich Profit-Center	CO_ACTION	Aktionen der Berechtigungsprüfung CO-OM
		KSTAR	Kostenart
		RESPAREA	Verantwortungsbereich
		KSTAR	Kostenart
K_CCA	CO-CCA: Allg. Berechtigungsobjekt für Kostenstellenrechnung	CO_ACTION	Aktionen der Berechtigungsprüfung CO-OM
		KSTAR	Kostenart
		RESPAREA	Verantwortungsbereich
K_ORDER	CO-OPA: Allgemeines Berechtigungsobjekt für Innenaufträge	AUFART	Auftragsart
		AUTHPHASE	Berechtigung Innenauftrag: Berechtigungsphase
		CO_ACTION	Aktionen der Berechtigungsprüfung CO-OM
		KSTAR	Kostenart
		RESPAREA	Verantwortungsbereich

Tabelle 18.13 Berechtigungsobjekte mit Feld RESPAREA

In der Profit-Center-Rechnung wird z. B. natürlich nicht über die Kostenstelle, sondern über das Profit-Center differenziert. Auch dies wird im Feld RESPAREA durchgeführt.

Wir haben das Feld RESPAREA in Abschnitt 7.7.3, »Anhebung des Verantwortungsbereichs zur Organisationsebene«, bereits in Bezug auf Kostenstellen für die Verwendung als kundeneigene Organisationsebene vorgestellt. In Bezug auf die Kostenstellen-, Innenauftrags- und Profit-Center-Rechnung stehen über den Verantwortungsbereich die in Tabelle 18.14 dargestellten Attribute zur Verfügung.

Attribut	K_CCA	K_ORDER	K_PCA
Kostenstelle	X	X	
Kostenstellengruppe	X		
Kostenstellenstandard-hierarchieknoten	X	X	
Auftrag		X	
Profit-Center			X
Profit-Center-Knoten			X

Tabelle 18.14 Attribute des Feldes RESPAREA je Objekt

Für die Kostenstellenrechnung stellen wir zunächst einmal das Feld RESPAREA im Berechtigungsobjekt K_CCA (CO-CCA: Allg. Berechtigungsobjekt für Kostenstellenrechnung) weiter dar.

Die Berechtigung zum Datenzugriff kann also auf Kostenstellen, Kostenstellenstandardhierarchieknoten und Kostenstellengruppen definiert werden. Dabei hat zunächst der Kostenstellenstandardhierarchieknoten die Besonderheit, dass die Berechtigungen vererbt werden, d. h., ein Benutzer, der Zugriff auf einen Knoten bekommt, hat Zugriff auf alle darunterliegenden Knoten und Kostenstellen. Das ist für die Kostenstellengruppe nicht der Fall, durch die Kostenstellengruppe wird lediglich der Zugriff auf die Kostenstellengruppe selbst, nicht aber auf die enthaltenen Kostenstellen gewährleistet.

Sofern alternative Hierarchien für das Vererbungsprinzip genutzt werden sollen, ist es ab R/3-Release 4.7 möglich, bis zu drei alternative Hierarchien (Standardhierarchie und zwei weitere Gruppierungen) zu definieren, deren Knoten dann in der Feldausprägung unter BERECHTIGUNGSHIERARCHIE eingetragen werden. Das gesamte Konzept wird in SAP-Hinweis 370082 erläutert.

Um alternative Hierarchien zu nutzen, müssen diese als Kostenstellengruppe angelegt sein und anschließend in der Transaktion OKKP (Sicht Komponenten aktivieren/Steuerungskennzeichen ändern) eingetragen werden. Die Bereiche, in denen die alternativen Hierarchien eingetragen werden, zeigt Abbildung 18.12.

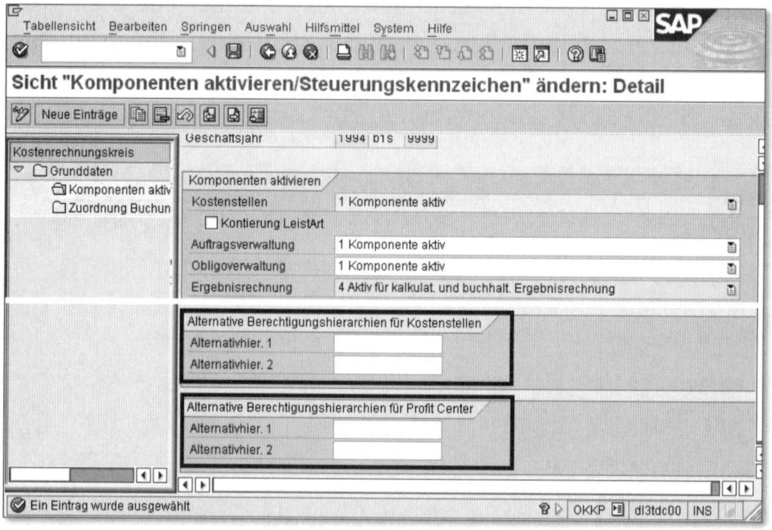

Abbildung 18.12 Pflege alternativer Hierarchien

Alternative Hierarchien für kritische Kostenstellen

Die in Tabelle 18.11 dargestellte Zuordnung von Kostenstellen zu den Gruppen *kritische Kostenstellen* und *unkritische Kostenstellen* ist eine tatsächliche Verwendung dieses Prinzips bei einem Kunden. Die Geschäftsleitung forderte, den Zugriff zwischen kritischen und unkritischen Kostenstellen auseinanderzuführen, zu diesem Zweck wurde eine alternative Hierarchie eingeführt und in den Rollen entsprechend ausgeprägt.

Profit-Center

Das Profit-Center ist ein Objekt, das ebenso wie die Kostenstelle in einer Hierarchie eingebunden ist. Die Hierarchiepflege ist mit der Transaktion KCH5N (EC-PCA: Standardhierarchie ändern), die Einzelpflege mit der Transaktion KE51 (Profit-Center anlegen) oder der Transaktion KE52 (Profit-Center ändern) möglich. Das Profit-Center dient dazu, Kosten, die auf kleineren Kontierungsobjekten zugeordnet wurden, zu konsolidieren, um sie für einen sinnvollen Bereich ausweisen zu können. Häufig sind mehrere Kostenstellen einem Profit-Center zugeordnet.

Das Profit-Center ist über das Feld PRCTR als Organisationsebene nutzbar. Das Feld PRCTR ist in den in Tabelle 18.15 dargestellten Objekten enthalten. In Tabelle 18.15 verzichten wir auf die Darstellung der in den Objekten enthaltenen Felder.

Berechtigungsobjekt	Beschreibung
A_IMPR_PRC	Profit-Center für Investitionsprogrammpositionen
C_PROJ_PRC	PS: Profit-Center für Projektdefinition
C_PRPS_PRC	PS: Profit-Center für PSP-Elemente
J_DI_PNV01	Leistungsmeldung
K_PCAR_REP	EC-PCA: Summen- und Einzelpostenberichte
K_WIP_PC	CO-PC-OBJ: WIP- und Ergebnisermittlung

Tabelle 18.15 Berechtigungsobjekte, die das Feld PRCTR enthalten

Das Profit-Center wird auch über das Feld RESPAREA im Berechtigungsobjekt EC-PCA – K_PCA (Verantwortungsbereich Profit Center) – verwendet.

Im Verantwortungsbereich können Profit-Center und Profit-Center-Knoten eingetragen werden (siehe Tabelle 18.14). Auch alternative Hierarchien können genutzt werden, wie dies sinngemäß zur Kostenstelle bereits beschrieben wurde.

Auftrag/ Innenauftrag

Der Innenauftrag ist ein Kostensammler (Kontierungsobjekt), um Kosten für spezielle Nachweise oder Aufgaben sammeln zu können. Dem Auftrag ist eine verantwortliche Kostenstelle zugeordnet, die in der Berechtigungssteuerung über das Berechtigungsobjekt K_ORDER im Verantwortungsbereich genutzt werden kann. Kosten auf Innenaufträge können periodisch oder beim Abschluss des Innenauftrags verrechnet werden. Der Innenauftrag wird durch die Auftragsart definiert und in verschiedenen Phasen abgewickelt.

Aufträge werden über die das Feld AUART (Auftragsart) und den Verantwortungsbereich, Feld RESPAREA (Verantwortungsbereich), geschützt.

Tabelle 18.16 zeigt die Berechtigungsobjekte im Feld AUART. Auch in Tabelle 18.16 verzichten wir auf die Darstellung der in den Objekten enthaltenen Felder.

Berechtigungsobjekt	Beschreibung
C_AFKO_AWA	CIM: Berechtigungen zu Auftrag/Auftragsart/Werk/Aktivität
C_AFKO_AWK	CIM: Werk zur Auftragsart des Auftrags
C_AFRU_AWK	CIM: Rückmeldung
I_AER	Auftragsnacherfassung
I_AUART	PM: Auftragsart
I_ILOA	Änderung Standort- u. Kontierungsdaten im Auftrag
I_VORG_ORD	PM: Betriebswirtschaftlicher Vorgang Aufträge
K_AUFK_ART	CO-OPA: Auftragsarten
K_ORDER	CO-OPA: Allgemeines Berechtigungsobjekt für Innenaufträge
K_ORGUNIT	CO: Organisationseinheiten bei Ist-Buchungen
K_REPO_OPA	CO-OPA: Reporting auf Aufträgen
P_DRL_COST	P_DRL_COST

Tabelle 18.16 Berechtigungsobjekte im Feld AUART

Die in CO definierte Auftragsart spielt auch in anderen Applikationen wie der SAP-Instandhaltung (PM) eine Rolle und wird deswegen auch in Berechtigungsobjekten verwendet, die nicht zum CO gehören.

Das Feld RESPAREA ist im Berechtigungsobjekt CO-OPA (Allgemeines Berechtigungsobjekt für Innenaufträge) – K_ORDER – enthalten. Die mögliche Ausprägung zeigt Tabelle 18.14. Es kann also nach Kostenstelle, Kostenstellenstandardhierarchieknoten und Auftrag unterschieden werden.

Leistungsart

Eine Leistungsart ist die Definition einer Leistung, die Kostenstellen erbringen können. Sie wird in Bezug auf eine sekundäre Kostenart angelegt. Es wird festgelegt, ob sie für die manuelle Leistungsverrechnung oder für die indirekte Erfassung bestimmt ist. Eine Leistungsart kann z. B. die CPU-Zeit sein, also wie viel Prozessorleistung eines Großrechners an ein anderes Kontierungsobjekt abgegeben wurde. Eine andere Leistungsart können Ingenieursstunden oder andere Leistungen sein, die eine Person erbringt. Die Verrechnung der Leistungsart ist indirekt über die Kostenart geschützt.

Im nächsten Abschnitt werden wir CO-Buchungen darstellen.

18.3.3 Buchungen

Um die Kostenentstehung und Leistungserbringung in einer Organisation angemessen abbilden zu können, gibt es im Controlling eine Vielzahl von Buchungstechniken für primäre und sekundäre Kosten. Zunächst werden die Buchungen aus der Buchhaltung als primäre Kosten auf den Kontierungsobjekten des Controllings ausgewiesen. Diese Kosten können in verschiedenen Buchungstechniken umgebucht, verrechnet, umgelegt etc. werden. Die erbrachten Leistungen z. B. einer Kostenstelle werden ebenfalls verrechnet (siehe Abbildung 18.13).

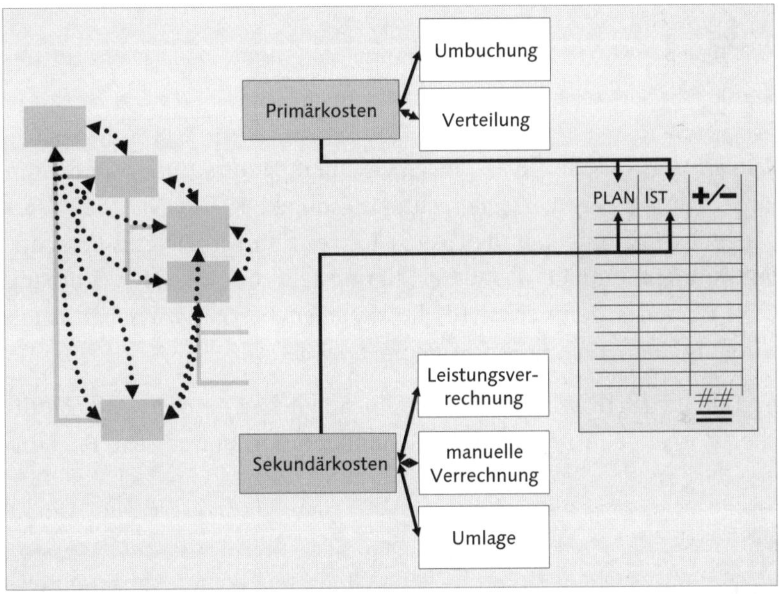

Abbildung 18.13 Buchungen und Verrechnungen im Controlling

Kosten und Leistungen werden den Planzahlen gegenübergestellt, die mit ähnlichen Buchungstechniken erzeugt werden. Tabelle 18.17 enthält eine Auswahl buchender Transaktionen im Controlling.

Transaktion	Beschreibung
KB11N	Manuelle Umbuchung – Kosten erfassen
KB15N	Manuelle Verrechnung erfassen
KB21N	Direkte Leistungsver. erfassen

Tabelle 18.17 Auswahl buchender Transaktionen im Controlling

Transaktion	Beschreibung
KB27	ILV erfassen – periodenfremd
KB31N	Statistische Kennzahlen erfassen
KB41N	Manuelle Umbuchung – Erlöse erfassen
KB51N	Senderleistungen erfassen
KB61	Umbuchung CO-Einzelposten erfassen
KB65	Umbuchung ILV erfassen
KSC5	Indirekte Leistungsverrechnung
KSI4	Zuschläge Ist
KSU5	Umlage
KSV5	Verteilung

Tabelle 18.17 Auswahl buchender Transaktionen im Controlling (Forts.)

Alle in der Tabelle 18.17 ausgewiesenen Transaktionen enthalten eine Prüfung gegen das Berechtigungsobjekt K_VRGNG (CO: Vorgänge, Ist-Buchungen und Plan-/Ist-Verrechnungen). Dieses Berechtigungsobjekt enthält das Berechtigungsfeld CO_VRGNG (Vorgang CO), über das definiert wird, für welchen betriebswirtschaftlichen Vorgang die Berechtigung ausgeprägt wird.

In Tabelle 18.18 wird eine Auswahl möglicher betriebswirtschaftlicher Vorgänge in Bezug auf Ist-Buchungen und periodische Buchungen dargestellt.

Manuelle Ist-Buchungen	
Feldwert	**Vorgang**
RKU1	Umbuchung Primärkosten
RKU2	Umbuchung Erlöse
RKU3	Umbuchung Einzelposten
RKL	Leistungsverrechnung (inkl. deren Umbuchung)
RKN	nicht verrechenbare Leistungen
KAMV	Manuelle Verrechnungen
RKS	Erfassen statistische Kennzahlen

Tabelle 18.18 Auswahl möglicher betriebswirtschaftlicher Vorgänge im CO

Periodische Buchungen	
Feldwert	**Vorgang**
RKIB	Periodische Umbuchungen
RKPB	Periodische Umbuchung im Plan
RKIL	Indirekte Ist-Leistungsverrechnung
RKPL	Indirekte Planleistungsverrechnung
RKIV	Ist-Verteilung
RKPV	Planverteilung
RKIU	Ist-Umlage
RKPU	Planumlage

Tabelle 18.18 Auswahl möglicher betriebswirtschaftlicher Vorgänge im CO (Forts.)

Die buchenden Transaktionen des Controllings müssen einer kleinen Zahl von Benutzern vorbehalten bleiben. Sie müssen auf die gewünschten betriebswirtschaftlichen Vorgänge und Kontierungsobjekte eingeschränkt werden.

18.3.4 Altes und neues Berechtigungskonzept im Controlling

Obwohl das eine irreführende historische Betrachtung ist, wird immer noch vom neuen Berechtigungskonzept im CO gesprochen. Gemeint ist damit eine Ergänzung, die im R/3-Release 4.0 vorgenommen wurde. Dabei geht es um die Berechtigungsobjekte, die den Verantwortungsbereich – RESPAREA – enthalten (siehe Tabelle 18.13). Diese stehen technisch zusätzlich zur Differenzierung zur Verfügung und ermöglichen es somit, die »alten« Berechtigungsobjekte generisch auszuprägen.

Der Vorteil des »neuen« Konzepts ist einerseits die Einführung des Verantwortungsbereichs und andererseits die Vereinheitlichung der Zugriffsrechte. Details in Bezug auf das Reporting können Sie SAP-Hinweis 15211 (CO-Standardberichte: Berechtigungskonzept) entnehmen.

Im nächsten Abschnitt wenden wir uns den Berechtigungen der Logistik zu und verlassen somit die Unterstützungsprozesse.

18.4 Berechtigungen in der Logistik (allgemein)

Die Prozesse der Logistik sind in den meisten Fällen Kerngeschäftsprozesse – sie fangen beim Lieferanten an (Bestellung) und enden beim Kunden (Lieferung). Aus Sicht des Internen Kontrollsystems sind sie von Interesse, weil Verträge mit Dritten eingegangen werden und unterschiedliche Möglichkeiten der schädlichen Manipulation bestehen.

18.4.1 Organisatorische Differenzierungskriterien

In den Abschnitten 3.7.3, »Relevante Organisationsebenen in MM«, bis 3.7.5, »Relevante Organisationsebenen in der Lagerverwaltung«, sind wir bereits auf Organisationsebenen der Logistik eingegangen. Dort haben wir folgende Organisationsebenen der Logistik eingeführt:

Werk

Das *Werk* ist die zentrale Organisationsebene der Logistik. Ein Werk ist immer einem Buchungskreis zugeordnet, allerdings können einem Buchungskreis mehrere Werke zugeordnet werden. Weiterhin werden Werke mit anderen organisatorischen Objekten (meistens Organisationsebenen) verbunden: Lagerort, Sparte, Geschäftsbereich, Verkaufsorganisation, Vertriebsweg, Versandstelle. Werke werden unter IMG • UNTERNEHMENSSTRUKTUR • DEFINITION • LOGISTIK ALLGEMEIN • WERK DEFINIEREN, KOPIEREN, LÖSCHEN, PRÜFEN angelegt und überprüft.

Einkaufsorganisation

Die *Einkaufsorganisation* ist das zentrale organisatorische Differenzierungskriterium des Einkaufs und somit u. a. erforderlich für die Abwicklung von Anfragen und Bestellungen. Eine Einkaufsorganisation kann einem, mehreren oder keinem Buchungskreis zugeordnet sein und durch Einkäufergruppen weiter gegliedert werden. Die Einkaufsorganisation wird angelegt und geprüft unter IMG • UNTERNEHMENSSTRUKTUR • DEFINITION • MATERIALWIRTSCHAFT • EINKAUFSORGANISATION PFLEGEN.

Einkäufergruppe

Einkäufergruppen bestehen aus einem oder mehreren Mitarbeitern, die für die Beschaffung bestimmter Materialien oder Dienstleistungen verantwortlich sind. Einkäufergruppen werden definiert unter IMG • MATERIALWIRTSCHAFT • EINKAUF • EINKÄUFERGRUPPE ANLEGEN. Erfasst werden in Bezug auf einen dreistelligen Schlüssel für die Einkäufergruppe die Mitarbeiter dieser Gruppe.

Die *Verkaufsorganisation* ist das wesentliche Differenzierungskriterium des Vertriebs. Sie ist der verantwortliche Bereich für den Absatz von Waren und Dienstleistungen. Der Verkaufsorganisation können Verkaufsbüros zugeordnet werden. Die Verkaufsorganisation wird angelegt und geprüft unter IMG • UNTERNEHMENSSTRUKTUR • DEFINITION • VERTRIEB • VERKAUFSORGANISATION DEFINIEREN, KOPIEREN, LÖSCHEN, PRÜFEN.

Verkaufsorganisation

Verkäufergruppen sind das Pendant im Vertrieb zu den Einkäufergruppen im Einkauf. Entsprechend werden auch hier die dreistelligen Schlüssel für eine Verkäufergruppe den Mitarbeitern zugeordnet. Unter IMG • UNTERNEHMENSSTRUKTUR • DEFINITION • VERTRIEB • VERKÄUFERGRUPPE PFLEGEN werden Verkäufergruppen gepflegt und geprüft.

Verkäufergruppe

Vertriebswege können einer oder mehreren Verkaufsorganisationen zugeordnet sein. Sie definieren die Lieferwege zum Kunden. Der Pfad ist IMG • UNTERNEHMENSSTRUKTUR • DEFINITION • VERTRIEB • VERTRIEBSWEG DEFINIEREN, KOPIEREN, LÖSCHEN, PRÜFEN.

Vertriebsweg

Die *Sparte* ist eine Organisationseinheit des Vertriebs und wird genutzt, um die Geschäftsbereichskontierung für logistische Vorgänge in der Finanzbuchhaltung vorzunehmen. Sie wird unter IMG • UNTERNEHMENSSTRUKTUR • DEFINITION • LOGISTIK ALLGEMEIN • SPARTE DEFINIEREN, KOPIEREN, LÖSCHEN, PRÜFEN angelegt und überprüft.

Sparte

Der *Lagerort* ist innerhalb eines Werkes der Ort der tatsächlichen Aufbewahrung des Bestands. Überprüft und angelegt wird der Lagerort unter IMG • UNTERNEHMENSSTRUKTUR • DEFINITION • MATERIALWIRTSCHAFT • LAGERORT PFLEGEN.

Lagerort

Einige Organisationsebenen müssen anderen zugeordnet werden. Dies müssen Sie unter IMG • UNTERNEHMENSSTRUKTUR • ZUORDNUNG • LOGISTIK ALLGEMEIN oder VERTRIEB, MATERIALWIRTSCHAFT je möglicher Kombination in der Logistik ausführen und überprüfen.

Zuordnung der Organisationsebenen

18.4.2 Materialstamm/Materialart

Der Materialstamm ist ein Stammdatum, das von unterschiedlichen Applikationen innerhalb von SAP ERP verwendet wird. Unter anderem sind das der Einkauf, der Vertrieb, die Finanzbuchhaltung, das Controlling und die Instandhaltung. Ein Beispiel für die Verwendung des Materialstamms finden Sie in Abschnitt 18.5.2, »Beschaffungsabwicklung«. Der Materialstamm wird in Bezug auf eine Materialart und diverse Organisationsebenen angelegt. Die Materialart steuert die Ausprägung des Materialstamms. Die Materialart definieren Sie über den folgenden Pfad im Referenz-IMG: IMG • LOGISTIK ALLGEMEIN • MATERIALSTAMM • GRUNDEINSTELLUNGEN • MATERIALARTEN • EIGENSCHAFTEN DER MATERIALARTEN FESTLEGEN.

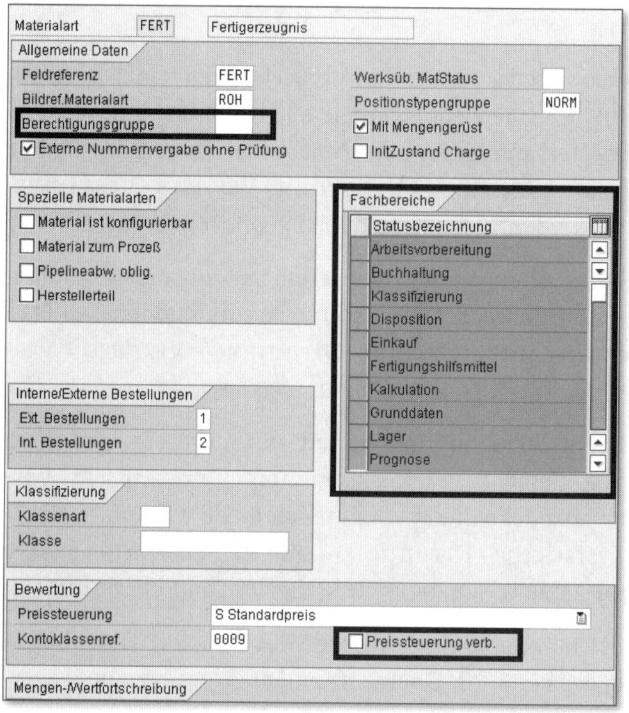

Abbildung 18.14 Definition der Materialart

In Abbildung 18.14 sind für das betriebswirtschaftliche Berechtigungskonzept das Feld BERECHTIGUNGSGRUPPE, die Gruppe FACHBEREICHE und das Kennzeichen PREISSTEUERUNG VERB. (jeweils umrandet) von besonderem Interesse.

Die Berechtigungsgruppe ist eine optionale Prüfung; sie bietet die Möglichkeit, alle Materialien einer Materialart gesondert zu schützen. Die Fachbereiche definieren die Sicht für die Erfassung und somit für die Verwendung des Materials. Das Kennzeichen PREISSTEUERUNG legt fest, ob das für die Materialart festgelegte Preissteuerungskennzeichen beim Anlegen oder Ändern von Materialstammsätzen als Vorschlagswert (Kennzeichen nicht gesetzt) oder als Festwert (Kennzeichen gesetzt) erscheint.

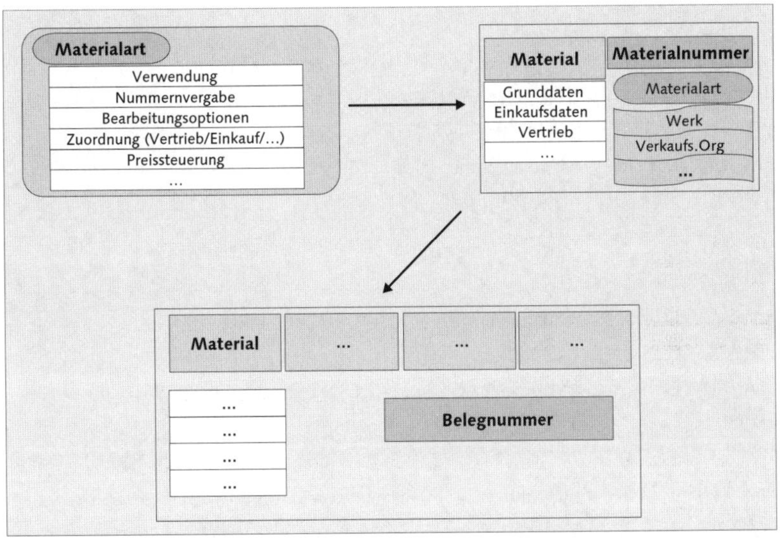

Abbildung 18.15 Verbindung Materialart, Material, Beleg

In Abbildung 18.15 wird der Zusammenhang zwischen Materialart, Material und Beleg (z. B. Einkaufsbeleg, Verkaufsbeleg, Umlagerung) im Überblick dargestellt. Die Materialart definiert die Verwendung und Aussteuerung des Materials. Sie definiert dadurch auch, in welchen Bereichen (u. a. Vertrieb, Einkauf) das Material Verwendung finden kann. Sie ist darüber hinaus ein Gruppierungsmerkmal, das im Reporting und im Controlling benötigt wird. Schließlich dient sie zur Differenzierung von Berechtigungen.

Das in Bezug auf eine Materialart angelegte Material füllt als Vorschlag oder verbindlich diverse Felder im Beleg.

In Tabelle 18.19 werden einige Berechtigungsobjekte, die sich auf das Material beziehen, erläutert. Die Spalte *Org.* kennzeichnet dabei etwaige Organisationsebenen.

Objekt	Bedeutung	Feld	Bedeutung	Org.
M_MATE_BIC	Batch Information Cockpit	BICUG	Benutzergruppe Batch Inf. Cock	
M_MATE_BUK	Aktivität per Buchungskreis	ACTVT	Aktivität	
		BUKRS	Buchungskreis	X
M_MATE_DPR	Dispositionsprofil	ACTVT	Aktivität	

Tabelle 18.19 Auswahl von Berechtigungsobjekten mit Materialbezug

Objekt	Bedeutung	Feld	Bedeutung	Org.
M_MATE_DRV	Chargenableitung: Gesamtfreigabe/ Monitor	ACTVT	Aktivität	
M_MATE_LGN	Aktivität per Lagernummer	ACTVT	Aktivität	
		LGNUM	Lagernummer	X
M_MATE_MAF	Materialfixierung	ACTVT	Aktivität	
M_MATE_MAN	zentrale Daten	ACTVT	Aktivität	
M_MATE_MAR	Aktivität per Materialart	ACTVT	Aktivität	
		BEGRU	Berecht.gr. Materialart	
M_MATE_MAT	Aktivität per Material	ACTVT	Aktivität	
		BEGRU	Berecht.gr. Material	
M_MATE_PER	Rückbuchen erlauben/Perioden verschieben	AKTPR	Aktivitäten Materialverwaltungssatz/Periodenverschieber	
		BUKRS	Buchungskreis	X
M_MATE_STA	Pflegestatus	ACTVT	Aktivität	
		STATM	Pflegestatus Materialstamm	
M_MATE_VKO	Aktivität per Verkaufsorganisation/Vertriebsweg	ACTVT	Aktivität	
		VKORG	Verkaufsorg.	X
		VTWEG	Vetriebsweg	X
M_MATE_WGR	Aktivität per Warengruppe	ACTVT	Aktivität	
		BEGRU	Berechtigungsgruppen aus Tabelle T023 angeben, für die die betreffenden Materialien bearbeitet werden dürfen	
M_MATE_WRK	Aktivität per Werk	ACTVT	Aktivität	
		WERKS	Werk	X

Tabelle 18.19 Auswahl von Berechtigungsobjekten mit Materialbezug (Forts.)

Im nächsten Abschnitt wenden wir uns den Berechtigungen des Einkaufs zu.

18.5 Berechtigungen im Einkauf

Die organisatorischen Differenzierungskriterien wurden bereits in Abschnitt 18.4.1, »Organisatorische Differenzierungskriterien«, dargestellt. Nun wenden wir uns deshalb unmittelbar den Stammdaten zu.

18.5.1 Stammdatenpflege

Lieferant

In Bezug auf das Stammdatum *Lieferant* sind die in Abschnitt 18.2.2, »Stammdaten«, enthaltenen Ausführungen zum Kreditor hinreichend.

Materialstamm

In Bezug auf das Stammdatum *Material* sind die in Abschnitt 18.4.2, »Materialstamm/Materialart«, enthaltenen Ausführungen hinreichend.

18.5.2 Beschaffungsabwicklung

Mögliche Abfolge

Die Beschaffungsabwicklung erfolgt über mehrere Schritte und ein detailliertes Freigabeverfahren (siehe Abbildung 18.16). Eine Bestellanforderung (BANF), die eine unternehmensinterne Aufforderung zur Beschaffung eines genau spezifizierten Materials ist, wird entweder manuell oder aus einer vorgelagerten Applikation (z. B. der verbrauchsgesteuerten Disposition) angestoßen.

Freigabeverfahren

Die Bestellanforderung kann einem Freigabeverfahren unterworfen sein. In Bezug auf eine Bestellanforderung oder ohne diesen Bezug wird eine Anfrage an einen oder mehrere Lieferanten gestellt, eingehende Angebote werden unter der gleichen Belegnummer erfasst und zur Weiterverarbeitung in der Bestellung übergeben. Auch die Anfrage kann einem Freigabeverfahren unterworfen sein. Die Bestellung wird schließlich entweder mit Bezug auf eine Anfrage, eine Bestellanforderung, einen Rahmenvertrag oder freihändig ausgeführt. Auch die Bestellung kann einem Freigabeverfahren unterworfen sein.

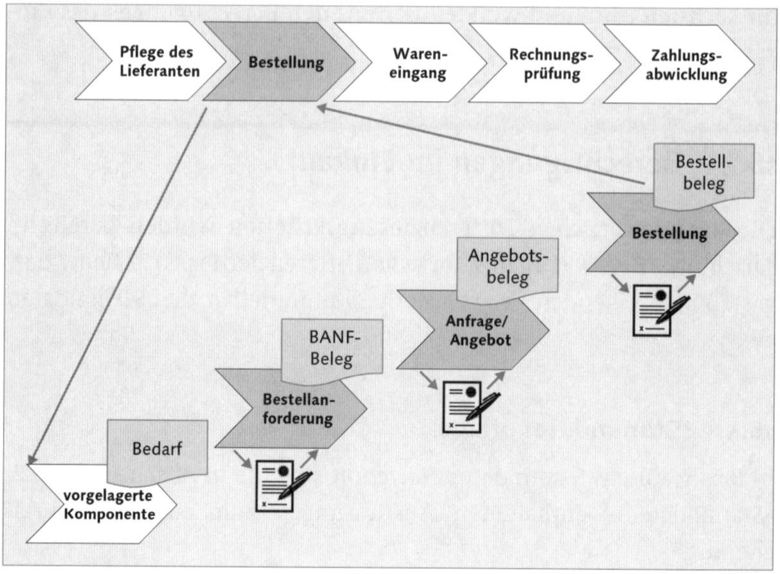

Abbildung 18.16 Beschaffungsabwicklung

Freigabeverfahren werden im Customizing festgelegt: IMG • Materialwirtschaft • Einkauf • Anfrage/Angebot • Freigabeverfahren für Anfragen. Gleichermaßen können Sie die Freigabeverfahren für die Bestellanforderung und die Bestellung in den entsprechenden Menüpunkten des IMG anpassen. Freigabeverfahren können durch einen Workflow unterstützt werden.

Freigabe-transaktionen

Die jeweiligen Freigaben erfolgen über eigene Transaktionen und über eine eigene Aktivität im Berechtigungsobjekt. Sie können somit sehr leicht im Berechtigungskonzept differenziert werden (siehe Tabelle 18.20).

Transaktionscode	Bedeutung	Objekt	Bedeutung
ME28	Sammelfreigabe von Bestellungen	M_EINK_FRG	Freigabecode und -gruppe im Einkauf
		M_BEST_BSA	Belegart in Bestellung
		M_BEST_EKG	Eink.Grp. in Bestellung
		M_BEST_EKO	Eink.Org. in Bestellung
		M_BEST_WRK	Werk in Bestellung

Tabelle 18.20 Transaktionen und Berechtigungsobjekte im Rahmen der Freigabe im Einkauf

Transaktionscode	Bedeutung	Objekt	Bedeutung
ME29N	Bestellung freigeben	M_EINK_FRG	Freigabecode und -gruppe im Einkauf
		M_BEST_BSA	Belegart in Bestellung
		M_BEST_EKG	Eink.Grp. in Bestellung
		M_BEST_EKO	Eink.Org. in Bestellung
		M_BEST_WRK	Werk in Bestellung
ME45	Anfrage freigeben	M_EINK_FRG	Freigabecode und -gruppe im Einkauf
		M_ANFR_BSA	Belegart in Anfrage
		M_ANFR_EKG	Eink.Grp. in Anfrage
		M_ANFR_EKO	Eink.Org. in Anfrage
		M_ANFR_WRK	Werk in Anfrage
ME54N	Bestellanforderung freigeben	M_BANF_BSA	Belegart in BANF
		M_BANF_EKG	Eink.Grp. in BANF
		M_BANF_EKO	Eink.Org. in BANF
		M_BANF_WRK	Werk in BANF
		M_EINK_FRG	Freigabecode und -gruppe im Einkauf
ME55	Sammelfreigabe Bestellanforderungen	M_BANF_BSA	Belegart in BANF
		M_BANF_EKG	Eink.Grp. in BANF
		M_BANF_EKO	Eink.Org. in BANF
		M_BANF_FRG	Freigabecode in BANF
		M_BANF_WRK	Werk in BANF
		M_EINK_FRG	Freigabecode und -gruppe im Einkauf

Tabelle 18.20 Transaktionen und Berechtigungsobjekte im Rahmen der Freigabe im Einkauf (Forts.)

Bestellung

Durch eine Bestellung wird eine rechtliche Verpflichtung einem Dritten gegenüber eingegangen. Die Bestellung wird in Bezug auf die Organisationsebenen Einkaufsorganisation, Einkäufergruppe und Werk angelegt. Ergänzend ist jede Bestellung einer Belegart zugeordnet. Wie Sie Abbildung 18.17 entnehmen können, wird die Bestellung durch Berechtigungsobjekte in Bezug auf diese Attribute ausgesteuert. Die für die Bestellung zu verwendenden Transaktionen sind

ME21N (Bestellung anlegen), ME22N (Bestellung ändern) und ME23N (Bestellung anzeigen).

Im SAP-Hinweis 751129 (Berechtigungen in Enjoy-Transaktionen im Einkauf) wird nahegelegt, diese Transaktionen komplett an den Benutzer zu vergeben und die Aussteuerung dann lediglich über die Ausprägung des Feldes Aktivität in den Berechtigungsobjekten zu unterscheiden. Wir tendieren meistens dazu, diesen Hinweis zu übergehen. Stattdessen schlagen wir vor, die Transaktionen in der Profilvorschlagstabelle (siehe Abschnitt 7.1, »Pflege und Nutzung der Vorschläge für den Profilgenerator«) in Bezug auf die Aktivitäten eindeutig zu unterscheiden und dies auch in den Rollen entsprechend umzusetzen.

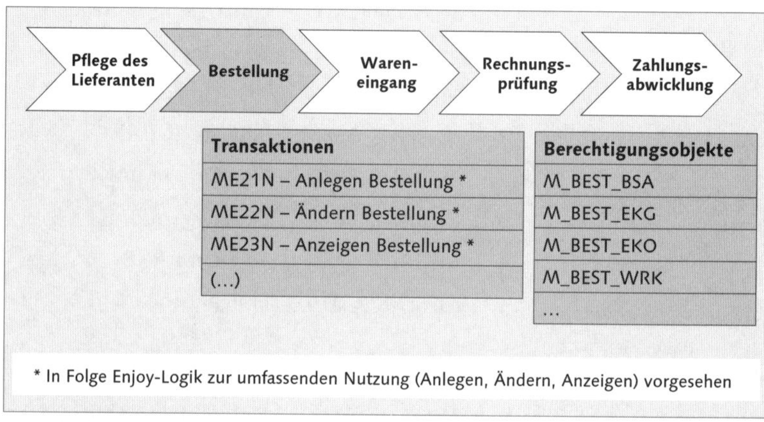

Abbildung 18.17 Beschaffungsabwicklung: Bestellung

Einkaufsbelegart

Die Bestellung und auch andere Einkaufsbelege werden durch die Einkaufsbelegart gesteuert. Für Berechtigungen und Risikodefinitionen ist ein gewisses Verständnis der Belegarten unerlässlich, da diese nicht nur in den Einkaufsbelegen definieren, welche Daten zu erfassen und zu ändern sind, sondern auch weil die Belegart ein wesentliches Unterscheidungsmerkmal in den Berechtigungen ist.

Zunächst muss der gewünschte Bildaufbau auf Belegebene definiert werden (siehe Abbildung 18.18). Die Einstellung nehmen Sie in folgendem IMG-Pfad vor: IMG • Materialwirtschaft • Einkauf • Bestellung • Bildaufbau auf Belegebene festlegen. Darüber hinaus wird in der Abbildung der Ablauf bis auf die Feldsteuerung dargestellt. Markiert ist der Bereich Preis und Preiseinheit sowie Preisdruckkennzeichen, um zu verdeutlichen, dass manuelle Eingriffe in die Preisfindung unterdrückt werden können.

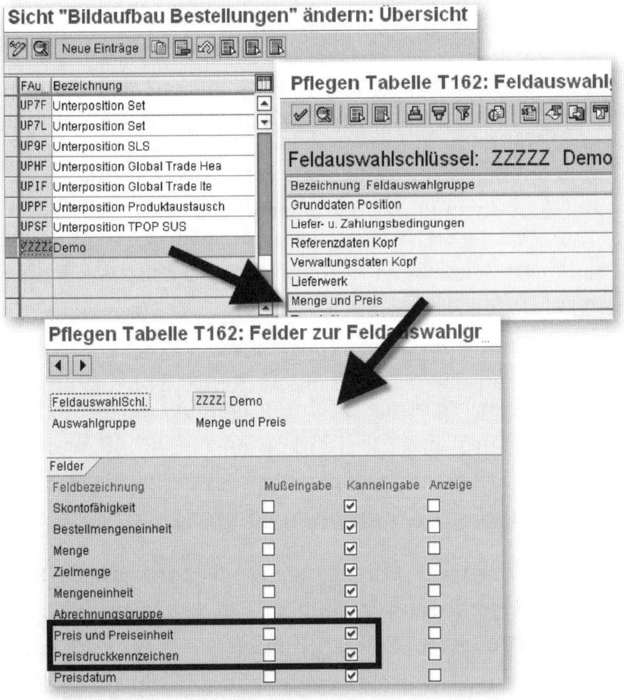

Abbildung 18.18 Bildaufbau auf Belegebene festlegen

Das ist natürlich nur dort sinnvoll möglich, wo die Preisfindung entsprechend eingerichtet ist. In der Belegart wird dann die so definierte Feldauswahlgruppe einer Belegart zugeordnet (siehe Abbildung 18.19).

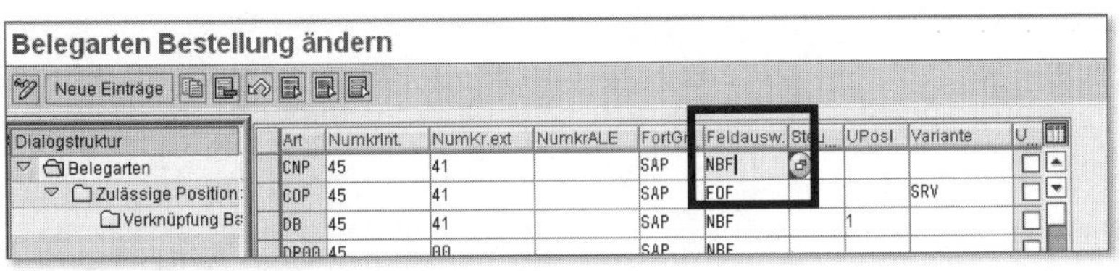

Abbildung 18.19 Zuordnung Feldauswahlgruppe → Belegart

Die Pflege der Belegart erfolgt unter IMG • MATERIALWIRTSCHAFT • EINKAUF • BESTELLUNG • BELEGARTEN FESTLEGEN. Neben der Zuordnung der Feldauswahlgruppe können hier noch diverse weitere Einstellungen vorgenommen werden, wie z. B. die zulässigen Positionstypen und die Verknüpfung zur BANF.

Aufgabe der Berechtigungsadministration: Differenzierung über Belegart

Diese Einstellungen sind sicherlich nicht Aufgabe der Berechtigungsadministration. Die Nutzung der Einstellungen in den Berechtigungen ist hingegen eindeutig Aufgabe der Berechtigungsadministration. Aus diesem Grund empfehlen wir dringend, in Einkaufsszenarien entweder die mögliche Differenzierung mit dem Business abzuklären oder in den Einstellungen zu analysieren. Wir empfehlen auch, gegebenenfalls Änderungen in den Belegarten vorzuschlagen, wenn dadurch der detektivische Kontrollaufwand im Rahmen der nachsorgenden Zugriffskontrollen reduziert werden kann.

Berechtigungsprüfung für Sachkonten

Zur weiteren Differenzierung von Berechtigungen bei der Bestellung kann die Berechtigungsprüfung für Sachkonten eingestellt werden. Dies erfolgt unter IMG • MATERIALWIRTSCHAFT • EINKAUF • BESTELLUNG • BERECHTIGUNGSPRÜFUNG FÜR SACHKONTEN EINSTELLEN.

Wareneingang

Im Wareneingang werden die eingegangenen Waren erfasst und, wenn möglich, mit Bestellbezug verbucht. Da der Wareneingang nicht nur Lieferungen Externer umfasst, sondern auch für eine Reihe interner Abläufe genutzt wird, ist die mögliche Berechtigungsdifferenzierung erheblich. Es stehen viele Berechtigungsobjekte in Relation zur Transaktion MIGO (Warenbewegung) zur Verfügung (siehe Abbildung 18.20).

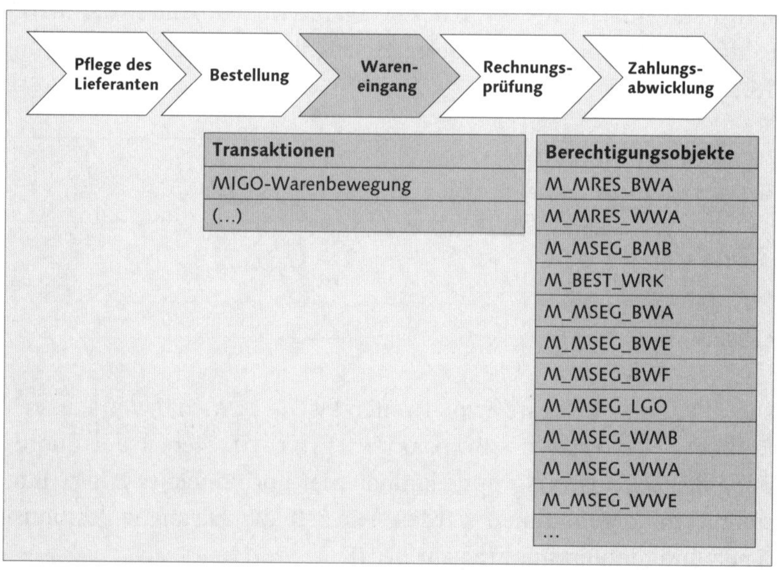

Abbildung 18.20 Wareneingang

Im Customizing der Rechnungsprüfung, IMG • MATERIALWIRTSCHAFT • LOGISTIK RECHNUNGSPRÜFUNG, müssen Sie eine Reihe von Einstellungen vornehmen. Diese Einstellungen müssen in Bezug auf das Interne Kontrollsystem (IKS) gründlich geprüft werden und bieten erheblichen Spielraum für Prozesskontrollen. Aus Sicht des betriebswirtschaftlichen Berechtigungskonzepts gibt es allerdings keine Einstellungen, die darzustellen wären.

Rechnungsprüfung

Die Transaktion MIRO (Eingangsrechnung erfassen) wird zunächst über die beiden Berechtigungsobjekte geschützt, die in Abbildung 18.21 dargestellt sind. Es kann auf dem Objekt M_RECH_WRK zwischen Vorerfassen und Erfassen unterschieden werden. Dies wird zusätzlich unterstützt durch die Transaktion MIR7 (Wareneingang vorerfassen).

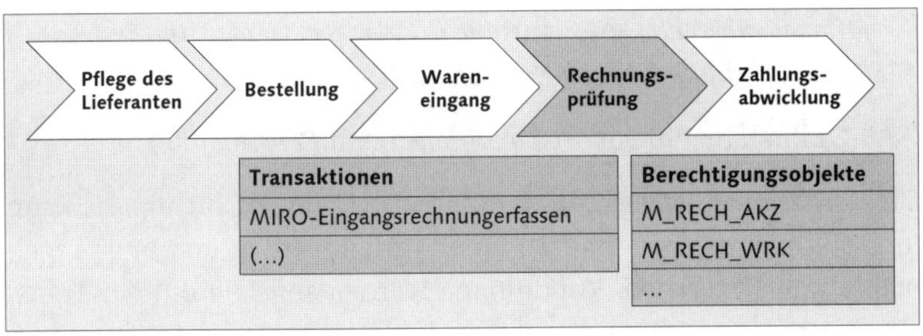

Abbildung 18.21 Rechnungsprüfung

18.6 Berechtigungen im Vertrieb

Die organisatorischen Differenzierungskriterien wurden bereits in Abschnitt 18.4.1, »Organisatorische Differenzierungskriterien«, dargestellt. Im Folgenden wenden wir uns deshalb unmittelbar den Stammdaten zu.

18.6.1 Stammdatenpflege

Neben dem Stammdatum Kunde, bei dem wir nur auf vorher gemachte Ausführungen verweisen, werden wir auf die Konditionspflege eingehen.

Kunde

Das Stammdatum *Kunde* (Debitor) haben wir bereits in Abschnitt 18.2.2, »Stammdaten«, vorgestellt.

Konditionen

Konditionen sind ein Mittel, um die Preisfindung für Produkte und Dienstleistungen durch eine Reihe von Bedingungen zu determinieren. Ein alltägliches Beispiel ist die Bestellung eines Buches im Internet. Der Buchpreis in Deutschland ist festgelegt, sodass bei diesem Preis keine Gestaltung möglich ist. Jedoch kann der Versandhändler in die Lieferbedingungen eingreifen, er kann eine Bedingung setzen, dass bei einem Mindestbestellwert die Lieferung für den Kunden kostenfrei ist. Die Preisfindung erfolgt über vordefinierte Konditionen, diese

> *[...] stellen eine Reihe von Bedingungen dar, die bei der Kalkulation eines Preises zur Geltung kommen. Wenn beispielsweise ein bestimmter Kunde an einem bestimmten Tag eine bestimmte Menge eines Produktes bestellt, so bestimmen die variablen Faktoren – Kunde, Produkt, Bestellmenge, Datum – den Endpreis für den Kunden. Die Informationen über alle diese variablen Faktoren werden im System als Stammdaten in Form von Konditionssätzen abgelegt.*

(SAP-Onlinehilfe, Stichwort *Konditionen* und *Preisfindung*)

Die Konditionspflege ist sehr umfangreich und vielschichtig, sie kann (und sollte) Freigabeverfahren unterworfen werden und muss regelmäßig geprüft werden. Konditionen werden angelegt mit der Transaktion VK31 (Konditionen anlegen) und können über die Transaktion VK32 (Konditionen ändern) geändert sowie über die Transaktion VK33 (Konditionen anzeigen) geprüft werden.

Mit diesen Transaktionen sind die Berechtigungsobjekte, die in Tabelle 18.21 aufgeführt werden, verbunden. Die Spalte *Org.* kennzeichnet die vorhandenen Organisationsebenen.

Objekt	Beschreibung	Feld	Bedeutung	Org.
V_KONH_VKO	Kondition: Berechtigung für Verkaufsorganisationen	VKORG	Verkaufsorganisation	X
		VTWEG	Vertriebsweg	X
		SPART	Sparte	X
		ACTVT	Aktivität	
V_KONH_VKS	Kondition: Berechtigung für Konditionsarten	KSCHL	Konditionsart	
		ACTVT	Aktivität	

Tabelle 18.21 Berechtigungsobjekte für die Konditionspflege

Das Berechtigungsobjekt V_KONH_VKS (Kondition: Berechtigung für Konditionsarten) enthält das Feld KSCHL (Konditionsart).

18.6.2 Verkaufsabwicklung

Für das Verständnis des betriebswirtschaftlichen Berechtigungskonzepts ist es unerlässlich, erkennen zu können, inwieweit eine bestimmte Vertriebsauftragsart zu einem bestimmbaren Risiko führt. Aus diesem Grund stellen wir die Vertriebsauftragsart im Folgenden dar. Darüber hinaus kann es durchaus sinnvoll sein, den Datenverantwortlichen Änderungen der Auftragsarten vorzuschlagen, um Risiken in Berechtigungen zu reduzieren.

Vertriebsauftragsart

Vertriebsaufträge werden über Vertriebsauftragsarten gesteuert. Diese werden unter IMG • VERTRIEB • VERKAUFSBELEGE • VERKAUFSBELEGKOPF • VERKAUFSBELEGARTEN DEFINIEREN gepflegt und kontrolliert.

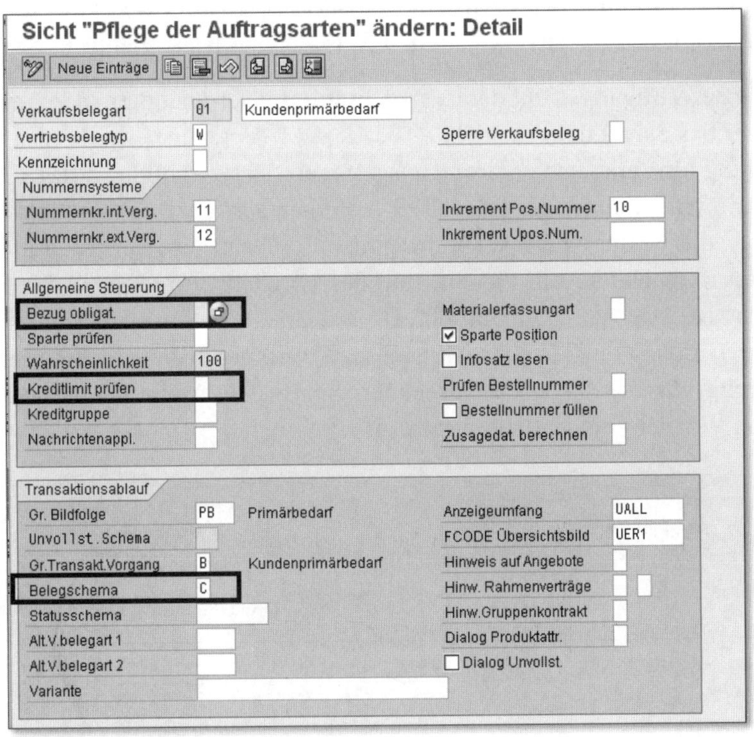

Abbildung 18.22 Customizing der Vertriebsauftragsart

Unter anderem wird festgelegt:

- ob in dieser Auftragsart ein Referenzbeleg obligatorisch ist (Feld Bezug obligat.), wie z. B. eine Anfrage (siehe Abbildung 18.22)
- ob eine automatische Kreditkrontrolle stattfindet (Feld Kreditlimit prüfen) (siehe Abbildung 18.22)
- welches Kalkulationsschema gilt (Feld Belegschema) (siehe Abbildung 18.22)
- welche Bedingungen für den Lieferplan gelten
- welche Bedingungen für den Versand gelten
- welche Bedingungen für die Faktura gelten

Die Verkaufsbelege werden dem Vertriebsbereich zugeordnet.

Positionstypen Ein Vertriebsauftrag enthält Positionen, die über den Positionstyp ausgesteuert werden. Positionstypen werden Vertriebsauftragsarten zugeordnet. Positionstypen werden unter IMG • Vertrieb • Verkaufsbelege • Verkaufsbelegposition • Positionstypen definieren gepflegt.

Vertriebsauftrag Die Berechtigungen auf dem Vertriebsauftrag werden unter anderem über das Berechtigungsobjekt V_VBAK_AAT (Verkaufsbeleg: Berechtigung für Verkaufsbelegarten) ausgesteuert (siehe Abbildung 18.23). Darin enthalten ist das Feld AUART (Verkaufsbelegart). Es kann also über die Berechtigung auf Auftragsarten differenziert werden. Auftragsarten werden im Customizing des Vertriebs festgelegt. Zusätzlich ist das Berechtigungsobjekt V_VBAK_VKO (Verkaufsbeleg: Berechtigung für Vertriebsbereiche) zu erwähnen, in dem die Berechtigung für die Organisationsebenen Sparte, Vertriebsorganisation und Vertriebsweg enthalten sind.

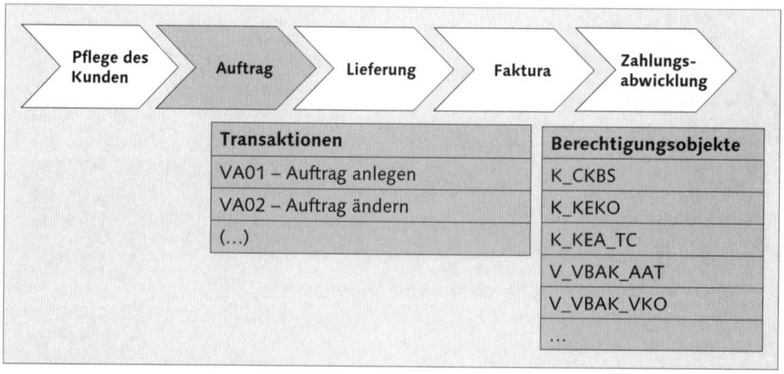

Abbildung 18.23 Vertriebsauftrag

Lieferung

Die Lieferung wird mit den Transaktionen VL01N (Lieferung anlegen) und VL02N (Lieferung ändern) gepflegt. Zu den Transaktionen werden die in Abbildung 18.24 dargestellten Berechtigungsobjekte abgeprüft.

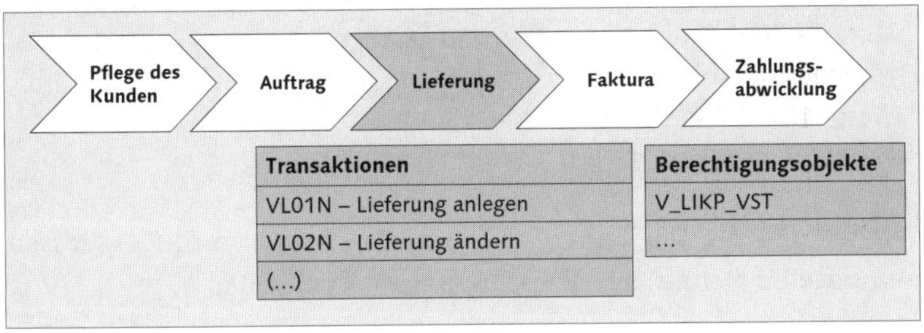

Abbildung 18.24 Lieferung

Faktura

Die Faktura ist schließlich die Rechnungsstellung an den Kunden, bei der dem Kunden die vereinbarten Preise und Bedingungen in Rechnung gestellt werden. Die Faktura wird durch die Fakturaart ausgesteuert, die im Customizing unter IMG • VERTRIEB • FAKTURIERUNG • FAKTUREN • FAKTURAARTEN DEFINIEREN eingesehen werden kann.

In der Fakturaart wird u. a. festgelegt, ob negative Buchungen, also Gutschriften, möglich sind. Die Fakturaart wird in den folgenden Menüpunkten des Customizings vervollständigt, u. a. in Bezug auf die Preisfindung.

Die Faktura wird mit den Transaktionen VF01 (Faktura anlegen) und VF02 (Faktura ändern) gepflegt. Die Fakturapflege sowie die Berechtigungsobjekte, die auf diesen Transaktionen verprobt werden, sehen Sie in Abbildung 18.25.

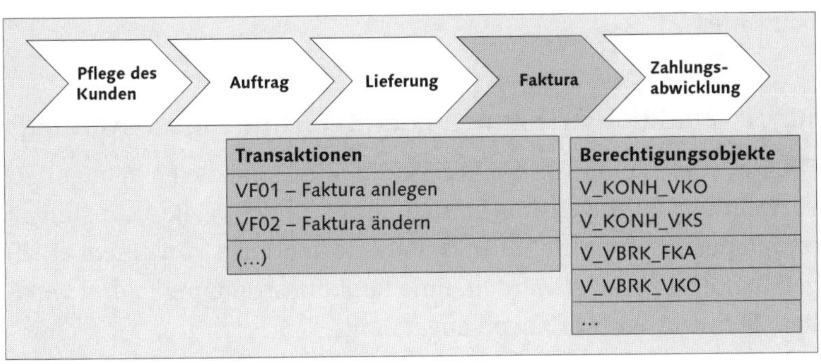

Abbildung 18.25 Faktura

Die in Tabelle 18.22 dargestellten Berechtigungsobjekte gestatten eine Differenzierung der Fakturierung über Konditionen und Fakturaarten.

Berechtigungsobjekt	Beschreibung
V_KONH_VKS	Kondition: Berechtigung für Konditionsarten
V_VBRK_FKA	Fakturierung: Berechtigung für Fakturaarten

Tabelle 18.22 Berechtigungsobjekte der Fakturierung

Wir werden die Darstellung von Berechtigungen in ERP-Prozessen nun mit den technischen Berechtigungen abschließen.

18.7 Berechtigungen in technischen Prozessen

Den technischen Prozessen, wie z. B. den Batchläufen oder RFC-Prozessen und ihren Berechtigungen, wird detailliert in den SAP-Sicherheitsleitfäden Rechnung getragen (*http://service.sap.con/securityguide*). In diesem Buch fokussieren wir uns auf einige zentrale Anforderungen des betriebswirtschaftlichen Berechtigungskonzepts in Bezug auf technische und administrative Berechtigungen. Die technischen Berechtigungen müssen im Kontext des organisationsspezifischen Betriebsführungskonzepts und der organisationsspezifischen Schnittstellenkonzepte betrachtet werden.

In den folgenden Abschnitten werden wir den Prozess der Berechtigungspflege selbst, Berechtigungen im Transportsystem, RFC-Berechtigungen, Debugging-Berechtigungen, Mandantenänderungsberechtigungen, die Änderungsprotokollierung und die Batchberechtigungen betrachten.

18.7.1 Funktionstrennung in der Berechtigungsverwaltung

Die Sicherheitsleitfäden von SAP sind in Bezug auf die Berechtigungsverwaltung, die eingehalten werden muss, eindeutig: Berechtigungen und Benutzer im produktiven System dürfen nicht von einem einzigen Benutzer gepflegt werden. Eine Funktionstrennung in drei beteiligte Benutzer wird dringend angeraten:

- **Rollenadministrator**
  Der Rollenadministrator pflegt die Berechtigungen in Rollen, darf aber weder die zugehörigen Profile generieren noch den Benutzern zuordnen.
- **Benutzerverwalter**
  Der Benutzerverwalter darf die Benutzerstammsätze pflegen und Rollen zuweisen, aber weder Rollen ändern noch die dazugehörigen Profile generieren.
- **Profilverwalter**
  Der Profilverwalter darf die zu den Rollen gehörenden Profile generieren, aber weder Rollen ändern noch zuordnen.

Darüber hinaus müssen Sie im produktiven System über Benutzergruppen sicherstellen, dass kein Benutzer seine eigenen Rollen ändern kann.

SAP stellt auf Basis der eingeforderten Funktionstrennung drei Templates zur Verfügung: SAP_ADM_US, SAP_ADM_AU und SAP_ADM_PR. Diese Templates werden in Tabelle 18.23 dargestellt (siehe auch Abschnitt 6.3.2, »Anlage und Pflege von Rollen«).

Rolle	Objekt	Beschreibung	Feldname	Wert
Ben.Adm.	S_TCODE	Transaktionscode-Prüfung	TCD	PFCG, SU01, SU10, SUIM
Ben.Adm.	S_USER_AGR	Prüfung für Rollen	ACTVT	3, 8, 22
Ben.Adm.	S_USER_AGR	Prüfung für Rollen	ACT_GROUP	*
Ben.Adm.	S_USER_AUT	Berechtigungen	ACTVT	3, 8
Ben.Adm.	S_USER_AUT	Berechtigungen	AUTH	*
Ben.Adm.	S_USER_AUT	Berechtigungen	OBJECT	*
Ben.Adm.	S_USER_GRP	Benutzergruppen	ACTVT	1, 2, 3, 5, 6, 8, 22, 24, 78
Ben.Adm.	S_USER_GRP	Benutzergruppen	CLASS	A
Ben.Adm.	S_USER_GRP	Benutzergruppen	CLASS	SUPESA
Ben.Adm.	S_USER_PRO	Berechtigungsprofil	ACTVT	3, 8
Ben.Adm.	S_USER_PRO	Berechtigungsprofil	PROFILE	*
Ben.Adm.	S_USER_PRO	Berechtigungsprofil	ACTVT	22
Ben.Adm.	S_USER_PRO	Berechtigungsprofil	PROFILE	T*

Tabelle 18.23 SAP-Templates zu Rollen in der Benutzer- und Berechtigungsverwaltung (Auszug)

Rolle	Objekt	Beschreibung	Feldname	Wert
Ben.Adm.	S_USER_SAS	Sys.spez. Zuordnungen	ACTVT	1, 6, 22
Ben.Adm.	S_USER_SAS	Sys.spez. Zuordnungen	ACT_GROUP	*
Ben.Adm.	S_USER_SAS	Sys.spez. Zuordnungen	CLASS	A -SUPEQZZZZZZZ, SUPESA Đ ZZZZZZZZZZZZ
Ben.Adm.	S_USER_SAS	Sys.spez. Zuordnungen	CLASS	SUPESA
Ben.Adm.	S_USER_SAS	Sys.spez. Zuordnungen	PROFILE	T*
Ben.Adm.	S_USER_SAS	Sys.spez. Zuordnungen	SUBSYSTEM	
Prof.Adm.	S_TCODE	Transaktionscode-Prüfung	TCD	PFCG, SUIM, SUPC
Prof.Adm.	S_USER_AGR	Prüfung für Rollen	ACTVT	3, 8, 64
Prof.Adm.	S_USER_AGR	Prüfung für Rollen	ACT_GROUP	*
Prof.Adm.	S_USER_AUT	Berechtigungen	ACTVT	1, 2, 3, 6, 7, 8
Prof.Adm.	S_USER_AUT	Berechtigungen	AUTH	T*
Prof.Adm.	S_USER_AUT	Berechtigungen	OBJECT	A -S_TZZZZZZZ, S_V Đ ZZZZZZZZZZZZ
Prof.Adm.	S_USER_AUT	Berechtigungen	ACTVT	3, 8
Prof.Adm.	S_USER_AUT	Berechtigungen	AUTH	*
Prof.Adm.	S_USER_AUT	Berechtigungen	OBJECT	*
Prof.Adm.	S_USER_GRP	Benutzergruppen	ACTVT	3, 8
Prof.Adm.	S_USER_GRP	Benutzergruppen	CLASS	*
Prof.Adm.	S_USER_PRO	Berechtigungsprofil	ACTVT	1, 2, 3, 6, 7, 8
Prof.Adm.	S_USER_PRO	Berechtigungsprofil	PROFILE	T*
Prof.Adm.	S_USER_PRO	Berechtigungsprofil	ACTVT	3, 8
Prof.Adm.	S_USER_PRO	Berechtigungsprofil	PROFILE	*
Rol.Adm	S_TCODE	Transaktionscode-Prüfung	TCD	PFCG, SUIM, SUPC
Rol.Adm	S_USER_AGR	Prüfung für Rollen	ACTVT	1, 2, 3, 6, 8, 21
Rol.Adm	S_USER_AGR	Prüfung für Rollen	ACTVT	DL, UL
Rol.Adm	S_USER_AGR	Prüfung für Rollen	ACT_GROUP	*
Rol.Adm	S_USER_AUT	Berechtigungen	ACTVT	3, 8
Rol.Adm	S_USER_AUT	Berechtigungen	AUTH	*
Rol.Adm	S_USER_AUT	Berechtigungen	OBJECT	*

Tabelle 18.23 SAP-Templates zu Rollen in der Benutzer- und Berechtigungsverwaltung (Auszug) (Forts.)

Rolle	Objekt	Beschreibung	Feldname	Wert
Rol.Adm	S_USER_GRP	Benutzergruppen	ACTVT	3, 8
Rol.Adm	S_USER_GRP	Benutzergruppen	CLASS	*
Rol.Adm	S_USER_PRO	Berechtigungsprofil	ACTVT	3, 8
Rol.Adm	S_USER_PRO	Berechtigungsprofil	PROFILE	*
Rol.Adm	S_USER_TCD	Transaktionen in Rollen	TCD	*
Rol.Adm	S_USER_VAL	Feldwerte in Rollen	AUTH_FIELD	*
Rol.Adm	S_USER_VAL	Feldwerte in Rollen	AUTH_VALUE	*
Rol.Adm	S_USER_VAL	Feldwerte in Rollen	OBJECT	*

Tabelle 18.23 SAP-Templates zu Rollen in der Benutzer- und Berechtigungsverwaltung (Auszug) (Forts.)

Zu diesen Templates ist Folgendes anzumerken:

- Im Feld ACT_GROUP (Aktivitätsgruppe) der Objekte S_USER_AGR (Berechtigungswesen: Prüfung für Rollen) und S_USER_SAS (Benutzerstammpflege: Systemspezifische Zuordnungen) sollte die aktuelle Namenskonvention der Organisation für Rollen generisch ausgeprägt sein.
- Im Feld PROFILE (Berechtigungsprofil in Benutzerstammpflege) in den Objekten S_USER_PRO (Benutzerstammpflege: Berechtigungsprofil) und S_USER_SAS (Benutzerstammpflege: Systemspezifische Zuordnungen) sollte eine etwaige Namenskonvention der Organisation für Profile generisch ausgeprägt sein. Dies ist keine Empfehlung, anstelle von Rollen Profile zu nutzen. Es gibt allerdings Kunden, die auch für die zu Rollen gehörenden Profile eine Namenskonvention ungleich T- haben.

Darüber hinausgehend dürfen Rollen und Berechtigungen im produktiven System nicht geändert werden. Dies muss im Entwicklungssystem geschehen: Die Änderungen müssen über einen Transportauftrag in das Testsystem überspielt und dort getestet zu werden, bevor nach einer Genehmigung der Änderungen die Rollen in das produktive System transportiert werden.

Schließlich müssen Sie sicherstellen, dass alle Änderungen an einem Benutzer im produktiven System immer einem im Einzelfall nachweisbaren Genehmigungsverfahren unterworfen wurden.

18.7.2 Funktionstrennung im Transportwesen

SAP empfiehlt eine mindestens dreistufige Systemlandschaft, um Entwicklungen, Customizing und Berechtigungen in einem Entwicklungssystem anlegen und in einem Qualitätssicherungssystem testen zu können, bevor sie in das Produktionssystem eingespielt werden. Das Produktionssystem muss vor Änderungen geschützt werden.

Die Konfiguration des Transportsystems ist eine sehr komplexe Aufgabe. Zur Vertiefung des Themas empfehlen wir das SAP PRESS-Buch *SAP-Änderungs- und Transportmanagement* (Kösegi/Nerding, 2009).

Einige Transaktionen im Transportsystem sind in Tabelle 18.24 aufgeführt.

Transaktionscode	Beschreibung
SE01	Transport Organizer (Erw. Sicht)
SE03	Transport Organizer Tools
SE09	Transport Organizer
SE10	Transport Organizer
STMS	Transport Management System
STMS_ALERT	TMS Alert Monitor
STMS_DOM	TMS-Systemübersicht
STMS_FSYS	TMS-Systemlisten pflegen
STMS_IMPORT	TMS-Importqueue
STMS_INBOX	TMS-Arbeitsvorrat
STMS_MONI	TMS-Importmonitor
STMS_PATH	TMS-Transportwege
STMS_QA	TMS Quality Assurance
STMS_QUEUES	TMS-Importübersicht
STMS_TCRI	Tabelle TMSTCRI anzeigen/pflegen
STMS_TRACK	TMS Import Tracking

Tabelle 18.24 Transaktionen im Transportsystem

Die in Tabelle 18.24 enthaltenen Transaktionen prüfen gegen das Berechtigungsobjekt S_CTS_ADMI (Administrationsfunktionen im Change & Transport System). Im Transportwesen sind die in Tabelle 18.25 dargestellten Berechtigungsobjekte erforderlich.

Berechtigungsobjekt	Beschreibung
S_CLNT_IMP	Datenimport bei Mandantenkopie
S_CTS_ADMI	Administrationsfunktionen im Change & Transport System
S_DATASET	Berechtigung zum Dateizugriff
S_TABU_CLI	Tabellenpflege mandantenunabhängiger Tabellen
S_TABU_DIS	Tabellenpflege (über Standardtools wie z. B. SM30)
S_TABU_RFC	Mandantenvergleich und -kopie: Datenexport per RFC
S_USER_AGR	Berechtigungswesen: Prüfung für Rollen
S_USER_GRP	Benutzerstammpflege: Benutzergruppen
S_USER_PRO	Benutzerstammpflege: Berechtigungsprofil

Tabelle 18.25 Relevante Berechtigungsobjekte im Transportwesen

Das Berechtigungsobjekt S_CTS_ADMI (Administrationsfunktionen im Change & Transport System) erlaubt eine Differenzierung auf dem Feld CTS_ADMFCT (Administrationsaufgaben im Change & Transport System). Unter anderem kann unterschieden werden zwischen Berechtigungen zur Art des Imports: IMPT, IMPA, IMPS. Zusätzlich kann die Berechtigung zum Genehmigen von Transporten in das Produktivsystem über »QTEA« erteilt werden.

18.7.3 RFC-Berechtigungen

Über die SAP-Standardschnittstelle *Remote Function Call* (RFC) können Verbindungen zwischen SAP-Systemen und zwischen SAP- und Nicht-SAP-Systemen eingerichtet werden. Der RFC ruft eine Funktion auf, die in einem entfernten System ausgeführt werden soll.

RFC ist somit ein wichtiges und gleichzeitig extrem kritisches Verfahren, das umfassende Eingriffe in Daten und Strukturen der gerufenen Systeme ermöglichen kann. Für RFC-Berechtigungen gilt somit zwingend, dass nur die Berechtigungen einzuräumen sind, die unbedingt notwendig und durch die entsprechenden Administratoren definiert, dokumentiert und freigegeben sind.

Zu unterscheiden sind *Trusted RFC* und *Untrusted RFC*. Beim Trusted RFC ist die Verbindung so definiert, dass die Systeme »einander vertrauen«, also eine Authentisierung nicht erforderlich ist.

Beim Untrusted RFC ist eine Authentisierung eines zu diesem Zwecke einzurichtenden RFC-Users erforderlich, der über einschlägige Berechtigungen verfügen muss. Zur Vertiefung empfehlen wir das SAP PRESS-Buch *Sicherheit und Berechtigungen in SAP-Systemen* (Linkies/Off, 2006). Die benötigten Berechtigungsobjekte sind in Tabelle 18.26 dargestellt.

Objekt	Feld	Beschreibung
S_RFC		Berechtigungsprüfung beim RFC-Zugriff
	RFC_TYPE	Typ des zu schützenden RFC-Objekts[1]
	RFC_NAME	Name des zu schützenden RFC-Objekts: Funktionsgruppe/Funktionsbaustein
	ACTVT	Aktivität: Zurzeit ist nur die Aktivität 16 (Ausführen) vorgesehen.
S_ICF		Berechtigungsprüfung beim Internet Communication Fra-Zugriff
	ICF_FIELD	Internet Communication Framework-Bereiche (Typen). Mögliche Werte: »SERVICE«: Mit diesem Wert wird der clientseitige Aufruf von Services im Internet Communication Framework geschützt. »DEST«: Mit diesem Wert wird der entfernte Aufruf von Funktionsbausteinen clientseitig geschützt.
	ICF_VALUE	Internet Communication Framework-Werte. Der Wert ist ein Literal. Der im Berechtigungsobjekt hinterlegte Wert muss mit dem Wert übereinstimmen, der in der Transaktion SICF (Aufruf von Services) oder in der Transaktion SM59 (Aufruf von Funktionsbausteinen) eingetragen worden ist.

Tabelle 18.26 Berechtigungsobjekt S_RFC und S_ICF

Im nächsten Abschnitt geht es um die Debugging-Berechtigungen.

1 Dieses Feld kann momentan den Wert »FUGR« (Funktionsgruppe) annehmen.

18.7.4 Debugging-Berechtigungen

Kein Benutzer darf im produktiven System die Berechtigungen zur Datenänderung beim Debugging haben. Dies ist keine grundsätzliche, sondern eine nahezu ausnahmslose Maßgabe. Die einzige zulässige Ausnahme von diesem Prinzip besteht darin, dass einem Benutzer für einen eingeschränkten Zeitraum die Berechtigungen überlassen werden. Dabei wird dieser Benutzer von einem Sachverständigen überwacht, der die Eingaben während der Arbeit überprüft. Sämtliche so erfolgten Änderungen müssen protokolliert und durch den Ausführenden sowie den Sachverständigen unterzeichnet werden.

Der sehr einfache Grund für diese restriktive Handhabung besteht darin, dass die Debugging-Berechtigungen im Änderungsmodus das spurenlose Löschen von Daten erlauben und somit ein Verstoß gegen das sogenannte *Radierverbot* (in Deutschland u. a. § 239 Abs. 3 HGB) vorliegt. Ein Verstoß gegen das Radierverbot durch Berechtigungen kann dazu führen, dass die Bilanz nicht mehr testierbar ist (was wiederum in Deutschland im schlimmsten Fall dazu führen kann, dass das Finanzamt die Steuern schätzt).

Änderungsberechtigungen beim Debugging werden über das Berechtigungsobjekt S_DEVELOP (ABAP Workbench), Feld OBJTYPE mit Wert DEBUG in Verbindung mit Feld ACTVT und dem Wert 02, gesteuert.

18.7.5 Mandantenänderung

Mit der Transaktion SCC4 (Mandantenverwaltung) werden die Einstellungen eines Mandanten angepasst. Dort wird u. a. festgelegt, welche Rolle der Mandant hat (z. B.: Produktion/Customizing) und welche Änderungen mit welchen Wirkungen möglich sind (siehe Abbildung 18.26).

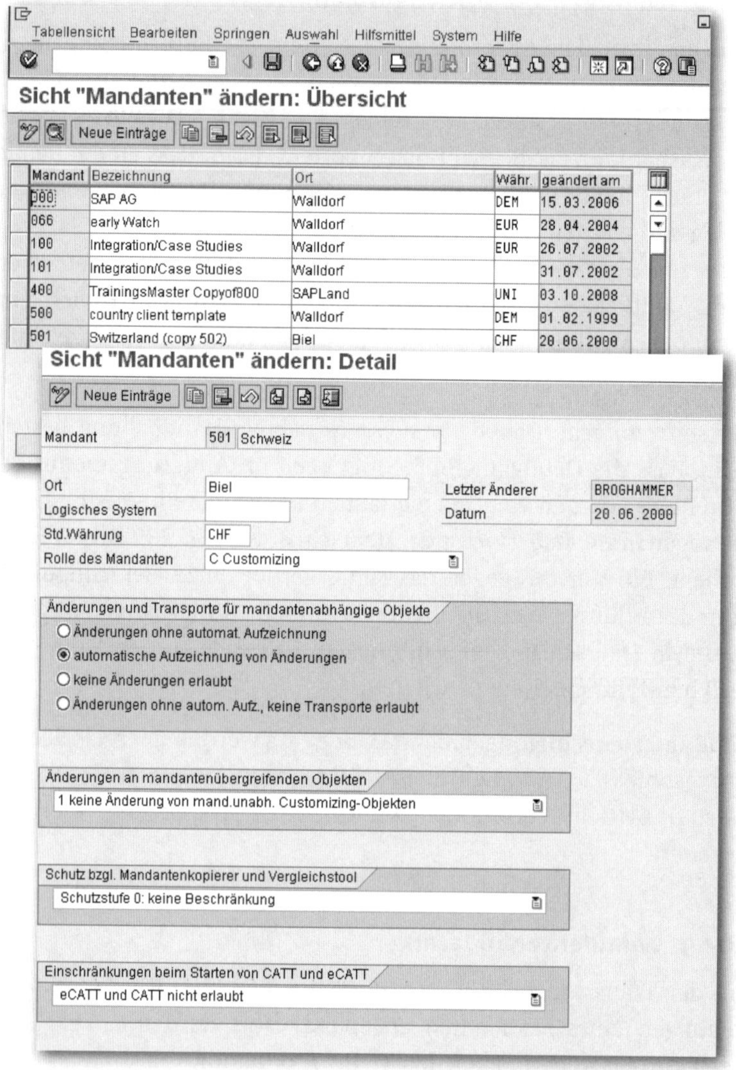

Abbildung 18.26 Pflege des Mandanten

Diese Einstellungen sind kritisch und müssen sowohl vor Änderungen geschützt als auch regelmäßig auf ihre Richtigkeit überprüft werden. In Tabelle 18.27 sind die erforderlichen Berechtigungen zur Mandantenänderung zusammengefasst.

Berechtigungsobjekt	Beschreibung	Feld	Wert
S_CTS_ADMI	Systemberechtigungen	CTS_ADMFCT	TABL
S_ADMI_FCD RC	Administrationsfunktionen im Change & Transport System	S_ADMI_FCD	T000
S_TABU_DIS	Tabellenpflege (über Standardtools wie z. B. SM30)	ACTVT	02
		DICBERCLS	SS
S_TABU_CLI	Tabellenpflege mandantenunabhängiger Tabellen	CLIIDMAINT	X

Tabelle 18.27 Berechtigungen zur Änderung eines Mandanten

18.7.6 Änderungsprotokollierung

Die Protokollierung von Änderungen auf Tabellen wird über die Transaktion SE13 (Speicher-Param. für Tabellen pflegen) definiert. Über den in Abbildung 18.27 umrandeten Auswahlschalter Datenänderung protokollieren wird die Tabelle zur Protokollierung vorgesehen.

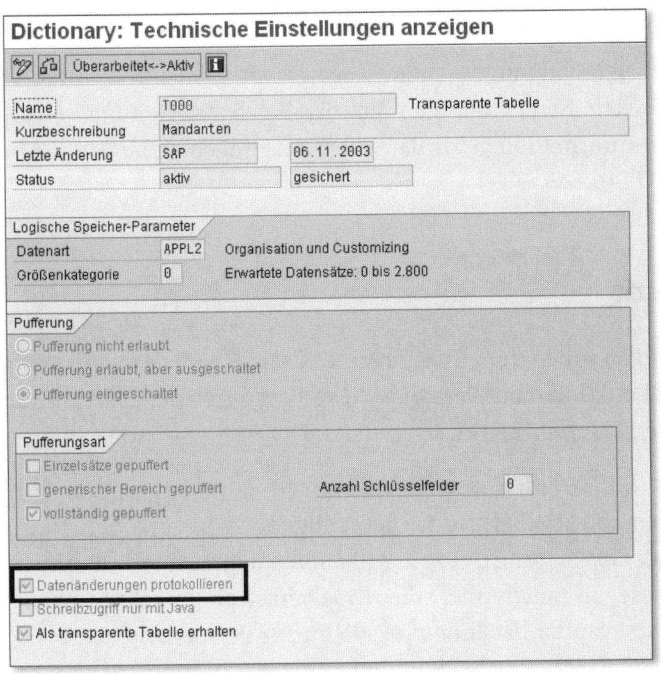

Abbildung 18.27 Tabellenprotokollierung

Ob die Tabellenprotokollierung aktiv ist, überprüfen Sie im Profilparameter REC/CLIENT. Die Anzeige ist über die Transaktion RZ11 (Profilparameter) möglich.

18.7.7 Batchberechtigungen

Für die im SAP-System üblichen Batchverfahren müssen geeignete Hintergrundbenutzer angelegt werden. Diese dürfen nicht über SAP_ALL verfügen, wie das an einigen Stellen leider immer noch nahegelegt wird. Die Erstellung eines Batchbenutzers mit geeigneten Berechtigungen ist aufwendig, sie kann aber durch den System-Trace vereinfacht werden (siehe Kapitel 6, »Technische Grundlagen der Berechtigungspflege«).

Es ist durchaus üblich, die Berechtigung für das Abspielen von Batch-Input-Mappen unter fremden Benutzernamen nur an ausgewählte Dialogbenutzer zu vergeben. Es ist auch üblich, das Löschen von Batch-Input-Mappen mit beliebigem Namen noch weiter, gegebenenfalls auf Notfalluser, einzuschränken. Bei allen anderen Benutzern ist die Berechtigung auf bestimmte Mappennamen beschränkt.

Eine Aufteilung der Batchbenutzer nach Applikationen ist sinnvoll, so kann sichergestellt werden, dass ein Batchbenutzer nur für eine Applikation Berechtigungen zugewiesen bekommen muss – neben den technischen Berechtigungen für die Batchverarbeitung selbst. Für weitere Informationen zu Batchberechtigungen siehe u. a. SAP-Hinweis 101146.

18.8 Fazit

Berechtigungen sollen der Funktion einer Person in der Organisation folgen. Die Funktion einer Person ist bestimmt durch die Prozesse, an denen diese Person mitwirkt.

Prozesse in ERP werden durch Customizing ausgestaltet. Um also angemessene und regelkonforme Berechtigungen zu vergeben, muss der Berechtigungsadministrator sowohl einen allgemeinen Überblick über Prozesse als auch über die Möglichkeiten im Customizing haben. Dieses Kapitel hat Ihnen an wichtigen Beispielen exemplarische Customizing-Möglichkeiten und ihren Zusammenhang zu Berechtigungen dargestellt.

Wir wollen nicht aus einem Berechtigungsspezialisten einen Experten für die Einführung aller SAP-Komponenten machen, das können wir auch gar nicht. Wir wollten aber mit diesem Kapitel erreichen, dass Sie auch das Customizing der Komponente als eine Quelle für weitere Differenzierungsmöglichkeiten zum Erreichen von Regelkonformität verstehen.

Das betriebswirtschaftliche Berechtigungskonzept, das mitunter jahrelang »irgendwie mitläuft«, steht immer wieder plötzlich im Zentrum der Aufmerksamkeit: entweder wenn es Auflagen der Revision oder der externen Prüfung gibt oder wenn in einem Upgrade-Projekt unvermutet ein Aufwand von mehreren hundert Personentagen entsteht.

19 Konzepte und Vorgehen im Projekt

In diesem Kapitel werden wir in Abschnitt 19.1, »Berechtigungskonzept im Projektbezug«, darstellen, in welchem Projektzusammenhang Berechtigungskonzepte entstehen und welche Herangehensweisen gewählt werden können. Abschnitt 19.2, »Vorgehensmodell«, stellt unser Vorgehensmodell dar. In Abschnitt 19.3, »SAP Best Practices-Template-Rollenkonzept«, stellen wir das SAP Best Practices-Template-Rollenkonzept vor, um schließlich in Abschnitt 19.4, »Inhalte eines Berechtigungskonzepts«, darzustellen, was in einem betriebswirtschaftlichen Berechtigungskonzept enthalten sein muss.

Das Ziel dieses Kapitels ist es, Sie mit dem Vorgehen zur Erstellung und dem Redesign eines Berechtigungskonzepts vertraut zu machen. Dieses Kapitel bietet kein »Kochrezept«, es bietet Ihnen aber logische Herangehensweisen und wichtige Bereiche, an die Sie denken sollten.

Unsere Erfahrung hat gezeigt, dass es a priori keine Standardvorgehensweise gibt, sondern fallbezogen auf der Grundlage der in diesem Kapitel dargestellten Bereiche ermittelt werden muss, wie im konkreten Fall am sinnvollsten vorzugehen ist. In diesem Sinne stellen wir einen Baukasten mit notwendigen Elementen bereit.

19.1 Berechtigungskonzept im Projektbezug

Zu jeder SAP-Einführung, zu jedem Erweiterungsprojekt und zu jedem Upgrade gehört auch die Auseinandersetzung mit dem betriebswirtschaftlichen Berechtigungskonzept. Die Definition von

Rollen ist – besonders im Bereich des Blueprints von Rollen – in der Regel sehr aufwendig. Die erforderlichen Rollen müssen identifiziert, funktional beschrieben und organisatorisch ausgeprägt werden, um alle im Projektumfang befindlichen Prozess- und Organisationsbereiche der SAP-Lösung abzudecken.

Wildwuchs

Darüber hinaus unterliegen Rollenkonzepte über den Verlauf der produktiven Nutzung oftmals einem Wildwuchs, da z. B. neue Projekte (etwa ein SAP-Upgrade) neue Rollen erfordern und unterschiedliche Personen die Rollenkonzepte administrieren. Dieser Wildwuchs und nicht zuletzt fehlende Transparenz führen häufig zu einem exponentiellen Anstieg der Rollenzahl im System.

Regelkonformität

»Gewachsene Berechtigungskonzepte« sind vielfach ein Euphemismus, der davon ablenken soll, dass bestehende Rollen häufig weder den Grundsätzen der Funktionstrennung folgen noch die einschlägigen Standards der Rollenpflege oder die Vorgaben des betriebswirtschaftlichen Berechtigungskonzepts dauerhaft umsetzen. Viele gewachsene Berechtigungskonzepte sind also gleich doppelt nicht regelkonform:

- Sie weisen eine unzureichende Funktionstrennung auf.
- Die Einhaltung der Standards der Berechtigungspflege ist mangelhaft.

Aus diesen Gründen entscheiden sich viele Unternehmen früher oder später, ihre historisch gewachsenen Rollenkonzepte zu überarbeiten. Gründe für das Redesign von Rollenkonzepten können dabei vielfältig sein. Ausgangssituationen für Redesignprojekte können z. B. die folgenden sein:

- Auflagen der Revision/der externen Prüfung
- neue gesetzliche Auflagen für das Interne Kontrollsystem (IKS)
- SAP-Upgrade-Projekte
- Redesign und Standardisierung von Geschäftsprozessen
- Vereinfachung des bestehenden Konzepts
- Konsolidierung heterogener Systemlandschaften

Regelkonformität und Kostenreduktion

Zielsetzungen des Redesigns von Rollenkonzepten sind in der Regel die Schaffung von mehr Transparenz, die Einhaltung von Funktionstrennungs- und Datenschutzanforderungen, die Umsetzung gesetzlicher Bestimmungen sowie die leichtere Administrierbarkeit des neuen betriebswirtschaftlichen Berechtigungskonzepts. Zur leichteren Administrierbarkeit zählt auch die deutlich höhere Upgrade-Sicherheit, sofern die Standards eingehalten werden. All dies kann bereits kurzfristig zu signifikanten Kosteneinsparungen in der Administration, in der Umsetzung des IKS und im Upgrade führen.

Grundlagen des Konzepts

Es gibt vier Bereiche, die für das betriebswirtschaftliche Berechtigungskonzept elementar sind:

- Systemlandschaft: vor allem Systeme (SAP, Non-SAP, ERP, sonstige) und Schnittstellen
- funktionale Differenzierung
- organisatorische Differenzierung
- technische Anforderungen

Systemlandschaft

Viele Kunden haben mittlerweile mehrere SAP- und Non-SAP-Lösungen im Einsatz, um ihre betriebswirtschaftlichen Prozesse abzubilden. Das klassische systembezogene Denken im Berechtigungskonzept ist damit restlos veraltet. Interessanterweise haben die Datenschutzgesetze des Bundes und der Länder in ihren Begriffsbestimmungen diese integrierte Sicht schon frühzeitig vorweggenommen. Aus dem Datenschutzrecht kommt die Definition des Verfahrens und bedeutet tatsächlich, dass das Verfahren über die Systemgrenzen hinweg zu betrachten ist. Ganz in diesem Sinne müssen die betriebswirtschaftlichen Prozesse in der Systemlandschaft betrachtet werden und nicht länger nur die Ausschnitte des Prozesses, die in einer Lösung umgesetzt werden. Wir haben in Abschnitt 5.2, »Der Verkaufsprozess«, in Abbildung 5.8 eine einfache Integration dargestellt. In der dort gezeigten Konstellation müsste der Prozess sowohl in SAP ERP als auch in SAP CRM betrachtet werden. Die jeweilige technische Umsetzung in den einzelnen betriebswirtschaftlichen Systemen ist nur ein Teilkonzept des betriebswirtschaftlichen Berechtigungskonzepts.

Funktionale Differenzierung

Möglichkeiten und Bedarf für funktionale Differenzierung haben wir in vielen Abschnitten dieses Buches diskutiert. In Kapitel 3, »Organisation und Berechtigungen«, haben wir funktionale Differenzierung im Kontext der Organisation dargestellt, in Kapitel 4, »Rechtlicher Rahmen – normativer Rahmen«, haben wir die Notwendigkeit der funktionalen Differenzierung in Bezug auf die Rechtsgrundlagen aufgezeigt. Darüber sollte deutlich geworden sein, dass funktionale Differenzierung im Rahmen des betriebswirtschaftlichen Berechtigungskonzepts eine absolute Notwendigkeit ist. Das Konzept muss definieren, wie das Berechtigungskonzept der Funktionstrennung in der Ablauforganisation nachkommt und wie notwendige Funktionstrennungskonflikte und kritische Aktionen zu behandeln sind.

Organisatorische Differenzierung

Auch die Notwendigkeit und die Möglichkeiten organisatorischer Differenzierung haben wir in verschiedenen Kapiteln diskutiert. In Kapitel 3, »Organisation und Berechtigungen«, haben wir uns aus diesem Grund sehr stark mit aufbauorganisatorischen Modellen auseinandergesetzt und die Organisationsebenen dargestellt. Das betriebswirtschaftliche Berechtigungskonzept muss nachweisen, wie die Aufbauorganisation des Unternehmens in den Berechtigungen umgesetzt wird, um Zugriffe nur auf notwendige Teilbereiche der Organisation zu gewährleisten.

Funktionale und organisatorische Differenzierung

Aufbau- und Ablauforganisation, funktionale und organisatorische Differenzierung bilden die zwingende Grundlage für das betriebswirtschaftliche Berechtigungskonzept. Die notwendigen Unterscheidungen müssen detailliert definiert werden, im Sinne von Funktionstrennungskonflikten und kritischen Zugriffen, mithin als Risikodefinitionen. Dies kann effizient nur auf der technischen Grundlage einer Lösung wie SAP BusinessObjects Access Control gewährleistet werden (siehe Kapitel 12, »SAP BusinessObjects Access Control«).

Technische Anforderungen

Technische Anforderungen sind zunächst einmal Anforderungen, die die durchaus unterschiedlichen technischen Berechtigungskonzepte der SAP-Lösungen stellen. Das betriebswirtschaftliche Berechtigungskonzept integriert diese verschiedenen Konzepte und definiert darüber den Zugriff der Benutzer in der Systemlandschaft.

19.2 Vorgehensmodell

In diesem Abschnitt stellen wir zunächst zwei logische Ansätze für das Vorgehen dar (den deduktiven Ansatz und den induktiven Ansatz), um dann diese beiden Ansätze in Bezug auf ein Implementierungsprojekt und ein Redesignprojekt zu bewerten. Auf dieser Basis entwickeln wir dann ein Vorgehensmodell.

Es gibt zwei mögliche Ausgangssituationen für ein Projekt im Berechtigungswesen:

- **Redesignprojekt in einer bestehenden Landschaft**
  Die bestehenden Berechtigungen geben Auskunft über bisher genutzte Differenzierungen.
- **Implementierungsprojekt**
  Diese Situation bietet die Möglichkeit, bereits in der Modellierung von Prozessen und Datenstrukturen den Bedarf der funktionalen und organisatorischen Differenzierung ermitteln und steuern zu können.

Zunächst werden wir die beiden logischen Ansätze, den deduktiven und den induktiven, darstellen.

19.2.1 Logischer Ansatz

In diesem Abschnitt möchten wir auf die Vorgehensweise im Projekt eingehen. Wir unterscheiden dabei zwei wesentliche Ansätze:

- **deduktiver Ansatz**
  Dieser vorgabebasierte Ansatz ermittelt ausgehend von institutionellen und normativen Vorgaben die Berechtigungen.
- **induktiver Ansatz**
  Dieser Ansatz basiert auf dem Ist-Zustand der Organisation, um daraus Folgerungen für Berechtigungen abzuleiten.

Abbildung 19.1 stellt die beiden Ansätze schematisch dar.

Deduktiver Ansatz

Der deduktive Ansatz geht von den bestehenden normativen Vorgaben aus, also von Gesetzen und internen Regelungen. Die Aufbauorganisation selbst muss als Teil dieser Normen gelten und grundsätzlich die relevanten Funktionstrennungen und Aufgabendefinitionen berücksichtigen. Aufgaben werden möglichst nicht neu ermittelt, sondern nur noch berechtigt. Sie müssen dann entsprechend den Prozessen zugeordnet werden. Der Prozess folgt den normativen Vorgaben, das Ziel ist unbedingte Regelkonformität. Vereinfacht dargestellt: Die Abbildung von Berechtigungen basiert auf der Regel.

Schutzbedarfsanalyse

Der deduktive Ansatz basiert auf einer Abbildung der zu erreichenden Vorgaben im Sinne einer Schutzbedarfsanalyse, z. B.:

- Vermeidung bestimmter Funktionstrennungskonflikte

- Geheimhaltung bestimmter Informationen
- Datenschutz

Die abgebildeten Vorgaben müssen detailliert qualifiziert und auf das System bezogen dargestellt werden. Aus der Abbildung kann sich schon im Vorfeld des Berechtigungskonzepts besonderer Schutzbedarf so ergeben, dass die Datenstrukturen und Abläufe vorab angepasst werden müssen.

Induktiver Ansatz

Der induktive Ansatz modelliert die Prozesse basierend auf dem Ist-Zustand und betrachtet Berechtigungen aus der Sicht von Prozessschritten, die dann Stellen zugeordnet werden müssen. Die normativen Vorgaben müssen dabei möglichst effizient in den Prozessen reflektiert werden. Auch dabei muss natürlich ein regelkonformer Zustand angestrebt werden. Vereinfacht dargestellt: Die Abbildung von Berechtigungen basiert auf dem Prozess.

In Abbildung 19.1 werden die Begriffe *Aufgabe*, *Teilaufgabe* und *Verrichtung* verwendet, die wir in Abschnitt 3.4.3, »Aufgabenanalyse«, in Bezug auf Rollen und Berechtigungen definiert haben.

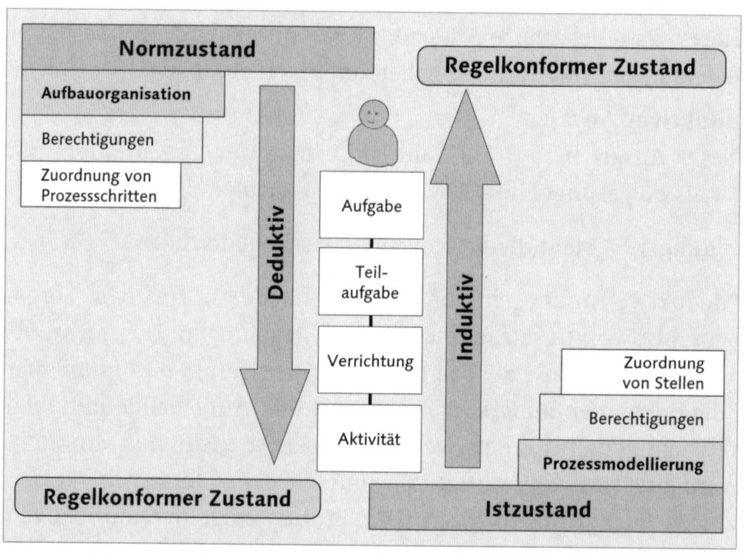

Abbildung 19.1 Deduktiver und induktiver Ansatz

- Beide Ansätze können sowohl beim Redesign als auch bei der Implementierung gewählt werden.
- Diese beiden Ansätze werden wir im Folgenden in Bezug auf Implementierungsprojekte und ein Redesignprojekt bewerten.

19.2.2 Implementierung

Prinzipiell sind im Kontext einer Neuimplementierung beide Ansätze denkbar, der deduktive wie auch der induktive. Der deduktive Ansatz ist für folgende Projekte angemessen:

- **Neuimplementierungen**
  Einführungen, die ein System »auf der grünen Wiese« implementieren – mit der Absicht, Prozesse und Organisation zu optimieren und optimiert im System umsetzen.
- **Strikte Normeinhaltung erforderlich**
  In Branchen, Lösungen oder Bereichen, in denen eine strikte Einhaltung von Normen erforderlich ist. Hier muss zunächst eindeutig festgelegt werden, was es in allen geregelten Einzelfällen zu erreichen gilt, bevor die Umsetzung im betriebswirtschaftlichen Berechtigungskonzept angestrebt wird.

Beispiel

Eine Branche, die vielen Auflagen unterworfen ist, ist die Pharmaindustrie, die in Bezug auf verschiedene nationale Rechtsquellen Auflagen einhalten muss. Ein bekanntes Stichwort ist *FDA Compliance*. Unternehmen müssen belegen, den Auflagen der US-amerikanischen *Federal Drug Administration* zu entsprechen.

Häufiger: induktiver Ansatz

Die meisten Projekte sind hingegen aufgrund des geringeren normativen Drucks eher für den induktiven Ansatz geeignet: Ein Implementierungsprojekt soll häufig bestehende Prozesse abbilden. Auch im Ist-Zustand der Organisation gibt es deutliche Hinweise, welche Funktionen getrennt werden können und welche Freigabe- und Genehmigungsverfahren bereits in alter Form existieren.

Abhängigkeit von der Einführungsmethode

Das betriebswirtschaftliche Berechtigungskonzept gibt nicht die Herangehensweise während der SAP-Einführung vor. Die Erstellung dieses Konzepts muss sich aber in jede gewählte Einführungsmethode eingliedern. Die üblichen Implementierungsmethoden (z. B. SAP Solution Manager) haben gemeinsam, dass sie:

- die Prozesse darstellen
- die Organisation darstellen
- Prozesse und Organisation im System in Abläufen zusammenbringen

Anteil am Systemdesign

Für das betriebswirtschaftliche Berechtigungskonzept ist nun Folgendes erforderlich:

Die Abbildung der Prozesse muss so weit getrieben werden, dass sowohl die gewünschten Transaktionen als auch die erforderlichen Funktionstrennungen und kritischen Aktionen unmittelbar als Risiken definiert werden.

Die Abbildung der Organisation muss so weit getrieben werden, dass komponenten- und lösungsübergreifend ein einheitliches Modell der Organisation entsteht, das eine organisatorische Differenzierung erlaubt. Daraus ist unmittelbar abzuleiten, dass die Festlegung der Organisationsabbildung sowie der Organisationsebenen und der Datendifferenzierung (Materialart, Belegart etc.) den Belangen der Differenzierung Rechnung tragen muss. Das betriebswirtschaftliche Berechtigungskonzept ist wesentlicher Treiber dieser grundsätzlichen Festlegungen.

Beispiel

Unser persönlicher Worst Case war folgender: In einem Einführungsprojekt hatte die Projektleitung keine integrierte Sicht auf die Prozesse und die Organisation. Selbst in den Komponenten von SAP ERP war die Abbildung so unterschiedlich, dass eine sinnvolle detaillierte Berechtigungsdifferenzierung nicht mehr möglich war. Die Strukturen von MM, OM, PSM, PS und CO wurden unabhängig voneinander ausdifferenziert. Da ein Beleg aus MM aber sowohl in PSM als auch PS oder CO relevant sein kann, war eine integrierte Berechtigungsvergabe, die unangemessene Zugriffe ausschließt, nicht mehr möglich. Es waren letztlich die für das Berechtigungskonzept verantwortlichen Berater, die eine Vereinheitlichung der Sichten erzwangen.

Im nächsten Abschnitt werden wir auf das Redesign eingehen.

19.2.3 Redesign

Ableitung aus BBP

Ein Redesign kann die im Ist-Zustand vorhandenen Informationen nutzen. Das bedeutet, dass folgende Analyseschritte vor dem eigentlichen Redesign auszuführen sind:

- Auswertung der Transaktionsverwendung (über die Transaktion ST03N (Systemlast u. Perform. Statistik)
- Auswertung der genutzten Organisationsebenen (über die Tabelle AGR_1252 (Orgebenen zu den Berechtigungen))
- Auswertung weiterer genutzter ablauf- oder aufbauorganisatorischer Unterscheidungsmerkmale (über die Tabelle AGR_1251 (Berechtigungsdaten zur Aktivitätsgruppe))

- Die Auswertung der Transaktionsverwendung kann auf die Prozesse des Kunden gemappt werden. Dadurch entsteht eine Transaktions-/Prozesszuordnung. In Bezug auf dieses Mapping können mögliche zusätzliche Unterscheidungsmerkmale hinsichtlich der Bewegungsdaten erkannt werden.
- Die Auswertung der Transaktionsverwendung kann ebenfalls auf die Komponenten gemappt werden. In Bezug auf dieses Mapping können mögliche zusätzliche Unterscheidungsmerkmale hinsichtlich der Stammdaten erkannt werden.
- In Bezug auf das Prozess-Mapping können mögliche Funktionstrennungskonflikte abgebildet bzw. validiert werden.

Präferenz: induktiver Ansatz

Sofern (neue) gesetzliche Auflagen nicht einen deduktiven Ansatz erzwingen, wird der induktive Ansatz immer die Methode der Wahl sein. Dies wird auch durch die dargestellte umfassende Vorabanalyse deutlich.

19.2.4 Konkretes Vorgehen

Der in Abschnitt 19.2.1, »Logischer Ansatz«, dargestellte logische Ansatz beschreibt eine abstrakte Herangehensweise: Aus welcher Perspektive (induktiv oder deduktiv) kann ein Berechtigungskonzept entwickelt werden? Der logische Ansatz beschreibt natürlich nicht das konkrete Vorgehen. Das werden wir im Folgenden darstellen.

In Abschnitt 3.4.3, »Aufgabenanalyse«, sind wir bereits auf die Möglichkeiten der Aufgabenanalyse abstrakt eingegangen und haben auch Aufgabenanalyse und Projektdarstellung miteinander so verbunden, dass wir für das betriebswirtschaftliche Berechtigungskonzept eine Gliederung nach Aufgabe, Teilaufgabe, Verrichtung und Aktivität nahelegten. Abbildung 3.15 zeigt das zu erreichende Ergebnis. Unser Ansatz definiert somit die Aufgabe in Bezug auf eine Stelle (Planstelle in SAP ERP HCM). Ein Mitarbeiter hat in einem Unternehmen eine Aufgabe wahrzunehmen. Aus der Prozesssicht erhalten wir in unserem Modell die Teilaufgabe und/oder die Elementarfunktionen aus dem Prozess (siehe Abschnitt 3.4.3, »Aufgabenanalyse). Die Teilaufgabe des Prozesses entspricht der Teilaufgabe im betriebswirtschaftlichen Berechtigungskonzept, die Elementarfunktion der Verrichtung. Die Verrichtung entspricht technisch der Transaktion.

Aufgabensynthese im Beschaffungsprozess

Im Beschaffungsprozess (siehe Kapitel 5, »Berechtigungen in der Prozesssicht«) ergibt sich das in Abbildung 19.2 dargestellte Bild. Die Lieferantenpflege, die sich aus der Pflege des Lieferanten, des Kreditors und des Geschäftspartners zusammensetzt, ist eine Teilaufgabe, die in einer technischen Rolle zusammengefasst wird, der Rolle *Kreditorenstammdatenpflege*. Die Teilaufgabe ist Teil einer Aufgabe einer Stelle, aus diesem Grund gehört die Rolle zur Stelle. Sie ist notwendig, um einen Teil der gestellten Aufgabe zu bewältigen. Der Stelle ist wiederum ein Mitarbeiter zugeordnet. Dieser ist verantwortlich für die Erfüllung der Aufgabe. Aus diesem Grund muss er somit die Rollen erhalten, die zur Aufgabenerfüllung notwendig sind.

Aufgaben ohne Funktionstrennungskonflikt

In der Darstellung gehört zur Aufgabe der Stelle auch noch die Debitorenpflege. Diese Information scheint zunächst unerheblich zu sein, sie ist jedoch elementar, wenn es um die Sicherstellung der Funktionstrennung geht. Ohne entsprechende konfigurative Vorabkontrollen (siehe Kapitel 18, »Prozesse in SAP ERP – spezifische Berechtigungen«) sollte die Aufgabe nicht mit weiteren Teilaufgaben wie etwa Bestellung oder Rechnungsprüfung verbunden sein, da dies einen substanziellen Funktionstrennungskonflikt darstellen könnte.

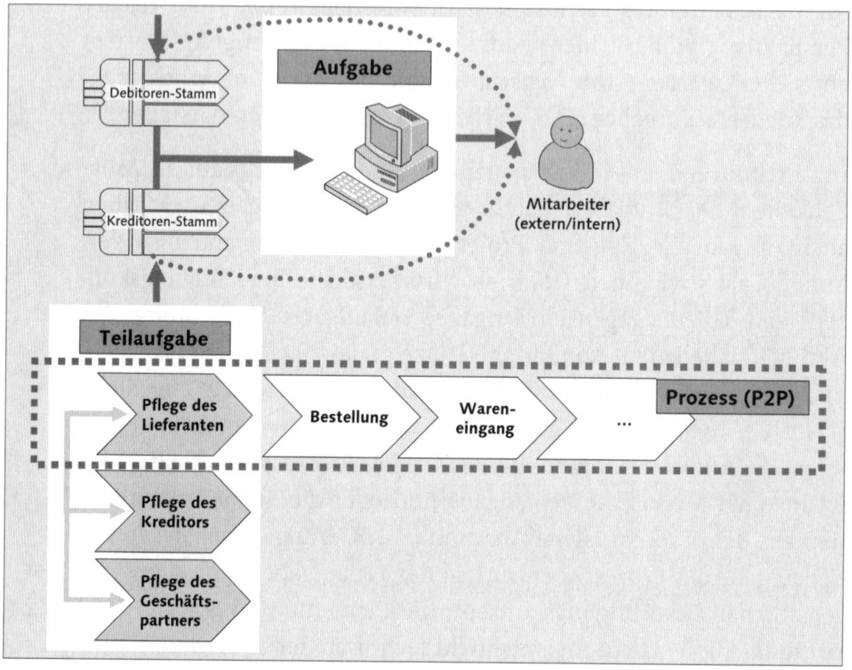

Abbildung 19.2 Rollenbezogene Aufgabensynthese im Prozess

Abstraktion als Schlüssel

Unabhängig von den von uns gewählten Begriffen ist eine Abstraktion im Prozess erforderlich. Es müssen Teilaufgaben gebildet und weiter detailliert werden. Diese Abstraktion sollte zunächst unabhängig von Stellen erfolgen. »Der Herr Müller bearbeitet aber auch ...« ist a priori die falsche Herangehensweise, um eine sinnvolle generische Abbildung von Berechtigungen zu erreichen. In Tabelle 19.1 wird ein Differenzierungsschema vorgestellt.

Prozess (Ausschnitt)					
Teilaufgabe	**Verrichtung**	**Transaktion**	**Aktivität**	**Objekt/Feldwerte**	**Rolle**
Was ist die zu lösende Teilaufgabe?	Welche Verrichtungen gehören dazu?	Auszuführender Transaktionscode?	Welche Aktivitäten werden ausgeführt?	Wie ist zu differenzieren: Freigabecode, Berechtigungsgruppe?	
P2P-Prozess: Beschaffung Entwicklungsabteilung					
Bestellung	Best. anlegen	ME21N	Anlegen der vollständigen Bestellung	Aktivität 01: Belegart nur ZST Einkäufergruppe: EAB	Besteller
Bestellung	Best. prüfen, ändern	ME22N, ME23N	Best. anzeigen und gegebenenfalls ändern	...	Freigeber
Bestellung	Bestellung freigeben	ME28	Bestellung freigeben	...	Freigeber

Tabelle 19.1 Differenzierungsschema

Effiziente Risikoerfassung

Im Rahmen der detaillierten Differenzierung müssen unmittelbar auch die Risiken des Prozesses detailliert erfasst werden. Die Risiken sind Funktionstrennungskonflikte, kritische Aktionen und kritische Berechtigungen. Diese Risiken sind detailliert zu erfassen. Insbesondere bei Einführungsprojekten gilt:

Risiken erfassen: jetzt oder teuer

Sie werden nie wieder eine derartig effiziente Möglichkeit der Risikodefinition erreichen und somit nie wieder so effizient regelkonforme Berechtigungen einrichten können wie in der Phase der Prozessmodellierung eines Implementierungsprojekts oder eines umfassenden System- und Prozessredesigns. Der Grund ist einfach: Im produktiven Betrieb wird aus einem Berechtigungsredesign zur Erreichung von Regelkonformität ein echter und in diesem Fall eigenständiger Change-Management-Prozess.

Bereinigung beim Design

Die mit dem Differenzierungsschema dargestellten Rollen müssen gegen die Risikodefinitionen überprüft werden. Gegebenenfalls können dann Änderungen vorgenommen werden. Das ist möglich:

- in der Konfiguration
- im Prozess
- in der Rolle

Bereinigung bei der Aufgabensynthese

Erst wenn die Teilaufgaben und somit die technischen Rollen definiert sind, ist die Aufgabensynthese sinnvoll. Diese können Sie über Sammelrollen, Enterprise-Rollen oder unter Nutzung der indirekten Rollenvergabe über Planstellen im Organisationsmanagement durchführen. Auch nach diesem Schritt müssen Sie das Ergebnis gegen die definierten Risiken prüfen.

In jedem Fall ist es das Ziel eines Berechtigungsprojekts, logische, system- und komponentenbezogene Bündelungen so vorzunehmen, dass diese Bündel frei von Funktionstrennungskonflikten sind und einfach mit den gewünschten organisatorischen Differenzierungen versehen werden können.

Eine mögliche Vereinfachung sowohl in der Einführung als auch in einem Redesign kann das SAP Best Practices-Template-Rollenkonzept bieten.

19.3 SAP Best Practices-Template-Rollenkonzept

Das SAP Best Practices-Template-Rollenkonzept ist ein Angebot der SAP Consulting. Es wird in diesem Abschnitt dargestellt, da es eine sinnvolle, standardisierende und standardisierte Vorgehensweise in einigen Projekten erlaubt. Wir werden regelmäßig gefragt, ob es für Rollen nicht ein Konzept gäbe, das über die im Auslieferungsumfang enthaltenen Rollenmuster hinausgehe.

Um die in Abschnitt 19.1, »Berechtigungskonzept im Projektbezug«, definierten Ziele der Regelkonformität und der Kostenreduktion zu unterstützen, wurde durch SAP Consulting ein SAP Best Practices-Template-Rollenkonzept entwickelt, das auf Projekterfahrungen und der Berücksichtigung des Regelwerkes von SAP BusinessObjects Access Control basiert.

Bevor wird das SAP Best Practices-Template-Rollenkonzept vorstellen, möchten wir die Begriffe *SAP Best Practices* und *Template* kurz erläutern.

19.3.1 SAP Best Practices

SAP Best Practices basieren auf den Projekterfahrungen zahlreicher Projekte in unterschiedlichen Branchen und sind Service Offerings der SAP. Sie erlauben eine strukturierte Projektvorgehensweise und können die Einführung von SAP-Lösungen signifikant erleichtern.

Die Anwendung von SAP Best Practices erleichtert insbesondere die Evaluierung und die Design-Phase eines Implementierungsprojekts. Hierdurch lassen sich Beratungskosten und kundeneigene Ressourcen einsparen sowie Implementierungszeiträume signifikant reduzieren. Projektkosten und -risiken werden minimiert. Dabei können SAP Best Practices in den unterschiedlichsten Projektsituationen genutzt werden. Zum Beispiel können sie einen Mehrwert im Rahmen von Prototypen (Proof-of-Concept Projekten) oder Referenzprojekten als Ausgangspunkt für einen späteren Roll-out liefern.

Vorteile des SAP Best Practices-Ansatzes sind:

- Verbesserung der Transparenz
- Komplexitätsreduzierung
  - Standardisierung des Rollenkonzepts
  - Reduzierung von Redundanzen
  - Harmonisierung durch einheitliche Strukturen
- Verbesserung der Flexibilität
  - einfachere Anpassungen durch Standardisierung
- Kostenreduzierung
  - Implementierungsaufwand
  - Administrations- und Wartungsaufwand
  - Wiederverwendbarkeit

Nachdem nun SAP Best Practices kurz beschrieben wurden, wird im Folgenden noch der Begriff *Template* im Kontext des Rollenkonzepts erläutert.

19.3.2 SAP-Template-Rollen

Template-Rollen sind standardisierte und wiederverwendbare Rollenvorschläge für SAP ERP. Diese Template-Rollen harmonisieren die Rollen für alle Regionen, Lokationen und Geschäftsbereiche und werden somit als Vorlage unternehmensübergreifend verwendet. Ein Template dient als Ausgangspunkt für weitergehende Anforderungen, sofern sich diese aus z. B. lokalen Gegebenheiten (andere Prozessschritte) ergeben. Durch die Wiederverwendbarkeit der Rollen lässt sich z. B. der Aufwand für Dokumentationen, Realisierung und Administration verringern. Gleichzeitig können Standards für ein Konzept etabliert und die Nachhaltigkeit des Rollenkonzepts unterstützt werden, was z. B. den Wildwuchs von Rollen erheblich eindämmt.

Die Template-Rollen werden über einen generischen Rollenkatalog zur Verfügung gestellt. Dieser deckt alle Funktions- und Prozessbereiche (Anlagenwirtschaft, Hauptbuchhaltung, Vertrieb etc.) von SAP ERP ab und bietet Vorschläge für die Strukturierung der erforderlichen Rollen an. Der Rollenkatalog berücksichtigt dabei bereits allgemeine Funktionstrennungsanforderungen (wie die Trennung von Stammdaten- und Buchungstätigkeiten bzw. die Separierung von kritischen und unkritischen Funktionen) sowie Anforderungen, die sich aus dem Regelwerk von Access Control ergeben.

Grundsätzlich deckt der Rollenkatalog basierend auf Erfahrungswerten ca. 80 % der erforderlichen Rollen für Standardfunktions- und Prozessbereiche ab, die lediglich mit den kundenspezifischen Rollenanforderungen abgeglichen werden müssen. Der Rollenkatalog kann damit als Ausgangspunkt für das Rollenredesign verwendet werden, da er ein funktionales Referenzrollenkonzept anbietet, das lediglich an die organisatorischen Zuständigkeiten der Unternehmung angepasst werden muss. Konkret müssen zu diesem Referenzrollenkonzept noch die erforderlichen organisatorischen Differenzierungen definiert bzw. orientiert an der Rollenpflege abgeleitet werden.

Der Aufbau des SAP Best Practices-Rollenkatalogs wird in Tabelle 19.2 dargestellt.

Modul	Funktionale Beschreibung	Rollenname	Kurzbeschreibung	Berechtigung	SoD-kritisch
Modul	Funktionale Beschreibung	Rollenname (Empfehlung)	Beschreibung der Rolle	Organisations-ebenen	SoD-kritisch

Tabelle 19.2 Aufbau des SAP Best Practices-Rollenkatalogs

Im Folgenden sehen Sie einige Beispiele zu den vordefinierten SAP Best Practices-Template-Rollen:

- AA Anlagenbuchhaltung Buchung
- AA Anlagenbuchhaltung Stammdaten
- AP Kreditorenbuchhaltung Buchung
- AP Kreditorenbuchhaltung Zahllauf
- AP Rechnungsprüfung
- AR Debitorenbuchhaltung Buchung
- AR Debitorenbuchhaltung Stammdaten
- AR Debitorenbuchhaltung Zahllauf
- AR Kreditmanagementpflege
- GL Buchhaltung Umrechnungskurse

Der Rollenkatalog ist dabei modulorientiert aufgebaut und berücksichtigt einerseits das SAP-Standard-Ableitungskonzept und andererseits auch Anforderungen, die sich aus der kombinierten Verwendung mit SAP BusinessObjects Access Control ergeben.

Die funktionale Ausprägung je Rolle wird harmonisiert und ist für alle organisatorischen Ableitungen einheitlich strukturiert. Im Rahmen der Rollenvorschläge werden konsequent kritische Funktionen in Einzelrollen separiert und unkritische Funktionen weitestgehend gruppiert. Dadurch lassen sich sehr schlanke, aber dennoch revisionskonforme Rollen- bzw. Berechtigungskonzepte etablieren.

19.3.3 Methodische Vorgehensweise des SAP Best Practices-Rollenkonzepts

Die methodische Vorgehensweise des SAP Best Practices-Rollenkonzepts basiert dabei grundsätzlich auf einem Einzelrollenkonzept und berücksichtigt Sammelrollen nur für die Strukturierung von systemübergreifenden Rollen auf Basis der Zentralen Benutzerverwaltung. Optional kann das SAP Best Practices-Rollenkonzept auch auf Basis eines Sammelrollenkonzepts realisiert werden.

Vorgehensweise

Das Vorgehen ist in Abbildung 19.3 skizziert. Die Darstellung der SAP-Rolle verdeutlicht deren Wiederverwendbarkeit für verschiedene Funktionen. Im Bild ist die Rolle Deb.BH BUKRS 1 unterschiedlichen Benutzern mit unterschiedlichen Funktionen zugeordnet.

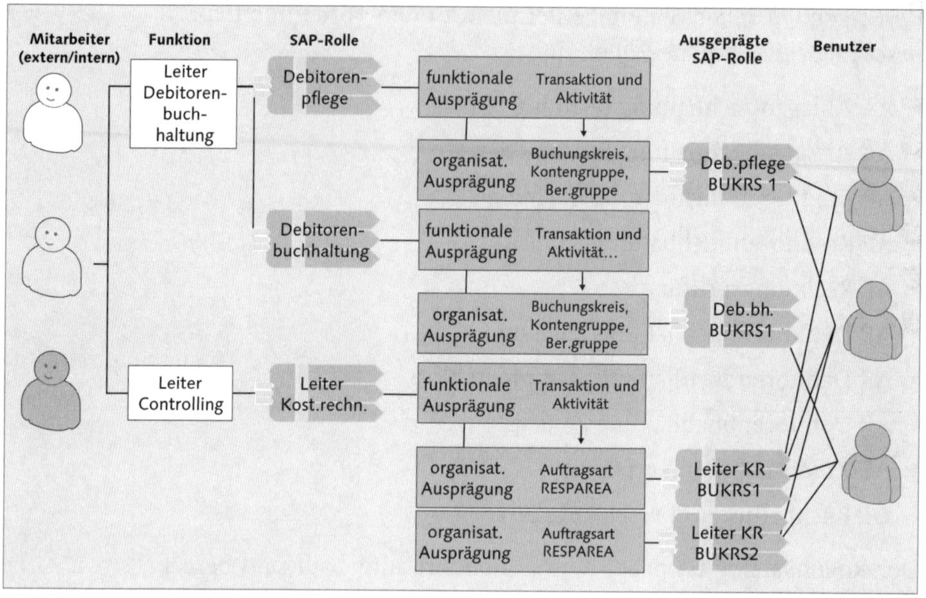

Abbildung 19.3 Verbindung Funktion und Benutzer im SAP Best Practices-Template-Rollenmodell

Vorgehen im Projekt

Zur Einführung des SAP Best Practices-Rollenkonzepts müssen Sie die folgenden Schritte durchlaufen:

1. Überprüfung und Vervollständigung der SAP Best Practices-Rollenvorschläge
   - Berücksichtigung kundeneigener Funktionen
   - Mapping Funktionstrennungsanforderungen
   - Template für initiale Dokumentation
2. Funktionale Ausprägung Rollen
   - Option 1: Mapping Transaktionsnutzungsanalyse
   - Option 2: Mapping bestehendes Rollenkonzept
   - Option 3: Verwendung SAP Best Practices-Inhalt
   - Option 4: Mapping aus Transaktionsmatrix
3. Organisatorische Ausprägung Rollen
   - Analyse erforderlicher Organisationsebenen
   - Mapping Rollen zu Organisationsebenen
   - automatisierte Anlage durch SAP BusinessObjects Access Control
   - Template für initiale Dokumentation

Arbeitspakete

Die dabei erforderlichen Arbeitspakete und Aktivitäten je Arbeitspaket sind in Abbildung 19.4 detailliert dargestellt. Die Arbeitspakete sind:

❶ Identifizierung der SAP Best Practices-Rollen

❷ funktionale Rollendefinition

❸ organisatorische Rollendefinition

❹ Realisierung Rollen

❺ Integrationstest/User-Acceptance-Test

❻ Template Go-Live/Roll-out

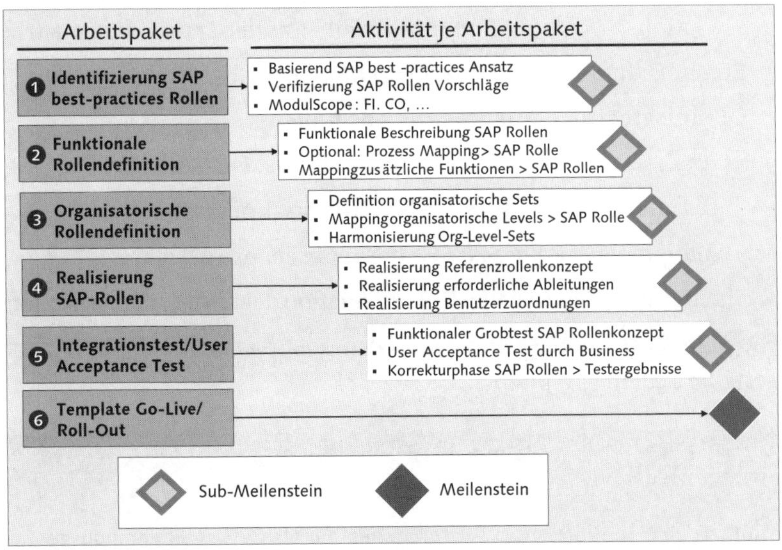

Abbildung 19.4 Vorgehensmodell der SAP Best Practices-Rollendefinition

Vorteil des Modells

Grundsätzlich unterscheidet sich das methodische Vorgehensmodell nicht sehr stark von herkömmlichen Ansätzen der Rollendefinition. Allerdings gilt es hierbei zu berücksichtigen, dass gerade im Bereich des Arbeitspakets 1 (Identifizierung von SAP Best Practices-Rollen) bereits mehr als ein Drittel des erforderlichen Aufwands eingespart werden kann, da der SAP Best Practices-Rollenkatalog bereits vordefinierte Rollenvorschläge und Strukturierungen mit sich bringt:

- Überprüfung und Vervollständigung der SAP Best Practices-Rollenvorschläge
  - Auswahl der erforderlichen Rollen analog den Prozessvorgaben
  - Vervollständigung der Rollen für kundeneigene Funktionen
  - Mapping von Funktionstrennungsanforderungen

Das Ergebnis ist eine initiale Dokumentation (templatebasierend) der erforderlichen Rollen.

- **Funktionale Ausprägung der Rollen**
  - Option 1: Mapping von Funktionen aus Transaktionsnutzungsanalysen
  - Option 2: Mapping bestehendes Rollenkonzept (bei granularer Rollenstruktur)
  - Option 3: Verwendung von SAP Best Practices-Inhalten (funktionale Vorschläge je Rolle)
  - Option 4: Mapping-Funktionen auf Basis der Transaktionsmatrix

  Ergebnis: funktionale Dokumentation der erforderlichen Rollen
- **Organisatorische Ausprägung der Rollen**
  - Analyse erforderlicher SAP-Organisationsebenen
  - Definition kundenspezifischer Organisationssets
  - Mapping der Rollen zu Organisationsebenen

  Ergebnis: organisatorische Dokumentation der erforderlichen Rollen

Organisatorische Ausprägung

Die organisatorische Ausprägung wird über das in Tabelle 19.3 dargestellte Schema definiert.

SAP Best Practices-Rolle		Ausprägung 001		Ausprägung 002	
Rolle	Org.Ebenen	von	bis	von	bis
Rollenname	in Rolle enthaltene Org.Ebenen	Org.Ebenen ausgeprägt mit Werten der Ausprägung 001		Org.Ebenen ausgeprägt mit Werten der Ausprägung 002	

Tabelle 19.3 Schema organisatorischer SAP Best Practices-Rollendefinition

19.3.4 Einsatz mit SAP BusinessObjects Access Control

Das SAP Best Practices-Rollenkonzept lässt sich auch kombiniert mit Access Control implementieren. Dies ermöglicht es, integrierte Compliance (z. B. Risikoanalysen, Genehmigungsworkflows) bereits in der Rollendefinition zu berücksichtigen.

Massenpflege von SAP Best Practices-Rollen

Darüber hinaus ergeben sich durch den Funktionsumfang von Access Control Vorteile insbesondere bei der Implementierung des SAP Best Practices-Rollenkonzepts, da die Massenpflegemöglichkeiten – z. B. das Enterprise Role Management (hier: Organisationswertmapping) –

die automatisierte Erstellung von organisatorischen Ableitungen unterstützen.

Vorteile bei der kombinierten Anwendung:

- Minimiert signifikant Aufwände beim Redesign von Rollenkonzepten (z. B. durch Massenpflegemöglichkeiten).
- Risiken des Rollenkonzepts können bereits vor dem Go-Live bereinigt werden.
- Automatisierung der Provisionierungs- und Genehmigungsprozesse ist bereits im Projektzyklus anwendbar.
- Verhinderung kostspieliger Nacharbeiten in Bezug auf Regelkonformität.
- Implementierung bietet Transparenz, Administrierbarkeit und Zukunftssicherheit.

Die Einführung der Access-Control-Lösung in Kombination mit dem SAP Best Practices-Rollenkonzept bietet ein effizientes Instrumentarium zum Redesign von Rollenkonzepten und minimiert Sicherheitsrisiken präventiv bereits vor dem Go-Live.

19.4 Inhalte eines Berechtigungskonzepts

Internes Kontrollsystem

In Kapitel 4, »Rechtlicher Rahmen – normativer Rahmen«, haben wir das betriebswirtschaftliche Berechtigungskonzept im IKS und damit im normativen Rahmen der Organisation verortet. Dort haben wir folgende Prinzipien aufgeführt:

- Identitätsprinzip
- Minimalprinzip
- Stellenprinzip
- Belegprinzip der Buchhaltung
- Belegprinzip der Berechtigungsverwaltung
- Funktionstrennungsprinzip
- Genehmigungsprinzip
- Standardprinzip
- Schriftformprinzip
- Kontrollprinzip

Das betriebswirtschaftliche Berechtigungskonzept muss dem normativen Rahmen gerecht werden, den dargestellten Prinzipien folgen und auch ihre Anwendung in der Systemlandschaft transparent machen.

Schriftformprinzip

Für die Fassung des betriebswirtschaftlichen Berechtigungskonzepts möchten wir Ihnen zunächst unsere Ausführungen zum Schriftformprinzip in Erinnerung rufen:

> *Das betriebswirtschaftliche Berechtigungskonzept muss in einer schriftlichen, genehmigten Fassung vorliegen und der Art nach geeignet sein, einem sachkundigen Dritten in angemessener Zeit Auskunft über die betriebswirtschaftliche Nutzung der Berechtigungen, der Umsetzung der normativen Grundlagen und der technischen Realisierung zu geben.*

Die Formulierung ist bewusst an § 238 Satz 2 HGB angelehnt. Dort wird für Deutschland das »True-and-Fair-View«-Prinzip in Bezug auf die Bilanz definiert. Es scheint uns eine angemessen Ableitung in Bezug auf das betriebswirtschaftliche Berechtigungskonzept zu sein, erwarten zu dürfen, dass ausgebildete Berechtigungsexperten auf der Grundlage des schriftlichen Konzepts erkennen können, wie die Berechtigungen im System beschaffen sind oder sein sollten. Es muss also aus dem Konzept für den externen Experten verständlich hervorgehen, warum ein bestimmter Benutzer bestimmte Berechtigungen bekam.

Das Fehlen eines schriftlichen Konzepts als substanzieller Mangel

Sofern es kein schriftliches betriebswirtschaftliches Berechtigungskonzept in diesem Sinne gibt, ist dies nach unserer Auffassung ein substanzieller Verstoß gegen die Prinzipien des IKS. Dies gilt auch, wenn die Umsetzung in den Systemen keinen erkennbaren Zusammenhang zum schriftlichen Konzept hat.

Im Folgenden werden wir auf dieser Grundlage eine mögliche Gliederung eines betriebswirtschaftlichen Berechtigungskonzepts erläutern.

19.4.1 Einleitung und normativer Rahmen des Konzepts

Dieser Abschnitt des betriebswirtschaftlichen Berechtigungskonzepts dient der Verortung des Konzepts im Rahmen des IKS und der Organisation. Es hat sich insbesondere in Organisationen des öffentlichen Sektors als hilfreich erwiesen, auf den institutionellen Rahmen einzugehen – einerseits weil die Rechnungslegungsnormen und weitere Rechtsnormen anders sein können, aber andererseits auch, weil der andere institutionelle Rahmen andere Ziele mit sich führen kann und interne Strukturen ihre Besonderheiten aufweisen können. Ein betriebswirtschaftliches Berechtigungskonzept für eine Behörde stellt spezielle Anforderungen an den Inhalt, die Form, aber auch die Kompetenzen eines externen Beraters.

Nachweis der Genehmigung/ Abnahme

Aus dem betriebswirtschaftlichen Berechtigungskonzept muss hervorgehen, wer es wann abgenommen und genehmigt hat. Die Genehmigung muss durch einen Vertreter der Geschäftsleitung oder eine durch diese dafür bestimmte Person erfolgen.

Eine etwaige Abnahme oder Kenntnisnahme anderer Funktionen wie der internen Revision oder des Datenschutzbeauftragten kann sinnvoll sein.

Einbettung im IKS

Das betriebswirtschaftliche Berechtigungskonzept ist Bestandteil des IKS. Sofern zur Dokumentation des IKS eine Darstellung der geltenden Rechtsnormen und internen Normen gehört, kann das betriebswirtschaftliche Berechtigungskonzept darauf konkret referenzieren. Das heißt, die Normen, die durch das Berechtigungskonzept umzusetzen sind oder berührt werden, müssen fallweise genannt werden. Detaillierte Ausführungen sind nur in den Bereichen erforderlich, die in der Dokumentation des IKS nicht enthalten sind.

Leider gibt es einige Beispiele, in denen nur die rechnungslegungsrelevanten Regelungen in das IKS Eingang finden. Oft wird der Datenschutz nicht als Bestandteil des IKS gesehen, und die einschlägigen Verzeichnisse und Dokumentationen werden entsprechend separat geführt. Dies kann auch für weitere Rechtsnormen und Grundlagen gelten, wie etwa Branchenrecht, Umweltrecht etc. In diesen Fällen müssen entweder entsprechende weitere Referenzierungen vorgenommen werden, oder es muss eine belastbare Darstellung im Konzept enthalten sein.

Minimalanforderungen

In einem betriebswirtschaftlichen Berechtigungskonzept in Deutschland müssen an Normen minimal enthalten oder referenziert sein:

- geltende Rechnungslegungsvorschriften
- geltende Datenschutzvorschriften
- geltende Regeln der Mitbestimmung

Konkretisierung der Normen

Die Darstellung muss in jedem Fall so konkret sein, dass der jeweilige Schutzbedarf im Sinne technischer Berechtigungen deutlich wird. Allgemeinplätze wie etwa »Die Grundsätze ordnungsgemäßer EDV-Buchführung sind einzuhalten.« sind nicht ausreichend. Dies muss so weit detailliert werden, dass auf die Abschnitte verwiesen wird, in denen der Schutz deutlich wird, also mindestens die Ausführungen zur Risikodefinition und zu den technischen Standards.

19.4.2 Technischer Rahmen

Darstellung der Systemlandschaft

Dieser Abschnitt des betriebswirtschaftlichen Berechtigungskonzepts dient der Darstellung der durch das Konzept geschützten Systemlandschaft, die inklusive aller Schnittstellen zu anderen Verfahren darzustellen ist. Sofern es Schnittstellen in andere Systeme gibt, muss dargestellt werden, wie die Daten zwischen den Schnittstellen geschützt werden und welche Intersystemkonflikte vorhanden sind. Anzustreben ist allerdings ein betriebswirtschaftliches Berechtigungskonzept, das gesamthaft alle ERP-Applikationen darstellt.

Darstellung der technischen Berechtigungskonzepte

Gerade wenn es um unterschiedliche ERP-Applikationen geht, kann es verschiedene technische Berechtigungskonzepte geben. In diesem Buch sind die Konzepte von SAP ERP, SAP ERP HCM, SAP NetWeaver BW, SAP CRM, SAP SRM und der UME dargestellt worden – also in Teilen signifikant unterschiedliche technische Konzepte. Dies muss in einem betriebswirtschaftlichen Berechtigungskonzept verständlich dargestellt werden. Dazu gehört in jedem Fall auch die Methodologie der Berechtigungspflege und Berechtigungszuweisung.

19.4.3 Risikobetrachtung

Dieser Abschnitt des betriebswirtschaftlichen Berechtigungskonzepts dient der expliziten Darstellung der Risiken, die mit Benutzerberechtigungen im System verbunden sind.

Risikodefinitionen

Wie verschiedentlich dargestellt, sind Risikodefinitionen für das betriebswirtschaftliche Berechtigungskonzept unerlässlich. Im betriebswirtschaftlichen Berechtigungskonzept muss dargestellt werden, wo diese vorgehalten werden, welche normativen Vorgaben durch die Risikodefinitionen abgedeckt sind und wie diese Risikodefinitionen gepflegt werden.

Technisch detaillierte Risikodefinitionen

Die Risikodefinitionen selbst müssen technisch detailliert Funktionstrennungskonflikte, kritische Aktionen und kritische Berechtigungen ausweisen. Definitionen auf Rollenbasis sind regelmäßig nicht hinreichend. Sie sind im Allgemeinen nur sinnvoll als zusätzliche Kategorisierung.

Konfiguration

In Bezug auf die Risiken muss die Konfiguration der Systeme, soweit sie berechtigungsrelevant ist, dargestellt werden (siehe Kapitel 18, »Prozesse in SAP ERP – spezifische Berechtigungen«). Dies gilt im Besonderen für Bereiche wie Freigabeverfahren, Prüfroutinen, Vier-Augen-Prinzip, Berechtigungsgruppen und Einschränkung der Nutzung von Transaktionen durch Screenlayout.

19.4.4 Person – Benutzer – Berechtigung

Aus diesem Abschnitt des betriebswirtschaftlichen Berechtigungskonzepts muss deutlich werden, wie eine Person Berechtigungen erhält und wie gewährleistet wird, dass diese Berechtigungen angemessen für die Aufgabenwahrnehmung sind.

Anwendung des Identitätsprinzips

Aus dem betriebswirtschaftlichen Berechtigungskonzept muss Folgendes hervorgehen:

- wie eine Person einen Benutzer im System beantragt
- wie die dazugehörigen Berechtigungen beantragt werden
- welche Freigabeverfahren dazu genutzt werden
- wie den benutzerbezogen Risiken vorgebeugt wird
- wie sichergestellt wird, dass die Benutzer, die eine Person jemals erhalten hat, immer wieder auf genau diese Person zurückgeführt werden können

Dazu gehört unmittelbar die Aufbewahrung dieser Informationen im Rahmen der jeweiligen Aufbewahrungsfristen.

Anwendung des Minimalprinzips

Eine Person darf nur die Berechtigungen haben, die zur Aufgabenwahrnehmung nötig sind. Um dieses nachzuweisen, müssen möglichst folgende Prinzipien dargestellt werden:

- Stellenprinzip
- Funktionstrennungsprinzip
- Genehmigungsprinzip
- Kontrollprinzip

Anwendung des Stellenprinzips

Wie in den Kapiteln 3, »Organisation und Berechtigungen«, und 4, »Rechtlicher Rahmen – normativer Rahmen«, beschrieben, müssen Berechtigungen immer und ausschließlich der Funktion einer Person in der Organisation entsprechen. Damit entsprechen sie – zumindest theoretisch – der Stelle, die diese Person innehat. Sofern Berechtigungen aus anderen Sichten erforderlich sind, müssen diese eigentlich auf die Stelle (Planstelle in SAP ERP HCM) bezogen werden.

Es ist nicht zwingend erforderlich, alle Berechtigungen in Bezug auf Stellen abzubilden. Es ist allerdings das effizienteste Verfahren, um langfristig die Gründe für bestimmte Berechtigungen nachweisen zu können. Wenn neben stellenbezogenen Berechtigungen auch andere Sichten zu berücksichtigen sind, dann stellt dies an das Genehmigungsverfahren größere Anforderungen.

Anwendung des Funktionstrennungsprinzips

In Bezug auf die gesamten Berechtigungen, die eine Person in der Systemlandschaft hat, müssen die Prinzipien der Funktionstrennung eingehalten werden. Dazu müssen die einschlägigen Funktionstrennungsrisiken in die Risikodefinitionen aufgenommen werden.

Anwendung des Genehmigungsprinzips

Alle Berechtigungen, die eine Person in der Systemlandschaft erhält, müssen genehmigt werden. Dabei sind zwei verschiedene Verfahren zu unterscheiden:

- die Genehmigung durch allgemeine Weisung: z. B. Default-Berechtigungen oder Berechtigungen, die aus dem Modell der indirekten Zuweisung (siehe Kapitel 8, »Rollenzuordnung über das Organisationsmanagement«) stammen
- die fallweise Genehmigung in einem Antragsverfahren

Fallweise Genehmigungen müssen im Einzelnen nachweisbar bleiben und sollten auf der Grundlage einer Risikoanalyse erfolgen.

19.4.5 Berechtigungsverwaltung

Dieser Abschnitt des betriebswirtschaftlichen Berechtigungskonzepts dient der Dokumentation der Berechtigungsverwaltung selbst. Dabei ist zu dokumentieren, wie der Prozess der Berechtigungspflege gestaltet ist. Dies muss für jede technische Berechtigungslösung separat dokumentiert werden.

Darüber hinaus muss festgehalten werden, wie das Vier-Augen-Prinzip in der Benutzer- und Berechtigungsadministration technisch zwingend durchgesetzt wird.

Anwendung des Standardprinzips

Es muss detailliert dargestellt werden, in welchen Fällen von den Standards der Berechtigungspflege abgewichen wird. Wenn diese Abweichungen systematischer Natur sind, kann auf die Bereiche des Abweichens generisch eingegangen werden, z. B. erfordert die in Kapitel 9, »Automatisierte organisatorische Differenzierung: der Rollenmanager«, dargestellte Lösung ein Abweichen in den Bereichsrollen. Es kann in diesem Kontext also summarisch dargestellt werden, dass Bereichsrollen einen definierten Namensraum haben und technisch durch manuell hinzugefügte Berechtigungsobjekte definiert sein müssen.

19.4.6 Organisatorische Differenzierung

Dieser Abschnitt des betriebswirtschaftlichen Berechtigungskonzepts stellt die organisatorische Differenzierung dar. Aus dem Konzept muss hervorgehen, welche Attribute für die ablauforganisatorische und die aufbauorganisatorische Differenzierung genutzt werden.

Organisatorische Attribute

Die Attribute können Organisationsebenen oder auch Feldwerte sein. Gegebenenfalls muss deutlich gemacht werden, welche Organisationsebenen kundenspezifisch für diese Attribute eingerichtet wurden.

Sofern Unternehmensbereiche durch eine bestimmte Menge an Attributen gekennzeichnet sind, muss hier eine detaillierte Darstellung erfasst werden.

19.4.7 Prozessdokumentation

Dieser Abschnitt des betriebswirtschaftlichen Berechtigungskonzepts dient der Verbindung des Konzepts mit etwaigen Prozessdokumentationen. Sofern das Berechtigungskonzept tatsächlich die Prozesse zur

Grundlage hat, müssen diese auch inklusive des Bedarfs nach Funktionstrennung dokumentiert werden. Dabei muss sichergestellt werden, dass die Änderungen in Prozessen auch nachvollzogen werden, d. h., das Berechtigungskonzept muss die aktuellen Prozessmodelle dokumentieren.

Einfacher ist diese Dokumentation bei Nutzung des SAP Solution Managers. Sofern dieser für die Rollenpflegeprozesse genutzt wird, ist diese Dokumentation inhärent.

In jedem Fall muss auch der Zusammenhang Prozess – Aufbauorganisation dargestellt werden. In einigen Prozessmodellen (z. B. ARIS) ist es möglich, mit der Prozessmodellierung auch gleichzeitig die Sicht des Prozesses in der Organisation abzubilden.

19.4.8 Rollendokumentation

Dieser Abschnitt des betriebswirtschaftlichen Berechtigungskonzepts dient der Rollendokumentation. Auf eine detaillierte Dokumentation von Einzelrollen kann dann verzichtet werden, wenn deren Strukturierung sich einerseits aus der Prozessdokumentation ergibt und andererseits eine detaillierte Änderungsprotokollierung nachgewiesen werden kann. Sofern der Solution Manager und oder SAP BusinessObjects Access Control für die Rollenpflegeprozesse genutzt wird, ist diese Dokumentation inhärent.

19.5 Fazit

Hier endet unser Buch. In diesem Kapitel haben wir unser Vorgehensmodell in Bezug gesetzt mit den teils theoretischen Ausführungen der ersten betriebswirtschaftlichen Kapitel und den eher technischen Ausführungen der konkret systembezogenen Kapitel.

Dabei sollte deutlich geworden sein, dass es unterschiedliche Möglichkeiten gibt, ein betriebswirtschaftliches Berechtigungskonzept zu entwickeln, und es sollte ebenso deutlich geworden sein, dass dieses Konzept schriftlich vorliegen sollte. Dieses Konzept muss den genannten Prinzipien folgen – diese Prinzipien wie etwa das Standardprinzip oder das Stellenprinzip basieren auf Ausführungen in anderen Kapiteln. Es sollte auch deutlich geworden sein, dass die Entwicklung eines Konzepts auf einigen Abstraktionen beruht, wie dies im deduktiven und induktiven Ansatz angesprochen wurde.

Ihr Berechtigungskonzept können Sie nicht fertig von der Stange erwerben. Es muss zu Ihren Systemen, Systemeinstellungen und Prozessen passen, ebenso wie zu Ihrem spezifischen normativen Rahmen. Aufgrund der hohen Komplexität des Berechtigungskonzepts und der Interdependenz von Prozessen und Linienorganisation einerseits und Ihrem normativen Rahmen andererseits sollten Sie für Ihre Organisation sicherstellen, dass Sie in jedem Fall die Kontrolle über das betriebswirtschaftliche Berechtigungskonzept im eigenen Haus halten, selbst dann, wenn die Entwicklung des Konzepts teilweise oder die technische Umsetzung vollständig an Dritte vergeben wird.

Anhang

A Abkürzungsverzeichnis

ABAP	Advanced Business Application Programming
ACE	Access Control Engine
ACL	Access Control List
AIS	Audit Information System
AktG	Aktiengesetz
ALE	Application Link Enabling
API	Application Programming Interface
APO	Advanced Planner and Optimizer
AS	Application Server
ASAP	AcceleratedSAP
B2B	Business-to-Business
B2C	Business-to-Customer
BAdI	Business Add-in
BANF	Bestellanforderung
BAPI	Business Application Programming Interface
BDSG	Bundesdatenschutzgesetz
BI	Business Intelligence
BilMog	Gesetz zur Modernisierung des Bilanzrechts
BPM	Business Process Management
BSP	Business Server Pages
BW	Business Warehouse (SAP NetWeaver BW)
CO	Controlling (SAP-Controlling)
CobiT	Control Objectives for Information and Related Technology
COSO	Committee of Sponsoring Organizations of the Treadway Commission
CRM	Customer Relationship Management
CUP	Compliant User Provisioning (Konforme Benutzer-erstellung)
DV	Datenverarbeitung
E2E	End-to-End
ECC	Enterprise Core Component
EH&S	Environment, Health, and Safety

ERM	Enterprise Role Management
ERP	Enterprise Resource Planning
ESS	Employee Self-Services
FDA	Food and Drug Administration (USA)
FI	Financial Accounting (SAP-Finanzbuchhaltung)
FSCM	Financial Supply Chain Management
GAAP	Generally Accepted Accounting Principles
GL	General Ledger (SAP-Haupbuchhaltung)
GoB	Grundsätze ordnungsgemäßer Buchführung
GoBS	Grundsätze ordnungsgemäßer DV-gestützter Buchführungssysteme
GRC	Governance, Risk, and Compliance
GTS	Global Trade Services
GUI	Graphical User Interface
HCM	Human Capital Management (SAP-Personalwirtschaft)
HGB	Handelsgesetzbuch
HR	Human Resources
IC	Interaction Center
IDW	Institut der Wirtschaftsprüfer
IdM	Identity Management
IFRS	International Financial Reporting Standards
IKS	Internes Kontrollsystem
ITS	Internet Transaction Server
J2EE	Java Platform, Enterprise Edition
JCo	Java Connector
KonTraG	Gesetz zur Kontrolle und Transparenz in Unternehmen
LDAP	Lightweight Directory Access Protocol
MDM	Master Data Management (SAP-Stammdatenverwaltung)
MDX	Multidimensional Expressions
MIC	Management of Internal Controls
MM	Materials Management (SAP-Materialwirtschaft)
MMC	Microsoft Management Console
MSS	Manager Self-Services
NWA	SAP NetWeaver Administrator
O2C	Order-to-Cash

OM	Organisationsmanagement
P2P	Purchase-to-Pay
PI	Process Integration (SAP NetWeaver PI)
PLM	Product Lifecycle Management
PP	Production Planning and Control (SAP-Produktionsplanung)
RAR	Risk Analysis and Remediation (Risikoanalyse und -eliminierung)
RFC	Remote Function Call
RT	Risk Terminator
SCM	Supply Chain Management
SD	Sales and Distribution (SAP-Vertrieb)
SOA	Serviceorientierte Architektur
SOAP	Simple Object Access Protocol
SoD	Segregation of Duties (Funktionstrennung)
SOX	Sarbanes-Oxley Act
SPM	Superuser Privilege Management
SRM	Supplier Relationship Management
SSO	Single Sign-on
TR	Treasury
UI	User Interface
UME	User Management Engine
VPN	Virtual Private Network
XML	Extensible Markup Language
ZBV	Zentrale Benutzerverwaltung

B Glossar

ABAP Advanced Business Application Programming; grundlegende Programmiersprache der meisten SAP-Lösungen.

ABAP Dictionary Persistente Ablage für Datentypen, die in allen Repository-Objekten sichtbar sind. Außerdem werden unter anderem die Datenbanktabellen der zentralen Datenbank, Views und Sperrobjekte im ABAP Dictionary verwaltet.

Abgabenordnung Grundlegendes Bundesgesetz des deutschen Steuerrechts.

Ablauforganisation Festlegung des Ablaufs, der beteiligten Stellen und der Verfahren zur Bearbeitung eines Geschäftsvorfalls in der Organisation.

Ableitungskonzept In der Rollenpflege über Profilgenerator eingesetztes Prinzip, bei dem aus einer Referenz- oder Vorlagerolle (Einzelrolle) beliebig viele Rollen abgeleitet werden, die sich ausschließlich in der Ausprägung der Organisationsebenen unterscheiden.

Access Control siehe SAP BusinessObjects Access Control und Access Control Engine

Access Control Engine (ACE) Framework, das den Zugriff auf Objekte regelbasiert steuert.

Access Control List Liste, die den kalkulierten Zugriff von Benutzern auf Objekte beinhaltet und zur Laufzeit aufgerufen wird, um dem Anwender Zugriff auf ein Objekt zu gewähren oder zu verbieten.

ACE-Aktionsgruppe Gruppe, die die Aktivitäten, die ein Benutzer auf ein Objekt ausüben darf (lesen, schreiben, löschen), beinhaltet und einem ACE-Recht zugewiesen ist.

ACE-Benutzergruppe Bestimmt, für welche Benutzer eine ACE-Regel zutrifft.

ACE-Recht Umfasst alle Komponenten der ACE, die ebenfalls anderen ACE-Rechten zugeordnet sein können.

ACE-Regel Bestimmt, aufgrund welcher Kriterien ein Benutzer Zugriff auf ein Objekt hat, und stellt den Zusammenhang zwischen Benutzer und Objekt dar.

Active Directory Verzeichnisdienst in MS Windows; Verzeichnis personalisierter Informationen zur Verwaltung von Benutzern, Gruppen und Diensten.

Ad-hoc Query Meist eine Transaktion in SAP HCM oder in SAP ERP, die es erlaubt, verschiedene Queries (also Abfragen) individuell durchzuführen, ohne deswegen die allgemeine Query-Pflege vergeben zu müssen. Aus Sicht der Regelkonformität kritische Funktion.

AktG siehe Aktiengesetz

Aktiengesetz (AktG) Grundlegendes Gesetz im deutschen Wirtschaftsrecht für Aktiengesellschaften.

Aktortyp Übereinstimmendes Kriterium sowohl im Benutzer als auch im Objekt, das zur Regelbestimmung genutzt wird, um den Zugriff auf Objekte von Benutzern zu berechnen.

ALE siehe Application Link Enabling

Alternative Hierarchien CO: Alternative Gruppierungen von Kostenstellen ergänzend zur Standardhierarchie für die Vergabe von Berechtigungen.

Application Link Enabling (ALE)

Technologie zum Aufbau und Betrieb von verteilten Anwendungen.

Arbeitspaket Bündelung von Arbeitsschritten in einem Projektplan, die in diesem nicht weiter untergliedert werden.

ARIS Software zur Prozessmodellierung der Firma IDS Scheer, die mit verschiedenen SAP-Produkten integriert werden kann.

ASAP AcceleratedSAP; Methodik zur effizienten Einführung von SAP-Software.

Audit Allgemein: Untersuchungsverfahren, die die Regelkonformität überprüfen. Im SAP-Umfeld meist durchgeführt durch die Wirtschaftsprüfung, die interne Revision, neudeutsch auch durch Corporate Controls oder Compliance Office.

Aufbauorganisation Formale organisatorische Gliederung eines Unternehmens in Organisationseinheiten und Stellen (SAP ERP HCM: Planstellen).

Aufgabe Menge aller durch eine Stelle durchzuführenden Tätigkeiten.

Aufgabenanalyse Verfahren, das eine Aufgabe in Teilaufgaben gliedert, sodass sie sinnvoll stellenbezogen gruppiert werden können.

Auftragsart Aufträge, wie z. B. Innenaufträge in SAP ERP CO, werden durch eine Auftragsart definiert und können in Auftragsarten gebündelt analysiert und oder berechtigt werden.

Auswertungsweg Ein Auswertungsweg enthält eine genaue Definition, in welcher Folge Objekte und Verknüpfungen von HCM-OM auszuwerten sind.

Authority-Check Programmanweisung, eine im Code bestimmte Berechtigungsprüfung durchzuführen.

BANF siehe Bestellanforderung

Batch-Input Datenübernahmetechnik, die es ermöglicht, Datenmengen automatisiert an die Dynpros von Transaktionen und damit an einen AS ABAP zu übergeben. Der Batch-Input wird über eine Batch-Input-Mappe gesteuert.

BDSG siehe Bundesdatenschutzgesetz

Beleg Nachweis eines Geschäftsvorfalls oder einer Buchung. Der Buchhaltungsbeleg gibt den Originalbeleg im System wieder. Alle weiteren EDV-Belege dienen als Erfassungshilfen.

Benutzer Träger von Berechtigungen, der sich in den meisten Fällen am System anmelden muss, um im Rahmen der zugewiesenen Berechtigungen Aufgaben zu erfüllen. Es gibt neben natürlichen Personen, die einen Benutzer zugewiesen bekommen, auch noch technische Benutzer, die in Programmabläufen benötigt werden.

Benutzergruppe Gruppierung von Benutzern in ABAP-Systeme zur vereinfachten Administration und Kontrolle.

Benutzerrolle Oberflächenrolle in SAP CRM, die die CRM-Funktionen in Form von BSP-Applikationen im Browser darstellt.

Benutzerstammabgleich Abgleich der zugeordneten Berechtigungen der Benutzer mit den im Benutzerpuffer vorhandenen Berechtigungen.

Benutzertypen Neben Benutzern, die natürliche Personen sind und meistens als Dialogbenutzer angelegt werden, gibt es weitere Benutzertypen wie z. B. System- oder Referenzbenutzer. Die Typisierung steuert Arten des Zugriffs.

Benutzer-Workflow Workflow zum Anlegen und Ändern von Benutzern, Zuweisen von Berechtigungen, Löschen oder zum Inaktivsetzen von Benutzern.

Berechtigung Technische Erlaubnis, bestimmte Aktionen im System ausführen zu können. Berechtigungen beziehen sich auf Berechtigungsobjekte.

Berechtigungsfeld Feld in einem Berechtigungsobjekt, dessen Ausprägung in einem Authority-Check geprüft wird.

Berechtigungsgruppe Berechtigungsbezogene Attributierung von Stammdaten, Belegtypen, Tabellen. Nur wenn die Berechtigung für die jeweils definierte Berechtigungsgruppe vorhanden ist, kann der Benutzer die Aktion ausführen. Häufig als optionale Prüfung angelegt.

Berechtigungshauptschalter Berechtigungshauptschalter steuern Berechtigungsprüfungen in SAP ERP HCM.

Berechtigungskonzept siehe betriebswirtschaftliches Berechtigungskonzept und technisches Berechtigungskonzept

Berechtigungsobjekt Während der Programmausführung wird über Authority-Check geprüft, ob der ausführende Benutzer dieses Objekt in der erforderlichen Ausprägung im Benutzerpuffer hat. Es enthält ein bis zehn Berechtigungsfelder.

Bereichsmenü Funktion in SAP ERP zur Einrichtung eines für einen bestimmten Bereich sinnvollen Menüs.

Bereichsrolle Im Rahmen des Bereichsrollenkonzepts: Die Bereichsrolle enthält ausschließlich Organisationsebenenobjekte sowie das Kategorisierungsobjekt. In den Organisationsebenenobjekten werden alle Organisationsebenenwerte gepflegt, die für die in einem bestimmten Organisationsbereich tätigen Benutzer erforderlich sind.

Bereichsrollenkonzept Konzept, das eine einfache massenhafte organisatorische Differenzierung mit dem Rollenmanager ermöglicht.

Bereichsstartseite Navigationseintrag im Navigationsleistenprofil des CRM Web Clients oder IC Web Clients.

Bestellanforderung Konkrete Anforderung an den Einkauf, Waren oder Dienstleistungen in einer bestimmten Menge zu beschaffen.

Betriebsrat Im deutschen Arbeitsrecht Organ der Betriebsverfassung, dessen Aufgabe die Vertretung der Mitarbeiterinteressen zum Wohle der Arbeitnehmer und des Betriebs gegenüber der Betriebsführung ist. Der Betriebsrat ist nicht – wie irrtümlich oft angenommen – die Vertretung der Gewerkschaft im Betrieb.

Betriebsverfassung- Arbeitsrechtliche Grundordnung, die die Zusammenarbeit von Arbeitgebern und Arbeitnehmern in einem konkreten Betrieb regelt. Neben dem Betriebsverfassungsgesetz, das die Wahl eines Betriebsrates regelt, gibt es für den öffentlichen Sektor Personalvertretungsgesetze, die die Wahl eines Personalrates regeln.

Betriebswirtschaftliches Berechtigungskonzept Das betriebswirtschaftliche Berechtigungskonzept definiert auf Basis des funktionalen und organisatorischen Differenzierungsbedarfs die Regeln, wie die technischen Berechtigungskonzepte in der Systemlandschaft umgesetzt und kontrolliert werden. Es basiert auf dem Regelungsrahmen der jeweiligen Organisation.

BSP siehe Business Server Pages

Buchungskreis Organisationsebene des Finanzwesens (SAP ERP).

Bundesdatenschutzgesetz (BDSG) Bundesgesetz (Deutschland), in dem die Verarbeitung personenbezogener Daten geregelt ist. Die Grundlage des Datenschutzes.

Business Server Pages (BSP) Präsentationsschicht des CRM Web Clients.

Compliance siehe Regelkonformität

Compliant User Provisioning (CUP) Bestandteil von SAP BusinessObjects Access Control, in dem umfassend Workflows für das User Lifecycle Management bereitgestellt werden können.

Corporate Governance Unternehmenseigene organisatorische und inhaltliche Regelungen der Führung und Kontrolle innerhalb der Organisation.

CRM-Business-Objekt Objekt, das Geschäftsdaten beinhaltet und zur Darstellung von Geschäftsvorfällen genutzt wird. Die CRM-Funktionen werden mittels BSP-Applikationen dargestellt.

CRM Web Client Benutzeroberfläche in SAP CRM für Endanwender, die im Browser aufgerufen wird.

Data Browser Werkzeug zur Anzeige von Informationen zu Tabelleneinträgen.

Datenschutz Schutz von Daten, meist synonym für den Schutz personenbezogener Daten verwendet.

Datenschutzgesetze der Länder Datenschutzgesetze der Länder in Deutschland.

Debitor Kunde.

Debugging Verfahren zur Programmanalyse und zum Eingriff in Programme/Daten. In Bezug auf das Berechtigungskonzept eine kritische Berechtigung. Siehe: Radierverbot.

Dialogbenutzer Dialogbenutzer sind für natürliche Personen personalisierte Benutzer, die sich über das SAP GUI am System anmelden.

Einkäufergruppe Organisationsebene des Einkaufs (SAP ERP).

Einkaufsorganisation Organisationsebene des Einkaufs (SAP ERP).

Enjoy-Transaktion Transaktionen, die die vereinfachte Bearbeitung eines Geschäftsvorfalls gewährleisten.

Enterprise Role Management (ERM) Bestandteil von SAP BusinessObjects Access Control, in dem die Rollenpflege unterstützt und zentralisiert wird.

Externer Service Entspricht in SAP CRM den einzelnen BSP-Anwendungen, auf deren Grundlage PFCG-Rollen erstellt werden können.

Faktura Oberbegriff für Rechnungen, Gutschriften, Lastschriften, Proforma-Rechnungen und Stornobelege.

Feldstatusgruppen SAP: Gruppierung von Feldern, denen Status (Ausblenden, Muss-Eingabe, Kann-Eingabe, Anzeigen) zugewiesen werden.

Finanzbuchhaltung Teilbereich des betrieblichen Rechnungswesens, auch als externes Rechnungswesen bezeichnet, das der Ermittlung des betrieblichen Gesamtergebnisses dient und die Geschäftsvorfälle auf der Grundlage der Grundsätze ordnungsgemäßer Buchführung erfasst.

Freigabestrategie MM: Verfahren, um z. B. wertabhängige Freigaben von Einkaufsbelegen zu steuern.

Freigabeverfahren Allgemein: Technische Verfahren, die nach Anlage oder Änderung eines Belegs oder Stammdatums eine Freigabe durch eine zweite Person erforderlich machen. Freigabeverfahren können konditional sein (z. B. abhängig von Beträgen,) zufällig (stochastische Freigabe) oder statisch (in jedem Fall); MM: Verfahren, in dem unterschiedliche Freigabeberechtigte gegebenenfalls wertabhängig die Freigabe eines Einkaufsbelegs erteilen müssen.

Funktionale Rolle Rolle in Wertrollenkonzepten oder im Bereichsrollenkonzept, die alle gewünschten Berechtigungen enthält, nur die Berechtigungsobjekte nicht, die Felder enthalten, die zur organisatorischen Differenzierung genutzt werden. Dabei ist es unerheblich, ob die Felder als Organisationsebenen angelegt oder einfache Felder sind.

Funktionsbereich Organisationsebene des Finanzwesens (SAP ERP).

Funktionstrennung Trennung von Aufgaben/Funktionen zur Vermeidung nicht sachgemäßer Bearbeitung.

Funktionstrennungskonflikt Konflikt aufgrund fehlender Funktionstrennung. Bedarf der nachsorgenden Kontrolle.

Genehmigungsprinzip Das Prinzip, das alle Berechtigungen einer Genehmigung durch eine verantwortliche Stelle benötigen.

Genehmigungsprozess Im Identity Management und im Compliant User Provisioning Prozess der Genehmigung von Berechtigungen für einen Benutzer.

Geschäftsbereich Organisationsebene des Finanzwesens (SAP ERP).

Geschäftspartner Stammdaten, die als Lieferant, Kunde, Kontaktperson, Mitarbeiter etc. definiert und in Geschäftsvorfällen zugewiesen werden.

Geschäftsprozess Zielgerichtete, zeitlich-logische, in sich abgeschlossene Abfolge von Aufgaben, die arbeitsteilig von mehreren Organisationseinheiten oder Organisationen ausgeführt werden kann. Die Prozesssicht kann als eine abfolgeorientierte Sicht über die Aufbauorganisation hinweg betrachtet werden.

Geschäftsrollenhierarchie Hierarchische Gliederung von Geschäftsrollen.

Geschäftsvorgangsart Im Customizing von SAP CRM definierte Eigenschaften eines Geschäftsvorgangs.

Geschäftsvorgangstyp Betriebswirtschaftlicher Zusammenhang, der einer Geschäftsvorgangsart zugewiesen werden kann.

Gesetz zur Kontrolle und Transparenz in Unternehmen (KonTraG) Gesetz, das als Artikelgesetz 1998 vom Bundestag verabschiedet wurde, um in anderen Gesetzen, vor allem HGB und AktG, Berichtspflichten, Risikomanagement und Haftung im Sinne von mehr Transparenz und Corporate Governance zu stärken.

GoB siehe Grundsätze ordnungsgemäßer Buchführung

GoBS siehe Grundsätze ordnungsgemäßer DV-gestützter Buchführungssysteme

Grundsätze ordnungsgemäßer Buchführung (GoB) Nicht vollständig kodifizierte (in Gesetzen erfasste) Regeln für die Buchführung in Deutschland. Im HGB im Allgemeinen als verbindlich gesetzt, doch nur teilweise präzisiert.

Grundsätze ordnungsgemäßer DV-gestützter Buchführungssysteme (GoBS) Von der deutschen Finanzverwaltung in Ausführung der Ablagenordnung geschaffene Regeln für die Buchführung mittels EDV-gestützter Verfahren.

Gruppe mit direkten Links Gruppierung Logischer Links in der Navigationsleiste des CRM Web Clients, die CRM-Funktionen direkt aufrufen.

Handelsgesetzbuch (HGB) Grundlegendes Gesetz im deutschen Wirtschaftsrecht.

HGB siehe Handelsgesetzbuch

Hosting Service, der die technische Bereitstellung von Systemen zur Nutzung durch einen Kunden über

Netzwerke ermöglicht. Im Sinne des Datenschutzes Datenverarbeitung durch Dritte.

Hostingpartner Anbieter von Hostingdienstleistungen.

IC Web Client Benutzeroberfläche in SAP CRM für Call-Center-Anwender, die im Browser aufgerufen wird. Die CRM-Funktionen werden mittels BSP-Applikationen dargestellt.

Identitätsprinzip Die Identität eines Benutzers, sofern es sich um eine natürliche Person handelt, muss jederzeit zugeordnet werden können.

IKS siehe Internes Kontrollsystem

Inbound-Plug Einstiegspunkte für Logische Links, die die Navigation zu einer bestimmten Komponente definieren.

Indirekte Rollenzuordnung Zuordnung von Rollen über die Organisationsstruktur des Organisationsmanagements.

Infotyp Personen-, organisationsbezogene und andere Daten des HR werden in sogenannten Infotypen hinterlegt.

Innenauftrag Kontierungsobjekt u. a. in SAP ERP CO.

Internes Kontrollsystem (IKS) Dient der Abwehr von Schäden für das und der Vermeidung von Rechtsverstößen durch das Unternehmen. Es besteht aus Maßnahmen und Kontrollen, die geeignet sind, diese Schäden zu vermeiden oder etwaige Schäden zu minimieren.

Internet Transaction Server Wandelt den SAP-GUI-Datenstrom vom SAP NetWeaver AS in HTML um, um die Daten im Browser verfügbar zu machen.

IT-Grundschutzkatalog Durch das Bundesamt für Informationstechnik beschriebene Minimalanforderungen an den sicheren Betrieb von IT-Lösungen. Verbindlichen Charakter erlangen diese jedoch nur durch interne oder vertragliche Vorgaben.

Java Connector (JCo) Verbindung zwischen dem SAP NetWeaver AS ABAP und dem SAP NetWeaver AS Java. Ermöglicht die Kommunikation zwischen beiden Applikationsservern.

J2EE-Sicherheitsrolle Rolle im Java-Container einer Applikation, die dem J2EE-Standard angehört.

Kalkulationsschema Regelwerk für die Preisfindung, basierend auf definierten Konditionen (SAP ERP).

Kategorisierungsobjekt Im Rahmen des Bereichsrollenkonzepts: Zur technischen Kennzeichnung der Verwendung von Rollen wird das sogenannte Kategorisierungsobjekt eingeführt.

Kompensierende Kontrolle Eine kompensierende Kontrolle ist eine Kontrolle, die ein nicht vermeidbares Risiko durch geeignete, meist regelmäßige Maßnahmen begrenzt. Dabei kann es sich um Berichte, Analysen oder Aufzeichnungen handeln. Oft wird auch der Begriff detektivische Kontrolle verwendet, also eine Kontrolle im Nachhinein.

Konditionen Bedingungen in unterschiedlichen Komponenten, in der Logistik u. a. Zahlungsbedingungen (SAP ERP).

Konnektor Definierte Kommunikationsverbindung zwischen Systemen in SAP NetWeaver IdM und SAP BusinessObjects Access Control.

Kontenplan Verzeichnis aller Konten eines Unternehmens, basierend auf einem branchenspezifischen Kontenrahmen. In SAP ERP das Verzeichnis aller Sachkonten, die von einem oder mehreren Buchungskreisen gemeinsam verwendet werden.

Kontextlösung Lösung in SAP ERP HCM, um strukturelle Berechtigungen und Berechtigungsobjekte in Rollen verbinden zu können.

Kontextsensitive Berechtigungen siehe Kontextlösung

Kontierungsobjekt Stammdatum (Auftrag, Kostenstelle, Projektstrukturplanelement und weitere), auf das Kosten, Erlöse und Mengen gebucht werden.

KonTraG siehe Gesetz zur Kontrolle und Transparenz in Unternehmen

Kontrolle Der Begriff wird in Bezug auf Zugriffsrisiken und Prozessrisiken verwendet für die Vermeidung (Prävention), Überwachung (Kompensation), Prüfung (Kompensation) oder Nachprüfung (Kompensation) von Aktionen, die zu einer nicht regelkonformen Handlung führen könnten. Siehe Präventive Kontrollen und Kompensierende Kontrollen.

Kostenart Vereinfacht besonderes Konto im Controlling, das dem Sachkonto der Buchhaltung entsprechen kann. Siehe auch Primärkostenart, Sekundärkostenart.

Kostenrechnungskreis Organisationsebene des Controllings (SAP ERP).

Kostenstelle Ort der Kostenentstehung im Controlling. Meistens in Enstprechung einer Organisationseinheit.

Kostenstellenhierarchie Primäre Gliederung der Kostenstellen in einem Unternehmen, die meistens der Linienorganisation folgt oder sogar entspricht.

Kreditor Lieferant.

Kritische Aktion Die Berechtigung zu einer Transaktion, einem Webservice, einem Service, die in sich ein Risiko darstellt, typisches Beispiel ist die Transaktion zum Löschen eines Systemmandanten.

Kritische Berechtigung Berechtigungen, die in sich kritisch sind, ohne dass die Art des Zugriffs auf diese Berechtigung schon definiert sein muss. (Technische Definition: Berechtigungsobjekt ohne Verbindung zu einer konkreten Transaktion). Ein Beispiel ist das Debugging im Änderungsmodus.

Kundeneigene Transaktion Transaktionen, die systemspezifisch angelegt wurden und im Y- oder Z-Namensraum enthalten sind.

Lagerort Organisationsebene der Logistik (SAP ERP).

LDAP siehe Lightweight Directory Access Protocol

Lightweight Directory Access Protocol (LDAP) Anwendungsprotokoll, das bei Verzeichnisdiensten verwendet wird.

Linienorganisation siehe Aufbauorganisation

Linienvorgesetzter Unmittelbarer Vorgesetzter in der Aufbauorganisation.

Logging Technische (automatische) Protokollierung von Verarbeitungsschritten in einem System.

Logischer Link Link auf der Oberfläche des CRM Web Clients oder IC Web Clients, der Zugriff auf die CRM-Funktionen gewährt.

Logisches System SAP-Standard: Mandant auf einer Datenbank. SAP BusinessObjects Access Control: Menge an physikalischen Systemen, für die gleiche Regeln gelten.

Mandant Eine für sich handelsrechtlich, organisatorisch und datentechnisch abgeschlossene Einheit innerhalb eines SAP-Systems mit getrennten Stammsätzen und einem eigenständigen Satz von Tabellen.

Material Gut oder Dienstleitung, das/die bei der Fertigung eingesetzt, verbraucht oder erzeugt wird oder gekauft oder verkauft wird.

Materialart Gruppierungsmerkmal für Material. Die Materialart bestimmt die Ausprägung der Materialdefinition bei der Erfassung.

Matrixorganisation Matrixförmige Darstellung einer Aufbauorganisation. Durch diese Darstellung entstehen mehrere unterschiedliche Zuordnungen von Stellen und Organisationseinheiten im Gegensatz zur Einlinienorganisation.

Menü Ein Menü ist ein Bedienelement, das anwendungs- und objektspezifische Funktionen enthält. Mit dem Auswählen des Menüelements starten Sie eine Systemaktion. Im Easy Access-Menü (Startmenü SAP ERP) sind die ausführbaren Transaktionen in Ordnern und Unterordnern komponentenbezogen gruppiert.

Monitoring Technische Erfassung oder Überwachung eines Prozesses mittels technischer Hilfsmittel.

Navigationsleistenprofil Teil der Benutzerrolle in SAP CRM, der die Navigationsleiste mit den darzustellenden Bereichsstartseiten, Logischen Links und Gruppen Logischer Links definiert.

Nebenbuchhaltung In der Finanzbuchhaltung wird zur vereinfachten Darstellung zwischen der Hauptbuchhaltung und den Nebenbuchhaltungen – u. a. Debitoren- und Kreditorenbuchhaltung – unterschieden. Die Nebenbuchhaltung wird in die Hauptbuchhaltung fortgeschrieben.

Norm In diesem Kontext Rechtsnorm, rechtsgleiche Norm, Referenz, gesellschaftliche Norm, aber auch intern gesetzte Norm.

Normativ Das Aufstellen, die Ableitung und die Anwendung von Regeln und Normen zur Erreichung von Regelkonformität.

OneOrder-Objekt Begriff für Vorgänge in SAP CRM.

Optionale Prüfung Berechtigungsprüfungen, die davon abhängen, dass bestimmte Werte in Stammdaten oder Belegen enthalten sind. Sie können durch Anpassungen in der Konfiguration faktisch obligatorisch werden.

Organisation 1. Ein auf Dauer angelegtes soziales Gebilde mit einem definierten Organisationszweck, einer definierten Rechtsform und mit definierten Grenzen zur Umwelt (juristische Person); 2. Aufbauorganisation: Formale Gliederung einer Organisation in Organisationseinheiten und Stellen; 3. Ablauforganisation: Festlegung des Ablaufs, der beteiligten Stellen und der Verfahren zur Bearbeitung eines Geschäftsvorfalls in der Organisation.

Organisationsebene SAP: Grundlegendes organisatorisches Gliederungsmerkmal, das die Definition von Stammdaten und die Abläufe innerhalb einer Komponente und komponentenübergreifend steuert.

Organisationsebenenobjekt Im Rahmen des Bereichsrollenkonzepts: Es enthält jeweils genau eine Organisationsebene. Zurzeit wird es als kundeneigenes Objekt angelegt.

Organisationsmanagement Lösung zur Abbildung der Aufbauorganisation in SAP-Systemen. Basierte ursprünglich auf SAP HCM, mittlerweile auch verfügbar in SAP CRM, SAP SRM und dem SAP Solution Manager.

Organisationszweck Zweck, für den eine Organisation/ein Unternehmen gegründet wurde. Der Zweck von erwerbswirtschaftlichen Unternehmen ist im Gegensatz zu Non-Profit-Organisationen immer ein erwerbswirtschaftlicher, also mit Gewinnabsichten verbundener.

Organisatorische Differenzierung Neben der funktionalen Differenzierung das zweite Kernelement eines betriebswirtschaftlichen Berechtigungskonzepts. Berechtigungen sind detailliert aufbau- und ablauforganisatorisch zu unterscheiden.

Parametertransaktionen Transaktionen, die systemspezifisch durch Parameter eingeschränkt werden.

Partnerfunktion Definiert eine Rolle bzw. Funktion, die ein Geschäftspartner in einem Geschäftsvorgang einnehmen kann.

Permissions Werden innerhalb der Anwendungen bei der Ausführung von Aktionen, wie z. B. Ändern, als Berechtigungsprüfungen im Coding geprüft.

Persistenzmanager Teil der UME, der die Schnittstelle zwischen den Datenquellen der Benutzerverwaltung und der Anwendung der UME darstellt.

Person Rechtlich: Rechtssubjekte, natürliche oder juristische Person. System: Geschäftspartner, der gegebenenfalls einen Benutzer erhält.

Planstelle Objekt im Organisationsmanagement, das die tatsächliche Stelle repräsentiert, der eine natürliche Person zugeordnet ist oder zugeordnet werden kann.

Portalrolle Rolle, die dem Endanwender Zugriff auf Bereiche und Daten des Portals gewährt.

Präventive Kontrollen Kontrollen, die geeignet sind, Risiken zu vermeiden: Technisch können diese als konfigurative Kontrollen (also Festlegung von Verfahren und Zugriffen in der Konfiguration) und als individuelle Kontrollen wie die Einschränkung von Zugriffsrechten ausgeprägt sein.

Präventive Maßnahmen siehe Präventive Kontrollen

Primärkosten Begriff aus dem Controlling: Kosten, die durch den Verbrauch von externen Gütern und Leistungen entstehen. Diese können aus der Finanzbuchhaltung übernommen werden.

Profilgenerator Standardwerkzeug zur Rollenpflege in den ABAP-basierten SAP-Systemen.

Profit-Center SAP: Organisatorische Einheit, die u. a. im Rechnungswesen eine bereichsbezogene Erfolgsermittlung ermöglicht. Meistens sind einem Profit-Center mehrere Kostenstellen und gegebenenfalls Anlagen zugeordnet.

Protokollierung Protokollierung: Erfassung von Ereignissen, u. a. Erzeugung und Änderung von Belegen. Siehe auch: Monitoring und Logging.

Prozess Abfolge von Tätigkeiten; siehe: Geschäftsprozess.

Prozesskontrollen Kontrollen in einem Prozess, diese können präventiv oder detektivisch sein. Die Kontrolle stellt sicher, dass das Ergebnis regelkonform ist.

Query Tabellenabfrage mit der Möglichkeit von Tabellen-Joins und weiteren Anpassungen.

Radierverbot Verbot, erfasste bilanzwirksame Belege ohne Änderungsprotokollierung zu modifizieren.

Rechnerische Richtigkeit Feststellung der rechnerischen Richtigkeit bedeutet, dass ein externer Beleg rechnerisch überprüft wird.

Referenzbenutzer Benutzer, auf den technisch referenziert wird, um einem anderen Benutzer dessen Berechtigungen zu vergeben, ohne diese direkt zuordnen zu müssen.

Referenzrolle Begriff, der meist auf das Ableitungskonzept bezogen wird. Die Rolle, aus der weitere Rollen abgeleitet werden.

Regelkonformität Regelkonformität bedeutet, dass das Unternehmen konform zu externen (meist gesetzlichen) und internen Regelungen geführt wird. Zur Erreichung und zum Nachweis von Regelkonformität wird ein Internes Kontrollsystem (IKS) benötigt.

Remote Function Call (RFC) Aufruf eines Funktionsbausteins, der in einem anderen System (Destination) als das aufrufende Programm läuft.

Report Painter Berichtswerkzeug in SAP ERP, das auf dem Report Writer basiert, jedoch wesentlich einfacher anzuwenden ist.

Report Writer Berichtswerkzeug in SAP ERP.

REPSAREA siehe Verantwortungsbereich

RFC siehe Remote Function Call

Risk Analysis and Remediation (RAR) Kern von SAP BusinessObjects Access Control, in dem zugriffsbezogene Risiken und kompensierende Kontrollen für alle angeschlossenen Systeme analysiert bzw. bereitgestellt werden.

Risk Terminator (RT) Bestandteil von SAP BusinessObjects Access Control, der die Rollenpflege und die Benutzerverwaltung im ABAP-Backend-System mit der Risikoanalyse verknüpft.

Rolle Unterschiedliche Verwendung des Begriffs: 1. Betriebswirtschaftliche Rolle: Menge an Aufgaben/Funktionen, die eine Person in einer Organisation wahrnimmt; 2. Technische Rolle: Gruppierung von Berechtigungen; 3. Enterprise-Rolle: Menge aller technischen Rollen, die einer betriebswirtschaftlichen Rolle entsprechen; 4. siehe auch: Ableitung, Referenzrolle, Wertrolle.

Rollenkonfigurationsschlüssel Definiert die Konfiguration der einzelnen CRM-Funktionen, die abhängig von der ausgewählten Benutzerrolle anders auf dem CRM Web Client oder IC Web Client dargestellt werden können.

Rollenmanager Werkzeug, ursprünglich aus der Branchenlösung DFPS stammend, das in SAP ERP 6.0 allgemein zur Verfügung steht und die organisatorische Differenzierung von Berechtigungen benutzerindividuell vornimmt.

Rollenmanagerrolle Durch den Rollenmanager angelegte und zugeordnete benutzerindividuelle Rolle, die ausschließlich Objekte zur organisatorischen Differenzierung enthält.

Sachliche Richtigkeit Feststellung der sachlichen Richtigkeit bedeutet, dass ein externer Beleg rechnerisch der erbrachten Leistung entspricht.

Safe Harbor Privacy Principles Prinzipien, denen sich US-amerikanische Unternehmen freiwillig unterwerfen, um aus Unternehmen oder Unternehmensteilen innerhalb der EU personenbezogene Daten verarbeiten zu können.

SAP BusinessObjects Access Control Umfassende SAP-Lösung für das effiziente und regelkonforme Management von Zugriffsrechten.

SAP NetWeaver Identity Management (IdM) Identity-Management-Lösung der SAP, die umfassend in der Lage ist, Benutzer und Berechtigungen in der gesamten Systemlandschaft einheitlich zu verwalten.

Sarbanes-Oxley Act (SOX) Gesetz in den Vereinigten Staaten, das die Richtigkeit der Unternehmensberichterstattung sicherstellen soll. Es enthält weitreichende Regelungen in Bezug auf das IKS, die Berichterstattung und die Haftung der Vorstände.

Schriftformprinzip Das betriebswirtschaftliche Berechtigungskonzept muss in einer schriftlichen, genehmigten Fassung vorliegen und der Art nach geeignet sein, einem sachkundigen Dritten in angemessener Zeit Auskunft über die betriebswirtschaftliche Nutzung der Berechtigungen, der Umsetzung der normativen Grundlagen und der technischen Realisierung zu geben.

Sekundärkosten Begriff aus dem Controlling: Kosten, die im Rahmen der betrieblichen Leistungsverrechnung entstehen, um die tatsächlichen Kosten verursachungsgerecht darstellen zu können.

Sensitive Daten 1. Allgemein: Besonders schützenwerte Daten, unternehmenskritische Daten; 2. Datenschutz: In der EU-Richtlinie zum Datenschutz definierter personenbezogener Daten, die als besonders schutzwürdig betrachtet werden; 3. Datenschutz: Laut § 3 Abs. 9 BDSG Angaben über: »die rassische und ethnische Herkunft, politische Meinungen, religiöse oder philosophische Überzeugungen, Gewerkschaftszugehörigkeit, Gesundheit oder Sexualleben.«

Single Sign-on (SSO) Mechanismus, mit dem der Benutzer sich nur einmalig authentifizieren muss, um verschiedene Anwendungen zu verwenden.

Sparte Organisationsebene des Vertriebs (SAP ERP).

SSO siehe: Single Sign-on

Stake-Holder-Ansatz Betriebswirtschaftlicher Ansatz, der von verschiedenen Anspruchsgruppen (Stakeholdern) ausgeht, die legitime Interessen an oder im Unternehmen geltend machen können: Mitarbeiter, Lieferanten, Kunden, Gesellschaft, Politik.

Standards Einheitliche vorgegebene oder weithin anerkannte Art und Weise, etwas durchzuführen. Standards können kodifiziert (schriftlich) sein, wie das COSO-Framework, der IDW-Prüfungsstandard oder das IT-Grundschutzhandbuch. Standards ergeben sich aus der Nutzung einer Standardsoftware, die bestimmte Methoden für bestimmte Zwecke bereitstellt.

Stelle Allgemein: Objekt der Aufbauorganisation, das eine Bündelung von Aufgaben innerhalb einer Organisationseinheit so gestaltet, dass die Aufgaben von einer Person wahrgenommen werden können; SAP-Organisationsmanagement: Die allgemein abstrakte Bündelung von Aufgaben die theoretisch von einer Person wahrzunehmen sind. Die Stelle definiert dabei die Aufgaben einer Planstelle, die dann einer Person zugeordnet wird.

Strukturelle Berechtigungen siehe Strukturelle Profile

Strukturelle Profile SAP ERP HCM-Berechtigungen zum Zugriff auf definierte Teile der Organisationshierarchie des Organisationsmanagements.

Superuser Benutzer für besondere, nicht regelmäßig auszuführende Tätigkeiten mit weitreichenden Berechtigungen. Dieser muss bei Verwendung detailliert überwacht werden.

Superuser Privilege Management (SPM) Bestandteil von SAP BusinessObjects Access Control zur Verwaltung und detaillierten Überwachung von Superusern.

Systembenutzer Systembenutzer sind Benutzer, die in technischen Abläufen, wie z. B. Batchläufen, Verwendung finden.

Technisches Berechtigungskonzept Summe aller möglichen Berechtigungsprüfungen und Verfahren zur Berechtigungsvergabe.

Teilaufgabe Logisch abgrenzbare Menge an sachlich zusammenhängenden Tätigkeiten. Eine Teilaufgabe kann zu unterschiedlichen Aufgaben gehören.

Trace Technik, bei der das Auftreten bestimmter Ereignisse zur Laufzeit des jeweiligen Programms durch ein Analysewerkzeug protokolliert wird.

Transaktion Wirtschaft: Kauf, Verkauf, Übertragung von Rechten, Gütern, Leistungen unter zwei Wirtschaftssubjekten; SAP: Anweisung zur Ausführung eines ABAP-Programms über einen Transaktionscode.

Transaktionscode Alphanumerischer Code einer Transaktion.

Transaktionsstarter Werkzeug in SAP CRM, mit dem Links ins Internet oder in andere SAP-Systeme erstellt und in den CRM Web Client oder IC Web Client eingebunden werden können.

True and Fair View Der Jahresabschluss muss dem sachkundigen Dritten ein den tatsächlichen Verhältnissen entsprechendes Bild der Vermögens-, Finanz- und Ertragslage der Kapitalgesellschaft vermitteln. Dies bedeutet, dass sämtliche Schritte bis zum Jahresabschluss ebenso transparent sein müssen – auch die zur Erstellung eingesetzten Systeme.

UME-Aktion Sammlung von Permissions, die einer UME-Rolle zur Berechtigungsvergabe zugewiesen werden können.

UME-Gruppe Sammlung von UME-Rollen oder Benutzern.

UME-Rolle Sammlung von UME-Aktionen, die Berechtigungen auf Java-Anwendungen sowie Aktionen innerhalb dieser vergeben.

Unkritische Berechtigungen Gibt es nicht. Gemeinhin werden damit Berechtigungen bezeichnet, die jeder Benutzer zur Ausführung grundlegender Systemfunktionen braucht.

Unternehmensorganisation Integration der Organisationssichten des Controllings, der Profit-Center-Rechnung, des externen Rechnungswesens und des Organisationsmanagements. Folgende Elemente können verbunden werden: Kostenrechnungskreis, Buchungskreis, Kostenstellengruppe, Kostenstelle, Profit-Center-Gruppe, Profit-Center, Organisationseinheit (Aufbauorganisation HR).

Upgrade Die Überführung eines laufenden Systems in einen neuen Releasestand. In Bezug auf Berechtigungen wird meist unterschätzt, welche Aufwände sich hierdurch für Berechtigungen ergeben, ebenso wird unterschätzt, dass nur standardkonforme Berechtigungen sinnvoll in einem Upgrade angepasst werden können.

User siehe Benutzer

User Lifecycle Management Management der Berechtigungen und Benutzer einer Person über den gesamten Zyklus der Tätigkeit für die Organisation.

User Management Engine (UME) Komponente, die im AS Java zur Verwaltung von Benutzern und Berechtigungen verwendet wird.

Verantwortungsbereich Im Rahmen der »Neuen Berechtigungsprüfung im CO« eingeführtes Berechtigungsfeld, das die Gruppierung von Kostenstellen, Profit-Centern, Aufträgen und Geschäftsprozessen für die Zuordnung von Berechtigungen vereinheitlicht und vereinfacht.

Verkäufergruppe Organisationsebene des Vertriebs (SAP ERP).

Verkaufsorganisation Organisationsebene des Vertriebs (SAP ERP).

Vier-Augen-Prinzip Allgemein: Prinzip, durch das sichergestellt wird, dass ein Geschäftsvorgang durch eine zweite Person freigegeben werden muss.
SAP-Debitoren-/Kreditorenstammdaten: Einstellung, dass eine Änderung an einem Stammdatum durch eine zweite Person freigegeben werden muss, die gegebenenfalls über identische Berechtigungen verfügt (konfigurative Kontrolle).

Werk Organisationsebene der Logistik (SAP ERP).

Wertrolle Rolle im Wertrollenkonzept, die ausschließlich Berechtigungsobjekte und Ausprägungen enthält, die zur organisatorischen Differenzierung herangezogen werden.

Workflow Technisch definierter Arbeitsablauf, der die Tätigkeitsabfolge entsprechend gesetzter Regeln erzwingt. In der Benutzer- und Berechtigungsverwaltung z. B. die Abfolge vom Antrag für einen Benutzer über die Vergabe von Berechtigungen, die Durchführung der Risikoanalyse und Genehmigung sowie die technische Zuordnung in den designierten Systemen.

Zahllauf Automatische Verarbeitung von Belegen, um Zahlungseingänge und -ausgänge buchen zu können.

ZBV siehe Zentrale Benutzerverwaltung

Zentrale Benutzerverwaltung (ZBV) Lösung zur zentralen Verwaltung von Rollen und Benutzern in ABAP-basierten Systemen.

Zuordnungsblock Teil der CRM-Benutzeroberfläche, der innerhalb eines Business-Objekts zugehörige Informationen anzeigt.

Zuständigkeitsrolle Durch den Rollenmanager angelegte und zugeordnete benutzerindividuelle Rolle im Rahmen des Bereichsrollenkonzepts, die ausschließlich Objekte zur organisatorischen Differenzierung enthält.

C Literaturverzeichnis

C.1 Literaturhinweise

Bundesamt für Sicherheit in der Informationstechnik: IT-Grundschutzkataloge. In: *www.bsi.bund.de*.

Bundesministerium der Finanzen: Grundsätze zum Datenzugriff und zur Prüfbarkeit digitaler Unterlagen (GDPdU). BMF-Schreiben vom 16. Juli 2001. IV D 2 – S 0316 – 136/01. 2001.

Edinger, Jörg; Krämer, Christian; Lübke, Christian; Ringling, Sven: Personalwirtschaft mit SAP ERP HCM. 3. Aufl. Bonn 2008.

Frese, Erich: Grundlagen der Organisation. 9. Aufl. Wiesbaden 2005.

Frick, Detlev; Gadatsch, Andreas; Schäffer-Külz, Ute G.: Grundkurs SAP. Wiesbaden 2008.

Gadatsch, Andreas: Grundkurs Geschäftsprozess-Management. 5. Aufl. Wiesbaden 2008.

Gola, Peter; Klug, Christoph: Grundzüge des Datenschutzrechts. München 2003.

Hagemann Snabe, Jim; Rosenberg, Ann; Møller, Charles; Scavillo, Mark: Business Process Management – the SAP Roadmap. Bonn 2009.

Hauschka, Christoph E.: Corporate Compliance. München 2007.

Horneberger, Werner; Schneider, Jürgen: Sicherheit und Datenschutz mit SAP-Systemen. Bonn 2000.

IBM Consulting Services: SAP-Berechtigungswesen. Bonn 2003.

Keller, Horst; Krüger, Sascha: ABAP Objects. Bonn 2006.

Kieser, Alfred; Kubicek, Herbert: Organisation. 3. Aufl. Berlin, New York 1992.

Kösegi, Armin; Nerding, Rainer: SAP-Änderungs- und Transportmanagement. 3. Aufl. Bonn 2009.

Linkies, Mario; Off, Frank: Sicherheit und Berechtigungen in SAP-Systemen. Bonn 2006.

Menzies, Christof: Sarbanes-Oxley und Corporate Compliance. Stuttgart 2006.

Olfert, Klaus; Rahn, Horst-Joachim: Lexikon der Betriebswirtschaftslehre. Ludwigshafen 1997.

Rediger, Bernd; Hohnhorst, Georg: Das Berechtigungskonzept. In: Kaluza, Jacek; Glauch, Thomas; Hohnhorst, Georg: SAP-Handbuch Sicherheit und Prüfung. 3. Aufl. Düsseldorf 2003.

Reineke, Rolf-Dieter (Hrsg.); Bock, Friedrich (Hrsg.): Gabler Lexikon Unternehmensberatung. Wiesbaden 2007.

Richtlinie 95/46/EG des Europäischen Parlaments und des Rates vom 24. Oktober 1995 zum Schutz natürlicher Personen bei der Verarbeitung personenbezogener Daten und zum freien Datenverkehr.

SAP AG: Benutzer und Rollen (BC-SEC-USR). In: *http://help.sap.com/*.

SAP AG: Indirekte Rollenzuordnung über HR-ORG. In: *https://websmp208.sap-ag.de/security* • SECURITY IN DETAIL • APPLICATION SECURITY.

SAP AG: Sicherheitsleitfäden. In: *http://service.sap.con/securityguide*.

Satzung der gemeinnützigen Anstalt des öffentlichen Rechts »ZWEITES DEUTSCHES FERNSEHEN« vom 02. April 1962 in der Fassung des Änderungsbeschlusses des Fernsehrates vom 20. Mai 2005.

Schäfer, Marc O; Melich, Matthias: SAP Solution Manager Enterprise Edition. 2. Aufl. Bonn 2009.

Scheer, August-Wilhelm: ARIS – Modellierungsmethoden, Metamodelle, Anwendungen. 4. Aufl. Berlin, Heidelberg, New York 2001.

Schöler, Sabine; Will, Liane; Schäfer, Marc. O.: CobiT und der Sarbanes-Oxley Act. Bonn 2007.

Steinmann, Horst; Schreyögg, Georg: Management. 4. Aufl. Wiesbaden 1997.

Tinnefeld, Marie-Theres; Ehmann, Eugen; Gerling, Rainer W.: Einführung in das Datenschutzrecht. 4. Aufl. München 2005.

von Werder, Axel: Corporate Governance. In: Alisch, Katrin (Hrsg.); Winter, Eggert (Hrsg.); Arentzen, Ute (Hrsg.): Gabler Wirtschaftslexikon. 16. Aufl. Wiesbaden 2005.

Wähner, Gerd W.: DV-Revision. Ludwigshafen 2002.

Wecker, Gregor; Laak, Hendrik van: Compliance in der Unternehmenspraxis. Wiesbaden 2008.

Wolf, Klaus; Runzheimer, Bodo: Risikomanagement und KonTraG. 4. Aufl. Wiesbaden 2003.

C.2 SAP-Hinweise

101146 – Batch: Berechtigungsobjekte S_BTCH_JOB, S_BTCH_NAM

1106948 – PFCG/SU03: Generische Werte in Berechtigungen

115224 – SQL-Audit

1230253 - Zentraler Hinweis für WS Security auf 7.11

1239163 – AIS|Fehler in Transaktionen SM30_V_BRG, SM30_V_DDAT, ...

1290486 – Berechtigungsverprobung in Validierung im CO-Interface

15211 – CO-Standardberichte: Berechtigungskonzept

203994 – Verändertes Verhalten bei Benutzermenüs in 4.6

23611 – Sammelhinweis: Sicherheit in SAP-Produkten

313587 – Massenlöschen von Aktivitätsgruppen

323817 – Anlegen von Orgebenenfeldern für den Profilgenerator

357693 – Redundanzvermeidung im Easy Access

358122 – Funktionsbeschreibung Transaktion SE97

370082 – Berechtigungen: Wissenswertes zum Verantwortungsbereich

380029 – Auswahlmöglichkeit zwischen Benutzer- und SAP Menü

389675 – PFCG: Dateiformat für Menü-Upload in Benutzerrollen

39267 – Verfügbarkeit des SAP Security Guides

395841 – ZBV: zielsystemspezif. Parameter und Benutzergrupp. zuweisen

411558 – Call Transaction ab 4.6C, SE97: welche Paare werden geprüft?

439122 – ZBV: Vor Verteilung korrekte Firmenadressen zuordnen

504006 – PFCG: Neue Funktionen und Korrekturen zur Rollenmenüpflege

510538 – BAdI HRBAS00_STRUAUTH: Neue Methode GET_PROFILES

543164 – Bedeutung der Werte von auth/authorization_trace

565436 – PFCG: F4-Hilfe für spezielle Berechtigungsfelder

578271 – PFCG Integration der Rollenzuordnungspflege in die PPOME

616338 – RESPAREA: Gruppen-Berechtigungen als Intervalle pflegen

622464 – Änderung: Kennwortänderungspflicht für Benutzertyp »SYSTEM«

624207 – PFCG: Berechtigungen zum Objekt S_TCODE

638650 – Überarbeitung des Reports PRGN_STATUS_ALL

65968 – ABAP-Debugging-Berechtigungen

664213 – SUIM| Neuer Report zur Analyse kritischer Berechtigungen

668256 – Einsatz von HTTP- oder externem Debugging

693220 – Empfehlungen zur Sicherheit von ITS-Services

698401 – RESPAREA als Org.ebenen-Feld

701754 – SUPC: Neugenerierung von Profilen

751129 – Berechtigungen in Enjoy-Transaktionen in Einkauf

838847 – SecAudit: Programm zur Auswertung im Batch fehlt

863362 – Sicherheitsüberprüfungen im SAP EarlyWatch Alert

948066 – Performanceanalyse: Zu verwendende Transaktionen

D Die Autoren

Volker Lehnert ist seit acht Jahren bei SAP tätig. Seit 2008 arbeitet er für die SAP (Schweiz) AG. Er berät zu Themen rund um das Berechtigungswesen. Um den gesetzlichen Anforderungen gerecht zu werden, führt Volker Lehnert das Berechtigungswesen immer wieder auf seine Kernfragen zurück: betriebswirtschaftliche Funktionen, organisatorische Konzepte und legale Anforderungen. In diesem Rahmen liegt sein Beratungsschwerpunkt auf Berechtigungskonzepten, SAP BusinessObjects Access Control und den Prozessen des User Life Cycle Managements. Volker Lehnert ist außerdem Mitautor des Datenschutzleitfadens der DSAG.

Katharina Bonitz arbeitet seit 2006 als Technologieberaterin für die SAP Deutschland AG. Ihr Schwerpunkt liegt auf Berechtigungskonzepten im CRM-Umfeld. Sie arbeitet in nationalen und internationalen Projekten und hält regelmäßig Berechtigungsworkshops. Zuvor absolvierte sie ein Studium zum Dipl.-Ingenieur an der Hochschule für Technik, Wirtschaft und Kultur in Leipzig. Katharina Bonitz ist Autorin von Kapitel 13, »User Management Engine«, Kapitel 15, »Berechtigungen in SAP CRM«, sowie von Kapitel 16, »Berechtigungen in SAP SRM«.

Beiträger zu diesem Buch

Dr. Peter John hat an der RWTH Aachen Physik studiert und an der Universität Heidelberg in theoretischer Elementarteilchen-Physik promoviert. Seit 2003 arbeitet er für SAP und ist dort Softwarearchitekt für SAP NetWeaver BW. Dort ist er im Bereich OLAP, Integrierte Planung und Security tätig. Er hat das neue Konzept der Analyseberechtigungen als Nachfolger der früheren BW-Reporting-Berechtigungen entworfen und entwickelt. Dr. Peter John ist Autor von Kapitel 17, »Berechtigungen in SAP NetWeaver BW«.

Birger Tödtmann ist Leiter der Fokusgruppe Enterprise Risk Management und IT-Security EMEA bei SAP. Er ist seit den frühen 90er-Jahren im Bereich Design, Implementierung und Betrieb von sicheren IT-Infrastrukturen tätig. Nach seinem Studium zum Dipl.-Volkswirt untersuchte er ab 2001 am Institut für Experimentelle Mathematik der Universität Duisburg-Essen die Absicherung von SOA-basierten Next Generation IP Networks, bevor er 2007 zu SAP Consulting wechselte. Dort ist er seitdem im Bereich Applikationssicherheit tätig. Birger Tödtmann ist Co-Autor von Kapitel 10, »Zentrales Management von Benutzern und Berechtigungen«.

Christian Wiegand arbeitet seit 2006 als Principal Consultant für die SAP Deutschland AG. Zuvor war er in der SAP-Beratung von IBM Global Services tätig. Christian Wiegand verfügt über mehr als zehn Jahre Beratungserfahrung im SAP-Umfeld. Sein Schwerpunkt liegt in der Beratung zu Compliance-Lösungen wie den SAP-Rollenkonzeptionen, SAP BusinessObjects Access Control und SAP NetWeaver Identity Management. Er studierte Betriebswirtschaftslehre und verfügt über einen postgradualen Master-Abschluss. Darüber hinaus ist er aktives Mitglied der globalen SAP-Fokusgruppe Enterprise Risk Management. Christian Wiegand ist Co-Autor von Kapitel 19, »Konzepte und Vorgehen im Projekt«.

Index

B

C

D

E

H

I

J

K

P

Q

R

S

T

U

Z

Mitmachen & Gewinnen!

SAP PRESS

Sagen Sie uns Ihre Meinung und gewinnen Sie einen von 5 SAP PRESS-Buchgutscheinen, die wir jeden Monat unter allen Einsendern verlosen. Zusätzlich haben Sie mit dieser Karte die Möglichkeit, unseren aktuellen Katalog und/oder Newsletter zu bestellen. Einfach ausfüllen und abschicken. Die Gewinner der Buchgutscheine werden persönlich von uns benachrichtigt. Viel Glück!

▶ **Wie lautet der Titel des Buches, das Sie bewerten möchten?**

▶ **Wegen welcher Inhalte haben Sie das Buch gekauft?**

▶ **Haben Sie in diesem Buch die Informationen gefunden, die Sie gesucht haben? Wenn nein, was haben Sie vermisst?**

- ☐ Ja, ich habe die gewünschten Informationen gefunden.
- ☐ Teilweise, ich habe nicht alle Informationen gefunden.
- ☐ Nein, ich habe die gewünschten Informationen nicht gefunden. Vermisst habe ich:

▶ **Welche Aussagen treffen am ehesten zu?** (Mehrfachantworten möglich)

- ☐ Ich habe das Buch von vorne nach hinten gelesen.
- ☐ Ich habe nur einzelne Abschnitte gelesen.
- ☐ Ich verwende das Buch als Nachschlagewerk.
- ☐ Ich lese immer mal wieder in dem Buch.

▶ **Wie suchen Sie Informationen in diesem Buch?** (Mehrfachantworten möglich)

- ☐ Inhaltsverzeichnis
- ☐ Marginalien (Stichwörter am Seitenrand)
- ☐ Index/Stichwortverzeichnis
- ☐ Buchscanner (Volltextsuche auf der Galileo-Website)
- ☐ Durchblättern

▶ **Wie beurteilen Sie die Qualität der Fachinformationen nach Schulnoten von 1 (sehr gut) bis 6 (ungenügend)?**

☐ 1 ☐ 2 ☐ 3 ☐ 4 ☐ 5 ☐ 6

▶ **Was hat Ihnen an diesem Buch gefallen?**

▶ **Was hat Ihnen nicht gefallen?**

▶ **Würden Sie das Buch weiterempfehlen?**

☐ Ja ☐ Nein

Falls nein, warum nicht?

▶ **Was ist Ihre Haupttätigkeit im Unternehmen?**
(z.B. Management, Berater, Entwickler, Key-User etc.)

▶ **Welche Berufsbezeichnung steht auf Ihrer Visitenkarte?**

▶ **Haben Sie dieses Buch selbst gekauft?**

- ☐ Ich habe das Buch selbst gekauft.
- ☐ Das Unternehmen hat das Buch gekauft.